오픈 소스 분산 처리 환경 구축 가이드

빅 데이터 시대의 하둡 완벽 입문

제**2**판

Hadoop 徹底入門 第2版

(Hadoop TetteiNyuumon dail2han : ISBN 978-4-7981-2964-8)

Copyright © 2013 Kazuki Ohta / Masatake Iwasaki / Kousuke Saruta / Toru Shimogaki / Tatsurou Fujii / Shinichi Yamashita.
Original Japanese edition published by SHOEISHA Co., Ltd.
Korean translation rights arranged with SHOEISHA Co., Ltd.
in care of The English Agency (Japan) Ltd. through Danny Hong Agency.
Korean translation copyright © 2014 by J-PUB.

오픈 소스 분산 처리 환경 구축 가이드

빅 데이터 시대의 하둡 완벽 입문 제2판

1쇄 발행 2014년 6월 18일
2쇄 발행 2015년 3월 10일

지은이 오오타 카스기, 이와사키 마사타케, 사루타 코우스케, 시모가키 토오루, 후지이 타츠로우, 야마시타 신이치
옮긴이 김완섭
펴낸이 장성두
펴낸곳 제이펍

출판신고 2009년 11월 10일 제406-2009-000087호
주소 경기도 파주시 문발로 141 뮤즈빌딩 403호
전화 070 - 8201 - 9010 / **팩스** 02 - 6280 - 0405
홈페이지 www.jpub.kr / **이메일** jeipub@gmail.com

편집부 이민숙, 이 슬, 이주원 / **소통·기획팀** 현지환
본문디자인 북아이 / **표지디자인** 미디어픽스
용지 신승지류유통 / **인쇄** 한승인쇄사 / **제본** 광우제책사

ISBN 978-89-94506-96-8 (93000)
값 36,000원

제이펍은 독자 여러분의 책에 관한 아이디어와 원고 투고를 기다리고 있습니다. 책으로 펴내고자 하는 아이디어나 원고가 있으신 분께서는 책에 대한 간단한 개요와
차례, 구성과 재(역)자 약력 등을 메일로 보내주세요. **(보내실 곳: jeipub@gmail.com)**

오픈 소스 분산 처리 환경 구축 가이드

빅 데이터 시대의
하둡 완벽 입문

제2판

오오타 카스기, 이와사키 마사타케, 사루타 코우스케, 시모가키 토오루, 후지이 타츠로우, 야마시타 신이치 지음 /
하마노 켄이치로 감수 / 김완섭 옮김

제이펍

차 례

아마 최근 가장 주목을 받고 있는 IT 분야는 빅 데이터일 것이다. 많은 기업은 자신들이 가지고 있는 기존 데이터들을 어떻게 의미가 있는 정보로 바꿀지 고민하고 있다. 의미가 있는 정보란, 매일 같이(지금 이 순간에도) 발생하고 있는 대량의 데이터를 실시간으로 가공, 처리해서 해석 가능한 정보로 변환한 것이라 할 수 있다. 이 의미 있는 정보를 창출해 내기 위한 핵심 플랫폼이 바로 Hadoop(하둡)이다.

이 책은 Hadoop의 기존 개념과 구축 방법에 대해 상세히 설명하고 있을 뿐 아니라, 다양한 활용 방법과 각 설정 항목에 대해 상세한 설명으로 Hadoop을 어떻게 튜닝할지에 대한 비법도 알려준다. 저자들은 실제 Hadoop을 운영하면서 얻은 경험을 바탕으로 다양한 운영 상황에 대한 상세한 대처 방법을 설명하고 있으며, 독자들이 맞닥뜨릴 수 있는 거의 모든 문제에 대한 해답을 알려주고 있다 해도 과언이 아닐 정도로 완벽한 책이다.

이 책은 그야말로 Hadoop의 백과사전이라고 할 수 있다. 한 번만 읽고 책꽂이로 돌아가는 책이 아니라, 필요할 때마다 꺼내서 참고할 수 있는 내용이 다양하게 수록되어 있다. Hadoop을 운영하면서 문제가 발생할 때 이 책이 문제 해결 방법을 제시해 줄 것이다. 또한, 부하 증가나 데이터 증가로 튜닝이 필요할 때 이 책이 튜닝 비법도 알려줄 것이다. Hadoop의 A부터 Z까지 모든 것을 다루고 있는 백과사전으로, 대용량 데이터 처리를 위한 실전 참고서가 될 것이라 믿어 의심치 않는다.

게다가, 이 책은 Hadoop뿐 아니라 주변 연계 소프트웨어에 대해서도 상세히 설명하고 있다. Pig, Hive, Hbase, Fluentd 등에 대한 설치 방법과 Hadoop 연동 방법, 그리고 샘플 예제를 수록하고 있어서 Hadoop뿐 아니라 다양한 연계 시스템에 대한 지식을 얻을 수도 있다. 이 책만 제대로 마스터한다면 빅 데이터 시대의 IT 전문가로 거듭날 수 있을 것이다.

끝으로, 좋은 책을 번역할 기회를 주신 장성두 실장님께 감사의 말을 전한다. 그리고 늘 우리 가정을 지켜주시는 하나님께도 감사드리고, 나의 반쪽인 희운이에게도 사랑한다는 말을 전하고 싶다.

2014년 5월 네덜란드에서

옮긴이 **김완섭**

머리말

독자 여러분의 성원에 힘입어 《빅 데이터 시대의 하둡 완벽 입문(제2판)》을 출간하게 되었다. 1판을 낸 후 2판을 준비하는 동안 사용자층이 많이 넓어졌다. Hadoop 적용 사례가 늘어나고, Hadoop을 적극적으로 도입해 성공한 사례들이 늘어나고 있다. 또한, 이런 성공 사례가 바탕이 됨으로써 Hadoop 사용 분야가 날로 확대되고 있다.

그러나 아직 Hadoop을 잘 모르는 사람도 있고, 본격적으로 이용하려고 도입은 했으나 운영에 어려움을 겪고 있는 사람이 많은 듯하다. 그래서 이번 《빅 데이터 시대의 하둡 완벽 입문(제2판)》을 출판하면서 Hadoop을 전혀 모르는 사람들이 이해하는 데 좀 더 도움이 될 수 있도록 1장과 2장 내용을 보강하여 Hadoop에 대한 개요 부분을 좀 더 쉽게 구성했다. 또한, MapReduce 애플리케이션 개발 내용을 추가하여 초보자부터 고급 사용자까지 활용할 수 있도록 했다. 이 책의 특색인 운용성과 가용성 측면도 1판에 비해 보강했으며, 새로운 기술 이슈에 대해서도 추가하였다.

1부에서는 Hadoop을 사용하기 위해 이해해야 할 핵심 포인트들을 농축하여 수록했다. 혹시 책의 내용을 따라잡을 수 없게 된다면, 1부를 다시 읽어주기 바란다. 그리고 반드시 Hadoop을 실제로 동작해 보기 바란다. 후반부에 있는 장들은 각각 독립되어 있어 순서대로 읽어도 되고, 필요한 부분을 선택해서 먼저 읽어도 된다.

마지막으로, 이 책을 집필할 기회를 주신 분들께 감사의 마음을 전하는 바다. 아울러 책 집필을 위해서 많은 도움을 주신 분들과 가족들에게도 감사하다는 말을 전하고 싶다.

이 책이 Hadoop을 배우려는 분들과 Hadoop을 사용해서 개발 및 운영을 하고자 하는 분들께 조금이나마 도움이 될 수 있기를 바란다.

저자 일동

👤 김인범(SK C&C)

Hadoop에 대해 이보다 더 자세한 가이드는 없을 것입니다. 필요한 정보가 충분히 수록되어 있고, 환경 설정 구성 및 운영 시 발생할 수 있는 상황에 대한 대처법도 적절하게 포함되어 있습니다. 그야말로 '완벽 가이드'로서 적극적으로 추천합니다.

👤 윤재석(GDG Soongsil University)

이 책은 빅 데이터나 Hadoop과 같은, 말로만 들어도 어려운 내용에 한걸음 더 가까이할 수 있도록 도와주는 책입니다. 책 전반부에는 빅 데이터에 다가가기 위한 기본 개념을 제공한다면, 책 후반부에는 Hadoop으로 빅 데이터를 활용할 수 있는 다양한 방법을 예제로서 제시합니다. 그동안 어렵다는 이유로 빅 데이터와 Hadoop을 가까이할 수 없었다면, 이 책을 통해 조금씩 가까워질 기회를 마련해 보시기를 권합니다.

👤 정연우(투씨에스지)

여태까지 읽은 Hadoop 입문서 중에서 가장 이해하기 쉽고, 짜임새가 잘 잡혀 있는 도서인 것 같습니다. 이 책으로 Hadoop과 Hadoop의 대표적인 에코시스템을 이해한 뒤, 나아가 Hadoop 심화 서적을 읽어 보고 응용해 본다면 더욱 빨리 배울 수 있을 것입니다.

👤 조현석(다음 커뮤니케이션즈)

Hadoop을 처음 접할 때는 왠지 어려울 것 같아 걱정이 많았는데, 이 책은 친절한 선배가 옆에서 차근차근 알려주는 것처럼 비법을 친절히 전수해 준다는 느낌이 들었습니다. Hadoop 생태계 전반에 관한 개념을 잡는 데 도움이 될 뿐만 아니라 성능 튜닝에 대해서도 충분히 이해할 수 있었습니다.

🧎 최지웅(스윗트래커)

어느덧 Hadoop이라는 존재가 익숙해진 지도 꽤 많은 시간이 흘렀습니다. 그렇지만 쉽게 환경을 구축해 보거나, 대체 어느 분야에 어떻게 써야 할지 무척 막막했었는데요. 그런 의미에서 이 책은 그 궁금증을 해결하는 데 많은 도움이 되었습니다. 특히, 개념 설명 위주로 이루어진 3장까지는 반드시 정독할 것을 권합니다.

🧎 최해성(티켓몬스터)

Hadoop과 MapReduce에 관련된 내용을 예제를 중심으로 쉽게 이해할 수 있도록 만든 책이었습니다. 기본 개념, Hadoop 기본 구현과 클러스터를 구축하는 과정으로 넘어가는 부분, 그리고 클러스터를 모니터링하는 방법 등 아키텍처를 설계하는 데 필요한 전반적인 내용을 깔끔하게 설명해 줍니다. 일본 저자의 책은 믿을 수 있다는 제 견해를 다시 한 번 확신할 수 있게 해준 책이었습니다.

제이펍은 책에 대한 애정과 기술에 대한 열정이 뜨거운 베타리더들로 하여금
출간되는 모든 서적에 사전 검증을 시행하고 있습니다.

PART 1

Hadoop
기초

1

Hadoop 기초 지식

1.1 Hadoop이란?

IT 시스템 세계에서 'Hadoop(하둡, 이하 Hadoop)'이라는 소프트웨어 사용이 늘어나고 있다. 이 책을 가지고 있다는 것은 적어도 Hadoop에 관심을 가지고 있을 것이라 생각된다. 아직 Hadoop에 대해 잘 몰라도 소프트웨어 이름이라는 것 정도는 알고 있겠지만, '도대체 용도가 뭐야?', '뭐 하는 거지?' 하고 묻는 사람도 적지 않을 것이다. 어떤 데이터를 취급하기 위한 미들웨어라는 것은 알고 있더라도 '관계형 데이터베이스랑은 어떻게 달라?', '파일 시스템이랑 달라?', '처리를 위한 새로운 개념인가?' 등 다양한 의문이 많을 것이다.

이 장에서는 Hadoop 전체를 이해하기 위해서 Hadoop이 무엇인지, 어떤 구조로 이루어져 있고 어떤 식으로 사용하는지를 소개하겠다.

1.2 Hadoop 개요

우선 구체적으로 Hadoop이 무엇인지, 어떻게 등장하게 됐는지를 소개하고, 대규모 데이터 처리의 과제와 대응에 대해 설명하겠다.

1.2.1 Hadoop을 한마디로 정의하자면

■ 대량의 데이터를 처리하기 위한 병렬 분산 처리 소프트웨어

오늘날의 IT 시스템은 예전에는 생각할 수 없었을 정도의 대규모 데이터를 다루어야 하는 현실에 직면했다. 그 양은 몇 대의 데이터베이스 서버와 데이터 웨어하우스 서버로는 처리할 수 없을 정도다.

대량의 데이터를 처리할 때는 해결해야 할 몇 가지 문제가 존재하지만, 그중에서 피하기 어려운 것은 디스크 I/O 성능(throughput, 스루풋)이다. 데이터양이 적으면 메모리를 효율적으로 사용해서 해결할 수 있지만, 메모리 용량을 크게 상회하는 데이터를 다룰 때는 디스크 I/O가 직접적으로 영향을 받는다. 그러나 컴퓨터 역사를 살펴보면, CPU 성능 진화나 내장 메모리의 대용량화와 비교해서 디스크 I/O의 성능은 그다지 향상되지 않은 게 현실이다. 이러한 배경을 바탕으로 사용이 늘고 있는 것이 바로 Hadoop이다.

Hadoop을 한마디로 표현하면 '대량의 데이터를 처리하기 위한 병렬 분산 처리 소프트웨어'라고 할 수 있다. '대량의 데이터'란 테라바이트(TeraByte, TB)나 페타바이트(PetaByte, PB) 급의 대용량 데이터 또는 수억, 수조 건의 데이터를 의미한다. '병렬 분산 처리'란 단어 하나하나를 보면 어려운 느낌이 들지만, 쉽게 표현하자면 하나의 처리를 복수의 서버로 동시 처리하는 것을 말한다. Hadoop에서는 10대~1,000대의 서버로 하나의 클러스터(cluster)를 구성하여 대용량 데이터를 저장하고 처리한다.

하이퍼바이저(Hypervisor) 등의 '가상화 기술'은 한 대의 서버를 가상으로 복수의 서버로서 인식하게 하는 기술이지만, 반대로 Hadoop은 복수의 서버를 묶어서 하나의 가상 서버로 사용할 수 있도록 하는 것이다.

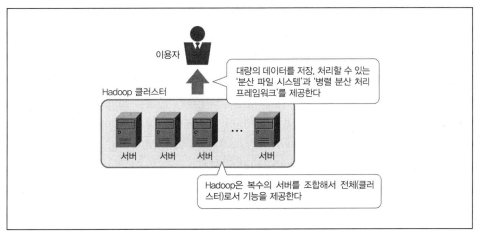

그림 1.1 Hadoop은 복수의 서버를 조합해서 하나의 클러스터로 구성

■ 분산 파일 시스템과의 강한 연계를 통해, 높은 스루풋 처리를 실현하는 분산 처리 소프트웨어

상세한 내용은 뒤에서 설명하겠지만, Hadoop은 크게 두 가지 구성 요소로 이루어져 있다. 하나는 분산 파일 시스템으로, 대용량 데이터를 복수의 서버에 저장하는 구조다. 복수의 서버를 조합해서 사용자에게 하나의 큰 파일 시스템을 제공한다. 다른 하나는 병렬 분산 처리를 실현하는 프레임워크다. 이것은 하나의 큰 처리(잡, job)를 복수의 단위(태스크, task)로 분할해서 실행하는 구조다. 이 분산 파일 시스템과 병렬 분산 처리 프레임워크가 공고히 연계되며, 높은 스루풋의 데이터 처리를 실현한다.

기술적인 관점에서 Hadoop을 한마디로 표현하면, '분산 파일 시스템과 강한 연계를 통해 높은 스루풋 데이터 처리를 실현하는 분산 처리 소프트웨어'라고 할 수 있다.

■ 자바(Java) 기반으로 개발되어 일반적인 서버에서 동작

Hadoop은 주로 자바를 개발 언어로 개발되었다. Hadoop을 설치할 하드웨어에 특수한 서버나 장비는 필요치 않다. IA(Intel Architecture) 서버같이 일반적으로 널리 사용되고 있는 서버와 네트워크 장비로도 충분한 효과를 볼 수 있다. '언제나 구할 수 있는 장비로도 구축이 가능하다.'는 점이 Hadoop의 매력 중 하나다. 자바로 개발되어 있기 때문에 다양한 OS에서 동작하지만, 보통은 리눅스 상에 구현하는 것이 일반적이다.

■ 서버를 추가하면 용량과 성능이 향상(스케일 아웃, Scale-out)

Hadoop에서는 클러스터를 구성하는 서버 대수를 추가하면 저장 용량을 확장하거나 분산 처리 성능을 향상시킬 수 있다. 서버 자체의 성능을 올리는 스케일 업(Scale-up) 방식으로는 성능을 올리는 데 한계가 있으므로, 서버 대수를 증설하는 스케일 아웃 방식이 가능하다는 것은 큰 이점이다. 실제 Hadoop의 처리 능력은 1,000대 정도로 구성할 때 제대로 된 효과를 볼 수 있다고 한다. 만약 두세 대로 구성한 클러스터라면 제대로 된 Hadoop의 매력을 느낄 수 없기 때문에 최소한 10대 정도를 이용하여 장점을 이끌어 낼 수 있도록 하는 것이 좋다.

■ 관계형 데이터베이스나 검색 엔진과는 다름

Hadoop은 '고속 데이터베이스 소프트웨어', '검색 엔진을 구현하는 소프트웨어'라고 오해를 사기도 한다.

Hadoop은 관계형 데이터베이스와는 전혀 다른 방식으로 만들어진 소프트웨어다. 관계형 데이터베이스는 정규화된 작은 데이터 세트에 대해 낮은 대기 시간을 가지고(수 밀리초나 수 초) 액세스하도록 만들어졌다. 하지만 Hadoop은 대량의 데이터를 대상으로 일괄 처리를 실행한다. 또한, 관계형 데이터베이스가 가지고 있는 트랜잭션(Transaction) 제어 등의 기능도 없다. 데이터를 누적해서 처리한다는 면에서는 같은 용도지만, 사전에 기능이나 용도가 크게 다르다는 것을 이해해 두는 것이 중요하다. 그리고 Hadoop은 검색 엔진도 아니다. 검색 인덱스를 만들 때도 자주 사용되나, 검색 요청에 바로 응답할 수 있는 검색 엔진 소프트웨어는 아니다.

■ 가장 활발한 오픈 소스 프로젝트

Hadoop은 Apache Software Foundation(아파치 소프트웨어 파운데이션)의 프로젝트로
Apache(아파치) 라이선스로 공개되어 있으며(그림 1.2), 현재 가장 활발한 오픈 소스 프로
젝트 중 하나라고 할 수 있다. 대규모 데이터 처리를 필요로 하는 대기업 소속 엔지니어들
이 직접 개발에 참여하고 있어서 나날이 진화를 거듭하고 있다.

그림 1.2 Apache Hadoop 사이트(http://hadoop.apache.org/)

1.2.2 Hadoop의 용도

'대량의 데이터를 고속으로 처리할 수 있다.'라는 특성을 적용할 수 있는 분야 중 하나는
IT 자산 관리를 위해 사용되고 있는 일괄(Batch) 처리 변경이다. 하지만 반드시 기존 처리
를 바꾸어야 하는 것은 아니다. Hadoop은 만능 미들웨어가 아니기에 기존의 모든 처리를
Hadoop으로 바꿀 수 있는 것은 아니다. 기존 시스템을 바꾸는 것뿐만 아니라, '지금까지
할 수 없어서 포기했던 것들이 가능해진다.'는 '새로운 가치'를 제공하는 것이 Hadoop의
역할이다. 실제로 Hadoop이 등장하면서 현실적으로 실현 불가능했던 처리가 가능해지거
나, 높은 비용으로 인해 포기했던 처리를 현실직인 비용으로 구현할 수 있게 되었다.

이런 '새로운 가치'에 주목하여 Hadoop을 적극적으로 도입한 기업으로는 미국 야후 (25,000대 규모), 페이스북(1,000대 규모) 등을 들 수 있다. 이 외에도 비자(VISA), JP 모건 체이스(MORGAN CHASE), 바이두(Baidu)[1], 차이나 모바일(China Mobile) 등이 있다.

일본의 경우는 웹 서비스를 제공하는 기업뿐만 아니라 통신, 소매업, 유통업, 금융기관 등도 도입하고 있다[2]. 지금은 로그 분석, 추천 엔진(Recommendation Engine), 검색 인덱스 생성 등에 주로 사용되고 있다. 이후에는 데이터 웨어하우스(Data warehouse)나 비즈니스 인텔리전스 분야에 활발히 적용될 것으로 예상된다.

1.2.3 Hadoop의 탄생

Hadoop이 어떻게 이 세상에 나오게 됐는지 살펴보도록 하자. 모두가 알고 있는 거대 기업 구글은 세상에 있는 모든 데이터를 대상으로 하는 검색 엔진을 제공하기 위해 기존 미들웨어로는 실현할 수 없는 시스템 기반이 필요했다. 그러나 세상 모든 웹 사이트에 존재하는 데이터를 수집하여 저장하기 위해서는 기존 저장 체계나 파일 체계로는 한계가 있었다. 뿐만 아니라, 수집한 대량의 데이터에서 검색용 인덱스를 생성하기 위해서는 기존 데이터베이스나 데이터 웨어하우스 구조로는 어려웠다. 그래서 구글은 대량의 웹 사이트 데이터를 저장하고 처리할 수 있는 미들웨어를 자체적으로 개발하여 사용하기 시작했다.

그 기술 중 일부가 2003년 〈The Google File System〉, 2004년 〈MapReduce: Simplified Data Processing on Large Clusters〉라는 두 가지 논문을 통해 발표되었다. 그때까지 철저히 베일에 가려져 있던 검색 엔진 기반 기술이 드디어 세상에 공개된 것이다. 이 논문을 통해 발표된 기술적 아이디어를 바탕으로 하여, 오픈 소스로 구현하기 시작한 것이 Hadoop 프로젝트의 시작이다[3]. 원래 이 아이디어는 구글이 검색 엔진의 핵심 기능[4]을 보완하기 위해 만들어 낸 것이다. 하지만 그 이외의 용도로도 폭넓게 사용되어 대규모 데이터를 높은 스루풋으로 처리할 수 있는 소프트웨어인 Hadoop을 진화시키는 발판이 되었다.

---

1 중국의 대표적인 인터넷 포털 회사다.

2 매년 개최되고 있는 'Hadoop Conference Japan'에서 다양한 사례들이 발표되고 있다. 발표 자료들도 많이 공개 되었다.

3 논문에 쓰여져 있던 아이디어에는 구글이 특허를 가진 것도 있지만, 현재는 오픈 소스 프로젝트인 Hadoop이 그 것을 사용할 수 있도록 허락하고 있다.

4 예를 들어, 구글은 PageRank라 불리는 값을 계산하고 있었다.

■ Hadoop과 구글 기술과의 관계

구글 논문을 통해 발표된 '구글 파일 시스템(Google File System)'은 대량의 데이터를 복수의 서버에 저장할 수 있는 파일 시스템이다. Hadoop에서 구글 파일 시스템에 해당하는 것이 HDFS(Hadoop Distributed File System)다.

한편 'MapReduce(맵리듀스. 이하 MapReduce)'는 구글 파일 시스템에 저장되어 있는 대량의 데이터를 분산 처리하기 위한 알고리즘 프레임워크다. Hadoop에서는 Hadoop MapReduce[5]가 이에 해당한다. 이 두 가지 외에도 연동 소프트웨어에 대한 아이디어도 논문을 통해 공개하고 있다. Hadoop 프로젝트에서는 HDFS와 MapReduce 뿐만 아니라 오픈 소스 개발도 함께 진행하고 있다.

표 1.1 구글 기술과 Hadoop 대응 관계

처리 내용	구글	Hadoop
분산 파일 시스템	GFS: Google File System	HDFS: Hadoop Distributed File System
분산 처리 프레임워크	MapReduce	Hadoop MapReduce
키 밸류형 데이터 스토어	BigTable	HBase

Hadoop 개발은 2005년부터 더그 커팅(Doug Cutting)을 중심으로 시작되었다. 더그 커팅은 원래 루씬(Lucene)이나 넛치(Nutch)라고 하는 오픈 소스 프로젝트 개발자였다. 루씬은 전문 검색 엔진이고, 넛치는 웹 크롤러(Web Crawler)로 루씬 상에서 동작하는 애플리케이션이다. Hadoop의 MapReduce는 넛치를 발전시키기 위해서 탄생했다고 보고 있다. 더그 커팅은 Hadoop을 오픈 소스로 개발하기 위해 노력했다. 그리고 '누구든 이 툴이 가진 우수함을 누릴 수 있다.'는 것을 강력히 주장했다.

대규모 병렬 분산 처리를 누구든지 쉽게 이용할 수 있고 수많은 사람들이 이용함으로 많은 피드백을 수집할 수 있다. 이렇게 수집한 피드백은 품질 향상으로 이어지고, 이런 과정을 반복할 수 있다는 것이 것이 오픈 소스화의 장점이다. 실제로 지금도 많은 개발자가 Hadoop 개선에 참여하고 있으며, 아주 빠른 속도로 진화하고 있다.

---

5 이후부터 MapReduce라고 지칭하는 경우, 모두 Hadoop MapReduce를 의미한다.

■ 병렬 분산 처리 시스템

MapReduce가 실현하고 있는 기능은 병렬 분산 처리를 연구하던 기술자나 연구자들에게 있어서 새로운 기술이 아니었다[6]. 즉 예전부터 존재했던 처리 중 하나로, 해당 분야에서는 '상식'적인 부류에 속하는 기술이다. 하지만 기존 병렬 분산 처리 기술은 특정 하드웨어 환경에서만 동작하거나, 특정 소프트웨어 상에서만 동작하는 '고급형'이었다. 이런 기술은 매우 고가였으며, 일반인의 접근이 어려웠다. 그러나 Hadoop은 누구든지 기술을 사용할 수 있는 '범용적인' 형태로 제공하고 있다는 것이 큰 이점이다.

게다가, Hadoop이 값비싼 하드웨어가 아닌, '일반적인' 하드웨어에서도 동작하는 것 또한 큰 특징이다. 복수의 서버를 이용하는 분산 처리에서는 장비 고장에 따른 영향을 줄이기 위해서 비싼 장비를 사용하는 경우가 적지 않다. Hadoop 설치가 용이한 IA 서버를 전제로 한 설계는 많은 엔지니어와 기업들이 도입하여 비용 대비 효율을 높이고 있다. Hadoop에서는 일부 서버가 고장 나도 데이터를 잃거나 처리 실패가 일어나지 않도록 구성되어 있다.

또한, 분산 처리 애플리케이션 개발이라는 관점에서도 Hadoop이 그 문턱을 많이 낮추었다고 말할 수 있다. 병렬 분산 처리를 실현하려고 하면, 하나의 처리(잡)를 어떤 단위(태스크)로 분할할 것인지, 해당 태스크를 어떤 컴퓨터에서 실행할 것인지, 각 태스크 결과를 어떤 방식으로 모을 것인지, 도중에 서버 고장으로 태스크 실행에 실패했을 때 어떻게 복구할 것인지 등 많은 것을 고려해야 한다(그림 1.3).

---

6 함수형 언어에서 사용되는 map 함수와 reduce 함수에서 아이디어를 얻어 만들어졌다고 한다.

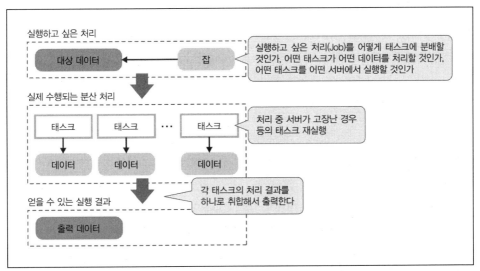

실행하고 싶은 처리

대상 데이터 ← 잡

> 실행하고 싶은 처리(Job)를 어떻게 태스크에 분배할
> 것인가, 어떤 태스크가 어떤 데이터를 처리할 것인가,
> 어떤 태스크를 어떤 서버에서 실행할 것인가

실제 수행되는 분산 처리

태스크   태스크   ···   태스크

데이터   데이터   데이터

> 처리 중 서버가 고장난 경우
> 등의 태스크 재실행

얻을 수 있는 실행 결과

> 각 태스크의 처리 결과를
> 하나로 취합해서 출력한다

출력 데이터

그림 1.3 분산 처리 문제(의 일부)를 자동적으로 해결해 준다

그러나 Hadoop에서는 MapReduce라는 프레임워크에 따라 애플리케이션을 개발하면 이런 문제를 자동적으로 해결할 수 있다. 개발자는 그저 개별 애플리케이션에 특화된 내용만을 기술하면 된다[7]. 이와 같은 '범용화'가 Hadoop 사용이 급속히 늘어난 이유 중 하나라고 볼 수 있다.

1.2.4 대규모 데이터 처리의 문제점과 대응

지금까지 '대규모 데이터 처리 필요성의 증가'라고 언급해왔는데, 실제 어느 정도의 데이터를 다룰 필요가 있으며 그로 인해 어떤 문제가 발생하고 있는 것일까? 세상에 공개되어 있는 숫자들을 통해서 확인해 보도록 하자.

■ 시스템이 취급하는 데이터 규모의 증가

'정보 폭발'이라는 키워드가 등장하고 시간이 꽤 흘렀지만 블로그/SNS/트위터라는 사용자 커뮤니케이션 서비스가 계속 등장하고, 유튜브(YouTube)를 시작으로 한 동영상 투고 사이트가 등장하면서 전 세계에서 발생하는 데이터양이 급격히 증가했다. 현재로서는 이용

---

7 일부의 각 태스크 간 처리 대상 데이터양이 많아지는 등, 애플리케이션 개발자가 해결하지 않으면 안 되는 문제도 있다.

가능한 정보량이 너무 많아, 관리조차 마음대로 되지 않는 상태다. 미국 시장 조사 회사인 IDC가 발행한 〈Digital Universe〉 2010년 보고서에 따르면, 2009년에 전 세계에서 생성된 데이터양은 전년도 대비 62% 증가한 0.8제타바이트(ZettaByte, ZB)(=8,000억 GB)라고 한다. 또한, 2020년에 전 세계에서 만들어지는 데이터양은 35ZB에 달할 것으로 예측하고 있어, 10년 동안 44배 가량 증가할 것이라 보고 있다[8].

제타바이트라고 하면 어느 정도의 숫자인지 실감이 나지 않을 수도 있다. 하지만 세계적으로 활약하는 기업들이 다루고 있는 데이터양의 관점에서 보면 NYSE(New York Stock Exchange)가 매일 1TB 데이터를 생성하고, 페이스북은 매일 20TB 이상의 압축 데이터를 만들어 내고 있으며, CERN: the European Organization for Nuclear Research(유럽 원자력 연구 기관)가 매일 40TB, 연간 15PB의 데이터를 생성하고 있다.

■ 대량의 데이터를 처리하기 위한 구조

대량의 데이터를 처리하려면, 우선 대상 데이터를 높은 처리량으로 읽어 들여야 한다. 하지만 통상적인 하드디스크 처리 성능,' 예를 들어 일반 SATA 디스크 하나로 읽어 들이는 성능은 실 속도로 약 70MB(메가바이트)/초 정도다. 1TB 데이터를 읽으려면 약 14,000초 = 약 3.9시간이 걸린다. SSD도 대용량화, 저가격화가 진행되고 있지만 기껏해야 수배 정도 빠른 성능이다.

따라서 대용량 데이터를 효율적으로 읽어 들이기 위해서는, 복수의 디스크에 데이터를 기록해 두고 각 디스크에서 병행하여 읽을 수밖에 없다. 예를 들어, 한 대의 SATA 디스크라면 70MB/초 처리량밖에 안 되지만, 40대로 동시에 읽어 들이면 2,800MB/초 처리량을 구현할 수 있다. 1TB 데이터도 약 350초면 된다. 만약 1,000대의 디스크를 사용한다면 14초만에 읽을 수가 있다.

Hadoop 분산 파일 시스템인 HDFS는 각 서버의 내장 디스크에 데이터를 저장한다. 이때 대용량 파일을 작은 단위(블록)로 분할하여 복수의 서버에 나누어 배치한다. 예를 들어, 블록(Block) 크기가 64MB고 데이터가 1GB(1,024MB)라고 하면, 16개 블록으로 분할하여 복수의 서버에 배치한다(그림 1.4). 서버가 충분히 있어서 16개 블록이 모두 개별 서버에 배치된다고 하면, 이 데이터를 읽어 들이기 위해서 서버 16대를 동시에 사용하는 것이다. 한 대의 디스크(서버)를 이용하는 경우와 비교하면 16배 스루풋을 실현할 수 있다. 이와 같

---

8 킬로10^3 → 메가10^6 → 기가10^9 → 테라10^{12} → 페타10^{15} → 엑사10^{18} → 제타10^{21}

이 Hadoop에서는 10대~1,000대 서버를 사용하여 대용량 데이터를 높은 스루풋으로 처리할 수 있다.

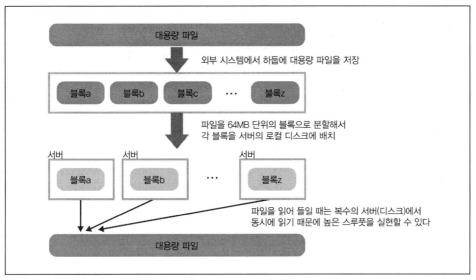

그림 1.4 HDFS는 대용량 파일을 블록에 분할해서 저장

HDFS는 높은 스루풋으로 데이터를 읽어 들일 수 있지만, 읽어 들인 데이터를 높은 스루풋으로 처리하기 위해서는 고민할 필요가 있다. 예를 들어 기존 데이터베이스 시스템같이 저장 장치와 서버를 네트워크로 연결하면, 해당 통신 회선이 가진 성능 이상으로 높은 스루풋을 구현하지 못한다(그림 1.5). 고속 채널도 있지만 그 역시 충분한 전송 속도라고는 할 수 없다.

따라서 읽어 들인 서버에서 데이터를 네트워크 전송하지 않고 처리하는 것이 관건이다. Hadoop에서는 각 서버에서 읽은 데이터를 가능한 한 그 서버 내에서 처리한다(그림 1.6).

16개 블록 데이터를, 16개의 개별 서버를 사용해서 처리하는 것이다. 물론 각 서버에서 처리한 결과를 네트워크를 통해 전송하고 하나의 결과로 합칠 필요가 있다[9].

---

9 일반적으로, 읽어 들이는 데이터 양보다 네트워크 전송 용량이 작다고 가정한다.

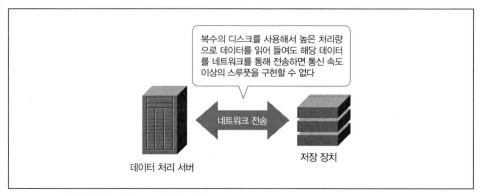

그림 1.5 저장 장치와 서버 간 데이터 전송

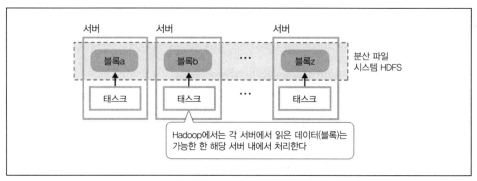

그림 1.6 Hadoop은 데이터 지역성(Locality)을 고려한 구조를 가졌다

Hadoop은 다음의 기능을 미들웨어로서 제공한다.

- 복수의 하드디스크나 서버를 동시에 이용할 수 있는 구조(높은 처리량으로 데이터를 읽어 들여 병렬 처리한다.)
- 분산 처리에 반드시 필요한 공통 기능 제공(태스크 분할, 실패 시 복원 등)

1.3 Hadoop 적용 분야

1.3.1 만능 제품이 아니다

'대용량 데이터를 처리하기 위해 병렬 분산 처리의 복잡함을 해소하고 확장성을 실현했다.' 는 사실만 강조한다면, 기존 관계형 데이터베이스 관리 시스템(RDBMS)을 사용해서 데이터 관리를 한 사람에게는 마법같이 들릴 수도 있다. 하지만 Hadoop은 대용량 데이터에 특화된 미들웨어지 만능 제품은 아니다. 물론 Hadoop은 RDBMS도 아니기 때문에 오히려 대용량 데이터 처리를 위해 희생하고 있는 기능도 많다. 결론부터 말하면 Hadoop 적용 분야는 '테라바이트 또는 페타바이트 급의 데이터를 위한 일괄(Batch) 처리'다.

이 장에서는 기존 RDBMS와 비교해 가면서 Hadoop 적용 분야에 대해 설명하겠다. 그리고 RDBMS와 Hadoop을 연계한 구성에 대해 언급하고, 기존 시스템을 Hadoop으로 변경함으로써 비용 절감 효과를 얻을 수 있는지에 대해 설명한다.

1.3.2 RDBMS와 Hadoop 비교

Hadoop 특성을 설명할 때, 기존 RDBMS와 비교하면 이해하기 쉽다. 여기서는 표 1.2의 다섯 가지 관점에서 비교하겠다.

표 1.2 RDBMS와 Hadoop

	항목	RDBMS	Hadoop
1	다루는 데이터 크기	~ 수 테라바이트	테라바이트 ~ 페타바이트
2	데이터 조작	작은 데이터 참조, 변경	큰 데이터 삽입, 참조(변경은 없음)
3	응답 시간	빠름	느림
4	서버 대수와 성능 향상	여러 대의 서버로 스케일 업	수백 대~수천 대 서버로 스케일 아웃
5	데이터 구조	구조화 데이터	준 구조화 데이터

■ 1. 다루는 데이터 크기

RDBMS에서는 요건에 따라 다르긴 하지만, 하나의 인스턴스(instance)가 취급하는 데이터 크기는 수 기가바이트(GigaByte, GB)에서 수 테라바이트 정도다. OLTP 계열 백엔드(back-end)에서 사용하는 데이터베이스 서버의 경우 1TB 영역 전체를 갱신하는 방식은 드물며, 규모가 매우 큰 시스템이라 할 수 있다.

한편, Hadoop이 다루는 데이터 크기는 테라바이트~페타바이트 규모다. 물론 기가바이트 급 시스템도 Hadoop을 사용할 수 있지만, 그 정도는 기존 RDBMS로도 처리가 가능하다. 반대로 말하자면 RDBMS가 다루기 어려운 수백 기가바이트 이상 급이 아니라면, Hadoop을 굳이 사용할 이유가 없다.

■ 2. 데이터 조작

기존 RDBMS에 요구되는 것은 작은 데이터의 참조 및 갱신 처리가 메인이다. 하나의 트랜잭션으로 한 개 레코드를 참조하거나 갱신하는 작업이 많다. 데이터베이스의 디스크 I/O 단위인 블록 사이즈도 8KB, 16KB(킬로바이트, KiloByte) 정도 크기다. 이런 처리가 1초간 몇 번이고 실행된다.

한편, Hadoop에서는 대량의 데이터를 모아서 한 번에 처리한다. 1회 접속으로 수십 메가바이트에서, 크면 수백 테라바이트까지 처리할 수 있도록 설계되어 있다. 대량의 데이터를 한 번만 저장해 두고, 그 데이터를 참고하여 집계 처리 등을 한다. 한 번 저장된 데이터에 대한 변경 처리 개념은 존재하지 않는다. 오히려 한 번만 기록할 수 있다는 제약이, 기존 시스템에서는 어려웠던 높은 스루풋을 구현하도록 만든다[10].

■ 3. 응답 시간(Latency)

Hadoop과 RDBMS는 어떤 처리를 요구해서 그 결과를 얻기까지 걸리는 응답 시간의 특성이 다르다. 기존 RDBMS는 기본적으로 짧은 트랜잭션을 다루는 경우가 많기 때문에, 수 밀리초~ 수 초 정도의 짧은 응답 시간을 요구한다. 인덱스(Index)를 정의함으로써 필요한 데이터에만 접근하여 빠른 응답 시간을 구현하고 있다. 또한, 처리 요구에 빠르게 대응하기 위해 다양한 튜닝 작업도 가능하다(그림 1.7).

한편, Hadoop의 응답 시간이 느려서 온라인 처리에 적합하다고 말하기는 어렵다.

---

10 현재 Hadoop에는 추가 기록 기능이 있지만, 특정한 경우에만 사용할 수 있는 것으로, 범용성은 가지고 있지 않다.

Hadoop의 경우 처리를 분산하기 위한 전처리가 필요하기 때문에 하나의 잡(Job)을 실행시키기만 해도 최저 10~20초 정도의 오버헤드(overhead)가 발생한다. 이것에 실제 데이터 처리를 위한 시간을 더하면, 금세 수 분 정도의 처리 시간에 도달하게 된다. 때문에 RDBMS는 온라인 처리에 적합하고, Hadoop은 일괄 처리에 적합하다는 것을 이해할 필요가 있다.

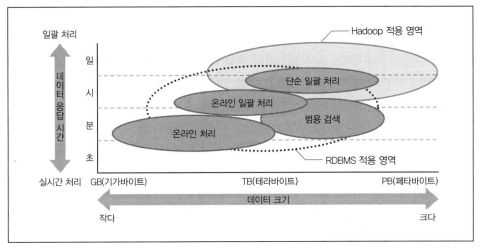

그림 1.7 RDBMS와 Hadoop 포지셔닝(Hadoop World NYC 2011, NTT 데이터 발표 자료 http://www.slideshare.net/cloudera/hadoop-world-2011-hadoops-life-in-enterprise-systems-ymasatani-ntt-data)

■ 4. 서버 대수와 성능 향상

기존의 RDBMS는 갱신 처리를 오류 없이 수행하기 위해 데이터 정합성이 매우 중요하다. 이를 위해 락(Lock)을 사용하여 변경 대상 데이터를 보호할 필요가 있다. 어떤 사용자가 특정 데이터에 락을 걸면, 해당 데이터에 접근할 수 있는 사람은 기본적으로 한 명밖에 없다. 동시 실행은 당연히 어렵다. RDBMS는 이런 개념을 바탕으로 하여 설계되었으므로 기본적으로 병렬 처리에 적합하지 않다.

RDBMS에서는 성능을 향상시키기 위해 어떻게 하나의 처리를 단시간에 끝낼 수 있을까에 주력한다. 때문에 성능 향상을 위한 기법은 '스케일 업', 즉 '서버 자체 성능을 향상'시키는 것이다. 다시 말하자면, 처리 능력이 높은 하드웨어를 사용해서 성능 향상을 꾀할 수밖에 없다는 것이다(그림 1.8). 하지만 스케일 업을 통한 성능 향상은 많은 비용이 필요하다.

스케일 업으로 처리 능력을 두 배 향상시키기 위해 필요한 비용은 통상적으로 원래 하드웨어 비용의 두 배 이상이 든다[11].

기존 RDBMS 가동 서버는 일반적으로 한 대다. 앞에서 말한 것과 같이, 다수의 서버를 사용해서 RDBMS를 구현하기 위해서는 상위 레벨에서 관리를 위한 다양한 처리를 설정해야 한다. 하지만 이런 작업은 기본적으로 그리 녹록지가 않다. 일부 상용 RDBMS이 복수의 서버를 사용한 클러스터 구성을 구현하고 있긴 하지만, 서버 간 동시 처리를 필요로 하기에 장비 추가에 따른 성능 향상에도 한계가 있다.

Hadoop은 확장성이 쉽다는 것을 대전제로 하고 있다. Hadoop 처리 모델인 MapReduce는 여러 대의 서버를 사용해 병렬 실행할 수 있다는 것을 가장 중시하고 있다. 당연히 성능 향상을 위한 기법은 '스케일 아웃', 즉 서버를 많이 추가하는 방식이다.

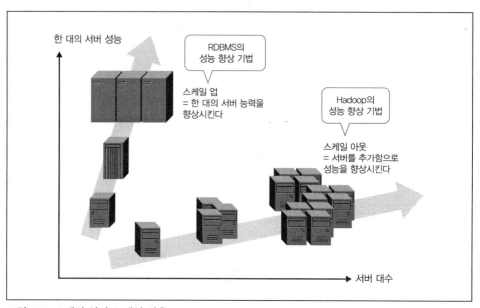

그림 1.8 스케일 업과 스케일 아웃

■ 5. 데이터 구조(구조화 데이터/준 구조화 데이터)

확장성 이외의 관점에서도 차이가 있다. RDBMS로 데이터 처리를 할 때는 데이터가 사전

---

11 10배 정도의 비용이 드는 경우도 드물지 않게 있다.

에 정의된 구조로 정규화될 필요가 있다. CREATE TABLE문을 실행하여 데이터를 저장하기 전에 데이터 저장 영역의 테이블 구조(스키마)를 결정해 두어야 한다. 이로 인해 설계에 비용과 시간이 들게 되고, 칼럼 추가나 삭제로 인해 구조가 변경되면, 어마어마한 비용이 또 들어가게 된다.

한편, Hadoop은 사전에 데이터 구조를 정의할 필요가 없다. 어떤 값을 키(Key)로 정할지 등 데이터에 의미를 붙이는 작업은 처리 실행 시점에 필요에 따라 해주면 된다. 데이터마다 구조가 다른 것을 허용하기 때문에 구조화가 덜 된 데이터라도 저장, 처리할 수 있다. 칼럼 추가나 삭제를 위해서 특별한 작업이 필요 없는 것이다.

이상, 여기까지의 설명을 통해 Hadoop의 특징을 다음과 같이 요약, 정리할 수 있다.

- 수백 기가바이트~수 테라바이트 이르는 대용량 데이터의 일괄 처리에 적합하다
- 확장성이 우수하다(서버 대수를 늘리면 저장할 수 있는 용량과 처리 성능이 향상된다.)
- 유연한 데이터 구조에 대응(처리 시점에 데이터 정의가 가능)

실제 시스템 구성에서는 기존 RDBMS와 Hadoop을 연동시키는 경우도 많다. 예를 들어, Hadoop으로 대용량 데이터를 기반으로 한 집계 결과를 출력한다고 하자. 해당 집계 결과를 검색하기 쉽도록 RDBMS에 로드한다. 원래 작은 데이터와 온라인 처리에 강하므로 Hadoop이 계산한 집계 결과를 보여주기 위해서 RDBMS를 사용하는 경우가 있다. RDBMS 이외에도 데이터 웨어하우스를 구현하는 제품이나 검색 엔진 소프트웨어 상에 Hadoop 실행 결과를 로드하는 경우도 있다.

1.4 Hadoop 시스템 구성과 아키텍처

이 절에서는 Hadoop 시스템 구성과 아키텍처의 개요를 설명한다. 상세 처리 흐름에 대해서는 뒤에서 따로 설명하고 있기 때문에 이 절에서는 대략적인 흐름을 잡을 수 있도록 안내하겠다.

1.4.1 Apache의 Hadoop 프로젝트

Hadoop에는 복수의 프로젝트가 존재한다[12]. Hadoop 커먼(Common)은 Hadoop의 각종 프로젝트를 지원하는 공통 유틸리티의 집합이다. 주요 프로젝트는 분산 파일 시스템 'HDFS'와 병렬 분산 처리 프레임워크 'MapReduce'다. 또한, 표 1.3에서 보여주고 있듯이 Hadoop을 사용하기 쉽도록 하는 각종 주변 제품 개발이 진행 중이다[13].

1.4.2 서버 구성

Hadoop 전체 구조를 이해하기 위해서 우선은 물리적 서버 구성에 대해 설명하겠다. Hadoop을 구성하는 서버는 클러스터 전체를 관리하는 '마스터(Master) 서버군'과 실제로 데이터를 저장하고 처리하는 '슬레이브(Slave) 서버군' 두 종류로 나뉜다. 이들 서버군이 협력하여 동작함으로써 하나의 Hadoop 클러스터를 구성한다.

표 1.3 Hadoop 주요 프로젝트

프로젝트명	설명
HDFS	높은 스루풋을 유지하면서 동시에 신뢰성을 추구하는 분산 파일 시스템
MapReduce	클러스터 환경에서 병렬 분산 처리를 수행하기 위한 프레임워크
Hive	Hadoop 조작을 쉽게 하기 위한 SQL 형식의 인터페이스
Pig	Hadoop 데이터 흐름을 기술하기 위한 스크립트 언어 방식 인터페이스
Sqoop	DBMS와 Hadoop 사이의 데이터 이동을 구현하는 커넥터(connector)
HBase	대용량 테이블을 관리하기 위해서 확장성을 추구한 키-밸류(Key-value) 방식 저장소
ZooKeeper	분산 클러스터 환경에서 동작하는 애플리케이션을 관리하기 위한 제품

현재 Hadoop은 크게 두 가지 계통이 존재한다. 버전 1.0대로 불리는 기존 아키텍처가 있고, 이와 병행하여 버전 2.0대의 새로운 아키텍처 개발이 진행되고 있다. 버전 2.0도 조금씩 활용되고 있긴 하지만, 아직 기존의 1.0대가 주류를 이루고 있다. 이 책에서는 1.0대 아

---

12 새로운 프로젝트가 계속 늘고 있는 추세다. http://hadoop.apache.org에서 프로젝트 리스트를 확인할 수 있다.

13 Hadoop 세계에서는 주변 소프트웨어군을 Hadoop 에코 시스템이라 부르기도 한다.

키텍처를 바탕으로 설명하겠다(그림 1.9)

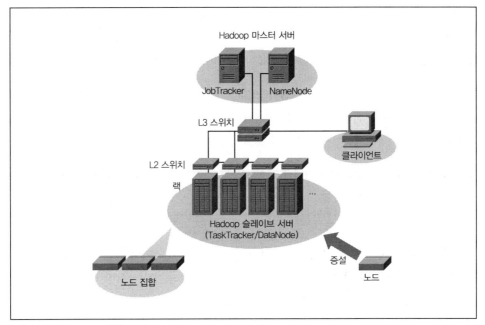

그림 1.9 Hadoop 서버 구성

Hadoop 분산 처리를 통한 '높은 스루풋'을 구현하기 위해서는 슬레이브 서버를 10대에서
수천 대 규모로 구성할 필요가 있다. 여러 대의 슬레이브 서버로도 Hadoop 클러스터를
구성할 수 있지만, 분산 처리에 따른 오버헤드가 분산 처리로 인한 성능 향상 효과보다 커
지게 된다[14].

슬레이브 서버는 1U나 2U의 IA 서버로 구성되며, 랙(Rack)에 설치되는 것이 일반적이다.
서버 수가 20~30대를 넘으면 하나의 랙에 설치할 수 없기 때문에 다수의 랙에 나누어서
설치해야 한다. 서버 간 네트워크 접속에는 특별한 하드웨어가 필요치 않으며 랙 내부에서
는 L2 스위치를, 랙 간 접속에는 L3 스위치를 배치하는 것이 일반적이다. 2013년 현재는
1Gbps NIC나 스위치가 주류를 이루고 있지만, 이후 가격이 떨어지면 10Gbps NIC와
스위치 사용이 일반적이 될 것이다.

---

14 여러 대의 클러스터로 검증은 가능하지만, 성능 향상이 목적인 경우는 추천하지 않는다.

한편, 마스터 서버는 슬레이브 서버보다 고성능, 고신뢰 장비를 사용하는 것이 일반적이다. 예를 들어, 2U의 IA 서버로 충분한 메모리양을 탑재하고 있는 장비를 이용한다. 슬레이브 서버는 RAID가 필요하진 않지만 SATA 디스크가 일반적이다. 반면, 마스터 서버는 SAS 디스크를 사용한 RAID 구성을 이용하기도 한다. 앞서 언급한 HDFS와 MapReduce 각각에 '마스터 서버'와 '슬레이브 서버'가 존재한다.

HDFS의 마스터 서버를 'NameNode'라고 부른다. 클러스터 전체에 걸쳐서 '데이터가 어디에 배치되어 있는지' 등의 메타(Meta)데이터를 관리한다. 한편, 슬레이브 서버를 'DataNode'라고 부른다. 실제 데이터를 읽고 쓰는 역할을 한다.

MapReduce의 마스터 서버를 'JobTracker'라고 부른다. 하나의 잡(job)을 태스크(Task)라 불리는 복수의 처리로 분할하여 각 슬레이브 서버에 할당한다. MapReduce의 슬레이브 서버를 'TaskTracker'라고 부른다. 할당된 태스크를 실행하고 결과를 반환한다.

각각의 마스터 서버인 NameNode, JobTracker는 각 한 대씩이다[15]. 소규모 Hadoop 클러스터에서는 NameNode와 JobTracker가 하나의 장비 내에서 동작하지만, 대규모 클러스터에서는 별도 장비를 사용한다.

슬레이브 서버는 여러 대로 구성되지만, DataNode와 TaskTracker가 같은 서버에 설치되는 것이 일반적이다. 각 DataNode가 읽어 들인 데이터를 같은 서버에 있는 TaskTracker로 처리할 수 있게 하기 위해서다. 이들 서버 외에도 데이터를 삽입하거나, 잡을 실행하기 위한 Hadoop 클라이언트 등도 있다.

1.4.3 HDFS: Hadoop 분산 파일 시스템

HDFS는 대용량 파일에 높은 처리량으로 접근할 수 있도록 설계된 분산 파일 시스템이다.

일반적인 파일 시스템으로 말하자면 리눅스의 ext4나 XFS 등을 들 수 있지만, 이들은 한 대의 서버 상에서 파일을 관리하기 위한 것이다. 분산 파일 시스템은 복수의 서버에서 규모가 큰 하나의 파일 시스템을 제공한다.

HDFS는 각 슬레이브 서버(DataNode)에 있는 ext4 같은 로컬 파일 시스템 상에 만들어지

---

15 HA 등 이중화 구성의 경우는 다수의 서버를 사용한다.

는 '오버레이 파일 시스템'이다. HDFS 상에 배치된 파일은 64MB 단위의 블록으로 분할되어 각 장비에 저장되지만, 각 블록 데이터는 ext4 같은 로컬 파일 시스템의 파일로 취급되는 것이다. HDFS에 대한 상세한 사항은 4장에서 설명하고, 여기서는 HDFS의 기본적인 특징만 소개하겠다.

■ HDFS의 편리성

HDFS의 편리성은 '투과성'과 '확장성' 두 가지 관점에서 설명할 수 있다.

- **투과성**
  클라이언트 관점에서는 파일 시스템의 내부에서 복수의 서버가 동작하고 있다는 것을 고려할 필요 없이, ext4 같은 로컬 파일 시스템을 다루듯이 투과적으로 접근할 수 있다. 사용자는 파일이 어떻게 블록으로 분할되어 있는지 의식할 필요가 없다.

- **확장성**
  HDFS는 슬레이브 서버 DataNode 대수를 늘려서, 용량과 기본적인 I/O 성능(스루풋)을 향상 시킬 수 있다. 디스크 용량이 부족하면 서버를 추가하기만 하면 된다[16]. 확장성이 보장된다는 점이 HDFS의 매력이라고 할 수 있다.

■ HDFS의 신뢰성

HDFS는 파일을 복수의 서버에 분할 배치 하지만 이것이 전부가 아니다. 하나의 파일을 복수의 '블록'으로 분할하고, 각각의 블록을 복수의 서버에 다중으로 기록하는 리플리케이션(replication) 기능을 가지고 있다(그림 1.10). 기본 설정에서는 각 블록이 세 개의 서버에 다중으로 저장된다[17].

하나의 서버가 고장 나서 블록에 접근할 수 없게 되더라도 다른 서버에 동일한 블록이 존재하기 때문에 분산 파일 시스템 전체적으로 데이터 소실 위험이 낮다.

마스터 서버인 NameNode가 고장 나면 HDFS 전체가 망가져 버린다(그림 1.11). HDFS의 가용성을 높이기 위해 NameNode의 HA 구성(이중화)을 할 수 있다[18].

---

16 기존 데이터를 서버 사이에 재배치해야 할 경우도 있다.

17 다중도(복제 수)는 설정에서 변경할 수 있다.

18 이전 버전에는 이중화 기능이 Hadoop에 없어서 DRBD나 Pacemaker 등을 조합하여 사용했다.

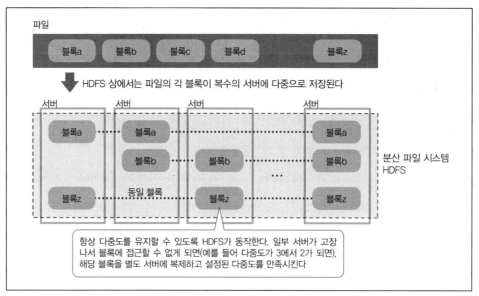

그림 1.10 HDFS에서는 각 블록을 복수의 서버에 다중으로 저장

■ 접근 패턴 제한

높은 스루풋을 실현하기 위해 HDFS에서는 데이터 접근 패턴을 제한하고 있다. 예를 들면, 다음과 같은 제약들이 있다.

- 기본적으로 연속적 스트림(stream) 읽기를 전제로 하고 있다. 랜덤 읽기 방식은 고려하지 않는다
- HDFS에서 데이터 기록은 한 번만 이루어지고, 그 이후는 읽기 처리만 가능하다. 데이터 변경은 불가능하다

일반적인 파일 시스템 상에서 데이터를 다루는 것과는 많은 차이가 있다. HDFS를 사용할 때는 이러한 제약 사항을 충분히 고려해야 한다.

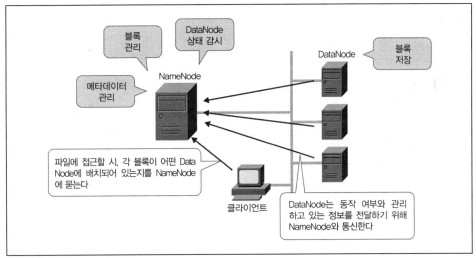

그림 1.11 NameNode는 HDFS 전체를 관리하기 때문에 만약 고장 나면 HDFS 전체가 망가져 버린다

1.4.4 Hadoop MapReduce 프레임워크

MapReduce는 대규모 데이터 집합을 처리하기 위한 프로그래밍 모델이다. 처리를 병렬로 실행하기 위해 하나의 잡을 독립된 태스크로 나누어서 실행한다.

■ 여러 사람이 전표 처리를 하는 상황을 예로 들어본다

MapReduce 처리가 어떤 구조인지 설명하기 전에 여러 사람이 종이 전표를 집계하고 있는 상황을 생각해 보도록 하자.

다음과 같은 상황을 가정해 보자.

- A, B, C 세 사람이 분담해서 집계 작업을 한다
- 취급 상품은 '상품a', '상품b', '상품c', '상품d', '상품e' 다섯 종류가 있다
- 전표에는 상품 판매 실적이 기록된다. 하나의 전표에는 전표 번호, 상품명, 수량이 기재되어 있다. 하나의 전표에는 한 종류의 상품만 기록된다
- 각 상품이 몇 개씩 판매되었는지 집계하고 싶다

그림 1.12 전표 예시

이때 세 명이서 효율적으로 작업을 진행하기 위해 세 단계로 나누어 작업하는 방법이 있다
(그림 1.13).

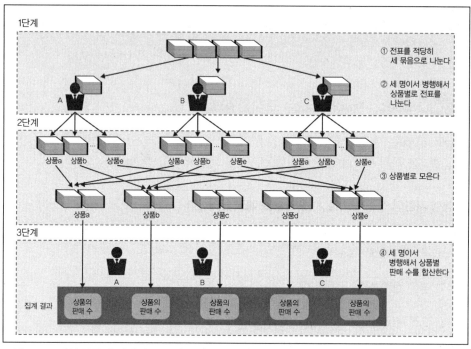

그림 1.13 다섯 상품의 판매 수를 세 명이서 집계하는 작업 예

우선 쌓여 있는 전표 뭉치를 적당히 세 그룹으로 나누어 세 명에게 나누어 준다①. 세 명
은 전표를 한 장씩 보고, 상품 종류별로 분류한다. 예를 들어, A는 '상품a 전표', '상품b 전
표'… '상품e 전표' 등 다섯 개 전표 그룹을 만들어 쌓아간다. 동일하게 B도, C도 각각 다섯
개 전표 그룹으로 분류한다②. 여기서 전표가 쌓인 그룹은 전체 열다섯 개가 된다.

다음으로 세 명이 만든 그룹을 상품별로 다시 정리한다고 하자. 'A가 분류한 상품a 전표', 'B가 분류한 상품a 전표', 'C가 분류한 상품a 전표'의 세 개 그룹을 하나의 그룹으로 정리한다. 동일하게 다른 상품들도 정리하면 다섯 개의 전표 그룹이 쌓이게 된다③.

마지막으로, 이 다섯 개 전표 그룹을 세 명이서 집계한다. 예를 들어, 상품a와 b는 A가, 상품c는 B가, 상품d와 e는 C가 담당한다. A는 우선 상품a의 전표를 순서대로 확인해서 몇 개씩 팔렸는지 합산한다. 그것이 끝나면 상품b 전표의 판매 수를 합산한다. 동일한 방법으로 B와 C도 작업을 진행한다④.

이를 통해 각 상품이 얼마나 판매됐는지를 세 명이 분담해서 집계할 수 있다. 실은 지금부터 설명하는 MapReduce는 이 3단계 작업을 범용화했다고 보면 된다.

몇 가지 주목해야 할 점이 있다. 우선은 각 단계에 있어서 A, B, C 작업은 독립된 작업이라는 것이다.

다른 한 가지는 사람 수가 바뀌어도 동일하게 분담할 수 있다는 것이다. 전표의 양이 많아서, 세 명이서 감당하기 어려우면 다섯 명이서 동일한 작업을 수행하면 된다.

첫 단계는 전표를 다섯 묶음으로 나누어 다섯 명이 분담하면 되고, 마지막의 합산 작업도 한 사람이 한 상품을 담당하면 된다[19].

MapReduce에서는 하나의 잡을 복수 태스크로 분배하고, 복수의 TaskTracker를 사용해 병렬로 실행하지만 결국 앞선 작업 방식과 같다.

■ MapReduce 처리 흐름

MapReduce는 크게 'Map(맵) 처리'와 'Reduce(리듀스) 처리'라 불리는 두 단계로 구성된다. 애플리케이션 개발자는 Map 처리와 Reduce 처리로 각각 어떤 동작을 할 것인지 정의한다. 반대로 말하면, Map 처리와 Reduce 처리 내용을 정의해 두면 이후부터는 MapReduce 프레임워크가 자동으로 병렬 분산 처리를 실행해 준다.

Map 처리는 주로 입력 파일을 한 줄씩 읽어서 필터링(filtering) 등의 처리를 하고, Reduce 처리는 데이터 집약을 맡는다. 앞의 예에서는 Map 처리는 '한 건의 전표에서 상품과 수량을 읽어 내고', Reduce 처리는 '상품별로 집약된 전표를 확인하고 수량을 합산하

---

19 여섯 명 이상이면 마지막 작업은 다섯 명이 하게 된다. 조금 고민해 보면 마지막 작업도 여섯 명 이상이 할 수 있다.

는' 것과 같다.

Map 처리와 Reduce 처리 사이에는 'Shuffle'이라 불리는 처리가 자동적으로 실행된다. 이것은 Reduce의 전처리에 해당하는 것으로, 사용자가 처리를 지정해 줄 필요는 없다.

어떤 처리든 데이터는 키(key)와 밸류(value)의 쌍으로 이루어지고, 해당 쌍의 집합을 처리한다. 입력 데이터도 출력 데이터도 이 키-밸류의 집합으로 구성된다. 예를 들어, 앞 예에서는 전표 번호라는 키와, 상품명과, 수량이라는 밸류를 가진 전표가 한 건의 데이터가 되는 것이다.

그러면 처리 흐름을 Map과 Reduce 순으로 살펴보도록 하자.

▌Map 처리

Map 처리에서는 입력 데이터 집합을 분할해서 각각을 Map 태스크에 할당한다①. 입력 데이터는 HDFS 상의 파일이며 데이터 분할은 MapReduce 프레임워크가 자동으로 수행한다[20].

MapReduce 프레임워크는 각 Map 태스크를 TaskTracker에 할당한다. 각 Map 태스크는 입력 데이터로부터 한 건씩 키-밸류 쌍을 꺼내서 사용자가 정의한 Map 처리를 수행하고, 처리 결과도 키-밸류 형태로 출력한다②. 앞 예에서는 전표 번호를 키, 상품과 수량을 밸류로 하는 전표 한 장씩을 입력하고, 키를 상품, 밸류를 수량으로 하는 데이터를 출력하고 있다고 보면 된다.

▌Shuffle 처리

Map 처리가 완료되면 MapReduce 프레임워크가 Map 처리 후 데이터를 정렬(sort)해서, 같은 키를 가진 데이터를 같은 장소에 모은다③. 이때 슬레이브 서버 간에 네트워크를 통한 전송이 발생한다.

이 Shuffle 처리는 MapReduce 프레임워크가 자동적으로 수행하기 때문에 사용자가 별도로 처리를 기술해 줄 필요가 없다. 단, Shuffle 처리에서 네트워크를 통한 데이터 전송이 발생한다는 것은 충분히 인식하고 있어야 한다. 전송 데이터양이 크면, Shuffle 처리가 처리 전체에 지장을 줄 수 있다. 따라서 Map 처리 결과의 데이터양도 고려해야 한다.

---

20 원칙적으로 HDFS 상의 블록 단위로 분할된다.

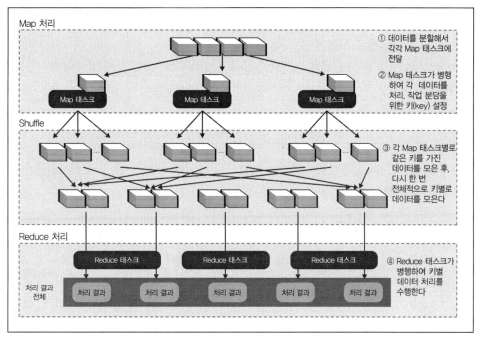

그림 1.14 MapReduce 처리 흐름 개요

■ Reduce 처리

Shuffle을 통해 키별로 모아진 데이터에 대해 Reduce 처리를 한다④. 키 수만큼 처리가 이루어지게 되는 것이다. 복수의 TaskTracker를 사용해서 병렬로 Reduce 처리를 할 수 있다. 앞선 예에서는 Shuffle로 동일 상품별로 데이터를 모으고, Reduce 처리로 밸류인 수량을 합산해서 상품별로 판매 수를 계산한다.

Map 처리도 Reduce 처리도 복수의 TaskTracker가 협력해서 동작한다. 이때, 예를 들어 어떤 데이터를 어떤 서버에 할당해서 처리할 것인지 고민할 필요가 없다. MapReduce 프레임워크가 자동으로 데이터를 분할해서 각 서버에 처리를 분배해 준다. 또한 어떤 서버에 처리를 할당했는데, 해당 서버가 고장이 나버린 경우의 처리에 대해서도 자동적으로 처리해 준다. 사용자가 해야 할 것은 Map 처리 내용과 Reduce 처리 내용을 정의하기만 하면 된다. MapReduce 처리의 상세 내용이나 프레임워크의 사용법에 대해서는 5장에서 설명하겠다.

■ 데이터 변경 관점에서 보는 MapReduce

MapReduce의 각 단계별 처리에 있어서 데이터 이동 및 변경 형태를 일반적으로 기술하면 다음과 같다.

Map 처리: 입력 ⟨k, v⟩* → 출력 ⟨k', v'⟩*

입력 데이터는 키-밸류 조합인 ⟨k, v⟩다. k는 키(key)를, v는 밸류(value)를 나타낸다[21]. 앞 예에서는 k는 전표 번호, v는 상품과 수량의 조합이 된다. 예를 들면 ⟨84959394, [상품 b, 20]⟩과 같다.

Map 처리에서는 이 입력 데이터에 대해 새로운 키-밸류 조합인 ⟨k', v'⟩를 출력한다. 이 처리가 k별로 순차적으로 이루어진다. 이때 k'는 다음 Shuffle에서 데이터를 집약하는 단위가 된다. 예에서는 상품별로 데이터를 모으기 위해 k'를 상품, v'를 수량으로 취급한다. 예를 들어, ⟨상품b, 20⟩이 된다.

Shuffle: ⟨k', v'⟩** → ⟨k', v'*⟩*

Map 처리의 출력 데이터를 k'별로 모으고 밸류를 집약한다. 각 데이터의 밸류는 배열로 구성되어서 한 건의 데이터가 된다. 이때, v'의 배열을 정렬(sort)한다[22]. 입력이 ⟨상품b, 20⟩, ⟨상품b, 3⟩, ⟨상품b, 4⟩일 때, 출력은 ⟨상품b, [3, 4, 30]⟩이 된다. 이 처리가, 각 k' 별로 이루어진다.

Reduce 처리: 입력⟨k', v'*⟩* → ⟨k", v"⟩*

Shuffle에서 k'별로 밸류가 집약된 데이터를 입력 데이터로, 새로운 키-밸류 조합 ⟨k", v"⟩을 출력한다. 예에서는 ⟨상품b, [3, 4, 20]⟩을 입력 데이터로 수량을 합산해서 ⟨상품b, 27⟩을 출력한다. 이 예에서는 입력 키 k'와 출력 키 k"가 상품b로 동일하지만 달라도 상관없다. 또한, 이 처리가 각 k'에 대해 병렬로 실행된다.

1.5 Hadoop 적용 사례

이번 절에서는 Hadoop을 적용함에 따라 비즈니스 상 어떤 이점을 얻을 수 있는지에 대해 설명한다. 여기서는 우선 PoS 데이터를 사용한 고객 동향 분석 시스템을 예로 들어, Hadoop을 적용하면 무엇이 가능해지는지를 설명한다. 또한, 실제 Hadoop이 적용되고

---

21 *는 이들 데이터가 여러 개로 연속된다는 것을 의미한다.

22 이 단계 처리를 Shuffle&Sort라고 부르기도 한다.

있는 선행 사례들에 대해서도 몇 가지 소개하겠다.

1.5.1 Hadoop을 통해 변하는 것

Hadoop을 도입함으로 새로운 가치를 창출할 수 있다고 설명해 왔었다. 그럼 여기서 구체적인 예를 하나 들어보겠다.

어떤 사업 형태든 '매출을 늘리고 싶다.'는 생각은 공통적으로 하기 마련이다. 소매업계를 예로 들면, 매출을 늘리기 위해서 고객 동향을 충분히 파악한 후, 상품을 늘리거나 상품 배치를 바꾸고, 재고 수를 확보하기도 한다. 또한, 점포 수를 늘리거나 줄이기도 한다. 이런 대책을 실행하기에 앞서 고객 동향을 파악하게 되는데, 이때 정보원이 되는 것이 바로 PoS 데이터[23]다.

소매업계에서는 슈퍼마켓, 편의점, 약국 등을 시작으로 PoS 데이터를 수집해서 사용해 오고 있다. PoS 데이터를 해석하는 것으로 재고 관리나 판매 관리를 하고, 판매 경향을 발견하기도 한다. 여기서는 'PoS 데이터 해석에 Hadoop을 도입'하는 예를 들어 도입하면 어떤 변화가 발생하는지 살펴보자.

■ 예1: 처리 주기가 짧아짐

PoS 데이터를 집약하는 PoS 시스템에는 대량의 데이터가 축적된다. 대량의 데이터를 정리하고 해석하기 위해 매일 일괄 처리를 실행해야 한다. 하지만 다루는 데이터양이 테라바이트 급이 되면 일괄 처리에 많은 시간이 걸려서 하루에 한 번의 실행도 어려울 때가 있다.

여기서 데이터양이 동일한 상태에서 계산 처리 능력을 늘리는 방법을 생각해 보자. Hadoop이라면 서버 추가를 통해 처리 능력 향상을 간단히 실현할 수 있다. 처리 능력이 올라가면, 일괄 처리 시간도 당연히 짧아진다. 일괄 처리에 걸리는 시간이 짧아진다는 것은 짧아진 주기로 일괄 처리를 반복할 수 있다는 것을 의미한다. 결과적으로 보다 짧은 주기로 피드백을 얻을 수 있게 된다.

---

23 PoS(Point of Sales: 판매 시점 정보 관리)란 점포 판매 데이터다. 어떤 상품이 언제, 어디서, 얼만큼 판매되었는지 나타낸다.

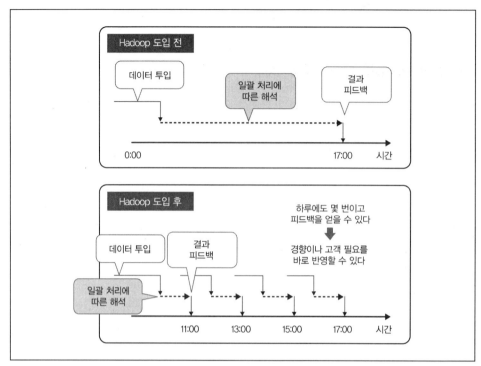

그림 1.15 일괄 처리 주기 향상

예를 들어, PoS 데이터의 일괄 처리로 잘 팔리는 상품과 부진한 상품을 발견하고 싶다면, 일괄 처리 주기를 15분에 1회 정도로 짧은 간격으로 실행함으로써 그날의 판매 경향을 거의 실시간으로 파악할 수 있다. 이 해석 결과를 바탕으로 각 점포가 재량껏 가격 조정 등의 대책을 세울 수 있게 된다.

■ 예2: 분석 범위 확대

앞서, 데이터양이 동일한 상태에서 처리 능력 향상을 통해 가능해지는 것들에 대해 설명했다. 이번에는 데이터양이 증가한 경우를 생각해 보자. PoS 데이터 경우, 종래는 한 달이 지나면 버렸던 데이터를 여러 해 동안 모아서 Hadoop을 사용해 처리할 수 있게 되었다. 이를 통해 1년간 '이 시기에는 판매가 어떤가?'라든가, '몇 년간 점점 ○○가 늘어나는 경향이 있다.' 등 어떠한 경향을 읽을 수 있게 된다. 그리고 이것을 상품 배치 전략에 활용하는 것이 가능해진다. 또한, PoS 데이터와 별도로 이벤트 정보를 연동함으로써 '○○사의 동향이 ××에 영향을 줄 가능성이 있다.'든가 '○○의 이벤트가 발생하면 ×× 경향이 있다.' 등을 파악할 수 있게 된다. Hadoop의 경우, 필요한 만큼 서버를 투입함으로써 종래에는 다루기 어려웠던 데이터양을 처리할 수 있게 되어 보다 넓은 관점의 분석이 가능해진다.

1.5.2 Hadoop 애플리케이션 이용 사례

Hadoop은 이미 많은 기업에서 사용되고 있다. 주로 대량의 데이터를 실시간으로 처리하기 위해서다.

▌웹 접속 로그 통계

가장 많이 이용되는 분야 중 하나다. 사용자가 각 사이트에서 클릭한 이력을 모두 축적해 두었다가 사용자 접속 경향을 분석한다. 최근 사이트 접속량이 방대해지면서 접속 로그를 장시간에 걸쳐 보관해 둔다고는 하나, 처리 차체가 어려웠다. 이 때문에 지금까지는 로그를 그냥 버렸지만, Hadoop이 등장하면서 비로소 로그를 버리지 않고 활용할 수 있게 되었다.

▌전문 검색용 전치 인덱스 구축

전문 검색을 위한 인덱스 작성을 Hadoop을 통해 구현하는 예다. 어떤 단어가 어떤 문서에 존재하는가란 정보를 전치 인덱스라는 형태로 색인화한다. 웹 전체를 크롤(crawl)한 결과같이 입력하는 데이터양이 방대한 경우, 일반적인 인덱스로는 막대한 시간이 걸린다. 이때, Hadoop의 처리 성능 향상이 그 힘을 발휘한다. 검색 인덱스 엔진으로 Apache Solr[24]를 함께 이용하는 경우도 있다.

▌통계적 기계 번역

기계 번역이란 어떤 자연 언어를 다른 자연 언어로 변환하는 기술로, 예를 들면 영어를 한국어로 번역하는 것을 가리킨다. 번역 정확도를 높이기 위해 통계적 기법을 필요로 하지만, 이는 대량의 계산이 발생하기 때문에 Hadoop을 사용한 처리를 한다.

▌포맷 변환/이미지 변환

어떤 포맷의 데이터를 다른 포맷으로 변환하는 작업이 대량일 경우, 높은 처리 성능을 요구하는 경우가 있다. 이때, Hadoop을 사용할 수 있다. 예를 들어 대용량 동영상 데이터의 포맷을 변환할 경우, 데이터를 작은 크기로 나누어서 변환하고 변환 후에 데이터를 다시 결합시켜 한 개의 파일로 만드는 처리가 가능하다. 이미지 파일의 포맷 변환 예로서

---

24 http://lucene.apache.org/solr

뉴욕타임즈가 과거 130년간의 기사(1.5TB, 약 1,100만 장)를 PDF로 변환한 예가 있다. Amazon EC2 상에서 Hadoop 클러스터를 구축했고, 24시간 이내에 처리를 마칠 수 있었다고 한다.

▌부정값 및 이상값 검출

특정 패턴에 속하지 않는 이상값을 대량의 데이터에서 검출해내는 처리도 Hadoop으로 구현 가능하다. 미국 야후에서는 스팸 필터를 학습시키기 위해 Hadoop을 사용하고 있고, 비자(VISA)는 리스크 관리를 위한 스코링(scoring) 시스템 구성을 위해 사용하고 있다고 한다.

▌기계 학습

일정량의 데이터를 분석하고 그 데이터에서 의미있는 규칙이나 경향을 끄집어내는 처리다. 외부의 어떤 센서를 사용해서 정보를 축적하고 있는 경우, 기계 학습을 이용해서 분석하는 것으로 유익한 결과를 얻을 수도 있다. 음성 인식이나 문자 인식과 같은 패턴 인식 그리고 금융, 증권 시장의 동향 분석, 유전자 분석, 기상 예측, 교통 예측 등등, 다양한 분야에서 기계 학습을 사용하고 있다.

지금까지 든 예에서도 검색 인덱스를 기반으로 기계 학습을 사용함으로써 분석 정확도를 높인 경우가 많다. 기계 학습에서 다루는 데이터가 많은 경우는 대량의 계산이 필요하기 때문에 Hadoop이 최적의 솔루션이 될 수 있다.

지금까지 Hadoop 개요에 대해 설명했다. Hadoop에 대해서 조금이라도 이해할 수 있었다면 성공이다.

- Hadoop은 테라바이트, 페타바이트급의 데이터를 일괄 처리하는데 최적화되어 있으며, 서버를 추가하는 것으로 성능(확장성)을 향상시킬 수 있다
- HDFS라고 불리는 분산 파일 시스템과 MapReduce라 불리는 데이터 처리 프레임워크로 구성된다
- Hadoop은 어떤 처리에도 적용할 수 있는 만능 시스템이 아니다. RDBMS나 다른 미들웨어와 잘 조합하여 적재적소에 사용하는 것이 바람직하다

위 사항을 이해했다면, Hadoop 개요는 충분히 습득한 것이다. Hadoop은 새로운 미들웨어다. 때문에 그 능력을 최대한 끌어내기 위한 포인트가 존재한다. 다음 장부터는 Hadoop의 상세 구조를 설명하고, 그 능력을 최적으로 사용할 수 있는 기능들에 대해 깊이 있게 다루도록 하겠다.

2

MapReduce
애플리케이션 활용 예

2.1 블로그 접속 수 집계

지금까지 살펴본 것처럼, Hadoop이란 매우 크기가 큰 파일을 복수의 노드(컴퓨터)에 분산해서 처리하는 시스템이라고 할 수 있다. 이 장에서는 Hadoop의 MapReduce 프레임워크를 활용한 구체적인 예를 살펴보고, MapReduce로 어떤 처리가 가능한지 소개한다. 그리고 MapReduce를 결코 특수한 문제에만 적용할 수 있는 것이 아니라, 데이터 처리에 관련된 전형적인 처리에도 이용할 수 있다는 것을 설명하겠다.

우선은 가장 전형적인 활용 예인 집계 처리에 대해 예를 들며 설명하겠다. 여기서는 블로그 접속 로그 집계를 다루도록 한다.

2.1.1 문제 설정

어떤 블로그 서비스에서 블로그별 열람자 수를 세고 확인하려 한다. 블로그 열람 요구는 웹 서버에 일 단위 접속 로그로 기록되기 때문에 해당 로그를 이용하기로 한다. 접속 로그에는 열람된 블로그 ID와 요구처의 IP 주소, 바른 요구인지에 대한 여부 등이 기록되어 있고, 요구처 IP를 통해 열람자를 구별한다.

블로그별 열람자 수를 셀 때 주의해야 할 것이 두 가지 있다. 하나는 올바른 열람 요구만을 카운트해야 한다는 것이다. 예를 들어, 존재하지 않는 블로그 열람 요구 등 부정확한 요구는 세지 않는다. 그리하여 올바른 열람 요구만 대상으로 한다. 다른 한 가지는 블로그 열람자를 중복 없이 한 번만 세야 한다는 것이다(유니크한 열람자를 카운트). 블로그 열람자가 특정 블로그 내의 몇 가지 기사를 이동해 가며 읽은 경우, 이동한 수만큼 로그에 기록된다. 이것을 그대로 세게 되면 본래 목적인 '블로그별 열람자 수'를 셀 수 없다. 그래서 동일 요구처의 IP 주소가 같은 블로그를 몇 번이고 열람하더라도 1회만 세도록 한다(그림 2.1).

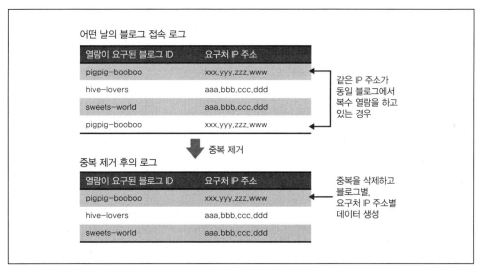

그림 2.1 중복된 열람 요구는 한 번만 카운트

2.1.2 문제 해결을 위한 접근법

이 문제의 첫 번째 포인트는 존재하는 블로그에 대한 열람 요구만 센다는 점이다. 이를 위해서 부정확한 열람 요구를 필터링하여 카운트 대상에서 제외할 필요가 있다. 두 번째는 유니크한 사용자 수를 카운트해야 한다는 점이다. 같은 블로그에 대해 같은 IP 주소가 접근하는 경우(리퀘스트)는 중복 제거 처리를 할 필요가 있다. 이와 같은 사실에 근거해서 부정확한 열람 요구 필터링, 열람 요구 중복 제거, 블로그 열람자 수 카운트의 순서로 처리 프로세스를 만들도록 한다.

2.1.3 MapReduce 구현 방법

이 처리는 두 개의 MapReduce 잡으로 구현할 수 있다. 첫 번째 잡은 부정확한 열람 요구를 필터링하고 열람 요구 중복을 제거한다. 그리고 두 번째 잡에서 블로그 열람자 수를 세도록 한다(그림 2.2)

첫 번째 잡에서는 우선 접속 로그에 기록되어 있는 블로그 열람 요구 한 건, 한 건에 대해 map 함수로 필터링을 실행한다. 부정확한 열람 요구는 처리 대상에서 제외한다. 계속해서, 열람 요구 중복 제거를 위해서 '열람이 요구된 블로그 ID와 요구처 IP 주소 조합'을 키로, '1'을 밸류로 해서 중간 데이터를 출력한다(그림 2.3).

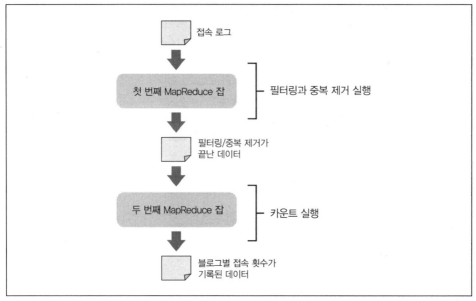

그림 2.2 두 개의 MapReduce 잡을 사용하여 분할 처리

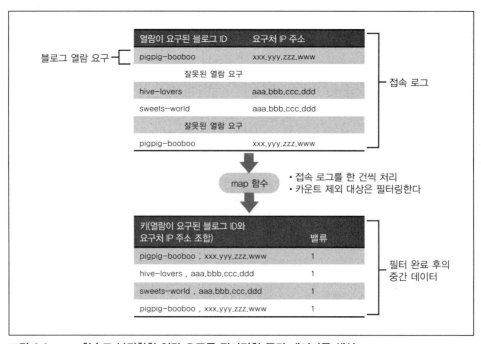

그림 2.3 map 함수로 부정확한 열람 요구를 필터링한 중간 데이터를 생성

중간 데이터에서 중요한 것은 키다. Shuffle 단계에서는 같은 키를 가진 중간 데이터를 하나의 그룹으로 집약한다. 열람이 요구된 블로그 ID와 요구처 IP 주소 조합을 키로 설정함으로써, 한 그룹에 포함되는 중간 데이터는 모두 같은 IP 주소가 동일 블로그에 열람 요구를 보낸 데이터가 된다. 결과적으로 최종 데이터에서는 중복이 제거된다.(그림 2.4).

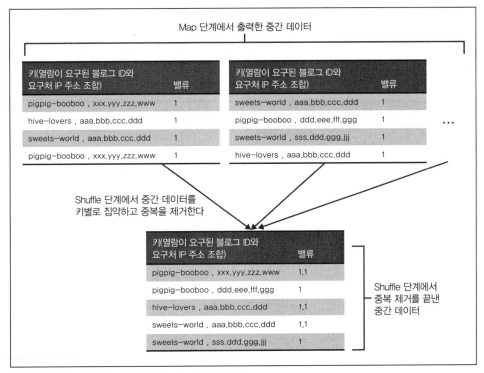

그림 2.4 Shuffle 단계에서 열람 요구 중복을 제거

밸류에 1을 설정해 두면 이 숫자를 집계해서 어떤 사용자가 동일 블로그에 몇 번 접속했는지 셀 수 있다[1]. 이렇게 Reduce 단계에서는 블로그 URL과 접속한 IP 주소 조합별로 reduce 함수가 호출되고 이것을 키로서 전달한다. reduce 함수 처리에서는 입력된 키를 분해해서 (〈열람이 요구된 블로그 ID〉, 〈요구처 IP 주소〉)의 키-밸류를 출력한다. 이런 식으로 각 블로그별 유니크 열람자를 기록한 데이터를 만들 수 있다.

두 번째 잡에서는 앞에서 만든 유니크한 열람자를 기록한 데이터를 입력 데이터로 처리한

---

1 이것은 Hadoop의 대표적 처리 예인 WordCount와 같은 방식이다.

다. Map 단계에서는 map 함수에 입력된 (〈요구된 블로그 ID〉, 〈요구처 IP 주소〉)의 키-밸류를 그대로 중간 데이터로 출력했다. 그러면 Shuffle 단계에서는 열람이 요구된 블로그 ID 별로 접속한 IP 주소를 집약한다. 그리고 열람이 요구된 블로그 IP별로 reduce 함수를 호출하여 이것을 키로서 전달한다. 밸류는 블로그 열람을 요구한 IP 주소의 집합이다. 집합 안에 포함되는 IP 주소 수를 세면, 해당 블로그의 유니크한 열람자 수를 얻을 수 있다(그림 2.5).

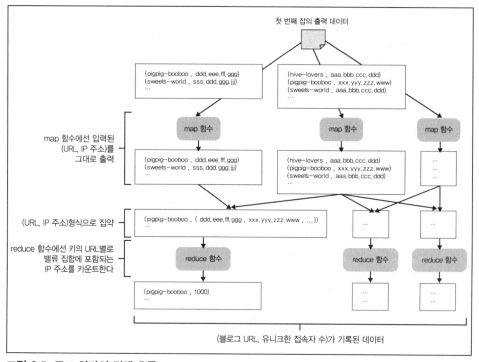

그림 2.5 로그 처리의 전체 흐름

MapReduce 잡에서 필터링, 중복 제거, Counter는 비교적 자주 사용되는 처리다. 또한, MapReduce 잡을 다단계로 구성해서 처리하는 기법도 자주 이용된다. 복잡한 문제를 하나의 MapReduce 잡으로 구현하는 것이 아니라, 복수의 단순한 문제로 분할해서 처리하는 방식이다.

2.2 비슷한 사람을 찾아내자

2.2.1 문제 설정

어떤 SNS 사이트에서 사용자 프로필이나 사이트 내 행동 이력 등, 사용자별 속성 정보를 기록하고 있다고 하자. 이 속성 정보를 이용해서 어떤 사용자와 같은 경향을 가진 사용자를 '친구'로 추천하여, 사용자 사이에 친밀감을 높일 수 있는 시스템을 만들고자 한다.

2.2.2 문제 해결을 위한 접근법

우선 개별 사용자의 속성 정보에서 사용자 특성을 계산한다. 이번 예에서는 문제를 단순화하고자 특성을 계산하기 위한 알고리즘이 존재한다고 가정하겠다. 모든 사용자를 대상으로 특성을 계산한 후, 같은 특성을 가진 사용자를 모아서 그룹을 만든다(그림 2.6).

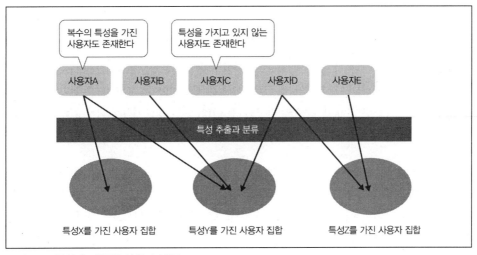

그림 2.6 특성에 기반한 사용자 분류

같은 그룹에 속한 사용자가 닮은 사용자를 표현하고 있기 때문에 그룹 안에서 친구를 추천하면 된다(그림 2.7).

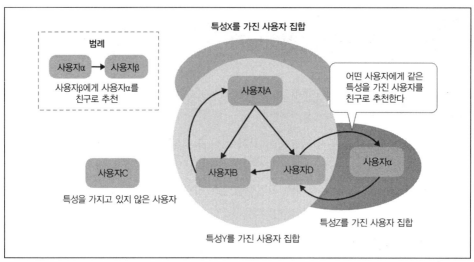

그림 2.7 같은 특성을 가진 사용자를 친구로 추천

MapReduce 구현 방법

map 함수에서는 각각의 사용자 속성 정보를 읽어서 특성을 계산한다. 그리고 (〈특성〉, 〈사용자〉) 형식의 키-밸류를 중간 데이터로 출력한다.

Shuffle 단계에서는 같은 특성을 가진 중간 데이터가 모아진다. 결과적으로, reduce 함수에는 특성별로 (〈특성〉, 〈같은 특성을 가진 사용자 집합〉)의 키-밸류가 전달된다. 이것으로 특성으로 그룹화한 사용자 집합을 생성할 수 있다(그림 2.8). 사용자에게 친구를 추천할 때는 해당 사용자가 속해 있는 그룹에서 선택해서 추천하면 되는 것이다.

MapReduce를 단순화하면 Map 단계에서 데이터에 키를 부여하고, Shuffle 단계에서 같은 키를 가진 데이터를 모으며, Reduce로 같은 키를 가지고 있는 데이터를 처리하는 구조로 되어 있다. 이번 예에서도 '특성'을 키라고 생각하면 본질적으로는 사용자에게 키를 부여하고 키별로 분류한 처리라고 볼 수 있다. 이런 기본 방식은 다양한 용도로 적용할 수 있다.

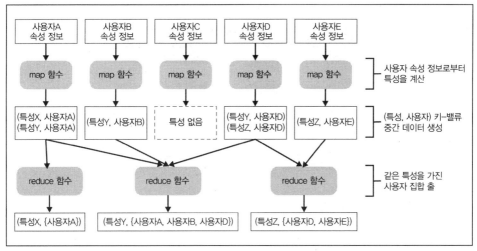

그림 2.8 MapReduce 흐름

2.3 검색 엔진 인덱스 작성

MapReduce는 검색 인덱스 작성 시에도 자주 사용된다. 여기서는 문서 검색을 위한 간이 인덱스를 MapReduce로 작성하는 예를 소개하겠다.

2.3.1 문제 설정

특정 문서에 포함되는 단어를 검색 키워드를 사용해서 문서를 검색할 수 있도록 한다. 예를 들어, 'Hadoop'이라는 단어가 검색 키워드로 부여되면 'Hadoop'을 포함하는 문서를 검색 결과로 표시하는 것이다. 이를 위해서 사전에 검색 인덱스를 작성해 둘 필요가 있다. 여기서는 문서에서 미리 단어를 추출하여, 해당 단어를 포함하는 문서 리스트를 기록한 인덱스를 작성하는 방식을 고려하고 있다(그림 2.9).

키워드	키워드를 포함하는 문서
Hadoop	문서1, 문서2, 문서3
Java	문서2, 문서3
Pig	문서1, 문서2
Hive	문서1
Mahout	문서1
Scala	문서3
Clojure	문서3

그림 2.9 인덱스 데이터 구조

2.3.2 문제 해결을 위한 접근법

인덱스를 만들기 위해서는 키워드와 그 키워드를 포함하고 있는 문서 리스트가 짝이 되는 데이터를 만들면 된다.

우선은 각 문서에 포함되는 키워드를 추출한다. 이를 통해 문서를 기준으로, 어떤 문서에 포함되는 키워드 리스트를 생성할 수 있다. 다음으로, 리스트에 포함되는 각 키워드와 문서를 쌍으로 하는 데이터를 생성한다. 각각의 문서에 대해 키워드와 문서 쌍을 구축하면 전체 문서를 키워드별로 합친다. 이렇게 키워드와 해당 키워드를 포함하는 문서 리스트 쌍을 만들 수 있다(그림 2.10).

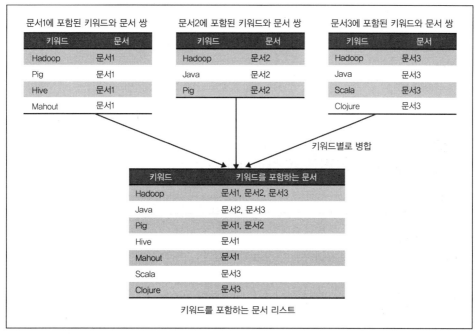

그림 2.10 키워드별로 키워드와 문서 쌍을 집약한다

2.3.3 MapReduce 구현 방법

Map 단계에서는 map 함수로 문서에 포함되어 있는 키워드별로 키워드와 문서 쌍을 생성한다.

우선은 문서에서 키워드를 추출한다. 추출을 위해서 형태소 분석 알고리즘 등을 사용한다. 여기서 추출한 키워드에 대해 (〈키워드〉, 〈문서〉) 형식의 키-밸류를 중간 데이터로 출력한다.

모든 문서에 대해 동일한 처리를 한 후, Shuffle 단계에서 키워드별로 해당 키워드를 포함하는 문서를 집약한다. 여기까지의 처리가 그림 2.10에서 표현하고 있는 키워드와 문서 쌍 생성, 전체 문서에서 키워드와 문서 쌍을 병합하는 작업에 해당한다.

이렇게 집약한 (〈키워드〉, 〈키워드를 포함하는 문서 집합〉) 키-밸류가 Reduce 단계에서 처리된다. Reduce 단계에서는 키워드별로 reduce 함수를 호출해서 전달된 키워드를 키로, 키워드를 포함하는 문서를 밸류로 출력한다. 이것으로 그림 2.9와 같이 키워드로 해당 문서 리스트를 찾을 수 있게 된다.

이것은 전치 인덱스라 불리는 인덱스 기법으로, 간단하지만 많은 검색 인덱스의 기본이 되고 있다.

2.4 이미지 데이터 분산 처리

지금까지 map 함수와 reduce 함수 양쪽을 사용한 처리 예를 소개했다. MapReduce에서는 map 함수만을 이용해서 단순한 분산 처리를 실행할 수도 있다. 이번에는 MapReduce로 이미지를 처리하는 예를 소개하겠다.

2.4.1 문제 설정

어떤 웹 서비스에서 여러 장소를 360도로 촬영해서 지도와 매칭시킴으로써 마치 자신이 그 장소를 산책하고 있는 듯한 경험을 제공하려 하고 있다.

하지만 사진에는 사람이나 자동차 번호판 등 개인 정보가 함께 담겨있는 경우가 많다. 그래서 서비스 제공 전, 모든 이미지에서 이러한 개인 정보를 모자이크 처리할 필요가 있다. 모자이크 처리할 부분을 특정 짓는 데는 사람 얼굴이나 자동차 번호판을 식별하는 기술을 이용하면 되지만, 그래도 한 가지 문제가 남는다.

전국의 다양한 장소에서 촬영한 360도 이미지 데이터이기 때문에 그 수가 무척 방대하다. 이미지를 순서대로 처리했다간 시간이 아무리 지나도 처리를 다 끝내지 못할 수도 있다. 그래서 각 이미지를 동시에 병렬로 처리할 필요가 있다.

2.4.2 문제 해결을 위한 접근법

이 문제의 특징은 크게 두 가지로 나눌 수 있다. 하나는 입력할 이미지는 전부 다르지만 각 이미지에 대한 처리는 모두 동일하다는 것이다.

다른 한 가지 특징은 이런 케이스의 처리에서는 '집약' 처리가 필요하지 않다는 점이다. 이번 예에서는 각 이미지 처리에 필요한 데이터는 각 이미지 안에서 처리가 가능하다. 즉, 어떤 이미지의 처리를 위해서 다른 이미지가 필요하지 않기 때문에 집약 처리도 필요하지 않다. 이런 특성은 이미지나 음성 등 멀티미디어 데이터 처리에서 자주 볼 수 있다.

이상의 특징에서 각 이미지 처리를 가능한 많이 병렬 배열하면 간단히 분산 처리를 해낼 수 있다.

2.4.3 MapReduce 구현 방법

map 함수는 입력 데이터 간에 독립적인 처리가 가능하고, 각 데이터에 대해 동일한 처리를 할 경우 큰 힘을 발휘한다. 이번 예에서도 문제의 특성이 map 함수 내에서 모든 처리가 가능하기 때문에 map 함수만을 사용해서 구현한다. map 함수 1회 호출에 이미지 데이터 하나를 처리한다. 그래서 복수의 map 함수를 병렬로 실행함으로써 복수의 이미지를 동시에 처리할 수 있다(그림 2.11).

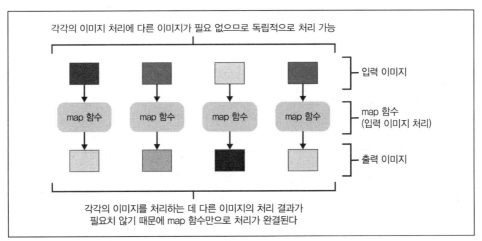

그림 2.11 Map 단계만을 사용한 병렬 처리

이 예와 같이 MapReduce에서 집약 처리가 필요 없는 경우, Map 단계(map 함수)만으로도 처리를 끝낼 수 있다. 네트워크 전송이 발생하는 Shuffle 단계를 거칠 필요가 없기 때문에 처리 시간도 절약할 수 있다. 더구나 Hadoop으로 MapReduce를 실행하는 경우, 고장이나 처리 실패 등 분산 처리에서 고려해야 할 부분을 프레임워크가 알아서 처리해 준다는 장점이 있다. Hadoop으로 MapReduce 잡(Job)을 설계할 때, 구현하고 싶은 처리 특성을 고려해서 Map 단계만으로도 처리가 가능한지 검토할 필요가 있다.

MapReduce로 구현할 수 있는 처리 특성과 활용 포인트

지금까지 네 가지 MapReduce 애플리케이션 활용 예를 살펴보았다.

MapReduce는 map 함수와 reduce 함수를 사용하여 처리하는 알고리즘으로, 구현하고
싶은 처리가 이 방식에 부합되는지를 고려해야 하는 점이 제약이 될 수 있다. 그러나 이 장
에서 소개한 활용 예 모두가 본질적으로 자주 사용되는 처리 조합이라는 것에 주목하기 바
란다.

MapReduce는 데이터를 개별로 가공, 필터링하거나, 어떤 키값에 기반해 데이터를 분류
하거나, 분류한 데이터별로 통계치를 계산하는 등, 수많은 데이터 처리에서 사용되고 있는
기법들을 일반화하고 있다. 이런 사항을 바탕으로 MapReduce를 자유자재로 사용하기
위해서는 다음과 같은 포인트를 숙지해야 한다.

▎map 함수와 reduce 함수를 적절히 구분해서 사용

map 함수와 reduce 함수는 한 번에 처리할 수 있는 데이터와 데이터 전달 방법 등이 다
르다. 따라서 적절히 나누어 사용하는 것이 중요하다.

map 함수는 처리 대상 데이터 전체를 하나씩, 하나씩 처리한다. 이때 개별 map 함수에
데이터를 전달하는 순서를 조정할 수는 없다. 따라서 map 함수는 처리 대상 데이터 간에
의존 관계가 없고, 독립적으로 실행 가능한 처리나 순서를 고려하지 않아도 되는 처리에
적합하다. 예를 들어, 데이터 정화 처리나 특정 조건에 일치하는 데이터를 제외하는 필터
링, 그리고 집약 처리를 위한 전처리 등에 많이 사용한다.

한편, reduce 함수에는 키와 연관된 복수의 데이터가 전달된다. 또한, reduce 함수에 전
달되는 데이터는 키값으로 정렬되어 있다. 따라서 그룹화된 복수의 데이터를 필요로 하는
처리나, 순서를 고려해야 하는 처리에 적합하다. 예를 들어, 몇 가지 분류 그룹별 합계나
평균 계산 같은 집약 처리, 시계열 데이터 처리 등에 많이 사용된다.

▌집약 단위나 분류 기준을 고려한, 중간 데이터 키 선택

Shuffle 단계에서 동일한 키를 가지고 있는 중간 데이터를 집약한다. 구현하고 싶은 처리가 집약 처리를 필요로 하는 경우나 분류 작업 시, 어떤 기준으로 집약 또는 분류할지를 고려하여 map 함수로 중간 데이터에 부여할 키를 선택한다.

▌복잡한 처리는 여러 개의 단순 MapReduce 잡으로 분할

구현하려고 하는 처리가 복잡한 경우 MapReduce 처리에 적합해 보이지 않을 수도 있다. 하지만 복잡한 처리를 몇 개의 단순 처리로 분할하면, 복수의 MapReduce 잡으로 구현 가능한 경우가 있다. 구현하려고 하는 처리가 개별 데이터 가공과 가공한 데이터 집약이라는 조합으로 분할할 수 있는지 검토해 보기 바란다.

▌map 함수만으로 처리가 가능한지 검토

Hadoop의 MapReduce의 경우 Map 단계와 Reduce 단계 사이에 있는 Shuffle 단계에서는 반드시 중간 데이터 전달을 위한 통신이 발생한다. 이 통신의 오버헤드를 피하기 위해서는 구현하려고 하는 처리가 map 함수만으로 가능한지 검토해 볼 필요가 있다. Hadoop은 처리 실패 대응 등의 분산 처리에 관련된 귀찮은 작업을 프레임워크가 대신 수행해 주기 때문에 단순한 병렬 처리라도 적용할 가치가 충분히 있다.

MapReduce는 결코 특수한 문제를 해결하기 위한 알고리즘이 아니고, 지금껏 일반적으로 해왔던 처리에도 충분히 적용할 수 있는 알고리즘이다. 이미 언급한 것처럼 MapReduce는 개별 데이터 가공과 집약 처리, 그리고 이들을 조합한 수많은 데이터 처리에서 이미 사용됐던 기법을 일반화한 알고리즘이다. 따라서 구현하려고 하는 처리가 어떤 데이터 처리 조합으로 구성되어 있는지 분석하는 것이 MapReduce를 활용하는 첫 발걸음이 될 것이다.

3

Hadoop 도입

3.1 구축 환경 조건

이 장에서는 Hadoop 실행 환경을 구축하는 방법을 안내한다. Hadoop을 처음 다루는 사람이나, CDH(Cloudera's Distribution including Apache Hadoop)로 구축하고 싶은 사람은 이번 장부터 읽어나가기 바란다.

그리고 이 장은 Hadoop 실행 환경 구축을 쉽게 파악할 수 있도록 하는 것을 목표로 하고 있기 때문에 Hadoop 동작 원리나 설정에 대해서는 해당 장을 통해 따로 안내하고 있다. 상세한 내용을 알고 싶은 경우는 1장(Hadoop 기초 지식)이나 4장(HDFS), 5장(MapReduce) 등을 참조하기 바란다.

이 장에서 소개하는 설치 순서는 다음 내용을 전제로 진행한다.

3.1.1 Hadoop 배포(distribution) 버전

Hadoop은 하나의 컴포넌트로 동작하는 것이 아니라, HDFS나 MapReduce 프레임워크 등 복수의 컴포넌트가 연계되어 동작한다. 이런 이유로 현재는 이들 컴포넌트와 각종 주변 소프트웨어를 모은 배포 버전을 제공하고 있다. 배포 버전을 사용함으로써 분산 처리 실행 환경을 간단히 구축할 수 있다.
표 3.1에 Hadoop의 주요 배포 버전을 정리했다.

표 3.1 주요 배포 버전

명칭	제공처	특징	URL
Apache Hadoop (커뮤니티판 Hadoop)	Apache Hadoop 커뮤니티	커뮤니티가 제공하는 Hadoop 코어	http://hadoop.apache.org/
Cloudera's Distribution including Apache Hadoop (CDH)	미국 클라우데라	Hive, Pig 등 Hadoop 연동 제품 패키지, 동작 검증, 가동 스크립트 등 유틸리티 제공	http://www.cloudera.com/hadoop/
Hortonworks Data Platform(HDP)	미국 Hortonworks	감시계 소프트웨어를 포함해 모두 오픈 소스로 제공	http://hortonworks.com/

이 책에서는 배포 버전으로 CDH를 사용한다. CDH는 Hadoop 본체 외에 가동 스크립트 등 편리한 유틸리티 프로그램을 포함하고 있다. 그래서 Hadoop의 실용적인 실행 환경을 간단하게 구축할 수 있다는 점에서 매우 사용하기 편리한 배포 버전이다. CDH의 특징은 다음과 같다.

- RPM, deb 등의 패키지를 사용해서 간단하게 도입할 수 있다[1]
- 제공되는 각 컴포넌트 조합을 사용한 동작이 검증되었다

덧붙이자면 이 책에서 사용하는 CDH 버전은 4.2다. 4.2에서 제공하는 소프트웨어 중 이 책에서 다루는 소프트웨어 버전에 대해서 표 3.2에 나타내고 있다[2].

표 3.2 CDH 4.2에서 제공하는 소프트웨어 버전

명칭	버전	상세 설명 장
HDFS	2.0.0	4장
MapReduce	0.20.2	5장
Pig	0.10.0	12장
Hive	0.10.0	13장
Hbase	0.94.2	20장

3.1.2 MapReduce 버전

Hadoop 배포 버전에는 몇 가지 다른 버전이 존재했는데, Hadoop의 MapReduce에 대해서도 크게 두 가지 계통이 존재한다. 각각의 특징은 다음과 같다.

- 1.0계
  잡 실행 관리를 하는 JobTracker와 개별 태스크를 실행하는 잡 실행 프레임워크(TaskTracker로 구성됨)를 채용하고 있다. 이 프레임워크는 Hadoop 공개 당시부터 채용된 것이다. MapReduce 1.0(이하 MRv1)이라고 불린다.

---

1 덧붙이면, 이 장에서는 CentOS를 사용하기 때문에 RPM 패키지를 사용해서 설치한다

2 이외 소프트웨어에 관해선 다음을 참조하기 바란다.
   http://www.cloudera.com/content/cloudera-content/cloudera-docs/CDH4/latest/CDH-Version-and-Packaging-Information/cdhvd_topic_7.html

- 2.0계

아키텍처 계층에서 MRv1이 아닌 다른 새로운 실행 프레임워크 YARN[3]을 채용하고
있다. MRv1에서 JobTracker/TaskTracker가 가지고 있던 임무를 리소스 관리 및 잡
스케줄/감시 관리 두 가지로 분할했다. 그리고 각각의 관리 임무를 수행하기 위한 데
몬을 새롭게 도입한 것이 큰 특징이다. MapReduce 2.0(이하 MRv2)이라고 불린다.

이 책에서는 MRv1을 사용한다. MRv2는 현재 불안정하며, Hadoop 연동 프로그램들이
MRv1를 기반으로 개발되어 있다. 때문에 시스템으로 사용하기 위해선 MRv1를 선택하
는 것이 보다 실용적이라고 할 수 있다.

3.1.3 Hadoop 동작 모드

Hadoop에는 다음 세 가지 동작 모드가 있다. Hadoop에서는 복수의 노드를 이용한
대형 클러스터를 구성할 수 있지만, 그와 같은 정식 시스템 구성용 클러스터가 항상 필
요한 것은 아니다. 필요에 따라 모드를 선택하는 것으로 작은 규모의 환경에서도 적용할
수 있다.

- 로컬 모드

  한 대의 서버 상에 HDFS를 사용하지 않고 MapReduce 동작 환경을 구축한다.

- 유사 분산 모드

  한 대의 서버 상에 HDFS를 사용한 MapReduce 동작 환경을 구축한다.

- 완전 분산 모드

  여러 대의 서버 상에 HDFS를 사용한 MapReduce 동작 환경을 구축한다.

이용 목적에 따라 동작 모드를 선택해서 사용하도록 한다. 표 3.3에서 각각의 모드에 대한
사용 예와 특징을 정리하고 있다.

이 장에서 사용하는 것은 유사 분산 모드로, 한 대의 장비로 손쉽게 동작 확인을 할 수 있
다는 이점이 있다. 유사 분산 모드는 복수 노드 사이에 네트워크 통신이 발생하지 않는다
는 것 외에는 완전 분산 모드와 동일하게 동작한다. HDFS 상에서 MapReduce 동작을

---

3 YARN(Yet-Another-Resource-Negotiator)은 22장에서 설명하겠다.

  http://hadoop.apache.org/docs/current/hadoop-yarn/hadoop-yarn-site/YARN.html

검증하기 위해서는 충분한 환경이다[4].

표 3.3 동작 모드

동작 모드	서버 대수	HDFS 프로세스	MapReduce 프로세스	이용 목적
로컬 모드	한 대	HDFS를 사용하지 않기 때문에 NameNode 프로세스, DataNode 프로세스로도 동작하지 않는다	단일 자바 프로세스로 실행되기 때문에 JobTracker 프로세스, TaskTracker 프로세스 모두 동작하지 않는다	MapReduce 동작만 검증
유사 분산 모드	한 대	NameNode 프로세스, DataNode 프로세스 모두 한 대의 서버 상에서 동작	JobTracker 프로세스, TaskTracker 프로세스 모두 한 대의 서버 상에서 동작	HDFS/MapReduce 동작 검증, Hadoop 애플리케이션 기능 검증
완전 분산 모드	여러 대 (마스터 서버와 슬레이브 서버로 구성)	NameNode 프로세스는 마스터 서버 상에서, DataNode 프로세스는 슬레이브 서버 상에서 동작	JobTracker 프로세스는 마스터 서버 상에서, TaskTracker 프로세스는 슬레이브 서버 상에서 동작	상용 환경 구축, 노드 간 통신을 포함한 HDFS/MapReduce 동작 검증, 성능 등의 비기능 요건을 포함한 애플리케이션 검증

3.2 실행 환경 구축

3.2.1 OS 설치

Hadoop은 자바로 기술된 코어 부분과 쉘 스크립트(Bash)로 기술된 헬퍼 부분으로 구성된다. 때문에 리눅스 배포 버전(Ubuntu 등), BSD 배포 버전(FreeBSD 등), 그 외 유닉스 계열의 OS(Solaris 등)에서 동작한다[5].

---

4 단, Hadoop 본래 용도(분산 처리)로 사용하기 위해서는 완전 분산 모드를 적용해야 한다. 유사 분산 모드는 어디까지나 검증, 학습을 위한 것이며 실제 상용 환경에는 적합하지 않다.

5 단, CDH는 리눅스 이외의 OS를 지원하지 않는다. 때문에 이 책에서는 리눅스 배포 버전의 하나인 CentOS를 채용하고 있다.

이 장에서는 CentOS 6 64bit 판을 사용한다. OS 설치 순서에 대해서는 생략했기 때문에 각자 선호하는 방법을 찾아서 설치하기 바란다. 참고로 CentOS의 iso 파일을 다운로드할 수 있는 미러 사이트는 다음과 같다.

- http://ftp.iij.ad.jp/pub/linux/centos/6/isos/x86_64/
- http://ftp.riken.jp/Linux/centos/6/isos/x86_64/
- http://ftp.nara.wide.ad.jp/pub/Linux/centos/6/isos/x86_64/

참고로 OS 설치 완료 후에는 sudo 명령을 패스워드 없이 실행할 수 있는 사용자를 만들어야 한다. 이후의 명령 실행 예에서는 특별한 언급이 없으면 여기서 만든 사용자, 즉 패스워드 없이 사용 가능한 sudo 명령을 적용한다.

3.2.2 JDK 설치

Hadoop 프로그램 실행 및 개발에는 Java Development Kit(이하 JDK) 설치가 필요하다. JDK의 주요 소스로는 오라클이 제공하는 JDK(이하 Oracle JDK)와 이를 오픈 소스로 제공하는 OpenJDK 두 가지가 있다. CDH는 Oracle JDK 사용을 추천하기 때문에 OpenJDK는 피하는 것이 좋다. 이 장에서는 Oracle JDK 6를 사용하겠다. 다음의 사이트에서 Oracle JDK 6 패키지를 다운받도록 한다[6].

JDK 다운로드 사이트

http://www.oracle.com/technetwork/java/javasebusiness/downloads/java-archive-downloads-javase6-419409.html#jdk-6u45-oth-JPR

/tmp에 패키지를 다운로드한 후, 다음 순서로 설치를 완료한다. 참고로 다음 실행에서는 다운로드한 패키지를 /tmp 이하에 저장해 두었다고 가정한다.

```
$ ls /tmp/jdk-6u43-linux-x64-rpm.bin
  /tmp/jdk-6u43-linux-x64-rpm.bin
$ sudo chmod a+x /tmp/jdk-6u43-linux-x64-rpm.bin
$ sudo /tmp/jdk-6u43-linux-x64-rpm.bin
```

---

6 License Agreement에 대한 동의가 필요하다.

설치 완료 후, 항상 JDK를 사용할 수 있도록 패스(path)를 설정한다. 루트(root) 사용자를 포함한 각 사용자의 .bashrc 파일에 다음 내용을 추가한다.

```
JAVA_HOME=/usr/java/jdk1.6.0_43
PATH=$JAVA_HOME/bin:$PATH
```

설정이 끝나면 다음과 같이 다시 읽어 들인 후, java 명령을 실행해서 자바 버전을 확인하도록 한다.

```
$ source ~/.bashrc
$ java -version
  java version "1.6.0_43"
  Java(TM) SE Runtime Environment (build 1.6.0_43-b01)
  Java HotSpot(TM) 64-Bit Server VM (build 20.14-b01, mixed mode)
```

3.2.3 CDH 설치

JDK 설치 완료 후 CDH 패키지를 설치하도록 한다. 이 장에서 구축하는 유사 분산 모드의 경우, 유사 분산 모드를 제공하는 패키지(hadoop-0.20-conf-pseudo)가 존재한다. 이것을 설치함으로써 패키지 의존 관계를 고려한 관련 패키지 모두가 함께 설치된다. hadoop-0.20-conf-pseudo 패키지를 설치하려면 클라우데라가 제공하는 yum 리포지토리(repository) 등록이 필요하다. 다음 실행 예에서는 rpm 명령을 사용해서 클라우데라의 리포지토리를 등록하고 있다[7].

```
$ sudo rpm --import http://archive.cloudera.com/cdh4/redhat/6/x86_64/cdh/ \ RPM
 -GPG-KEY-cloudera
$ sudo rpm -ivh http://archive.cloudera.com/cdh4/one-click-install/redhat/6/ \ x86
 _64/cloudera-cdh-4-0.x86_64.rpm
    Retrieving http://archive.cloudera.com/cdh4/one-click-install/redhat/6/x86_64/cl
oudera-cdh-4-0.x86_64.rpm
```

---

7 처음에 GPG 키 설치를 하고 있는데, 이것은 RPM 파일의 서명 등록을 위해서다.

```
    Preparing...              ######################################## [100%]
        1:cloudera-cdh         ######################################## [100%]

$  rpm -ql cloudera-cdh
   /etc/pki/rpm-gpg
   /etc/pki/rpm-gpg/RPM-GPG-KEY-cloudera
   /etc/yum.repos.d/cloudera-cdh4.repo
   /usr/share/doc/cloudera-cdh-4
   /usr/share/doc/cloudera-cdh-4/LICENSE
```

참고로 초기 설정에서는 CDH 최신 버전을 참조하고 있다. 이 장에서는 버전 4.2를 대상으로 하고 있기 때문에 확실히 4.2를 참조하도록 설정을 변경해야 한다.

```
$ sudo vi /etc/yum.repos.d/cloudera-cdh4.repo   (리포지토리 설정 변경)
  [cloudera-cdh4]
  name=Cloudera's Distribution for Hadoop, Version 4
  # baseurl=http://archive.cloudera.com/cdh4/redhat/6/x86_64/cdh/4/   (주석 처리)
  baseurl=http://archive.cloudera.com/cdh4/redhat/6/x86_64/cdh/4.2.1/   (설정 추가)
  gpgkey = http://archive.cloudera.com/cdh4/redhat/6/x86_64/cdh/RPM-GPG-KEY-cloudera
  gpgcheck = 1
```

리포지토리 등록 후 hadoop-0.20-conf-pseudo 패키지를 설치한다. 앞서 언급한 것과 같이 의존 관계에 있는 모든 패키지가 설치된다.

```
$ sudo yum install hadoop-0.20-conf-pseudo
```

연관된 패키지가 설치되고 있는 것을 확인한다.

```
$ yum list installed | grep hadoop
  hadoop.x86_64            2.0.0+922-1.cdh4.2.0.p0.12.el6
  hadoop-0.20-conf-pseudo.x86_64 hadoop-0.20-mapreduce.x86_64
  hadoop-0.20-mapreduce-jobtracker.noarch
  hadoop-0.20-mapreduce-tasktracker.noarch
  hadoop-hdfs.x86_64       2.0.0+922-1.cdh4.2.0.p0.12.el6
  hadoop-hdfs-datanode.x86_64
  hadoop-hdfs-namenode.x86_64
  hadoop-hdfs-secondarynamenode.x86_64
```

설치가 성공했는지 확인하기 위해서 hadoop 명령을 실행한다.

```
$ hadoop version
  Hadoop 2.0.0-cdh4.2.0
  Subversion file:///data/1/jenkins/workspace/generic-package-rhel64-6-0/topdir/BUIL
D/hadoop-2.0.0-cdh4.2.0/src/hadoop-common-project/hadoop-common -r 8bce4bd28a464e0a9
2950c50ba01a9deb1d85686
  Compiled by jenkins on Fri Feb 15 11:13:32 PST 2013
  From source with checksum 3eefc211a14ac7b6e764d6ded2eeeb26
```

또한, CDH 패키지를 설치함으로써 hdfs 사용자와 mapred 사용자가 생성된다.

```
$ view /etc/passwd
  (중략)
  hdfs:x:496:496:Hadoop HDFS:/var/lib/hadoop-hdfs:/bin/bash
  mapred:x:495:495:Hadoop MapReduce:/usr/lib/hadoop-0.20-mapreduce:/bin/bash
  (중략)
```

HDFS 서버 데몬은 hdfs 사용자 권한으로 실행되고, HDFS 상의 파일 조작에서는 hdfs 사용자가 특권 사용자가 된다. 한편 MapReduce 서버 데몬은 mapred 사용자 권한으로 실행된다.

3.3 동작 확인

그러면 HDFS/MapReduce 프로세스를 실행해서 정상 동작하는지 확인해 보자. 앞서 유사 분산 모드 설정용 패키지(hadoop-0.20-conf-pseudo)를 통해 필요한 설정이 이미 다 되어 있어, 특별히 설정을 변경할 필요 없이 동작을 확인할 수 있다[8].

---

8 참고로 유사 분산 모드의 HDFS 실행과 각종 설정에 관해서는 4장에서 상세히 설명하겠다. 여기서는 간단한 순서만 언급한다.

3.3.1 NameNode 포맷

HDFS 프로세스를 실행하기 전, NameNode가 관리하는 메타데이터 영역을 포맷할 필요가 있다. 이 조작은 hdfs 사용자로 실행해야 한다.

```
$ sudo -u hdfs hdfs namenode -format
13/03/23 23:38:34 INFO namenode.NameNode: STARTUP_MSG:
/************************************************************
STARTUP_MSG: Starting NameNode
STARTUP_MSG: host = hadoop/127.0.0.1
STARTUP_MSG: args = [-format]
STARTUP_MSG: version = 2.0.0-cdh4.2.0
STARTUP_MSG: classpath =-/etc/hadoop/conf:/usr/lib/hadoop/lib/slf4j-log4j12-1.6.1.
jar:/usr/lib/hadoop/lib/jackson-jaxrs-1.8.8.jar:/usr/lib/hadoop/lib/xmlenc-0.52.jar
 (생략)
13/03/23 23:38:43 INFO namenode.NNStorage: Storage directory /var/lib/hadoop-hdfs/ca
che/hdfs/dfs/name has been successfully formatted
13/03/23 23:38:43 INFO namenode.FSImage: Saving image file /var/lib/hadoop-hdfs/cach
e/hdfs/dfs/name/current/fsimage.ckpt_0000000000000000000 using no compression
13/03/23 23:38:43 INFO namenode.FSImage: Image file of size 119 saved in 0 seconds.
13/03/23 23:38:43 INFO namenode.NNStorageRetentionManager: Going to retain 1 images
with txid >= 0
13/03/23 23:38:43 INFO util.ExitUtil: Exiting with status 0
13/03/23 23:38:43 INFO namenode.NameNode: SHUTDOWN_MSG:
/************************************************************
SHUTDOWN_MSG: Shutting down NameNode at hadoop/127.0.0.1
************************************************************/
```

3.3.2 HDFS 관련 프로세스 실행

CDH는 HDFS 관련 프로세스를 실행하기 위한 init 스크립트를 제공한다. service 명령 경유로 init 스크립트를 실행해서 HDFS 관련 프로세스를 실행한다.

```
$ sudo service hadoop-hdfs-namenode start  (NameNode 실행)
  Starting Hadoop namenode:                                [ OK ]
  starting namenode, logging to /var/log/hadoop-hdfs/hadoop-hdfs-namenode-localhost.
localdomain.out
$ sudo service hadoop-hdfs-datanode start  (DataNode 실행)
```

```
  Starting Hadoop datanode:                                      [ OK ]
   starting datanode, logging to /var/log/hadoop-hdfs/hadoop-hdfs-datanode-localhost.
 localdomain.out
 $ ps -ef | grep hadoop-hdfs | grep -v grep  (HDFS 프로세스 실행 확인)
   hdfs      6832     1  1 18:57 ?        00:00:03 /usr/java/jdk1.6.0_43/bin/java -Dp
 roc_namenode -Xmx1000m -Dhadoop.log.dir=/var/log/hadoop-hdfs -Dhadoop.log.file=hadoo
 p-hdfs-namenode-localhost.localdomain.log -Dhadoop.home.dir=/usr/lib/hadoop -Dhadoop
 .id.str=hdfs -Dhadoop.root.logger=INFO,RFA -Djava.library.path=/usr/lib/hadoop/lib/n
 ative -Dhadoop.policy.file=hadoop-policy.xml -Djava.net.preferIPv4Stack=true -Dhadoo
 p.security.logger=INFO,RFAS org.apache.hadoop.hdfs.server.namenode.NameNode
   hdfs      6926     1  1 18:58 ?        00:00:03 /usr/java/jdk1.6.0_43/bin/java -D
 proc_datanode -Xmx1000m -Dhadoop.log.dir=/var/log/hadoop-hdfs -Dhadoop.log.file=had
 oop-hdfs-datanode-localhost.localdomain.log -Dhadoop.home.dir=/usr/lib/hadoop -Dhad
 oop.id.str=hdfs -Dhadoop.root.logger=INFO,RFA -Djava.library.path=/usr/lib/hadoop/l
 ib/native -Dhadoop.policy.file=hadoop-policy.xml -Djava.net.preferIPv4Stack=true -
 server -Dhadoop.security.logger=INFO,RFAS org.apache.hadoop.hdfs.server.datanode.
 DataNode
```

ps 명령의 출력을 통해 NameNode 프로세스와 DataNode 프로세스가 실행되고 있는
것을 확인할 수 있다.

3.3.3 MapReduce용 시스템 디렉터리 작성

MapReduce용 시스템 디렉터리를 다음 순서대로 작성한다. cache 디렉터리 아래에 있는
staging 디렉터리에는 MapReduce 잡 실행 시에 실행 사용자 권한으로 디렉터리가 자동
생성된다. 때문에 모든 사용자가 읽고 쓸 수 있어야 한다.

```
$ sudo -u hdfs hdfs dfs -mkdir -p /var/lib/hadoop-hdfs/cache/mapred/mapred/staging
$ sudo -u hdfs hdfs dfs -chmod 1777 /var/lib/hadoop-hdfs/cache/mapred/mapred/
staging
$ sudo -u hdfs hdfs dfs -chown -R mapred /var/lib/hadoop-hdfs/cache/mapred/
mapred/staging
```

3.3.4 사용자 디렉터리 작성

Hadoop의 MapReduce 애플리케이션을 실행하기 위한 일반 사용자용 디렉터리를 작성

한다. 다음 순서를 따라서 애플리케이션 실행용인 새로운 OS 사용자 계정(sampleuser)을
만든다.

```
$ sudo useradd sampleuser
$ sudo -u hdfs hdfs dfs -mkdir -p /user/sampleuser
$ sudo -u hdfs hdfs dfs -chown sampleuser /user/sampleuser
```

3.3.5 MapReduce 연동 프로세스 실행

HDFS와 동일하게 MapReduce 연동 프로세스를 실행하기 위한 init 스크립트가 CDH
를 통해 제공된다. service 명령어 경유로 init 스크립트를 실행하고 MapReduce 연동
프로세스를 실행한다.

```
$ sudo service hadoop-0.20-mapreduce-jobtracker start   (JobTracker 실행)
  Starting Hadoop jobtracker daemon (hadoop-jobtracker): starting jobtracker, logging
to /var/log/hadoop-0.20-mapreduce/hadoop-hadoop-jobtracker-localhost.localdomain.out
                                                          [ OK ]
$ sudo service hadoop-0.20-mapreduce-tasktracker start   (TaskTracker 실행)
  Starting Hadoop tasktracker daemon (hadoop-tasktracker): starting tasktracker, logg
ing to /var/log/hadoop-0.20-mapreduce/hadoop-hadoop-tasktracker-localhost.localdomain.
out
                                                          [ OK ]
$ ps -ef | grep mapreduce | grep -v grep  (MapReduce 프로세스 실행 확인)
  root     8049    1  0 19:18 pts/0    00:00:00 su mapred -s /usr/java/jdk1.6.0_43/
bin/java -- -Dproc_jobtracker -Xmx1000m -Dhadoop.log.dir=/var/log/hadoop-0.20-mapredu
ce
  (생략)
  mapred 8052 8049 3 19:18 pts/0 00:00:04 java -Dproc_jobtracker -Xmx1000m -D
hadoop.log.dir=/var/log/hadoop-0.20-mapreduce
  (생략)
  root     8246  1  0 19:20 pts/0    00:00:00 su mapred -s /usr/java/jdk1.6.0_43/
bin/java -- -Dproc_tasktracker -Xmx1000m -Dhadoop.log.dir=/var/log/hadoop-0.20-mapred
uce
  (생략)
  mapred   8249 8246 13 19:20 pts/0    00:00:03 java -Dproc_tasktracker -Xmx1000m -
Dhadoop.log.dir=/var/log/hadoop-0.20-mapreduce
  (생략)
```

ps 명령을 통해 JobTracker 프로세스와 TaskTracker 프로세스가 동작하고 있는 것을 확인할 수 있다.

 3.4 샘플 애플리케이션 실행

이상과 같이 구축한 환경에서 샘플 애플리케이션을 동작시켜 보자. 다음 예에서는 몬테카를로 법칙에 의한 원주율 근사값을 연산하는 애플리케이션을 실행하고 있다[9]. 명령어 인수 10은 Map 수를, 인수 1000000은 1Map당 샘플 수를 나타내고 있다. 샘플 수를 늘릴수록 정확도는 높아진다.

```
$ sudo -u sampleuser hadoop jar \
  /usr/lib/hadoop-0.20-mapreduce/hadoop-examples.jar pi 10 1000000
Number of Maps = 10
Samples per Map = 1000000
Wrote input for Map #0
Wrote input for Map #1
Wrote input for Map #2
Wrote input for Map #3
Wrote input for Map #4
Wrote input for Map #5
Wrote input for Map #6
Wrote input for Map #7
Wrote input for Map #8
Wrote input for Map #9
Starting Job
13/06/16 12:01:08 WARN mapred.JobClient: Use GenericOptionsParser for parsing the ar
guments. Applications should implement Tool for the same.
13/06/16 12:01:08 INFO mapred.FileInputFormat: Total input paths to process : 10
13/06/16 12:01:08 INFO mapred.JobClient: Running job: job_201305260646_0011
13/06/16 12:01:09 INFO mapred.JobClient: map 0% reduce 0%
13/06/16 12:01:32 INFO mapred.JobClient: map 40% reduce 0%
```

---

9 6장에도 설명하고 있지만, Hadoop-exmaple.jar에는 이번에 실행한 애플리케이션 외에도 샘플 애플리케이션들이 저장되어 있다.

```
13/06/16 12:01:55 INFO mapred.JobClient: map 80% reduce 0%
13/06/16 12:01:58 INFO mapred.JobClient: map 80% reduce 26%
13/06/16 12:02:05 INFO mapred.JobClient: map 100% reduce 26%
13/06/16 12:02:07 INFO mapred.JobClient: map 100% reduce 100%
13/06/16 12:02:10 INFO mapred.JobClient: Job complete: job_201305260646_0011
  (생략)
13/06/16 12:02:10 INFO mapred.JobClient: org.apache.hadoop.mapreduce.lib.input.Fil
eInputFormatCounter
13/06/16 12:02:10 INFO mapred.JobClient: BYTES_READ=240
Job Finished in 62.149 seconds
Estimated value of Pi is 3.14158440000000000000
```

처리가 진행되면서 map 100%, reduce 26%같이 Map 처리 및 Reduce 처리의 진행
상황을 파악할 수 있다. 또한, Job Finished in 62.149 seconds에서 MapReduce 잡
의 완료 상태와 처리 시간을 알 수 있다. 출력 마지막 부분에 Estimated value of pi is
3.1415844000000000가 표시되는데, 이것이 pi 계산 결과 값이다.

이상으로 개발 환경 구축을 완료했다. CDH를 사용한 환경 구축이 그다지 어렵지 않다는
것을 알 수 있었을 것이다. 마지막으로, 이 장에서 다룬 내용에 대해 보충하겠다.

- 커뮤니티판 Hadoop을 이용해서 환경을 구축할 때는 커뮤니티판 Hadoop의 공식 문서[10]를
  참조하도록 한다
- 완전 분산 모드로 동작하기 위해서는 설정을 변경해야 한다. 7장을 참조하기 바란다
- 유사 분산 모드에서는 문제가 되지 않지만, 완전 분산 모드로 사용하는 경우에는 복수의 서버
  에 대해 이 장에서 다룬 순서(3.2절 및 3.3절)를 적용해야 한다. 서버 대수가 많은 경우, 수동
  으로 설정하는 것은 현실적이지 못하다. 이 경우는 14장을 참고로 환경 구축을 자동화할 필
  요가 있다

---

10 http://hadoop.apache.org/docs/current

4

HDFS

4.1 Hadoop의 파일 시스템

4.1.1 분산 파일 시스템

Hadoop 구성 요소 중 큰 부분을 차지하는 것이 파일 시스템으로, Hadoop에서 처리하는 데이터의 저장 장소를 제공한다. Hadoop 파일 시스템은 분산 파일 시스템이며 HDFS(Hadoop Distributed File system)이라고 부른다. 여러 대의 노드 상에 하나의 파일 시스템 공간을 만든다(그림 4.1).

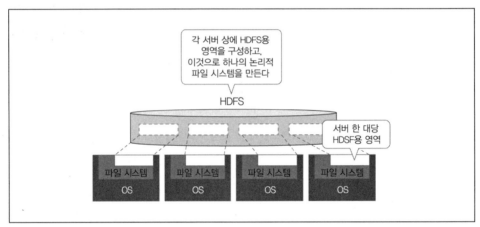

그림 4.1 각 노드의 디스크 영역과 HDFS

각 노드에는 OS가 제공하는 범용 파일 시스템이 존재하고, HDFS는 범용 파일 시스템 위에서 동작한다. 지정된 디렉터리 이하를 데이터 영역으로 이용하고, 각 노드 상의 디스크 공간을 합쳐서 하나의 거대한 파일 시스템을 만든다. HDFS를 이용하는 클라이언트는 어떤 데이터가 어떤 노드에 있는지 신경 쓸 필요 없이 파일 시스템 상의 데이터를 읽고 쓸 수 있다.

HDFS는 대용량 데이터를 다루기 위해 특화된 아키텍처다. 하나의 파일이 수 기가바이트 이상인 데이터를 고속으로 처리할 수 있다.

HDFS의 특징

HDFS의 특징은 다음과 같다.

1. 대용량 데이터를 범용 서버만으로도 처리 가능하다
2. 용량 확장성이 있다
3. 순차적 접근으로 높은 처리량을 실현할 수 있다
4. 슬레이브 노드의 일부가 고장 나도 데이터 손실을 방지할 수 있다

각각에 대해 상세히 설명하겠다.

▌ 대용량 데이터를 범용 서버만으로도 처리 가능하다

HDFS에 저장하는 파일 크기는 수 기가바이트에서 수 테라바이트에 이른다. 대용량 데이터를 저장할 수 있는 환경을 마련하는 것은 쉬운 일이 아니다. 단일 노드에 탑재할 수 있는 하드디스크 수는 한정되어 있다. RAID 등의 기능을 가진 고가의 저장 장치를 사용하면 대용량 파일을 저장할 수 있지만, 파일 시스템 자체가 대용량 데이터를 취급할 수 있는 사양을 가지고 있어야 한다. HDFS에서는 대용량 데이터 저장을 범용적[1] IA 서버만으로 실현할 수 있다. 또한, 파일 크기나 파일 시스템 크기에 제한이 없다.

▌ 용량 확장성이 있다

HDFS는 노드를 추가하는 것으로 영역 크기를 쉽게 늘릴 수 있다. 이것은 이후의 데이터 증가를 예상해서 사전에 크기가 큰 저장소를 확보해 두지 않아도 되는 것을 의미한다. 바꿔 말하면, 초기 단계에서 필요로 하는 영역만큼만 HDFS로 사용하고, 필요 용량에 따라서 노드를 추가할 수 있다는 것이다. 이는 시스템을 단계적으로 확장할 수 있어, 불필요한 시스템 투자를 방지할 수 있다.

▌ 순차적 접근으로 높은 처리량을 실현할 수 있다

HDFS는 사용자 대화형 처리가 아니라, 일괄 처리에 적합한 시스템이다. 즉, 처리 속도(latency) 보다는 처리량(throughput)을 중시하고 있다.

파일 접근 패턴은 '쓰기는 한 번만, 그 이후의 읽기는 여러 번 가능'한 이른바 'Write Once, Read Many' 방식을 채택하고 있다. HDFS에서는 작성된 데이터를 부분적으로

---

1 '싸다'고 말할 수는 없다.

변경할 수 없다. 게다가 대량의 데이터에 빠른 속도로 접근하는 데 특화되어 있기 때문에 순차적 접근 패턴만 제공한다. 즉, 랜덤 접근은 고려하고 있지 않다. 또한, 블록 사이즈를 범용 파일 시스템보다 매우 큰 사이즈로 잡아 대량의 데이터를 한 번에 모아서 처리할 수 있도록 하고 있다. 때문에 HDFS는 갱신이 필요 없는 대량의 로그 축적에 적합하고, 이런 성질을 가진 데이터에 고속으로 접근할 수 있는 파일 시스템이라고 할 수 있다.

▌슬레이브 노드의 일부가 고장 나도 데이터 손실을 방지할 수 있다

HDFS는 여러 대의 노드로 구성된다. 수백 대 규모가 되면 노드의 고장은 특별한 문제가 아닌 일상적으로 발생할 수 있는 문제가 된다. 예를 들어, 노드 한 대가 고장 날 확률이 1,000일에 1회라고 하면 HDFS 구성 노드 수가 1,000일 경우, 매일 한 대의 서버가 고장 나게 된다. 특정 데이터를 특정 노드에만 저장해 두면 해당 노드의 고장으로 데이터를 잃어버릴 수 있지만, HDFS에서는 복수의 노드를 사용해 데이터 복제를 유지하기 때문에 손실을 방지할 수 있다.

HDFS의 구조

여기서는 HDFS의 구조에 대해 설명한다.

4.2.1 HDFS의 아키텍처

HDFS는 여러 대의 서버 상에 하나의 파일 시스템 공간을 만든다고 설명했다. 여기서는 구체적인 구성 방법에 대해 알아보겠다(그림 4.2).

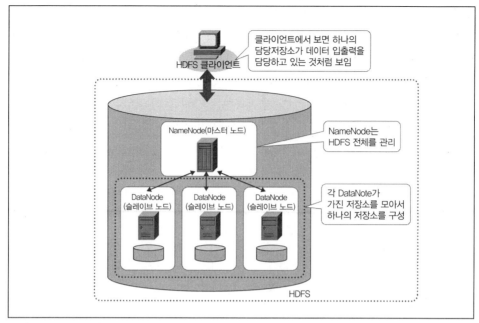

그림 4.2 노드 구성

HDFS에서 사용하는 서버는 마스터-슬레이브(Master-Slave) 구성이다. 슬레이브 서버를 DataNode라고 한다. 사용자가 DataNode 상에 투입한 파일의 데이터 블록을 저장한다. 사용자가 투입한 파일은 일정 크기로 분할되어 복수의 DataNode 상에 분산해서 배치된다.

한편, HDFS의 마스터 서버는 NameNode라고 한다. NameNode가 HDFS를 전체적으로 관리한다. 그리고 NameNode 상에서 다루는 파일의 메타데이터를 관리하는 것이 SecondaryNameNode다. 사용자는 HDFS 클라이언트를 경유하여 HDFS에 데이터를 기록한다.

4.2.2 DataNode의 역할

DataNode는 HDFS를 통해 투입된 데이터를 유지하고 있다. 어떻게 데이터를 유지하고 있는지 세부적인 구조를 보도록 하자.

■ 각 DataNode 상의 데이터 배치와 HDFS

각 DataNode 상에는 리눅스 등의 OS가 있고, 그 위에 ext4 등의 파일 시스템이 존재한다. 해당 파일 시스템 내의 어떤 디렉터리를 HDFS용으로 사용할지 미리 지정해 둔다. HDFS 전체적으로는 각각의 DataNode 상의 HDFS용 영역을 합쳐서 파일 시스템을 형성한다. 일반적으로 파일 시스템은 OS가 제공하는 기능 중 하나이지만, HDFS는 자바로 구현된 미들웨어이기 때문에 OS보다 상위 계층에서 제공되는 파일 시스템이다. HDFS 상에 저장한 파일의 실체는 각 DataNode 상의 로컬 파일로 존재하지만, HDFS 사용자는 이런 구조를 인식하지 않아도 된다(그림 4.3).

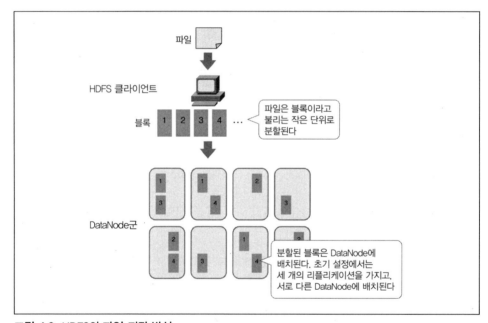

그림 4.3 HDFS의 파일 저장 방식

■ HDFS 상의 파일과 블록

HDFS 상에 배치되는 데이터는 '블록(block)'이라고 불리는 단위로 분할하여 관리된다. 사용자가 HDFS에 저장하는 하나의 파일은 복수의 블록으로 구성된다. HDFS에서 다루는 블록은 DataNode가 가지고 있는 로컬 파일 시스템의 파일에 대응하도록 되어 있다. 블록 크기가 64MB고 리플리케이션 수가 3인 경우, HDFS 상에 1GB 파일을 기록하면 64MB 블록이 48개 생기게 된다.

$$1024[\text{MB}] \div 64 \times 3 = 15.625\text{개} \times 3 = 48\text{개}$$

즉, HDFS를 구성하는 DataNode의 로컬 파일 시스템에 48개의 파일을 분산해서 배치하고 있다. 범용적인 파일 시스템의 경우, 블록 내에 저장되는 데이터의 크기가 블록 크기보다 작더라도 디스크 상에 블록 크기에 해당하는 영역을 확보해 둔다. 하지만 HDFS는 블록의 실체가 로컬 파일 시스템에 저장된 파일이고 크기도 가변적이기 때문에, 설령 블록 크기가 64MB라고 해도 1MB 파일이 기록되면 실제 디스크 영역도 1MB만 확보한다[2].

■ 블록 리플리케이션

HDFS 상의 파일 I/O는 블록 단위로 이루어진다. 초기 블록 크기는 64MB며, 블록이라는 개념은 일반적인 파일 시스템에도 존재한다. Red Hat Enterprise Linux 6의 ext4에서 통상적인 블록 크기는 4KB다. HDFS의 블록 크기가 매우 크다는 것을 알 수 있다. HDFS는 한 번에 I/O가 이루어지는 단위를 크게 함으로써 하나의 파일이 수 GB인 데이터도 효율적으로 처리할 수 있다[3].

각 블록은 하나의 DataNode 상에만 배치되는 것이 아니라, 여러 대의 DataNode 상에 복제본을 가진다. 이 구조를 '리플리케이션(Replication)'이라고 한다. HDFS에서는 리플리케이션 수를 3으로 초기 설정하고 있으며, 같은 블록이 세 대의 DataNode 상에 존재한다. 이를 통해 한 대의 DataNode에 장애가 발생해도, 나머지 두 대의 DataNode가 같은 데이터를 가지고 있기 때문에 데이터에 대한 안정성을 높이고 있다.

어떤 DataNode에 블록을 배치한다고 정한 후, 해당 DataNode와는 다른 DataNode에 블록 복제본을 전송한다. 블록을 수신한 DataNode는 다시 한 번 다른 DataNode에 블록 복제본을 전송한다. 이렇게 세 대의 DataNode 모두에 데이터 기록을 완료한 후, 클라이언트 측에 기록 완료 메시지를 전송한다. 세 개의 복제본을 어떤 DataNode 상에 둘지는 네트워크 위상을 고려한 후 배치하는 것이 가능하다.

모든 복제본이 동일 서버, 동일 랙(rack) 상의 DataNode 세 대에 배치되면, 해당 랙 상에 있는 스위치 장애에 의해 모든 복제본을 잃을 수도 있다. 이를 방지하기 위해 모든 복제본

---

2 그렇다고 작은 파일을 효율적으로 저장한다는 의미는 아니다. 분산 처리를 하는 단위가 블록이기 때문에 분할된 데이터 크기가 작으면 처리량에 오버헤드가 걸려서 바람직하지 못하다.

3 Hadoop에서는 블록 크기를 더욱 큰 사이즈인 128MB나 256MB로 하는 경우도 있다. 블록 크기를 크게 하여 블록 수를 줄이는 것으로 대용량 파일을 관리할 때 발생하는 오버헤드를 줄일 수 있다.

이 동일 랙 상에 존재하지 않도록 복제본 배치를 조정할 수 있다. 이 기능을 'Rack aware-ness'라고 한다.

4.2.3 NameNode의 역할

NameNode는 HDFS 전체를 관리하는 역할을 한다. 주로 다음과 같은 작업을 수행한다.

1. 메타데이터 관리
2. HDFS 사용 상황 확인
3. 클라이언트의 HDFS 처리 요청 접수
4. DataNode 다운 여부 감시

각각에 대해 살펴보도록 하자.

▌ 메타데이터 관리

DataNode는 자신이 가지고 있는 블록을 관리하지만, NameNode는 '메타데이터'라고 하는 데이터를 관리한다. 메타데이터란 파일 속성 정보나 파일 시스템 정보를 말하며 '어떤 블록이 어떤 파일의 어떤 부분에 있는가'라는 정보를 기록하고 있다. 데이터 자체는 DataNode가 분산해서 가지고 있지만 NameNode가 메타데이터를 기반으로 하여 HDFS를 전체적으로 관리하고 있다. HDFS의 메타데이터는 메모리에서 관리하고 있다. NameNode의 처리는 HDFS에 대한 접속 요구에 대해 디스크에 접근하지 않고 메모리 상의 데이터만 사용해서 완료하기 때문에 매우 빠른 응답이 가능하다.

▌ HDFS 사용 상황 관리

NameNode는 HDFS 전체 사용 상황을 관리한다. 또한, 각 DataNode의 HDFS용 영역 상태도 관리한다. 특정 DataNode의 HDFS용 영역이 거의 다 찬 경우, HDFS 관리자는 해당 DataNode가 관리하고 있는 블록을 용량에 여유가 있는 다른 DataNode로 이동할 수 있다. NameNode는 블록의 복제본 수도 관리한다. NameNode는 블록 복제본 수가 사전에 설정해 둔 값과 일치하지 않으면 복제본을 새로 만들거나 또는 삭제한다. 어떤 DataNode에 장애가 발생해서 가지고 있던 블록을 잃은 경우에는 새로운 복제본을 생성한다[4].

---

4 블록 복제본 수가 바뀌는 경우는 사용자가 명시적으로 복제본 수를 변경하거나, DataNode를 분리하면서 해당 DataNode가 가지고 있던 블록을 복제한 후 다시 해당 DataNode를 합치다 중복 복제되는 경우 등이 있다.

▌ 클라이언트로부터의 요청 접수

클라이언트가 HDFS에 대해 파일 접근 요청을 보내면, 우선 가장 처음 접속하는 것이 NameNode다. 클라이언트 요청이 NameNode에 도달하면, 보관하고 있던 메타데이터를 바탕으로 대상 블록을 가지고 있는 DataNode 리스트를 클라이언트에게 전달한다. 클라이언트는 이 대상 리스트를 기준으로 DataNode와 소통한다.

▌ DataNode 다운 여부 감시

NameNode는 DataNode의 다운(중지) 여부를 감시한다. DataNode는 NameNode에게 자신의 생존 여부를 전달하기 위해 하트비트(Heartbeat)라는 패킷을 일정 간격으로 전송한다. NameNode는 하트비트를 수신하지 못하는 DataNode에 대해 고장 판단을 내린다.

HDFS의 파일 I/O 흐름

사용자가 데이터를 투입할 때는 HDFS 클라이언트를 사용한다. HDFS 클라이언트는 NameNode와 처음으로 통신하며 어떤 DataNode와 작업하면 되는지를 파악한다. 이 때, 실제 데이터 교환은 NameNode를 통하지 않고 DataNode와 직접 한다. HDFS에서 파일을 읽고 쓸 때 기억해 두어야 할 사항은 클라이언트와 DataNode가 직접 데이터를 교환하며, 실제 디스크 I/O는 DataNode가 수행하고 있다는 것이다. NameNode가 I/O 요청을 하거나, DataNode에 대해 I/O를 발행하는 것이 아니다. HDFS 전체를 관리하는 NameNode에 가능한 한 부하를 주지 않는 구조로 되어 있다.

4.3.1 HDFS에 파일 저장하기

HDFS에 데이터를 저장할 때 맨 처음과 맨 마지막 처리, 그리고 에러 발생 시에 NameNode와 통신한다.또한, 저장 시에는 저장 대상 데이터를 패킷 단위로 관리하는 '데이터 전송 큐'와 저장 상태를 관리하는 'ack 대기 큐'라는 두 개의 큐를 사용하며, 각각 별도 스레드로 관리한다.

그림 4.4를 바탕으로 저장 시 처리 흐름을 순서대로 살펴보도록 하자.

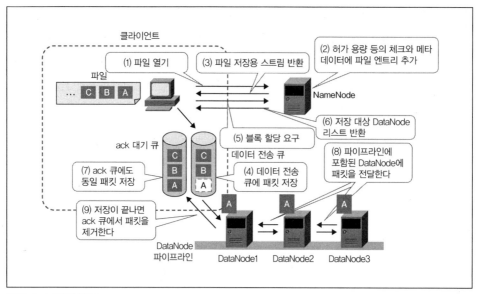

그림 4.4 파일 저장

▮ 클라이언트와 NameNode 통신

우선 클라이언트는 NameNode에게 저장을 위한 파일 열기를 요청한다(1). 그리고 NameNode에 파일 작성을 요구한다. 요구를 접수한 NameNode는 허가 용량 체크를 하고 파일을 저장할 수 있는 상태인지 확인 후 메타데이터에 파일 엔트리를 삽입한다(2). 이후, 클라이언트는 데이터 전송 큐를 감시한다.

▮ 저장 개시

클라이언트가 저장용 스트림을 받으면(3), 클라이언트가 파일 저장을 시작한다. 받은 데이터를 '패킷'이라는 단위[5]로 데이터 전송 큐에 삽입한다. 또한, 별도 스레드로 데이터 전송 큐를 감시하고 데이터 전송 큐 안에 패킷이 삽입되어 있는 것을 확인하면, NameNode에 블록 할당을 요구한다(5). 그리고 패킷 저장 대상 DataNode 리스트를 수신한다(6). 이 리스트에서 복제 수와 동일 수의 DataNode를 연결한 '파이프라인'을 형성한다. 데이터 전송 큐에서 패킷을 꺼내 파이프라인의 선두에 있는 DataNode에 기록한다. 이와 동시에 별도 스레드로 관리하고 있는 ack 대기 큐에 패킷을 저장해 둔다(7).

---

5 초기 설정은 64KB다.

▌패킷 전달

패킷이 기록된 DataNode는 파이프라인에 포함된 다른 DataNode에 패킷을 차례로 전달한다(8). 패킷 전달은 Rack awareness를 포함하는 리플리케이션 규칙을 따른다. 즉, 두 번째 복제본을 기록할 때는 첫 번째 복제가 저장된 DataNode와 다른 랙에 있는 DataNode에 패킷을 전달한다. 또한, 세 번째 복제본은 두 번째 복제본이 전달된 DataNode와 동일 랙에 있는 다른 DataNode에 전달된다. 패킷이 정상적으로 기록된 DataNode는 ack 메시지를 파이프라인의 상위부에 통지한다. ack 메시지는 파이프라인을 전달하고 최종적으로는 클라이언트에 도착한다. ack가 도착하면 대응 패킷이 'ack 대기 큐'에서 제거된다(9).

파이프라인에 따른 데이터 저장은 노드 간에 비동기로 진행되지만, 파이프라인을 닫을 때는 해당 블록 저장이 모두 완료되고 ack가 돌아올 때까지 기다린다.

▌저장 중에 장애가 발행한 경우

파이프라인에 저장하는 도중에 장애가 발생한 경우, ack 큐 내부에 있는 패킷을 모두 데이터 전송 큐로 이동한다. 그리고 장애가 발생한 DataNode를 제외시킨 새로운 파이프라인을 형성하고, 다시 파이프라인에 저장한다. 블록 크기만큼 패킷을 저장한 단계에서 새로운 블록을 할당하기 위해, 클라이언트는 다시 NameNode로부터 DataNode 리스트를 취득하고 새로운 파이프라인을 형성한다. 클라이언트는 이것을 반복해서 모든 데이터 저장을 마치면 작업을 끝낸다. 이때, 아직 저장되지 않은 패킷은 파이프라인에 플래시(flash)된다. 모든 패킷을 플래시한 단계에서 클라이언트가 NameNode에게 파일 저장 완료를 통지한다.'

4.3.2 HDFS에서 파일 읽기

그림 4.5를 바탕으로 HDFS에서 파일을 읽는 과정을 순서대로 살펴보도록 하자.

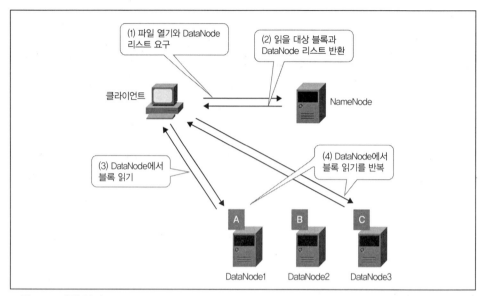

그림 4.5 파일 읽기

■ 클라이언트와 NameNode 통신

HDFS에서 파일을 읽을 때는 NameNode에 읽기 전용 파일 열기를 요청한다. 요구한 파일의 블록을 가진 DataNode 리스트를 요청한다(1). 클라이언트로부터 요청을 받은 NameNode는 오픈 때 부여한 파일 경로에서 해당 파일을 구성하는 블록 리스트를 생성한다. 또한, 해당 블록들을 가지고 있는 DataNode 리스트를 클라이언트에 반환한다(2).

각 블록은 리플리케이션에 의해 복수의 DataNode에 배치되지만, 여기서 취득하는 정보는 각 블록에 해당하는 DataNode 위치가 클라이언트에 가까운 순으로 정렬된다.

■ 읽기 개시

클라이언트는 취득한 정보로부터 파일 읽기를 개시한다. 우선 최초 블록을 가지고 있는 DataNode에 접속해서 블록을 읽는다(3). 블록을 읽을 때는 클라이언트로부터 거리가 가장 가까운 DataNode를 선택한다. 예를 들어 클라이언트가 블록을 가진 DataNode와 같은 랙에 존재하는 경우, 이 DataNode에서 우선적으로 블록을 읽어 파일 정보를 얻는다.

블록의 마지막 부분까지 읽으면 다음 블록을 가진 DataNode에 접속해서 다시 블록을 읽는다(4). 이것을 반복하여 파일 읽기를 끝내면 클라이언트는 파일 닫기를 요구한다. 이것으로 파일 읽기를 위한 일련의 처리를 종료한다.

4.4 파일 시스템의 메타데이터

HDFS에 포함되는 메타데이터에는 어떤 정보가 있는 걸까? 또한, 메타데이터를 메모리 또는 디스크 상에서 어떤 형태로 보관하고 있는지에 대해 설명하겠다.

4.4.1 메타데이터에 포함되는 정보

HDFS의 메타데이터에는 표 4.1과 같이 파일 속성 정보나 디렉터리 구조 등의 파일 시스템 이미지와 DataNode와 블록의 대응 정보가 포함된다.

표 4.1 파일에 관한 메타데이터

항목	예
파일명(또는 디렉터리명)	foo.txt
부모 디렉터리	/path/to
크기	100GB
소유자: 소속 그룹	hdfs:hadoop
속성	-rw-r--r--
블록 ID와 해당 블록을 보유하고 있는 DataNode	{blk_001, {Node..A, Node..C, Node..E}}, {blk_002, {Node..B, Node..C, Node..D}},...

메타데이터에 포함되는 정보 중 DataNode와 블록 대응 정보는 각 DataNode가 전달해 온 정보를 바탕으로 동적으로 구축된다. DataNode는 초기 설정에서 3초 간격으로 NameNode에 하트비트를 전송하도록 되어 있어, 이 타이밍에 자신이 관리하고 블록을 NameNode에 통지한다. 이렇게 DataNode가 자신이 관리하고 있는 블록을 통지하는 구조를 '블록 리포트(block report)'라고 한다. NameNode는 DataNode의 블록 리포트를 바탕으로, 메타데이터 내의 DataNode와 블록 대응 정보를 구축하고 복제수가 충분한지를 판단한다.

메모리 상에서 관리되고 있는 메타데이터 내의 파일 시스템 이미지는 '체크 포인트'라고 불리는 타이밍에 NameNode의 로컬 파일 시스템에 생성된다. 기록된 파일 시스템 이미지를 'fsimage'라고 한다. 참고로, NameNode의 메모리 상에 관리되고 있는 메타데이터 중 파일 시스템 이미지는 로컬 파일 시스템에 생성되지만, DataNode와 블록 대응 정보는 포함되지 않는다. 왜냐하면, 블록이 항상 같은 DataNode에 의해 관리된다고 할 수 없기 때문이다[6].

HDFS에서는 파일 변경을 트랜잭션으로 관리하고 있으며, 파일 처리 시마다 NameNode의 메모리와 로컬 파일 시스템에 편집 로그가 생성된다. 이들 중, 로컬 파일 시스템에 생성되는 편집 로그는 특히 'edits'라고 부른다. 편집 로그는 HDFS에 기록한 편집 이력 등으로 이것을 메모리 상에서 관리되고 있는 파일 시스템 이미지에 적용함으로써 HDFS의 파일 시스템 이미지를 최신 상태로 유지할 수 있다.

fsimage와 edits 파일은 DBMS의 초기 데이터와 트랜잭션 로그(Write-Ahead log)에 상응한다.

4.4.3 메모리, 디스크 동기, 체크 포인트

메모리 상에서 관리되고 있는 파일 시스템 이미지와 NameNode의 로컬 디스크 상에서 관리되고 있는 fsimage 내용이 항상 동기화되는 것은 아니다. fsimage는 '체크 포인트'라 불리는 일정 타이밍에만 메모리 내의 파일 시스템 이미지와 동기화된다. 체크 포인트는 초기 설정에서 60분에 1회로 설정되어 있다.

반대로 말하면 HDFS에 무언가를 기록할 때마다 로컬 파일 시스템에 fsimage가 생성되는 것은 아니다. fsimage가 로컬 파일 시스템에 항상 생성되지 않는 것은 fsimage 크기가 수 기가바이트를 넘어설 가능성이 있기 때문이다. HDFS에 기록할 때마다 fsimage를 로컬 파일 시스템에 생성하면 대량의 디스크 I/O가 발생해서 성능에 악영향을 끼칠 수 있다.

한편, 편집 이력인 edits는 HDFS에 무언가를 기록할 때마다 메모리와 로컬 파일 시스템

---

6 HDFS 리밸런스 작업을 실행한 경우, 블록이 규정된 복제 수에 미치지 못하면 NameNode에 의한 블록 재할당이 이루어지기 때문이다.

내용이 동기화된다. 항상 최신 변경 상태를 기록하고 있는 edits를 사용함으로써 fsimage를 최신화하고 HDFS의 파일 시스템 이미지를 구축하는 것이 가능해진다. 편집 이력인 edits는 1회의 조작에 대한 로그가 그다지 크지 않고 순차적으로 기록되기 때문에, 편집할 때마다 로컬 파일 시스템에 생성한다고 해도 성능에 영향을 주지 않는다. 또한, edits를 로컬 파일 시스템에 기록함으로 신뢰성을 확보할 수 있다.

NameNode가 관리하고 있는 데이터와 관련 처리 흐름을 그림 4.6에 표시하고 있다.

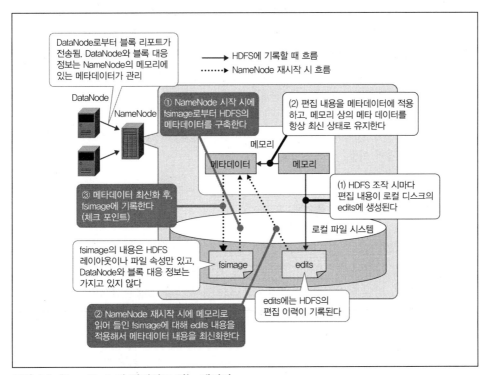

그림 4.6 NameNode가 관리하고 있는 데이터

4.4.4 클러스터 시작 시의 메타데이터 구축

HDFS 클러스터를 시작하면 메타데이터를 구축할 필요가 있다. 즉 파일 시스템 이미지 DataNode와 블록 대응 정보, 두 가지 정보의 구축이다. 전자는 NameNode 시작 직후 메모리에 fsimage를 로드하고, 그것에 edits를 적용해서 HDFS의 파일 시스템 이미지를

최신화한다[7]. 후자는 클러스터 시작 후, NameNode에게 DataNode가 가지고 있는 블록을 신고함으로써 구축된다.

HDFS에는 일반적인 복제 수와는 별도로 최소 복제 수라는 개념이 있어 HDFS 시작 후에 클러스터 내에 포함되는 블록의 99%가 이 값에 도달해야만 한다. 최소 복제 수는 초기 설정에서 1로 잡혀있기 때문에 모든 블록 중의 99%가 최소한 하나의 DataNode로부터 신고되기까지 대기해야 한다.

HDFS 전체가 최소 복제 수에 도달하기까지 안전 모드(Safe mode)로 동작한다. 안전 모드로 동작할 때는 HDFS가 읽기 전용이 되고 복제할 수 없다. 안전 모드를 통하지 않고 온라인이 돼버리면 모든 DataNode가 동작하지 않고 NameNode는 복제 수가 부족하다고 오판하여, 동작하고 있는 다른 DataNode에 복제본을 만들어 버리고 만다. 모든 DataNode가 시작 작업을 끝내면 이 복제본은 쓸모가 없어진다.

참고로, HDFS의 관리 명령으로 안전 모드로부터 벗어날 수 있는 방법이 있다. 17.2.2의 "안전 모드로 변경과 이탈" 절을 참조하기 바란다.

4.4.5 파일과 디렉터리 권한

HDFS 내의 파일이나 디렉터리에는 POSIX 방식의 권한 모델이 적용되어 있어서 '소유자'와 '소유 그룹' 및 각각에 대한 읽기, 쓰기, 실행 권한의 유무를 부여할 수 있다. 일반적으로 어떤 사용자가 파일을 작성하면, 그 파일의 소유자와 소유 그룹은 작성한 사용자 및 해당 사용자의 프라이머리(primary) 그룹이 된다. 예를 들어, user1이라는 사용자가 text.txt라는 파일을 작성하면 test.txt의 소유자는 user1이 된다. HDFS의 권한은 기본적으로 POSIX 설계지만, 몇 가지 점에서 차이가 있다. 파일에 관해서는 실행 권한이 의미를 가지지 못한다[8]. 파일에 부여한 실행 권한이 의미가 없다는 것은 '실행 가능 파일'이 존재하지 않는다는 의미도 되므로, setuid나 setgid 비트 개념도 존재하지 않는다[9].

---

7 edits 크기가 클수록 fsimage 최신화에 시간이 걸린다. 이런 지연을 방지하기 위해 SecondaryNameNode를 준비한다.

8 HDFS는 데이터 파일을 저장하기 위한 파일 시스템으로, HDFS 상에 저장된 실행 가능한 파일을 직접 실행하는 경우는 없기 때문이다.

9 setuid와 setgid는 ext4 등의 파일 시스템에서 이용 가능한 실행 권한이 부여된 파일에 유효한 속성이다. 이 속성이 설정된 파일을 실행하면 실행 사용자가 setuid인 경우 파일 소유자, setgid인 경우 소유 그룹이 된다. 간단히 말하면 소유자나 소유 그룹이 되어서 실행할 수 있다는 것이다.

디렉터리에 관해서도 setuid와 setgid 비트 개념이 없지만, 이는 HDFS를 간단한 모델로 만들기 위해서다. 단, sticky 비트 개념은 POSIX 모델과 동일하게 존재한다[10]. 즉, user1과 user2에게 쓰기 권한이 있는 디렉터리의 sticky 비트가 부연되어 있으면, 해당 디렉터리 안에 있는 use1이 소유자인 파일이나 디렉터리를 user2가 실수로 삭제하거나 이동하는 사고를 방지할 수 있다.

사용자 중에는 모든 파일에 대한 읽기, 쓰기, 실행 권한을 가진 경우가 있다. 해당 사용자를 슈퍼 유저(Super user)라고 한다. OS의 root 사용자와 비슷하지만, HDFS의 슈퍼 유저는 반드시 OS의 root 사용자가 되는 것은 아니다. NameNode 데몬과 DataNode 데몬을 가동한 사용자가 HDFS의 슈퍼 유저가 된다. 또한, 주의해야 할 것은 같은 HDFS 클러스터를 구축한 NameNode와 DataNode에서 슈퍼 유저를 통일하지 않으면 안 된다는 것이다. 이를 위해서 NameNode와 DataNode의 각 호스트에 같은 사용자가 존재해야 할 필요가 있다[11].

4.5 HDFS 설정과 시작/중지

4.5.1 HDFS 설정 파일

지금부터는 실제 HDFS 사용법을 보도록 하자. 여기서는 우선 NameNode와 DataNode의 주요 설정 파일 등 구성 요소를 설명하고, HDFS 시작 방법과 조작 방법을 설명한다. HDFS의 주요 설정 파일은 표 4.2와 같다.

---

10 sticky 비트란 ext4 등의 파일 시스템에서 이용 가능한 속성으로 주로 디렉터리에 연관된 것이다. 디렉터리에 sticky 비트가 부연된 경우, 디렉터리 내의 파일은 설령 디렉터리의 소유자라고 해도 해당 파일의 소유자가 아니면 파일을 삭제할 수 없다.

11 현재 Hadoop에서는 사용자명만을 확인하고 있으며 UID/GID의 일치는 요구하고 있지 않다.

표 4.2 HDFS의 주요 설정 파일

파일명	목적
core-site.xml	Hadoop 공통 설정을 기술
hdfs-site.xml	HDFS 동작에 관한 설정
hadoop-env.sh	NameNode나 DataNode의 자바 옵션이나 로그, 프로세스 ID용 디렉터리 설정을 기술
log4j.properties	NameNode나 DataNode 및 HDFS 클라이언트 로그 출력을 log4j에서 제어하기 위한 설정 파일
hadoop-metrics.properties	HDFS에 연관된 메트릭스 설정. 메트릭스는 Ganglia 등에 이용
hadoop-policy.xml	Hadoop 전체에 관한 ACL 정책 설정. HDFS에 관한 정책도 여기서 설정한다

이중에서도 특히 중요한 설정 파일은 core-site.xml과 hdfs-site.xml으로, HDFS 동작에 직접적으로 영향을 준다. 또한, 사이트 고유의 파라미터 설정을 위한 설정 파일이기도 하며 core-site.xml에는 HDFS와 MapReduce의 공통 설정 부분을, hdfs-site.xml에는 HDFS 특유의 설정 사항을 기술한다. hadoop-env.sh는 프로세스 환경 변수를 설정하기 위한 쉘 스크립트, *.properties는 개별 모듈로부터 로드되는 속성 파일이다.

*.xml 파일은 XML 형식으로 기술한다. 우선 〈configuration〉으로 설정한다. 〈configuration〉 안에 〈property〉를 두고 각종 속성을 설정한다. 〈name〉에는 속성명을 부여하고, 〈value〉에는 설정값을 부여한다.

```
<configuration>
    <property>
        <name>XXX</name>
        <value>YYY</value>
    </property>
</configuration>
```

XML 형식의 설정 파일은 다음 순으로 읽는다. core-default.xml → core-site.xml → hdfs-default.xml → hdfs-site.xml이다[12]. 같은 속성이 있으면 나중에 읽은 값으로 덮어

---

12 core-default.xml, hdfs-default.xml는 각각 초깃값을 부여하기 위해 .jar에 들어 있는 것으로, 사용자가 기술하는 것이 아니다.

씌우기된다. 같은 이름의 파일이 여러 개 있으면 클래스 패스로 먼저 발견된 장소에 있는 것만 읽는다.

계속해서 HDFS 시작과 정지 방법을 설명하도록 하겠다. 로컬 모드, 유사 분산 모드, 완전 분산 모드 등 각각 시작에 필요한 파라미터 설정이 다르다.

4.5.2 로컬 모드 설정과 시작/중지

로컬 모드로 동작시키기 위해서는 core-site.xml에서 fs.default.name 속성을 다음과 같이 file:///로 설정하던가 이 속성 자체를 기술하지 않는다.

```
<configuration>
...
<property>
    <name>fs.default.name</name>
    <value>file:/// </value>
</property>
...
</configuration>
```

로컬 모드에서는 파일 시스템이 HDFS가 아닌 로컬 파일 시스템을 이용하기 때문에 파일이나 디렉터리 권한은 로컬 파일 시스템에 의존한다.

로컬 모드의 시작과 정지는 NameNode나 DataNode 프로세스를 시작하지 않고 HDFS를 이용할 수 있다. 따라서 HDFS를 로컬 모드에서 실행하기 위한 준비는 이것으로 충분하다.

4.5.3 유사 분산 모드 설정과 시작/정지

유사 분산 모드 설정에 대해서는 3장에서 간단히 다루었다. 여기서는 설정 파일 항목 등 조금 더 상세히 살펴보도록 하겠다.

CDH 4.2에서 유사 분산 모드로 동작시키기 위해서는 hadoop-0.20-conf-pseudo라고 하는 유사 분산 모드용 설정이 기술된 설정 파일 패키지를 설치한다.

hadoop-0.20-conf-pseudo를 설치하면 의존 관계에 있는 hadoop-0.20-mapreduce, hadoop-0.20-mapreduce-jobtracker, hadoop-0.20-mapreduce-tasktracker, hadoop-hdfs-secondarynamenode도 함께 설치된다.

```
$ sudo yum -y install hadoop-0.20-conf-pseudo
```

hadoop-0.20-conf-pseudo를 설치하면 Hadoop을 시작하기 위한 스크립트도 함께 설치된다. 또한, 다음과 같이 설정된 core-site.xml과 hdfs-site.xml이 설치된다.

▌ core-site.xml

```
<configuration>
...
<property>
    <name>fs.default.name</name>
    <value>hdfs://localhost:8020</value>
</property>
...
</configuration>
```

core-site.xml에서 fs.default.name 속성을 hdfs://lcoalhost:8020으로 설정하고 있다. 이 설정은 URI에 hdfs 스키마를 사용함으로써, 로컬 파일 시스템이 아닌 hdfs를 사용한다는 것을 선언한다. 또한, NameNode가 8020번 포트를 통해 요청을 접수한다는 것을 의미하기도 한다.

▌ hdfs-site.xml

```
<configuration>
<property>
  <name>dfs.replication</name>
  <value>1</value>
</property>
...
<property>
  <name>hadoop.tmp.dir</name>
  <value>/var/lib/hadoop-hdfs/cache/${user.name}</value>
```

```
  </property>
  <property>
    <name>dfs.namenode.name.dir</name>
    <value>/var/lib/hadoop-hdfs/cache/${user.name}/dfs/name</value>
  </property>
  ...
  <property>
    <name>dfs.datanode.data.dir</name>
    <value>/var/lib/hadoop-hdfs/cache/${user.name}/dfs/data</value>
  </property>
</configuration>
```

주요 설정값에 대해 살펴보자.

▌ dfs.replication

유사 분산 모드에서는 파일 시스템으로 로컬 파일 시스템이 아닌 HDFS를 사용한다. 또한, 이 모드에서는 DataNode가 하나만 동작하기 때문에 초기 복제 수인 3을 사용하면 HDFS가 동작하지 않는다. 때문에 replication 수를 1로 설정한다.

▌ hadoop.tmp.dir

Hadoop을 동작시키기 위해 필요한 임시 파일 영역을 설정한다. /var/lib/hadoop-hdfs/cache/${user.name}으로 지정되어 있다. ${user.name}은 HDFS를 가동시키는 사용자 이름이며, 이 장에서는 hdfs를 사용한다.

▌ dfs.namenode.data.dir과 dfs.datanode.data.dir

유사 분산 모드에서 각각이 관리하고 있는 데이터는 NameNode와 DataNode를 시작한 후, 로컬 파일 시스템의 디렉터리에 저장된다. 이들 디렉터리를 각각 dfs.namenode.name.dir과 dfs.datanode.data.dir로 지정한다. 여기서는 hadoop.tmp.dir 하부에 dfs 디렉터리를 만들고 그 밑에 name 디렉터리와 data 디렉터리를 각각 지정한다.

NameNode는 메타데이터의 파일 시스템 이미지인 fsimage와 edits를 관리하고, DataNode는 블록을 관리한다고 설명했는데, fsimage와 edits는 dfs.namenode.name.dir에서 지정한 디렉터리에, 블록은 dfs.datanode.data.dir에서 지정한 디렉터리에 저장된다.

■ 포맷

처음 HDFS를 사용할 때는 HDFS를 포맷할 필요가 있다. NameNode와 DataNode가 정지해 있는 상태에서 다음 명령을 사용해서 포맷한다[13].

```
$ sudo -u hdfs hdfs namenode -format
```

포맷은 새로운 파일 시스템을 다시 만들고 싶을 때만 실행한다. 포맷 명령 자체는 NameNode 상에서만 동작한다[14].

■ 시작

HDFS 포맷을 완료했다면, NameNode와 DataNode 각각을 시작한다.

```
$ sudo service hadoop-hdfs-namenode start
$ sudo service hadoop-hdfs-datanode start
```

jps 명령으로 NameNode와 DataNode가 동작하고 있는지 확인하자.

```
$ sudo jps
17696 NameNode
17874 DataNode
17949 Jps
```

웹 인터페이스를 통해 HDFS 상태를 확인해 보자. 브라우저에서 다음 주소로 접속하면 그림 4.7과 같은 화면을 볼 수 있다.

http://localhost:50070

이 화면에서 HDFS 상태를 볼 수 있다. 예를 들어, Configured Capacity 부분에는 HDFS로 사용할 수 있는 영역 크기가 표시되어 있고, Live Nodes에는 동작하고 있는

---

13 CDH 4.2에서는 'hadoop namenode –format'도 실행 가능하지만, hadoop 명령을 사용한 포맷은 이후 폐지 예
정이라고 한다.

14 과거 DataNode의 데이터를 보유하고 있는 경우는 dfs.datanode.data.dir에서 지정한 디렉터리를 삭제해 둔다.

DataNode 수가 표시된다. 현재 유사 분산 모드로 동작하고 있기 때문에 Live Nodes는
1이다.

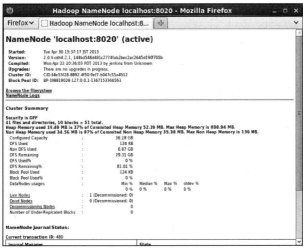

그림 4.7 Hadoop의 웹 인터페이스

■ 정지

NameNode와 DataNode를 다음 명령을 사용해서 정지시킨다.

```
$ sudo service hadoop-hdfs-namenode stop
$ sudo service hadoop-hdfs-datanode stop
```


4.5.4 완전 분산 모드 설정과 시작/중지

완전 분산 모드는 NameNode와 복수의 DataNode가 다른 서버 상에서 동작하며 HDFS
클러스터를 구성한다. 여기서는 example.com이라는 사이트 안에 nn이라는 호스트명의
NameNode와 slave1, slave2, slave3이라는 호스트명을 가진 세 개의 DataNode로 구
성된 HDFS 클러스터를 예로 든다[15]. 가동을 위한 준비로 다음 작업을 수행해 보자.

---

15 이 장에서는 완전 분산 모드 구축을 위한 간략한 흐름만 설명한다. 완전 분산 모드를 사용한 클러스터 구축은 7
    장에서 상세히 소개하겠다.

1. conf/core-site.xml 편집

2. conf/hdfs-site.xml 편집

3. 호스트명 이름 해석

우선 완전 분산 모드로 가동하기 위해서는 NameNode와 DataNode의 core-site.xml과 hdfs-site.xml을 각각 다음과 같이 편집한다.

▌ core-site.xml

```
<configuration>
...
<property>
    <name>fs.default.name</name>
    <value>hdfs://nn.example.com:54310</value>
</property>
...
</configuration>
```

유사 분산 모드에서는 core-site.xml의 fs.default.name[16]이 hdfs://localhost:54310 으로 설정되었지만, 완전 분산 모드에서는 다른 호스트의 DataNode에서 NameNode 를 참조할 수 있는 이름을 지정해야 한다. 그래서 호스트명에 nn을 지정하고, hdfs:// nn.example.com:54310으로 설정하고 있다. IP 주소가 아닌 FQDN로 지정해야 한다.

▌ hdfs-site.xml

```
<property>
  <name>dfs.replication</name>
  <value>3</value>
</property>
```

여기서는 세 대의 DataNode를 사용해서 세 개의 복제본을 만드는 것을 가정했다. 이를 위해서 hdfs-site.xml에서 dfs.replication값을 3으로 설정하고 있다. 다음은 NameNode 상

---

16 fs.default.name은 폐지 예정인 속성이다. Hadoop 2.0대의 HDFS에서는 fs.defaultFS를 대신 사용한다. CDH의
   pseudo 패키지로 설치되는 core-site.xml에서 사용되고 있는 것이 fs.default.name이기 때문에 여기서는 그대로
   노출하도록 한다. 동작 상에는 문제가 없다.

의 hdfs-site.xml에서 필요한 설정이다.

▌ hdfs−site.xml(NameNode에만 적용)

```
<property>
  <name>dfs.namenode.name.dir</name>
  <value>/data/1/dfs/nn</value>
</property>
```

여기서 지정한 디렉터리를 미리 NameNode 상에 작성해 둔다. 다음 실행 예에서는 hostname 명령을 실행함으로써 어떤 노드 상에 실행할지를 확인하고 있다.

```
$ sudo mkdir -p /data/1/dfs/nn
$ sudo chown hdfs:hdfs /data/1/dfs/nn
$ sudo chmod 700 /data/1/dfs/nn
```

다음은 DataNode 상의 hdfs-site.xml에 필요한 설정이다.

▌ hdfs−site.xml(DataNode에만 적용)

```
<property>
  <name>dfs.datanode.data.dir</name>
  <value>/data/1/dfs/dn,/data/2/dfs/dn,/data/3/dfs/dn</value>
</property>
```

DataNode 상에 블록을 저장할 영역을 지정한다. ',(쉼표)' 구분으로 복수의 영역을 지정할 수 있다. 도중에 스페이스(공백)를 두지 않도록 한다. NameNode의 작업과 동일하게 여기서 지정한 디렉터리를 DataNode 상에 미리 작성해 둔다.

```
$ sudo mkdir -p /data/1/dfs/dn /data/2/dfs/dn /data/3/dfs/dn
$ sudo chown hdfs:hdfs /data/1/dfs/dn /data/2/dfs/dn /data/3/dfs/dn
$ sudo chmod 700 /data/1/dfs/dn /data/2/dfs/dn /data/3/dfs/dn
```

완전 분산 모드에서 설정값의 호스트 명에 FQDN을 사용하면, 각 노드가 상호간에 이름 해석(Name Resolution)을 해주어야 한다[17].

■ HDFS 포맷

완전 분산 모드도 유사 분산 모드와 같이, 첫 가동 시에 NameNode 상에서 'hdfs na-menode -format' 명령을 사용해서 HDFS 포맷을 해주어야 한다.

```
$ sudo -u hdfs hdfs namenode -format
```

■ 시작

NameNode와 DataNode를 순서대로 시작한다. 우선 NameNode를 시작한다.

```
$ sudo service hadoop-hdfs-namenode start
```

다음으로 slave1, slave2, slave3 순으로 DataNode를 시작한다.

```
$ sudo service hadoop-hdfs-datanode start
```

HDFS를 시작하면 NameNode와 DataNode가 정상 동작하고 있는지 확인한다. 유사 분산 모드와 동일하게 jps 명령으로 확인하면 되지만, 완전 분산 모드에서는 각각의 호스트에서 NameNode 또는 DataNode가 동작하고 있는지 확인해야 한다. 예를 들어, nn에서 jps 명령을 실행하면 NameNode가 동작하고 있는지 확인할 수 있다.

```
$ sudo jps
...
6495 NameNode
...
```

---

17 NameNode와 DataNode의 호스트에 있는 /etc/hosts에 사용할 FQDN을 기술해 두는 방법과, DNS 서버에 등록하는 방법 등이 있다.

한편, slave1에서 jps 명령을 실행하면 DataNode가 동작하고 있는지 확인할 수 있다.

```
$ sudo jps
...
6668 DataNode
...
```

■ 정지

HDFS를 정지한다. 우선, NameNode를 정지한다. 그리고 nn에서 다음과 같이 실행한다.

```
$ sudo service hadoop-hdfs-namenode stop
```

계속해서 DataNode를 정지한다. slave1, slave2, slave3 순으로 다음과 같이 실행한다.

```
$ sudo service hadoop-hdfs-datanode stop
```

HDFS를 정지한 후 nn, slave1, slave2, slave3 각 서버에서 NameNode 또는 DataNode의 프로세스가 정지해 있는 것을 jps 명령으로 확인하도록 한다.

start-dfs.sh와 stop-dfs.sh

커뮤니티판의 Apache Hadoop에는 NameNode와 DataNode를 일괄적으로 시작/정지할 수 있는 start-dfs.sh와 stop-dfs.sh가 동봉되어 있다. CDH에도 tar ball에는 포함되어 있지만, RPM 패키지를 사용해서 CDH를 설치한 경우, 이들 스크립트는 설치되지 않는다. CDH에서는 사용을 추천하지 않지만, 그래도 사용하고 싶다면 배포된 아카이브를 풀어서 hadoop-2.0.0-cdh4.2.0/sbin/아래에 있는 start-dfs.sh와 stop-dfs.sh를 복사하여 사용하도록 한다. 단, ssh로 로그인해야 하는 등 동작 조건이 까다롭다.

4.6 SecondaryNameNode

4.6.1 SecondaryNameNode의 역할

SecondaryNameNode는 주기적으로 NameNode에서 fsimage와 edits를 받아서 이들을 합치고, HDFS에 대한 갱신 내용을 반영한 새로운 fsimage를 생성한다. 그리고 합친 후의 fsimage를 NameNode에 전송한다. SecondaryNameNode는 비(非)HA 구성에 사용한다[18].

체크 포인트를 실시하여 fsimage에 적용 완료한 edits를 삭제함으로써 디스크 공간을 절약할 수 있다. 또한, NameNode 재시작 시 fsimage에 대한 edits 적용 크기를 줄일 수 있어서 재시작 시 시간을 단축시킬 수 있다.

HA 클러스터 구성을 사용하지 않는 간단한 Hadoop 클러스터는 하나의 NameNode와 하나의 SecondaryNameNode 노드로 구성할 수 있다. 상용 시스템에서 사용하는 경우는 SecondaryNameNode와 NameNode를 별도 서버 상에서 동작시키는 것을 추천한다. 그 이유는 SecondaryNameNode와 NameNode가 메모리나 다른 리소스를 경합해서 사용하지 못하도록 하고 NameNode에 장애가 발생한 경우, NameNode 이외 서버에 메타데이터를 보존함으로써 장애에 따른 완전 데이터 손실을 방지하기 위해서다.

4.6.2 독립된 서버 상에 구축

SecondaryNameNode를 NameNode와 별도의 서버 상에 구축하기 위해서 다음과 같이 설정한다.

▌패키지 설치

SecondaryNameNode를 가동시킬 서버에 SecondaryNameNode 패키지를 설치한다.

---

18 SecondaryNameNode는 페일오버(failover)나 HA 기능을 제공하지 않는다. NameNode를 15장에서 소개하고 있는 HA 구성으로 하는 경우, 여기서 설명하는 SecondaryNameNode이 필요 없다. HA 클러스터의 스탠바이 측 NameNode가 체크 포인트 처리를 한다.

```
$ sudo yum install hadoop-hdfs-secondarynamenode
```

▋ conf/masters 편집

SecondaryNameNode 가 가동하고 있는 서버명을 conf/masters 파일에 추가한다.

▋ hdfs-site.xml 편집

hdfs-site.xml 파일에 다음 속성을 추가한다.

```
<property>
  <name>dfs.namenode.http-address</name>
  <value><NameNode의 호스트 주소>:50070</value>
</property>
```

dfs.namenode.http-address는 NameNode의 웹 인터페이스 주소와 포트 번호다. 이 것은 HTTP를 통하여 NameNode에서 fsimage와 edits를 취득하기 위해 필요하다.

▋ SecondaryNameNode 시작

다음과 같이 SecondaryNameNode를 시작한다.

```
$ service hadoop-hdfs-secondarynamenode start
```

4.6.3 SecondaryNameNode 파라미터

SecondaryNameNode의 동작은 hdfs-site.xml 내의 파라미터로 제어할 수 있다(표 4.3).

표 4.3 SecondaryNameNode 파라미터

속성명	해설
dfs.namenode.checkpoint.check. period	다음 체크 포인트를 동작시키기까지의 시간 간격(초). 초기 설정은 3,600(초)
dfs.namenode.checkpoint.txns	다음 체크 포인트를 동작시키기까지의 트랜잭션 수. 초기 설정은 40,000

표 4.3 SecondaryNameNode 파라미터(계속)

속성명	해설
dfs.namenode.checkpoint.dir	SecondaryNameNode에서 fsimage를 저장하기 위한 로컬 파일 시스템 상의 경로. 초기 설정은 file://${hadoop.tmp.dir}/dfs/namesecondary
dfs.namenode.checkpoint.edits.dir	SecondaryNameNode에서 edits를 저장하기 위한 로컬 파일 시스템 상의 경로. 초기 설정은 ${dfs.namenode.checkpoint.dir}
dfs.namenode.num.checkpoints.retained	체크 포인트에 필요한 fsimage 저장 수. 초기 설정은 2

* 가장 오래된 fsimage부터 최신 상태로 복구하기 위해서는 모든 edits 로그를 보관해 두어야 한다. 상세한 내용은 다음 링크를 참조하도록 한다. http://archive.cloudera.com/cdh4/cdh/4/hadoop/hadoop-project-dist/hadoop-hdfs/hdfs-default.xml

4.7 CLI 기반 파일 조작

HDFS는 일반적인 파일 시스템과 동일하게 파일 복사나 이동, 삭제 등이 가능하다. 또한, OS 파일 시스템에 있는 파일을 HDFS에 저장하거나 HDFS의 파일을 꺼내는 것도 가능하다. 여기서는 기본적인 CLI 기반 HDFS 처리에 대해 설명하겠다.

4.7.1 hdfs 명령어

HDFS의 대부분의 동작은 hdfs 명령어로 구현 가능하다. hdfs 명령어에 dfs라는 서브 명령어를 지정하는 것으로 HDFS 제어가 가능하다. 다음과 같은 형식으로 기술한다.

```
hdfs dfs <동작 종류>
```

dfs 서브 명령어에 '동작 종류'를 지정함으로 조작이 가능하다. 예를 들어 로컬 파일 시스템 상에 있는 /tmp/test.txt를 HDFS 상의 /path/to/test.txt에 복사하고 싶은 경우, 다음과 같이 dfs 서브 명령어 뒤에 '-put'을 지정한다.

```
$ /usr/bin/hdfs dfs -put /tmp/test.txt /path/to/test.txt
```

참고로 HDFS의 포맷 직후 루트 디렉터리(/)는 'hdfs namenode -format'를 실행한 사용자, 즉 여기서는 hdfs가 소유자이며 권한은 'drwxr-xr-x', 즉 다른 사용자가 변경할 수 없도록 되어 있다. 다른 사용자가 HDFS에 기록할 수 있도록 하기 위해서는 뒤에 설명할 -chown 명령이나 -chmod 명령을 사용해서 소유자나 소유 그룹, 권한 등을 변경해 주어야 한다.

'hdfs dfs' 명령을 사용한 간단한 파일 조작 예를 살펴보자.

HDFS의 슈퍼 사용자인 hdfs 사용자로 HDFS 상에 /foo 디렉터리를 작성한 후, /foo 소유자와 소유 그룹을 일반 사용자인 user1으로 변경한다[19]. 그런 다음 user1 사용자로 /foo/bar 디렉터리를 작성한다.

```
$ sudo -u hdfs hdfs dfs -mkdir /foo
$ sudo -u hdfs hdfs dfs -chown user1:user1 /foo
$ su - user1
$ hdfs dfs -mkdir /foo/bar
```

작성한 디렉터리가 존재하는지 확인하자.

```
$ hdfs dfs -ls /foo
Found 1 items
drwxr-xr-x   - user1 user1                0 2013-06-18 13:03 /foo/bar
```

로컬 디스크에 있는 /tmp/data1.txt를 /foo/bar 디렉터리에★ 배치한다.

---

19 이미 OS 사용자인 user1이 존재한다고 가정함.

★ 역자주 /tmp/data1.txt가 존재하지 않는 경우는 'vi /tmp/data1.txt' 명령을 사용해서 임의로 파일을 만들도록 한다.

```
$ hdfs dfs -put /tmp/data1.txt /foo/bar/
$ hdfs dfs -ls -R /foo
drwxr-xr-x   - user1 user1            0 2013-06-18 13:07 /foo/bar
-rw-r--r--   1 user1 user1           11 2013-06-18 13:07 /foo/bar/data1.txt
```

data1 소유자/소유 그룹을 user2로 변경해 보자[20]. 또한, 접속 권한도 변경한다.

```
$ sudo -u hdfs hdfs dfs -chown user2:user2 /foo/bar/data1.txt
$ sudo -u hdfs hdfs dfs -chmod 755 /foo/bar/data1.txt
```

HDFS 상에 있는 파일과 디렉터리 크기를 확인해 보자.

```
$ hdfs dfs -du /foo/bar
11  /foo/bar/data1.txt
```

HDFS 상에서 파일을 복사한다.

```
$ hdfs dfs -cp /foo/bar/data1.txt /foo/bar/data2.txt
$ hdfs dfs -ls /foo/bar/data1.txt /foo/bar/data2.txt
Found 1 items
-rw-r--r--   1 user2 user2           11 2013-06-18 13:07 /foo/bar/data1.txt
Found 1 items
-rw-r--r--   1 user1 user1           11 2013-06-18 13:12 /foo/bar/data2.txt
```

HDFS 상의 파일을 삭제한다.

```
$ hdfs dfs -rm /foo/bar/data1.txt
```

HDFS 상의 파일을 로컬 파일 시스템에서 취득한다.

---

20 이미 OS 사용자인 user2가 존재한다고 가정한다.

```
$ hdfs dfs -get /foo/bar/data2.txt /tmp
Deleted /foo/bar/data1.txt
$ ls -alt /tmp/data2.txt
-rwxr-xr-x 1 user1 user1 11 Jun 18 13:15 /tmp/data2.txt
```

파일과 디렉터리를 삭제한다.

```
$ hdfs dfs -rm /foo/bar/data2.txt
$ hdfs dfs -rmdir /foo/bar
Deleted /foo/bar/data2.txt
$ hdfs dfs -ls /foo
 (아무것도 출력되지 않는다.)
```

이것으로 대략적인 HDFS 조작 방법에 대해 알아 보았다.

4.7.2 dfs 서브 명령어

dfs 서브 명령어는 OS의 파일 제어 명령과 방식이 같거나 이름 자체가 동일한 것도 많아서, 이름을 통해 그 기능을 유추할 수 있다[21].

dfs 서브 명령어는 인수로 URI를 사용할 수도 있다. URI 형식은 〈scheme〉://〈authority〉/〈path〉다. HDFS면 scheme은 hdfs가 되고, 로컬 파일 시스템이면 file이 된다. scheme과 authority 지정은 임의로 한다. 지정하지 않으면 설정 파라미터에서 지정한 값을 사용한다. 예를 들어, HDFS 상의 디렉터리인 /parent/child는 dfs://namenodehost/parent/child라고 쓸 수 있으며, 설정(fs.default.name)에서 hdfs://〈namenodehost〉를 지정해 두면 /parent/child라고 쓰기만 해도 된다.

실행 결과 출력은 표준 출력으로 이루어진다. 또한, 에러가 발생할 경우의 연계 정보는 표준 에러 출력으로 이루어진다.

■ cat

hdfs dfs −cat [−ignoreCrc] 〈src〉 ···

---

21 'hdfs dfs' 서브 명령어에 어떤 인수를 사용할 수 있는지 알고 싶다면, 'hdfs dfs −help'를 실행하면 된다.

〈src〉에서 지정한 파일 시스템 상의 파일 내용을 표준 출력으로 표시한다. 복수의 인수를 부여할 수도 있다. 또한, -ignoreCrc 옵션을 사용해서 CRC 체크 없이 동작시킬 수 있다.

```
$ hdfs dfs -cat /path/to/file1
$ hdfs dfs -cat hdfs://nn.example.com/file2
$ hdfs dfs -cat file:///file3 /path/to/file4
```

■ chgrp

hdfs dfs −chgrp [−R] 〈GROUP〉 〈PATH〉 …

〈path〉에서 지정한 파일의 소유 그룹을 〈GROUP〉으로 변경한다. -R을 사용해서 디렉토리 내부의 파일에 대해 재귀적으로 실행할 수 있다. 사용자는 파일 소유자거나 슈퍼 사용자여야 한다.

■ chmod

hdfs dfs −chmod [−R] 〈mode〉[,〈mode〉]… | 〈octalmode〉 〈path〉 …

파일 접근 권한을 변경한다. 〈mode〉 또는 〈octalmode〉로 부여할 수 있는 권한으로 변경한다. 〈mode〉에서는 'u+r'이나 'o−w'같이 '대상 + (부여) / − (박탈) 권한' 형식으로 지정할 수 있다. octalmode는 8진수 표기로 권한을 지정한다[22]. -R을 부여하면 디렉터리 내부의 파일에 대해 재귀적으로 실행된다. 사용자는 파일의 소유자이거나 슈퍼 사용자여야만 한다.

■ chown

hdfs dfs −chown [−R] [〈owner〉][:[〈group〉]] 〈path〉 …

〈path〉에서 지정한 파일 시스템 상의 파일 소유자나 소유 그룹을 각각 〈owner〉와 〈group〉으로 변경한다. -R을 붙여서 디렉터리 내부의 파일에 대해 재귀적으로 실행된다. 사용자는 파일 소유자이거나 슈퍼 사용자여야만 한다.

---

22 유닉스의 chmod 명령과 같다.

■ copyFromLocal

hdfs dfs -copyFromLocal ⟨localsrc⟩ ... ⟨dst⟩

⟨localsrc⟩에서 지정한 로컬 파일 시스템 상의 파일을 ⟨dst⟩에서 지정한 파일 시스템 상의 경로로 복사한다. 이 명령어는 put 명령과 같은 동작을 한다.

■ copyToLocal

hdfs dfs -copyToLocal [-ignoreCrc] [-crc] ⟨src⟩ ... ⟨localdst⟩

⟨src⟩에서 지정한 파일 시스템 상의 파일을 ⟨localdst⟩에서 지정한 로컬 파일 시스템 상의 경로로 복사한다. -ignoreCrc 옵션을 사용하면 CRC 체크에 실패한 파일도 복사할 수 있다. 또한, -crc 옵션을 사용하면 파일 외에 CRC도 복사한다. 이 명령어는 get 명령과 같은 동작을 한다.

■ count

hdfs dfs -count [-q] ⟨path⟩ ...

⟨path⟩에서 지정한 로컬 파일 시스템 상의 경로 아래에 있는 파일이나 디렉터리 수 및 바이트 수를 카운트한다. 출력되는 정보는 다음과 같다[23].

DIR_COUNT: 디렉터리 엔트리 수

FILE_COUNT: 파일 엔트리 수

CONTENT_SIZE: 파일 사이즈 합계

FILE_NAME: path에서 지정한 파일 또는 디렉터리의 이름

-q 옵션을 사용하면 허가 할당량에 관한 정보도 표시한다. 이 경우 출력 정보는 다음과 같다.

QUOTA: Name 할당량, 즉 사용 가능한 파일 및 디렉터리 엔트리의 합계

REMAINING_QUOTA: 남은 Name 할당 수

SPACE_QUOTAL: 할당 용량, 즉 사용 가능한 디스크 영역 크기

---

23 출력 결과에 내용을 의미하는 필드명이 출력되지 않는 것이 난점이다.

REMAINING_SPACE_QUOTA: 남은 할당 용량 크기

DIR_COUNT: 디렉터리 엔트리 수

FILE_COUNT: 파일 엔트리 수

CONTENT_SIZE: 파일 사이즈 합계

FILE_NAME: path에서 지정한 파일 또는 디렉터리명

CONTENT_SIZES는 해당 경로에 포함된 파일 사이즈의 합계지만, SPACE_QUOTA 및 REMAINING_SPACE_QUOTA는 리플리케이션을 위해 사용되는 디스크 크기도 고려하고 있다는 점이 다르다. 즉 CONTENT_SIZE가 1MB 있다고 해도 거기에 포함되는 파일의 복제 수가 3인 경우, SPACE_QUOTA로 소비되는 용량은 3MB가 된다.

```
$ hdfs dfs -count hdfs://nn1.example.com/file1 hdfs://nn2.example.com/file2
$ hdfs dfs -count -q hdfs://nn1.example.com/file1
```

■ cp

hdfs dfs −cp 〈src〉 ... 〈dst〉

〈src〉에서 지정한 파일 시스템 상의 파일을 〈dst〉에서 지정한 경로로 복사한다. 〈src〉로 복수의 파일을 지정할 수 있지만, 이 경우 〈dst〉는 디렉터리만 사용할 수 있다.

```
$ hdfs dfs -cp /path/to/file1 /path/to/file2
$ hdfs dfs -cp /path/to/file1 /path/to/file2 /path/to/dir
```

■ du

hdfs dfs −du [−s] [−h] 〈path〉 ...

〈path〉에서 지정한 파일 시스템 상의 파일 및 디렉터리 크기를 표시한다. -s 옵션을 사용하면 요약 표시를 하고, -h 옵션을 사용하면 킬로바이트나 메가바이트 단위로 표시할 수 있다. 즉, 67108864 대신에 64.0MB로 표시한다.

```
$ hdfs dfs -du /path/to/dir1 /path/to/file1 hdfs://nn.example.com/path/to/dir1
```

■ expunge

hdfs dfs —expunge

rm 명령으로 휴지통으로 이동한 파일을 완전히 삭제한다.

■ get

hdfs dfs —get [—ignoreCrc] [—crc] ⟨src⟩ ... ⟨localdst⟩

⟨src⟩에서 지정한 파일을 ⟨localdst⟩에서 지정한 로컬 파일 시스템 상의 경로로 복사한다.
copyFromLocal과 옵션은 동일하다. -ignoreCrc 옵션을 사용하면 CRC 체크 없이 파일
을 복사한다. -crc 옵션을 사용하면 파일과 CRC를 복사할 수 있다.

```
$ hdfs dfs -get /path/to/file localfile
$ hdfs dfs -get hdfs://nn.example.com/path/to/file /tmp/localdir/
```

■ getmerge

hdfs dfs —getmerge [—nl] ⟨src⟩ ⟨localdst⟩

⟨src⟩가 가리키는 경로 아래에 있는 파일들을 병합해서 ⟨localdst⟩가 가리키는 로컬 파일
시스템 상의 파일로 출력한다. -nl을 사용하면 병합 대상의 각 파일 끝 부분에 개행 문자를
부여한다.

■ help

hdfs dfs —help [⟨cmd⟩ ...]

⟨cmd⟩에서 지정한 명령어의 도움말을 표시한다. cmd를 지정하지 않은 경우는 명령어 전
체의 도움말을 표시한다.

■ ls

hdfs dfs —ls [—d] [—h] [—R] [⟨path⟩ ...]

다음 형식을 따라 파일이나 디렉터리 상태를 표시한다.

> **permission:** 권한
>
> **number_of_replicas:** 복제 수(디렉터리인 경우는 '-(하이픈)'을 표시)
>
> **userid:** 사용자 id
>
> **groupid:** 그룹 id
>
> **filesize:** 파일 크기(디렉터리인 경우는 0)
>
> **modification_date:** 변경 날짜
>
> **modification_time:** 변경 시각
>
> **name:** 파일명 또는 디렉터리명

path를 지정하지 않으면 /user/〈현재 사용자명〉의 내부 상태를 표시한다.

- -d 옵션을 사용하면 디렉터리 자신의 정보를 일반적인 파일같이 표시한다
- -h 옵션을 사용하면 파일 크기를 지정 단위로 표시한다
- -R 옵션을 사용하면 디렉터리 내부를 재귀적으로 표시한다

```
$ hdfs dfs -ls /path/to/file1
$ hdfs dfs -ls -R /path/to/
```

■ mkdir

hdfs dfs −mkdir [−p] 〈path〉 ...

〈path〉에서 지정한 경로에 디렉터리를 작성한다. -p 옵션을 사용하면 부모 디렉터리도 작성한다.

```
$ hdfs dfs -mkdir /path/to/dir1 /path/to/dir2
$ hdfs dfs -mkdir -p hdfs://nn1.example.com/path/to/dir3/dir4
```

■ moveFromLocal

hdfs dfs −moveFromLocal 〈localsrc〉 ... 〈dst〉

〈localsrc〉에서 지정한 로컬 파일 시스템 상의 파일을 dst에서 지정한 경로로 이동한다. put 명령과 달리 실행 후에 localsrc 파일이 삭제된다.

■ moveToLocal

hdfs dfs −moveToLocal 〈src〉 〈localdst〉

CDH 4.2에서는 아직 구현되지 않는다. 'Option '-moveToLocal' id not implemented yet.'이라는 메시지가 출력된다.

■ mv

hdfs dfs −mv 〈src〉 ... 〈dst〉

〈src〉에서 지정한 파일 시스템 상의 파일을 〈dst〉에서 지정한 경로로 이동한다. 복수의 파일을 이동시키는 경우는 이동 목적지가 디렉터리여야만 한다.

```
$ hdfs dfs -mv /path/to/file1 /path/to/file2
$ hdfs dfs -mv hdfs://nn.example.com/file1 hdfs://nn.example.com/file2 /
> hdfs://nn.example.com/file3 hdfs://nn.example.com/dir1
```

■ put

hdfs dfs −put 〈localsrc〉 ... 〈dst〉

〈localsrc〉에서 지정한 로컬 파일 시스템 상의 파일을 dst에서 지정한 파일 시스템으로 복사한다. 또한, 표준 입력으로부터 읽어 들여서 출력 목적지의 파일 시스템에 기록한다.

다음 예에서 마지막 줄에 있는 명령은 표준 입력을 읽고 있다. 표준 입력을 통해 문자를 읽은 후, Ctrl-D로 입력을 종료시킬 수 있다.

```
$ hdfs dfs -put localfile /path/to/hadoopfile
$ hdfs dfs -put localfile1 localfile2 /path/to/hadoopdir
$ hdfs dfs -put - hdfs://nn.example.com/hadoop/hadoopfile
```

■ rm

hdfs dfs −rm [−f] [−r−−R] [−skipTrash] 〈src〉 ...

〈src〉에서 지정한 파일을 삭제한다. -f 옵션을 사용하면 파일이 존재하지 않아도 에러 처리가 되지 않고, 명령 반환값도 0이 된다. 재귀적 삭제할 때는 -r 또는 -R 옵션을 사용한다.

휴지통 기능을 사용하고 있는 경우, -skipTrash 옵션을 사용하여 휴지통으로 옮기지 않고 바로 삭제할 수 있다. 할당량을 초과한 디렉터리에서 파일을 삭제하는 경우에 유용하다.

```
$ hdfs dfs -rm hdfs://nn.example.com/file /path/to/emptydir
$ hdfs dfs -rm -r /path/to/dir/
```

■ rmdir

hdfs dfs –rmdir [––ignore–fail–on–non–empty] 〈dir〉 ...

디렉터리를 삭제한다. 디렉터리는 비어 있어야 한다. -ignore-fail-on-non-empty 옵션을 사용하면 비어 있지 않는 디렉터리를 삭제하려는 경우에도 삭제 처리 없이 처리 성공으로 간주한다.

■ setrep

hdfs dfs –setrep [–R] [–w] 〈rep〉 〈path/file〉 ...

path/file에서 지정한 파일의 복제 수를 〈rep〉에서 지정한 값으로 변경한다. -R 옵션을 사용하면 지정한 디렉터리 내부의 모든 파일에 대해 재귀적으로 복제 수를 변경한다. -w 옵션을 사용하면 복제가 완료될 때까지 기다린다.

```
$ hdfs dfs -setrep -R -w 3 /path/to/dir1
```

■ stat

hdfs dfs –stat –R [〈format〉] 〈path〉 ...

〈path〉에서 지정한 파일 또는 디렉터리의 통계 정보를 출력한다. -R 옵션으로 디렉터리 내부를 재귀적으로 표시할 수 있으며, 〈format〉으로 다음과 같은 출력 형식을 지정할 수 있다.

%b: 파일 크기

%g: 소유자의 그룹명

%n: 파일명

%o: 블록 크기

%r: 복제 수

%u: 소유자의 사용자명

%y: 변경 일시(년월일시분초)

%Y: 변경 일시(UNIX timestamp)

⟨format⟩을 지정하지 않으면 변경 일시(년월일시분초)만 출력된다.

```
$ hdfs dfs -stat path
$ hdfs dfs -stat -R /path/to/dir
$ hdfs dfs -stat '%b %o %r %n' /path/to/dir/file
```

■ tail

hdfs dfs −tail [−f] ⟨file⟩

파일 끝 부분의 1KB를 표시한다. -f 옵션을 사용하면 파일 끝 부분을 표시해도 프로그램이 종료되지 않고 파일 변경을 감시해서 내용을 계속적으로 표시한다. Ctrl+C로 종료한다.

```
$ hdfs dfs -tail pathname
```

■ test

hdfs dfs −test −[ezd] ⟨path⟩

⟨path⟩에서 지정한 파일이 다음 옵션에서 지정한 조건과 일치하는지 확인한다. 적어도 한 가지 조건을 지정해야 한다. 결과는 명령 반환값으로 확인할 수 있다. 조건과 일치하면 0, 일치하지 않으면 1을 반환한다.

−e: 파일이 존재한다

−z: 파일 크기가 0이다

−d: 디렉터리다

```
$ hdfs dfs -test -e filename
```

■ text

hdfs dfs −text [−ignoreCrc] 〈src〉 ...

〈src〉에서 지정한 파일의 내용을 텍스트 형태로 출력한다. 입력으로 사용할 수 있는 타입은 gzip 파일 또는 SequenceFile이다.

-ignoreCrc 옵션을 사용하면 CRC 체크에 실패한 파일에 대해서도 실행할 수 있다.

■ touchz

hdfs dfs −touchz 〈path〉 ...

〈path〉에서 지정한 파일 시스템 상의 경로에, 크기가 0인 파일을 작성한다. 크기가 0인 파일이 이미 존재하면 에러로 처리된다.

```
$ hdfs dfs -touchz /path/to/file1
```

4.7.3 HDFS 관리 명령어 소개

HDFS는 일반 사용자를 위한 조작뿐 아니라, 각종 관리용 명령어도 갖추고 있다. 관리용 명령어도 hdfs 명령의 서브 명령으로 정의되어 있다. 주요 서브 명령어를 표 4.4에 정리했다.

표 4.4 주요 서브 명령어

서브 명령어	관련 관리 작업
fsck	파일 시스템 상태 체크
balancer	HDFS 재균형
daemonlog	로그 레벨 동적 변경
dfsadmin	HDFS 상태 확인, HDFS 퇴거, DataNode 참가 등

참고로 관리 작업의 대부분은 dfsadmin을 사용한다.

```
$ hdfs dfsadmin <서브 명령어> <인수>
```

주요 dfsadmin 서브 명령어는 다음과 같다.

[-report]: 기본적인 파일 시스템 정보와 통계를 표시한다

[-safemode ⟨enter | leave | get | wait⟩]: 안전 모드용 운영 명령을 실행

[-saveNamespace]: 현재 이름 공간(name space)을 디스크에 저장하고 edits 로그를 리셋한다

[-rollEdits]: edites 로그를 로테이션한다

[-restoreFailedStorage true|false|check]: 실패한 저장 복제가 사용 가능해진 시점에서 복구할지의 여부를 플래그로 설정한다

[-refreshNodes]: NameNode에 접속된 DataNode 집합의 정보를 갱신한다

[-setQuota ⟨quota⟩ ⟨dirname⟩...⟨dirname⟩]: 디스크 할당량을 설정한다

[-clrQuota ⟨dirname⟩...⟨dirname⟩]: 할당량에 관한 설정을 제거(clear)한다

[-setSpaceQuota ⟨quota⟩ ⟨dirname⟩...⟨dirname⟩]: 디스크 공간 할당량을 설정한다

[-clrSpaceQuota ⟨dirname⟩...⟨dirname⟩]: 디스크 공간 할당량에 관한 설정을 제거 (clear)한다

[-refreshServiceAcl]: 서비스 레벨 인증 정책을 갱신한다

[-refreshUserToGroupsMappings]: 사용자와 그룹 사이의 맵핑을 갱신한다

[-refreshSuperUserGroupsConfiguration]: 슈퍼 사용자 그룹 설정을 갱신한다

[-printTopology]: NameNode에 의해 보고된 랭크와 노드 관련 정보를 표시

[-setBalancerBandwidth ⟨bandwidth⟩]: Balancer 실행 시 네트워크 대역폭을 설정

[-fetchImage ⟨local directory⟩]: NameNode에서 최신 fsimage 취득

[-help [cmd]]: dfsadmin에 관련된 도움말을 표시한다

여기서는 한 가지 실행 예만 소개하겠다. 'hdfs dfsadmin -report'를 실행하면 HDFS 상태에 관한 정보를 표시한다. 그림 4.7의 웹 인터페이스 화면에서 얻을 수 있는 정보와 동일하지만, CLI을 경유해서도 간단히 정보를 얻을 수 있어서 비교적 사용 빈도가 높은 명령어라 할 수 있다.

```
$ sudo -u hdfs hdfs dfsadmin -report
Configured Capacity: 38848335872 (36.18 GB)
Present Capacity: 31447412736 (29.29 GB)
DFS Remaining: 31447285760 (29.29 GB)
DFS Used: 126976 (124 KB)
DFS Used%: 0%
Under replicated blocks: 0
Blocks with corrupt replicas: 0
Missing blocks: 0

-------------------------------------------------
Datanodes available: 1 (1 total, 0 dead)

Live datanodes:
Name: 127.0.0.1:50010 (localhost)
Hostname: localhost
Decommission Status : Normal
Configured Capacity: 38848335872 (36.18 GB)
DFS Used: 126976 (124 KB)
Non DFS Used: 7400923136 (6.89 GB)
DFS Remaining: 31447285760 (29.29 GB)
DFS Used%: 0%
DFS Remaining%: 80.95%
Last contact: Wed Jun 19 06:34:41 JST 2013
```

이들 관리 명령어를 사용한 HDFS 운영에 대한 상세한 내용은 17장 "클러스터 운영"에서 설명하겠다.

이번 장에서는 HDFS의 특징과 아키텍처, 그리고 기본적인 동작을 소개했다. 방대한 데이터 핸들링에 특화되어 고속으로 읽기/쓰기가 가능하며, 복수의 슬레이브 서버에 복제 데이터를 분산함으로써 가용성을 높였다는 것을 배울 수 있었다. Hadoop을 구성하는 중요한 요소 중 하나인 HDFS에 대해 이해하는 것은 Hadoop을 운영하는 데 있어 매우 중요한 일이다. 이 장의 내용을 가능한 한 깊이 이해하고 넘어가도록 하자.

5

MapReduce
프레임워크

Hadoop

Hadoop

Hadoop

5.1 MapReduce 처리

이 장에서는 MapReduce 프레임워크 구성에 대해 설명하겠다[1]. 1장에서 MapReduce 프레임워크 개념에 대해 개략적으로 설명했었다. 여기서는 MapReduce 프레임워크에서 어떤 식으로 처리가 이루어지는지 조금 더 상세히 살펴보겠다.

5.1.1 프레임워크의 처리 흐름

MapReduce 프레임워크는 Map, Shuffle&Sort, Reduce라는 단계를 거쳐서 입력된 잡 (Job)을 분할해 가며 처리를 진행한다(그림 5.1).

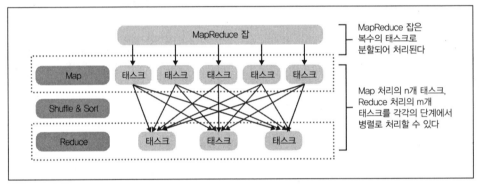

그림 5.1 MapReduce 프레임워크와 잡 및 태스크 관계

MapReduce 잡은 복수의 태스크로 분할된다. Map 태스크와 Reduce 태스크는 각각 병렬로 처리할 수 있다. Map과 Reduce의 태스크 수가 동일할 필요는 없다.

Map과 Reduce의 처리 흐름은 Map 처리가 끝난 후에 Reduce 처리가 시작된다. 반대로 말하면, Reduce 처리는 모든 Map 처리의 출력을 전달받기 전까지는 시작할 수 없다. Map의 출력 결과를 Reduce에 전송하는 Shuffle 단계는 Map 태스크가 끝난 후에 순차적으로 실행된다.

---

1 이 장에서 MRv1이라 불리는 Hadoop 버전 0.20대와 1.0대를 기반으로 한 전형적인 MapReduce에 대해 설명한다. MapReduce에 MRv1, MRv2 두 가지 계열이 있다는 것에 대해서는 3장에서 언급했었다.

MapReduce 잡의 최종 결과는 HDFS에 출력된다. Reduce 태스크를 통한 집약 처리가 필요하지 않다면 Map 처리만으로도 작업을 끝낼 수 있다. 예를 들면, Map으로 입력된 각종 문서 포맷을 변환하는 작업은 Reduce로 넘어가지 않고 Map에서 끝난다. 이와 같이 Map 처리만으로 끝나는 경우, 최종 출력은 Map 태스크별로 출력 파일이 나뉜다.

5.1.2 단계별 동작

MapReduce 프레임워크 처리를 단계별로 살펴보자.

■ 맵(Map) 처리

Map 처리의 입력 데이터를 '스플릿'(InputSplit: 입력 스플릿)이라고 한다. JobClient가 스플릿 단위를 정한다. 입력 데이터는 HDFS 파일이어야 하며, HDFS 상에서는 블록으로 나뉘어져 있기 때문에 '스플릿 크기=블록 크기'가 된다[2]. 스플릿에서 키-밸류를 해석하고, 1 레코드씩 읽어 들여서 Map으로 처리한다(그림 5.2).

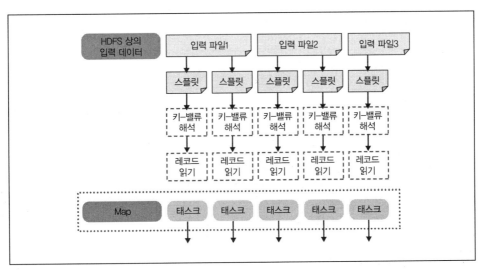

그림 5.2 Map 처리 흐름

Map 처리 후 중간 출력 데이터는 로컬 디스크를 사용한다. Map 출력은 키를 기준으로 정

---

2 필요에 따라 스플릿 크기 < 블록 크기로도 조정이 가능하다.

렬된다. 입력 데이터인 키-밸류값을 받아, 사용자가 정의한 Map 처리를 실행하는 Mapper
가 다시 키-밸류 쌍을 출력한다. 이것을 Partitioner를 통해서 사용자가 정의한 Reduce 처
리를 하는 Reducer에게 전달한다. Partitioner를 이용함으로써 Reduce 처리에 전달할
데이터의 분할 방법을 정할 수 있다. Partitioner의 초기 설정은 키의 해시값을 사용해 할
당하도록 되어 있다.

Combiner

Hadoop에서는 Map 처리 직후에 Combiner라는 처리를 정의할 수 있다. Combiner는 개별적으로
처리된 Map 결과에 대해, 로컬 상에서 Reduce와 동일한 처리를 하기 위한 것이다. 특히, 다음 단
계인 Shuffle 단계에 데이터를 전달하기 전에 로컬 상에서 데이터를 집약함으로써 Shuffle 단계에
서의 통신량을 줄여 주는 효과가 있다.

■ Shuffle&Sort 처리

Map 출력이 Reduce까지 전달되는 일련의 과정을 Shuffle&Sort 처리라고 한다(그림
5.3).

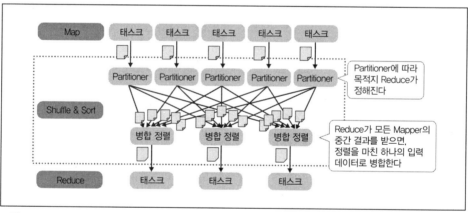

그림 5.3 Shuffle&Sort 처리 흐름

일반적으로 Reduce 처리를 하는 노드는 Map 처리를 수행한 복수의 노드 중 어딘가에 포
함된다. 어떤 Map 처리의 출력 결과를 전달하는 Reduce가 Map 처리를 수행한 노드와
동일하면 노드 간에 데이터 통신이 발생하지 않지만, Map 처리한 노드와 다른 경우는 네
트워크를 통해서 데이터를 전송시켜야 한다. Mapper와 Reducer 간의 통신은 HTTP로

이루어진다.

Reduce 처리는 Map 처리 결과를 모두 건네받는다. 노드 수가 많은 대규모 클러스터에서 대용량 데이터를 처리하는 경우, 어떤 노드에서 처리한 Map 처리를 동일 노드 상의 Reduce로 전달할 확률이 작아진다. 이때, Map 처리 결과의 많은 데이터가 네트워크 경유로 전송된다. 또한, 이때 발생하는 대량의 네트워크 통신이 MapReduce 처리 전체의 성능 저하를 초래할 수 있기 때문에 주의해야 한다.

Reducer에 Map으로부터의 모든 데이터가 도달하면, Reduce 태스크에서 처리가 가능하도록 입력을 하나로 모으는 처리를 한다. 이때, 복수의 Map에서 정렬된 조각들이 전달되기 때문에 이것들을 병합-정렬로 집약한다. 이를 통해 Reduce 태스크의 입력은 키별로 정렬된 상태가 된다. 결과적으로 사용자가 정의한 Reduce 처리는 키값으로 정렬되어 있는 데이터만을 처리할 수 있다.

■ **Reduce 처리**

Reduce 처리에서 하는 작업은 다음의 두 가지다.

1. 같은 키로 모아진 중간 데이터(밸류 집합)에 대해 사용자가 정의한 Reduce 처리를 실행
2. Reduce 처리 결과로, 새로운 키와 밸류 쌍을 생성하고 출력(그림 5.4)

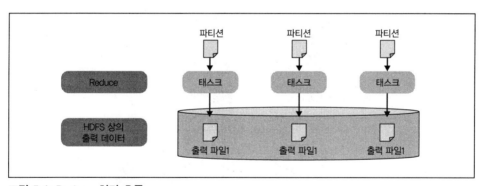

그림 5.4 Reduce 처리 흐름

Reduce 처리의 입력을 '파티션'이라고 한다. Map 처리의 출력 결과인 키-밸류가 키별 파티션으로 분할된다. 또는 사용자가 설정을 통해 파티션 방법을 정할 수도 있다.

Reduce 수에 대해서는 주의가 필요하다. 원래 키별로 집약하는 처리이기 때문에 1레코드

단위로 독립된 처리를 하는 Map 처리에 비해 작업 분산이 어렵다. 특히 키로 분할할 수 없는 경우, 예를 들어 출력 결과 전체를 정렬하는 경우, 기본적으로 Reduce는 하나가 되어야만 한다. 키 분할은 MapReduce를 사용할 때 주의 깊게 생각해야 할 항목 중 하나다.

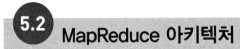

5.2 MapReduce 아키텍처

5.2.1 노드 구성

MapReduce 처리 단위로 '잡(job)'과 '태스크(task)' 두 가지 용어가 사용된다. 사용자가 투입하는 MapReduce '잡'은 MapReduce 프레임워크 내에서 복수의 '태스크'로 분할하여 처리된다. '잡'은 사용자가 관리 대상으로 하는 MapReduce 처리 단위를 가리킨다. 한편 '태스크'란 Map 처리나 Reduce 처리에 할당되는 처리 단위로, 병렬 처리가 가능하도록 MapReduce 프레임워크가 분할한 처리 단위이기도 하다.

다음의 MapReduce 프레임워크의 노드 구성을 살펴보자(그림 5.5).

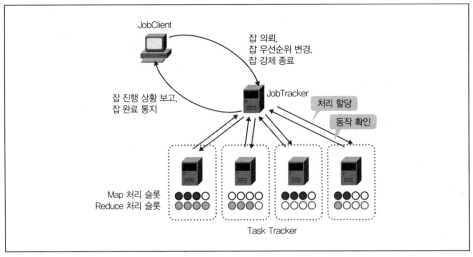

그림 5.5 MapReduce 프레임워크의 노드 구성

MapReduce 프레임워크에서는 마스터 노드를 'JobTracker'라고 하고, 슬레이브 노드를 'TaskTracker'라고 한다. 일반적으로, HDFS의 슬레이브 노드인 DataNode는 MapReduce의 TaskTracker와 물리적으로 같은 장비에 설치된다. 이 때문에 TaskTracker는 먼저 로컬 DataNode 상의 데이터에 대해 잡을 실행한다. 이때, 네트워크 통신이 발생하지 않기 때문에 높은 성능을 낼 수 있는 구조로 되어 있다.

MapReduce에 잡을 투입하는 클라이언트를 'JobClient'라고 한다. JobTracker, TaskTracker, JobClient 관계는 그림 5.5와 같다.

JobTracker는 하나의 Hadoop 클러스터로 하나가 가동된다. 하나의 JobTracker로 해당 Hadoop 클러스터 상에서 동작하는 모든 MapReduce 잡을 관리한다. 그리고 JobTracker에 대해 복수의 TaskTracker가 협력하여 동작한다.

Hadoop의 MapReduce 프레임워크는 마스터 노드인 JobTracker를 중심으로 한 집중 관리 구성이다. 이 때문에 JobTracker는 단일 장애 지점이 된다. JobTracker에 이상이 발생하면, 이상 발생 시점에 동작하고 있던 MapReduce 잡은 강제적으로 종료된다. 또한, JobClient가 새로운 MapReduce 잡을 의뢰해도 실행되지 않는다. 그림 5.5에서 설명한 가장 심플한 구성의 경우 JobTracker가 단일 장애 지점이 되지만, HA 클러스터로 구성할 수도 있다[3].

그림 JobTracker, TaskTracker, JobClient 각각의 역할에 관하여 자세히 살펴보자.

5.2.2 JobTracker의 역할

JobTracker는 MapReduce 프레임워크가 제공하는 분산 처리를 제어하기 위한 프로세스로, 마스터로 동작하는 자바 프로세스다. Hadoop에서 MapReduce를 실행할 때 사령탑 역할을 하기 때문에 JobTracker가 실행되고 있지 않으면 MapReduce 잡을 실행할 수 없다. JobTracker는 다음과 같은 역할을 한다.

▌잡 관리

- Map 태스크 할당 제어
  JobClient가 보낸 분할 정보를 파악해서 Map 태스크 할당을 제어한다.

---

3 HA 클러스터에 대해서는 15장에서 설명하겠다.

- Map 처리 결과 파악

  Reduce 처리에서 이용할 수 있는 Map 처리 결과 정보를 파악한다.

- 잡 진행 통지

  실행 중인 MapReduce 잡의 진행 상황을 정기적으로 JobClient에 통지한다.

▌ 리소스 관리

- 처리 할당

  Map 처리나 Reduce 처리를 TaskTracker에 할당한다.

- 처리의 주기적 실행

  같은 태스크를 복수의 TaskTracker로 병렬 실행시켜서 가장 빨리 얻은 결과를 사용하도록 처리를 할당할 수 있다.

- 처리 재할당

  TaskTracker에서 이상이 발생하여 계속 처리가 되지 않을 때, 다른 TaskTracker에 처리를 재할당한다.

- 블랙리스트화

  처리 실패 빈도가 높은 TaskTracker에 처리를 할당하지 않도록 한다.

- TaskTracker 동작 여부 확인

  TaskTracker의 동작 여부를 확인하고 TaskTracker가 응답하지 않는 경우, 해당 TaskTracker를 처리용 멤버에서 제외시킨다.

- TaskTracker 추가/제외

  신규로 추가한 TaskTracker에서 응답이 있는 경우, 바로 처리용 멤버로 추가한다. 운영 등의 목적으로 TaskTracker를 제외시킨다.

▌ 잡 실행 이력 관리

- 잡 이력 관리

  MapReduce 잡의 실행 상태를 관리하고 이력을 저장해서 잡을 분석한다.

5.2.3 TaskTracker의 역할

TaskTracker는 Hadoop의 MapReduce 프레임워크 중에서 Map 처리 및 Reduce 처

리를 실행하기 위한 슬레이브 노드다. JobTracker는 단순히 지시를 내리기만 하기 때문에 설령 JobTracker가 JobClient에게서 잡을 받았다고 해도, 비어있는 TaskTracker가 없으면 태스크가 할당되지 않는다.

또한, TaskTracker는 JobTracker에게서 받은 지시를 따라서 Map 처리나 Reduce 처리를 실행한다. TaskTracker는 실제 작업을 동작시키는 'Child 프로세스'라고 하는 자바 프로세스를 생성한다[4]. 이 Child 프로세스에게 처리 내용을 저장한 JAR 파일이나 처리에 필요한 데이터를 전달한다. Child 프로세스 처리가 완료되면, TaskTracker가 JobTracker에게 처리가 완료됐다는 사실을 알린다. TaskTracker의 역할은 다음과 같다.

- Child 프로세스 생성과 처리 실행

  JobTracker가 할당한 Map 처리와 Reduce 처리에 대해 실제 처리를 진행하는 Child 프로세스를 생성하고 Child 프로세스를 실행시킨다[5].

- Child 프로세스 상태 확인

  Child 프로세스의 진행 상태를 관리하고, 그 진행 상태를 JobTracker에 정기적으로 통지한다.

- 처리 중지를 통지

  JobTracker로부터 처리 중지 지시가 오면, 해당하는 처리를 중지시킨다.

- 하트비트(Heartbeat) 통신

  자신이 동작하고 있다는 것을 전달하기 위해 JobTracker에게 정기적으로 하트비트를 전송한다. 하트비트를 사용해서 해당 시점의 TaskTracker 처리 상황이나, 처리 유무에 대해 JobTracker와 소통한다.

- Map 처리 수와 Reduce 처리 수 파악

  어느 한 시점의 Map 처리 수나 Reduce 처리 수를 파악한다. 사전에 정의해 둔 Map 처리의 최대 동시 실행 수와 Reduce 처리의 최대 동시 실행 수에 미치지 않는 경우는 JobTracker에게 처리 유무를 묻는다

---

4 'Child 프로세스'는 TaskTracker의 자식 프로세스로 동작한다는 의미로, 실제 이름이 'Child'인 것은 아니다. ps로 표시해도 'child'라는 프로세스를 발견할 수는 없다.

5 Child 프로세스는 TaskTracker 프로세스와 독립된 프로세스로 동작한다.

JobClient는 사용자가 정의한 MapReduce 처리를 JobTracker에게 의뢰하기 위한 클라이언트다. JobClient의 역할은 다음과 같다.

- 입력 데이터의 분할 방침 결정
  처리 대상 입력 데이터를 어떻게 분할해서 병렬 처리할 것인지 결정한다.

- 잡 의뢰
  JobTracker에게 MapReduce 잡 실행을 의뢰한다.

- 애플리케이션 배포
  MapReduce 잡을 실행하기 위한 애플리케이션을 HDFS에 저장한다.

- 진행 상태 수신
  JobTracker가 보내온 잡 실행 상태를 수신한다.

- 잡 관리
  사용자 단위로 MapReduce 잡을 관리한다. MapReduce 잡의 우선순위 변경이나 잡을 강제 종료시킨다.

5.3 MapReduce와 HDFS의 관계

5.3.1 스플릿(split)

Hadoop에서는 데이터를 분산 파일 시스템 HDFS에 저장한다[6]. MapReduce는 데이터가 HDFS에 저장되어 있다는 것을 전제로 처리를 실행하기 때문에 처리 시에는 HDFS에서 데이터를 읽어 들인다. 또한, MapReduce 처리 결과도 HDFS에 저장한다.

---

6 HDFS에 대해서는 4장에서 설명했었다.

입력 데이터를 어떻게 분할하고 처리할지는 JobClient의 역할이다. Map 태스크의 입력 데이터가 스플릿이다. 스플릿은 고정 데이터이며, 처리 대상 입력 데이터를 분할한 조각들이다. 하나의 Map 태스크는 하나의 스플릿에서 레코드를 읽어 처리한다. 또한, 입력 데이터를 분할하여 복수의 데이터로 나눔으로써 병렬 처리가 가능하다.

5.3.2 데이터 지역성

MapReduce 처리는 데이터를 동작하고 있는 처리 프로그램으로 옮기는 것이 아니라, 처리 프로그램을 데이터가 있는 곳으로 이동시킨다. 이를 통해 노드 간 데이터 전송량을 줄이고, 대량의 데이터를 처리하더라도 오버헤드가 발생하지 않도록 한다.

이와 같이 데이터 배치 장소를 고려하는 것을 '데이터 지역성(locality)을 고려한다'고 한다. MapReduce 처리를 할 때, 처리할 데이터가 존재하는 곳에서 처리될 수 있도록 NameNode와 소통해 가면서 JobTracker가 태스크를 할당한다. 처리 흐름에 대해 상세히 살펴보도록 하자.

▌ JobClient 동작

우선 잡을 실행하기에 앞서 HDFS 상의 데이터 장소를 JobClient가 NameNode에게 묻고, 입력 데이터 위치에 관한 파일(job.split)과 MapReduce 잡의 JAR 파일(job.jar)을 JobTracker가 지정한 디렉터리에 배치한다.

▌ JobTracker가 태스크를 실행

JobTracker는 job.split 파일 정보를 바탕으로 Map 태스크 실행을 TaskTracker에게 의뢰한다. TaskTracker에 할당된 Map 태스크를 처리하는 Child 프로세스가 DataNode에서 데이터를 취득 후 처리한다(그림 5.6).

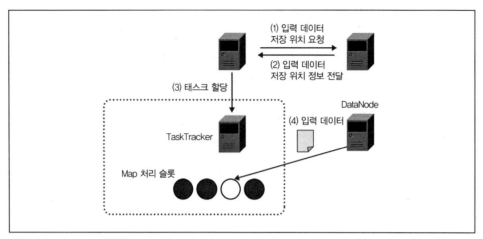

그림 5.6 Map 처리 할당

이때, JobTracker는 다음 우선순위로 Map 처리를 TaskTracker에 할당한다.

1. TaskTracker와 동일 서버에 있는 DataNode가 처리 대상 데이터를 보유하고 있는가
2. TaskTracker와 동일 랙 내에 있는 DataNode가 처리 대상 데이터를 보유하고 있는가
3. 1 또는 2 이외

이를 통해 Hadoop 클러스터 내 노드 간 통신을 줄이고, 처리 시간을 단축할 수 있다.

다음 Reduce 처리에서는 처리 결과를 HDFS에 기록한다. 이것은 Child 프로세스가 Reduce 처리 결과를 HDFS 클라이언트로 HDFS에 저장하는 처리다(그림 5.7).

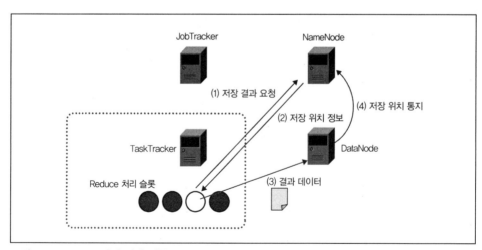

그림 5.7 Reduce 처리 결과 기록

5.3.3 잡 ID와 태스크 ID

MapReduce 처리 단위로 '잡'과 '태스크'라는 두 가지 용어가 사용된다. '잡'은 사용자가 관리하고 이는 MapReduce의 처리 단위를 가리킨다. 즉, JobClient로부터 투입되는 MapReduce 처리를 의미한다. 한편, '태스크'란 Map 처리나 Reduce 처리를 위한 단위로, 병렬 실행이 가능하도록 MapReduce 프레임워크가 분할한 처리 단위를 말한다.

JobTracker를 시작하면 년월일과 시각을 이용해서 JobTracker를 식별하기 위한 ID를 생성한다. 이 ID는 MapReduce 잡 각각에 부여되는 잡 ID 및 Map 처리나, Reduce 처리 각각에 부여되는 태스크 ID에 사용된다.

■ 잡 ID

잡 ID는 JobTracker ID와 JobTracker가 잡을 접수한 순번을 결합해서 생성한다. 이 잡 ID는 다음과 같은 형식으로 구성된다.

> job_〈JobTracker 식별 ID〉_〈접수 순번〉

예를 들어 JobTracker 식별 ID가 '201301010920', 접수한 순번이 20번대면 잡 ID는 'job_201301010920_0020'이 된다. 잡 접수 번호는 네 자리 숫자로 관리된다. 네 자리 미만인 경우는 상위 자릿수가 제로(0)로 채워진다[7]. 참고로, 잡 ID는 MapReduce 프레임워크 속성으로 관리되고 있다. mapred.job.id 속성이 여기에 해당한다.

■ 태스크 ID

JobTracker는 각 처리별로 잡 ID에 연동된 태스크 ID를 생성한다. 태스크 ID는 Map 처리와 Reduce 처리를 식별하기 위해 Map 처리는 'm', Reduce 처리는 'r'이라는 문자열을 추가한다. 태스크 ID는 처리 실행 횟수에 기반한 태스크 실행 ID와도 연계된다.

---

7 만약 잡 수가 다섯 자리 이상인 경우에는 숫자가 단순히 다섯 자리로 세팅된다.

5.3.4 태스크 할당

JobTracker는 JobClient가 전송한 MapReduce 잡을 Map 처리와 Reduce 처리로 구분하고, 자신이 관리하는 TaskTracker에 할당한다. JobTracker는 TaskTracker에 할당한 처리의 진행 상황을 파악한다. 할당 시에는 TaskTracker의 처리 실적도 고려한다. 처리에 몇 번이고 실패한 TaskTracker는 블랙리스트에 등록되고, 일정 기간 동안 태스크를 할당하지 않는다(그림 5.8).

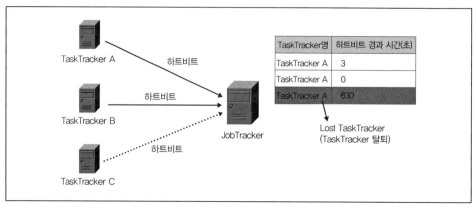

그림 5.8 TaskTracker의 블랙리스트

■ **태스크와 슬롯 관계**

TaskTracker 안에서 병렬로 실행되는 단위를 '슬롯(slot)'이라고 한다. 하나의 TaskTracker 안에서 동시에 실행 가능한 Map 슬롯 수와 Reduce 슬롯 수를, TaskTracker 시작 때 설정한다(그림 5.9).

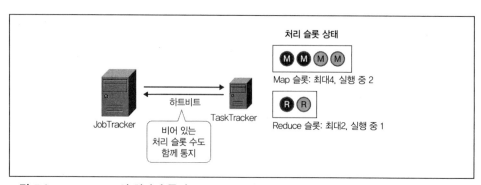

그림 5.9 TaskTracker의 처리 슬롯 수

슬롯에 Map 태스크나 Reduce 태스크를 할당한다. TaskTracker는 지정한 슬롯 수 이상의 Map 처리나 Reduce 처리를 실행할 수 없다.

 ## 5.4 MapReduce 프레임워크 설정

MapReduce 프레임워크를 이용하기 위해 필요한 설정과 시작/정지 방법에 대해 알아보도록 하자.

5.4.1 설정 파일

MapReduce를 실행하기 위해서 필요한 설정에 대해 설명하겠다. 설정 파일은 /etc/hadoop/conf/ 내에 위치한다.

표 5.1 MapReduce의 주요 설정 파일

파일명	목적
mapred–site.xml	MapReduce 프레임워크에 관한 설정을 기술
hadoop–env.sh	JobTracker나 TaskTracker의 자바 옵션이나, 로그, 프로세스 ID용 디렉터리 설정을 기술
hadoop–metrics.properties	MapReduce에 관련된 메트릭스 설정. 메트릭스는 Ganglia 등에서 사용한다
hadoop–policy.xml	Hadoop 전체의 ACL 정책 설정. MapReduce에 관한 정책도 여기서 설정한다

mapred-site.xml은 JobTracker나 TaskTracker에서 사용하는 설정을 기술한다. MapReduce 프레임워크 동작을 정의하는 것이다.

hadoop-env.sh는 자바 경로나 JobTracker, TaskTracker에서 사용하는 JVM의 힙(heap) 메모리 크기, 가비지 콜렉션(Garbage collection) 옵션 등 자바 관련 설정을 한다. 그리고 로그 디렉터리, 프로세스 ID 디렉터리, 프로세스 우선순위 등 OS와 직접 연계되는 부분을 설정한다[8].

hadoop-metrics.properties에는 Hadoop의 메트릭스, 즉 지표값에 연관된 설정을 한다. 메트릭스는 Hadoop 동작 상태를 감시하기 위해 사용한다.

hadoop-policy.xml에는 Hadoop 서비스, 즉 각종 노드 간 통신이나 Hadoop 사용에 관한 접속 제어를 구현하기 위한 설정이다.

참고로 설정 파일은 JobTracker와 TaskTracker 양쪽 다 같은 내용을 사용해도 문제없다. 각 노드가 JobTracker와 TaskTracker 역할에 따라, 설정 파일 내에서 필요한 부분을 개별적으로 참조하기 때문이다. 이와 같이 동일한 설정을 가지고 있는 파일을 사용하는 것으로 인해 유지 보수가 수월해진다[9].

5.4.2 JobTracker 설정

MapReduce 프레임워크를 가동시킬 때, 반드시 설정해 주어야 하는 항목은 'JobTracker 가동 호스트와 가동 포트명'이다. 이 설정만 제대로 이루어지면, 분산 환경을 사용한 Map Reduce 프레임워크를 이용할 수 있다. 반대로, 다른 설정이 맞더라도 이 설정이 틀리면 MapReduce 프레임워크를 이용할 수 없다. JobTracker와 TaskTracker 사이에 통신이 이루어지지 않으면 분산 환경으로 동작하지 않기 때문이다.

앞서 설명한 것과 같이 TaskTracker가 JobTracker에게 하트비트를 전송하며, Map 처리나 Reduce 처리는 이 하트비트 통신을 통해 TaskTracker에 할당된다. MapReduce 프레임워크에는 이 외에도 많은 설정 파라미터가 존재하지만, 성능이나 운영을 개선하기 위한 목적으로는 초기 설정을 그대로 사용해도 문제없다.

JobTracker 설정은 mapred.job.tracker 속성을 사용한다. Hadoop 설정 파일에 다음과 같이 기술한다[10].

---

8 CDH 4.2에서는 hadoop-env.sh에 관련된 설정 파일을 참고로 하여 /etc/default/hadoop-0.20-mapreduce 라는 파일을 배치하고 있다. CDH를 RPM으로 설치할 때, service 명령으로 데몬 프로세스를 실행하면, /etc/default/hadoop-0.20-mapreduce를 읽고 /usr/lib/hadoop-0.20-mapreduce/bin/hadoop-config.sh를 경유해서 hadoop-env.sh를 읽어 들인다.

9 TaskTracker로 사용하는 하드웨어 환경이 동일하지 않아 특별한 설정이 필요한 경우는 제외한다.

10 이 값은 JobTracker 및 TaskTracker에서 동일하게 설정한다.

```
<property>
  <name>mapred.job.tracker</name>
  <value><가동 호스트>:<포트 번호></value>
</property>
```

mapred-site.xml 내의 mapred.job.tracker 설정값에 따라, 로컬 모드/유사 분산 모드/
완전 분산 모드로 변경할 수 있다.

로컬 모드: local

유사 분산 모드: localhost

완전 분산 모드: JobTracker를 가동하는 호스트명

JobTracker는 로컬 모드의 MapReduce 잡 실행 시에는 가동하지 않는다. 로컬 모드에서
는 LocalJobRunner 프로세스가 Map 처리와 Reduce 처리를 한다. 또한, Reduce 처리
의 다중도 설정은 0아니면 1이어야 한다(그림 5.10).

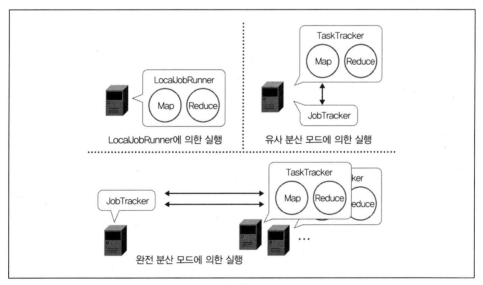

그림 5.10 실행 모드에 따른 MapReduce 동작 차이

local, localhost 이외의 호스트명을 설정하면 완전 분산 모드로 동작한다. 유사 분산 모드나 완전 분산 모드에서는 호스트명에 포트 번호를 추가로 설정한다. CDH 4.2에서는 포트 번호를 설정하지 않으면 JobTracker를 시작할 수 없다. hadoop-0.20-conf-pseudo 패키지에서 유사 분산 모드 포트 번호는 8012로 설정되어 있다.

5.4.3 TaskTracker 설정

TaskTracker 설정에는 다음과 같은 항목이 있다.

■ JobTracker 가동 호스트와 가동 포트명

앞서 언급한 것과 같이 JobTracker에서 설정한 mapred-site.xml의 mapred.job.tracker와 같은 값을 TaskTracker를 동작시키는 각 노드에 설정한다. 이를 통해, TaskTracker와 JobTracker 간 통신이 이루어진다.

```
<property>
  <name>mapred.job.tracker</name>
  <value><가동 호스트>:<포트 번호></value>
</property>
```

■ 슬롯 수 설정

TaskTracker의 슬롯 수는 MapReduce 프레임워크의 속성에서 설정이 가능하다.

Map 처리 슬롯 수는 mapred.tasktracker.map.tasks.maximum으로, Reduce 처리 슬롯 수는 mapred.tasktracker.reduce.tasks.maximum으로 설정할 수 있다[11]. 예를 들어, 어떤 노드에서 동작하는 TaskTracker의 Map 처리 슬롯 수를 4, Reduce 처리의 슬롯 수를 2라고 하면 mapred-site.xml에 다음과 같이 기술한다.

---

11 슬롯 수는 TaskTracker의 계산 리소스를 잘 고려한 후 설정할 필요가 있다. 너무 적거나, 너무 많으면 충분한 성능을 끌어낼 수 없게 된다.

```
<property>
  <name>mapred.tasktracker.map.tasks.maximum</name>
  <value>4</value>
</property>

<property>
  <name>mapred.tasktracker.reduce.tasks.maximum</name>
  <value>2</value>
</property>
```

아무것도 설정하지 않으면 Map 슬롯 수와 Reduce 슬롯 수 모두 2로 설정되어 하나의 TaskTracker에서 최대 네 개의 처리가 동시 실행된다. 이 슬롯 수는 복수로 존재하는 TaskTracker에 개별적으로 설정할 수 있으며, TaskTracker마다 다른 설정을 할 수도 있다.

■ 태스크 처리의 타임아웃 설정

TaskTracker는 Child 프로세스로 실행하고 있는 태스크 진척률을 감시해서 JobTracker에게 보고한다. 일정 시간 동안 Child 프로세스에서 실행하고 있는 태스크가 진행되지 않는 경우는 타임아웃이라 판단하고 'FAILED'로 처리하여 제외시킨다.

타임아웃 시간은 mapred-site.xml의 속성 mapred.task.timeout으로 설정할 수 있다. 예를 들어 5분으로 설정하는 경우, 다음과 같이 300000으로 설정한다.

```
<property>
  <name>mapred.task.timeout</name>
  <value>300000</value>
</property>
```

초기 설정에서는 600,000밀리초(10분) 동안 응답이 없으면 제외시킨다[12]. 이 설정도 MapReduce 잡 단위로 설정 가능하다. JobClient를 가동하고 있는 서버의 mapred-site.xml이나 잡 실행 시의 인수 또는 소스 코드 안에 직접 기술한다.

---

12 mapred.task.timeout 속성값을 0으로 설정하면, 타임아웃 설정을 끌 수 있다.

■ 로컬 디스크 영역 설정

TaskTracker가 일시적으로 데이터를 저장하거나, MapReduce 중간 결과로 Map의 처리 결과를 기록할 장소를 설정한다. 이것은 HDFS가 아닌, 각 노드의 로컬 디스크 영역을 사용한다.

로컬 디스크 영역 설정은 mapred-site.xml의 mapred.local.dir에서 지정한다. 예를 들어, 어떤 노드에 디스크가 세 개 있고, 각각 마운트 포인트별로 영역을 사용하는 경우를 생각해 보자. 각각 /data/1/mapred/local, /data/2/mapred/local, /data/3/mapred/local을 사용하는 경우, 다음과 같이 기술한다.

```
<property>
  <name>mapred.local.dir</name>
  <value>/data/1/mapred/local,/data/2/mapred/local,/data/3/mapred/local</value>
</property>
```

이와 같이 설정한 영역이 실제로 로컬 파일 시스템 상에 존재해야 한다. TaskTracker의 노드에서 다음과 같이 실행하자. 우선, mapred.local.dir에서 지정한 로컬 디렉터리를 생성한다.

```
$ sudo mkdir -p /data/1/mapred/local /data/2/mapred/local /data/3/mapred/local
```

소유자를 mapred 사용자로 변경한다. 그룹은 'hadoop'으로 설정한다.

```
$ sudo chown -R mapred:hadoop /data/1/mapred/local /data/2/mapred/local \
> /data/3/mapred/local
```

권한도 변경해 둔다. mapred.local.dir 속성은 JobClient를 가동하는 서버에도 설정한다. 이때, 권한은 755가 아닌 1777(drwxrwrwrt)을 설정한다.

5.5 MapReduce 프레임워크 시작과 정지

명령어를 사용해서 MapReduce 프레임워크를 가동시키고, 샘플 애플리케이션을 실행해서 동작을 확인해 보자. 참고로, HDFS 환경(NameNode와 DataNode)이 이미 유사 분산 모드로 동작하고 있다는 것을 전제로 한다[13].

5.5.1 HDFS 상에 디렉터리 작성

HDFS가 동작하고 있다는 것을 확인한 후, HDFS 상에 다음 디렉터리를 작성한다.

■ /tmp

사전에 다음 권한으로 HDFS 상에 /tmp 디렉터리를 작성해 둔다. 나중에 CDH 컴포넌트에서 문제가 발생하는 것을 방지하기 위해서다[14]. 다른 프로세스가 더 높은 권한으로 해당 디렉터리를 작성해 버려서 애플리케이션이 동작하지 않을 가능성이 있기 때문이다. /tmp 디렉터리를 작성하고 권한을 1777(drwxrwxrwt)로 설정한다.

```
$ sudo -u hdfs hdfs dfs -mkdir /tmp
$ sudo -u hdfs hdfs dfs -chmod -R 1777 /tmp
```

■ /var

스테이징용 디렉터리를 작성한다. 잡 고유의 파일을 배치할 장소로 사용한다. /var 아래에 두고 권한을 1777(drwxrwxrwt), 소유자를 mapred 사용자로 설정한다.

```
$ sudo -u hdfs hdfs dfs -mkdir -p /var/lib/hadoop-hdfs/cache/mapred/mapred/staging
$ sudo -u hdfs hdfs dfs -chmod 1777 /var/lib/hadoop-hdfs/cache/mapred/mapred/staging
$ sudo -u hdfs hdfs dfs -chown -R mapred /var/lib/hadoop-hdfs/cache/mapred
```

---

13 완전 분산 모드 동작에 관해서는 7장에서 설명하겠다.

14 Pig나 Hive 등 Hadoop 이코노미 시스템 소프트웨어에서는 HDFS 상의 /tmp에 처리 중인 데이터를 배치한다. 때문에 /tmp 디렉터리를 미리 만들어 둘 필요가 있다.

여기까지 디렉터리 작성을 마치면 다음과 같은 상태가 된다.

```
$ sudo -u hdfs hdfs dfs -ls -R /
drwxrwxrwt   - hdfs        supergroup        0 2013-05-13 20:31 /tmp
drwxr-xr-x   - hdfs        supergroup        0 2013-05-13 20:37 /var
drwxr-xr-x   - hdfs        supergroup        0 2013-05-13 20:37 /var/lib
drwxr-xr-x   - hdfs        supergroup        0 2013-05-13 20:37 /var/lib/hadoop-hdfs
drwxr-xr-x   - hdfs        supergroup        0 2013-05-13 20:37 /var/lib/hadoop-hdfs
/cache
drwxr-xr-x   - mapred      supergroup        0 2013-05-13 20:37 /var/lib/hadoop-hdfs
/cache/mapred
drwxr-xr-x   - mapred      supergroup        0 2013-05-13 20:37 /var/lib/hadoop-hdfs
/cache/mapred/mapred
drwxrwxrwt   - mapred      supergroup        0 2013-05-13 20:37 /var/lib/hadoop-hdfs
/cache/mapred/mapred/staging
```

■ mapred.system.dir 디렉터리

HDFS 상에 /var 디렉터리를 작성한 후, JobTracker를 시작하기 전에 mapred.system. dir에서 지정한 디렉터리를 생성한다. 초기 설정은 ${hadoop.tmp.dir}/mapred/system이다. 이 디렉터리의 소유자를 mapred 사용자로 설정한다.

```
$ sudo -u hdfs hdfs dfs -mkdir /var/mapred/system
$ sudo -u hdfs hdfs dfs -chown mapred:hadoop /var/mapred/system
```

만약 mapred.system.dir 디렉터리를 다른 장소에 작성한 경우, mapred-site.xml 내 mapred.system.dir 설정값을 바꾼 장소로 지정해야 한다.

5.5.2 시작

MapReduce를 실행하기 위해서 TaskTracker와 JobTracker 서비스를 각각 실행한다. TaskTracker는 다음 명령을 실행한다.

```
$ sudo service hadoop-0.20-mapreduce-tasktracker start
```

JobTracker는 다음 명령을 실행한다.

```
$ sudo service hadoop-0.20-mapreduce-jobtracker start
```

TaskTracker와 JobTracker가 가동된 것을 jps 명령을 사용하여 확인해 보자.

```
$ sudo jps
      9306 TaskTracker
      5084 SecondaryNameNode
      9213 JobTracker
      10886 Jps
      6267 NameNode
      6369 DataNode
```

다음은 ps 명령으로 확인한다. ps 명령 출력 결과가 TaskTracker 프로세스와 JobTracker 프로세스를 포함하고 있는지 확인할 수 있다.

```
$ ps -ef | grep mapreduce
root     11145     1  0 02:29 pts/0  00:00:00 su mapred -s /usr/java/jdk1.6.0_43/
bin/java -- -Dproc_jobtracker -Xmx1000m -Dhadoop.log.dir=/var/log/hadoop-0.20-mapre
duce -Dhadoop.log.file=hadoop-hadoop-jobtracker-localhost.localdomain.log -Dhadoop.
home.dir=/usr/lib/hadoop-0.20-mapreduce -Dhadoop.id.str=hadoop -Dhadoop.root.logger
=INFO,DRFA -Djava.library.path=/usr/lib/hadoop-0.20-mapreduce/lib/native/Linux-amd6
4-64 -Dhadoop.policy.file=hadoop-policy.xml -classpath (생략):/usr/lib/hadoop-0.20
-mapreduce/./

mapred   11148 11145  7 02:29 pts/0    00:00:16 java -Dproc_jobtracker -Xmx1000m -D
hadoop.log.dir=/var/log/hadoop-0.20-mapreduce -Dhadoop.log.file=hadoop-hadoop-jobtr
acker-localhost.localdomain.log -Dhadoop.home.dir=/usr/lib/hadoop-0.20-mapreduce -D
hadoop.id.str=hadoop -Dhadoop.root.logger=INFO,DRFA -Djava.library.path=/usr/lib/ha
doop-0.20-mapreduce/lib/native/Linux-amd64-64 -Dhadoop.policy.file=hadoop-policy.xm
l -classpath (생략):/usr/lib/hadoop-0.20-mapreduce/lib/*:/usr

root     11236     1  0 02:29 pts/0    00:00:00 su mapred -s /usr/java/jdk1.6.0_43/
bin/java -- -Dproc_tasktracker -Xmx1000m -Dhadoop.log.dir=/var/log/hadoop-0.20-mapr
educe -Dhadoop.log.file=hadoop-hadoop-tasktracker-localhost.localdomain.log -Dhado
op.home.dir=/usr/lib/hadoop-0.20-mapreduce -Dhadoop.id.str=hadoop -Dhadoop.root.log
```

```
ger=INFO,DRFA -Djava.library.path=/usr/lib/hadoop-0.20-mapreduce/lib/native/Linux-a
md64-64 -Dhadoop.policy.file=hadoop-policy.xml -classpath (생략):/usr/lib/hadoop-0
.20-mapreduce/

mapred  11239 11236  8 02:29 pts/0   00:00:15 java -Dproc_tasktracker -Xmx1000m -
Dhadoop.log.dir=/var/log/hadoop-0.20-mapreduce -Dhadoop.log.file=hadoop-hadoop-tas
ktracker-localhost.localdomain.log -Dhadoop.home.dir=/usr/lib/hadoop-0.20-mapreduce
-Dhadoop.id.str=hadoop -Dhadoop.root.logger=INFO,DRFA -Djava.library.path=/usr/lib
/hadoop-0.20-mapreduce/lib/native/Linux-amd64-64 -Dhadoop.policy.file=hadoop-policy
.xml -classpath (생략):/usr/lib/hadoop-0.20-mapreduce/lib/*:/u

sampleuser  11360  6103  0 02:32 pts/0    00:00:00 grep mapreduce
```

5.5.3 동작 확인

가동하고 있는지 확인하기 위해서는 ps명령을 사용한 프로세스 확인이나 netstat 명령을 사용한 소켓 확인, 자바 명령어를 통한 확인 등 다양한 방법이 있다. 여기서는 Map Reduce 프레임워크가 제공하는 웹 인터페이스를 사용해서 JobTracker와 TaskTracker 동작 여부를 확인하겠다. 웹 브라우저에서 다음과 같이 주소를 입력하자.

> http://localhost:50030/jobtracker.jsp

입력한 주소에 접속하면 '〈호스트명〉Hadoop Map/Reduce Administration'이라는 타이틀을 가진 웹 페이지가 뜬다(그림 5.11). 여기서 'Cluster Summary' 테이블 내의 'Nodes'를 확인하여 값이 1인지 확인해 보자[15].

---

15 완전 분산 모드로 동작시켜 세 대의 TaskTracker가 존재할 경우, 이 부분이 3이 된다.

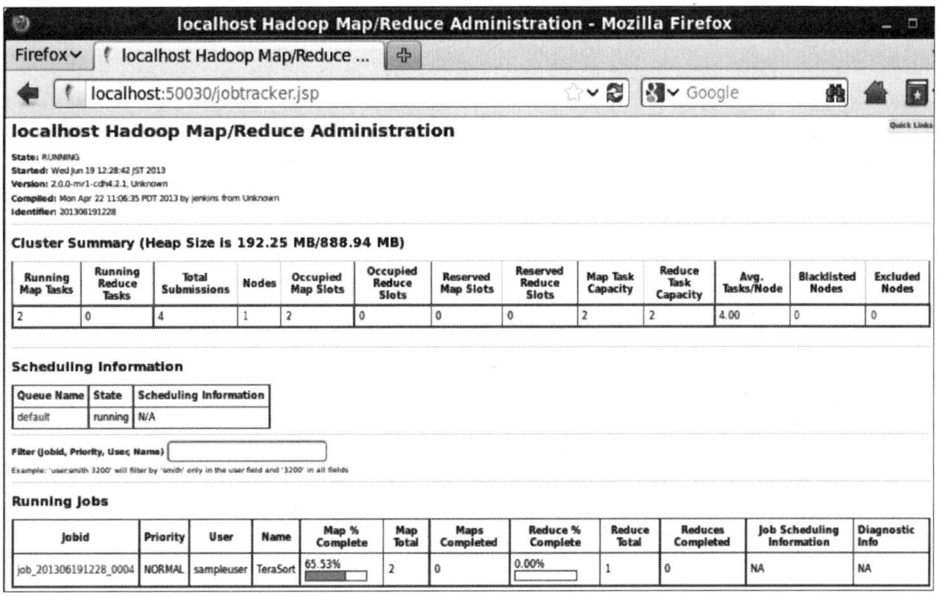

그림 5.11 웹 인터페이스를 통한 가동 확인

참고로, 웹 인터페이스에서 사용하는 포트는 JobTracker의 설정 파일인 mapred-site.
xml 내의 속성 mapred.job.tracker.http.address로 설정할 수 있다.

다음으로, 샘플 애플리케이션 중 하나인 terasort를 통해 MapReduce 잡 실행을 확인해
보자. terasort는 대용량 데이터를 정렬하는 프로그램이다.

terasort를 실행하기 전에 terasort 대상 데이터를 작성한다. 데이터 작성에는 마찬가지로
샘플 애플리케이션인 teragen을 사용한다. teragen의 첫 번째 인수에는 데이터 행수를,
두 번째 인수에는 출력 대상 디렉터리를 지정한다.

```
$ cd /usr/lib/hadoop-0.20-mapreduce/
$ hadoop jar hadoop-examples.jar teragen 1000000 terasort_input
 (중략)
Generating 1000000 using 2 maps with step of 500000
13/06/19 20:55:14 INFO mapred.JobClient: Running job: job_201306191228_0003
13/06/19 20:55:15 INFO mapred.JobClient: map 0% reduce 0%
13/06/19 20:55:34 INFO mapred.JobClient: map 100% reduce 0%
13/06/19 20:55:37 INFO mapred.JobClient: Job complete: job_201306191228_0003
 (중략)
$ hdfs dfs -ls terasort_input
```

```
Found 4 items
-rw-r--r--   1 sampleuser supergroup          0 2013-06-19 20:55 terasort_input/_SUCCESS
drwxrwxrwx   - sampleuser supergroup          0 2013-06-19 20:55 terasort_input/_logs
-rw-r--r--   1 sampleuser supergroup   50000000 2013-06-19 20:55 terasort_input/part-00000
-rw-r--r--   1 sampleuser supergroup   50000000 2013-06-19 20:55 terasort_input/part-00001
```

데이터 생성을 확인했으면 슬슬 terasort를 실행해 보도록 하자. terasort의 첫 번째 인수로 입력 디렉터리를, 두 번째 인수로 출력 디렉터리를 지정한다.

```
$ hadoop jar hadoop-examples.jar terasort terasort_input terasort_output
13/06/19 20:56:16 INFO terasort.TeraSort: starting
13/06/19 20:56:17 INFO mapred.FileInputFormat: Total input paths to process : 2
13/06/19 20:56:18 INFO zlib.ZlibFactory: Successfully loaded & initialized native-zl
ib library
13/06/19 20:56:18 INFO compress.CodecPool: Got brand-new compressor [.deflate]
Making 1 from 100000 records
Step size is 100000.0
 (중략)
13/06/19 20:56:19 INFO mapred.JobClient: Running job: job_201306191228_0004
13/06/19 20:56:20 INFO mapred.JobClient: map 0% reduce 0%
13/06/19 20:56:42 INFO mapred.JobClient: map 65% reduce 0%
13/06/19 20:56:45 INFO mapred.JobClient: map 82% reduce 0%
13/06/19 20:56:46 INFO mapred.JobClient: map 100% reduce 0%
13/06/19 20:57:01 INFO mapred.JobClient: map 100% reduce 100%
13/06/19 20:57:03 INFO mapred.JobClient: Job complete: job_201306191228_0004
 (중략)
13/06/19 20:57:03 INFO terasort.TeraSort: done
```

terasort가 MapReduce 잡으로 실행 중인 것을 hadoop 명령의 job 서브 명령어를 사용해서 확인할 수 있다. terasort를 실행하고 있는 터미널과는 별도로 터미널 창을 열어서 'hadoop job -list' 명령을 실행한다. terasort를 실행했을 때 로그에 기록된 잡 ID(Running job: job_201306191228_0004)와 동일한 잡 번호를 확인할 수 있다.

역자주 실행을 위해선 사용자가 hdfs로 설정되어 있어야 한다. 또는 sudo -u hdfs 옵션을 사용해도 된다.

```
$ hadoop job -list
  (중략)
1 jobs currently running
JobId                State StartTime      UserName    Priority SchedulingInfo
job_201306191228_0004 1    1371642979819 sampleuser NORMALNA
```

terasort를 실행 중인 웹 인터페이스가 그림 5.12다. 확인한 잡 ID가 표시되는 것을 알 수 있다.

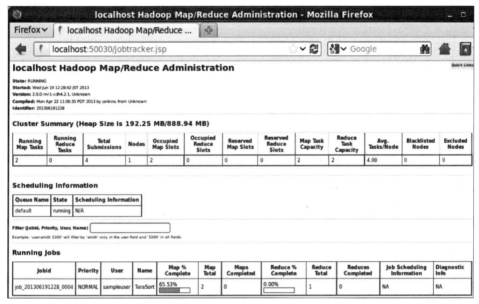

그림 5.12 terasort 실행 중의 웹 인터페이스 화면

잡 완료 후, 출력 디렉터리에 파일이 생성된 것을 확인할 수 있다.

5.5.4 정지

TaskTracker에서 다음 명령을 실행한다.

```
$ sudo service hadoop-0.20-mapreduce-tasktracker stop
```

JobTracker에서 다음 명령을 실행한다.

```
$ sudo service hadoop-0.20-mapreduce-jobtracker stop
```

TaskTracker와 JobTracker가 정지된 것을 jps 명령으로 확인하자. TaskTracker 프로세스와 JobTracker 프로세스가 포함되지 않은 것을 알 수 있다.

```
$ sudo jps
       11003 Jps
       5084 SecondaryNameNode
       6267 NameNode
       6369 DataNode
```

동일하게 ps 명령을 통해서도 확인하자. ps 명령의 출력 결과에 해당 프로세스가 존재하지 않는 것을 알 수 있다.

```
$ ps -ef | grep mapreduce
smapleuser 11509 11425 0 02:43 pts/0 00:00:00 grep mapreduce
```

5.6 CLI 기반 MapReduce 관리

여기서는 사용자가 정의한 MapReduce 잡을 실행하기 위한 명령어 및 실행 중이거나 실행이 끝난 잡의 상황을 확인할 수 있는 관리 명령어에 대해 설명하겠다.

CLI 기반으로 MapReduce를 관리할 수 있는 명령어는 다음 세 가지다.

job: MapReduce 잡 관리

queue: MapReduce 잡을 실행할 때, 등록 대상이 되는 큐(queue)를 관리

mradmin: MapReduce 프레임워크 관리

각각의 관리 명령어에 대해 살펴보자.

5.6.1 MapReduce 잡 관리

MapReduce 프레임워크는 MapReduce 잡을 실행하기 위한 명령을 제공하고 있다. 잡 관리의 각 기능은 다음과 같이 hadoop 명령의 서브 명령어인 job 옵션을 통해 확인할 수 있다.

```
$ hadoop job <잡 관리용 옵션>
```

다음으로는 주요 서브 명령어들을 소개하겠다.

■ 잡 송신

hadoop job −submit 〈잡 파일〉

MapReduce 잡을 실행하기 위해 〈잡 파일〉을 JobTracker에 전달한다.

■ 잡 상태 확인

hadoop job −status 〈잡 ID〉

MapReduce 잡 실행 상태를 확인하기 위해서, 〈잡 ID〉를 JobTracker에 전달한다.

■ 잡 Counter값 취득

hadoop job −counter 〈잡 ID〉〈그룹명〉〈Counter명〉

MapReduce 잡의 Counter값을 취득하기 위해서 〈잡 ID〉와 Counter의 〈그룹명〉, 〈Counter명〉을 JobTracker에 전송한다. Counter는 MapReduce를 실행할 때 MapReduce 잡과 함께 기록되는 정보다[16].

■ 잡 강제 종료

hadoop job −kill 〈잡 ID〉

〈잡 ID〉로 지정한 MapReduce 잡을 강제 종료한다.

---

16 Counter에 대해서는 10장 'MapReduce 개발 팁' 243쪽에서 상세히 설명하고 있다.

▓ 잡 우선순위 변경

hadoop job -set-priority 〈잡 ID〉〈우선순위〉

MapReduce 잡의 우선순위를 변경한다. 〈우선순위〉로 설정할 수 있는 값은 VERY_HIGH, HIGH, NORMAL, LOW, VERY_LOW 등 다섯 가지다.

▓ 잡 이벤트 확인

hadoop job -events 〈잡 ID〉〈개시 이벤트 번호〉〈이벤트 수〉

Map 처리나 Reduce 처리 완료 상태를 JobTracker에서 취득한다.

▓ 이력

hadoop job -history 〈잡 출력 위치〉

MapReduce 잡의 실행 이력을 HDFS 상의 로그를 통해 확인한다.

▓ 잡 리스트

hadoop job -list [all]

MapReduce 잡 리스트가 표시된다. 초기 설정에서는 실행 중인 잡만 'all'을 사용하면 실행 중/완료/실패/대기 상태의 잡을 모두 확인할 수 있다. 양쪽 모두 잡 ID/상태/시작 시간/사용자명/우선순위/스케줄 정보를 확인할 수 있다.

▓ 이용할 수 있는 TaskTracker 리스트

hadoop job -list-active-trackers

태스크를 실행할 수 있는 TaskTracker 리스트를 표시한다.

▓ 블랙리스트에 있는 TaskTracker 리스트

hadoop job -list-blacklisted-trackers

Map 처리나 Reduce 처리의 실패 횟수가 많아서 블랙리스트에 포함된 TaskTracker를 표시한다.

▓ 태스크 ID 추출

hadoop job -list-attempt-ids 〈잡 ID〉〈태스크 종류〉〈태스크 상태〉

MapReduce 잡 내의 Map 태스크, Reduce 태스크 상태를 확인한다. 〈태스크 종류〉는

map/reduce/setup/cleanup 네 가지 중 하나를 지정한다. 〈태스크 상태〉는 running/completed 중 하나를 지정한다.

■ **태스크 kill**

  hadoop job −kill−task 〈태스크 ID〉

〈태스크 ID〉로 지정한 Map 태스크나 Reduce 태스크를 kill한다.

■ **태스크 fail**

  hadoop job −fail−task 〈태스크 ID〉

〈태스크 ID〉로 지정한 Map 태스크나 Reduce 태스크를 fail한다.

5.6.2 명령 대상 잡

-status(잡 상태 확인), -counter(Counter값 취득), -events(이벤트 확인), -list(리스트)의 각 항목에서 대상이 되는 잡은 JobTracker 메모리 상에 기록돼 있는 MapReduce 잡이다. JobTracker는 완료한 잡 정보를 일정 기간 JobTracker의 메모리에서 관리한다. 이 조건에 부합하지 않는 잡은 'Retired Job'이라고 판단되어 JobTracker의 메모리에서 사라진다. 또한, 일부 명령어로 얻을 수 있는 정보는 JobTracker의 웹 인터페이스에서도 확인 가능하다. 예를 들어, 이용할 수 있는 TaskTracker 리스트(-list-active-trackers)나 블랙리스트에 포함된 TaskTracker 리스트(-list-blacklisted-trackers)는 JobTracker 관리 화면(웹 인터페이스)[17]의 제일 첫 화면에서도 확인할 수 있다.

5.6.3 MapReduce 잡 큐 관리

MapReduce 프레임워크를 사용하는 잡 큐에 관한 정보를 취득할 수 있다. 사용자는 MapReduce 잡을 실행할 때, 큐에 잡을 등록한다. 큐를 이용함으로써 ACL을 통한 잡 실행 제어나, 잡 스케줄링이 가능해진다. 잡 큐 관리는 queue 명령을 사용한다.

```
$ hadoop queue <잡 큐 관리용 옵션>
```

---

17 http://〈mapred.job.tracker.http.address에서 지정한 주소)다.

■ MapReduce 잡용 큐 리스트 표시

hadoop queue -list

MapReduce 잡에서 사용하는 큐 리스트를 표시한다

■ 지정한 큐 정보 확인

hadoop queue -info ⟨큐 이름⟩ [-showJobs]

⟨큐 이름⟩에서 지정한 큐 정보를 확인한다. -showJobs를 추가로 지정하면, 지정한 큐에서 실행되고 있는 MapReduce 잡 정보도 확인할 수 있다.

■ 지정한 큐의 ACL 정보 확인

hadoop queue -showacls

MapReduce 잡 큐 정보를 출력한다. 이용하는 사용자명과 해당 사용자에 대한 ACL 정보를 출력한다.

5.6.4 MapReduce 프레임워크 관리

MapReduce 프레임워크 관리를 수행한다

```
$ hadoop mradmin <처리 내용>
```

이 명령을 실행하면 MapReduce 관리자용 명령을 실행할 수 있다. 현 시점에서는 서비스 레벨 인증 정책과 큐의 ACL 속성 관리만 가능하다.

■ -refreshServiceAcl

hadoop mradmin -refreshServiceAcl

JobTracker가 서비스 레벨 인증 정책 파일(hadoop-policy.xml)을 다시 로드한다.

■ -refreshQueues

hadoop mradmin -refreshQueues

JobTracker가 큐에 관련된 설정 파일(mapred-queue.xml)을 다시 로드한다.

■ −refreshUserToGroupsMappings

　　hadoop mradmin −refreshUserToGroupsMappings

사용자와 그룹 사이의 맵핑을 다시 로드한다.

■ −refreshSuperUserGroupConfiguration

　　hadoop mradmin −refreshSuperUserGroupsConfiguration

superuser 그룹 맵핑 설정을 다시 로드한다. 즉, hadoop.proxyuser.*.groups와 ha-
doop.proxyuser.*.hosts를 다시 로드한다.

■ −refreshNodes

　　hadoop mradmin −refreshNodes

JobTracker에게 호스트 관련 정보를 다시 로드하도록 지시한다.

■ −help

　　hadoop mradmin −help 〈명령어〉

〈명령어〉에서 지정한 명령어에 대한 도움말이 표시된다. 〈명령어〉를 지정하지 않으면 모
든 명령어에 대한 도움말이 표시된다.

Hadoop
애플리케이션 실행

테스트 애플리케이션

이 장에서는 3장에서 구축한 Hadoop 환경을 사용해서 Hadoop 샘플 애플리케이션을 실행한다. 실행할 샘플 애플리케이션은 다음 네 가지다.

- MapReduce(자바) 애플리케이션
- HadoopStreaming 애플리케이션
- Pig 애플리케이션
- Hive 애플리케이션

각각의 애플리케이션 개발에 대해서는 이후 각 장에서 상세히 다룰 것이다. 이번 장은 우선 '동작시켜 보자'는 관점에서 설명한다.

6.2 MapReduce 애플리케이션(자바)

우선 자바를 사용한 MapReduce 애플리케이션 샘플을 실행해 보자. 여기서 실행할 샘플은 'WordCount'다.

6.2.1 WordCount 애플리케이션

WordCount는 '입력 데이터 안에서 각 단어가 몇 번 등장하는지 카운트'하는 단순한 애플리케이션으로, Hadoop 샘플 애플리케이션으로서 자주 다뤄진다.

5장에서 설명한 것과 같이, WordCount도 Map/Shuffle/Reduce의 세 가지 처리로 구성된다. 그림 6.1은 각 처리에 대한 입출력 내용을 간단히 정리한 것이다.

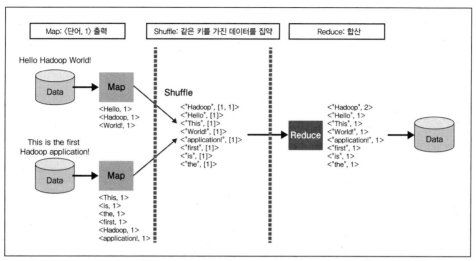

그림 6.1 WordCount 프로그램 동작

Map 단계에서는 map 함수로 처리를 한다. map 함수 1회 호출 시마다, 텍스트 파일 한 줄에 대한 오프셋(offset)과 해당 행의 내용을 읽어 들인다. 예를 들어, 다음 같은 텍스트 파일이 있다고 하자.

```
Hello Hadoop World!
This is the first Hadoop application!
```

위 텍스트의 각 행에 대응하는 키와 밸류 쌍을 다음과 같이 자동으로 결정한다. 키가 텍스트 파일 한 행의 오프셋이 되고, 밸류가 해당 행의 내용이 된다. 이 키와 밸류 쌍에 대해 1회씩 map 함수가 적용된다.

```
<0, "Hello Hadoop World!">
<20, "This is the first Hadoop application!">
```

map 함수에서는 위의 데이터를 받아서 단어 단위로 분해한다. 그리고 단어를 키로, 1을 밸류로 한 키-밸류 쌍을 출력한다. map 함수로 처리한 결과 전체가 Map 단계의 출력이 된다.

```
<"Hello", 1>
<"Hadoop", 1>
<"World!", 1>
<"This", 1>
<"is", 1>
<"the", 1>
<"first", 1>
<"Hadoop", 1>
<"application!", 1>
```

Shuffle 단계에서는 Map의 출력을 받아, 같은 키(같은 단어)를 하나로 모은다. 밸류는 각 키별로, 별도 변경 없이 배열에 추가한다. 최종적으로 단어를 키로, 단어 등장 횟수만큼 1을 가지고 있는 배열을 값으로 한 데이터 쌍을 중간 데이터로 출력한다. 이번 예에서는 'Hadoop'이라는 단어가 두 번 등장하기 때문에 〈"hadoop", [1 , 1]〉 형태의 키-밸류 쌍이 만들어지는 것을 주목하기 바란다.

```
<"Hadoop", [1, 1]>
<"Hello", [1]>
<"This", [1]>
<"World!", [1]>
<"application!", [1]>
<"first", [1]>
<"is", [1]>
<"the", [1]>
```

Reduce 단계에서는 reduce 함수 1회 호출에, 중간 데이터의 키와 밸류 배열을 처리한다. reduce 함수 안에서 배열 요소를 모두 합산함으로써 중간 데이터의 키로 표현된 단어의 등장 횟수를 구할 수 있다. 최종적으로는 각 단어에 대해 단어를 키로, 등장 횟수를 밸류로 한 데이터 쌍을 출력한다.

```
<"Hadoop", 2>
<"Hello", 1>
<"This", 1>
<"World!", 1>
<"application!", 1>
<"first", 1>
```

```
<"is", 1>
<"the", 1>
```

6.2.2 샘플 애플리케이션 실행

그러면 실제로 WordCount를 동작시켜 보자. 우선, WordCount 입력 데이터를 HDFS
상에 배치한다.

```
$ cat << EOF > /tmp/words.txt !\ExpC{←입력 텍스트 생성}!
> Hello Hadoop World!
> This is the first Hadoop application!
> EOF
$ sudo -u sampleuser hdfs dfs -mkdir input !\ExpC{(입력 데이터를 저장할 디렉터리 생성)}!
$ sudo -u sampleuser hdfs dfs -put /tmp/words.txt input ! \ExpC{(입력 텍스트 배치)}!
$ sudo -u sampleuser hdfs dfs -cat input/words.txt
Hello Hadoop World!
This is the first Hadoop application!
```

WordCount 애플리케이션은 hadoop-0.20-conf-pseudo 패키지에 포함되어 있는
hadoop-examples.jar에 수록되어 있다[1]. hadoop-example.jar에는 WordCount 외에
도 표 6.1 에 정리한 것과 같이 다양한 샘플이 존재한다.

표 6.1 샘플 MapReduce 애플리케이션

애플리케이션명	개요
aggregatewordcount	입력 데이터의 최솟값, 최댓값, 합계를 계산한다
aggregatewordhist	입력 데이터의 출현 빈도(히스토그램)를 계산한다
dbcount	샘플 데이터베이스에 접속하여 데이터베이스 내의 테이블에서 건수를 취득한다. 웹 페이지 접속 수를 취득하는 샘플이 준비되어 있다.

역자주 5장의 예제를 이미 실행한 경우는 디렉터리 소유자가 hdfs로 잡혀 있을 것이다. 이후 예제에서는 sampleuser
를 hdfs로 바꾸어 실행해야 권한 에러 없이 예제를 실행할 수 있다.

1 hadoop-0.20-mapreduce 패키지는 3장에서는 설치한 hadoop-0.20-conf-pseudo 패키지의 의존 관계 해결
시에 설치된다.

표 6.1 샘플 MapReduce 애플리케이션(계속)

애플리케이션명	개요
grep	텍스트 데이터에 지정한 문자열이 포함되어 있는지 확인한다
join	다른 종류의 데이터 집합을 키를 사용해 결합한다
pi	원주율을 계산한다
multifilewc	복수의 파일에서 단어 등장 횟수를 집계한다
randomtextwriter	영어 단어를 랜덤으로 출력한다(출력 형식은 텍스트)
randomwriter	영어 단어를 랜덤으로 출력한다(출력 형식은 SequenceFile)
secondarysort	데이터를 키 이외에, 지정한 Value를 사용해서 정렬한다
sort	데이터를 지정한 키로 정렬한다
teragen	1행에 100바이트 정도의 키-밸류 랜덤 문자열을 생성한다. TeraGen에서 생성한 데이터는 TeraSort에서 사용된다
terasort	TeraGen에서 생성한 데이터를 키로 정렬한다
teravalidate	TeraSort 결과가 맞는지 확인한다
wordcount	데이터에 포함된 단어의 등장 횟수를 집계한다

이들 정보는 hadoop-examples.jar 실행을 통해서도 확인할 수 있다.

```
$ sudo -u sampleuser hadoop jar /usr/lib/hadoop-0.20-mapreduce/hadoop-examples.jar
  An example program must be given as the first argument.
  Valid program names are:
    aggregatewordcount: An Aggregate based map/reduce program that counts the words
in the input files.
(이하 생략)
```

WordCount를 실행할 때, 다음과 같이 인수를 지정한다.

　1인수: wordcount 애플리케이션 지정

　2인수: 입력 데이터용 디렉터리, 또는 파일(HDFS 상)

　3인수: 출력 결과용 디렉터리(HDFS 상)

다음의 예에서는 입력 데이터로 input 디렉터리를, 출력 결과용으로 sample_mapreduce/

output 디렉터리를 지정하여 실행하고 있다[2].

```
$ cd /usr/lib/hadoop-0.20-mapreduce/
$ sudo -u sampleuser hadoop jar hadoop-examples.jar wordcount input \
  sample_mapreduce/output
  13/04/14 17:01:21 WARN mapred.JobClient: Use GenericOptionsParser for parsing the ar
guments. Applications should implement Tool for the same.
  13/04/14 17:01:21 INFO input.FileInputFormat: Total input paths to process : 1
  13/04/14 17:01:22 INFO mapred.JobClient: Running job: job_201304141059_0003
  13/04/14 17:01:23 INFO mapred.JobClient: map 0% reduce 0%
  13/04/14 17:01:32 INFO mapred.JobClient: map 100% reduce 0%
  13/04/14 17:01:38 INFO mapred.JobClient: map 100% reduce 100%
  13/04/14 17:01:40 INFO mapred.JobClient: Job complete: job_201304141059_0003
(이하 생략)
```

실행 결과는 실행 시에 지정한 output 디렉터리 이하에 저장된다. output 디렉터리 이하
에 _SUCCESS라는 파일이 생성되어 있는 경우, 해당 잡이 성공했음을 의미한다. 내용을
확인해 보면 각 단어의 등장 횟수가 출력되어 있는 것을 알 수 있다.

```
$ sudo -u sampleuser hdfs dfs -ls sample_mapreduce/output
  Found 3 items
  -rw-r--r--   1 sampleuser supergroup      0 2013-04-14 17:01 output/_SUCCESS
  drwxr-xr-x   - sampleuser supergroup      0 2013-04-14 17:01 output/_logs
  -rw-r--r--   1 sampleuser supergroup     67 2013-04-14 17:01 output/part-r-00000
$ sudo -u sampleuser hdfs dfs -cat sample_mapreduce/output/part-r-00000
  Hadoop 2
  Hello  1
  This   1
  World! 1
  application! 1
  first  1
  is     1
  the    1
```

---

2 실행 예에서는 input 디렉터리, output 디렉터리 모두 상대 경로로 지정하고 있고, 이들은 실행 사용자의 HDFS 상
   의 홈 디렉터리 바로 아래 배치된다. sampleuser가 실행 사용자인 경우, /user/sampleuser/input, /user/sam-
   pleuser/sample_mapreduce/ouput이 절대 경로가 된다.

실행 예에서는 매우 작은 데이터를 가지고 처리를 했지만, 이것이 위키피디아(Wikipedia) 같은 방대한 데이터라 할지라도 같은 프로그램으로 동일한 처리가 가능하다[3].

 ## 6.3 HadoopStreaming 애플리케이션

이번에는 HadoopStreaming을 이용한 샘플 애플리케이션을 실행해 보자. 실행할 샘플은 앞 절과 같은 WordCount다.

6.3.1 HadoopStreaming

Hadoop은 자바 이외의 언어로 MapReduce 애플리케이션을 작성할 수 있도록 프로그램 인터페이스를 제공하고 있다. 이 인터페이스가 HadoopStreaming이다. Hadoop Streaming을 사용해서 애플리케이션을 작성한 경우도 map 함수/reduce 함수 처리를 작성해 주어야 한다. 그러나 HadoopStreaming에서는 Map 처리/Reduce 처리를 위한 데이터 입출력을 위해 표준 입출력을 사용한다는 것이 큰 차이다. 이것은 표준 입출력을 사용할 수 있다면, 어떤 프로그램 언어든 MapReduce 애플리케이션을 만들 수 있다는 것을 의미한다[4]. 앞서 말한 것과 같이 HadoopStreaming을 사용하는 경우도 Map 처리/Reduce 처리가 필요하다. 단, Map 처리/Reduce 처리는 다음 조건을 고려한 후 작성해야 한다.

- Map 처리가 정의된 실행 가능 파일은 표준 입력을 통해 입력 데이터를 받는다
- Map 처리가 정의된 실행 가능 파일은 키-밸류 쌍을 표준 출력을 통해 출력하며, 키와 밸류 사이에는 탭(Tab) 구분을, 각 키-밸류 쌍 사이에는 줄바꿈 구분을 해준다
- Reduce 처리가 정의된 실행 가능 파일은 Mapper가 처리한 출력을 표준 입력을 통해 받는다[5]

---

3 input 디렉터리에 크기가 큰 데이터를 넣어서 실행해 보는 것도 재미있을 것이다.

4 일반적이진 않지만 자바로 HadoopStreaming을 사용하는 것도 물론 가능하다.

5 Mapper가 출력한 것을 그대로 처리하는 것에 주의해야 한다. Shuffle 단계를 통해서 같은 키값으로 데이터를 모으는 처리가 없다.

다음은 HadoopStreaming으로 Map 처리를 실행하는 예를 보여준다(리스트 6.1). 여기서는 파이썬(Python)을 사용하고 있다[6].

리스트 6.1 파이썬을 사용한 구현 예

```python
 1: #!/usr/bin/env python
 2: # -*- coding: utf-8 -*-
 3:
 4: import re
 5: import sys
 6:
 7:
 8: def wc_map(line):
 9:     return [(key, 1) for key in re.split(r'/s', line.strip()) if key]
10:
11:
12: def output(records):
13:     for key, value in records:
14:         print '{0}/t{1}'.format(key, value)
15:
16: for l in sys.stdin:
17:     output(wc_map(l))
```

계속해서 HadoopStreaming을 사용한 reduce 예를 보자(리스트 6.2).

리스트 6.2 파이썬을 사용한 reduce 구현 예

```python
 1: #!/usr/bin/env python
 2: # -*- coding: utf-8 -*-
 3:
 4: import re
 5: import sys
 6:
 7: results = {}
 8:
 9:
10: def wc_reduce(line):
11:     key, value = re.split(r'/t', line.strip())
```

---

6 파이썬 버전은 2.6이다. 2.6은 CentOS 6에 기본 탑재되어 있다.

```
12:     if not key in results:
13:         results[key] = 0
14:     results[key] = results[key] + int(value)
15:
16:
17: def output(records):
18:     for k, v in records:
19:         print '{0}/t{1}'.format(k, v)
20:
21: for l in sys.stdin:
22:     wc_reduce(l)
23: output(sorted(results.items()))
```

6.3.2 샘플 애플리케이션 실행

그러면 실제로 WordCount 애플리케이션을 실행해 보자.

다음의 예에서는 입력에 input 디렉터리를, 출력에 sample_streaming/output 디렉터리를 지정하고 있다. 또한, input 디렉터리에는 미리 입력용 데이터를 준비해 두도록 한다.

```
$ cd /usr/lib/hadoop-0.20-mapreduce/contrib/streaming/
$ sudo -u sampleuser hadoop jar hadoop-streaming-2.0.0-mr1-cdh4.2.0.jar \
  -input input -output sample_hadoopstreaming/output -mapper mapper \
  -reducer reducer -file /tmp/mapper -file /tmp/reducer
  packageJobJar: [/tmp/mapper, /tmp/reducer, /tmp/hadoop-sampleuser/hadoop-
unjar7124
147368432359916/] [] /tmp/streamjob2837251710911124625.jar tmpDir=null
  13/04/20 14:44:17 WARN mapred.JobClient: Use GenericOptionsParser for parsing the
arguments. Applications should implement Tool for the same.
  13/04/20 14:44:17 INFO mapred.FileInputFormat: Total input paths to process : 1
  13/04/20 14:44:19 INFO streaming.StreamJob: getLocalDirs(): [/var/lib/hadoop-hdfs/
cache/sampleuser/mapred/local]
  13/04/20 14:44:19 INFO streaming.StreamJob: Running job: job_201304200310_0005
  13/04/20 14:44:19 INFO streaming.StreamJob: To kill this job, run:
  13/04/20 14:44:19 INFO streaming.StreamJob: UNDEF/bin/hadoop job -Dmapred.job.tra
cker=localhost:8021 -kill job_201304200310_0005
  13/04/20 14:44:19 INFO streaming.StreamJob: Tracking URL: http://localhost:50030/j
obdetails.jsp?jobid=job_201304200310_0005
  13/04/20 14:44:20 INFO streaming.StreamJob: map 0% reduce 0%
  13/04/20 14:44:59 INFO streaming.StreamJob: map 100% reduce 0%
```

```
13/04/20 14:45:19 INFO streaming.StreamJob: map 100% reduce 100%
13/04/20 14:45:29 INFO streaming.StreamJob: Job complete: job_201304200310_0005
13/04/20 14:45:29 INFO streaming.StreamJob: Output: sample_hadoopstreaming/output
```

실행 결과는 실행 시에 지정한 output 디렉터리에 저장된다. 내용물을 확인해 보면, 각 단어의 등장 횟수가 출력된 것을 알 수 있다.

```
$ sudo -u sampleuser hdfs dfs -ls sample_hadoopstreaming/output
  Found 3 items
  -rw-r--r--   1 sampleuser supergroup          0 2013-04-20 14:45 sample_hadoopstre
aming/output/_SUCCESS
  drwxr-xr-x   - sampleuser supergroup          0 2013-04-20 14:44 sample_hadoopstre
aming/output/_logs
  -rw-r--r--   1 sampleuser supergroup         67 2013-04-20 14:45 sample_hadoopstre
aming/output/part-00000
$ sudo -u sampleuser hadoop hdfs dfs -cat sample_hadoopstreaming/output/part-00000
  Hadoop  2
  Hello   1
  This    1
  World 1
  application 1
  first   1
  is      1
  the     1
```

6.4 Pig 애플리케이션

Pig는 Pig Latin이라 불리는 DSL(Domain Specific Language)를 제공하는 MapReduce 프레임워크의 프론트엔드다. Pig에는 다음과 같은 특징이 있다.

▌ 데이터 처리에 특화된 언어

HadoopStreaming에서는 사용하는 언어를 임의로 정할 수 있지만, Map 처리/Reduce 처리를 별도로 작성해 주어야 하는 점에서 자바로 작성하는 MapReduce 애플리케이션과는 차이가 있었다. 한편, Pig는 Pig Latin으로 기술한 처리가 자동적으로 MapReduce 잡으로 변환되어 실행된다. Map 처리/Reduce 처리의 상세 내용과 MapReduce 잡의 제어 흐름은 은폐되기 때문에 사용자는 보다 높은 계층의 데이터 처리를 구현할 수 있다.

▌적은 코드로 기술 가능

자바로 MapReduce를 작성하는 것보다 적은 코드양으로 작성할 수 있다. 위에서 말한 것처럼 MapReduce 프레임워크 처리가 잘 은폐되어 있는 점, 정형 처리가 함수 형태로 제공되고 있는 점 등이 코드양을 줄여 주고 있다.

▌다단계 처리에 유리하다

어떤 데이터 출력을 다른 처리의 입력 데이터로 사용하는 방식과 같이 연속적 데이터 처리가 필요한 경우, 매우 간단하게 기술할 수 있다. Pig를 사용하지 않고 연속 데이터 처리를 작성하려 하면 여러 단의 MapReduce 잡을 제어해야만 한다. 이는 매우 복잡한 처리로, 구현에 비용이나 시간이 많이 든다.

6.4.1 Pig 설치

3장에서 CDH를 설치했다면, 클라우데라 리포지토리에서 Pig를 설치할 수 있다[7].

```
$ sudo yum install pig
$ yum list installed | grep pig
  pig.noarch              0.10.0+508-1.cdh4.2.0.p0.9.el6
```

Pig는 인터랙티브 쉘(Shell)을 제공하고 있다. 이를 사용해서 간단한 동작 확인을 할 수 있다. Pig의 쉘은 .bashrc와 같이, 가동 시에 읽을 명령어를 지정할 수 있는 설정 파일을 가지고 있다. 작성하지 않아도 동작에 영향을 주지는 않지만, 쉘 시작 시에 경고가 뜨기 때문에 빈 파일을 만들어 두도록 한다[8].

---

7 의존성 해결을 위해, Pig를 설치할 때 Hadoop 2.0대와 관련있는 hadoop-mapreduce, hadoop-yarn 등의 패키지도 함께 설치된다. 그러나 이것은 3장에서 설치한 Hadoop 1.0대의 동작에 아무런 영향을 주지 않는다.

8 이후 처리는 모두 sampleuser를 사용하도록 한다(역자주 3장에서 sampleuser를 설정하지 않은 경우는 hdfs 계정을 사용하도록 한다).

```
$ touch ~/.pigbootup
```

Pig 쉘을 시작한다.

```
$ pig
...
  grunt>
```

6.4.2 샘플 애플리케이션 실행

그러면 실제로 Pig로 샘플 애플리케이션을 실행해 보자. 대상은 WordCount 애플리케이션이다. Pig 애플리케이션 실행 방법은 '1. 쉘을 사용한 대화형 실행'(이하 인터랙티브 (interactive) 모드'), '2. 실행할 명령어를 모아둔 스크립트 실행'(이하 일괄 처리(batch) 모드) 등 두 가지가 존재한다. 이 두 가지를 순서대로 테스트 해보자.

실행에 앞서, Pig가 사용할 임시 영역을 HDFS 상에 지정할 필요가 있다. 초기 설정은 / tmp 디렉터리를 사용하고 있다. /tmp 디렉터리를 아직 만들지 않았다면 만들어 두도록 한다. Pig를 실행하는 모든 사용자가 저장할 수 있어야 하므로 권한을 777로 설정한다.

---

9 https://github.com/cloudera/pig/tree/cdh4-0.10.0_4.1.2에서 확인(2013년 4월 21일 시점).

```
$ sudo -u hdfs hdfs dfs -mkdir /tmp
$ sudo -u hdfs hdfs dfs -chmod -R 777 /tmp
```

■ 인터랙티브 모드로 실행

그러면 인터랙티브 모드를 사용하여 WordCount 애플리케이션을 실행해 보자. 처리 순
서는 다음과 같다.

1. 입력 디렉터리에서 행 단위로 데이터를 읽는다
2. 읽은 데이터를 단어 단위로 분할한다
3. 단어를 키로 그룹화한다
4. 그룹화한 레코드의 전체 수를 센다
5. 단어를 기준으로 정렬한다
6. 위의 연산 결과를 출력 디렉터리에 저장한다

input 디렉터리에는 사전에 입력 데이터를 준비해 두어야 한다. 주목해야 할 것은 최종 결
과 출력 후(STORE 명령), 세 개의 MapReduce 잡(*1, *2, *3)이 발행되었다는 것이다. 특
별히 Map 처리/Reduce 처리에서 무엇을 하고 있는지, 잡은 몇 개를 사용하는지 의식하
지 않고도 처리가 진행된다.

```
pig
grunt> records = LOAD 'input' AS (line:chararray);
grunt> words = FOREACH records GENERATE flatten(TOKENIZE(line)) as word;
grunt> word_group = GROUP words by word;
grunt> word_count = FOREACH word_group GENERATE group AS word, COUNT(words) as count;
grunt> word_count = ORDER word_count by word;
grunt> STORE word_count INTO 'sample_pig/output';
 (중략)
2013-04-21 14:49:20,300 [main] INFO org.apache.pig.backend.hadoop.executionengine.
mapReduceLayer.MapReduceLauncher - HadoopJobId: job_201304210855_0023
  2013-04-21 14:49:20,300 [main] INFO org.apache.pig.backend.hadoop.executionengine.
mapReduceLayer.MapReduceLauncher - Processing aliases records,word_count,word_group,w
ords
  2013-04-21 14:49:20,300 [main] INFO org.apache.pig.backend.hadoop.executionengine.
mapReduceLayer.MapReduceLauncher - detailed locations: M: records[14,10],words[-1,-1]
,word_count[17,13],word_group[16,13] C: word_count[17,13],word_group[16,13] R: word_c
ount[17,13]
```

```
2013-04-21 14:49:20,300 [main] INFO org.apache.pig.backend.hadoop.executionengine.
mapReduceLayer.MapReduceLauncher - More information at: http://localhost:50030/jobdet
ails.jsp?jobid=job_201304210855_0023
2013-04-21 14:49:20,305 [main] INFO org.apache.pig.backend.hadoop.executionengine.
mapReduceLayer.MapReduceLauncher - 0% complete
2013-04-21 14:49:29,342 [main] INFO org.apache.pig.backend.hadoop.executionengine.
mapReduceLayer.MapReduceLauncher - 16% complete
2013-04-21 14:49:35,873 [main] INFO org.apache.pig.backend.hadoop.executionengine.
mapReduceLayer.MapReduceLauncher - 33% complete
2013-04-21 14:49:45,423 [main] INFO org.apache.pig.tools.pigstats.ScriptState - Pi
g script settings are added to the job
(중략)
2013-04-21 14:50:22,910 [main] INFO org.apache.pig.backend.hadoop.executionengine.
mapReduceLayer.MapReduceLauncher - 83% complete
2013-04-21 14:50:36,996 [main] INFO org.apache.pig.backend.hadoop.executionengine.
mapReduceLayer.MapReduceLauncher - 100% complete
2013-04-21 14:50:36,997 [main] INFO org.apache.pig.tools.pigstats.SimplePigStats -
Script Statistics:

HadoopVersion   PigVersion     UserId StartedAt     FinishedAt   Features
2.0.0-cdh4.2.0  0.10.0-cdh4.2.0  sampleuser     2013-04-21 14:49:17  2013-04-21
14:50:36 GROUP_BY,ORDER_BY

Success!

Job Stats (time in seconds):
JobId    Maps    Reduces MaxMapTime     MinMapTIme      AvgMapTime    MedianMapT
ime   MaxReduceTime   MinReduceTime   AvgReduceTime   MedianReducetime    Alias
Feature Outputs
job_201304210855_0023    1     1       4       4     4       4     6      6
    6       6       records,word_count,word_group,words     GROUP_BY,COMBINER
job_201304210855_0024    1     1       4       4     4       4     6      6
    6       6       word_count     SAMPLER
job_201304210855_0025    1     1       6       6     6       6     7      7
    7       7       word_count     ORDER_BY       hdfs://localhost:8020/user/sam
pleuser/sample_pig/output,

Input(s):
Successfully read 2 records (430 bytes) from: "hdfs://localhost:8020/user/sampleuse
r/input"
Output(s):
Successfully stored 8 records (67 bytes) in: "hdfs://localhost:8020/user/sampleuser
/sample_pig/output"
```

```
Counters:
Total records written : 8
Total bytes written : 67
Spillable Memory Manager spill count : 0
Total bags proactively spilled: 0
Total records proactively spilled: 0

Job DAG:
job_201304210855_0023    ->    job_201304210855_0024, (*1)
job_201304210855_0024    ->    job_201304210855_0025, (*2)
job_201304210855_0025                              (*3)


2013-04-21 14:50:37,030 [main] INFO org.apache.pig.backend.hadoop.executionengine.
mapReduceLayer.MapReduceLauncher - Success!
```

연산 결과는 STORE 명령에서 지정한 sample_pig/output 디렉터리에 저장된다. 참고로 Pig 셸에서 hdfs 명령을 실행할 수 있기 때문에 다음 예에서는 Pig에서 결과를 확인해보도록 한다.

```
grunt> fs -ls sample_pig/output
  Found 3 items
  -rw-r--r--   1 sampleuser supergroup         0 2013-04-21 14:45 sample_pig/output
/_SUCCESS
  drwxr-xr-x   - sampleuser supergroup         0 2013-04-21 14:44 sample_pig/output
/_logs
  -rw-r--r--   1 sampleuser supergroup        67 2013-04-21 14:44 sample_pig/output
/part-r-00000
grunt> fs -cat sample_pig/output/part-r-00000
  Hadoop  2
Hello   1
This    1
World   1
application1
first   1
is      1
the     1
```

■ 일괄 모드로 실행

다음은 일괄 처리 모드에서 WordCount 애플리케이션을 실행해 보자. 인터랙티브 모드
에서 사용한 명령어들을 모아서 wordcount.pig라는 하나의 파일로 만든다(리스트 6.3).

리스트 6.3 wordcount.pig

```
records = LOAD 'input' AS (line:chararray);
words = FOREACH records GENERATE flatten(TOKENIZE(line)) as word;
word_group = GROUP words by word;
word_count = FOREACH word_group GENERATE group AS word, COUNT(words) as count;
word_count = ORDER word_count by word;
STORE word_count INTO 'sample_pig_batch/output';
```

그리고 wordcount.pig를 a 인수로 부여해서 pig 명령을 실행한다[10].

```
$ pig wordcount.pig
```

인터랙티브 모드와 동일한 결과가 HDFS에 출력되는 것을 확인한다.

```
$ pig
  grunt> fs -ls sample_pig_batch/output
  Found 3 items
  -rw-r--r--      1 sampleuser supergroup      0 2013-04-21 15:20 sample_pig_batch/
output/_SUCCESS
drwxr-xr-x      - sampleuser supergroup      0 2013-04-21 15:20 sample_pig_batch/
output/_logs
  -rw-r--r--      1 sampleuser supergroup     67 2013-04-21 15:20 sample_pig_batch/
output/part-r-00000
  grunt> fs -cat sample_pig_batch/output/part-r-00000
  Hadoop  2
  Hello   1
  This    1
  World   1
  application 1
```

---

10 인터랙티브 모드 때와 다른 출력 디렉터리를 사용하고 있다.

```
first    1
is       1
the      1
```

Pig를 사용함으로써 WordCount 애플리케이션을 오직 여섯 줄의 코드만 사용해서 구현할 수 있었다. 자바로 구현한 WordCount와 비교해서 Pig의 코드양이 매우 적은 것을 알수 있다. Pig에 대한 상세한 내용은 12장에서 다루겠다.

 ## 6.5 Hive 애플리케이션

Hive는 HiveQL이라 불리는 SQL 방식의 DSL을 제공하는 MapReduce 프레임워크 프론트엔드다. Hive의 특징은 다음과 같다.

▌데이터 처리에 특화된 언어

Hive도 Pig와 같이 HiveQL로 기술한 처리가 MapReduce 잡으로 자동 변환되어서 실행된다. 사용자는 보다 높은 계층의 데이터 처리를 구현할 수 있다.

▌SQL과 어느 정도 호환성을 가진다

SQL과 비슷한 HiveQL을 사용하기 때문에, MySQL 등의 기존 RDBSM에 익숙한 사람은 쉽게 사용할 수 있다.

6.5.1 Hive 설치

3장에서 CDH를 설치했다면, Hive를 클라우데라 리포지토리에서 설치할 수 있다.

```
$ sudo yum install hive
$ yum list installed | grep hive
  hive.noarch          0.10.0+67-1.cdh4.2.0.p0.10.el6
```

Hive도 Pig와 동일하게 인터랙티브 쉘(이하 Hive 쉘)을 제공하고 있다. 다음은 Hive 설치 시에 생성되는 Hive 사용자로, Hive 쉘을 실행하는 예를 보여준다[11].

```
$ sudo -u hive hive
  Logging initialized using configuration in file:/etc/hive/conf.dist/hive-log4j.pro
perties
  Hive history file=/tmp/hive/hive_job_log_hive_201304211902_1252534990.txt
  WARNING: Encountered an error while trying to initialize Hive's history file. His
tory will not be available during this session.
  /var/lib/hive/.hivehistory (Permission denied)
hive>
```

위 예제에서는 쉘의 이력 파일 생성 시에 에러가 발생한다. 이력 파일은 실행 사용자의 홈 디렉터리에 생성되지만, Hive 사용자의 홈 디렉터리인 /var/lib/hive 디렉터리가 root 사용자 소유로 되어 있어 에러가 발생하는 것이다. /var/lib/hive 디렉터리를 Hive 사용자 소유로 변경하면 에러가 없어진다.

```
$ ls -altd /var/lib/hive
  drwxr-xr-x 3 root root 4096 Apr 21 19:01 /var/lib/hive
$ sudo chown -R hive:hive /var/lib/hive/
$ ls -altd /var/lib/hive
  drwxr-xr-x 3 hive hive 4096 Apr 21 19:01 /var/lib/hive
$ sudo -u hive hive
  Logging initialized using configuration in file:/etc/hive/conf.dist/hive-log4j.pro
perties
 Hive history file=/tmp/hive/hive_job_log_hive_201304220331_574520536.txt
hive> show databases;
  OK
  default
  Time taken: 14.863 seconds
```

---

11 Hive 사용자 이외의 사용자가 실행한 경우, 쉘은 실행되지만 명령어 실행 시에 에러가 발생한다.

Hive 쉘을 실행하는 디렉터리에 따라 다음 같은 에러가 발생할 수 있다.

```
[vagrant@hadoopenv ~]$ sudo -u hive hive
  Logging initialized using configuration in file:/etc/hive/conf.dist/hive-log4j.
properties
  Hive history file=/tmp/hive/hive_job_log_hive_201304220411_1553387831.txt
hive> show databases;
  2013-04-22 04:11:29.166 GMT Thread[main,5,main] java.io.FileNotFoundException:
derby.log (Permission denied)
------------------------------------------------------------
  2013-04-22 04:11:29.866 GMT:
  Booting Derby version The Apache Software Foundation - Apache Derby - 10.4.2.0
- (689064): instance a816c00e-013e-2ff0-7a14-0000007d82d0
  on database directory /var/lib/hive/metastore/metastore_db

  Database Class Loader started - derby.database.classpath=''
  OK
  default
  Time taken: 14.011 seconds
```

Hive를 이용하는 경우 모든 데이터를 HDFS에 두는 것이 아닌, Hive가 사용하는 메타데이터를 관리하기 위한 별도 DBMS를 필요로 한다. 초기 설정에서는 Derby를 사용한다. 위의 에러는 Derby 로그를 현재 디렉터리에 생성하려고 했지만, 쓰기 권한이 없어서 발생한 에러다. Hive 사용자로 실행하는 경우 현재 디렉터리에 대한 쓰기 권한이 Hive 사용자에게 있으면 문제는 없다. 한편, 이 에러가 발생해도 실행에는 아무런 영향을 주지 않는다.

메타데이터(metadata_rdbms) 관리 방법은 변경할 수 있다. CDH의 초기 설정에서는 Embedded Mode라고 하는 Derby를 사용하여 관리하고 있다.

6.5.2 샘플 애플리케이션 실행

그러면 Hive를 사용해서 실제로 데이터를 다뤄보도록 하자. 여기서는 Hive 쉘 상에서 HiveQL을 기술해서 실행하도록 한다[12].

---

12 MySQL 등의 RDBMS에서 SQL 스크립트를 실행할 수 있는 것과 같이 Hive에서도 HiveQL(HQL) 스크립트를 실행할 수 있지만, 이 장에서는 생략한다.

처리 순서는 다음과 같다.

테이블 작성: 데이터용 테이블과 결과 출력용 테이블을 작성한다

데이터 로드: 데이터용 테이블에 CSV 파일을 읽어 들인다

데이터 처리: 데이터를 처리하는 쿼리를 실행하고 결과용 테이블에 기록한다

■ 테이블 작성

표 6.2는 사용할 테이블 구조를 보여준다. 이 테이블들은 초기 설정에 따라 HDFS 상의 /user/hive/warehouse에 저장된다. /user/hive 디렉터리를 작성하고 테이블 기록이 가능하도록 설정한다. 또한, 임시 영역으로 사용할 /tmp 디렉터리의 쓰기 권한도 필요하다.

표 6.2 샘플용 테이블

테이블명	칼럼1	칼럼2	칼럼3	비고
puella	id(STRING)	weapon(STRING)		데이터용 테이블1
gem	id(STRING)	color(STRING)	turbidity(INT)	데이터용 테이블2
Witch	id(STRING)	weapon(STRING)	color(STRING)	결과 출력용 테이블

권한 부여 후, CREATE TABLE문을 사용해서 테이블을 만든다.

```
$ sudo -u hdfs hdfs dfs -mkdir /user/hive /tmp
$ sudo -u hdfs hdfs dfs -chown -R hive /user/hive
$ sudo -u hdfs hdfs dfs -chmod -R 777 /tmp
```

참고로 ROW FORMAT 이후는 다음 순서대로 로드할 데이터 형식에 맞추어 지정할 필요가 있다. 이번에는 CSV 파일을 로드하기 때문에 필드 구분자로 쉼표(',')를, 파일 형식으로 TEXTFILE을 지정한다.

```
hive> CREATE TABLE puella (
    > id STRING,
    > weapon STRING)
    > ROW FORMAT DELIMITED
```

```
     > FIELDS TERMINATED BY ','
     > STORED AS TEXTFILE
     > ;
  OK
  Time taken: 0.13 seconds
hive> CREATE TABLE gem (
     > id STRING,
     > color STRING,
     > turbidity INT)
     > ROW FORMAT DELIMITED
     > FIELDS TERMINATED BY ','
     > STORED AS TEXTFILE
     > ;
  OK
  Time taken: 0.054 seconds
hive> CREATE TABLE witch (
     > id STRING,
     > weapon STRING,
     > color STRING)
     > ROW FORMAT DELIMITED
     > FIELDS TERMINATED BY ','
     > STORED AS TEXTFILE
     > ;
  OK
  Time taken: 1.306 seconds
hive> show tables;  ←테이블 확인
  OK
  gem
  puella
  witch
  Time taken: 0.111 seconds
```

■ 데이터 로드

다음은 LOAD문을 사용해서 작성한 테이블에 데이터를 읽어 들인다. 다음의 예에서는 로 컬의 /tmp 디렉터리 이하에 테이블명과 동일한 CSV 파일을 사전에 배치해 둔다.

```
hive> LOAD DATA LOCAL INPATH '/tmp/puella.csv' INTO TABLE puella;
  Copying data from file:/tmp/puella.csv
  Copying file: file:/tmp/puella.csv
  Loading data to table default.puella
```

```
    Table default.puella stats: [num_partitions: 0, num_files: 1, num_rows: 0, total_s
ize: 53, raw_data_size: 0]
   OK
   Time taken: 2.221 seconds
hive> LOAD DATA LOCAL INPATH '/tmp/gem.csv' INTO TABLE gem;
   Copying data from file:/tmp/gem.csv
   Copying file: file:/tmp/gem.csv
   Loading data to table default.gem
   Table default.gem stats: [num_partitions: 0, num_files: 1, num_rows: 0, total_
size: 67, raw_data_size: 0]
   OK
   Time taken: 0.496 seconds

  (이하 SELECT문을 사용한 데이터 확인)
hive> SELECT * from puella;
   OK
   h001    Bomb
   m002    Musket
   k003    Lance
   s004    Sword
   m005    Bow
   Time taken: 0.351 seconds
hive> SELECT * from gem;
OK
h001    Purple  13
m002    Yellow  87
k003    Red     42
s004    Blue    98
m005    Pink    0
Time taken: 0.149 seconds
```

■ 쿼리 실행

마지막으로, 로드한 데이터를 처리해서 다른 테이블에 출력하는 처리다. 다음의 예에서는
id 필드를 키로서 테이블을 결합(JOIN)하고, 특정 필드값을 통한 필터링(WHERE)을 사용
하고 있다.

Pig와 동일하게 데이터 처리 쿼리를 실행할 때, MapReduce 잡이 생성되는 것을 로그의
(*1) 부분을 통해 알 수 있다. 그리고, 처리를 기술할 때, SQL에 익숙한 사람이라면 비슷
한 구문을 사용해서 처리할 수 있다는 것을 알 수 있다.

```
hive> INSERT OVERWRITE TABLE witch
    > SELECT puella.id, puella.weapon, gem.color FROM puella
    > JOIN gem ON puella.id = gem.id
    > WHERE gem.turbidity >= 80;
  Total MapReduce jobs = 1
  Launching Job 1 out of 1
  Number of reduce tasks not specified. Estimated from input data size: 1
  In order to change the average load for a reducer (in bytes):
    set hive.exec.reducers.bytes.per.reducer=<number>
  In order to limit the maximum number of reducers:
    set hive.exec.reducers.max=<number>
  In order to set a constant number of reducers:
    set mapred.reduce.tasks=<number>
  Starting Job = job_201304211856_0001, Tracking URL = http://localhost:50030/jobdet
ails.jsp?jobid=job_201304211856_0001
  Kill Command = /usr/lib/hadoop/bin/hadoop job -kill job_201304211856_0001
  Hadoop job information for Stage-1: number of mappers: 2; number of reducers: 1
  2013-04-22 18:33:55,116 Stage-1 map = 0%, reduce = 0%
  2013-04-22 18:34:05,235 Stage-1 map = 50%, reduce = 0%, Cumulative CPU 1.16 sec
   (중략)
  2013-04-22 18:34:17,498 Stage-1 map = 100%, reduce = 100%, Cumulative CPU 4.42 sec
  MapReduce Total cumulative CPU time: 4 seconds 420 msec
  Ended Job = job_201304211856_0001
  Loading data to table default.witch
  rmr: DEPRECATED: Please use 'rm -r' instead.
  Deleted /user/hive/warehouse/witch
  Table default.witch stats: [num_partitions: 0, num_files: 1, num_rows: 0, total_si
ze: 35, raw_data_size: 0]
  2 Rows loaded to witch
  MapReduce Jobs Launched:
  Job 0: Map: 2 Reduce: 1 Cumulative CPU: 4.42 sec HDFS Read: 498 HDFS Write: 3
5 SUCCESS
  Total MapReduce CPU Time Spent: 4 seconds 420 msec
  OK
  Time taken: 34.061 seconds
hive> SELECT * FROM witch; (결과 확인)
  OK
  m002 Musket Yellow
  s004 Sword Blue
  Time taken: 0.152 seconds
```

지금까지 샘플 애플리케이션을 실제로 실행해 보았다. 각 애플리케이션의 차이점과 함께 최종적으로는 MapReduce 잡으로 귀결된다는 것을 확인했을 것이다. 각 애플리케이션 개발 방법에 대해서는 8장(자바), 11장(HadoopStreaming), 12장(Pig), 13장(Hive)에서 상세히 다루도록 하겠다.

7

Hadoop
클러스터 구축

Hadoop

Hadoop

Hadoop

7.1 완전 분산 클러스터

이번 장은 3장에서 구축한 유사 분산 모드 실행 환경을 토대로 완전 분산 모드 Hadoop 클러스터 환경(여러 대로 구성된 Hadoop 실행 환경)을 구축한다.

지금까지 사용했던 유사 분산 모드에서는 노드 간의 통신이 발생하지 않기 때문에 노드 간 통신이 문제가 될 수 있는 애플리케이션을 만든다고 해도 정확한 성능을 확인할 수 없었다. Hadoop이 가진 복수 노드를 사용한 높은 처리량을 병렬 분산 처리로 구현하기 위해서는 완전 분산 모드로 동작하는 클러스터 구축 환경이 필요하다[1]. 스케일 아웃은 Hadoop의 큰 특징 중 하나로, 분산 클러스터에 노드를 추가함으로써 유연한 성능 향상이 가능하다. 실제로도 요구되는 성능이나 용량에 맞추어 노드를 나중에 추가하는 것도 하나의 방법이다.

7.2 환경 구축의 전제 조건

이 장의 환경 구축 순서는 다음 사항들을 전제로 진행한다.

- 마스터 서버(NameNode/JobTracker가 동작하는) 한 대, 슬레이브 서버(DataNode/Task-Tracker가 동작하는) 세 대 구성
- 마스터 서버, 슬레이브 서버 모두 3장에서 설명한 순서대로 CDH가 설치되어 있을 것[2]
- 마스터 서버, 슬레이브 서버 모두 같은 설정을 적용할 것[3]
- 마스터 서버의 호스트명을 master, 슬레이브 서버의 호스트명을 slave1, slave2, slave3으로 한다

Hadoop의 특성을 충분히 활용하기 위해서는 클러스터를 최저 다섯 대(실제로는 10대 이

---

1 물론 상용 환경에서는 완전 분산 모드를 사용할 것이다.

2 단, 일부 순서에 대해선 재설정이 필요하다.

3 CDH를 사용하고 있는 경우, /etc/hadoop/conf 이하에 설정 파일이 위치한다. 같은 설정이란 여기에 있는 모든 설정 파일이 같다는 것을 의미한다. 참고로, Hadoop의 각 프로세스는 자신이 필요한 설정만을 적용하기 때문에 마스터 서버와 슬레이브 서버의 설정을 별도로 나눌 필요가 없다.

역자주 슬레이브 서버는 한 대만 구성해도 이 장의 실습 내용을 확인할 수 있다.

상)의 슬레이브 서버로 구축해야 한다. 적은 대수의 클러스터 구축은 분산 처리 효과(여러 대를 사용한 스루풋)보다 오버헤드의 영향이 더 클 가능성이 높다. 이번 장에서는 테스트를 위한 환경 구축이기 때문에 클러스터를 세 대로 한다[4].

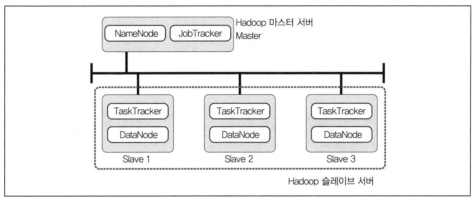

그림 7.1 이번 장에서 사용하는 클러스터 구성

7.3 Hadoop 클러스터 환경 구축

7.3.1 네트워크 설정

Hadoop 클러스터는 처리 중에 노드 간의 통신을 필요로 한다. 이때, FQDN(Fully Qualified Domain Name)을 사용해서 다른 노드를 인식한다. 이름 해석이 가능하도록 /etc/hosts 파일에 master/slave1~3의 IP 주소, FQDN을 설정한다[5]. 예를 들어, /etc/hosts 파일을 다음과 같이 설정할 수 있다[6].

---

4 슬레이브 서버가 두 대 이상이면 같은 방법을 사용하여 구축할 수 있다. 책의 내용을 참고해서 자신이 구축하고 싶은 대수만큼 적절하게 설정하기 바란다.

5 이름 해석이 되면 좋기 때문에 DNS를 사용하는 경우 hosts 파일을 굳이 바꿔줄 필요는 없다.

6 IP 주소는 실제로 할당된 주소를 사용하도록 한다.

```
192.168.10.100 master
192.168.10.101 slave1
192.168.10.102 slave2
192.168.10.103 slave3
```

원래는 FQDN을 설정해야 하지만, 여기서는 호스트명으로도 충분하기 때문에 호스트명
만 지정하고 있다. 또한, 노드 간 통신을 위해서 iptables를 정지시키고 최적의 규칙(rule)
을 설정해야 한다. 다음 예에서는 iptables를 정지시키고 있다.

```
$ sudo service iptables stop (서비스 종료)
$ sudo chkconfig iptables off (자동 시작 무효화)
$ chkconfig --list | grep iptables
  iptables        0:off   1:off   2:off   3:off   4:off   5:off   6:off
```

7.3.2 Hadoop 설정

Hadoop 설정 파일은 /etc/hadoop/conf 디렉터리 아래에 존재한다.

```
$ ls /etc/hadoop/conf/
  core-site.xml hadoop-metrics.properties hdfs-site.xml log4j.properties mapredsite.
xml README
```

CDH에서는 Hadoop 설정 파일이 alternatives 명령으로 관리된다. 때문에 유사 분산
모드나 완전 분산 모드 등, 클러스터 동작 모드에 따라 설정 파일군을 전환하여 사용하는
것이 일반적이다. alternatives 명령으로 관리되는 파일을 표시해 보겠다.

```
$ alternatives --display hadoop-conf
  hadoop-conf - status is auto.
   link currently points to /etc/hadoop/conf.pseudo.mr1
  /etc/hadoop/conf.empty - priority 10
  /etc/hadoop/conf.pseudo.mr1 - priority 30
  Current {}'best' version is /etc/hadoop/conf.pseudo.mr1.
```

alternatives 명령은 우선순위를 기준으로 사용할 설정 파일을 관리한다. 위 실행 결과를 통해, 우선순위가 높은 것은 /etc/hadoop/conf.pseudo.mr1(유사 분산 모드용 설정)으로 우선순위(priority)가 30이다. 우선순위 값이 가장 큰 설정을 사용하기 때문에 30보다 큰 우선순위를 사용해서 새로운 설정 파일군을 추가할 필요가 있다. 여기서는 conf.distribute.mr1이라는 이름으로 완전 분산용 설정을 추가한다.

```
$ sudo cp -prL /etc/hadoop/conf /etc/hadoop/conf.distribute.mr1
$ sudo alternatives --install /etc/hadoop/conf hadoop-conf \
  /etc/hadoop/conf.distribute.mr1 50 (Hadoop 클러스터용 설정군 추가. 우선순위는 50)
$ alternatives --display hadoop-conf
  hadoop-conf - status is auto.
   link currently points to /etc/hadoop/conf.distribute.mr1
  /etc/hadoop/conf.empty - priority 10
  /etc/hadoop/conf.pseudo.mr1 - priority 30
  /etc/hadoop/conf.distribute.mr1 - priority 50
  Current {}'best' version is /etc/hadoop/conf.distribute.mr1.
```

설정군을 변경했다면 HDFS/MapReduce 설정을 완전 분산 모드용으로 변경한다.

■ HDFS 설정

NameNode/DataNode를 실행하고 있다면 설정 변경 전에 서비스를 정지한다.

```
$ sudo service hadoop-hdfs-namenode stop
$ sudo service hadoop-hdfs-datanode stop
```

그리고 나서 HDFS 설정을 위해 표 7.1의 사항들을 설정한다.

표 7.1 HDFS용 속성

속성	설정 파일	설명
fs.defaultFS	core-site.xml	NameNode 지정
dfs.namenode.name.dir	hdfs-site.xml	NameNode가 HDFS의 메타데이터를 저장하기 위한 디렉터리(쉼표 구분으로 복수 지정 가능. 지정한 모든 디렉터리에 데이터가 저장됨)

표 7.1 HDFS용 속성(계속)

속성	설정 파일	설명
dfs.datanode.data.dir	hdfs-site.xml	DataNode가 HDFS의 실 데이터를 저장하기 위한 디렉터리(쉼표 구분으로 복수 지정 가능. 지정한 모든 디렉터리에 데이터가 저장됨)
dfs.replication	hdfs-site.xml	복제 수 지정
dfs.hosts	hdfs-site.xml	NameNode에 접속할 수 있는 노드 지정(지정이 없는 경우, 모든 노드가 접속할 수 있음)
dfs.hosts.exclude	hdfs-site.xml	NameNode에 접속할 수 없는 노드 지정

우선, core-site.xml에서 fs.defaultFS 속성에 NameNode 서버명(master)을 지정한다. 형식은 hdfs://〈NameNode 서버명〉:〈NameNode 포트 번호〉다[7](리스트 7.1).

리스트 7.1 fs.defaultFS 프로퍼티 설정(core-site.xml)

```
...
<configuration>
  ...
  <property>
    <name>fs.defaultFS</name>
    <value>hdfs://master:8020</value>
  </property>
  ...
</configuration>
...
```

다음은 데이터를 저장할 디렉터리를 hdfs-site.xml을 통해 설정해 준다. dfs.namenode.name.dir 속성에는 /var/lib/hadoop-hdfs/cache/${user.name}/dfs/name을, dfs.datanode.data.dir 속성에는 /var/lib/hadoop-hdfs/cache/${user.name}/dfs/data를 설정해 준다(리스트 7.2).

---

7 변경 전에는 fs.default.name 속성이 존재한다. 이것은 deprecated이며, 대신 fs.defaultFS 속성을 사용한다.

```
...
<configuration>
  ...
  <property>
      <name>dfs.namenode.name.dir</name>
      <value>/var/lib/hadoop-hdfs/cache/${user.name}/dfs/name</value>
  </property>
  <property>
      <name>dfs.datanode.data.dir</name>
      <value>/var/lib/hadoop-hdfs/cache/${user.name}/dfs/data</value>
  </property>
  ...
</configuration>
...
```

다음은 복제 수를 hdfs-site.xml에서 설정한다. dfs.replication 속성에 3을 설정한다(리스트 7.3).

리스트 7.3 복제 수 설정(hdfs−site.xml)

```
...
<configuration>
  ...
  <property>
    <name>dfs.replication</name>
    <value>3</value>
  </property>
  ...
</configuration>
...
```

마지막으로 hosts.include 파일 /etc/hadoop/conf/hosts.include에, NameNode에 접속을 허가하는 서버 FQDN을 지정한다(리스트 7.4). 다음의 예에서는 slave1, slave2, slave3 모두가 NameNode에 접속할 수 있다. 또한, 호스트명으로 충분하기 때문에 FQDN는 사용하지 않고 있다.

```
...
slave1
slave2
slave3
```

한편, hosts.exclude 파일은 특별히 NameNode가 접속을 거부할 서버가 없기 때문에
따로 기술하지 않는다. hosts.include 파일, hosts.exclude 파일은 dfs.hosts 속성과
dfs.hosts.exclude 속성을 통해 지정한다. 이들 속성은 hdfs-site.xml을 통해 설정한다
(리스트 7.5).

```
...
<configuration>
  ...
  <property>
    <name>dfs.hosts</name>
    <value>/etc/hadoop/conf/hosts.include</value>
  </property>
  <property>
    <name>dfs.hosts.exclude</name>
    <value>/etc/hadoop/conf/hosts.exclude</value>
  </property>
  ...
</configuration>
...
```

■ MapReduce 설정

JobTracker/TaskTracker가 동작하고 있다면 설정 변경 전에 정지시키도록 한다.

```
$ sudo service hadoop-0.20-mapreduce-jobtracker stop
$ sudo service hadoop-0.20-mapreduce-tasktracker stop
```

그리고 표 7.2에 있는 MapReduce용 설정 속성값을 변경 및 확인하도록 한다.

표 7.2 MapReduce용 속성

속성	설정 파일	설명
mapred.job.tracker	mapred-site.xml	JobTracker 지정
mapred.tasktracker.map.tasks.maximum	mapred-site.xml	Map 태스크 슬롯 수 지정
mapred.tasktracker.reduce.tasks.maximum	mapred-site.xml	Reduce 태스크 슬롯 수 지정
mapred.hosts	mapred-site.xml	JobTracker에 접속할 수 있는 노드를 기재한 파일. 지정하지 않으면 모든 노드의 접속을 허가함
mapred.hosts.exclude	mapred-site.xml	JobTracker에 접속할 수 없는 노드를 기재한 파일
mapred.system.dir	mapred-site.xml	MapReduce용 시스템 디렉터리 지정. HDFS 상의 경로를 지정한다

우선, mapred-site.xml에서 mapred.job.tracker 속성에 JobTracker 서버명과 포트 번호를 지정한다(리스트 7.6).

리스트 7.6 JobTracker의 서버명과 포트 번호 지정

```
...
<configuration>
  ...
  <property>
    <name>mapred.job.tracker</name>
    <value>master:8021</value>
  </property>
  ...
</configuration>
...
```

다음은 mapred-site.xml에서 mapred.system.dir 속성에 MapReduce용 시스템 디렉터리를 지정한다. 여기서는 /var/lib/hadoop-hdfs/cache/mapred/mapred/system을 지정한다(리스트 7.7).

리스트 7.7 MapReduce용 시스템 디렉터리 지정

```
...
<configuration>
  ...
    <property>
      <name>mapred.system.dir</name>
      <value>/var/lib/hadoop-hdfs/cache/mapred/mapred/system</value>
    </property>
    ...
</configuration>
```

Map 태스크 슬롯 수/Reduce 태스크 슬롯 수는 슬레이브 서버 대수나 CPU 코어 수 등을 고려해서 변경한다. 리스트 7.8은 슬레이브 서버의 CPU가 8코어인 경우의 설정 예다. DataNode와 TaskTracker에 각각 1코어씩 할당하고, 남은 6코어를 Map 태스크와 Reduce 태스크에 할당한다는 가정이다[8].

리스트 7.8 슬롯 할당(mapred-site.xml)

```
...
<configuration>
  ...
  <property>
    <name>mapred.tasktracker.map.tasks.maximum</name>
    <value>4</value>
  </property>
  <property>
    <name>mapred.tasktracker.reduce.tasks.maximum</name>
    <value>2</value>
  </property>
  ...
</configuration>
...
```

---

8 Reduce 태스크에 비해 Map 태스크가 병렬 처리 능력이 높기 때문에 Map 태스크의 슬롯에 많은 수를 할당하는 것이 일반적이다.

마지막으로, HDFS 설정과 동일하게 JobTracker에 접속할 수 있는 서버(hosts.include 파일)/접속할 수 없는 서버(hosts.exclude 파일)를 지정한다. 여기서는 HDFS 설정에서 사용한 파일을 그대로 사용하도록 한다. mapred.hosts 속성과 mapred.hosts.exclude 속성을 mapred-site.xml로 지정한다.

리스트 7.9 접속할 서버를 기재한 파일 지정(mapred-site.xml)

```
...
<configuration>
  ...
  <property>
    <name>mapred.hosts</name>
    <value>/etc/hadoop/conf/hosts.include</value>
  </property>
  <property>
    <name>mapred.hosts.exclude</name>
    <value>/etc/hadoop/conf/hosts.exclude</value>
  </property>
  ...
</configuration>
...
```

설정 완료 후, 마스터 서버의 메타데이터 영역을 포맷한다.

```
$ sudo -u hdfs hdfs namenode -format
```

그리고 마스터 서버 상에 NameNode를, 각 슬레이브 서버 상에 DataNode를 실행한다[9].

```
$ sudo service hadoop-hdfs-namenode start (마스터 서버 상에서 실행)
$ sudo service hadoop-hdfs-datanode start (슬레이브 서버 상에서 실행)
```

---

9 이미 NameNode나 DataNode를 실행한 서버를 재사용하는 경우, 메타데이터 영역을 포맷하여 프로세스 시작 전에 기존 데이터를 지워줘야 한다. 구체적으로는 dfs.namenode.name.dir 속성, dfs.datanode.data.dir 속성에서 지정한 디렉토리를 삭제한다.

디렉터리 작성 후, 마스터 서버 상에서 JobTracker를, 슬레이브 서버 상에서 TaskTracker를 실행한다.

```
$ sudo service hadoop-0.20-mapreduce-jobtracker start (마스터 서버 상에서 실행)
$ sudo service hadoop-0.20-mapreduce-tasktracker start (슬레이브 서버 상에서 실행)
```

HDFS 관련 프로세스를 실행한 후, MapReduce용 시스템 디렉터리를 작성한다. 순서는 3장의 'MapReduce용 시스템 디렉터리 작성'(61쪽)과 동일하다[10].

7.4 웹 인터페이스를 통한 동작 확인

앞 절에서 HDFS/MapReduce 관련 프로세스를 모두 실행 완료했다. 다음은 이 클러스터가 여러 대의 노드를 사용해서 동작하고 있는 것을 확인하도록 한다. 확인은 웹 인터페이스를 사용하여 실시한다. Hadoop은 각 프로세스별로 웹 인터페이스를 제공하고 있어, 이를 통해 클러스터 상태나 잡 실행 상태 및 결과를 알 수 있다. 여기서는 NameNode와 JobTracker의 웹 인터페이스를 사용하여 세 대의 슬레이브 서버(slave1, slave2, slave3)가 마스터 서버(master)에서 인식되는지 확인한다. NameNode의 웹 인터페이스는 http://〈NameNode가 동작하고 있는 서버(master)의 IP 주소 또는 호스트명〉:50070으로 접속할 수 있다(그림 7.2).

---

10 엄밀히 말하면 mapred.system.dir 속성에서 지정한 시스템 디렉터리는 직접 작성하지 않는다. mapred.system. dir 속성에서 지정한 디렉터리는 JobTracker가 시작되면 자동으로 생성된다.

역자주 명령 실행 시 에러가 발생하는 경우는 서버를 재부팅하도록 한다. 앞서 설정한 hosts 파일이 반영되지 않아서 에러가 발생할 수 있다.

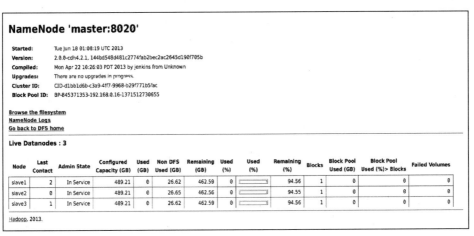

NameNode 'master:8020' (active)

Started:	Tue Jun 18 01:08:19 UTC 2013
Version:	2.0.0-cdh4.2.1, 144bd548d481c2774fab2bec2ac2645d190f705b
Compiled:	Mon Apr 22 10:26:03 PDT 2013 by jenkins from Unknown
Upgrades:	There are no upgrades in progress.
Cluster ID:	CID-d1bb1d6b-c3a9-4ff7-9968-b29f771b5fac
Block Pool ID:	BP-845371353-192.168.0.16-1371512730655

Browse the filesystem
NameNode Logs

Cluster Summary

Security is *OFF*
10 files and directories, 1 blocks = 11 total.
Heap Memory used 20.28 MB is 69% of Commited Heap Memory 29.11 MB. Max Heap Memory is 966.69 MB.
Non Heap Memory used 32.87 MB is 97% of Commited Non Heap Memory 33.81 MB. Max Non Heap Memory is 130 MB.

Configured Capacity	:	1.43 TB			
DFS Used	:	108 KB			
Non DFS Used	:	79.88 GB			
DFS Remaining	:	1.36 TB			
DFS Used%	:	0 %			
DFS Remaining%	:	94.56 %			
Block Pool Used	:	108 KB			
Block Pool Used%	:	0 %			
DataNodes usages	:	Min %	Median %	Max %	stdev %
		0 %	0 %	0 %	0 %
Live Nodes	:	3 (Decommissioned: 0)			
Dead Nodes	:	0 (Decommissioned: 0)			
Decommissioning Nodes	:	0			

그림 7.2 웹 인터페이스

다음은 화면 하단의 'Live Nodes' 링크를 클릭하여 NameNode가 인식하고 있는 DataNode(슬레이브 서버)를 확인한다(그림 7.3).

NameNode 'master:8020'

Started:	Tue Jun 18 01:08:19 UTC 2013
Version:	2.0.0-cdh4.2.1, 144bd548d481c2774fab2bec2ac2645d190f705b
Compiled:	Mon Apr 22 10:26:03 PDT 2013 by jenkins from Unknown
Upgrades:	There are no upgrades in progress.
Cluster ID:	CID-d1bb1d6b-c3a9-4ff7-9968-b29f771b5fac
Block Pool ID:	BP-845371353-192.168.0.16-1371512730655

Browse the filesystem
NameNode Logs
Go back to DFS home

Live Datanodes : 3

Node	Last Contact	Admin State	Configured Capacity (GB)	Used (GB)	Non DFS Used (GB)	Remaining (GB)	Used (%)	Used (%)	Remaining (%)	Blocks	Block Pool Used (GB)	Block Pool Used (%)> Blocks	Failed Volumes
slave1	2	In Service	489.21	0	26.62	462.59	0		94.56	1	0	0	0
slave2	0	In Service	489.21	0	26.65	462.56	0		94.55	1	0	0	0
slave3	1	In Service	489.21	0	26.62	462.59	0		94.56	1	0	0	0

Hadoop, 2013.

그림 7.3 노드

NameNode가 slave1/slave2/slave3 모두를 인식하고 있음을 확인할 수 있었다. 다음은 JobTracker의 웹 인터페이스에 접속한다. JobTracker의 웹 인터페이스는 http://⟨JobTracker가 동작하고 있는 서버(master)의 IP 주소 또는 호스트명⟩:50030으로 접속할 수 있다(그림 7.4).

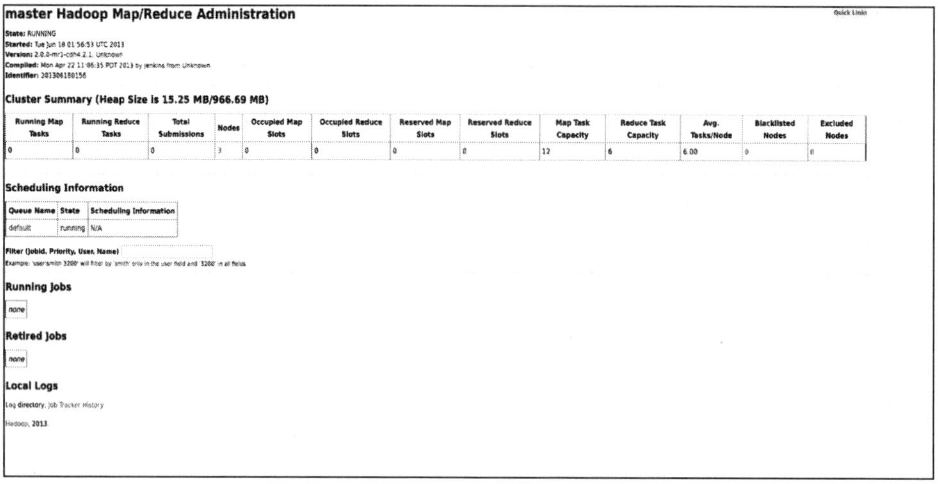

그림 7.4 JobTracker의 웹 인터페이스

화면 중반부에 있는 'Cluster Summary' 테이블에서 Nodes 항목의 숫자(3)를 클릭한다. 이것으로 JobTracker가 인식하고 있는 TaskTracker(슬레이브 서버)를 확인할 수 있다. 그림 7.5에 의하면 JobTracker가 slave1, slave2, slave3 모두를 인식하고 있다는 것을 알 수 있다.

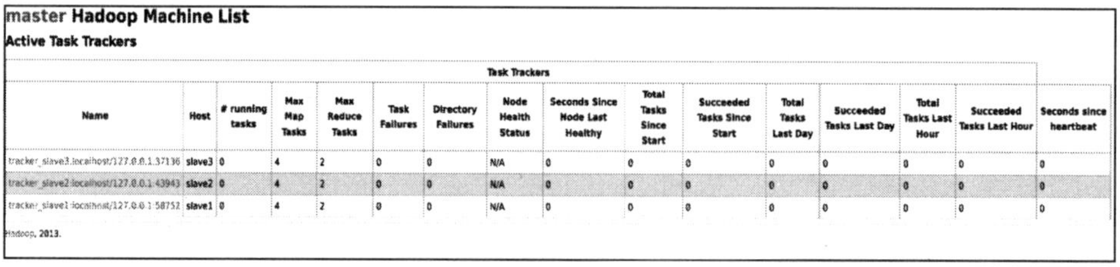

그림 7.5 슬레이브 서버

샘플 애플리케이션 실행

지금까지 구축한 환경을 사용해서 샘플 애플리케이션을 동작시켜 보자. 애플리케이션을 실행하기 전에, 우선 실행용 사용자와 사용자 디렉터리를 작성한다. 순서는 3.3.4 '사용자 디렉터리 작성'과 동일하다.

```
$ sudo useradd sampleuser
$ sudo -u hdfs hdfs dfs -mkdir -p /user/sampleuser
$ sudo -u hdfs hdfs dfs -chown sampleuser /user/sampleuser
```

또한, 이 장에서는 임시 디렉터리를 작성하지 않았으므로 작성하도록 한다

```
$ sudo -u hdfs hdfs dfs -mkdir /tmp
$ sudo -u hdfs hdfs dfs -chmod -R 777 /tmp
```

그리고 나서 3장에서도 실행했던 pi 애플리케이션을 실행한다. 애플리케이션을 실행할 서버는 마스터나 슬레이브 관계없이 가능하다. 실행 결과를 보면 pi 애플리케이션이 문제없이 실행된 것을 알 수 있다.

```
$ sudo -u sampleuser hadoop jar \
  /usr/lib/hadoop-0.20-mapreduce/hadoop-examples.jar pi 20 10000000
Number of Maps = 20
Samples per Map = 10000000
Wrote input for Map #0
Wrote input for Map #1
Wrote input for Map #2
Wrote input for Map #3
Wrote input for Map #4
Wrote input for Map #5
```

역자주 실행 시 에러가 나오는 경우는 사용자를 sampleuser가 아닌 hdfs를 사용해서 실행해 보자.

```
Wrote input for Map #6
Wrote input for Map #7
Wrote input for Map #8
Wrote input for Map #9
Wrote input for Map #10
Wrote input for Map #11
Wrote input for Map #12
Wrote input for Map #13
Wrote input for Map #14
Wrote input for Map #15
Wrote input for Map #16
Wrote input for Map #17
Wrote input for Map #18
Wrote input for Map #19
Starting Job
13/06/18 04:40:22 WARN mapred.JobClient: Use GenericOptionsParser for parsing the ar
guments. Applications should implement Tool for the same.
13/06/18 04:40:22 INFO mapred.FileInputFormat: Total input paths to process : 20
13/06/18 04:40:23 INFO mapred.JobClient: Running job: job_201306180429_0001
13/06/18 04:40:24 INFO mapred.JobClient: map 0% reduce 0%
13/06/18 04:40:38 INFO mapred.JobClient: map 5% reduce 0%
 (생략)
13/06/18 04:41:19 INFO mapred.JobClient: map 100% reduce 31%
13/06/18 04:41:23 INFO mapred.JobClient: map 100% reduce 100%
13/06/18 04:41:25 INFO mapred.JobClient: Job complete: job_201306180429_0001
 (생략)
Job Finished in 64.006 seconds
Estimated value of Pi is 3.14159368000000000000
```

또한, 실행 후에 JobTracker의 웹 UI에 접속해 보면 MapReduce 잡이 완료된 것을 확인할 수 있다(그림 7.6).[*]

---

[*] 역자주 실행 중에 웹 UI에 접속해 보면, MapReduce 잡이 어느 정도 진행됐는지 확인할 수 있다.

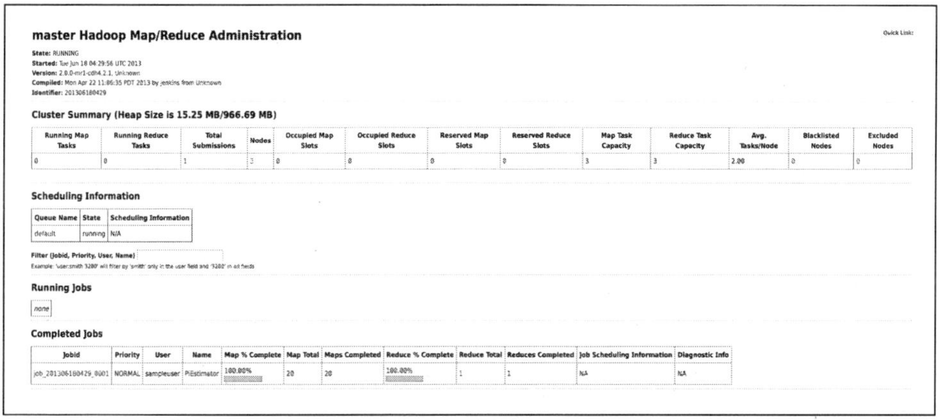

그림 7.6 pi 애플리케이션 실행 결과 확인

이때, 각 슬레이브 서버의 상태를 확인해 보자. Cluster Summary 테이블 내에 있는 Nodes 항목의 숫자(3)를 클릭한다. 새로운 페이지가 열리면 'Succeeded Tasks Since Start' 항목을 주의 깊게 살펴보자. 모든 슬레이브 서버가 어떠한 처리를 하고 있다는 것을 알 수 있다. pi 애플리케이션 처리가 복수의 태스크로 나뉘어 각 슬레이브 서버에서 처리되고 있는 것이다.

7.5.1 로그

애플리케이션 실행 중 NameNode/JobTracker(master)와 DataNode/TaskTracker (slave) 로그를 확인하면 실행 상태를 알 수 있다.

▌master의 경우

```
$ tail -f /var/log/hadoop-hdfs/hadoop-hdfs-namenode-master.log
```

```
$ tail -f /var/log/hadoop-0.20-mapreduce/hadoop-hadoop-jobtracker-master.log
```

▌slave의 경우

```
$ tail -f /var/log/hadoop-hdfs/hadoop-hdfs-datanode-slave1.log
```

```
$ tail -f /var/log/hadoop-0.20-mapreduce/hadoop-hadoop-tasktracker-slave1.log
```

로그 파일 확인

여기까지 아무 문제없이 진행되었다면 참으로 다행이다. 하지만 잘못된 설정이나 다른 이유로 제대로 실행하지 못한 독자도 있을 것이다. 실행이 잘 되지 않았다면 로그 파일을 통해서 무엇이 문제인지 확인할 필요가 있다. 로그 파일은 다음 디렉터리에 생성된다.

HDFS 관련: /var/log/hadoop-hdfs/

MapReduce 관련: /var/log/hadoop-0.20-mapreduce/

예를 들어, 필자는 NameNode가 제대로 동작하지 않는 상황에 직면한 적이 있다. 이때, 다음 로그를 확인함으로 원인을 발견할 수 있었다(NameNode 포맷을 하지 않아서 메타데이터 영역이 작성되지 않았다).

```
$ view /var/log/hadoop-hdfs/hadoop-hdfs-namenode-master.log
...
  2013-05-18 22:58:16,199 FATAL org.apache.hadoop.hdfs.server.namenode.Na-
meNode:
Exception in namenode join
  org.apache.hadoop.hdfs.server.common.InconsistentFSStateException: Directory
/v
ar/lib/hadoop-hdfs/cache/hdfs/dfs/name is in an inconsistent state: storage
directory does not exist or is not accessible.
 (생략)
```

이 외에도 이름 해석이 제대로 되지 않았거나, 노드 간 설정이 몇 개가 다르게 설정되어 있는 등의 이유로 제대로 동작하지 않는 경우가 많다. 예상한 동작을 보여주지 않으면 설정과 로그를 비교해서 확인하도록 하자.

이상으로 이 장의 Hadoop 클러스터 환경 구축을 마치겠다. 4대의 구성을 사용했지만 대수를 늘리고 싶은 경우, 기본적인 순서는 동일하다[11]. 혼자서라도 대수를 늘려보도록 하자. 이번 장에서 구축한 환경을 바탕으로 14장 '구축 환경 효율화', 16장 '클러스터 모니터링', 19장 'Hadoop 튜닝' 사항 등을 고려해서 본격적인 클러스터 환경을 구축하게 될 것이다.

---

11 이 장에서는 NameNode와 JobTracker를 한 대의 서버 상에서 동작시켰지만, 대규모 클러스터에서는 NameNode
   와 JobTracker를 별도 서버로 구성하는 경우도 있다.

PART **2**

MapReduce 애플리케이션 개발

MapReduce 프로그래밍 기초

- 자바를 사용한 개발(1) -

자바를 사용한 MapReduce 개발

이번 장에서는 자바를 사용해서 MapReduce 애플리케이션을 개발할 때 필요한 기반 지식을 설명하겠다.

8.1.1 MapReduce 프레임워크

MapReduce '프레임워크'라는 명칭에서 알 수 있듯이 개발자가 자유롭게 프로그램을 기술할 수 있는 것이 아니라, 정해진 틀(프레임워크) 안에서 마치 빈 곳을 채워 나가는 듯한 느낌으로 프로그래밍을 기술할 필요가 있다. 처음 Hadoop으로 애플리케이션을 개발할 때는 뭔가 부자연스럽고 프로그래밍 자체가 쉽지 않다는 것을 느낄 수도 있지만, 우선은 실제 샘플 프로그램을 실행해 가면서 그 배후에 있는 구조를 이해하게 된다면, 자유로운 프로그래밍이 가능해 질 것이다.

8.1.2 개발 포인트

여기서는 MapReduce 애플리케이션의 가장 밑바탕이 되는 Mapper와 Reducer를 시작으로 입출력과 연관된 키-밸류 형식의 데이터베이스인 Writable 인터페이스와 파일을 사용해서 입출력 및 분할을 하는 InputFormat/OutputFormat 인터페이스에 대해 설명한다. 이 장에서 다루는 MapReduce 관련 모듈과 해당 모듈이 실행되는 노드와의 대응 관계를 그림 8.1에 표시했다.

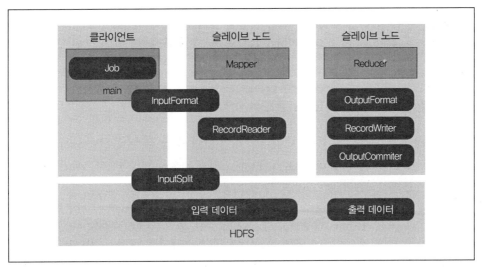

그림 8.1 MapReduce 프레임워크의 주요 컴포넌트

각 컴포넌트의 주요 역할은 다음과 같다.

InputFormat: 입력 포맷 정의

Mapper: Map 처리 정의

Reducer: Reduce 처리 정의

OutputFormat: 출력 포맷 정의

Job: 전체를 총괄하는 클래스

RecordReader: 데이터를 레코드 단위로 읽어서 Map 처리로 전달

RecordWrite: 잡의 출력 키-밸류를 받아서 출력한다

OutputCommitter: MapReduce 잡의 완료 처리

프로그램은 크게 Mapper, Reducer, 메인 처리 등 세 가지 파트로 구성된다. MapReduce 애플리케이션을 작성하는 경우, 최소한 이 세 가지는 반드시 구현해야만 한다.

Mapper와 Reducer를 조합해서 MapReduce 잡으로 실행하기 위해 Tool 인터페이스를 사용하여 메인 프로그램을 구현하도록 한다.

8.2 소스 코드 단계에서 프로그램 실행

8.2.1 샘플 프로그램의 소스 코드

이 장에서는 텍스트 파일을 입력 데이터로 읽어 단어 수를 집계하는 WordCount의 샘플 코드를 보면서 MapReduce 애플리케이션의 기반 기술을 설명하겠다. WordCount는 MapReduce 애플리케이션의 사용 예로 자주 다루어진다.

프로그램은 크게 Mapper, Reducer, 메인 처리의 세 가지 파트로 구성된다. 메인 처리는 MapReduce 잡을 설정한 후 JobTracker에게 잡 투입 요청을 보내는 것으로, 'hadoop jar' 명령을 실행한 클라이언트 노드 상에서 실행된다. Mapper와 Reducer는 각 슬레이브 노드 상에서 실행된다. 리스트 8.1이 샘플 코드(WordCount.java)다.

리스트 8.1 이번 장에서 설명할 샘플 코드(WordCount.java)

```
 1: import java.io.IOException;
 2: import java.util.StringTokenizer;
 3: import org.apache.hadoop.conf.Configuration;
 4: import org.apache.hadoop.conf.Configured;
 5: import org.apache.hadoop.fs.Path;
 6: import org.apache.hadoop.io.IntWritable;
 7: import org.apache.hadoop.io.LongWritable;
 8: import org.apache.hadoop.io.Text;
 9: import org.apache.hadoop.mapreduce.Job;
10: import org.apache.hadoop.mapreduce.Mapper;
11: import org.apache.hadoop.mapreduce.Reducer;
12: import org.apache.hadoop.mapreduce.lib.input.TextInputFormat;
13: import org.apache.hadoop.mapreduce.lib.output.TextOutputFormat;
14: import org.apache.hadoop.util.Tool;
15: import org.apache.hadoop.util.ToolRunner;
16:
17: public class WordCount extends Configured implements Tool {
18:    public static class TokenizerMapper
         extends Mapper<LongWritable, Text, Text, IntWritable> {
19:      private final static IntWritable one = new IntWritable(1);
20:      private Text word = new Text();
21:
22:      public void map(LongWritable key, Text value, Context context
```

```
23:                        ) throws IOException, InterruptedException {
24:        StringTokenizer itr = new StringTokenizer(value.toString());
25:        while (itr.hasMoreTokens()) {
26:          word.set(itr.nextToken());
27:          context.write(word, one);
28:        }
29:      }
30:    }
31:
32:    public static class IntSumReducer
       extends Reducer<Text,IntWritable,Text,IntWritable> {
33:      private IntWritable result = new IntWritable();
34:
35:      public void reduce(Text key, Iterable<IntWritable> values,
36:                         Context context
37:                         ) throws IOException, InterruptedException {
38:        int sum = 0;
39:        for (IntWritable val : values) {
40:          sum += val.get();
41:        }
42:        result.set(sum);
43:        context.write(key, result);
44:      }
45:    }
46:
47:    public int run(String[] args) throws Exception {
48:      if (args.length = 2)
49:        System.err.println("Usage: wordcount <in> <out>");
50:        System.exit(2);
51:      }
52:      Job job = Job.getInstance(getConf(), "word count");
53:      job.setNumReduceTasks(2);
54:      job.setJarByClass(WordCount.class);
55:      job.setMapperClass(TokenizerMapper.class);
56:      job.setCombinerClass(IntSumReducer.class);
57:      job.setReducerClass(IntSumReducer.class);
58:      job.setMapOutputKeyClass(Text.class);
59:      job.setMapOutputValueClass(IntWritable.class);
60:      job.setOutputKeyClass(Text.class);
61:      job.setOutputValueClass(IntWritable.class);
62:      job.setInputFormatClass(TextInputFormat.class);
63:      job.setOutputFormatClass(TextOutputFormat.class);
64:      TextInputFormat.addInputPath(job, new Path(args[0]));
65:      TextOutputFormat.setOutputPath(job, new Path(args[1]));
66:      job.getConfiguration().setBoolean("mapred.used.genericoptionsparser", true);
```

```
67:     return(job.waitForCompletion(true) ? 0 : 1);
68:   }
69:
70:   public static void main(String[] args) throws Exception{
71:     int res = ToolRunner.run(new Configuration(), new WordCount(), args);
72:     System.exit(res);
73:   }
74: }
```

8.2.2 샘플 프로그램 컴파일

샘플 프로그램의 컴파일과 실행은 클라이언트 상에서 한다. 프로그램 컴파일과 실행은 어떤 사용자가 하든 상관없다. 여기서는 test라는 사용자를 쓰도록 한다.

우선, 프로그램 컴파일에 필요한 환경 변수를 설정한다. 매번 명령어를 사용해서 지정하기가 귀찮다면, 다음과 같이 ~/.bash_profile에 추가해 두면 편하다.

```
export JAVA_HOME=/usr/java/default
export PATH=$JAVA_HOME/bin:$PATH
export HADOOP_CLASSPATH=$JAVA_HOME/lib/tools.jar
```

hadoop 명령을 실행하기 위해 javac 컴파일러를 포함하고 있는 tools.jar를 지정하도록 한다. 컴파일은 소스 코드가 있는 디렉터리로 이동한 후, 다음과 같이 hadoop 명령을 실행하면 된다.

```
$ hadoop com.sun.tools.javac.Main WordCount.java
```

컴파일에 성공하면 다음과 같은 .class 파일들이 생성된다.

```
$ ls
WordCount$IntSumReducer.class WordCount$TokenizerMapper.class Wor dCount.class
WordCount.java
```

생성한 클래스 파일은 jar 파일로 변환해 둔다. 여기서는 wc.jar 파일을 작성한다.

```
$ jar cf wc.jar WordCount*.class
```

8.2.3 샘플 프로그램 실행

HDFS 상에 입출력 데이터를 저장하기 위한 디렉터리를 작성하고, 권한 설정을 한 후 테스트용 입력 파일을 배치한다. 여기서는 샘플 입력 데이터로 Hadoop 설정 파일을 HDFS 상에 저장하도록 한다.

```
$ sudo -u hdfs hadoop fs -mkdir /input
$ sudo -u hdfs hadoop fs -chmod 777 /input
$ sudo -u hdfs hadoop fs -mkdir /output
$ sudo -u hdfs hadoop fs -chmod 777 /output
$ hadoop fs -put /etc/hadoop/conf/* /input/
```

데이터를 배치한 후 'hadoop jar' 명령을 사용해서 MapReduce 잡을 실행한다.

```
$ hadoop jar wc.jar WordCount /input /output/01
```

'hadoop jar' 명령의 첫 번째 인수는 실행할 jar 파일, 두 번째 인수는 메인 클래스명을 지정해 준다. 이후 인수는 애플리케이션 인수로, 여기서는 입력 파일이 저장되어 있는 디렉터리와 출력 디렉터리를 지정한다.

MapReduce 잡을 실제로 처리하는 것은 슬레이브 노드로, Mapper나 Reducer가 저장된 jar 파일을 각 슬레이브 노드에 배포할 필요가 있다. 예제 프로그램에서는 잡 실행 시에 MapReduce 프레임워크가 자동으로 배포해 준다. jar 파일은 일단 HDFS 상에 저장되며, 각 슬레이브 노드가 대상 jar 파일을 취득한다. MapReduce 잡 완료 후, 출력 디렉터리를 확인하면 다음 파일이 생성된 것을 확인할 수 있다.

part-r-00000, part-r-00001가 출력 파일이고, Reduce 태스크별로 번호가 붙어있다. Reduce 태스크 수를 2로 지정했기 때문에 두 개의 출력 파일이 생성된다[1].

---

1 _SUCCESS라는 빈 파일은 MapReduce 잡이 성공한 것을 표시하기 위한 것이다. 이 파일이 존재하지 않으면 잡이 실패했다는 것을 의미한다. 또한, _logs 디렉터리에는 잡 설정과 실행 시 통계 정보가 저장된다.

```
$ hadoop fs -ls /output/01
Found 3 items
-rw-r--r--   1 test test           0 2013-03-10 21:59 /output/01/_SUCCESS
drwxrwxrwx   - test test           0 2013-03-10 21:53 /output/01/_logs
-rw-r--r--   1 test test       11205 2013-03-10 21:58 /output/01/part-r-00000
-rw-r--r--   1 test test       11205 2013-03-10 21:58 /output/01/part-r-00001
```

내용을 확인해 보면 '단어'와 각 단어의 등장 횟수가 기록되어 있는 것을 알 수 있다.

```
$ hadoop fs -cat /output/01/part-r-00000
"AS      6
"License");      6
"console"      1
"dfs"   4
"hadoop.root.logger".    1
"jvm"   4
"mapred"      4
"rpc"   4
#       130
#Default      1
#Security      1
#dfs.class=org.apache.hadoop.metrics.file.FileContext    1
 (생략)
```

8.3 Mapper

8.3.1 샘플 프로그램 구현

샘플 프로그램(WordCount.java)에서는 Mapper 부분을 다음과 같이 기술하고 있다(리스트 8.2).

```
18: public static class TokenizerMapper
    extends Mapper<LongWritable, Text, Text, IntWritable> {
19:   private final static IntWritable one = new IntWritable(1);
20:   private Text word = new Text();
21:
22:   public void map(LongWritable key, Text value, Context context
23:                     ) throws IOException, InterruptedException {
24:     StringTokenizer itr = new StringTokenizer(value.toString());
25:     while (itr.hasMoreTokens()) {
26:       word.set(itr.nextToken());
27:       context.write(word, one);
28:     }
29:   }
```

처음으로 등장하는 LongWritable이나 IntWritable, Text는 Hadoop에서 사용하는 데이터형이다. 이에 관해서는 8.5 'Writable'에서 상세히 설명하겠지만, 여기서는 일단 Integer나 String과 같은 역할을 한다고 알아두자.

map 메소드에는 (〈바이트 오프셋〉, 〈1행의 텍스트〉) 형식의 키-밸류가 입력 데이터로 전달된다. 키로 전달되는 LongWritable형 데이터는 해당 행이 파일 헤드에서 몇 바이트째에 위치하고 있는지 가리키는 바이트 오프셋값이다. 이 값은 Mapper 처리 중에는 사용하지 않는 것이 일반적이다. 또한, map 메소드는 Tokenizer를 시용해서 문자열을 단어로 분해하여 (〈단어〉, 1)이라는 키-밸류를 출력해 Reducer에 전달한다. 데이터 출력을 위해서 인수로서 전달되는 Context 클래스의 write 메소드를 사용하고 있다. 출력된 데이터는 키를 기준으로 정렬되며, 같은 키를 가진 레코드가 같은 Reducer에 전달된다.

이 샘플에서는 Mapper가 메인 클래스인 WordCount의 내부 클래스로 정의되어 있지만, 꼭 그렇게 해야 할 필요는 없다. 복수의 MapReduce 잡이 사용하는 공통적인 Mapper 모듈을 작성하는 것이라면 독립 클래스로 정의해야 한다.

8.3.2 Mapper API

org.apache.hadoop.mapreduce.Mapper는 Mapper를 구현하기 위한 기반 클래스다. 사용자는 이 클래스를 계승해서 자신만의 애플리케이션을 만들 수 있다. Mapper 클래스로 정의한 map 메소드, Map 태스크 전의 처리를 정의하는 setup 메소드, Map 태스크

후의 처리를 정의하는 cleanup 메소드를 오버라이드(override)해서 애플리케이션 로직을 기술한다[2]. 다음과 같이 기본 map 메소드에는 입력된 것을 그대로 출력하는 로직이 기술되어 있다.

```
public class Mapper<KEYIN, VALUEIN, KEYOUT, VALUEOUT> {
 (생략)

  protected void map(KEYIN key, VALUEIN value,
                     Context context) throws IOException, InterruptedException {
    context.write((KEYOUT) key, (VALUEOUT) value);
  }
```

Mapper 클래스는 KEYIN, VALUEIN, KEYOUT, VALUEOUT이라는 네 가지 파라미터를 사용한다. MapReduce 잡의 데이터 입출력은 키-밸류형으로 교환하는 것이 기본으로, KEYIN은 입력 데이터의 키형을, VALUEIN은 입력 데이터의 밸류형을, KEYOUT은 출력 데이터의 키형을, VALUEOUT은 출력 데이터의 밸류형을 가리킨다.

map 메소드는 입력 레코드 1개에 1회씩 반복적으로 호출된다. 기본 코드에서는 입력 데이터를 그대로 출력한다. Mapper가 Reducer에 전달하기 위한 데이터를 출력하기 위해서 map 메소드의 인수로 전달되는 Context 인스턴스의 write 메소드를 이용한다. Mapper의 각 메소드는 인수로 전달되는 Context 인스턴스를 통해서 MapReduce 잡 설정이나 입출력 데이터에 접근할 수 있다.

setup 메소드는 Map 태스크 시작 직전에 한 번만 실행되므로, Map 처리에 필요한 설정 사항 등을 기술한다. 마찬가지로 cleanup도 태스크 마지막에 한 번만 실행된다. 주석에 NOTHING이라고 쓰여 있는 것에서 알 수 있듯이 기본 코드에서는 아무런 동작도 하지 않는다.

```
protected void setup(Context context
                     ) throws IOException, InterruptedException {
  // NOTHING
}
```

---

2 샘플 프로그램에서는 setup 메소드와 cleanup 메소드는 이용하고 있지 않다.

```
protected void cleanup(Context context
                        ) throws IOException, InterruptedException {
  // NOTHING
}
```

또한, 경우에 따라서는 run 메소드를 오버라이드함으로써 setup 메소드, map 메소드, cleanup 메소드를 어떤 식으로 호출할지에 대한 처리 흐름을 변경할 수 있다.

```
public void run(Context context) throws IOException, InterruptedException {
  setup(context);
  while (context.nextKeyValue()) {
    map(context.getCurrentKey(), context.getCurrentValue(), context);
  }
  cleanup(context);
}
```

8.4 Reducer

8.4.1 샘플 프로그램 구현

샘플 프로그램(WordCount.java)의 Reducer는 다음과 같이 구현되어 있다.

리스트 8.3 Reducer 구현 부분

```
32: public static class IntSumReducer
    extends Reducer<Text,IntWritable,Text,IntWritable> {
33:   private IntWritable result = new IntWritable();
34:
35:   public void reduce(Text key, Iterable<IntWritable> values,
36:                    Context context
37:                    ) throws IOException, InterruptedException {
38:     int sum = 0;
```

```
39:        for (IntWritable val : values) {
40:          sum += val.get();
41:        }
42:        result.set(sum);
43:        context.write(key, result);
44:    }
45: }
```

reduce 메소드는 입력 데이터로, (⟨단어⟩, ⟨등장 횟수 반복⟩)과 Context를 사용한다.
Map출력 데이터를 처리해서 Reduce에 전달하는 Shuffle 처리는 같은 키에 대한 밸류 집
합을 출력한다. 이 값들이 '등장 횟수 반복'이라는 인수로 전달된다. 위 코드에서는 단어별
등장 횟수 숫자를 합산해서 (⟨단어⟩, ⟨등장 횟수⟩)라는 키-밸류 형식으로 출력하고 있다.
데이터를 출력하기 위해서, Mapper의 map 메소드와 동일하게 Context 클래스의 write
메소드를 호출하고 있다. 출력 데이터는 샘플 코드에서 HDFS 상의 파일로 저장된다.

8.4.2 Reducer API

Reducer도 Mapper와 거의 같은 구조를 가진 클래스다. 처리 중심이 되는 reduce 메소
드도 Mapper의 map 메소드와 같이 키-밸류 형태로 데이터 레코드를 받지만, 밸류 부분
의 형이 Iterable⟨VALUEIN⟩으로 되어 있는 것이 다르다. Map 태스크 출력은, 키-밸류
의 키를 기준으로 Reduce 태스크에 분배하지만, Reduce 태스크의 reduce 메소드는 하
나의 키에 대해 한 번만 호출된다. 사용자는 reduce 메소드 내부에서 같은 키를 가진 밸류
들을 루프를 통해서 처리하도록 기술해야 한다.

```
public class Reducer<KEYIN,VALUEIN,KEYOUT,VALUEOUT> {

  protected void reduce(KEYIN key, Iterable<VALUEIN> values, Context context
                       ) throws IOException, InterruptedException {
    for(VALUEIN value: values) {
      context.write((KEYOUT) key, (VALUEOUT) value);
    }
  }
}
```

그 외에 Mapper와 동일하게 setup과 cleanup도 존재한다. 각각 태스크 시작 전과 종료 직후에 1회만 호출되는 메소드다.

```
protected void setup(Context context
                    ) throws IOException, InterruptedException {
  // NOTHING
}

protected void cleanup(Context context
                      ) throws IOException, InterruptedException {
  // NOTHING
}
```

또한, Mapper와 동일하게 run 메소드를 오버라이드하는 것으로 setup 메소드, reduce 메소드, cleanup 메소드의 처리 흐름을 변경할 수 있다.

```
public void run(Context context) throws IOException, InterruptedException {
  setup(context);
  while (context.nextKey()) {
    reduce(context.getCurrentKey(), context.getValues(), context);
  }
  cleanup(context);
}
```

8.5 Writable

8.5.1 샘플 프로그램 내의 Writable

WordCount 프로그램의 Mapper나 Reducer 선언 부분을 보면, 입출력 데이터의 데이터형을 지정하기 위한 파라미터 부분에 Text나 intWritable이라는 형을 볼 수 있다.

```
public static class TokenizerMapper
     extends Mapper<Object, Text, Text, IntWritable>{
 (중략)
public static class IntSumReducer
     extends Reducer<Text,IntWritable,Text,IntWritable> {
```

이들 데이터형은 Hadoop이 데이터 입출력을 위해 준비해 둔 것으로, Writable이라는 인터페이스를 구현한 것이다. 또한, map 메소드나 reduce 메소드 안에서 Writable이 사용되고 있는 부분의 아래 부분을 보면, word의 인스턴스가 다음과 같이 한 번만 초기화되고 이후로는 set 메소드를 사용해서 값을 바꿔 넣고 있다.

```
private Text word = new Text();

public void map(Object key, Text value, Context context
               ) throws IOException, InterruptedException {
  StringTokenizer itr = new StringTokenizer(value.toString());
  while (itr.hasMoreTokens()) {
    word.set(itr.nextToken());
    context.write(word, one);
```

MapReduce 잡에서 큰 데이터를 처리하는 경우, 잡 전체적으로 보면 map 메소드와 reduce 메소드가 호출되는 횟수가 매우 많아진다. 이 때문에 인스턴스를 초기화하는 시간을 아껴서 결과적으로 많은 처리 시간을 절약할 수 있다.

8.5.2 기타 Writable

Hadoop의 소스 코드 안에는 매우 많은 Writable이 정의되어 있으며, 특히 MapReduce 애플리케이션을 만들 때 많이 사용되는 것은 자바의 기본형에 대응되는 것들이다(표 8.1).

표 8.1 Writable과 자바형의 대비표

Hadoop의 Wriatable	자바의 데이터형
BooleanWritable	boolean
BytesWritable	byte[ ]
DoubleWritable	double
FloatWritable	float
IntWritable	int
LongWritable	long
ShortWritable	short
Text	string

이들 Writable 인스턴스를 만들 때는 인수에 대응하는 자바형 값을 전달해서 초기화할 수 있다. 예를 들어, long값으로 Long 인스턴스를 만들 때는 다음과 같이 기술한다.

```
LongWritable size = new LongWritable(10L);
```

또한 MapReduce 잡의 출력이 키-밸류 형태가 아닌 키 또는 밸류 어느 한쪽만 있다면, 저장할 값이 비어 있다는 것을 가리키기 위해 NullWritable이라는 형을 이용할 수 있다. NullWritable을 이용할 때는 개별적으로 NullWritable 인스턴스를 생성할 필요가 없기 때문에 단일 인스턴스를 취득할 수 있는 get 메소드가 존재한다.

```
context.write(key, NullWritable.get());
```

NullWritable 메소드는 다음과 같이 구성되어 있어, 키-밸류 데이터를 취득하는 로직을 호출할 때 필요 없는 부분에 대해서는 아무 처리도 하지 않도록 기술할 수도 있다.

```
public boolean equals(Object other) { return other instanceof NullWritable; }
public void readFields(DataInput in) throws IOException {}
public void write(DataOutput out) throws IOException {}
```

8.5.3 Writable API

Hadoop MapReduce는 분산 처리 시스템이기 때문에 노드 간 통신으로 데이터를 교환하기 위해서 애플리케이션이 사용할 데이터를 시리얼라이즈(Serialize)할 필요가 있다. 원래 자바 라이브러리에 java.io.Serializable이라는 클래스가 있지만, 필요 없는 기능도 많아 처리가 무거워질 수 있기에 Hadoop 자체적으로 org.apache.hadoop.io.Writable이라는 인터페이스를 제공하고 있다.

샘플 애플리케이션에서 사용된 텍스트형을 예로 보자. Text 클래스 선언 부분을 보면 다음과 같이 org.apache.io.WritableComparable이라는 인터페이스를 implement한 것임을 알 수 있다.

```
public class Text extends BinaryComparable
    implements WritableComparable<BinaryComparable> {
```

WritableComparable은 Writable에 더해서 java.lang.Comparable 인터페이스를 구현한 것으로, compareTo 메소드로 writable 간 비교가 가능하다는 것을 의미한다.

MapReduce에서는 Map 태스크의 출력 레코드에 대해 같은 키를 가진 것을 같은 Reduce 태스크에 전달하는 처리를 하므로, Map 출력 키(=Reduce 입력 키)는 Comparable 인터페이스를 implement하는 데이터형이어야 한다.

```
public interface WritableComparable<T> extends Writable, Comparable<T> {
}
```

메인이 되는 Writable 인터페이스 쪽은 다음과 같이 두 가지 메소드가 정의된 간단한 구조다.

```
public interface Writable {
  void write(DataOutput out) throws IOException;
  void readFields(DataInput in) throws IOException;
}
```

텍스트형의 경우, write 메소드 코드를 보면 bytes 필드에 저장하고 있는 바이트열을 해당 길이와 오프셋으로 출력하고 있다.

```
public void write(DataOutput out) throws IOException {
  WritableUtils.writeVInt(out, length);
  out.write(bytes, 0, length); //bytes는 문자열 데이터가 들어있는 바이트 배열
}
```

텍스트형의 readFields 메소드는 writes와 반대로, 길이만큼만 바이트열을 읽어서 byte 필드에 세팅한다.

```
public void readFields(DataInput in) throws IOException {
  int newLength = WritableUtils.readVInt(in);
  setCapacity(newLength, false);
  in.readFully(bytes, 0, newLength);
  length = newLength;
}
```

샘플 프로그램에서는 Context 클래스의 API를 경유해서 데이터를 기록하기 때문에 앞 부분에서 설명한 Writable API를 직접 호출하지는 않는다. 데이터의형 변환, 파일이나 KVS 출력 등의 처리를 기술하고자 할 때는 Writable 기능을 직접 이용해야 한다.

8.6 InputFormat/OutputFormat

8.6.1 샘플 프로그램 구현

샘플 애플리케이션 코드의 메인 부분에 InputFormat/OutputFormat 클래스를 지정하고 있는 부분이 있다. InputFormat/OutputFormat은 데이터 입출력을 위한 모듈로, TextInputFormat/TextOutputFormat은 텍스트 파일을 통해 데이터를 입출력하기 위한 것이다.

리스트 8.5 InputFormat/OutputFormat 이용

```
62: job.setInputFormatClass(TextInputFormat.class);
63: job.setOutputFormatClass(TextOutputFormat.class);
```

다음 지정으로 입출력용 디렉터리 경로를 설정하고 있다. 인수로 전달되는 Path 객체는 Hadoop 프레임워크에서 파일명을 나타내기 위한 것이다.

리스트 8.6 입출력용 디렉터리 지정

```
64: TextInputFormat.addInputPath(job, new Path(args[0]));
65: TextOutputFormat.setOutputPath(job, new Path(args[1]));
```

입출력 대상 경로는 Job이 내부에 가지고 있는 Configuration 인스턴스에 세트해야 하는데[3], 이를 위한 로직을 TextInputFormat/TextOutputFormat(의 부모 클래스인 File InputFormat/FileOutputFormat)가 유틸리티로 제공하고 있다. 입력 디렉터리를 지정하는 부분을 다음과 같이 문자열 그대로 전달하도록 수정하면, 경로를 쉼표 구분으로 복수 지정하거나 /input/*같이 와일드카드(*)로 패턴 매칭을 사용할 수도 있다.

```
TextInputFormat.addInputPaths(job, args[0]);
```

이 addInputPaths 메소드[4]를 사용한 파일명 지정은 약간 알기 어려운 구조로 되어 있다. 우선 지정한 경로는 쉼표로 분해해서 glob 표현으로 전개한 후, 매치되는 경로를 찾는다. 매치된 경로가 디렉터리면, 디렉터리에 포함되는 파일 모두가 처리 대상 리스트에 추가된다. 단 디렉터리에 또 다른 디렉터리가 포함된 경우, 재귀적 처리를 하는 것이 아니라 에러 처리된다. 즉, addInputPaths의 인수로 부여할 수 있는 경로의 glob 표현이 디렉터리를 내부에 포함하지 않도록 주의해야 한다.

---

3 Configuration 인스턴스에 대해서는 나중에 따로 설명하겠다.

4 addInputPaths 대신에 setInputPahts도 사용할 수 있다.

8.6.2 기타 포맷

InputFormat/OutputFormat 구현은 TextInputFormat/TextOutputFormat 이외에도 다양한 종류가 준비가 되어 있다. 예를 들어, RDBMS를 통해 입출력하는 DBInputFormat/DBOutputFormat이나, 순차 파일을 통해 입출력하는 SequenceFileInputFormat⟨K, V⟩/SequenceFileOutputFormat⟨K, V⟩ 등이 있다. InputFormat/OutputFormat에 대한 상세 내용은 9장 'MapReduce 프로그래밍 응용' 및 10장 'MapReduce 개발 팁'에서 다루겠다.

8.6.3 Format API

Hadoop MapReduce 프레임워크에서는 데이터 입출력을 보조하기 위해 InputFormat 및 OutputFormat이라는 추상 클래스가 정의되어 있다.

InputFormat에서는 getSplits과 createRecordReader라는 두 가지 메소드(의 시그니처)가 정의되어 있다.

```
public abstract class InputFormat<K, V> {
  public abstract
    List<InputSplit> getSplits(JobContext context
                              ) throws IOException, InterruptedException;
  public abstract
    RecordReader<K,V> createRecordReader(InputSplit split,
                                         TaskAttemptContext context
                                        ) throws IOException,
                                                 InterruptedException;
}
```

getSplits 메소드가 반환하는 InputSplit이라는 것은 입력 데이터 전체를 각 태스크가 처리할 분량만큼 분할한 조각을 나타내는 객체다. MapReduce 잡을 시작할 때 Map 태스크가 몇 개 만들어지는가는 InputFormat의 getSplits 메소드가 몇 개의 InputSplit를 반환하는가에 따라 결정된다.

createRecordReader 메소드가 반환하는 RecordReader라는 것은 Mapper의 map 메소드에 전달하기 위해, InputSplit에 대응하는 입력에서 1레코드씩 데이터를 읽어 내기 위한 객체다.

OutputFormat에서는 getRecordWriter, checkOutputSpecs, getOutputCommitter 등 세 가지 메소드가 정의되어 있다.

```
public abstract class OutputFormat<K, V> {
  public abstract RecordWriter<K, V>
    getRecordWriter(TaskAttemptContext context
                    ) throws IOException, InterruptedException;

  public abstract void checkOutputSpecs(JobContext context
                                        ) throws IOException,
                                                 InterruptedException;

  public abstract OutputCommitter
  getOutputCommitter(TaskAttemptContext context
                                ) throws IOException, InterruptedException;
}
```

getRecordWriter가 반환하는 RecordWriter는 InputFormat에 있는 RecordReader의 반대로, MapReduce 애플리케이션이 출력하는 데이터를 출력 파일에 1레코드씩 기록하는 객체다.

checkOutputSpecs는 데이터를 출력할 수 있는 조건을 만족하는지 확인하는 역할을 한다. FileInputFormat에서는 데이터 출력 대상 경로에 디렉터리가 이미 존재하는지를 체크하거나, 보안 기능을 위한 토큰(token) 취득 처리를 한다.

getOutputCommitter는 데이터 출력을 커밋하기 위한 OutputFormatter 객체를 반환한다. 여기서 말하는 커밋이란 '데이터베이스의 트랜잭션을 커밋한다.'에서 사용하는 '커밋'(commit)과 같은 의미다. FileInputFormat의 경우에는 임시 디렉터리에 작성했던 출력 파일을 정식 출력 디렉터리로 이동시키는 역할을 한다. 태스크가 도중에 실패한 경우에는 임시 디렉터리를 삭제해서 불필요한 데이터가 최종 출력 데이터에 섞이지 않도록 한다.

Writable API와 동일하게 내장 함수를 사용하게 되면, 이들 API를 직접 사용해야 할 경우가 많지 않다. 그러나 MapReduce의 입출력이 어떻게 실행되는지, 태스크 수가 어떻게 결정되는지 등의 배경이 되는 지식을 기억해 두면 도움이 될 것이다.

8.7 main 프로그램

8.7.1 샘플 프로그램 내에서 구현

샘플 프로그램의 선언 부분을 보면, 다음과 같이 Tool이라는 인터페이스를 implement하고 있다.

리스트 8.7 Tool 인터페이스 구현

```
17: public class WordCount extends Configured implements Tool {
```

또한 메인 클래스의 main 메소드를 보면, 다음과 같이 ToolRunner라는 클래스를 이용해서 잡을 실행하는 것을 알 수 있다.

리스트 8.8 main 메소드

```
70: public static void main(String[] args) throws Exception{
71:     int res = ToolRunner.run(new Configuration(), new WordCount(), args);
72:     System.exit(res);
73: }
```

이것은 옵션 인수를 처리해서 Configuration에 설정값을 저장하고 MapReduce 잡을 실행하는 것으로, MapReduce 잡이 시작 시에 처리하는 전형적인 흐름을 하나의 틀로 잡아서 기술한 것이다.

8.7.2 ToolRunner

Hadoop 애플리케이션의 메인 프로그램에서 공통적으로 사용하는 ToolRunner에 대해 설명하겠다. ToolRunner의 역할은 매우 심플하다. Hadoop에서 이용할 수 있는 GenericOptionsParser[5]로 공통 옵션 인수를 해석하고 Configuration 인스턴스에 그

---

5 보통은 ToolRunner 안에 숨겨져 있다.

결과를 저장한 후, 애플리케이션 내의 Tool.run 메소드를 호출한다.

```
public static int run(Configuration conf, Tool tool, String[] args)
  throws Exception{
  if(conf == null) {
    conf = new Configuration();
  }
  GenericOptionsParser parser = new GenericOptionsParser(conf, args);
  //set the configuration back, so that Tool can configure itself
  tool.setConf(conf);

  //get the args w/o generic hadoop args
  String[] toolArgs = parser.getRemainingArgs();
  return tool.run(toolArgs);
}
```

애플리케이션 본체가 구현해야 할 Tool 인터페이스의 정의를 보면, Configurable 인터페이스에 run 메소드를 추가한 것임을 알 수 있다.

```
public interface Tool extends Configurable {
  int run(String [] args) throws Exception;
}
```

Configurable 인터페이스는 다음 절에서 설명할 Configuration 클래스의 인스턴스를 가지고 있어, 그것을 조합할 수 있는 구조로 되어 있다. 샘플 코드에서 WordCount 클래스가 기반으로 삼고 있는 Configured 클래스는 Configurable 인터페이스를 심플하게 구현한 것이다.

```
public interface Configurable {
  void setConf(Configuration conf);
  Configuration getConf();
}
```

ToolRunner의 run 메소드가 애플리케이션에 전달하는 인수는 GenericOptionsParser 가 처리한 공통 옵션 집합이다. GenericOptionsParser가 처리할 수 있는 공통 옵션은 표

8.2와 같다. 이들 공통 옵션은 애플리케이션을 실행하는 명령어 라인에서는 애플리케이션 인수보다 앞에 기술할 필요가 있다.

표 8.2 GenericOptionsParser 공통 옵션

옵션	의미
–conf 〈설정 파일〉	Configuration에 로드할 설정 파일의 경로를 지정한다
–D 〈속성=값〉	지정한 속성의 값을 설정한다
–fs 〈local|namenode:port〉	NameNode를 지정한다(hdfs–site.xml 설정값이 기본값으로 사용된다)
–jt 〈local|jobtracker:port〉	JobTracker를 지정한다(hdfs–site.xml 설정값이 기본값으로 사용된다)
–files 〈복수 파일 (쉼표 구분)〉	분산 캐시 기능을 이용해서 배포할 파일을 지정
–libjars 〈복수 jar파일 (쉼표 구분)〉	분산 캐시 기능을 이용해서 배포할 jar 파일을 지정
–archives 〈복수 아카이브 파일 (쉼표 구분)〉	분산 캐시 기능을 이용해서 배포할 아카이브 파일을 지정

```
$ hadoop jar app.jar com.example.WordCount -D foo.bar.baz=true \
  -fs 192.168.1.1:8020 arg1 arg2
```

그리고 별로 중요한 부분은 아니지만 샘플 코드에 다음과 같이 기술된 부분이 있다.

```
66: job.getConfiguration().setBoolean("mapred.used.genericoptionsparser", true);
```

이 부분이 없으면 'hadoop jar' 명령 실행 시에 다음과 같은 경고 메시지가 뜬다.

```
WARN mapred.JobClient: Use GenericOptionsParser for parsing the arguments. Applicati
ons should implement Tool for the same.
```

이것은 CDH4에서 Hadoop 1.0대의 MapReduce 프레임워크를 사용하여 발생하는 문제로, 경고 메시지가 표시돼도 동작에는 아무 문제가 없다.

8.7.3 Configuration

Hadoop 설정 정보는 Configuration 클래스의 인스턴스에 저장된다. 서버 설정 시에 편집했던 hdfs-site.xml이나 mapred-site.xml 같은 설정 파일의 내용은 Configuraiton 인스턴스 작성 시에 로드되어 코드를 통해서 조작할 수 있다.

샘플 코드에서는 Configuration 인스턴스가 ToolRunner 클래스에 생성되며 설정 파일이나 옵션 인수 내용을 반영한 후, Tool을 구현한 샘플 프로그램에 저장된다. Job 인스턴스 초기화보다 뒷 단계에서 Configuration 클래스 기능을 사용하고 싶을 때는 getConfiguration 메소드로 Job에서 Configuration을 꺼내 쓰면 된다.

```
Configuration conf = job.getConfiguration();
conf.setBoolean("mapred.used.genericoptionsparser", true);
```

Configuration 클래스에 관해선 10장 'MapReduce 개발 팁'에서 더 상세히 다루도록 하겠다.

8.7.4 Job

샘플 코드의 메인 부분을 보면, 다음과 같이 Job이라는 클래스의 인스턴스를 만들어서 사용하고 있다.

```
52: Job job = Job.getInstance(getConf(), "word count");
53: job.setNumReduceTasks(2);
54: job.setJarByClass(WordCount.class);
55: job.setMapperClass(TokenizerMapper.class);
56: job.setCombinerClass(IntSumReducer.class);
57: job.setReducerClass(IntSumReducer.class);
58: job.setMapOutputKeyClass(Text.class);
59: job.setMapOutputValueClass(IntWritable.class);
60: job.setOutputKeyClass(Text.class);
61: job.setOutputValueClass(IntWritable.class);
62: job.setInputFormatClass(TextInputFormat.class);
63: job.setOutputFormatClass(TextOutputFormat.class);
64: TextInputFormat.addInputPath(job, new Path(args[0]));
65: TextOutputFormat.setOutputPath(job, new Path(args[1]));
```

org.apache.hadoop.mapreduce.Job 클래스는 MapReduce 잡을 사용자가 조작하도록 하는 클라이언트 측 툴이다. 상기 샘플에서는 각종 set* 메소드로 설정한 후, JobTracker에 잡을 투입하고 있다. 여기서는 이 Job 클래스 기능을 순서대로 설명하겠다.

우선 Job 인스턴스 초기화 부분을 보면, 다음과 같이 Configuration 인스턴스와 잡 이름을 전달하여 Job.getInstance를 호출하고 있다.

```
52: Job job = Job.getInstance(getConf(), "word count");
```

다음은 Job 인스턴스를 이용해서 Reduce 태스크 수를 2로 설정한다. 입력 데이터에 따라 자동적으로 태스크가 결정되는 Map 태스크와 달리, Reduce 태스크의 수는 사용자가 지정해야 한다. 지정한 수만큼 Reduce 태스크가 실행되지만 Map 태스크의 출력 키에 따라 Reduce 태스크 할당 대상이 결정되기에, 키 수보다 많은 태스크가 있으면 나머지 태스크는 아무런 작업도 하지 않는다.

```
53: job.setNumReduceTasks(2);
```

다음은 애플리케이션의 메인 클래스 자체를 인수로 하여 setJarByClass 메소드를 호출한다.

```
54: job.setJarByClass(WordCount.class);
```

setJarByClass 메소드가 정의된 곳을 보면, 클래스 로더를 사용해서 지정한 클래스가 있는 jar 파일을 찾아 해당 경로를 mapred.jar라는 속성값으로 설정하고 있는 것을 알 수 있다.

```
public void setJar(String jar) { set("mapred.jar", jar); }
  (중략)
public void setJarByClass(Class cls) {
  String jar = findContainingJar(cls);
  if (jar != null) {
```

```
    setJar(jar);
  }
}
```

실제 클러스터 상에서 MapReduce 잡을 실행하기 위해서는, 우선 각 슬레이브 서버에 프로그램을 배포할 필요가 있다. 잡을 등록하면 mapred.jar 속성에서 지정한 jar 파일이 HDFS 상에 업로드되고, 그것을 각 슬레이브 노드가 취득하는 구조로 되어 있다. 일반적으로 메인 클래스, Mapper, Reducer 클래스를 하나의 jar 파일에 저장해 두고, 해당 클래스명을 setJarByClass의 인수로 지정한다. 샘플 프로그램에서는 연속적으로 set*Class라는 메소드를 호출하고 있다.

```
55: job.setMapperClass(TokenizerMapper.class);
56: job.setCombinerClass(IntSumReducer.class);
57: job.setReducerClass(IntSumReducer.class);
```

이들 메소드는 그 이름에서도 알 수 있듯이, MapReduce 잡의 Mapper, Combiner, Reducer로서 어떤 클래스를 이용할지를 지정하기 위한 것이다. 그 예로 setMapperClass를 보면, 내부에 가지고 있는 Configuration의 conf 인스턴스에 속성값을 저장하고 있는 것을 알 수 있다.

```
public void setMapperClass(Class<? extends Mapper> cls
                          ) throws IllegalStateException {
  ensureState(JobState.DEFINE);
  conf.setClass(MAP_CLASS_ATTR, cls, Mapper.class);
}
```

샘플 코드에서는 마지막으로 waitForCompletion이라는 메소드를 실행하고 있다. 이것은 잡을 submit 메소드로 등록하고, 해당 등록이 끝날 때까지 기다리는 메소드다.

```
public boolean waitForCompletion(boolean verbose
                                ) throws IOException, InterruptedException,
                                         ClassNotFoundException {
  if (state == JobState.DEFINE) {
```

```
    submit();
  }
  if (verbose) {
    jobClient.monitorAndPrintJob(conf, info);
  } else {
    info.waitForCompletion();
  }
  return isSuccessful();
}
```

waitForCompletion가 아닌 직접 submit 메소드를 실행하도록 바꾸면, 잡을 투입한 상태에서 완료 상태를 기다리지 않고 바로 리턴하게 된다. 이 방법을 사용해서 복수의 잡을 한꺼번에 투입하는 코드를 만들 수 있다. 또한 waitForCompletion을 보면 알 수 있겠지만, 잡 완료를 기다리고 있는 상태에서 키보드의 **Ctrl+C**를 눌러 프로그램을 정지시키더라도 이미 등록된 잡은 취소되지 않는다. 실행 중인 잡을 중지시키려면 hadoop -kill 명령을 실행할 필요가 있다.

```
$ hadoop job -list
1 jobs currently running
JobId State S  tartTime          UserName       Priority       SchedulingInfo
job_201304262109_0001 4          1366980691046  test   NORMAL  NA

$ hadoop job -kill job_201304262109_0001
```

잡을 투입하는 프로그램 내에서 조건을 지정하여 잡을 중지하고 싶다면, killjob 메소드를 사용하면 된다.

```
job.killJob();
```

지금까지 WordCount 샘플 프로그램 내부에서 사용되는, MapReduce 프레임워크의 기본적인 구조와 사용 방법에 대해 알아보았다.

다음 장에서는 이번 장에서 다룬 내용을 요소별로 나누어, 각 요소를 독립적으로 확장시킬 수 있는 고난이도의 토픽을 소개하겠다

MapReduce
프로그래밍 응용

- 자바를 사용한 개발(2) -

9.1 MapReduce 프로그램 커스터마이즈

이번 장에서는 앞 장에서 설명한 '자바를 사용한 MapReduce 애플리케이션 프로그래밍'에 한발 더 나가서 보다 고도의 개발 기법을 소개하겠다.

MapReduce 애플리케이션의 입출력을 담당하는 InputFormat/OutputFormat과 데이터의 시리얼라이즈를 담당하는 Writable 인터페이스를 독립적으로 확장시키기 위해서 무엇이 필요한지, 내부 동작과 사양 관점에서 설명한다. 또한, Mapper와 Reducer 사이에서 데이터 전달을 담당하는 Shuffle 단계에 대해 Partitioner, Comparator, Combiner라는 모듈을 사용한 커스터마이즈 방법을 설명하겠다.

마지막으로, MapReduce 애플리케이션의 테스트 및 디버깅 기법과 MRUnit 사용법, 웹 인터페이스와 로거(logger)를 사용한 에러 처리 방법에 대해 소개한다.

9.2 입력 데이터 조작을 제어한다

이번 절에서는 Hadoop의 MapReduce 프레임워크에서 입력 데이터가 어떻게 처리되고, Map 태스크의 입력 데이터로 어떻게 전달되는지 설명하겠다.

9.2.1 InputFormat

앞 장의 샘플 프로그램에서는 다음과 같이 TextInputFormat이라는 클래스명과 입력 데이터가 놓여 있는 디렉터리 경로를 지정해서 입력 데이터를 설정했다.

```
job.setInputFormatClass(TextInputFormat.class);
  (생략)
TextInputFormat.addInputPath(job, new Path(args[0]));
```

이 처리만으로 입력 파일에서 데이터를 읽어, Mapper의 map 메소드에 키-밸류로 전달된다.

```
public void map(Object key, Text value, Context context
                ) throws IOException, InterruptedException {
```

이 처리의 배후에서 귀찮은 데이터 입력 처리를 해주고 있는 것이 InputFormat이라는 모
듈로, TextInputFormat은 InputFormat 구현 방법 중 하나다. HDFS 상에 있는 파일에
서 데이터를 읽어 들일 때, 입력 키-밸류의 형에 상관없이 범용적으로 사용할 수 있는 로직
을 정의한 FileInputFormat이라는 추상 클래스를 확장한 것이다.

```
public class TextInputFormat extends FileInputFormat<LongWritable, Text> {
```

또한, FileInputFormat의 기반이 되는 InputFormat이라는 추상 클래스에서는 get-
Splits와 RecordReader의 두 가지 메소드가 정의되어 있다. 형 파라미터의 〈K, V〉는
Map 태스크 입력 레코드의 키와 밸류에 해당한다.

```
public abstract class InputFormat<K, V> {
  public abstract
    List<InputSplit> getSplits(JobContext context
                               ) throws IOException, InterruptedException;

  public abstract
    RecordReader<K,V> createRecordReader(InputSplit split,
                                         TaskAttemptContext context
                                         ) throws IOException,
                                                  InterruptedException;
}
```

앞 장의 8.2.3 '샘플 프로그램 실행'에서 사용했던 'hadoop jar' 명령을 사용해 잡을 실행
하면, 우선 클라이언트 노드 상에서 다음과 같이 getSplits 메소드가 호출되고 InputSplit
객체가 생성된다.

```
List<InputSplit> splits = input.getSplits(job);
```

이름에서 알 수 있듯이, InputSplit은 입력 데이터 전체를 Map 태스크별로 분할한 조각에 해당한다. 작성된 InputSplit 개수가 Map 태스크 수가 된다. 즉 getSplits 메소드에 따라 Map 태스크가 몇 개 생성될지나, 사용자가 지정 가능한 태스크 수 등이 달라진다. 샘플에서 사용하고 있는 TextInputFormat은 사용자가 태스크 수를 지정할 수 없다. 또한, TextInputFormat에서는 기본적으로 HDFS 블록 하나가 InputSplit 하나에 대응한다[1].

```
public List<InputSplit> getSplits(JobContext job
                                  ) throws IOException {
  (생략)
 List<InputSplit> splits = new ArrayList<InputSplit>();
 List<FileStatus>files = listStatus(job);
 for (FileStatus file: files) {
   Path path = file.getPath();
   FileSystem fs = path.getFileSystem(job.getConfiguration());
   long length = file.getLen();
   BlockLocation[] blkLocations = fs.getFileBlockLocations(file, 0, length);
   if ((length != 0) && isSplitable(job, path)) {
     long blockSize = file.getBlockSize();
     long splitSize = computeSplitSize(blockSize, minSize, maxSize);

     long bytesRemaining = length;
     while (((double) bytesRemaining)/splitSize > SPLIT_SLOP) {
       int blkIndex = getBlockIndex(blkLocations, length-bytesRemaining);
       splits.add(new FileSplit(path, length-bytesRemaining, splitSize,
                                blkLocations[blkIndex].getHosts()));
       bytesRemaining -= splitSize;
     }
     (생략)
```

단, 다음 두 가지 경우는 예외다.

• Configuration 속성의 mapred.max.split.size에 블록 크기보다 작은 값이 지정되어 있는 경우, 하나의 InputSplit가 블록보다 작아진다
• 입력 파일이 압축되어 있는 경우, 블록 단위로 독립해서 압축 해제가 안 되기 때문에 파일 하나에 대해 InputSplit 하나가 연결된다

---

1 FileInputFormat에서 정의된 로직을 그대로 사용하고 있다.

작성된 InputSplit에 관한 정보는 HDFS 상에 임시 파일로 저장되고, 슬레이브 노드에서 실행되는 각 Map 태스크가 이 정보를 읽는다.

TextInputFormat은 다음 두 가지 메소드를 오버라이드하고 있으며, 대부분은 FileInput Format에서 정의된 로직을 그대로 사용한다.

```java
public class TextInputFormat extends FileInputFormat<LongWritable, Text> {

  @Override
  public RecordReader<LongWritable, Text>
    createRecordReader(InputSplit split,
                       TaskAttemptContext context) {
    (생략)
    return new LineRecordReader(recordDelimiterBytes);
  }

  @Override
  protected boolean isSplitable(JobContext context, Path file) {
    CompressionCodec codec =
      new CompressionCodecFactory(context.getConfiguration()).getCodec(file);
    return codec == null;
  }
}
```

HDFS 상에 놓인 파일을 블록 단위로 나누어 병렬 처리한다는 것은 Hadoop의 MapReduce에 있어서 가장 기본적인 사용법이다. 아무것도 없는 상태에서 InputFormat을 구현하는 것은 매우 어렵기 때문에 우선은 FileInputFormat 같은 범용 클래스를 바탕으로 확장해서, 필요한 요건을 만족시킬 수 있을지 생각해 보는 것이 좋다.

9.2.2 RecordReader

InputSplit으로 지정한 파일 블록에서 데이터를 읽어 Mapper의 map 메소드에 전달하는 역할을 하는 것이 RecordReader라는 모듈이다. 프레임워크는 태스크 실행 시에 InputFormat의 createRecordReader 메소드를 호출해서 RecordReader를 구현한다. 앞 절에서 설명한 InputSplit을 작성하기 위한 getSplits 메소드는 잡을 투입하는 클라이언트 노드 상에서 호출되지만, createRecordReader는 MapReduce 태스크를 실행하는 슬레이브 노드 상에서 실행된다.

TextInputFormat에서는 다음과 같이 LineRecordReader라고 하는 클래스의 인스턴스를 생성하고 있다.

```
public RecordReader<LongWritable, Text>
  createRecordReader(InputSplit split,
                     TaskAttemptContext context) {
  String delimiter = context.getConfiguration().get(
      "textinputformat.record.delimiter");
  byte[] recordDelimiterBytes = null;
  if (null != delimiter)
    recordDelimiterBytes = delimiter.getBytes();
  return new LineRecordReader(recordDelimiterBytes);
}
```

LineRecordReader는 행 단위로 데이터를 읽는다. 이때, 앞 절에서 설명한 것과 같이 InputSplit를 데이터 블록 단위로 만들고 있기에, InputSplit 구분 단위와 행 구분 단위가 일치하지 않는다. LineRecordReader는 도중부터 시작된 선두행을 읽지 않고 넘어간다[2]. 넘어간 선두행을 처리하는 것은 하나 앞에 있는 InputSplit를 담당하고 있는 태스크의 역할이다.

'태스크가 데이터의 지역성을 고려해 슬레이브 노드에 할당되기 위해서 앞뒤에 있는 블록을 읽어야만 하는 것은 비효율적이다'라고 생각할지도 모른다. 하지만 디스크에서 데이터를 읽는 것은, 해당 블록을 읽는 다른 태스크가 반드시 존재하는데다가 슬레이브 노드 OS의 버퍼 캐시 효과로 인해 일회성으로 끝날 가능성이 높다. 또한, 전후 블록에서 읽을 필요가 있는 데이터는 어차피 한 행 정도 분량이기 때문에, 네트워크 경유로 전송되는 데이터도 매우 적은 양이다. 이와 같이 InputSplit 및 RecordReader을 자체적으로 제작하는 경우는 기능상 한계와 HDFS에서 데이터를 읽을 때의 효율성을 잘 고려해야 한다.

TextInputFormat의 경우, Map 태스크의 입력 키-밸류형은 〈LongWritable, Text〉로 지정되어 있다. 키에 저장되는 것은 파일 선두부터 해당 행이 시작되는 위치까지의 오프셋 값이다. 그리고 밸류에 저장되는 것은 1행분의 문자열이다. map 메소드로 전달된 입력 레코드를 이용할 때는 키-밸류로 전달되는 인스턴스가 여기저기서 사용되고 있다는 점에 주

---

2 블록이 행의 도중부터 시작되고 있는지 확인하기 위해, 각 LineRecordReader는 하나 앞의 InputSplit의 끝 1바이트를 읽는다.

의해야 한다[3].

LineRecordReader가 전달하는 키값은, 다음과 같이 set 메소드로 갱신된다[4].

```
if (key == null) {
  key = new LongWritable();
}
key.set(pos);
```

예를 들어, Mapper의 map 메소드 내에서 인수로 전달되는 key나 value를 임시적으로 저장해 두었다가 다음에 map 메소드가 호출될 때 사용한다고 하자. 이때, 다음과 같이 객체를 참조해서 저장해 두더라도 다음 map 메소드가 호출될 때에는 내용이 바뀌어 버리고 만다.

```
previousKey = key; // NG
```

이 경우는 참조가 아닌 내용물을 저장해 둘 필요가 있다.

9.2.3 InputSplit

InputSplit 클래스에서 정의하고 있는 것은 getLength와 getLocations 두 가지 메소드다.

```
public abstract class InputSplit {
  public abstract long getLength() throws IOException, InterruptedException;
  public abstract String[] getLocations() throws IOException, InterruptedException;
}
```

---

3 RecordReader 구현 방법에 따라 다르지만, 적어도 LineRecordReader에서는 인스턴스가 재사용되고 있다.
4 밸류인 1행분의 문자열도 동일하다.

getLength 메소드는 InputSplit의 데이터 크기를 바이트 수로 반환한다. getLocations 메소드는 대응하는 데이터 블록을 가지고 있는 슬레이브 노드명 리스트를 반환한다. JobTracker는 이 리스트를 이용해서 데이터의 지역성을 고려하여 슬레이브 노드에 태스크를 할당한다.

실용적인 InputSplit을 만들기 위해서는 이 두 가지 메소드만으로는 부족하다. 예를 들어, FileInputFormat이 생성하는 FileSplit에서는 '처리 대상 데이터가 어떤 파일의 몇 바이트째부터 시작하는지'를 알기 위해 getPath와 getStart라는 메소드가 정의되어 있다.

```java
/** The file containing this split's data. */
public Path getPath() { return file; }

/** The position of the first byte in the file to process. */
public long getStart() { return start; }
```

또한, InputSplit은 잡 투입 시에 클라이언트 노드 상에 생성되어서 HDFS 상의 파일로 저장된다. 태스크 실행 시에 슬레이브 노드 상에서 읽혀지기 때문에 Writable 기능으로도 정의되어 있다.

```java
public class FileSplit extends InputSplit implements Writable {
```

9.2.4 InputFormat 구현 예

InputFormat 및 그에 연관된 RecordReader와 InputSplit의 구현 예로, WordCount를 이용한 샘플 코드를 소개하겠다. 우선, 소스 코드는 다음과 같다.

SentencdInputFormat.java:

```java
import java.util.List;
import java.io.DataInput;
import java.io.DataOutput;
import java.io.IOException;
import java.util.ArrayList;
import org.apache.hadoop.conf.Configuration;
```

```java
import org.apache.hadoop.io.LongWritable;
import org.apache.hadoop.io.Text;
import org.apache.hadoop.io.Writable;
import org.apache.hadoop.mapred.JobConf;
import org.apache.hadoop.mapreduce.InputFormat;
import org.apache.hadoop.mapreduce.InputSplit;
import org.apache.hadoop.mapreduce.JobContext;
import org.apache.hadoop.mapreduce.RecordReader;
import org.apache.hadoop.mapreduce.TaskAttemptContext;

public class SentenceInputFormat

    extends InputFormat<LongWritable, Text> {

  public List<InputSplit> getSplits(JobContext context
                                    ) throws IOException,
                                        InterruptedException {
    List<InputSplit> splits = new ArrayList<InputSplit>();
    int nummaps = ((JobConf)context.getConfiguration()).getNumMapTasks();
    for (int i = 0; i < nummaps; ++i) {
      splits.add(new EmptySplit());
    }
    return splits;
  }

  public RecordReader<LongWritable, Text>
    createRecordReader(InputSplit split, TaskAttemptContext context
                      ) throws IOException, InterruptedException {
    SentenceRecordReader rr = new SentenceRecordReader();
    rr.initialize(split, context);
    return rr;
  }

  public void write(DataOutput out) throws IOException { }
    public void readFields(DataInput in) throws IOException { }
    public long getLength() { return 0L; }
    public String[] getLocations() { return new String[0]; }
  }

  public static class SentenceRecordReader
      extends RecordReader<LongWritable, Text> {
    Configuration conf = null;
    int records = 0;
    int processed = 0;
    Text sentence = null;
```

```
public void initialize(InputSplit split, TaskAttemptContext context
                       ) throws IOException, InterruptedException {
  conf = context.getConfiguration();
  records = conf.getInt("input.sentence.records", 1);
  sentence = new Text(conf.get("input.sentence.text", "default sentence"));
}

public boolean nextKeyValue() throws IOException, InterruptedException {
  return records > processed++;
}

public LongWritable getCurrentKey() { return new LongWritable(0L); }
public Text getCurrentValue() { return sentence; }
public float getProgress() { return (float)processed / records; }
public synchronized void close() throws IOException {}
  }
}
```

InputSplit으로 EmptySplit이라는 아무 정보도 가지지 않는 클래스를 정의했다. 이것은 Map 태스크 수를 결정하기 위한 것으로, SentenceInputFormat은 mapred.map. tasks. 속성에서 지정한 수만큼 EmptySplit 인스턴스를 생성한다. 클라이언트 노드 상에서 생성한 InputSplit을 각 슬레이브 노드에 전달하기 위해 Writable 인터페이스를 implement할 필요가 있다.

SentenceRecordReader는 파일을 읽어 들일 뿐 아니라, input.sentence.text 속성에서 지정한 문자열을 Mapper에게 레코드 형태로 전달한다. 키-밸류의 키값은 항상 0으로 설정하고 있다. 또한, input.sentence.records 속성에서 지정한 수만큼 입력 레코드를 반복해서 생성한다.

이 SentenceFormat을 이용하기 위해서는 WordCount.java의 run 메소드 안에서 job. setInputFormatClass 메소드를 호출하고 있는 부분을 다음과 같이 수정한다.

```
job.setInputFormatClass(SentenceInputFormat.class);
```

여기서 시험 삼아 이 샘플을 실행해 보도록 하자. 샘플 소스 코드를 컴파일하고 각 슬레이브 노드에서 CLASS PATH가 지정된 곳에 배치하도록 한다. 다음의 예와 같이, 애플리케이션과 함께 jar에 포함시키던가, '분산 캐시 이용' 절에서 설명할 방법을 사용하는 것이 편하다.

```
$ HADOOP_CLASSPATH=. hadoop com.sun.tools.javac.Main WordCount.java
$ HADOOP_CLASSPATH=. hadoop com.sun.tools.javac.Main SentenceInputFormat.java
$ jar cf wc.jar WordCount*.class SentenceInputFormat*.class
```

.jar 파일을 작성했으면 hadoop jar 명령을 사용하여 MapReduce 잡을 실행해 본다. -D 옵션을 사용해서 Configuration 속성에 Map 태스크 수, 레코드 수, 레코드 내용을 부여한다. 인수로 부여할 수 있는 입력 파일 경로는 SentenceInputFormat에서는 필요 없지만, 원래 WordCount 사양에 맞추어 더미값을 입력하고 있다.

```
$ hadoop jar wc.jar WordCount \
    -Dmapred.map.tasks=2 \
    -Dinput.sentence.records=3 \
    -Dinput.sentence.text="foo bar baz" \
    /dummy /output/11
```

실행 결과는 다음과 같다. "foo bar baz"라는 문자열이 3레코드씩, Map 태스크 두 개를 사용하여 처리되기 때문에 단언 카운트 수가 각각 6이 된다.

```
$ hadoop dfs -cat '/output/11/part-r-*'
bar     6
baz     6
foo     6
```

9.3 출력 데이터 제어

9.3.1 OutputFormat

MapReduce 잡 처리 결과를 출력하기 위한 모듈이 OutputFormat이다. 앞 장의 샘플 프로그램에서는 TextOutputFormat을 이용하여 지정한 HDFS 상에 있는 디렉터리에 데이터 파일을 출력했었다.

```
job.setOutputFormatClass(TextOutputFormat.class);
 (생략)
TextOutputFormat.setOutputPath(job, new Path(args[1]));
```

이 TextOutputFormat가 어떤 식으로 처리되는지 설명하겠다[5]. OutputFormat 구현에서는 다음과 같이 getRecordWriter, checkOutputSpecs 및 getOutputCommitter 등 세 가지 메소드를 정의할 필요가 있다.

```
public abstract class OutputFormat<K, V> {
  public abstract RecordWriter<K, V>
    getRecordWriter(TaskAttemptContext context
                  ) throws IOException, InterruptedException;

  public abstract void checkOutputSpecs(JobContext context
                                      ) throws IOException,
                                               InterruptedException;

  public abstract
  OutputCommitter getOutputCommitter(TaskAttemptContext context
                                   ) throws IOException, InterruptedException;
}
```

---

5 TextInputFormat이 FileInputFormat를 기반으로 하고 있는 것과 마찬가지로, TextOutputFormat은 FileOutuputFormat을 기반으로 하고 있다.

getRecordWriter 메소드는 다음 절에서 설명할 RecordWriter를 생성한다. 또한, checkOut putSpecs 메소드가 데이터 출력 조건을 갖추고 있는지를 체크한다. Text Output Format의 경우는 다음 사항들이 체크된다.

- 출력 대상 디렉터리가 지정되어 있는가
- 지정된 출력 대상 디렉터리에 접근하기 위한 HDFS 인증 토큰을 취득할 수 있는가
- 출력 디렉터리가 이미 존재하고 있는가

```java
public void checkOutputSpecs(JobContext job
                            ) throws FileAlreadyExistsException, IOException{
  // Ensure that the output directory is set and not already there
  Path outDir = getOutputPath(job);
  if (outDir == null) {
    throw new InvalidJobConfException("Output directory not set.");
  }

  // get delegation token for outDir's file system
  TokenCache.obtainTokensForNamenodes(job.getCredentials(),
                                      new Path[] {outDir},
                                      job.getConfiguration());

  if (outDir.getFileSystem(job.getConfiguration()).exists(outDir)) {
    throw new FileAlreadyExistsException("Output directory " + outDir +
                                          " already exists");
  }
}
```

getOutputCommitter 메소드는 MapReduce 잡 출력 완료 처리를 수행하는 Output Commiter를 작성한다. TextOutputFormat이 이용하는 FileOutputCommitter의 경우, 출력 파일을 태스크 작업용 디렉터리로부터 실제 출력 대상 디렉터리로 이동하는 처리를 한다. 처리 중에는 작업용 디렉터리를 이용함으로써, 도중에 태스크가 실패하더라도 출력 대상 디렉터리에 불완전 파일이 남지 않도록 한다.

9.3.2 RecordWriter

RecordWriter는 MapReduce 잡의 출력 키-밸류를 받아서 출력하는 처리를 한다. 앞 장의 샘플 코드에서는 reduce 메소드 안의 다음 부분에서 RecordWriter에 데이터를 전달한다.

```
context.write(key, result);
```

TextOutputFormat에서는 LineRecordWriter를 이용하여 다음과 같이 HDFS 상에 키-밸류 문자열을 파일로 출력하고 있다. 키와 밸류 중 어느 쪽이 비어 있는 경우에는 구분 문자 없이 값만을 읽는다[6].

```
public synchronized void write(K key, V value)
  throws IOException {

  boolean nullKey = key == null || key instanceof NullWritable;
  boolean nullValue = value == null || value instanceof NullWritable;
  if (nullKey && nullValue) {
    return;
  }
  if (!nullKey) {
    writeObject(key);
  }
  if (!(nullKey || nullValue)) {
    out.write(keyValueSeparator);
  }
  if (!nullValue) {
    writeObject(value);
  }
  out.write(newline);
}
```

키 또는 밸류가 없는 것을 표현하기 위해 null값과 NullWritable 인터페이스라는 두 가지 방법이 있지만, 출력이 단일 값임을 명시적으로 나타낼 수 있는 NullWritable을 이용하는 편이 좋다.

---

6 구분 문자의 초기 설정은 '탭' 문자로 되어 있다.

독자 데이터형을 정의한다

앞 장에서 Hadoop 입출력 데이터를 다루기 위해 Text나 LongWritable 등의 클래스가 Writable이라는 인터페이스를 implement하고 있다고 설명했다. 이와 동일하게 MapReduce 프레임워크에서 사용자가 독자 데이터형을 정의하고 싶은 경우에는 Writable 인터페이스를 구현할 필요가 있다. 여기서는 Writable 인터페이스 내용에 대해 설명한다.

9.4.1 Writable

Writable 인터페이스는 다음과 같이 정의되어 있다. 객체를 바이트열로 시리얼라이즈하는 write 메소드와 반대로 읽은 바이트열을 객체로 복원하는 readFields 메소드가 정의되어 있다.

```
public interface Writable {
  void write(DataOutput out) throws IOException;
  void readFields(DataInput in) throws IOException;
}
```

예를 들어 Text 클래스의 write 메소드를 보면, 우선 길이를 읽은 후 바이트열을 읽고 있다는 것을 알 수 있다.

```
public void write(DataOutput out) throws IOException {
  WritableUtils.writeVInt(out, length);
  out.write(bytes, 0, length);
}
```

Text 클래스는 문자열을 UTF-8로 엔코딩한 바이트열을 bytes 필드에 보존하고 있다. 또한, 바이트열의 길이를 length 필드에 저장한다.

```
private byte[] bytes;
private int length;
```

readFields 메소드에서는 바이트열을 읽어서 bytes 필드와 length 필드에 값을 부여
한다.

```
public void readFields(DataInput in) throws IOException {
  int newLength = WritableUtils.readVInt(in);
  setCapacity(newLength, false);
  in.readFully(bytes, 0, newLength);
  length = newLength;
}
```

9.4.2 WritableComparable

Text나 IntWritable 정의를 보면 Writable이 아닌 WritableComparable이라는 인터페
이스를 사용하고 있다.

```
public class Text extends BinaryComparable
    implements WritableComparable<BinaryComparable> {
    (생략)

public class IntWritable implements WritableComparable<IntWritable> {
  (생략)
```

WritableComparable은 이름이 의미하는 것과 같이, org.apache.hadoop.io.Writable
과 java.lang.Comparable〈T〉를 조합한 것이다.

```
public interface WritableComparable<T> extends Writable, Comparable<T> {
```

이것은 Shuffle 처리에서 정렬 처리를 하기 위해 키의 데이터형이 비교(정렬) 가능해야 하
기 때문이다. Hadoop의 프레임워크에서는 WritableComparator라는 클래스가 비교

로직과 데이터형에 맞게 Comparator를 선택해서 사용할 수 있도록 하고 있다. 빌트인한 각 WritableComparable 구현은 자신을 위한 Comparator를 정의하고 초기화 시에 등록한다. 다음 예는 Text 클래스의 경우로, static 블록 안에서 WritableComparator 클래스의 define 메소드를 호출해서 텍스트형에 맞는 comparator를 구현하는 것으로 Text$Comparator 인스턴스를 설정하고 있다.

```
/** A WritableComparator optimized for Text keys. */
public static class Comparator extends WritableComparator {
  public Comparator() {
    super(Text.class);
  }

  public int compare(byte[] b1, int s1, int l1,
                     byte[] b2, int s2, int l2) {
    int n1 = WritableUtils.decodeVIntSize(b1[s1]);
    int n2 = WritableUtils.decodeVIntSize(b2[s2]);
    return compareBytes(b1, s1+n1, l1-n1, b2, s2+n2, l2-n2);
  }
}

static {
  // register this comparator
  WritableComparator.define(Text.class, new Comparator());
}
```

독자적으로 WritableComparable을 작성하는 경우에도 이것을 참고해서 Comparator를 등록하도록 한다.

9.5 Shuffle 단계 동작 제어

9.5.1 중간 데이터 분배처의 Reducer 제어

MapReduce 잡에서 Map 태스크 출력 키-밸류에서 같은 값을 가진 것은 같은 Reduce

태스크에 전달한다. 키-밸류를 각 Reduce 태스크에 분배하는 처리를 하는 것이 Partitioner라 불리는 모듈이다. Partitioner 클래스에서는 키-밸류값을 받아서 파티션 번호를 반환하는 getPartition 메소드가 정의되어 있다. 파티션 번호는 0 이상, reduce 태스크 수 미만의 양의 정수다.

```
public abstract class Partitioner<KEY, VALUE> {
  public abstract int getPartition(KEY key, VALUE value, int numPartitions);
}
```

기본 설정에서는 org.apache.hadoop.mapreduce.lib.partition.HashPartitioner를 사용한다. 이것은 java.lang.Object#hashCode 메소드로 취득할 수 있는 해쉬 코드에 대한 Reduce 태스크 수를 반환한다[7].

```
public int getPartition(K key, V value,
                        int numReduceTasks) {
  return (key.hashCode() & Integer.MAX_VALUE) % numReduceTasks;
}
```

대부분은 이 HashPartitioner로도 문제없지만, 값이 한쪽으로 치우쳐서 어떻게 해도 특정 Reduce 태스크에 부하가 걸리는 경우는 독자 Partitioner를 구현해서 대응할 수 있다. 이용할 Partitioner를 변경할 때에는 InputFormat 등과 마찬가지로 Configuration 인스턴스를 사용해서 지정한다.

```
conf.setPartitionerClass(MyHashPartitioner.class);
```

9.5.2 정렬 시 비교 제어

Map 태스크의 출력 키-밸류에서 같은 키값을 가진 것은 동일한 Reduce 태스크에 분배된

---

7 이를 통해 HashParitioner에서는 '키값이 레코드값과 같은 Reducer에 전달'되지만, Partitioner 작성 방법에 따라선 그렇게 되지 않는 경우도 있다.

다. Reducer에 분배 처리를 하기 위해 Map 태스크의 출력 키-밸류는 키를 기준으로 정렬된다. 이 처리를 하는 모듈이 Comparator다.

9.4.2 'WritableComparable'에서 설명한 것과 같이, Hadoop에 기본 제공하고 있는 데이터형의 경우, 각각의 형에 맞는 Comparator가 준비되어 있으며, 자동적으로 선택된다. 또한, Job 클래스의 메소드를 이용해서 Comparator 클래스를 명시적으로 지정할 수도 있다. 여기서 지정한 것은 WritableComparable보다 항상 우선시된다.

```
job.setSortComparatorClass(MySortComparator.class);
```

인수로 지정할 클래스는 RawComparator 인터페이스를 implement할 필요가 있다. RawComparator는 java.util.Comparator에 메소드가 하나 추가된 것이다.

```
public interface RawComparator<T> extends Comparator<T> {
  public int compare(byte[] b1, int s1, int l1, byte[] b2, int s2, int l2);
}
```

9.5.3 그룹화 제어

Reducer의 reduce 메소드 정의를 보면, 인수로 키와 그 키에 연계된 밸류들의 집합이 전달된다.

```
public class Reducer<KEYIN,VALUEIN,KEYOUT,VALUEOUT> {
  protected void reduce(KEYIN key, Iterable<VALUEIN> values, Context context
                      ) throws IOException, InterruptedException {
```

키와 연계된 밸류란 쉽게 말하면 같은 키를 가진 밸류를 의미한다. '같은 키를 가지고' 있는지 아닌지는 앞 절의 정렬 처리에서 등록한 Comparator의 compare 메소드로 결정된다[8]. 즉, Comparator 로직을 바꾸는 것으로 reduce 메소드에 어느 정도의 밸류 집합을 한 번에

---

8 compare 메소드가 0을 반환하면 같은 키 값을 가지고 있는 것이다.

전달할지를 제어할 수 있다.

Job 클래스에는 그룹핑용 Comparator를 개별적으로 지정할 수 있는 setGrouping-
ComparatorClass 메소드가 준비되어 있다. 정렬 처리와 마찬가지로, 인수로 지정할 수
있는 것은 RawComparator 인터페이스를 구현한 클래스다.

```
job.setGroupingComparatorClass(MyComparator.class);
```

9.5.4 Combiner를 사용한 중간 데이터 줄이기

MapReduce 애플리케이션의 Reduce 태스크에서는 Map 태스크의 출력 키-밸류를 가지
고, 키가 같은 레코드를 모아서 집계 등의 처리를 한다. 각 Map 태스크 출력은 키를 기준
으로 정렬되고 Partitioner에 의해 Reduce 태스크로 분배되지만, 이 단계에서 Reducer
가 해야 할 처리를 부분적으로 선행 처리를 해두면 효율을 높일 수 있다. 이런 처리를 하는
것이 Combiner 모듈이다.

Combiner와 Reduce처럼 Reducer 클래스를 상속해서 정의한다. 앞 장의 샘플 프로그
램에선 다음과 같이 Reducer로 이용하고 있는 IntSumReducer 클래스를 Combiner로
지정했었다.

```
job.setCombinerClass(IntSumReducer.class);
```

Map의 출력(Reducer의 입력)과 Reduce 출력과 같은 형이라면, 이런 Reducer를 Combiner
로 그대로 사용할 수 있다.

Combiner는 각 Map 태스크의 출력이 일정량 누적될 때마다 실행되기 때문에, reduce
메소드에 전달되는 데이터는, 노드 한 개의 Map 태스크가 출력하는 데이터의 일부분만이
다. reduce 메소드가 '같은 값에 대해 1회만 호출된다'는 것을 전제로 하고 있는 로직이라
면, 의도한 결과를 얻지 못할 가능성이 있다.

9.6 MapReduce 애플리케이션 테스트 및 디버깅

MapReduce 프로그램은 대용량 데이터를 처리하기 위한 것이다. 데이터 규모가 크면 부정확한 데이터가 포함될 가능성도 높아진다. 여기서 말하는 부정확한 데이터의 예로 다음과 같은 것들이 있다.

- 필요한 필드가 빠져있는 데이터
- 부정확한 UTF-8 문자열
- 열기, 닫기 태그가 매칭되지 않는 XML 파일
- 파스(Parse)할 수 없는 JSON 데이터

MapReduce 애플리케이션에서는 일부 부정확한 데이터 때문에 처리 전체가 실패하면 허비한 처리 시간 및 양도 커지므로, 부정확한 데이터가 섞여 있더라도 처리할 수 있도록 해두어야 한다. 또한 대규모 데이터를 처리하고 있는 도중 알 수 없는 문제가 발생하면, 그 문제를 발견하는 데만도 많은 시간이 걸리기 때문에 그만큼 문제 대응에도 시간이 필요하게 된다. 이 때문에 Hadoop의 MapReduce 애플리케이션 개발에서는 적은 대수와 작은 데이터를 먼저 검증한 후, 단계적으로 클러스터 환경과 데이터 규모를 늘려 나가는 것을 추천하고 있다[9]. 이번 절에서는 다음에 열거하는 MapReduce 애플리케이션 개발 각 과정에 대해 설명하겠다.

- MapReduce 사양에 맞는 설계와 구현
- UnitTest에 의한 동작 검증
- 관리 콘솔 이용
- 에러 레코드 인지
- 예외 처리

---

9 많은 작업이 필요해서 처음에는 귀찮게 여겨질 수 있지만, 결과적으로는 시간을 절약하는 방법이다.

9.6.1 MapReduce 애플리케이션 설계와 구현

MapReduce 애플리케이션 설계에 있어서 중요한 것은 'MapReduce 사양'을 따르는 것이다. MapReduce는 병렬 분산 처리를 위한 프레임워크로, 슬레이브 노드 상에서 실행되는 각 Map 태스크나 Reduce 태스크가 상호 통신 없이 독립된 처리를 한다. 그리고 이를 통해 확장성과 안정성을 확보하고 있다. 그러나 범용 언어인 자바로 프로그램을 기술하면 다음과 같은 처리도 간단히 만들 수 있다.

- 태스크 간 통신을 통해 데이터를 교환한다
- 태스크 간 통신을 통해 동기화한다
- 공유 파일 시스템 경유로 데이터를 교환한다
- 외부 데이터베이스에 접속한다
- 외부 API에 접속한다

이와 같은 처리를 MapReduce에 기술하면, 디버그나 테스트가 어려워지거나 공유 리소스에 접속이 집중돼서 병목 현상이 발생할 수 있다. 또한, 태스크 실패 시의 재시도로 인해 데이터를 이중으로 기록하는 경우도 있다. 반대로 말하면 '태스크 간에 통신 없이, 공통 리소스를 사용하지 않는다.'는 사양에 따라서 프로그램을 만드는 것으로, 테스트와 디버그 용이성, 성능 향상 등 다양한 이점을 얻을 수 있다.

9.6.2 MapReduce 프로그램 단위 테스트

프로그램 개발 시에 매우 중요한 것이 테스트다. 그중에서도 단위 테스트는 메소드와 같이 작은 단위로 시행하는 테스트를 의미한다. '메소드의 인수'와 '예상되는 반환값' 형태로 미리 프로그램으로서 기술해 두면, 코드가 사양을 만족시키고 있는지를 자동으로 체크할 수 있다. 단위 테스트를 통해 프로그램 수정에 따른 디그레이션(Degration)이 발생하지 않았나 매회 체크할 수 있어서 변경에 강한 면모를 보인다.

자바 프로그램의 단위 테스트를 만들 때는 JUnit이라 불리는 테스트 프레임워크가 자주 사용된다. 자바로 기술된 MapReduce 프로그램에도 JUnit를 사용할 수 있지만, MapReduce 프로그램 특유의 문제가 발생한다. 예를 들어, Reducer를 테스트하려고 하면, Reducer가 Shuffle/Sort의 처리 결과이기 때문에 입력 데이터의 순서가 의미를 가진다. 또한, Mapper나 Reducer의 데이터 출력은 Context 클래스의 write 메소드를 이용하기 때문에 map 메소드나 reduce 메소드의 반환값으로 체크할 수 없다.

이런 문제들을 해결하기 위해서 개발된 것이 MRUnit다. MRUnit는 JUnit 프레임워크 상에 MapReduce 프로그램을 테스트하기 위한 유틸리티를 제공하고 있다[10]. 다음 리스트 는 샘플로 사용했던 WordCount 클래스의 Mapper를 테스트하는 코드다.

리스트 9.1 MRUnit를 사용한 테스트 코드 예

```
 1: import org.apache.hadoop.io.Text;
 2: import org.apache.hadoop.io.IntWritable;
 3: import org.apache.hadoop.io.LongWritable;
 4: import org.apache.hadoop.mrunit.MapDriver;
 5: import junit.framework.TestCase;
 6: import org.junit.Before;
 7: import org.junit.Test;
 8: public class WordCountTest extends TestCase {
 9:
10:   private WordCount.TokenizerMapper mapper;
11:   private MapDriver driver;
12:
13:   @Before
14:   public void setUp() {
15:     mapper = new WordCount.TokenizerMapper();
16:     driver = new MapDriver(mapper);
17:   }
18:
19:   @Test
20:   public void testWordCountMapper() {
21:     driver.withInput(new LongWritable(0), new Text("this is a pen"))
22:           .withOutput(new Text("this"), new IntWritable(1))
23:           .withOutput(new Text("is"), new IntWritable(1))
24:           .withOutput(new Text("a"), new IntWritable(1))
25:           .withOutput(new Text("pen"), new IntWritable(1))
26:           .runTest();
27:   }
28: }
```

---

10 CDH를 설치하면 MRUnit도 함께 설치된다.

setup 메소드 안에서 테스트 대상인 Mapper와 MapDrive라 불리는 테스트 드라이버 클래스를 초기화하고 있다. MapDrive는 테스트 대상인 Mapper에 입력값을 부여해서 map 메소드가 예측된 동작을 하는지 확인한다. testWordCountMapper 메소드 내에서는 테스트 케이스를 기술하고 있다. 또한, withInput 메소드로 입력 데이터를 지정하고 있다. 여기서는 (OL, "This is a pen")이라는 키-밸류가 입력된다. withOutput 메소드는 map 함수가 출력해야 할 키-밸류 쌍을 지정하기 위한 것이다. TokenizerMapper는 문자열을 단어로 분할해서 각 단어에 대해 (단어, 1)이라고 출력해야 하기 때문에, 예상되는 결과는 ("This", 1), ("is", 1), ("a", 1), ("pen", 1)이라는 네 가지 키-밸류 쌍이다.

입출력을 정의한 후, runTest 메소드를 호출하는 것으로 mapper 로직이 실행된다. 예측된 출력 결과를 얻으면 테스트는 성공, 그렇지 않으면 실패로 간주한다.

MapDriver와 마찬가지로 Reducer를 테스트하기 위한 ReduceDriver나 Mapper와 Reduce를 모두 테스트하기 위한 MapReduceDriver도 존재한다. 기술한 MapReduce 프로그램은 가능한 한 Unit 테스트를 작성해 놓으면 이후 변경이나 동작 확인에 매우 유용하다. 또한, Mapper나 Reducer 뿐만 아니라, 독자 Writable 등을 만든 경우에도 serialize나 deserialize의 단위 테스트를 만들어 놓는 것이 중요하다[11].

9.6.3 관리 콘솔 이용

유사 분산 환경 및 완전 분산 환경에서 문제가 발생한 경우에는 JobTracker의 웹 인터페이스를 통해 MapReduce 잡에 대한 정보를 확인할 수 있다. 웹 브라우저에서 'http://master:50030'에 접속하면 다음과 같은 화면을 볼 수 있다.

---

11 Mapper나 Reducer 이외의 경우에는 MRUnit가 아닌 일반 JUnit를 그대로 사용할 수 있다.

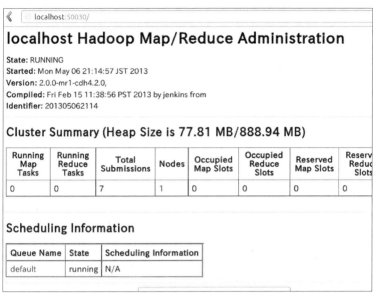

localhost Hadoop Map/Reduce Administration

State: RUNNING
Started: Mon May 06 21:14:57 JST 2013
Version: 2.0.0-mr1-cdh4.2.0,
Compiled: Fri Feb 15 11:38:56 PST 2013 by jenkins from
Identifier: 201305062114

Cluster Summary (Heap Size is 77.81 MB/888.94 MB)

Running Map Tasks	Running Reduce Tasks	Total Submissions	Nodes	Occupied Map Slots	Occupied Reduce Slots	Reserved Map Slots	Reserv Reduc Slots
0	0	7	1	0	0	0	0

Scheduling Information

Queue Name	State	Scheduling Information
default	running	N/A

그림 9.1 Hadoop 관리 콘솔

이 화면에는 완료된 잡 리스트가 표시되어 있다. 잡 ID의 링크를 열면, 각 잡에 대한 상세 정보를 열람할 수 있다. 상세 정보에 있는 링크를 통해 각 태스크에 대한 정보도 열람할 수 있다.

Completed Jobs

Jobid	Priority	User	Name	Map % Complete	Map Total	Maps Complet
job_201305062114_0005	NORMAL	iwasakims	word count	100.00%	2	2
job_201305062114_0006	NORMAL	iwasakims	word count	100.00%	2	2
job_201305062114_0007	NORMAL	iwasakims	word count	100.00%	2	2

Failed Jobs

Jobid	Priority	User	Name	Map % Complete	Map Total	Maps Complet
job_201305062114_0001	NORMAL	iwasakims	word count	100.00%	2	0

그림 9.2 완료한 잡 리스트

Hadoop job_201305062114_0001 on localhost

User: iwasakims
Job Name: word count
Job File: hdfs://localhost:8020/tmp/hadoop-iwasakims/mapred/staging/iwasakims/.staging/job_20130506:
Submit Host: x121e
Submit Host Address: 127.0.1.1
Job-ACLs: All users are allowed
Job Setup: Successful
Status: Failed
Failure Info:NA
Started at: Mon May 06 22:44:54 JST 2013
Failed at: Mon May 06 22:46:34 JST 2013
Failed in: 1mins, 39sec
Job Cleanup: Successful
Black-listed TaskTrackers: 1

Kind	% Complete	Num Tasks	Pending	Running	Complete	Killed	Failed/Killed Task Attempts
map	100.00%	2	0	0	0	2	8 / 0
reduce	100.00%	2	0	0	0	2	0 / 0

그림 9.3 잡 정보 표시

9.6.4 에러 레코드

실제 분산 환경에서 문제가 발생하여 에러 원인이 된 입력 레코드를 찾을 필요가 있을 때는, 입력 레코드를 로그에 출력하는 코드로 추가할 필요가 있다. Hadoop에서는 로그 출력용 라이브러리로 Apache Commons Logging를 이용하고 있기 때문에 Tokenizer Mapper 코드를 다음과 같이 수정하면 입력 레코드를 로그 파일로 출력할 수 있다.

```
import org.apache.commons.logging.Log;
import org.apache.commons.logging.LogFactory;
 (생략)
public static class TokenizerMapper
extends Mapper<LongWritable, Text, Text, IntWritable>{
  public static final Log LOG = LogFactory.getLog(TokenizerMapper.class);
  (생략)

  public void map(LongWritable key, Text value, Context context
                 ) throws IOException, InterruptedException {
    LOG.info("input: " + value);
    StringTokenizer itr = new StringTokenizer(value.toString());
    while (itr.hasMoreTokens()) {
      word.set(itr.nextToken());
      context.write(word, one);
```

```
      }
    }
  }
```

이를 통해 태스크의 로그 파일에는 다음과 같은 내용이 출력된다. 태스크 로그 파일은 각 TaskTracker 노드의 userlogs 디렉터리 아래의 잡, 태스크별로 생성되는 디렉터리에 저장된다.

```
2013-05-06 23:08:52,491 INFO MyWordCount$TokenizerMapper: input: This is a pen.
2013-05-06 23:08:52,492 INFO MyWordCount$TokenizerMapper: input: I am not a pen.
```

태스크 로그 파일은 앞 절에서 소개한 JobTracker의 웹 인터페이스를 사용해서도 확인할 수 있다. 또한, userlogs 디렉터리는 TaskTracker의 웹 인터페이스로도 접근할 수 있다. TaskTracker의 웹 인터페이스로 userlogs 디렉터리에 접근하는 경우, 'http://slave1:50060/logs/userlogs'에 접속하면 된다.

대용량 데이터를 처리할 경우, 모든 입력 데이터를 로그로 출력하는 것은 현실적이지 못하다. 이때는 조건식을 사용해서 부정확한 데이터를 걸러내는 방법이 효율적이다. 생각할 수 있는 부정확 데이터를 판정하는 메소드를 구현해서 해당 조건을 만족하는 경우에만 로그로 출력하도록 한다.

```
if (condition1(key ,val)) {
  LOG.info("Bad Record Found1: key = " + key);
}
if (condition2(key ,val)) {
  LOG.info("Bad Record Found2: key = " + key);
}
```

문제가 있었던 데이터 레코드를 찾아내면, 해당 데이터만을 입력 데이터로 사용해서 같은 문제가 발생하는지 재현해 본다. 우선은 로컬 모드로 실행하는 것이 원인을 쉽게 조사할 수 있다.

9.6.5 예외 처리

자바 프로그램에서는 에러 발생을 통지하기 위한 수단으로 예외를 이용할 수 있다. 하지만 MapReduce 애플리케이션에서 예외(Exception)를 발생시켜 처리를 종료하는 것은 잡 전체가 실패하는 것을 의미한다. 부정확한 데이터 레코드가 하나 있다고 MapReduce 잡 전체가 실패했다고 보는 것은 적합하지 않다. 때문에 MapReduce 애플리케이션에서 예외를 발생시켜서 처리를 종료시키는 것은 가능한 피해야 한다.

지금까지 자바를 사용한 MapReduce 애플리케이션 기술 방법에 대해 설명했다. 본질적으로는 map 메소드와 reduce 메소드만 기술하면 확장성 있는 병렬 분산 처리가 가능하다는 것을 알 수 있다. 하지만 대규모 데이터 처리에서는 부정확한 데이터나, 노드 장애 같은 일반적인 상황이 자주 발생한다. 실제 분산 환경에서 문제가 발생하면 디버그가 매우 어렵기 때문에, 테스트 단계에서 일반적인 프로그램 개발 이상으로 주의를 기울여 테스트해야 한다. 그런 의미에서는 보다 높은 품질의 코드 기술이 요구된다.

MapReduce 개발 팁

-자바를 사용한 개발(3) -

10.1 이 장에서 소개할 내용

이 장에서는 MapReduce 애플리케이션 개발을 위한 팁을 선별해서 소개하겠다.

MapReduce 애플리케이션의 성능 향상이라는 관점에서, 데이터 압축과 시리얼라이제이션, 작은 파일 집약 방법 등에 대해 설명한다. 또한 병렬 분산 처리를 효율적으로 구현하기 위한 툴로, 보조 데이터나 라이브러리 등의 리소스를 슬레이브 노드에 배치하는 분산 캐시 기능을 소개한다. 그리고 애플리케이션 디버그나 튜닝에 도움이 되는 정보로, Counter와 설정 구조에 대해서도 설명한다.

10.2 압축 데이터 다루기

10.2.1 CompressionCodec

Hadoop의 MapReduce 프레임워크에서는 압축 데이터를 다루기 위한 구조로 Compression Codec이라는 인터페이스를 제공한다. 기본 내장되어 있는 코덱은 다음과 같다.

Gzip: org.apache.hadoop.io.compress.GzipCodec

BZip2: org.apache.hadoop.io.compress.BZip2Codec

Default: org.apache.hadoop.io.compress.DefaultCodec

Deflate: org.apache.hadoop.io.compress.DeflateCodec

Snappy: org.apache.hadoop.io.compress.SnappyCodec

코덱 구조를 추가하려면, CLASS PATH가 지정된 장소에 클래스 파일을 배치하면 된다. 또한, 코덱에 따라서는 원시 라이브러리를 요구하는 경우가 있다. 예를 들어, Snappy Codec에는 libhadoop.so 및 libsnappy.so가 필요하다[1].

---

1 CDH 패키지를 사용하는 경우에는 원시 라이브러리가 포함되어 있으므로, 따로 설치할 필요는 없다.

내장된 코덱 중에는 속도를 중시한 SnappyCode가 MapReduce 애플리케이션에 적합하다. 또한, 리눅스 계열 OS에서는 .gz 형식이나 .bz2 형식이 자주 사용되기 때문에 기존 압축 파일을 직접 처리하기 위한 GzipCodec이나 BZip2Codec를 이용할 수 있다.

10.2.2 압축된 파일 조작

대용량 데이터를 저장할 경우, 압축을 통해 저장 효율을 높이는 경우가 많다. 이미 압축된 데이터를 MapReduce로 처리하기 위해서 일일이 압축을 푸는 것은 비효율적이며 작업 용량이 모자랄 수도 있다. 때문에 압축된 데이터를 직접 MapReduce 애플리케이션의 입력 데이터로 사용할 수 있는 기능이 존재한다.

샘플 프로그램에서 사용하고 있는 TextInputFormat의 경우, 파일 확장자를 보고 파일이 압축되어 있는 것을 판단해서 자동으로 압축 파일을 처리한다. Mapper의 map 메소드 인수로 전달되는 데이터는 비압축 텍스트 파일과 동일한 텍스트형 문자열이기 때문에 애플리케이션 로직 안에서 이것을 의식할 필요가 없다.

기본 설정으로 사용할 수 있는 코덱과 대응되는 파일 확장자는 다음과 같다.

.gz: Gzip 코덱

.bz2: BZip2 코덱

.deflate: Default 코덱[2]/ Deflate 코덱

.snappy: Snappy 코덱

입력 파일이 압축되어 있으면 HDFS의 각 데이터 블록이 독립적으로 압축 해제 처리를 할 수 있다는 보장이 없기 때문에, 파일 하나에 InputSplit 하나가 작성된다. 이 때문에 파일이 큰 경우, 분산 처리의 병렬도가 충분한 성능을 내지 못할 가능성이 있다. 또한, 데이터 지역성은 파일의 선두 블록을 기준으로 판단하기 때문에 I/O 효율이 떨어질 가능성이 있다.

압축 알고리즘에는 바이트열을 분할해서 처리할 수 있는 것도 있지만, TextInputFormat에서는 블록 단위로 분할하는 것이 불가능하다[3]. 참고로 뒤에 설명할 SequenceFile에서

---

2 Default 코덱은 DeflateCodec의 다른 이름으로, 구조는 똑같다.

3 입력 디렉터리 안에 압축 파일과 비압축 파일이 섞여 있어도 문제없다. 파일 단위로 압축 여부를 판단해서 처리하기 때문이다.

는 파일 압축 형식에 따라 InputSplit을 파일 단위로 할지 블록 단위로 할지 설정할 수 있다.

10.2.3 출력 파일 압축

MapReduce 잡의 출력 데이터도 파일 출력 단계에서 압축해 버리면 편리하다. 샘플에서 사용하고 있는 TextInputFormat은 출력 파일 압축을 지원한다. 잡 설정 부분에서 다음과 같이 압축 ON/OFF와 이용할 압축 코덱을 지정한다.

```
import org.apache.hadoop.io.compress.SnappyCodec;
  (중략)
TextOutputFormat.setCompressOutput(job, true);
TextOutputFormat.setOutputCompressorClass(job, SnappyCodec.class);
```

MapReduce 잡의 출력 디렉터리를 보면, 출력 파일명에 압축 파일 확장자가 붙어 있는 것을 알 수 있다.

```
$ hdfs dfs -ls /tmp/output6
Found 3 items
-rw-r--r--   3 test supergroup          0 2013-03-30 01:11 /tmp/output6/_SUCCESS
drwxrwxrwx   - test supergroup          0 2013-03-30 01:11 /tmp/output6/_logs
-rw-r--r--   3 test supergroup       5184 2013-03-30 01:11 /tmp/output6/part-r-00000
.snappy
```

출력 파일의 압축도 TextOutputFormat의 기반인 FileOutputFormat에서 정의하고 있는 기능이기 때문에 FileOutputFormat을 계승해서 만든 별도의 InputFormat에서도 동일하게 사용할 수 있다.

10.2.4 중간 데이터 압축

Map 태스크로부터 Reduce 태스크에 전달되는 데이터도 압축해서 관리할 수 있다. 입력 파일이나 출력 파일의 경우는 이용할 InputFormat이나 OutputFormat의 구현에 따라 압축 여부와 설정 방법이 달라진다. 하지만 중간 데이터 압축에는 그런 의존 부분이 없기 때문에 설정 방법도 간단하다. 설정에는 Configuration 클래스를 MapReduce용으로 확장한 JobConf 클래스 기능을 이용한다[4].

```
((JobConf)job.getConfiguration()).setMapOutputCompressorClass(SnappyCodec.class);
```

 ## 10.3 MapReduce 처리에 적합한 파일 포맷

10.3.1 SequenceFile이란?

SequenceFile은 MapReduce 애플리케이션이 입출력 데이터로 이용하는 키-밸류를 바이트열로 저장하기 위한 파일 형식이다. 앞 장에서 설명한 것과 같이 Writable 인터페이스를 implement한 데이터형은 파일로 출력하거나, 네트워크 경유로 전송하기 위한 시리얼라이즈 기능을 정의하고 있는데, SequenceFile도 이것을 이용한다.

사람이 내용을 읽어서 확인하거나 명령어나 스크립트로 처리할 수 있다는 점에서는 출력 데이터를 텍스트 파일로 출력하는 것이 편리하다. 하지만 MapReduce 잡을 여러 단계 조합하여 잡과 잡 간에 데이터를 전달하는 경우에는, 객체와 그것을 문자로 변환하는 작업을 반복해야 하므로 비효율적이다. 이를 방지하기 위해 SequenceFile을 활용할 수 있다.

10.3.2 MapReduce에서 SequenceFile 조작

SequenceFile을 MapReduce 잡의 입출력 형식으로 만들기 위해서는 SequenceFileInputFormat 및 SequenceFileOutputFormat을 이용한다. 또한, MapReduce 잡의 입출력 파일로 SequenceFile을 사용하고 싶은 경우에는 InputFormat 클래스에 SequenceFileInputFormat을 지정한다.

---

4 JobConf에 대해서는 10.8.1 'Configuration 객체'에서 설명하였다.

```
job.setInputFormatClass(SequenceFileInputFormat.class);
```

SequenceFileInputFormat도 TextInputFormat과 마찬가지로, FileInputFormat을 기반으로 만들어졌기 때문에 입력 파일명 지정 방법도 동일하다. 출력 파일을 SequenceFile로 하는 경우도 같은 방법으로, OutputFormat 클래스에 SequenceFileOutputFormat을 지정하면 된다. 출력 파일명을 지정하는 방법도 TextInputFormat과 동일하다.

```
job.setOutputFormatClass(SequenceFileOutputFormat.class);
```

HDFS 상에 출력된 SequenceFile의 내용을 확인하고 싶으면 'hdfs dfs -text' 명령을 사용하면 된다. 다음과 같이 파일 내용을 문자열로 변환해서 보여준다.

```
$ hdfs dfs -text /output/03/part-r-00000
"default");     1
"seq",  1
"text",  1
(IntWritable     1
(args.length     1
)        5
```

SequenceFile은 데이터를 두 가지 방법으로 압축해서 파일로 출력할 수 있다.

- Record: 키-밸류의 밸류를 압축해서 파일로 출력하는 방식
- Block: 블록 단위로 압축해서 파일로 출력하는 방식

이 압축 형식은 mapred.output.compression.type 속성을 지정해서 제어할 수 있다. 또한, 잡 설정 시에 이 속성을 설정하는 setOutputCompressionType 메소드를 정의한다. 예를 들어, 블록 단위로 압축할 때는 다음과 같이 설정한다.

```
SequenceFileOutputFormat
  .setOutputCompressionType(job,
                            CompressionType.BLOCK);
```

레코드 단위로 압축할 때는 CompressionType.RECORD를 설정한다. 압축을 통해 얻을 수 있는 이점은 보유 데이터 크기를 줄일 수 있을 뿐 아니라, 블록 단위로 압축하는 경우는 MapReduce 잡으로 분할해서 처리할 수 있다는 점이다. 처리를 위해서 제약 사항이 없다면 블록 단위로 SequenceFile을 압축하도록 하자.

 ## 10.4 한 번에 복수의 파일 포맷 처리

10.4.1 복수의 InputFormat을 동시에 처리

파일마다 형식이 다른 입력 데이터를 하나의 MapReduce 잡 안에서 처리하고 싶은 경우에는 MultipleInputs라는 유틸리티를 이용하면 된다. MultipleInputs의 addInput-Path 메소드를 이용해서 입력 파일의 경로와 해당 파일에 사용할 InputFormat 클래스를 지정한다[5].

```
MultipleInputs.addInputPath(job,
                            new Path("/input/txt"),
                            TextInputFormat.class);
MultipleInputs.addInputPath(job,
                            new Path("/input/seq"),
                            SequenceFileAsTextInputFormat.class);
 (생략)
```

또한, 입력 파일마다 다른 Mapper를 지정할 수도 있다.

```
MultipleInputs.addInputPath(job,
                            new Path("/input/txt"),
                            TextInputFormat.class,
```

---

5 SequenceFileAsTextInputFormat은 SequenceFileInputFormat의 파생형으로, 키-밸류를 읽은 후 toString 메소드를 호출해서 〈Text, Text〉형으로 변환한다.

```
                                        FooMapper.class);
    MultipleInputs.addInputPath(job,
                                new Path("/input/seq"),
                                SequenceFileAsTextInputFormat.class,
                                BarMapper.class);
    (생략)
```

MultipleInputs를 이용할 때는 Job 인스턴스 설정으로, Mapper 클래스로 Delegating
Mapper를, InputFormat 클래스로 DelegatingInputFormat을 지정한다. Delegating
InputFormat이 생성하는 InputSplit은, 파일명과 InputFormat 및 Mapper 클래스명
과 대응 관계를 내부에 각각 가지고 있어서 DelegatingMapper가 InputFormat에 적합
한 Mapper를 적용해 준다[6].

```
    job.setMapperClass(DelegatingMapper.class);
    job.setInputFormatClass(DelegatingInputFormat.class);
```

10.4.2 복수의 OutputFormat을 동시에 처리

MultipleOutputs는 복수의 형식이 다른 출력 데이터를 하나의 MapReduce 잡 안에서
처리하기 위한 것이다. 애플리케이션의 메인 메소드에서 OutputFormat 및 출력 키-밸류
형을 지정하고, 그것에 이름을 붙여 둔다. 예를 들면 다음 예에서는 TextInputFormat에
text, SequenceFileOutputFormat에는 seq라는 이름을 붙이고 있다.

```
    MultipleOutputs.addNamedOutput(job, "text",
                                   TextOutputFormat.class,
                                   LongWritable.class, Text.class);
    MultipleOutputs.addNamedOutput(job, "seq",
                                   SequenceFileOutputFormat.class,
                                   LongWritable.class, Text.class);
```

---

6 DelegatingInputFormat이나 DelegatingMapper는 addInputPath 메소드를 지정하면 자동으로 설정된다.

결과 파일을 출력할 때는 MultipleOutputs 인스턴스를 만들어서 사용한다. 이 인스턴스는 태스크 통해서 반복적으로 사용되기 때문에 Reducer의 setup 메소드 안에서 초기화한다.

```
private MultipleOutputs mos;

protected void setup(Context context
                    ) throws IOException, InterruptedException {
  mos = new MultipleOutputs(context);
}

public void cleanup(Context context
                    ) throws IOException, InterruptedException {
  mos.close();
}
```

결과 데이터를 출력할 때는 MultipleOutputs의 write 메소드를 인수로, 앞서 정의한 '이름'을 부여해서 출력 대상을 변경할 수 있다.

```
public void reduce(Text key, Iterable<IntWritable> values,
                   Context context
                   ) throws IOException, InterruptedException {
  int sum = 0;
  for (IntWritable val : values) {
    sum += val.get();
  }
  result.set(sum);
  mos.write("text", key, result);
  mos.write("seq", key, result);
}
```

MultipleOutputs를 사용한 파일은 다음과 같이 파일명 앞에 addNamedOuptut 메소드에서 지정한 이름이 붙은 형태로 출력된다.

```
-rw-r--r--   3 test supergroup          0 2013-04-09 02:08 /output/wcm10/part-r-00000
-rw-r--r--   3 test supergroup          0 2013-04-09 02:08 /output/wcm10/part-r-00001
```

```
-rw-r--r--   3 test supergroup    5472 2013-04-09 02:08 /output/wcm10/seq-r-00000
-rw-r--r--   3 test supergroup    4630 2013-04-09 02:08 /output/wcm10/seq-r-00001
-rw-r--r--   3 test supergroup    3216 2013-04-09 02:08 /output/wcm10/text-r-00000
-rw-r--r--   3 test supergroup    2783 2013-04-09 02:08 /output/wcm10/text-r-00001
```

출력 파일을 임시 디렉터리에서 이동하기 위해서는 기본 TextOutputFormat의 File OutputCommitter를 이용한다. 이로 인해 내용이 없는 빈 파일이 생성되지만(part-r-xxxxxxx), 필요에 따라 삭제하도록 한다.

10.5 분산 캐시 이용

10.5.1 JobClient에 의한 분산 캐시 배포

MapReduce 잡 처리를 할 때 입력 데이터 외에 부속 데이터가 필요한 경우, 분산 캐시 (Distributed Cache)라는 기능을 이용하여 각 슬레이브 노드에 파일을 배포할 수 있다. 한 번 배포된 파일은 복수의 태스크가 돌아가면서 사용하기 때문에, 불필요한 전송을 피할 수 있다.

MapReduce 잡의 메인 클래스를 Tool implement로 정의하면, 잡 시작 시의 hadoop 명령어 옵션으로 배포할 대상 파일을 지정할 수 있다. -files 옵션에서, 쉼표 구분으로 경로 명 리스트를 기술하면 된다.

```
$ HADOOP_CLASSPATH=wc.jar hadoop jar wc.jar WordCount -files stopwords.txt /
  /input/hadoop /output/wc01
```

지정된 파일은 각 슬레이브 노드에 배포되며, Map 태스크나 Reduce 태스크의 working 디렉터리에서 직접 접속할 수 있다.

```
protected void setup(Context context
                    ) throws IOException, InterruptedException {
  file = new File("stopwords.txt");
}
```

배포된 파일은 잡별로 작성되는 임시 디렉터리에 배치되기 때문에 잡이 완료된 후에는 삭제된다.

-files 옵션 대신에 -archives 옵션을 이용해서 인수로서 압축 파일 경로를 부여하면, 압축 파일이 배포된 후에 자동적으로 압축 해제가 된다. 대응 가능한 파일은 JAR 파일(.jar), ZIP 파일(.zip), TAR 파일(.tar 또는 .tar.gz) 등이 있다.

```
$ HADOOP_CLASSPATH=wc.jar hadoop jar wc.jar WordCount -files map.zip \
  /input/hadoop /output/wc01
```

또한, -libjars 옵션으로 지정한 파일은 배포 후에 클래스 패스에 추가된다. Mapper나 Reducer에서 사용하고 싶은 라이브러리를 배포할 때 적용한다.

```
$ HADOOP_CLASSPATH=wc.jar hadoop jar wc.jar WordCount -libjars mylib.jar \
  /input/hadoop /output/wc01
```

10.4.1 DistributedCache API를 사용한 배포

DistributedCache 클래스가 제공하는 API를 이용해서 배포할 파일을 지정할 수도 있다.

```
DistributedCache.addCacheFile(new URI("/myapp/stopwords.txt"), job);
DistributedCache.addCacheArchive(new URI("/myapp/map.zip", job);
DistributedCache.addFileToClassPath(new Path("/myapp/mylib.jar"), job);
```

단, 앞 절에서 설명한 JobClient 기능을 이용하여 파일을 배포하는 경우와 달리, 배포할 파일을 미리 HDFS 상에 업로드시켜 놓아야 한다. 반대로, JobClient에 의한 파일 업로드는 잡 시작 시에 매번 실행되기 때문에, 같은 파일을 반복해서 사용하고 싶은 경우에는 이 방법을 사용하는 것이 더 효율적이다.

```
$ hadoop fs -put stopwords.txt /myapp/stopwords.txt
$ hadoop fs -put map.zip /myapp/map.zip
$ hadoop fs -put mylib.jar /myapp/mylib.jar
```

 10.6 Map 태스크/Reduce 태스크 실행 Context 처리

10.6.1 Context 객체 이용

Mapper 및 Reducer의 setup, map, reduce, cleanup 등의 메소스는 Context형 변수를 사용한다. 8장의 샘플 코드에서는 이 Context를 이용하여 데이터를 출력했다.

```
public void map(LongWritable key, Text value, Context context
                ) throws IOException, InterruptedException {
        (생략)
    context.write(word, one);

public void reduce(Text key, Iterable<IntWritable> values,
                Context context
                ) throws IOException, InterruptedException {
        (생략)
    context.write(key, result);
```

Context 클래스는 데이터를 출력하는 것 외에도 잡 설정 정보를 취득하거나, 10.7.1 'Counter' 절에서 설명할 Counter를 취득하는 역할도 한다. 예를 들어, Map 태스크로 어떤 파일을 처리하고 있는지에 대한 정보를 기록하고 있는 InputSplit를 확인하고 싶은 경우, setup 메소드로 getInputSplit 메소드를 호출한다. 이를 통해 입력 파일 종류에 따라 처리 내용을 바꾸는 등의 세밀한 제어가 가능하다.

```
public void setup(Context context) throws IOException {
    FileSplit split = (FileSplit) context.getInputSplit();
    Path filePath = split.getPath();
     (생략)
}
```

또한, MapReduce 잡 ID나 잡 이름도 확인할 수 있다. 잡 ID는 getJobID 메소드, 잡 이름은 getJobName 메소드를 이용하여 취득할 수 있다.

```
public void setup(Context context) throws IOException {
    String jobID = context.getJobID().toString();
    String jobName = context.getJobName();
     (생략)
}
```

뿐만 아니라, MapReduce 잡에서 정의한 속성 정보도 getConfiguration 메소드로 취득할 수 있다. Configuration에 대해서는 다음 절에서 설명하겠다.

Context 인터페이스의 클래스 단계는 그림 10.1과 같아서, 자바독(Javadoc)을 참조해서 각각의 인터페이스가 어떤 정보를 취득할 수 있는지 상세히 알 수 있다.

그림 10.1 Context 인터페이스의 클래스 단계

처리 중에 발생한 이벤트를 집계

10.7.1 Counter

Hadoop의 MapReduce 프레임워크에는 잡에 대한 통계 정보를 집계하기 위한 Counter라 불리는 기능이 있다. hadoop jar 명령을 사용해서 MapReduce 잡을 실행한 후 콘솔 화면을 잘 보면, 다음과 같은 Counter 일람이 표시된다. Counter는 'File System Counter'나 'Job Counters', 'MapReduce 프레임워크(Map-Reduce Framework)'라고 하는 그룹으로 나뉘어져 있다. 각 Counter값은 I/O 바이트 수나 레코드 수 등을 표시하고 있으며, 단위는 Counter에 따라 다르다[7].

```
13/05/08 01:24:08 INFO mapred.JobClient: Job complete: job_201305072355_0003
13/05/08 01:24:08 INFO mapred.JobClient: Counters: 32
13/05/08 01:24:08 INFO mapred.JobClient:    File System Counters
13/05/08 01:24:08 INFO mapred.JobClient:      FILE: Number of bytes read=3939
13/05/08 01:24:08 INFO mapred.JobClient:      FILE: Number of bytes written=711204
13/05/08 01:24:08 INFO mapred.JobClient:      FILE: Number of read operations=0
13/05/08 01:24:08 INFO mapred.JobClient:      FILE: Number of large read operations=0
13/05/08 01:24:08 INFO mapred.JobClient:      FILE: Number of write operations=0
13/05/08 01:24:08 INFO mapred.JobClient:      HDFS: Number of bytes read=4104
13/05/08 01:24:08 INFO mapred.JobClient:      HDFS: Number of bytes written=3071
13/05/08 01:24:08 INFO mapred.JobClient:      HDFS: Number of read operations=4
13/05/08 01:24:08 INFO mapred.JobClient:      HDFS: Number of large read operations=0
13/05/08 01:24:08 INFO mapred.JobClient:      HDFS: Number of write operations=2
13/05/08 01:24:08 INFO mapred.JobClient:    Job Counters
13/05/08 01:24:08 INFO mapred.JobClient:      Launched map tasks=2
13/05/08 01:24:08 INFO mapred.JobClient:      Launched reduce tasks=2
13/05/08 01:24:08 INFO mapred.JobClient:      Data-local map tasks=2
13/05/08 01:24:08 INFO mapred.JobClient:      Total time spent by all maps in
occupied slots (ms)=49708
13/05/08 01:24:08 INFO mapred.JobClient:      Total time spent by all reduces in
occupied slots (ms)=38025
```

---

7 Counter값들은 잡 처리 내용에 이상이 없는가를 판단하기 위해서도 사용할 수 있다.

```
13/05/08 01:24:08 INFO mapred.JobClient:        Total time spent by all maps waiting
after reserving slots (ms)=0
13/05/08 01:24:08 INFO mapred.JobClient:        Total time spent by all reduces waiting
after reserving slots (ms)=0
13/05/08 01:24:08 INFO mapred.JobClient:     Map-Reduce Framework
13/05/08 01:24:08 INFO mapred.JobClient:        Map input records=108
13/05/08 01:24:08 INFO mapred.JobClient:        Map output records=276
13/05/08 01:24:08 INFO mapred.JobClient:        Map output bytes=4609
13/05/08 01:24:08 INFO mapred.JobClient:        Input split bytes=218
13/05/08 01:24:08 INFO mapred.JobClient:        Combine input records=276
13/05/08 01:24:08 INFO mapred.JobClient:        Combine output records=172
13/05/08 01:24:08 INFO mapred.JobClient:        Reduce input groups=159
13/05/08 01:24:08 INFO mapred.JobClient:        Reduce shuffle bytes=3951
13/05/08 01:24:08 INFO mapred.JobClient:        Reduce input records=172
13/05/08 01:24:08 INFO mapred.JobClient:        Reduce output records=159
13/05/08 01:24:08 INFO mapred.JobClient:        Spilled Records=344
13/05/08 01:24:08 INFO mapred.JobClient:        CPU time spent (ms)=8670
13/05/08 01:24:08 INFO mapred.JobClient:        Physical memory (bytes) snapshot=669433856
13/05/08 01:24:08 INFO mapred.JobClient:        Virtual memory (bytes) snapshot=3160838144
13/05/08 01:24:08 INFO mapred.JobClient:        Total committed heap usage (bytes)=509739008
```

Counter값은 JobTracker의 웹 인터페이스를 통해서도 확인할 수 있다. 위의 콘솔 출력 결과에서는 잡 전체 합계만이 표시되어 있지만, 웹 인터페이스에서는 그림 10.2와 같이 Map 태스크 및 Reduce 태스크의 합계도 표시된다. 또한, 사용자가 Counter를 정의할 수도 있다. 예를 들어, WordCount 샘플 프로그램의 Mapper 정의를 다음과 같이 개조할 수 있다. Context 클래스의 getCounter 메소드를 이용하여 MyCounter라는 그룹에 NUM_TOKENS라고 하는 Counter를 정의하고, 단어 하나당 Counter값 1을 증가시키고 있다. getCounter 메소드의 인수로 지정된 그룹명이나 Counter명이 존재하지 않으면, 신규로 작성된다.

	Counter	Map	Reduce	Total
File System Counters	FILE: Number of bytes read	0	3,939	3,939
	FILE: Number of bytes written	356,023	355,181	711,204
	FILE: Number of read operations	0	0	0
	FILE: Number of large read operations	0	0	0
	FILE: Number of write operations	0	0	0
	HDFS: Number of bytes read	4,104	0	4,104
	HDFS: Number of bytes written	0	3,071	3,071
	HDFS: Number of read operations	4	0	4
	HDFS: Number of large read operations	0	0	0
	HDFS: Number of write operations	0	2	2
Job Counters	Launched map tasks	0	0	2
	Launched reduce tasks	0	0	2
	Data-local map tasks	0	0	2
	Total time spent by all maps in occupied slots (ms)	0	0	49,708
	Total time spent by all reduces in occupied slots (ms)	0	0	38,025

그림 10.2 웹 인터페이스로 Counter를 참조한다

```
import org.apache.hadoop.mapreduce.Counter;
(생략)

    public void map(LongWritable key, Text value, Context context
                  ) throws IOException, InterruptedException {
      Counter counter = context.getCounter("MyCounter", "NUM_TOKENS");
      StringTokenizer itr = new StringTokenizer(value.toString());
      while (itr.hasMoreTokens()) {
        word.set(itr.nextToken());
        context.write(word, one);
        counter.increment(1);
      }
    }
```

이것을 컴파일해서 'hadoop jar' 명령으로 잡을 실행하면, 콘솔에 출력되는 Counter값 리스트 끝에 앞서 정의한 Counter값이 추가된 것을 알 수 있다. Counter값은 잡 전체에 서 합산되기 때문에 이 예에서는 모든 단어 수를 표시하고 있다.

```
13/05/08 01:24:08 INFO mapred.JobClient: Job complete: job_201305072355_0004
13/05/08 01:24:08 INFO mapred.JobClient: Counters: 33
13/05/08 01:24:08 INFO mapred.JobClient:   File System Counters
13/05/08 01:24:08 INFO mapred.JobClient:     FILE: Number of bytes read=3939
```

```
(생략)
13/05/08 01:08:03 INFO mapred.JobClient:        MyCounter
13/05/08 01:08:03 INFO mapred.JobClient:          NUM_TOKENS=276
```

또한, MapReduce 잡을 실행한 클라이언트에서 잡을 실행한 후에 Job 클래스의 get Counter 메소드를 사용해서 Counter 정보를 취득할 수 있다. 앞서 정의한 MyCounter Counter 그룹의 NUM_TOKENS Counter 결과를 취득하려면 다음과 같이 정의할 수 있다.

```
//MapReduce 잡 실행
job.waitForCompletion(true);

//MapReduce 잡 완료 후에 Counter 정보를 취득
Counter counter = job.getCounters().findCounter("MyCounter", "NUM_TOKENS");
//Counter 결과를 취득
long value = counter.getValue();
```

10.8 MapReduce 애플리케이션 설정을 제어

10.8.1 Configuration 객체 이용

서버 설정 시에 편집한 hdfs-site.xml이나 mapred-site.xml 같은 설정 파일 내용은 Configuration 인스턴스를 작성할 때 읽어서 코드로 접근할 수 있다. 예를 들어, 다음과 같은 설정이 /tmp/test.xml에 기술되어 있다고 가정해 보자.

리스트 10.1 Configuration 설정 샘플

```
1: <?xml version="1.0"?>
2: <?xml-stylesheet type="text/xsl" href="configuration.xsl"?>
3:
4: <configuration>
5:   <property>
6:     <name>foo.bar.baz</name>
```

```
 7:    <value>foo bar baz</value>
 8:    <final>true</final>
 9:   </property>
10: </configuration>
```

이때, 다음과 같은 코드로 값들을 취득할 수 있다.

```
import org.apache.hadoop.conf.Configuration;

public class ReadConfig {
  public static void main (String[] args) {
    Configuration conf = new Configuration();
    conf.addResource("test.xml");
    System.out.println(conf.get("foo.bar.baz", "default"));
  }
}
```

컴파일해서 실행해 보자. Configuration 클래스에서는 클래스 패스가 지정된 디렉터리에서 설정 파일을 읽을 수 있다.

```
$ HADOOP_CLASSPATH=/usr/java/default/lib/tools.jar hadoop com.sun.tools.javac.Main \
  ReadConfig.java
$ HADOOP_CLASSPATH=.:/tmp hadoop ReadConfig
foo bar baz
```

초기 설정에서는 다음 두 가지 파일을 자동으로 로드하게 되어 있다.

- core—default.xml
- core—site.xml

MapReduce 애플리케이션을 구현할 때는 미리 Configuration 객체를 초기화하지 않아도 Job 인스턴스가 내부에 가지고 있는 것을 사용할 수 있다. Job 클래스는 내부에서 다음 두 가지 파일을 추가로 로드한다[8].

---

8 HDFS용 설정 파일인 hdfs—default.xml이나 hdfs—site.xml은 로드하지 않는다. 이 파일들은 Configuration을 HDFS 용으로 확장한 HdfsConfiguration이라는 클래스를 사용하면 자동으로 로드된다. HdfsConfiguraion은 HDFS 관련 모듈로 이용되고 있다.

- mapper-default.xml
- mapred-site.xml

Job의 Configuration은 MapReduce 잡의 Mapper나 Reducer에 대한 정보를 전달하기 위해서도 사용할 수 있다. 이를 통해, MapReduce 잡별로 개별 설정을 정의해서 Mapper나 Reducer로 처리하면 보다 세밀한 태스크 제어가 가능하다.

우선, 클라이언트 측의 Job 클래스를 통한 잡 설정 부분에 다음과 같은 코드를 추가한다. 여기서는 foo.bar.baz 속성에 hoge라는 값을 설정한다.

```
job.getConfiguration().set("foo.bar.baz", "hoge");
```

Mapper나 Reducer에서는 Context 객체를 이용해서 Configuration 인스턴스를 취득한다. 그리고 get 메소드를 호출해서 이 값을 꺼낸다.

```
public void map(LongWritable key, Text value, Context context
              ) throws IOException, InterruptedException {
    Configuration config = context.getConfiguration();
    String fbb = config.get("foo.bar.baz", "default");
    (생략)
```

get 메소드의 두 번째 인수인 default는 foo.bar.baz 속성이 사전에 정의되어 있지 않는 경우 사용하는 기본값이다. 처리 내용에 따라서는 속성을 설정하지 않고 실행하는 경우도 있다. 이때는 설정이 없다고 에러가 발생하는 것을 방지하기 위해 기본값을 설정한다.

Job 클래스의 내부에서는 Configuration 클래스를 MapReduce용으로 확장한 JobConf 클래스가 사용된다. JobConf는 Job 클래스의 getInstance 내에서 다음과 같이 초기화된다.

```
JobConf jobConf = new JobConf(conf);
return new Job(jobConf);
```

대부분의 경우, 잡에 관련된 설정은 Job 클래스 기능으로 실행되기 때문에 JobConf 클래스를 직접 이용하는 경우는 적지만, 필요한 경우는 getConfiguration 메소드로 잡이 내부에 가지고 있는 JobConf 인스턴스를 취득할 수 있다. 다음 샘플 코드는 10.2.4 '중간 데이터 압축'에서 등장한 것이다.

```
((JobConf)job.getConfiguration())
  .setMapOutputCompressorClass(org.apache.hadoop.io.compress.SnappyCodec.class);
```

10.8.2 Configuration 주의점

Configuration를 이용할 때 주의할 것이 있다. 샘플 애플리케이션에서는 잡 클라이언트 노드 상에서 실행되는 프로그램의 메인 부분에서 Configuration 객체를 초기화하고 Job 클래스 기능을 사용해서 설정했다.

```
int res = ToolRunner.run(new Configuration(), new WordCount(), args);
...

Job job = Job.getInstance(getConf(), "word count");
job.setJarByClass(WordCount.class);
 (생략)
```

여기서 읽는 것은 클라이언트 노드 상의 설정 파일 내용이다. MapReduce 잡에 관련된 설정 파일은 job.xml이라 불리는 설정 파일에 정의되어 있지만, 이것은 클라이언트의 설정 파일이나 클라이언트의 Job 클래스 설정을 기반으로 작성된다. Mapper나 Reducer의 Context로 취득할 수 있는 Configuration은 이 job.xml값이 우선시되면 슬레이브 노드의 설정 파일에서 같은 속성을 설정해도 무시된다[9]. MapReduce 잡 동작에 관련된 설정은 클라이언트 설정 파일이나 Job 클래스 등에서 정의한 설정 내용에 의해 변경된다는 사실에 주의하자.

이번 장에서는 MapReduce 애플리케이션을 개발할 때 알아 두면 편리한 개발 팁들을 소개했다. Hadoop은 HDFS 상의 입력 데이터를 Mapper에서 키-밸류로 정의하고 Reducer로 출력하는 것뿐 아니라, 유연한 처리를 실현하기 위한 기능이 MapReduce 프레임워크를 통해서도 제공된다. 이번 장에서 설명한 팁을 활용함으로써 보다 고도의 MapReduce 애플리케이션 개발이 가능하게 될 것이다.

---

9 JobTracker 노드의 mapred-site.xml에 기술한 값은 잡의 Configuration에는 반영되지 않는다.

Chapter

11

HadoopStreaming

11.1 HadoopStreaming이란?

6장에서 다룬 것과 같이, Hadoop에서는 MapReduce 애플리케이션에서 데이터 교환을 할 수 있도록 표준 입출력을 이용한 프로그램 인터페이스를 제공한다. Hadoop Streaming이라 불리는 이 기능을 사용함으로써 자바 이외의 프로그래밍 언어로도 MapReduce 애플리케이션을 개발할 수 있다. 다양한 언어를 사용해서 개발할 수 있는 것에는 다음과 같은 이점이 있다.

- 개발자 개인, 또는 팀이 익숙한 언어를 사용해서 MapReduce 애플리케이션을 개발할 수 있다
- 특정 언어에서만 사용할 수 있는 라이브러리나 특정 DSL이 전문적으로 해결할 수 있는 문제 영역을 그대로 활용해서 MapReduce 잡에 적용할 수 있다

HadoopStreaming은 표준 입출력을 통해서 데이터 교환을 하기 때문에, 성능 면에서 자바로 개발한 MapReduce 애플리케이션과 비교해 불리한 부분이 있다. 하지만 처리 시간이 허용 범위 내에 있어서 위의 장점들을 충분히 활용할 수 있다.

11.2 HadoopStreaming 애플리케이션 구성

HadoopStreaming 애플리케이션은 다음 두 가지 요소로 구성된다.

- Map 처리를 정의하는 실행 가능 파일[1]
- Reduce 처리를 정의하는 실행 가능 파일[2]

HadoopStreaming 애플리케이션은 어디까지나 데이터 입출력을 표준 입출력을 사용해서 구현한 것뿐이다. 이 때문에 자바로 MapReduce 애플리케이션을 개발한 경우와 동일하게 map 함수/reduce 함수에 해당하는 처리는 작성할 필요가 있으며, 그것이 앞서 언급

---

1 이 장에서는 스크립트로 구현하기 때문에, 이하 'Map 처리를 정의하는 스크립트'라고 한다.
2 이 장에서는 스크립트로 구현하기 때문에, 이하 'Reduce 처리를 정의하는 스크립트'라고 한다.

한 두 가지 실행 가능 파일을 의미한다. HadoopStreaming 애플리케이션의 처리 흐름은 대략적으로 다음과 같다.

1. Map 처리를 정의하는 스크립트는 표준 입력으로 입력 세트를 받는다
2. Map 처리를 정의하는 스크립트는 키–밸류를 표준 출력으로 출력한다
3. Reduce 처리를 정의하는 스크립트는 Map 처리의 출력을 표준 입력으로 받는다
4. Reduce 처리를 정의하는 스크립트는 키–밸류(처리 결과)를 표준 출력으로 출력한다

이후로는 6장에서 사용했던 WordCount 애플리케이션 스크립트를 이용해서 Map 처리 및 Reduce 처리를 정의하는 스크립트 구현과 애플리케이션 실행 방법에 대해 알아보겠다.

11.2.1 Map 처리를 정의하는 스크립트

WordCount 애플리케이션을 사용하여 Map 처리를 정의하는 스크립트를 리스트 11.1에 표시했다. 이 장에서는 파이썬을 사용해서 구현하고 있지만[3], 표준 입출력 기능이 있는 프로그래밍 언어라면 어떤 언어라도 HadoopStreaming을 이용할 수 있다.

리스트 11.1 Map 처리를 정의한 스크립트

```
 1: #!/usr/bin/env python
 2: # -*- coding: utf-8 -*-
 3:
 4: import re
 5: import sys
 6:
 7:
 8: def wc_map(line):
 9:     return [(key, 1) for key in re.split(r'/s', line.strip()) if key]
10:
11:
12: def output(records):
13:     for key, value in records:
```

---

3 파이썬 버전은 2.6이다. 2.6은 이 책의 환경 구축에서 설치한 CentOS 6에 기본으로 포함된다.

```
14:        print '{0}/t{1}'.format(key, value)
15:
16: for l in sys.stdin:
17:     output(wc_map(l))
```

Map 처리를 정의하는 스크립트에서는 다음 처리를 구현할 필요가 있다.

> **1.** Map 처리를 정의하는 스크립트는 표준 입력으로 입력 세트를 받는다
> **2.** Map 처리를 정의하는 스크립트는 키-밸류를 표준 출력으로 출력한다

1번 처리는 16~17번 행의 for문에 해당한다. 파이썬에서는 표준 라이브러리인 sys 모듈을 사용해서 표준 입출력으로부터 입력 세트를 받을 수 있다. 이 for문에서는 입력 세트를 1행씩 처리한다.

2번 처리는 8~14번 행의 wc_map 함수와 output 함수에 해당한다. wc_map 함수는 입력 세트 1행을 공백 문자 구분으로 분할해서 (〈등장한 단어〉, 1)이라는 키-밸류를 생성한다. output 함수는 wc_map 함수가 생성한 키-밸류를 표준 입출력으로 출력한다. 이때 키와 밸류 사이는 탭(Tab)으로 구분하고, 각 키-밸류 사이는 줄바꿈(line break) 문자로 구분해야 한다.

11.2.2 Reduce 처리를 정의하는 스크립트

WordCount 애플리케이션에서 사용한 Reduce 처리를 정의하는 스크립트를 리스트 11.2에 표시하고 있다. Map 처리를 정의하는 스크립트와 동일하게 파이썬을 사용해서 구현했다.

리스트 11.2 Reduce 처리를 정의한 스크립트

```
1: #!/usr/bin/env python
2: # -*- coding: utf-8 -*-
3:
4: import re
5: import sys
6:
7: results = {}
```

```
 8:
 9:
10: def wc_reduce(line):
11:     key, value = re.split(r'/t', line.strip())
12:     if not key in results:
13:         results[key] = 0
14:     results[key] = results[key] + int(value)
15:
16:
17: def output(records):
18:     for k, v in records:
19:         print '{0}/t{1}'.format(k, v)
20:
21: for l in sys.stdin:
22:     wc_reduce(l)
23: output(sorted(results.items()))
```

Reduce 처리를 정의하는 스크립트에서는 다음 처리를 구현할 필요가 있다.

1. Reduce 처리를 정의하는 스크립트는 Map 처리 출력을 표준 입력으로 받는다

2. Reduce 처리를 정의하는 스크립트는 키-밸류(처리 결과)를 표준 출력으로 출력한다

1번 처리는 21~22번 행의 for문에 해당한다. Map 처리를 정의하는 스크립트와 동일하게 입력(표준 입력에서 받은 Map 처리 출력) 데이터를 1행씩 처리한다. Map 처리에 의해 각 키-밸류가 줄바꿈으로 구분되어 있기 때문에 1행씩 처리하는 것은 키-밸류를 한 쌍식 처리하게 됨을 의미한다.

2번 처리는 10~19번 행의 wc_reduce 함수와 output 함수에 해당한다. wc_reduce 함수는 Map 처리가 출력한 키-밸류(키와 밸류 사이가 탭으로 구분됨)를 탭 문자로 분할한 후에, 같은 키(등장한 단어)에 해당하는 밸류(1)를 합산한다. 또한, 합산한 밸류(단어의 등장 횟수)와 키(등장한 단어)를 새로운 키-밸류로 저장한다. output 함수는 wc_reduce 함수에 의해 생성된 키-밸류를 표준 출력을 사용하여 출력한다. 이때 키와 밸류 사이는 탭 구분, 각 키-밸류 간은 줄바꿈 문자로 구분되어야 한다.

■ Reduce 처리 구현 시 주의점

Reduce 처리를 구현하는 스크립트에서는 Map 처리가 출력한 키-밸류를 모두 처리하도록 구현해야 한다. 자바로 MapReduce 애플리케이션을 구현하는 경우는 Shuffle 처리로

같은 키를 가진 값을 모아서 Reduce에 전달하고, Reduce 처리는 하나의 키가 전달되었다는 것을 전제로 구현한다. HadoopStreaming에서는 Shuffle 처리가 없기 때문에 이런 전제를 바탕으로 처리를 기술할 수 없다.

11.2.3 HadoopStreaming 애플리케이션 실행

3장 'Hadoop 도입'을 따라서 환경을 구축한 경우, HadoopStreaming 애플리케이션을 실행하기 위해 필요한 라이브러리(jar 파일)는 /usr/lib/hadoop-0.20-mapreduce/contrib/streaming/ 디렉터리에 위치하고 있다.

```
$ cd /usr/lib/hadoop-0.20-mapreduce/contrib/streaming/
$ ls -alt
$ ls hadoop-streaming-*
  hadoop-streaming-2.0.0-mr1-cdh4.2.1.jar
```

그러면 실제로 WordCount 애플리케이션을 실행해 보자. 우선 Hadoop 환경에서 실행하기 전에, Map 처리를 정의한 스크립트/Reduce 처리를 정의한 스크립트 동작을 확인해 보자.

앞서 말한 것과 같이, HadoopStreaming은 표준 입출력을 경유해서 데이터 교환을 한다. 이 때문에 파이프를 사용함으로써, 정의한 Map 처리나 Reduce 처리를 단순한 스크립트 파일로 실행해 출력 결과를 로컬(비Hadoop 환경)에서 확인할 수 있다. 이 단계에서 제대로 동작하지 않는다면, Hadoop 환경에서도 제대로 동작하지 않는다.

다음 예는 입력 세트(words.txt) 및 Map 처리/Reduce 처리를 정의한 스크립트를 /tmp 아래 두고, 실행 권한을 부여했다고 가정하자.

```
$ cat /tmp/words.txt | /tmp/list11_1.py              (Map 처리 확인)
  Hello 1
  Hadoop  1
  World1
  This    1
  is      1
  the     1
  first   1
```

```
   Hadoop  1
   application1
$ cat /tmp/words.txt | /tmp/list11_1.py | /tmp/list11_2.py        (Reduce 처리 확인)
   Hadoop  2
   Hello   1
   This    1
   World1
   application1
   first   1
   is      1
   the     1
```

로컬에서 동작을 확인했다면 Hadoop 환경 상에서 실행해 보자. 다음 실행 예는 6장과 동일하다. 로컬에서 실행한 것과 동일하다는 것을 확인할 수 있다.

```
$ cd /usr/lib/hadoop-0.20-mapreduce/contrib/streaming/
$ sudo -u sampleuser hadoop jar hadoop-streaming-2.0.0-mr1-cdh4.2.1.jar \
  -input input -output sample_hadoopstreaming/output -mapper mapper \
  -reducer reducer -file /tmp/mapper -file /tmp/reducer
$ sudo -u sampleuser hadoop dfs -ls sample_hadoopstreaming/output
  Found 3 items
  -rw-r--r--   1 sampleuser supergroup        0 2013-04-20 14:45 sample_hadoopstre
aming/output/_SUCCESS
  drwxr-xr-x   - sampleuser supergroup        0 2013-04-20 14:44 sample_hadoopstre
aming/output/_logs
  -rw-r--r--   1 sampleuser supergroup       67 2013-04-20 14:45 sample_hadoopstre
aming/output/part-00000
$ sudo -u sampleuser hadoop dfs -cat sample_hadoopstreaming/output/part-00000
  Hadoop  2
  Hello   1
  This    1
  World1
  application1
  first   1
  is      1
  the     1
```

11.3 HadoopStreaming 활용 예

이렇게 구현한 HadoopStreaming은 어떻게 활용하면 될까? 특수한 처리는 자바의 MapReduce 프레임워크를 커스터마이징하는 것도 가능하지만, 원하는 기능을 간단히 구현할 수 있는 언어를 사용함으로써 구현 시에 드는 부담을 크게 줄일 수 있다. 또한 성능 향상은 물론, 이미 개발한 로직을 재사용할 수 있다는 장점도 있다. 여기서는 HadoopStreaming을 활용한 예를 두 가지 정도 들겠다.

11.3.1 데이터 필터링

펄(Perl)이나 파이썬 등의 스크립트는 문자열 처리를 손쉽게 기술할 수 있기 때문에 HadoopStreaming 애플리케이션을 통해 데이터 필터링을 하면 효율적이다. 다음 예는 리스트 11.1에서 설명한 Map 처리를 정의하는 스크립트에 데이터 필터링 기능을 추가한 것이다.

리스트 11.3 필터링 처리 예

```
 1: #!/usr/bin/env python
 2: # -*- coding: utf-8 -*-
 3:
 4: import re
 5: import sys
 6:
 7:
 8: def filtering(regex, key):
 9:     return re.match(regex, key)
10:
11:
12: def wc_map(line):
13:     return [(key, 1) for key in re.split(r'/s', line.strip())
        if filtering(r'^[a-z]\w*', key)]
14:
15:
16: def output(records):
17:     for key, value in records:
18:         print '{0}/t{1}'.format(key, value)
```

```
19:
20: for l in sys.stdin:
21:     output(wc_map(l))
```

wc_map 함수, output 함수에 추가해서 키 필터링을 하는 filtering 함수를 새롭게 정의했다. 이 예는 '정규 표현식과 일치하는 키만, 키-밸류 쌍을 생성한다.'는 로직으로, 알파벳 소문자로 시작하는[4] 키만 키-밸류를 생성한다. WordCount 애플리케이션의 Mapper로 지정하면, 알파벳 소문자로 시작하는 단어만 대상으로 하여 실행되는 것을 확인할 수 있다.

```
$ sudo -u sampleuser hadoop jar hadoop-streaming-2.0.0-mr1-cdh4.2.1.jar \
  -input input -output sample_hadoopstreaming/output -mapper filter_mapper \
  -reducer reducer -file /tmp/filter_mapper -file /tmp/reducer
$ sudo -u sampleuser hadoop dfs -cat sample_hadoopstreaming/output/part-00000
  application1
  first    1
  is       1
  the      1
```

이번 구현은 매우 간단한 방식이었지만 filtering 함수를 확장함으로써 보다 복잡한 필터링 처리도 가능해졌다.

11.3.2 R 언어와 연동

R 언어(이하 R이라 표기)[5]는 통계 분석에 특화된 프로그래밍 언어 및 실행 환경이다. R의 특징은 다음과 같다.

- 다양한 통계 처리가 내장 함수로 포함되어 있어, 복잡한 통계 로직을 직접 구현하지 않고도 통계 결과를 쉽게 얻을 수 있다
- 데이터를 다양한 그래프 형식으로 출력할 수 있다. 내장 함수로 제공하고 있기 때문에 그래프 생성이 쉽다

---

4 정규 표현식 ~[a-z]\\w*에 해당.

5 http://www.r-project.org/index.html

- CRAN(The Comprehensive R Archive Network)이라 불리는 패키지 네트워크를 지원하고 있어 추가 패키지 설치를 통한 기능 확장이 가능하다
- 많은 프로그래밍 언어에 R용 연계 라이브러리가 존재한다

Hadoop도 데이터 해석 용도로 적합하지만 데이터 해석에 특화된 것이 아닌, 어디까지나 범용적인 분산 처리 플랫폼이다. Hadoop과 R 연계는 분산 처리라는 기반 위에 데이터 분석, 레포트 기능을 추가하는 것으로 효율이 높은 연계라고 할 수 있다.

Hadoop과 R을 연계하는 방법으로는 다음 두 가지가 있다.

- Map 처리/Reduce 처리 중에 통계 처리를 한다
- MapReduce 잡의 처리 결과를 그래프화한다

이 장의 예에서는 앞서 사용했던 Map 처리/Reduce 처리 중에 통계 처리를 추가하는 방법을 설명한다. 구체적으로는 HadoopStreaming 애플리케이션의 Map 처리를 정의하는 스크립트 안에서 R 함수를 사용한다.

■ R 환경 구축

R은 EPEL[6]이라 불리는 외부 리포지토리를 통해 설치할 수 있다. EPEL 리포지토리의 설정 파일을 가지고 있는 RPM 파일을 설치한 후에, yum 명령으로 R을 설치한다.

```
$ sudo rpm -ihv http://ftp.riken.jp/Linux/fedora/epel/6/x86_64/epel-release-6-8.noarch.rpm
$ sudo yum install R
```

R을 설치한 후, R의 파이썬 바인딩인 PypeR[7]을 설치한다[8]. 이것은 파이썬의 패키지 관리자인 easy_install 경유로 설치할 수 있다. 우선, 필요한 헤더 파일을 설치하도록 하자.

```
$ sudo yum install python-devel
```

---

6 https://fedoraproject.org/wiki/EPEL

7 http://rinpy.souceforge.net/

8 R의 파이썬 바인딩으로 rpy2도 있다. 이 책에서 사용하고 있는 CentOS 6에서는 파이썬과 R, 그리고 다른 라이브러리의 기본 버전 문제로 rpy2와의 의존 관계 해결이 쉽지 않다. 그래서 이번 예에서는 PypeR을 사용하고 있다.
   http://rpy.sourceforge.net/rpy2.html

다음으로 easy_install(파이썬 패키지 관리자)을 설치하고, 마지막으로 easy_install을 사용해서 PypeR을 설치한다.

```
$ sudo curl -fsSk http://peak.telecommunity.com/dist/ez_setup.py | sudo python
$ sudo easy_install PypeR
```

이후, PypeR을 통해서 R 기능을 사용할 수 있다.

■ R과 HadoopStreaming 연동 예

이번 절에서는 PypeR의 기본적 내용은 생략하지만, 다음 Map 처리를 정의하는 스크립트에서는 R이 정의하고 있는 통계 처리 함수를 이용해서 '어떤 기준 사용자 정보가 다른 사용자 정보와 어느 정도 비슷한 경향을 보이는지'를 조사하겠다.

리스트 11.4 R을 활용해서 상관 분석을 하는 Map 스크립트

```
 1: #!/usr/bin/env python
 2: # -*- coding: utf-8 -*-
 3:
 4: import re
 5: import sys
 6: import pyper
 7:
 8: #기준이 되는 정보
 9: base_attr = [5.1, 4.9, 5.1]
10:
11: #기준이 되는 정보와 사용자별 정보를 비교한다
12: def cor(base_attr, user_attr):
13:     r = pyper.R()
14:     r.assign('rdata1', base_attr)
15:     r.assign('rdata2', user_attr)
16:     r('res <- cor.test(rdata1, rdata2)}')
17:     res = r.get('res')
18:     cor_field = 'estimate'
19:     if not cor_field in res:
20:         return None
21:     return res[cor_field]
22:
23: def wc_map(line):
24:     data = re.split(r',', line.strip())
```

```
25:     if (len(data) != 4):
26:         return None
27:     user_name = data[0]
28:     user_attr = [float(n) for n in data[1:]]
29:     cor_value = cor(base_attr, user_attr)
30:     return (cor_value, user_name)
31:
32: def output(record):
33:     if not record:
34:         return
35:     key, value = record
36:     print '{0}/t{1}'.format(key, value)
37:
38: for l in sys.stdin:
39:     output(wc_map(l))
```

12번행~21번행의 cor 함수를 통해 R 통계 처리 함수의 호출부터 결과 취득까지 처리하고 있다. 비교 기준이 되는 사용자 정보(base_attr)와 각 사용자 정보(user_attr)를 사용하여 16번행 cor.test 함수를 호출하고 있다. cor.test 함수는 상관 분석이라는 통계 처리를 한다. 대략적으로, 데이터를 통해 다음과 같은 경향을 읽어낼 수 있다.

- 1에 가까울수록 비교한 데이터가 비슷한 경향을 가지고 있다
- −1에 가까울수록 비교한 데이터가 정반대 경향을 가지고 있다
- 0에 가까울수록 비교 데이터 간의 관계성을 찾을 수 없다

R을 사용하지 않으면 상관 분석 로직을 직접 기술해야 하지만, R을 사용함으로써 cor.test 함수만 호출하면 결과를 쉽게 얻을 수 있다.

wc_map 함수는 입력 데이터를 적절한 형태로 정제한 후, cor 함수의 인수로 전달한다. 그리고 cor 함수의 반환값[9]을 키로, 사용자명을 밸류로 한 키-밸류를 반환한다. 참고로 wc_map 함수가 전달하는 입력 데이터는 다음과 같은 형태다.

---

9 상관 계수: 상관 분석 결과로 얻을 수 있다.

```
$ cat /tmp/userdata
user1,2.1,7.5,3.9
user2,4.5,6.3,2.2
user3,2.2,1.5,6.7
user4,4.4,8.3,5.2
```

1행이 1사용자 정보에 해당하며 쉼표 구분으로 〈사용자명〉, 〈사용자 속성값1〉, 〈사용자 속성값2〉, 〈사용자 속성값3〉 형식으로 정렬되어 있다.

Output 함수는 wc_map 함수가 생성한 키-밸류를 표준 입출력으로 출력한다. 상기 Map 처리를 정의한 스크립트 파일의 실행 결과는 다음과 같다.

```
$ cat /tmp/userdata | /tmp/corwithr
 -0.944911182523 user1
 -0.828769401818 user2
 0.603550954526  user3
 -0.980965745675 user4
```

위의 Map 처리를 통해 '어떤 기준 사용자 정보가 다른 사용자 정보와 유사한지를 수치로 표현한 값'(상관 계수)과 사용자명을 연결시켰다. 그리고 나서 '키(상관 계수)가 일정 이상, 또는 미만이라는 기준으로 밸류(사용자명)을 집약한다'는 Reduce 처리를 구현하면, '어느 사용자와 비슷한 경향이 있는 사용자 집합'을 얻을 수 있다. Reduce 처리의 집약 조건을 조금 더 세분화하면 제2장의 2.2절 '비슷한 사람을 찾아내자'는 문제를 해결할 수 있을 것이다[10].

 11.4 **HadoopStreaming 명령어 옵션**

HadoopStreaming 애플리케이션을 실행할 때는 명령어 옵션을 통해 동작을 제어할 수 있다. 여기서는 HadoopStreaming 이용 시에 도움이 될 만한 옵션을 몇 가지 소개하겠다.

---

10 실제로는 사용자의 속성 정보를 어떻게 정규화할지도 고민해야 한다.

사용할 수 있는 명령어 옵션은 info 옵션을 통해 확인할 수 있다[11].

```
$ cd /usr/lib/hadoop-0.20-mapreduce/contrib/streaming/
$ hadoop jar hadoop-streaming-2.0.0-mr1-cdh4.2.1.jar -info
  13/05/23 07:02:09 ERROR streaming.StreamJob: Missing required options: input, output
  Usage: $HADOOP_HOME/bin/hadoop jar /
          $HADOOP_HOME/hadoop-streaming.jar [options]
Options:
    -input <path> DFS input file(s) for the Map step
    -output <path> DFS output directory for the Reduce step
    -mapper <cmd|JavaClassName> The streaming command to run
    -combiner <cmd|JavaClassName> The streaming command to run
    -reducer <cmd|JavaClassName> The streaming command to run
    -file <file> File/dir to be shipped in the Job jar file
    -inputformat TextInputFormat(default)|SequenceFileAsTextInputFormat|JavaClassName
Optional.
    -outputformat TextOutputFormat(default)|JavaClassName Optional.
    -partitioner JavaClassName Optional.
    -numReduceTasks <num> Optional.
    -inputreader <spec> Optional.
    -cmdenv <n>=<v> Optional. Pass env.var to streaming commands
    -mapdebug <path> Optional. To run this script when a map task fails
    -reducedebug <path> Optional. To run this script when a reduce task fails
    -io <identifier> Optional.
    -verbose


 Generic options supported are
 -conf <configuration file> specify an application configuration file
 -D <property=value> use value for given property
 -fs <local|namenode:port> specify a namenode
 -jt <local|jobtracker:port> specify a job tracker
 -files <comma separated list of files> specify comma separated files to be copied
to the map reduce cluster
 -libjars <comma separated list of jars> specify comma separated jar files to incl
ude in the classpath.
 -archives <comma separated list of archives> specify comma separated archives to
be unarchived on the compute machines.
```

---

11 옵션에 대한 상세 내용은 다음 링크를 참고하기 바란다.
   http://archive.cloudera.com/cdh4/cdh/4/mr1-2.0.0-mr1-cdh4.2.1/streaming.html#Other+Supported+Options

```
The general command line syntax is
bin/hadoop command [genericOptions] [commandOptions]
  (생략)
```

11.4.1 Mapper/Combiner/Reducer

Map 처리, Combiner 처리, Reduce 처리를 정의할 프로그램을 지정한다. 이 장의 예에
서는 mapper 옵션에 Map 처리 스크립트를, reduce 옵션에 Reduce 처리 스크립트를
지정하고 있다[12].

```
$ sudo -u sampleuser hadoop jar hadoop-streaming-2.0.0-mr1-cdh4.2.1.jar \
  -input input -output sample_hadoopstreaming/output \
  -mapper /tmp/mapper -reducer /tmp/reducer
```

11.4.2 InputFormat/OutputFormat/Partitioner

MapReduce에서 사용할 InputFormat 클래스, OutputFormat 클래스, Partitioner 클
래스의 클래스명을 지정한다[13]. 초기 설정에서는 input에 TextInputFormat 클래스를,
output에 TextOutputFormat 클래스를 사용한다.

11.4.3 file 옵션

분산 환경에서 HadoopStreaming 애플리케이션을 실행하는 경우, 각 노드에서 Map 태
스크나 Reduce 태스크를 실행하려면 Hadoop 클러스터를 구성하는 모든 노드에 map
함수와 reduce 함수를 정의한 스크립트를 배포할 필요가 있다.

---

12 Map 처리, Combiner 처리, Reduce 처리에 대한 상세 내용은 8장, 9장을 참조하기 바란다.

13 InputFormat/OutputFormat/Partitioner에 대해서는 8장, 9장을 참조하기 바란다.

```
$ sudo -u sampleuser hadoop jar hadoop-streaming-2.0.0-mr1-cdh4.2.1.jar \
 -input input -output sample_hadoopstreaming/output \
 -mapper /tmp/mapper -reducer /tmp/reducer
```

이 예에서는 /tmp/mapper, /tmp/reducer가 모든 노드에 존재해야 한다.

file 옵션으로 지정한 파일은 잡 실행 시에 모든 노드에 배포된다. 이 때문에 애플리케이션을 실행할 노드 상에만 지정한 파일이 존재한다면 OK다[14].

```
$ sudo -u sampleuser hadoop jar hadoop-streaming-2.0.0-mr1-cdh4.2.1.jar \
 -input input -output sample_hadoopstreaming/output \
 -mapper mapper -reducer reducer \
 -file /tmp/mapper -file /tmp/reducer
```

map 함수/reduce 함수에서 파일을 참조해야 하는 경우에도 사전에 각 노드에다 대상 파일을 배포해 두어야 한다. 이 경우에도 file 옵션을 통해 실행 시에 대상 파일을 배포할 수 있다.

```
$ sudo -u sampleuser hadoop jar hadoop-streaming-2.0.0-mr1-cdh4.2.1.jar \
 -input input -output sample_hadoopstreaming/output \
 -mapper mapper -reducer reducer \
 -file /tmp/mapper -file /tmp/reducer -file /tmp/some_setting.txt
```

map 함수/reduce 함수를 정의한 스크립트는 배포처를 의식할 필요 없이, 지정한 파일명만을 사용해서 파일에 접근할 수 있다(리스트 11.5).

---

14 예에서는 Map 처리/Reduce 처리를 정의한 스크립트만 지정했지만, Combiner 처리를 정의한 스크립트도 동일하게 지정할 수 있다.

```
 1: #!/usr/bin/env python
 2: # -*- coding: utf-8 -*-
 3:
 4: import sys
 5:
 6: # 1행씩 읽는다
 7: with open('some_setting.txt') as f:
 8:   for line in f:
 9:     (처리)
10:
11: # 또는 한 번에 모두 읽는다
12: data = ''
13: with open('some_setting.txt') as f:
14:   data = f.read()
15:
16: # 읽은 파일을 Map 처리/Reduce 처리에 반영한다
17: for line in sys.stdin:
18:     (Map 처리 또는 Reduce 처리)
```

11.4.4 files 옵션

앞서 file 옵션을 통해, 애플리케이션 실행 노드에 있는 로컬 파일을 사용할 수 있게 되었다. 한편 files 옵션을 사용함으로써 HDFS 상에 있는 파일을 동일하게 처리할 수 있다[15]. 다음 예에서는 유사 분산 모드에서 동작하고 있는 HDFS 상의 파일을 지정하고 있다.

```
$ sudo -u sampleuser hadoop jar hadoop-streaming-2.0.0-mr1-cdh4.2.1.jar \
 -files hdfs://localhost:8020/user/sampleuser/some_setting.txt \
 -input input -output sample_hadoopstreaming/output \
 -mapper mapper -reducer reducer \
 -file /tmp/mapper -file /tmp/reducer
```

쉼표 구분을 사용해서 복수의 파일을 지정할 수 있다.

---

15 Hadoop이 다루는 파일 시스템이라면, HDFS 이외의 파일 시스템도 지정할 수 있다. 즉, 로컬 파일 시스템이나 Amazon S3(s3://) 상의 파일도 처리할 수 있다.

```
$ sudo -u sampleuser hadoop jar hadoop-streaming-2.0.0-mr1-cdh4.2.1.jar \
  -files hdfs://localhost:8020/user/sampleuser/some_setting.txt,\
  hdfs://localhost:8020/user/sampleuser/some_setting2.txt \
  -input input -output sample_hadoopstreaming/output \
  -mapper mapper -reducer reducer \
  -file /tmp/mapper -file /tmp/reducer
```

또한, 지정한 경로 뒤에 #(샵)을 붙임으로써 파일에 접근하기 위한 심볼릭 링크(symbolic link)를 정의할 수 있다.

```
$ sudo -u sampleuser hadoop jar hadoop-streaming-2.0.0-mr1-cdh4.2.1.jar \
  -files hdfs://localhost:8020/user/sampleuser/some_setting.txt#mysetting \
  -input input -output sample_hadoopstreaming/output \
  -mapper mapper -reducer reducer \
  -file /tmp/mapper -file /tmp/reducer
```

이와 같이 처리를 정의한 경우, Map 처리/Reduce 처리용 스크립트 내에서 다음과 같이 접근할 수 있다.

```
with open('mysetting') as f:
```

이와 같이 파일명인 some_setting.txt가 아닌, mysetting으로 접근 가능해진다.

11.4.5 libjars 옵션

libjars 옵션을 사용함으로써 지정한 Jar 파일을 실행 시 클래스 패스에 추가할 수 있다. 주로 자신이 만든 클래스[16]를 사용하고 싶을 때 쓴다. info 옵션을 통해 확인할 수 있듯이, files 옵션과 마찬가지로 libjars 옵션도 Generics 옵션이다. 참고로 명령 형식은 다음과 같다.

---

16 InputFormat/OutputFormat 등의 커스텀 버전.

```
bin/hadoop 〈command〉〈genericOptions〉〈commandOptions〉
```

이 때문에 input/output 옵션이나 mapper/reducer 옵션보다 앞서 지정할 필요가 있
다[17]. MyCustomOutputFormat이라는 커스텀 OutputFormat 클래스를 사용하는 경
우는 다음과 같이 실행하면 된다.

```
$ sudo -u sampleuser hadoop jar hadoop-streaming-2.0.0-mr1-cdh4.2.1.jar \
  -libjars /tmp/mylib1.jar
  -input input -output sample_hadoopstreaming/output \
  -outputformat com.mylib.MyCustomOutputFormat \
  -mapper mapper -reducer reducer \
  -file /tmp/mapper -file /tmp/reducer
```

쉼표 구분을 사용해서 복수의 jar 파일을 추가할 수 있다.

```
$ sudo -u sampleuser hadoop jar hadoop-streaming-2.0.0-mr1-cdh4.2.1.jar \
  -libjars /tmp/mylib1.jar,/tmp/mylib2 \
  -input input -output sample_hadoopstreaming/output \
  -inputformat com.mylib.MyCustomInputFormat \
  -outputformat com.mylib.MyCustomOutputFormat \
  -mapper mapper -reducer reducer \
  -file /tmp/mapper -file /tmp/reducer
```

이번 장에서는 HadoopStreaming 개요 및 활용 예를 살펴보았다. HadoopStreaming
은 자신이 익숙한 프로그래밍 언어를 사용할 수 있어, 경우에 따라서는 기존 데이터 분석
용 스크립트를 Hadoop 상에서 곧바로 사용할 수 있다. HadoopStreaming은 Hadoop
의 분산 처리를 도입하면서 팀이 보유하고 있는 기술이나 자산을 활용할 수 있는 이점이
있으므로, 유용한 개발 방법 중 하나가 될 수 있다.

---

17 또한, 이들 Generics 옵션은 HadoopStreaming 이외에도 사용할 수 있다. 상세한 내용은 10.5 '분산 캐시 이용'
을 참조하기 바란다.

12

데이터 흐름형 처리 언어 Pig

12.1 Pig란?

12.1.1 MapReduce 개발을 쉽게 만드는 Pig

이전 장들에서는 자바를 사용한 MapReduce 구현 방법에 대해 설명했다. 자바를 사용한 구현에서는 처리하고 싶은 내용을 map 메소드나 reduce 메소드에 기술해서 처리한다. 또한, 11장에서 설명한 HadoopStreaming을 이용하면 자바 이외의 언어나 쉘 스크립트, 명령어로도 MapReduce 처리를 구현할 수 있었다. 하지만 다양한 MapReduce 처리를 구현하게 되면서 잡 정의나 Mapper, Reducer에서 어떤 데이터형(Writable)을 사용할지, 어떤 순서로 MapReduce 잡을 실행할지 등을, 프로그램을 실행할 잡별로 기술해야 한다. 다양한 용도에 맞게 유틸리티 클래스를 만들어 사용할 수도 있지만, 처리하고 싶은 내용이 늘어나면 그만큼 유틸리티 클래스를 구현하는데 드는 시간과 비용도 늘어난다. 게다가 어떤 처리를 map 메소드 또는 reduce 메소드에 구현해야 할지, 다른 종류의 데이터를 어떻게 결합할지, 어떤 데이터를 키로 해서 집약하고 정렬할지 등, 고려해야 할 사항들이 너무 많아진다.

이런 수많은 고려 사항과 복잡한 처리를 간단하게 해주는 툴이 Apache Pig(아파치 피그)다. Pig는 Hadoop의 MapReduce에 특화된 개발 툴로 MapReduce 특유의 복잡한 처리 부분을 Pig가 담당하여, 개발자는 처리 로직 부분에 집중할 수 있다. 또한 Pig에는 대화형 개발 기능이 있어, MapReduce 처리를 다양한 방법으로 테스트할 수 있을 뿐 아니라, 몇 번이고 반복적으로 계속 테스트할 수 있다.

12.1.2 Pig의 특징

Pig에는 다음과 같은 특징이 있다.

▌ Pig Latin 언어를 사용해 데이터 흐름을 중심으로 한 처리 내용을 정의할 수 있다

13장에서 소개할 Apache Hive가 HiveQL이라 불리는 SQL 형식의 언어로 처리를 정의한다면, Pig는 Pig Latin이라 불리는 명령형 언어로 처리를 정의한다. Pig는 데이터 흐름에 대해서 함수를 적용하여 계산하거나 필터링할 수 있다는 점이 특징이다. 처리 흐름을 쉽게 파악할 수 있다.

▮ 자주 사용하는 처리가 이미 기존 기능으로 존재

자바를 사용한 구현에서는 데이터 정렬이나 다른 종류의 데이터를 특정 요소를 사용해 결합하는 등의 처리를 일일이 기술해야 했지만, Pig에서는 Pig Latin 구문 세트에 모두 포함되어 있다. 그래서 이들 처리를 간단히 구현할 수 있다.

▮ 자바와 비교해 적은 코드양으로 처리를 정의할 수 있다

Pig Latin 구문 세트를 사용해서 전형적인 데이터 처리가 가능하기 때문에 적은 코드양으로도 처리를 정의할 수 있다. 또한 보다 유연한 처리를 Pig로 구현하고 싶다면, 내장 함수나 사용자 정의 함수(UDF, User defined Function)를 이용할 수 있다. 사용자가 UDF를 구현할 때는 자바뿐 아니라 파이썬, 루비, 자바스크립트 등의 언어도 이용할 수 있다. Hadoop의 샘플 애플리케이션으로 유명한 WordCount를 예로 들면, 8장에서도 언급했듯이 70행 정도의 코드 기술이 필요하지만, Pig로는 단 몇 줄만으로도 처리를 구현할 수 있다.

▮ MapReduce 잡 구조를 의식하지 않고도 처리 내용을 정의할 수 있다

자바를 사용한 구현에서는 map 메소드와 reduce 메소드 처리 내용을 기술해야만 하고, 복수의 MapReduce 잡으로 처리를 정의할 때는 처리 순서나 제어 방법을 고려해야만 했다. 반면, Pig에서는 MapReduce 잡 정의나 map 메소드, reduce 메소드를 의식하지 않고도 처리를 기술할 수 있다. Pig Latin에서 선언한 구문 내용을 따라서 map 메소드/reduce 메소드에 처리를 할당할 수 있다. 어떻게 할당할지도 사용자가 의식할 필요가 없다.

▮ 처리 타이밍에 데이터 의미 부여

Pig에서는 정수형이나 부동 소수점형, 문자열형 등의 데이터형을 정의할 수 있다. 또한, 처리 데이터의 필드별로 필드명을 정의할 수 있다. Pig는 HDFS에 저장한 데이터에 대한 처리를 하기 때문에 RDBMS와 같이 데이터를 저장하기 전에 구조를 정의할 필요 없이, 처리 타이밍에 스키마를 정의할 수 있다. 단, Hive와 달리 처리하고 싶은 데이터에 부여한 스키마를 영구화하는 기능은 없다[1].

처리하고 싶은 내용을 빠르게 정의하고, 처리 단계로 바로 넘어간다는 점이 Pig의 장점이다. 또한, Hive같이 스키마 등의 메타 정보를 관리하기 위한 구조가 필요 없기 때문에 도

---

[1] Apache Incubator(아파치 인큐베이터)에서는 Hive나 자바, Pig에서 스키마를 공유해서 서로 사용할 수 있도록, 아파치 Hcatalog가 개발되어 있다.

입이 용이하다.

이 장에서는 Pig로 구현할 수 있는 처리 내용에 더해서, 샘플 처리를 통해 Pig를 보다 실용적으로 사용할 수 있는 방법을 소개한다. 이 책에서 설명하는 Pig 버전은 2013년 5월 집필 시점의 CDH 4.2에 포함되어 있는 Pig 0.10.0을 대상으로 한다.

 ## 12.2 Pig 실행 방법

여기서는 Pig의 실행 방법에 대해 설명한다. Pig는 로컬 모드와 MapReduce 모드라 불리는 두 가지 실행 모드를 가지고 있다. 이것은 MapReduce 잡을 로컬 모드에서 실행하는 경우와 분산 처리 환경에서 실행하는 경우를 고려한 것이다. 각각의 시작 방법은 Pig를 설치한 서버에서 pig 명령을 실행할 때 사용하는 인수를 통해 구별한다.

▌로컬 모드

```
$ pig -x local
```

▌MapReduce 모드

```
$ pig -x mapreduce
```

또는 -x 옵션을 생략하고 $ pig라고 쓰기만 해도 MapReduce 모드가 된다. Pig에서 처리를 정의하는 방법은 Grunt[2] 쉘을 이용해서 Pig Latin을 순서대로 기술하는 인터랙티브 모드나, Pig Latin을 기술한 파일을 읽어서 실행하는 일괄 처리 모드가 있다.

인터랙티브 모드에서는 다음과 같은 형태로 Pig Latin을 정의한다. 예에서는 HDFS 상의 hogehoge.txt를 읽어서 첫 번째와 두 번째 필드를 추출하고 있다.

---

2 Grunt는 부~부 하고 새가 운다는 의미를 가졌다.

```
$ pig
grunt > A = LOAD 'hogehoge.txt' USING PigStorage(',');
grunt > B = FOREACH A GENERATE $0, $1;
 (후략)
```

인터랙티브 모드에서는 정의한 Pig Latin 구문에 오류가 있으면 에러 메시지가 출력된다.
또한, 인터랙티브 모드를 종료하고 싶을 때는 다음과 같이 quit를 입력한다.

```
grunt > quit;
```

일괄 처리 모드에서 미리 Pig Latin을 기술한 파일을(예에서는 sample.pig) pig 명령의 인
수로 부여하여 Pig를 통한 MapReduce 잡을 실행한다.

```
$ pig sample.pig
```

참고로 파일 내에 기술되어 있는 Pig Latin에 오류가 있으면, 인터랙티브 모드와 마찬가
지로 에러가 있는 부분에서 에러 메시지를 출력하고 처리를 중단한다.

Pig Latin을 기술한 파일은 Pig를 실행할 클라이언트 상의 파일 이외에도 HDFS,
Amazon S3 상에 배치한 파일도 사용할 수 있다. 예를 들어, HDFS 상에 sample.pig[3]
를 읽어서 다음과 같이 실행한다.

```
$ pig hdfs://example.com:8020/user/hogehoge/sample.pig
```

참고로 Pig를 실행할 때 개별 설정을 이용하기 위해서는 다음과 같은 방법들이 있다.

- Pig 설정 파일 pig.properties에 개별 설정을 기술한다
- Pig 명령 실행 시에 인수로 '-D ⟨속성명⟩=⟨값⟩' 형식으로 설정을 기술한다
- Pig 명령 실행 시에 인수로 '-P ⟨파일⟩'로 설정을 기술한 속성 파일을 지정한다

---

3 다음 샘플에서는 HDFS 상의 /user/hogehoge 디렉터리 이하에 배치되어 있다.

・ Pig Latin의 set문으로 속성을 지정한다

여기까지 pig 명령을 사용한 Pig 실행 방법에 대해 설명했다. 다음은 Pig의 데이터 구조와 Pig Latin으로 무엇이 가능한지를 설명한다.

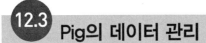

12.3 Pig의 데이터 관리

12.3.1 데이터 표현 형식

Pig에서는 다음과 같은 형태로 데이터를 표현한다.

field: 데이터형에 따라 표현되는 개별값

tuple: field를 저장한다. Pig에서는 괄호로 표현한다(기술 방법: (field, [, field …]))

bag: tuple을 모은 것. Pig에서는 중괄호로 표현한다(기술 방법: {tuple, [, tuple …]})

map: key와 value 형식으로 데이터 처리. key는 chararray형밖에 설정할 수 없다(기술 방법: [key1#value1, key2#value2 …])

릴레이션(relation): Pig Latin으로 정의한 데이터를 처리하는 단위로, tuple의 집합이다. bag도 tuple을 집약한 것이지만, 릴레이션은 복수의 tuple을 모은 하나의 큰 bag(outer bag)이라 할 수 있다

tuple이나 bag에서 field에 접근하는 방법은 다음과 같다.

・ $0, $1 …라 지정하는 것으로 tuple이나 bag 내에 포함되어 있는 field의 선두로부터 접근할 수 있다
・ 각각의 field에 스키마를 사용해서 $0이나 $1에 관련된 접근명[4]과 데이터형을 설정할 수 있다. 스키마는 AS를 사용해서 접근명과 데이터형을 정의할 수 있다

예를 들어, 릴레이션A와 B가 있다고 하자. 릴레이션A는 Pig에서 처리할 데이터를 취득

---

4 알리아스(alias. 별명)

하는 LOAD문을 사용해서 취득한 데이터를 저장하고 있다. 여기서 A가 두 개의 필드를 가지고 있다고 하면 선두 요소는 chararray형의 id라는 접근명, 두 번째 요소는 int형의 score라는 접근명을 가진다. 릴레이션B는 릴레이션A의 id값을 사용해 데이터를 집약한 것이다.

```
A = LOAD 'data' USING PigStorage(',') AS (id:chararray, score:int);
B = GROUP A BY id;
```

이때, B는 (id, {(id, score), (id, score) …})가 된다. A의 첫 필드는 $0 또는 id를 사용해서 접근할 수 있다. 또한, B의 score에 접근하려면 $1.$1 또는 $1.score를 사용해서 접근할 수 있다.

12.3.2 데이터형

Pig에서 처리할 수 있는 데이터형은 다음과 같다.

- 정수형
  int형(32비트 정수)와 long형(64비트 정수). int형과 long형을 구별하기 위해서 long형 숫자 뒤에 L 또는 l(소문자 L)을 붙인다[5]. 예를 들어, long형인 100은 100L이다.

- 부동 소수점형
  float형(32비트 부동 소수점)과 double형(64비트 부동 소수점). float형과 double형을 구분하기 위해서 float형 숫자 뒤에 F 또는 f를 붙인다(F로 표시된다). 또한, float형과 double형 공통으로 지수 표현이 가능하다. 기수 표기로 E나 e를 사용해서 〈가수부〉E〈지수부〉와 같이 지정한다. 예를 들어, float형으로 23400을 처리할 때는 24.5E3F가 된다.

- 문자열형
  chararray형. 자바의 String형으로 표현되는 데이터를 처리한다. 문자 코드는 UTF-8만 가능하다.

---

5 표시할 때는 L이 붙는다.

• 바이너리형

　bytearray형, 바이트형 배열.

12.3.3 연산자

연산자에 대해 설명하도록 한다. Pig Latin에서 사용 가능한 연산자는 다음과 같다.

• 사칙 연산자

　+, −, ×, /, %를 사용할 수 있다.

• 비교 연산자

　반환값으로 논리형(true/false)을 반환한다. 비교 방법은, ==(같다), !=(틀리다), 〈(작다), 〉(크다), ≦(작거나 같다), ≧(크거나 같다), matches(자바의 정규 표현식을 사용한 문자열 일치) 등이 있다.

• 논리 연산자

　비교 연산자를 다수 조합해서 평가하기 위해 사용한다. AND(그리고), OR(또는), NOT(부정)을 사용할 수 있다.

• NULL 체크

　필터 규칙이나 필드값이 NULL인지 확인할 때 사용한다. is null(NULL이다), is not null(NULL이 아니다)이 있다.

12.4 Pig에서의 처리 방법

Pig Latin에서 처리를 정의하는 순서는 다음과 같다.

1. 처리 대상 입력 데이터를 로드하는 방법 정의
2. 로드한 데이터에 대한 처리 정의
3. 처리 결과를 어떻게 출력할지 정의

그러면 실제 어떻게 Pig Latin에서 정의할 수 있는지 설명하도록 하겠다. 참고로 Pig

Latin은 정의한 구문 마지막에 ';' (세미 콜론)을 붙여야 한다.

12.4.1 데이터 입출력 방법

Pig에선 데이터를 읽어 들이기 위해서 LOAD문을 사용한다. LOAD문은 다음과 같이 구현한다.

```
<릴레이션>= LOAD '<경로>' [USING <Load 함수>] [ AS <스키마>];
```

〈경로〉에는 입력 데이터가 있는 장소를 지정한다. 이것은 '*(별표)' 등의 glob로 정의할 수 있다. 또한, AS문을 이용해서 사용할 데이터의 접근명이나 데이터형을 지정할 수 있다. 〈Load 함수〉란 Pig에서 처리하기 위한 데이터를 읽어 들이기 위한 것으로, 다음과 같은 것들을 이용할 수 있다.

- PigStorage('delimiter')
  파일 내에 행 단위로 기록되어 있는 UTF-8 형식의 데이터를 읽을 때 사용한다. 'delimiter'로 구분 문자를 설정한다(기본 설정은 탭(tab) 문자다).

- BinStorage()
  바이너리 데이터를 읽을 때 사용한다. 인수는 없다.

- TextLoader()
  파일 내에 행 단위로 기록되어 있는 UTF-8 형식의 데이터를 읽을 때 사용한다. PigStorage와 달리, 구조화되지 않은 데이터를 처리한다. 인수는 없다.

- JsonLoader('schema')
  JSON 형식의 데이터를 읽을 때 사용한다. 'schema'로 JSON의 내부 구조에 맞추어 데이터를 읽을 수 있다.

LOAD문을 테스트하기 위해, HDFS 상의 /tmp/inputfile을 PigStorage 함수를 사용해서 읽어보도록 한다. 다음의 예에서는 스키마로 f1(chararray형), f2(long형), f3(double형)를 정의하고 있다.

```
X = LOAD '/tmp/inputfile' USING PigStorage() AS (f1:chararray, f2:long, f3:double);
```

한편, Pig로 처리한 데이터를 출력하기 위해서는 STORE문을 사용한다. STORE문은 다
음과 같은 구문을 사용한다.

```
STORE<릴레이션> INTO '<경로>' [USING <Store 함수>];
```

〈경로〉는 출력 위치를 지정한다. 〈Store 함수〉란 Pig에서 처리 결과를 HDFS 등에 출력
하기 위한 함수로, Pig에서는 다음과 같은 표준 함수를 이용할 수 있다.

- PigStorage('delimiter')
  UTF-8 형식으로 데이터를 행 단위로 출력할 때 사용한다. 기본 설정에서는 탭(tab)을
  구분 문자로 사용하지만, 'delimiter'에서 지정한 문자를 구분 문자로 사용할 수 있다.

- BinStorage( )
  바이너리 형식으로 데이터를 출력할 때 사용한다.

- PigDump( )
  Pig의 데이터 구조인 Tuple을 UTF-8 형식으로 출력한다.

- JsonStorage ( )
  JSON 형식의 데이터를 출력할 때 사용한다.

12.4.2 데이터 가공 방법

Pig는 데이터 전체를 처리하기 위한 것이 주된 목적이지만, 데이터의 특정 필드를 추출하
거나 연산하고자 할 때는 FOREACH-GENERATE문을 사용한다. 구문은 다음과 같다.

```
<출력 릴레이션> = FOREACH <입력 릴레이션> GENERATE <처리 대상 field (, ...)>;
<출력 릴레이션> = FOREACH <입력 릴레이션> {입력자를 통한 GENERATE};
```

GENERATE문 뒤에 입력 릴레이션(relation) 내의 특정 필드를 지정하거나, 지정한 field에 대해 연산자나 UDF를 적용한 연산 결과를 지정할 수 있다. Pig에서 이용 가능한 연산자나 표준 함수에 대해서는 뒤에서 설명하겠다. 또한, field에 AS문을 사용해서 스키마를 정의할 수도 있다(예: 〈필드명〉AS〈스키마〉, …). FOREACH문에서 입력자 표기까지 지원하고 있어서 릴레이션 내부의 데이터에 대해 FILTER문이나 DINTINCT문(중복 제거문)을 선언할 수 있고, 입력자가 된 데이터를 가공하는 선언도 가능하다. 또한, bag나 tuple의 입력자가 된 릴레이션이 있는 경우, FLATTEN 함수를 적용해 입력자를 꺼내서 출력할 수 있다.

12.4.3 데이터 필터/분할 방법

Pig에서는 조건과 일치하는 레코드를 추출하는 방법으로 FILTER문을 사용한다. FILTER문은 다음과 구문으로 구성된다.

```
<출력 릴레이션> = FILTER <입력 릴레이션> BY <필터 규칙>
```

〈필터 규칙〉으로 비교 연산자나 논리 연산자를 이용할 수 있다. 또한, 필터용 UDF와 조합할 수도 있다. 그리고 조건에 일치하는 레코드별로 릴레이션을 부여하는 SPLIT문도 있다. SPLIT문을 이용함으로써 처리별로 FILTER문을 적용하는 것이 아니라, 1회의 SPLIT문으로 전체에 적용할 수 있게 된다. SPLIT문의 구조는 다음과 같다.

```
SPLIT <입력 릴레이션> INTO <출력 릴레이션1> IF <조건1>, <출력 릴레이션2> IF <분할 조건2> [,
<출력 릴레이션n> IF <분할 조건n>];
```

분할 조건에는 FILTER문에서도 사용했던 비교 연산자나 논리 연산자를 이용할 수 있다. 이 조건은 개별적으로 설정할 수 있기 때문에 복수의 출력 릴레이션에 같은 데이터가 포함되는 경우도 있다.

FILTER문과 SPLIT문은 다음과 같은 형태로 기술할 수 있다.

```
X = FILTER A BY $0 > 0 AND $1 < 0;
SPLIT A INTO X IF $0 > 0, Y IF $1 <= 10, Z IF ($0 == 0 AND $1 > 0);
```

12.4.4 특정 필드로 데이터 집약/정렬

특정 필드로 집약하고 싶은 경우, GROUP문이나 COGROUP문을 사용한다. GROUP 문은 하나의 릴레이션 내에서 집약할 때, COGROUP문은 복수의 릴레이션 내에서 특정 필드로 집약할 때 사용한다. 구문은 다음과 같다[6].

```
<출력 릴레이션> = GROUP <입력 릴레이션> { ALL | BY <집약 field> }
[, <입력 릴레이션> ALL | BY <집약 규칙>...] [ PARTITION BY <Partitioner 클래스>]
[ PARALLEL <분산 수>];
```

집약 시에 field를 지정하지 않고 ALL로 하면, 모든 tuple을 단일 그룹으로 집약한다. 집 약 field는 특정 field를 집약 키로 데이터를 집약한다. 집약은 복수의 field를 지정할 수 있으며, 이 경우는 (field1, field2)와 같이 집약 키를 괄호로 지정한다. PARTITION BY 는 MapReduce의 Partitioner와 마찬가지로 키를 어떤 Reduce 태스크에 할당할지를 설 정하는 Partitioner 클래스를 지정할 수 있다. PARALLEL문은 집약 처리 자체를 분산시 켜 처리할 때 사용한다. 분산 수의 기본값은 1이다. 'set default_parallel 〈분산 수〉'로 설 정한 경우는 해당 값이 적용된다. 참고로 출력 릴레이션의 선두 field는 group이라는 접 근명이 되며, 데이터 중복을 제거하는 구문으로는 DISTINCT문도 있다.

```
<출력 릴레이션> = DISTINCT <입력 릴레이션> [PARTITION BY <Partitioner 클래스>]
[PARALLEL <분산 수>];
```

특정 데이터로 정렬하고 싶은 경우에는 ORDER BY문을 사용한다. ORDER BY문의 구 조는 다음과 같다.

```
<출력 릴레이션> = ORDER <입력 릴레이션> BY { * [ASC|DESC] | <field> [ASC|DESC]
[, <field> [ASC|DESC] ...]} [PARALLEL <분산 수>];
```

BY 구 바로 뒤에는 tuple 정렬 방법을 기술한다. 정렬할 필드를 지정하고 ASC(오름차순)

---

6 COGROUP문의 구문은 GROUP을 COGROUP으로 바꾸기만 하면 되며, 다른 구조는 동일하다.

나 DESC(내림차순) 키워드로 정렬 방법을 지정한다. field는 쉼표 구분으로 여러 개를 지정할 수 있으며, 왼쪽에 지정한 field부터 순서대로 적용된다. 또한, field가 아닌 '*(별표)'를 사용할 수도 있다. 이때는 모든 field(tuple로서)를 정렬 비교 대상으로 사용한다. 또는 PARALLEL 구를 지정함으로써 ORDER BY를 임의의 수로 분산해서 처리할 수도 있다.

12.4.5 데이터 결합 방법

Pig에서는 복수의 릴레이션을 결합하기 위한 JOIN문이 존재한다. JOIN문에서는 결합 방식으로 SQL에서 사용되는 INNER JOIN(내부 결합), OUTER JOIN(외부 결합) 두 가지를 사용할 수 있다. 각각의 구문은 다음과 같다.

■ 내부 결합

```
<출력 릴레이션> = JOIN <입력 릴레이션1> BY {<field> | '(<field> [, <field>...]')'|} (,
<입력 릴레이션2> BY {<field> | '(<field> [, <field>...]')'|} ...)
[PARTITION BY <Partitioner 클래스>] [PARALLEL <분산 수>];
```

■ 외부 결합

```
<출력 릴레이션> = JOIN <왼쪽 릴레이션> BY <왼쪽 field> [LEFT|RIGHT|FULL] [OUTER] ,
<오른쪽 릴레이션> BY <오른쪽 field> [PARTITION BY <Partitioner 클래스>] [PARALLEL <분산 수>];
```

내부 결합은 두 개 이상의 릴레이션을 결합시키기 위해, 결합용 field를 지정한다. 마찬가지로 외부 결합도 결합을 위한 field를 지정한다. 외부 결합은 LEFT JOIN이나 RIGHT JOIN, FULL JOIN 구문을 내부에서 정의한다. OUTER는 기술하지 않아도 특별히 문제는 없다. PARTITION BY 구에는 MapReduce의 Partitioner와 마찬가지로 키를 어떤 Reduce 태스크에 할당할지 설정하는 Partitioner 클래스를 지정할 수 있다. PARALLEL 구는 결합 처리 자체를 분산하고자 할 때 사용한다.

JOIN문을 통해 얻을 수 있는 출력 릴레이션 내의 데이터는 '〈최초 결합 field의 데이터〉, 〈다음 결합 field의 데이터〉[, …]'가 된다.

복수의 릴레이션에 있는 tuple을 단순히 하나의 릴레이션으로 결합하는 UNION문도 있다. UNION문의 구문은 다음과 같다. UNION문은 스키마에 관계없이 릴레이션 데이터 (tuple)을 결합할 수 있다. 반면, ONSCHEMA를 부여하면 서로 다른 릴레이션이면서 같은 접근명을 가진 스키마를 결합하고, 한쪽에만 존재하는 field의 경우 데이터가 존재하지 않는다는 것을 의미하는 NULL값으로 채운다.

```
<출력 릴레이션> = UNION [ONSCHEMA] <입력 릴레이션1>, <입력 릴레이션2> [,...];
```

참고로 UNION문에서는 복수의 릴레이션 내에 같은 tuple이 존재하는 경우, 중복되는 tuple을 남겨둔다. 중복 데이터를 배제하고자 하는 경우는 UNION문을 실행한 후, DISTINCT문을 사용해야 한다.

12.4.6 데이터 처리 건수 제어 방법

데이터 처리 건수를 한정하고자 하는 경우는 LIMIT문을 사용한다. LIMIT문의 구문은 다음과 같다.

```
<출력 릴레이션> = LIMIT <입력 릴레이션> <출력 수>;
```

출력 수를 지정함으로써 데이터 수를 제한하는 것이 가능해진다.

한편, 샘플링을 통해 데이터를 제어할 수도 있다. SAMPLE문을 적용하는 것으로도 출력 수를 제어할 수 있다. SAMPLE문은 출력 비율을 0~1.0 범위로 지정하여 입력 레코드에서 랜덤으로 tuple을 추출한다.

```
<출력 릴레이션> = SAMPLE <입력 릴레이션> <비율>;
```

12.4.7 기타 잡이나 명령어 등의 조합

MAPREDUCE문을 사용하면 기존 MapReduce 잡을 Pig 상에서 실행할 수 있다.

MAPREDUCE문의 구문은 다음과 같다.

```
<출력 릴레이션> = MAPREDUCE '<JAR 파일>' <STORE 입력 릴레이션> INTO '<입력 위치>'
USING <Store 함수> LOAD '<출력 위치>' USING <Load 함수> AS <스키마> ['<인수>'];
```

이 구문에서는 처음에 입력 릴레이션 데이터를 MapReduce '입력 위치'에 Store 함수로
출력한다. 그리고 JAR 파일에서 정의하고 있는 MapReduce 잡을 실행한다. 실행 결과는
'출력 위치'에 저장된다. 이 결과를 Load 함수를 이용하여 출력 릴레이션에 전달한다. 이
때, 출력 릴레이션에 전달하는 정보에는 스키마가 정의된다. 인수는 MapReduce 애플리
케이션에 개별적으로 전달한 인수를 지정한다. 복수의 인수를 전달할 때는 공백으로 구분
한다. JAR 파일은 Pig를 실행할 클라이언트 상의 JAR 파일 경로를 지정한다. 〈Load 함
수〉와 〈Store 함수〉는 Load문과 STORE문에서 사용한 함수를 이용한다[7]. 또한, 릴레이
션에 명령어나 스크립트를 적용할 수 있는 STREAM문도 있다. 예를 들어, 별도로 준비한
펄 스크립트나 리눅스 명령 등을 실행할 때 사용한다. 명령어 알리아스는 DEFINE문으로
설정할 수 있다.

```
<출력 릴레이션> = STREAM <입력 릴레이션> [, ...]
THROUGH THROUGH {'<명령어>' | <명령어 알리아스>} [AS <스키마>];
```

12.4.8 기타

또한, 복수의 릴레이션을 직적(direct product, 直積)하는 CROSS문도 있다.

```
<출력 관계> = CROSS <입력 관계1>, <입력 관계2> [, ...]
[PARTITON BY <Partitoner 클래스>] [PARALLEL <분산 수>];
```

---

7 참고로 여기서 지정한 '입력 위치'와 '출력 위치'는 Pig 완료 후에 자동적으로 삭제되지 않는다. 때문에 개별로 삭
제할 필요가 있다.

12.5 함수

Pig에서는 릴레이션 데이터를 처리하기 위해 함수를 사용한다. 함수는 Pig 내장형과 PiggyBank가 제공하는 것, 사용자가 독자 정의한 것(UDF) 등이 있다. 함수는 FOREEACH-GENERATE문이나 FILTER문 등으로 데이터 처리, 평가 등에 이용한다.

12.5.1 Pig 내장 함수

Pig 내장 함수로 평가 함수, 수학 함수, 문자열 처리 함수, 날짜/시간 처리 함수, bag이나 tuple 처리 함수, 그리고 데이터 입출력 함수가 있다. 각각의 대표 함수는 다음과 같다[8].

- 평가 함수

  AVG(평균), COUNT(집계), IsEmpty(요소가 비어있는가), MAX(최대), MIN(최소), TOKENIZE(데이터 분할), SUM(합계) 등.

- 수학 함수

  SIN/COS/TAN 등(삼각 함수), EXP(지수 함수), LOG/LOG10(대수 함수), FLOOR/CEIL/ROUND(수치 정리), ABS(절댓값), RANDOM(난수), SQRT/CBRT(제곱근, 입방값).

- 문자열 처리 함수

  INDEXOF(문자열 위치 검색), REGEX(정규 표현), REPLACE(치환), SUBSTRING(부분 문자열), TRIM(문자열 전후 공백 제거), STRSPLIT(분할) 등.

- 날짜/시간 처리 함수

  GETDay(일/시 등 특정 요소 추출), HoursBetween(기간 연산), ToDate(날짜 변환), CurrentTime(현재 일시 추출).

- bag/tuple 처리 함수

  TOBAG(bag로 변환), TOP(bag 내의 상위 x건 추출), TOTUPLE(tuple로 변환).

8　CDH 4.2.0의 Pig에는 날짜/시간 처리 함수가 포함되어 있다. 기반이 되는 커뮤니티판 Pig 0.10.0에는 포함되지 않는다. 상세한 내용은 다음 URL을 확인하기 바란다.
http://archive.cloudera.com/cdh4/cdh/4/pig-0.10.0-cdh4.2.0/func.html

- 데이터 입출력 함수

  PigStorage(UTF-8형으로 데이터 입출력), BinStorage(바이너리형으로 데이터 입출력).

12.5.2 PiggyBank가 제공하는 함수

Pig 내장 함수 이외에 UDF를 모아서 PiggyBank라 불리는 라이브러리로 제공하는 함수다. 이것은 Pig의 contribute로 사용할 수 있다. 예를 들어 절댓값을 구하는 ABS 함수같이, 원래는 PiggyBank가 제공하던 함수가 Pig 표준 함수가 되는 경우가 있다. PiggyBank가 제공하는 함수는 다음과 같다.

- 평가 함수

  IsNumeric 함수 등 Tuple 요소가 수치형인지 확인하는 함수나, ISOToUnix 함수같이 날짜/시간 정보를 다루는 함수, 그리고 DoubleMax 함수같이 Pig 표준 함수에는 없는 수학 함수가 제공된다.

- 데이터 로드 함수

  CSV를 읽어 들이는 CSVLoader 함수, XML을 읽는 XMLLoader 함수 등이 있으며, Hadoop의 잡 실행 이력을 읽는 HadoopJobHistoryLoader 함수가 제공된다. 이 외의 PiggyBank가 제공하는 함수에 대해서는 API 문서를 참고하기 바란다[9].

12.5.3 사용자가 정의한 함수

Pig에 표준 내장되지 않은 함수는 사용자가 독자적으로 개발할 수 있다. UDF(사용자 정의 함수)에 대해서는 뒤에서 샘플로 소개하겠지만, 여기서 중요 사항을 정리해 두겠다.

- 평가 함수를 작성할 때는 EvalFunc(org.apache.pig.EvalFunc)를 계승하여 exec 메소드를 구현한다
- 필터 함수를 작성할 때는 FilterFunc(org.apache.pig.FiterFunc)를 계승하여 exec 메소드를 구현한다

---

9 http://pig.apache.org/docs/r0.10.0/api

- 집약 함수를 작성할 때는 EvalFunc를 계승하여 Algebraic 추상 클래스를 implements한다. 평가 함수의 exec 메소드 이외에, 집약용으로 Initial 클래스(Map 처리에 사용), Intermed 클래스(Combine 처리에 사용), Final 클래스(Reduce 처리에 사용)를 구현한다. 또한, 각각의 클래스명을 반환하기 위한 getInitial 메소드, getIntermed 메소드, getFinal 메소드를 구현한다

UDF는 자바뿐 아니라 파이썬, 같이, 루비, 그루비(Grooby)로도 정의할 수 있다. 각 언어로 UDF를 이용하려면 REGISTER문 정의 시점에 사용 언어를 명시해야 한다. 예를 들어, 파이썬인 경우에는 다음과 같이 정의한다[10].

```
REGISTER 'myudf.py' USING jython as myfuncs;
```

USING부에서 각 언어(자바스크립트→javascript, 루비→jruby, 그루비→groovy)를 정의한다.

참고로 사용자가 정의한 함수 중에 자주 사용되는 것은 PiggyBank에 포함된다.

독자 정의한 UDF나 PiggyBank에 포함되는 UDF를 이용할 때는 이용할 함수를 JAR 파일로 작성한다. 이 JAR 파일을 REGISTER문으로 선언하고, DEFINE문으로 Pig 상에서 사용할 함수명을 정의한다. 예를 들어, myudf.jar 파일 내의 myudf.MyUDF 클래스를 MYUDF 함수로 이용하려면 다음과 같이 정의한다.

```
REGISTER myudf.jar;
DEFINE MYUDF myudf.MyUDF();
```

Pig 내장 함수로 구현하기 어려우면 UDF를 작성해서 Pig Latin 구문을 보완할 수 있다. UDF는 간단히 작성할 수 있으니 필요에 따라 만들어 보도록 하자. 참고로 UDF 이용 예제는 다음 절에서 소개하겠다.

---

10 Pig에서는 파이썬 구현을 자이썬(Jython)으로 취급한다.

12.6 애플리케이션 개발

12.6.1 이번 장에서 구현할 Pig 처리

지금까지 Pig Latin 문법과 함수에 대해 설명했다. 이후로는 실제 예제를 Pig로 구현해 보도록 하겠다. 예제로 사용할 처리는 다음과 같다.

▌웹 쇼핑 사이트의 콘텐츠 접속 로그 분석

대량의 상품을 취급하는 웹 쇼핑 사이트가 있다. 각 상품 페이지는 해당 상품과 연관된 상품이나, 해당 상품을 구매한 사용자가 구입한 다른 상품을 함께 보여주는 구조로 되어 있다. 이 구조가 효과적으로 사용되고 있는지 접속 로그를 분석해서 확인하겠다.

12.6.2 접속 로그 형식

이번에 분석할 접속 로그에는 다음 정보들이 포함되어 있다.

1. 접속 일시
2. 접속한 사용자의 사용자 ID(10자리 수)
3. 상품 ID(8자리 영문/숫자)
4. 상품 카테고리 ID(네 자리 영문/숫자)
5. 다른 상품 페이지에서 접속한 경우, 접속 출발지 상품 페이지의 상품 ID(형식은 3과 동일)
6. 5와 동일한 경우의 상품 카테고리 ID(형식은 4와 동일)
7. 5, 6과 동일한 경우, 관련 정보 또는 구입 정보 어느 쪽에서 접속했는지를 알리는 플래그(0: 관련 정보, 1: 구입 정보)

이들 정보는 다음과 같은 형식으로 기록돼 있다. 참고로 관련 정보나 구입 정보를 통해 접속하지 않은 경우는 5부터 7까지 '-(하이픈)'이 표시된다.

```
2013-02-21 12:20:30, 1230430003, ae334050, ae10, cz102054, cz50, 0
2013-02-21 12:20:31, 1220406023, xx049200, xx01, -, -, -
```

또한 사용자 ID에 관련된 정보는 다음과 같은 형식이다.

1. 사용자 ID
2. 성별(1: 남성, 2: 여성)
3. 연령

이들 정보는 다음과 같은 형식으로 기록되어 있다.

```
U201103041, 1, 25
U302050291, 2, 30
U205920302, 2, 32
```

12.6.3 처리 순서

이번에는 다음과 같은 순서로 정보를 추출한다.

■ 처리1

처리1에서는 접속 로그로부터 상품별 링크 관계를 구하는 처리를 구현한다. 이를 통해, 접속한 상품과 다른 상품과의 참조 관계를 확인할 수 있다.

1. 접속 로그 전건에 대해, 상품 ID별 접속 로그 수를 집계한다
2. 접속 로그를 통해 해당 상품이 다른 상품을 통해 접속된 건수를 집계한다
3. 접속 로그를 통해 해당 상품이 다른 상품에 접속한 건수를 집계한다
4. 상품 ID와 별도 용도로 준비한 상품명 리스트를 결합한다
5. 1~4의 결과를 결합해서 '상품 ID, 상품명, 1의 결과, 2의 결과, 3의 결과' 형식으로 출력한다

■ 처리2

처리2에서는 접속 로그에서 시간대, 성별, 연령대, 카테고리 ID별로 집계하는 처리를 구현한다. 이를 통해, 시간대별 카테고리 접속 경향이나 연령대별, 성별 접속 상황을 파악할 수 있다.

1. 사용자 정보 중 연령을 연령대로 변환한다(1: 20살 미만, 2: 20살~59살, 3: 60살 이상)
2. 접속 로그의 카테고리 ID 중, 상위 두 문자와 시간대(년월일과 시간대)를 추출한다(YYYYM-MDDHH 형식으로 출력)
3. 1과 2의 결과를 사용자 ID와 결합한다
4. 시간대와 성별, 연령대, 카테고리 ID별로 집계한다

이 처리들 중에서 Pig로 처리해야 할 부분은 다음과 같다.

- 건수 집계
- 상품 ID와 별도 준비되어 있는 상품명을 결합하는 처리
- 사용자 정보의 연령을 연령대로 변환
- 카테고리 ID의 상위 두 문자를 추출
- 접속 일시에서 시간대 정보 생성

건수 집계나 카테고리 ID에서 문자열을 추출하는 작업은 Pig의 내장 함수를 이용한다. 연령을 연령대로 변환하는 처리와 시간대 정보 생성은 사용자 정의 함수를 작성해서 해결한다. 상품 ID와 상품명 리스트를 결합하는 처리는 JOIN문을 사용하는 것도 가능하지만, 분산 캐시를 조합하여 사용자 정의 함수로 구현하도록 한다. 다음과 같은 순서대로 진행해보자.

1. Pig Latin으로 처리를 정의
2. 필요한 사용자 정의 함수 준비
3. 디버그용 Pig Latin을 실행해서 동작 확인

12.7 Pig Latin 처리 구현

Pig Latin으로 사용해서 구현하기 전에 다음 사항들을 고려해야 한다.

- 입력 경로는 처리1 로그(input1), 처리2 로그(input2), 처리2의 사용자 정보(users)라고 한다
- 출력 경로는 처리1(output1), 처리2(output2)라고 한다
- 사용자 정의 함수 부분은 임시로 X1, X2, …라고 한다

12.7.1 ID에 의한 집계 처리(처리1)

입력 경로에 대해 처리1의 1, 2, 3을 도출하고, 각각 개별적으로 실행하도록 한다. 우선, 입력을 다음과 같이 정의한다.

```
L = LOAD 'input1' USING PigStorage(',') AS (date:chararray, uid:chararray,
gid:chararray, cid:chararray, pgid:chararray, pcid:chararray, link:int);
```

LOAD문에서 input1을 ',(쉼표)' 구분으로 읽어, 각각에 접근명을 부여했다. 그리고 1, 2, 3의 각 건수를 출력한다.

■ 처리 1-1 도출(상품 ID별 접속 수 집계)

```
gr1 = GROUP L BY gid; // $3: 상품 ID
count1 = FOREACH gr1 GENERATE group, COUNT(inputdata);
```

GROUP문으로 gid에 의한 집계를 하고, 그 결과를 count1에 대입한다. FOREACH-GENERATE문 안에 있는 group에는 집약 단위인 상품 ID를 사용하고, COUNT는 Pig의 표준 함수를 사용한다.

■ 처리1-2 도출(접속 출발지 ID를 사용한 집계)

```
work = FILTER inputdata BY pgid ne '-'; // $5: 접속 출발지 ID
gr2 = GROUP work BY gid;
count2 = FOREACH gr2 GENERATE group, COUNT(work);
```

마찬가지로 접속 출발지 ID로 집계하지만, 접속 출발지가 없는 레코드(하이픈이 들어 있는)는 FITLER문으로 제외시킨다.

■ 처리1-3 도출(접속 도착지 ID를 사용한 집계)

```
gr3 = GROUP work BY pgid; // work는 2의 결과를 사용한다
count3= FOREACH gr3 GENERATE group, COUNT(work);
```

2와 3에서 같은 릴레이션(work)을 사용하고 있다. 2와 3이 각각 다른 릴레이션을 정의할 수도 있지만, 여기서 기술한 것과 같이 재사용할 수도 있다.

count1, count2, count3는 모두 키-밸류 조합으로, '상품 ID, 카운트 결과' 형식이다. 이 것들을 결합함으로써 결과가 생성된다. 출력 형식인 '상품 ID와 상품명'은 다음 절에서 설명하는 사용자 정의 함수로 구현한다. 이후 처리는 다음과 같다.

```
joined = JOIN count1 BY $0, count2 BY $0, count3 BY $0;
result = FOREACH joined GENERATE FLATTEN(X1($0)), $1, $3, $5;
// X1는 다음 절에서 정의할 UDF의 가칭
STORE result INTO 'output1' USING PigStorage(',');
```

FLATTEN 함수는 UDF의 결과(상품명, 상품명 한글)를 각각 개별적으로 사용할 수 있도록 하는 함수다. 이상의 내용을 바탕으로 결합한 결과를 정리해서 출력한다.

12.7.2 프로파일 집약(처리2)

우선은 사용자 정보를 연령대로 변환한다. 연령대 변환은 다음 절에서 설명할 사용자 정의 함수 X2를 이용한다.

■ 처리2-1 도출(연령대 변환)

```
U = LOAD 'users' USING PigStorage(',') AS (uid:chararray, sex:int, age:int);
ud = FOREACH U GENERATE uid, sex, X2(age); // X2(age)는 다음 절에서 설명할 사용자 정의 함수
```

다음은 2의 접속 로그를 가지고 가공 처리를 한다. 카테고리 ID의 상위 두 문자는 Pig 표준 함수인 SUBSTRING를 사용하고, 시간대 처리는 다음 절에서 설명할 사용자 정의 함수 X3를 사용한다.

■ 처리2-2 도출(카테고리와 시간대 집계)

```
L= LOAD 'input2' USING PigStorage(',');
ld = FOREACH L GENERATE X3($0), SUBSTRING($3, 0, 2), uid; // X3($0)는 사용자 정의 함수
```

그리고 1과 2를 결합해서 4의 건수를 출력한다.

■ **처리2-3과 처리2-4 도출**

```
joindata = JOIN ld BY uid, ud BY uid;
fjdata = FOREACH joindata
  GENERATE $0 as time, $1 as category, $2 as user, $4 as sex, $5 as age;
gr = GROUP fjdata BY (category, time, sex, age);
result = FOREACH gr GENERATE group, COUNT(fgdata);
STORE result INTO 'output2' USING PigStorage(',');
```

GROUP BY에서는 카테고리/시간/성별/연령대를 집약 단위로 설정한다. COUNT 함수의 적용은 이 단위들을 사용한다.

이상으로 처리1과 처리2에 대한 Pig Latin 구현 방법에 대해 설명했다. 단, 여기서는 사용자 정의 함수에 대해 설명하지 않았다. 처리1, 2에 대한 전체 Pig Latin 구현은 사용자 정의 함수와 함께 다음 절 마지막에 설명하겠다.

12.8 사용자 정의 함수 구현

다음으로 사용자 정의 함수를 구현하도록 한다. 작성할 사용자 정의 함수는 다음과 같다 (작성할 순서대로 기술했다).

- 사용자 정보의 연령을 연령대로 변환
- 접속 일시 정보에서 시간대 정보 추출
- 상품 ID와 배포된 상품명 정보를 결합

12.8.1 연령을 연령대로 변환하는 함수

이 함수는 입력값으로 전달된 연령 정보를 연령대로 변환한다. 이것은 Pig의 EvalFunc를 계승해서 구현할 수 있다. EvalFunc 클래스는 org.apache.pig.EvalFunc〈T〉로 org.apache.pig 패키지에 포함되어 있다. 〈T〉에 반환값의 형을 설정한다.

참고로 Pig의 사용자 정의 함수는 용도에 따라 계승할 클래스가 달라진다. 반환값으로 논 릿값을 사용하는 사용자 함수는 FilterFunc 클래스를 계승한다. 최댓값, 최솟값 같은 통 계값을 사용하는 사용자 함수는 EvalFunc 클래스를 계승하고 Algebraic, Accumulator 인터페이스를 구현한다.

이 함수는 연령대(1: 20살 미만, 2: 20~59살, 3: 60살 이상)를 반환값으로 하기 때문에 Integer형 을 반환값으로 하는 함수를 작성한다. 또한, exec 메소드 구현이 필요하다. Pig의 API 문 서를 확인하면 다음과 같이 기재되어 있는 것을 볼 수 있다.

```
abstract T exec(Tuple input)
```

Tuple은 Pig의 데이터형이다. T는 이 함수에서는 Integer형으로 기술한다. 이 함수에 서는 연령만 인수로 사용한다. Tuple 클래스의 값을 취득하려면 get 메소드를 이용한다. get 메소드는 API 문서에서 다음과 같이 기술되어 있다.

```
Object get(int fieldNum)
```

fieldNum은 0부터 (인수 -1)까지를 범위로 해서 설정한다. 이 함수에서는 0만 설정한다. 참고로 반환값이 Object이기 때문에, 처리가 필요한 경우 캐스트할 필요가 있다. 이 함수 에서는 정숫값을 사용하기 때문에 Integer형으로 캐스트한다. 구체적으로는 다음과 같은 형식으로 값을 취득한다.

```
Integer age = (Integer) input.get(0);
```

값을 취득한 후에 연령에 따른 반환값을 설정한다. 이상의 내용을 바탕으로 사용자 정의 함수(CHECKAGE)를 리스트 12.1과 같이 구현할 수 있다.

리스트 12.1 연령대를 식별하는 함수(CHECKAGE)

```java
public class CHECKAGE extends EvalFunc<Integer> {

  public CHECKAGE() {}

  @Override
  public Integer exec(Tuple input) throws IOException {
    if (input == null || input.size() == 0) {
      return null;
    }
    Integer age = (Integer) input.get(0);

    if (age < 20) {
      return 1;
    } else if (age >= 60) {
      return 3;
    } else {
      return 2;
    }
  }
}
```

참고로 인수가 여러 개 있는 경우, get 메소드 이외에 일괄해서 취득할 수 있는 getAll 메소드도 있다. 이 메소드는 List 형식으로 인수의 모든 데이터를 취득할 수 있다.

12.8.2 접속 일시에서 시간대 정보를 추출하는 함수

이 함수는 연령대를 처리하는 함수와 마찬가지로, 입력된 값을 그대로 가공해서 결과를 생성한다. 입력 데이터로 문자열(String형) 데이터가 전달되며, 결과를 문자열로 반환한다. 리스트 12.2와 같이 구현한다.

리스트 12.2 시간대 정보를 생성하는 함수(GETDATE)

```java
public class GETDATE extends EvalFunc<String> {

  private SimpleDateFormat sdf1 = new SimpleDateFormat("yyyy-MM-dd HH:mm:ss");
  private SimpleDateFormat sdf2 = new SimpleDateFormat("yyyyMMddHH");

  public GETDATE() {}
```

```
@Override
public String exec(Tuple input) throws IOException {
  if (input == null || input.size() == 0) {
    return null;
  }
  String date = (String) input.get(0);
  try {
    return sdf2.format(sdf1.parse(date));
  } catch (ParseException e) {
    throw new IOException(e);
  }
}
}
```

자바의 SimpleDateFormat 클래스를 사용해서 sdf1과 sdf2 객체를 만들고, sdf1.parse
실행 결과를 sdf2.format 메소드에 부여함으로써 원하는 시간대 정보로 변환할 수 있다.

12.8.3 상품 ID와 상품명 정보를 결합하는 함수

데이터 결합 처리에는 JOIN문을 사용할 수 있지만, 데이터양이 적은 경우에는 분산 캐시
를 사용해서 데이터를 결합하는 방법도 있다. 여기서는 상품명 정보가 적어서(수십 MB 정
도) 사용자 정의 함수를 사용해서 결합한다.

DistributedCache(분산 캐시)를 이용하는 경우는 EvalFunc 클래스의 getCacheFiles 메
소드를 구현하여 DistributedCache를 사용할 수 있게 한다. DistributedCache로 사용
할 파일을 지정할 때는 UDF의 생성자에 전체 경로와 심볼릭 링크(경로명#심볼릭 링크명)를
사용해서 파일 정보에 접근한다. 구현 순서는 다음과 같다.

1. 본 클래스의 생성자에서 DistributedCache에 배포할 파일 정보 설정
2. getCacheFiles 메소드에서 1로 취득한 파일을 DistributedCache로 취득하게 한다
3. exec 메소드로 배포된 파일 정보를 메모리(예: HashMap)에 저장한다
4. exec 메소드로 결합 처리 실행

3과 4의 exec 메소드는 동일 메소드다. exec 메소드는 레코드 단위로 호출되기 때문에
HashMap에 값이 저장되어 있으면 3을 실행하지 않도록 if문으로 제어한다. 또한, 결합
결과로서 상품명과 상품명(한글)을 각각 별도 결과로 필드에 반환하는 경우는 해당 형식을

그대로 사용할 수 없다. 그래서 출력 스키마를 개별적으로 정의해야 한다. EvalFunc 클래스에는 스키마를 정의하는 outputSchema 메소드가 있다. 이 outputSchema 메소드를 정의해서 출력을 제어할 수 있다.

1~4와 outputSchema를 정의한 사용자 정의 함수의 예를 리스트 12.3에 정리했다.

리스트 12.3 상품 ID와 상품명 정보를 결합하는 함수(JOINDATA)

```java
public class JOINDATA extends EvalFunc<Tuple> {

  private HashMap<String, String> map = new HashMap<String, String>();
  private TupleFactory mTupleFactory = TupleFactory.getInstance();

  private String goodsPath;
  private String fileName;
  public JOINDATA() { }

  public JOINDATA(String p) {
    goodsPath = p;
    fileName = goodsPath.split("#")[1];
  }

  @Override
  public Tuple exec(Tuple input) throws IOException {
    if (map.size() == 0) {
      Scanner scan = new Scanner(new File(fileName));
      scan.useDelimiter("\n");
      while (scan.hasNext()) {
      String str = scan.next();
        System.out.println(str);
        String[] tmp = str.split(",");
        if (tmp.length == 3) {
          map.put(tmp[0], str);
        }
      }
      if (scan = null)
        scan.close();
      }
    }
    String key = (String) input.get(0);
    Tuple t = mTupleFactory.newTuple();
    if (map.containsKey(key)) {
      t.append(key);
```

```
      String[] tmp = map.get(key).split(",");
      t.append(tmp[1]);
      t.append(tmp[2]);
      return t;
    }
    return null;
  }
  public List<String> getCacheFiles() {
    List<String> list = new ArrayList<String>(1);
    list.add(goodsPath);
    return list;
  }

  public Schema outputSchema(Schema input) {
    try {
      Schema tupleSchema = new Schema();
      tupleSchema.add(new Schema.FieldSchema("id", DataType.CHARARRAY));
      tupleSchema.add(new Schema.FieldSchema("name", DataType.CHARARRAY));
      tupleSchema.add(new Schema.FieldSchema("kananame", DataType.CHARARRAY));
      return new Schema(new Schema.FieldSchema(
          getSchemaName(this.getClass().getName().toLowerCase(), input),
          tupleSchema,
          DataType.TUPLE));
    } catch (Exception e) {
      return null;
    }
  }
}
```

사용자 정의 함수 부분을 추가한 처리1의 Pig Latin 구문은 리스트 12.4와 같다.

리스트 12.4 처리1의 Pig Latin 구문

```
register pigudf.jar -- udf 파일
define JOINDATA com.example.pig.JOINDATA('/user/root/goods.txt#goods'); -- JOIN-
DATA 정의
-- 데이터 읽기
L = LOAD 'input1' USING PigStorage(',') AS (date:chararray,uid:chararray,
gid:chararray,cid:chararray,pgid:chararray,pcid:chararray,link:int);

-- 총 접속 수 카운트
gr1 = GROUP L BY gid;
count1 = FOREACH gr1 GENERATE group, COUNT(L);
```

```
-- 접속 도착지 카운트
work = FILTER L BY pgid = '-';
gr2 = GROUP work BY gid;
count2 = FOREACH gr2 GENERATE group, COUNT(work);
-- 접속 출발지 카운트
gr3 = GROUP work BY pgid;
count3 = FOREACH gr3 GENERATE group, COUNT(work);
-- 모든 데이터 결합
joined = JOIN count1 BY $0, count2 BY $0, count3 BY $0;
-- 결과 작성
result = FOREACH joined GENERATE FLATTEN(JOINDATA($0)), $1, $3, $5;
-- 출력
STORE result INTO 'output1' USING PigStorage(',');
```

사용자 정의 함수 부분을 포함한 처리2는 리스트 12.5와 같다.

리스트 12.5 처리2의 Pig Latin 구문

```
register pigudf.jar -- udf 파일

-- 사용자 데이터 읽기
U = LOAD 'users' USING PigStorage(',') AS (uid:chararray,sex:int,age:int);
-- 사용자 데이터 가공
ud = FOREACH U GENERATE uid, sex, com.example.pig.CHECKAGE(age);
-- 데이터 읽기
L = LOAD 'input2' USING PigStorage(',') AS (date:chararray,uid:chararray,
gid:chararray,cid:chararray,pgid:chararray,pcid:chararray,link:int);
-- 데이터 가공
ld = FOREACH L GENERATE com.example.pig.GETDATE(date), SUBSTRING(cid, 0, 2), uid;

-- 데이터 결합
joindata = JOIN ld BY uid, ud BY uid;
-- 데이터 가공
fjdata = FOREACH joindata GENERATE $0 AS time, $1
AS category, $2 AS user, $4 AS sex, $5 AS age;
-- 데이터 집약
gr = GROUP fjdata BY (category, time, sex, age);
-- 결과 데이터 생성
result = FOREACH gr GENERATE group, COUNT(fjdata);

-- 출력
STORE result INTO 'output2' USING PigStorage(',');
```

사용자 정의 함수를 만들어 보았으니 다음은 Pig Latin를 디버그해 보도록 한다.

12.9 Pig 디버그

Pig에는 동작을 확인하기 위한 네 가지의 구문이 존재하며, 모두 디버그 용도로 사용된다.

12.9.1 DESCRIBE

DESCRIBE문은 릴레이션 내의 스키마를 확인하기 위한 구문이다. Pig에서는 JOIN문이나 FOREACH-GENERATE문 등으로 릴레이션 내 구조가 다양한 형태로 변화한다. 접근명을 지정해서 참조할 수 있으며, JOIN문으로 복잡해진 릴레이션에서 동일 접근명을 가지고 있는 경우 등에도 릴레이션 구조를 파악할 수 있다는 것이 특징이다. DESCRIBE문의 구문은 다음과 같다.

```
DESCRIBE <릴레이션명>;
```

DESCRIBE문을 실행함으로써 릴레이션 내의 접근명이나 데이터형에 관한 정보를 확인할 수 있다. DESCRIBE문을 사용하여 앞 절에서 작성했던 Pig Latin 구문 중 처리2의 릴레이션 joindata를 확인하면 다음과 같은 결과를 얻을 수 있다.

```
joindata: {chararray,chararray,ld::uid: chararray,ud::uid: chararray,ud::sex: int,int}
```

12.9.2 DUMP

DUMP문은 지정한 릴레이션을 생성하는 처리를 하고, 처리 결과를 표준 출력으로 표시한다. DUMP문은 정의한 릴레이션 내의 데이터가 바르게 처리되었는지 확인하기 위해 사용한다. 화면 상에 데이터 정보가 출력되기 때문에 동작 확인을 위해 크기가 큰 데이터를 사용하면 모든 결과를 확인할 수 없다. 이 경우 LIMIT문으로 사전에 출력할 데이터양을 제어할 필요가 있다.

DUMP문의 구문은 다음과 같다.

```
DUMP <릴레이션명>;
```

Pig에서는 DUMP문을 평가한 시점에서 MapReduce 잡을 실행하기 때문에, 대상이 되는 릴레이션에 도달하기까지 처리가 많은 경우는 확인까지 시간도 많이 걸린다는 것을 염두에 두어야 한다.

12.9.3 EXPLAIN

EXPLAIN문은 지정한 릴레이션까지의 MapReduce 잡 실행 계획이나 HDFS 처리 방법 등을 출력한다. 정의한 구문이 어떻게 MapReduce 잡에 반영되는지를 확인할 때 사용한다. 특히, MapReduce 잡의 단계 수 확인이나, 정의한 JOIN문 등이 Map 처리/Reduce 처리 중 어디에 할당되는가 확인할 때 유용하다.

EXPLAIN문의 구문은 다음과 같다.

```
EXPLAIN [-script <Pig 스크립트>] [-out path] [-brief] [-dot] [-param <설정명>=<설정값>]
[-param_file <파일명>] <릴레이션명>;
```

각 옵션의 상세 내용은 다음과 같다.

-script: Pig 스크립트 지정

-out: 출력 대상 파일 지정(기본 설정은 표준 출력)

-brief: 입력자에 대한 실행 계획을 표시하지 않고 간단한 내용만 출력

-dot: DAG에 의한 실행 계획 표시

-param: 파라미터 설정

-param_file: 파라미터 리스트를 기록한 파일 출력

EXPLAIN문을 실행하면 논리 실행 계획(Logical Plan), 물리 실행 계획(Physical Plan), MapReduce 잡 실행 계획(MapReduce Plan) 등 세 가지 실행 계획이 출력된다[11].

12.9.4 ILLUSTRATE

ILLUSTRATE문은 지정한 릴레이션을 생성하기까지의 처리를 1스텝씩 실행해서 그 결과를 표준 출력으로 표시한다. 또한, 스크립트를 지정해서 스크립트 내에 있는 구문을 1스텝씩 실행할 수도 있다. ILLUSTRATE문은 데이터 변화를 순서대로 확인하여, 문제가 있는 부분을 특정짓기 위해 사용한다. 구문은 다음과 같다.

```
ILLUSTRATE {<릴레이션명> | -script <스크립트 파일명>}
```

ILLUSTRATE문은 1스텝씩 실행하기 위한 처리로, 작은 데이터를 사용해야 한다. ILLUSTRATE문은 파이프라인으로 처리를 실행한다. 그래서 JOIN문으로 모든 데이터를 결합할 수 없거나, FILTER문으로 모든 데이터가 필터링되어서 빈 릴레이션을 처리해야 할 경우는 자동으로 데이터를 생성해 처리할 수도 있다.

12.10 Pig를 활용하기 위한 포인트

여기서는 Pig를 보다 잘 활용하기 위해 필요한 포인트를 다루도록 하겠다.

12.10.1 명령어 라인

Grunt 쉘에서는 명령어 라인을 사용한 파일 처리가 가능하다. 표 12.1에 설명한 것과 같이 'hdfs dfs'에서 실행할 수 있는 동일한 파일 처리를 Grunt 쉘에서도 할 수 있다.

---

11 EXPLAIN문은 DAG(방향성 비사이클 그래프) 형식으로도 실행 계획을 확인할 수 있다. 용도에 따라 출력 방법을 결정하자.

표 12.1 Pig를 사용한 HDFS 파일 처리

명령어	설명
cat	파일 내용을 표시
cd	참조 디렉터리 변경
copyFromLocal	클라이언트에서 HDFS로 복사
copyToLocal	HDFS에서 클라이언트로 복사
cp	HDFS 상의 파일 복사
ls	참조 디렉터리의 파일 일람 확인
mkdir	HDFS 상에서 디렉터리 작성
mv	HDFS 상의 파일이나 디렉터리 이동
pwd	현재 참조하고 있는 디렉터리 표시
rm	HDFS 상의 파일이나 디렉터리 삭제
rmr	HDFS 상의 파일이나 디렉터리를 재귀적으로 삭제

12.10.2 DataFu

DataFu는 Hadoop이나 Pig에서 실행할 수 있는 사용자 정의 함수 라이브러리다. 특히, PageRank나 Sessionization(데이터 세션화), Variance(분산) 등을 사용자 정의 함수로 사용할 수 있다. DataFu 자체는 LinkedIn 내부 분석에 사용됐던 것으로 OSS로 공개된 것이다. LinkedIn의 GitHub 페이지를 통해 다운받을 수 있으며, 이 장에서 사용했던 CDH판의 Pig에도 DataFu 패키지가 포함되어 있다. DataFu의 JAR 파일을 PiggyBank와 마찬가지로 UDF로 사용할 수 있다.

이용할 수 있는 사용자 정의 함수에 관해서는 다음 사이트에 상세히 설명되어 있다.

DataFu의 사용자 정의 함수

http://linkedin.github.io/datafu/docs/current/

예를 들어, PageRank 정의 방법은 자바독에 다음과 같이 기술되어 있다.

```
topic_edges = LOAD 'input_edges' as (topic:INT,source:INT,dest:INT,weight:DOUBLE);

topic_edges_grouped = GROUP topic_edges by (topic, source) ;
topic_edges_grouped = FOREACH topic_edges_grouped GENERATE
    group.topic as topic,
    group.source as source,
    topic_edges.(dest,weight) as edges;

topic_edges_grouped_by_topic = GROUP topic_edges_grouped BY topic;

topic_ranks = FOREACH topic_edges_grouped_by_topic GENERATE
    group as topic,
    FLATTEN(PageRank(topic_edges_grouped.(source,edges))) as (source,rank);

skill_ranks = FOREACH skill_ranks GENERATE
    topic, source, rank;
```

이번 장에서는 Pig의 개요와 구문, 그리고 사용 방법에 대해 설명했다.

Hive는 SQL을 알고 있는 사람이 쉽게 접근할 수 있는 언어인 반면, Pig는 독자적인 문법을 학습하기 위해서는 시간이 다소 걸린다. 그러나 '데이터 흐름을 의식해서 기술할 수 있다.', 'MapReduce를 의식할 필요 없이 간단히 기술할 수 있다.' 등의 이점이 있다. 또한, 개별 데이터 처리를 위해 PiggyBank나 DataFu와 같은 사용자 정의 함수나, Pig의 표준 내장 함수를 이용해서 간단히 구현할 수 있다. 용도별로 복수의 디버그 구문이 존재한다는 것도 포인트다.

MapReduce 잡을 개발하는 방법으로 자바만 있는 것은 아니다. 처리 내용을 이해하고 MapReduce 잡을 간단히 구현하고 싶을 때는 Pig를 선택할 수도 있으므로, 이를 통해 빠르고 간단한 개발이 가능해질 것이다.

13

SQL 유사 인터페이스
Hive

13.1 Hive 개요

13.1.1 MapReduce를 쉽게 활용하기 위함

Hadoop MapReduce를 이용하는 가장 기본적인 방법은 자바로 소스 코드를 기술하는 것이다. 자바를 사용한 코딩은 높은 유연성을 제공하지만 난이도가 비교적 높은 자바를 학습해야 하며, 소스 코드 수정 때마다 빌드를 다시 해줘야 하는 번거로움이 있다. 그래서 앞 장에서 소개한 Pig와 마찬가지로, MapReduce를 쉽게 활용하기 위한 수단으로서 SQL 유사 인터페이스 Hive가 개발되었다.

13.1.2 Hive란?

Hive는 HiveQL이라 불리는 SQL 유사 언어를 이용해서 MapReduce를 실행하는 것이다. SQL을 익힌 엔지니어가 MapReduce를 쉽게 이용할 수 있도록 한 처리 인터페이스로, Apache 프로젝트 중 하나다. 주로 페이스북 멤버를 중심으로 개발이 진행되고 있다. SQL과 비슷하지만, SQL 표준을 따르고 있지는 않아서 'SQL 유사'라고 한다. HiveQL이 취급하는 데이터는 논리적 행과 열로 이루어진 테이블 구조로, HDFS 상에 파일로 존재한다. HiveQL로 기술한 처리(쿼리)는 MapReduce 같은 일련의 처리로 변환되어 테이블을 조작한다.

Hive를 이용함으로써 SQL에 익숙한 엔지니어가 간단히 MapReduce 애플리케이션을 작성할 수 있게 되어 Hadoop 사용자 층이 넓어졌다. 또한, 자바로 MapReduce 작성할 때와 달리 HiveQL로 작성한 처리는 컴파일 없이 바로 실행할 수 있다. 이런 이유로 애드혹(Ad-hoc) 처리에 적합하다. 예를 들어 CSV같은 유사 테이블 구조를 가진 데이터를 처리하는 경우를 생각해 보자. 자바에서는 두 개의 CSV 파일을 JOIN하는 처리를 구현하려면 꽤 많은 코드를 기술해야 한다. 하지만 SQL을 사용하면 기술 분량을 대폭 줄일 수 있다.

Hive는 테이블 정의 등의 정보를 '메타스토어(metastore)'로 관리하고 있으며, 이를 저장하기 위해 RDBMS가 필요하다. Pig에 비해 설치 과정이 늘어나지만, SQL이라는 이미

익숙한 기술을 활용할 수 있다는 측면에서 이점이 크다[1].

13.2 Hadoop과 Hive

여기서는 우선 Hive의 특징을 살펴보자.

13.2.1 Hive(Hadoop)와 RDBMS의 차이

Hive는 어디까지나 SQL 유사 인터페이스를 통해 MapReduce를 실행하는 것으로, MapReduce가 할 수 없는 것을 가능하게 만들지는 않는다. 그래서 Hive를 이용하기 전, RDBMS에서 당연히 되는 기능이 MapReduce에서는 되지 않는다는 점에 대해 충분히 이해하고 넘어갈 필요가 있다.

■ 온라인 처리에 부적합

Hadoop의 MapReduce가 본디 온라인(낮은 지연 시간) 처리에 적합하지 않은 것과 같이, Hive도 온라인 처리에 부적합하다. MapReduce의 잡 하나를 실행하면 아무것도 하지 않아도 오버헤드로 20~30초 정도 시간이 걸리기 때문에, 온라인 처리에 이용하기에는 무리가 있다. 이 때문에 Hive는 일괄 처리를 고속으로 실행하기 위한 것이라 이해해 두어야 한다. 온라인 접속을 필요로 하는 경우, Hadoop 또는 Hive와 별도로 RDBMS나 KVS 등의 낮은 지연 시간(latency)으로 접속할 수 있는 데이터 저장소를 사용할 필요가 있다[2].

■ 트랜잭션 관리 기능이 없음

Hive는 RDBMS와 달리, 인덱스 및 트랜잭션 관리 기능이 없다. 특히 롤백(rollback) 처리가 없다는 것에 주의해야 한다. Hive 처리, 즉 MapReduce 처리가 도중에 중단되면, 사용자가 적절히 대응해야 한다. 복수의 HiveQL을 병렬 실행하여 그중 하나라도 실패하면,

---

1 Pig와 Hive 둘 다 애드혹 데이터 분석에 유용하지만, Hive는 'SQL 지식을 간단히 적용할 수 있다.', '새로운 처리 언어를 처음부터 배울 필요가 없다.'는 점에서, RDBMS 사용자들에게 환영받고 있다.

2 구글의 Dremel과 같이 어느 정도 대용량의 데이터를 SQL 기반으로, 낮은 지연 시간을 가지고 처리할 수 있는 엔진 개발이 최근 활발하게 이루어지고 있다. 클라우데라(Cloudera)에 출시되어 있는 Impala도 그중 하나다.

사용자 스스로가 잡 관리와 불필요한 처리 결과를 삭제해 주어야 한다[3].

▌ 행 갱신 불가

Hadoop이 데이터를 저장하는 HDFS는 한 번 기록한 데이터의 일부를 갱신할 수 없는 파일 시스템이다. HDFS를 이용하는 Hive도 데이터를 갱신할 수 없다. 따라서 Hive에는 UPDATE문이나 DELETE문이 없다. Hive에서 강제로 갱신 처리를 하려면 SELECT문으로 일단 기존 테이블 데이터를 취득한 후, 일부를 변경한 다음에 데이터 전체를 INSERT문으로 삽입해야 한다.

13.2.2 테이블 저장 방식

Hive 테이블에 포함되는 데이터가 실제 어떤 형식으로 존재하는지와, HDFS와의 관계에 대해 설명하겠다.

▌ 데이터 배치

Hive 데이터는 HDFS 상의 파일로 존재하며, Hive 테이블은 HDFS 디렉터리로 존재한다. 또한, Hive 데이터베이스나 스키마도 HDFS 상의 디렉터리로 존재한다[4]. 예를 들어, default 데이터베이스 상에 작성한 Hive 테이블 table1은 HDFS 상에서는 /user/hive/warehouse/table1 디렉터리로 존재한다[5].

Hive 데이터 파일은 임의의 이름을 가진 HDFS 파일로, 블록 크기와 복제 수가 설정되어 있다. 복수의 파일을 테이블 내에 저장해도 병합되지는 않는다.

Hive에서 칼럼이나 속성 등 테이블 실체가 아닌, 속성 정보에 해당하는 테이블 정의는 메타스토어(metastore)라 불리며, RDBMS에 저장된다. 메타스토어에 저장된 메타데이터는 테이블명 등을 HDFS에 저장되어 있는 실제 데이터 파일에 맵핑하기 위해 이용된다. 실

---

3 하나의 HiveQL은 0개 이상의 MapReduce 잡으로 실행되지만, 그중 하나가 실패하면 해당 잡이 생성한 MapReduce 프레임워크 중간 파일은 종료 시에 삭제되도록 초기 설정되어 있다. 이런 동작은 MapReduce의 keep.failed.task.files 파라미터로 변경할 수 있다. 하지만 이 경우에도 복수의 MapReduce 잡을 관리해서 롤백하는 것은 아니다.

4 Hive에서는 데이터베이스와 스키마가 같은 개념이다. 둘 다 테이블을 포함하는 이름 공간(name space)을 가리킨다.

5 기본 데이터베이스인 default만 HDFS 경로에 default라는 명칭의 디렉터리가 없지만, 다른 데이터베이스는 디렉터리가 존재한다. 13.3.2의 CREATE DATABASE를 참고하기 바란다.

메타데이터는 RDBMS에 저장된다.

Hive의 테이블 정의에서는 파티션이라 불리는 물리적 관리 단위를 지정할 수 있다. 파티션을 나눈다는 것은 HDFS 상의 디렉터리를 분할하는 것과 같다. 또한, 파티션을 설정함으로써 처리 범위를 제어할 수 있어, 처리 고속화가 가능하다. 해당 파티션 내의 모든 데이터가 필요 없어지면, 파티션 단위로 삭제할 수 있어서 관리도 수월하다.

13.2.3 MapReduce와 Hive

Hive는 HiveQL에서 정의한 처리를 MapReduce나, 그것에 부속하는 처리로 변환하여 실행한다. 예로서 table1과 table2를 JOIN하는 HiveQL을 보자.

```
SELECT table1.str
  FROM table1
  JOIN table2 ON table1.str = table2.str
  WHERE table2.str <> "NULL";
```

이 HiveQL의 흐름은 Hive에서 쿼리문 앞에 EXPLAIN을 붙여 실행하면 확인할 수 있다.

```
hive> EXPLAIN SELECT table1.str FROM table1
hive> JOIN table2 ON table1.str = table2.str WHERE table2.str IS NULL;
OK
ABSTRACT SYNTAX TREE:
(snip)
STAGE DEPENDENCIES:
  Stage-1 is a root stage
  Stage-0 is a root stage

STAGE PLANS:
  Stage: Stage-1
    Map Reduce
      Alias -> Map Operator Tree:
        table1
        table2
          TableScan
(snip)
```

```
    Reduce Operator Tree:
        Join Operator
: org.apache.hadoop.hive.ql.io.HiveIgnoreKeyTextOutputFormat

  Stage: Stage-0
    Fetch Operator
        limit: -1
```

HiveQL은 Stage라는 단위로 MapReduce나 부속 처리로 변환되어, Stage 간 의존 관계가 생성된다. STAGE DEPENDENCIES에 처리 관련 Stage 정보가 표시된다. 여기서는 Stage-0 처리가 Stage-1에 의존하고 있다는 것을 나타내고 있다. Stage-1 처리는 HiveQL의 SELECT 아래 처리에 해당한다. EXPLAIN문의 결과 중 Map Reduce라고 기재되어 있는 것처럼, Stage-1 처리는 MapReduce 잡으로 실행된다. Stage-0 처리는 생성된 결과 집합을 추출하기 위한 것이다.

실제로 HiveQL로 어떻게 처리를 구현할 수 있는지 다음 절에서 설명하겠다.

13.3 HiveQL

Hive는 HiveQL이라는 언어로 처리를 정의한다. 이 언어의 기본 문법은 SQL과 같지만, 앞서 설명한 것과 같이 RDBMS와 Hadoop 아키텍처가 다르므로 모든 SQL이 HiveQL과 동일하지는 않다. 기본적으로, HiveQL이라는 언어가 정의하고 있는 범위에서 HDFS 상의 데이터 접근이나 처리를 정의해야 한다. 하지만 사용자 정의 함수(UDF)를 작성할 수 있는 등, 유연한 처리도 가능하다.

HiveQL에는 SQL과 동일하게 DDL(Data Definition Language)이나 DML(Data Manipulation Language)이 정의되어 있다. 이들 쿼리 관련 상세 사양은 Hive 커뮤니티의 Hive Language Manual[6]에 기재되어 있으니 참고하기 바란다.

여기서는 자주 사용하는 처리 예를 들어가면서 HiveQL의 기본적인 사용법을 소개하겠

---

6 https://cwiki.apache.org/confluence/display/Hive/LanguageManual

다[7]. 단, 6장의 6.5절 순서에 따라 Hive 실행 환경이 설치되어 있는 것을 전제로 한다.

13.3.1 명령어 라인/쉘을 통한 실행

Hive를 이용하기 위해 명령어 라인 또는 Hive 쉘을 사용할 수 있다. 명령어 라인 실행은 HiveQL로 정의한 일괄 처리를 실행할 때 자주 사용한다. Hive 쉘 실행은 애드혹으로 HiveQL을 실행할 때 사용한다.

■명령어 라인 실행

Hive는 HiveQL이 기술되어 있는 파일을 인수로 사용하여 명령어 라인에서 실행할 수 있다.

```
hive -f <파일명>
```

또한, 명령어 라인 인수로 HiveQL문을 직접 기술해서 실행할 수도 있다.

```
hive -e '<HiveQL문>'
```

Hive는 실행 시에 Hive에 관한 로그나 MapReduce 잡 실행 상태에 대한 정보를 출력하지만, -s 인수를 지정하면 사일런트(silent) 모드가 돼서 출력을 억제하는 것도 가능해진다.

```
hive -s -e '<HiveQL문>'
```

---

7 CDH 4.2.1에 포함된 Hive 버전은 0.10.0이다. 이전 버전을 업데이트하는 경우는, Hive를 시작하기 전에 버전 0.10.0용 스키마 정의로 메타스토어를 변경하기 위해 클라우데라가 준비해 둔 스크립트를 실행할 필요가 있다. 상세 내용은 다음을 참고하기 바란다.

「Step 4: Upgrade the Metastore Schema」 http://www.cloudera.com/content/cloudera-content/cloudera-docs/CDH4/latest/CDH4-Installation-Guide/CDH4-Installation-Guide.html#../CDH4-Installation-Guide/cdh4ig_topic_18_2.html

▌Hive 쉘을 통한 실행

hive 명령을 실행함으로써 Hive 쉘을 시작할 수 있으며, Hive 쉘 내에서 HiveQL을 기술해서 실행할 수도 있다. HiveQL은 문장 끝에 ;(세미콜론)을 붙인다. Hive 쉘에서는 HiveQL 실행뿐 아니라 다음과 같은 실행이 가능하다.

▌속성 설정

SET 명령을 통해 Hadoop이나 Hive 관련 속성을 설정할 수 있다. 여기서 설정한 것은 Hive 쉘 내에서만 유효하다.

```
hive > SET mapred.reduce.tasks=20;
hive > SET hive.parallel.queries=true;
```

▌리소스 설정

Hive에서 이용할 사용자 정의 함수(UDF)를 ADD 명령으로 추가할 수 있다. 또한, LIST 명령으로 이용 가능한 리소스를 확인할 수도 있다.

```
hive > ADD jar hogehoge.jar;
hive > LIST
hogehoge.jar
```

▌쉘 명령 실행

앞에 !마크를 붙임으로써 OS 명령을 실행할 수 있다.

```
hive > !pwd;
/tmp
hive > !whoami;
hiveuser
```

▌HDFS 관련 명령 실행

dfs 명령을 사용해서 HDFS 조작 관련 명령을 실행할 수 있다.

```
hive > dfs -ls /
/user
/tmp
```

▌ Hive 쉘 종료

exit 명령으로 Hive 쉘을 종료할 수 있다.

```
hive > exit;
```

13.3.2 데이터베이스 정의, 스키마 정의

Hive에서는 default 데이터베이스를 기본으로 사용하지만, 데이터베이스를 명시적으로
작성할 수도 있다.

```
CREATE DATABASE db1;
```

이를 통해 테이블을 한데 모은 데이터베이스를 만들 수 있다. 또한 Hive에도 스키마라는
개념이 있으나, Hive에서는 데이터베이스와 스키마가 동일한 것을 가리킨다. 이런 이유로
CREATE DATABASE와 CREATE SCHEMA의 실행 결과가 동일하다.

```
CREATE SCHEMA db1;
```

다음은 Hive 쉘의 실행 예다[8].

USE db1를 실행해서 db1 데이터를 이용한다. db1 데이터베이스 상에 db1table1 테이
블을 작성한다. SHOW TABLES로 db1 데이터베이스에 있는 테이블 리스트를 취득하면

---

8 JDBC를 경유해서 접속할 때 접속 문자열에 임의의 데이터베이스명을 사용해서 지정할 수 없고, default 데이터베
   이스만 접속하도록 되어 있다. 이것을 수정한 패치가 HIVE-576, HIVE-2320에 있지만, 2013년 6월 시점에는 적
   용되어 있지 않다.

db1table1이 존재하는 것을 확인할 수 있다.

```
$ sudo -u hive hive;
hive> USE db1;
OK
Time taken: 0.021 seconds
hive> SHOW TABLES;
OK
Time taken: 0.092 seconds
hive> CREATE TABLE db1table1 (col1 INT);
OK
Time taken: 0.097 seconds
hive> SHOW TABLES;
OK
db1table1
Time taken: 0.075 seconds
```

HDFS 상에서는 /user/hive/warehouse 아래에 데이터베이스 db1에 대응하는 db1. db라는 디렉터리가 생성된다. db1.db 디렉터리 아래에는 db1table1 파일이 존재한다. default 데이터베이스는 /user/hive/warehouse/ 아래에 존재하지 않는다. default 데이터베이스에 table1을 작성한 경우와, db1 데이터베이스에 db1table1을 작성한 경우의 디렉터리 계층 수에 차이가 있다는 것을 알 수 있다.

```
$ sudo -u hdfs hdfs dfs -ls -R /user/hive/warehouse
drwxr-xr-x - hive supergroup 0 2013-06-10 00:18 /user/hive/warehouse/db1.db
drwxr-xr-x - hive supergroup 0 2013-06-10 00:18 /user/hive/warehouse/db1.db/db1table1
drwxr-xr-x - hive supergroup 0 2013-06-10 00:17 /user/hive/warehouse/table1
```

13.3.3 테이블 정의

Hive의 테이블 정의에 대해 살펴보자.

■ 기본적인 테이블 정의

테이블 정의는 CREATE TABLE문을 이용한다. 우선은 간단한 예를 살펴보자. 열 구분은 ',(쉼표)', 행 구분은 '\n(줄바꿈)'으로 한다. 텍스트 파일 형태로 HDFS 상에 저장하는 경우, 다음과 같이 HiveQL을 기술한다.

```
CREATE TABLE table1
  ROW FORMAT DELIMITED
    FIELDS TERMINATED BY ','
    LINES TERMINATED BY '\n'
  STORED AS TEXTFILE;
```

CREATE DATABASE 예와 동일하게, ROW FORMAT이나 STORED AS를 지정하지 않아도 테이블을 작성할 수 있다.

HiveQL로 정의 가능한 CREATE TABLE문은 다음과 같다.

```
CREATE [EXTERNAL] TABLE [IF NOT EXISTS] <테이블명>
  [(<칼럼명> <데이터형> [COMMENT <칼럼 코멘트>], ...)]
  [COMMENT <테이블 코멘트>]
  [PARTITIONED BY (<칼럼명> <데이터형> [COMMENT <칼럼 코멘트>], ...)]
  [CLUSTERED BY (<칼럼명>, <칼럼명>, ...)
  [SORTED BY (<칼럼명> [ASC|DESC], ...)] INTO <패킷 수> BUCKETS]
  [ROW FORMAT <행 형식>]
  [STORED AS <파일 형식>]
  [LOCATION <HDFS 경로>]
  [TBLPROPERTIES (property_name=<속성명>, ...)]
  [AS <SELECT문>]
```

■ 데이터형

CREATE TABLE문의 '데이터형' 부분에 사용할 수 있는 것은 표 13.1과 같다. 여기서 주의해야 할 것은 TIMESTAMP형(시간형)이다. JDBC를 기준으로 한 java.sql.Timestamp 포맷 'YYYY-MM-DD HH:MM:SS.fffffffff'(10진수 9자리)를 사용해서 저장할 수 있다.

표 13.1 Hive 데이터형

분류	형 종류	데이터형	설명
Primitive형	정수	TINYINT	1바이트 정수(−128~127)
		SMALLINT	2바이트 정수(−32768~32767)
		INT	4바이트 정수(~−2^{31}~2^{31}−1)
		BIGINT	8바이트 정수(~−2^{63}~2^{63}−1)
	부동 소수점	FLOAT	저정밀 부동 소수점(자바의 Float와 동일)
		DOUBLE	고정밀 부동 소수점(자바의 Double과 동일)
	논리	BOOLEAN	TRUE/FALSE
	문자열	STRING	문자열
	바이너리	BINARY	바이너리 데이터
	TIMESTAMP	시간	나노초 단위의 정확도를 가진 UNIX 시간 데이터
복합형	배열	ARRAY〈데이터형〉	〈데이터형〉을 배열로 취급
	MAP	MAP〈Primitive형, 데이터형〉	Key, Value 형식 데이터
	구조체	STRUCT〈칼럼명: 데이터형[,…]〉	복수의 데이터형을 구조화
	공용체	UNIONTYPE〈데이터형, 데이터형, …〉	복수의 데이터형으로 공용체 구성

TIMESTAMP형은 UNIX epoch, 즉 UTC의 1970년 1월 1일 오전 0시 0분 0초부터 현재까지 지난 시간으로 표현한다. Hive의 TIMESTAMP형은 타임존을 가지고 있지 않다. 이것을 보조하기 위해 to_utc_timestamp와 from_utc_timestamp라는 타임존 변환 UDF가 존재한다(표 13.2).

표 13.2 타임존 변환용 UDF

반환값형	함수명	설명
timestamp	from utc timestamp(timestamp, string timezone)	일시 데이터를 UTC에서 타임존으로 변환
timestamp	to utc timestamp(timestamp, string timezone)	지정 타임존으로 표현되어 있는 일시 데이터를 UTC로 변환

한편, TIMESTAMP형을 사용하지 않고 시간형을 다루는 방법도 있다[9]. 우선, 문자열형으로 문자열로서 저장하던가, BIGINT형을 사용해서 정수로 저장한다. 그리고 나서 표 13.3의 시간형 함수를 사용하면 처리할 수 있다.

표 13.3 시간형 함수

반환값형	함수명	설명
string	from unixtime(bigint unixtime[, string format])	UNIX EPOCH(1970-01-01 00:00:00 UTC)로 표시되는 초 단위 숫자를 현재 시스템의 타임존에 맞추어 "1970-01-01 00:00:00"이라는 문자열로 변환
bigint	unix timestamp()	기본 설정된 타임존의 현재 시각 취득
bigint	unix timestamp(string date)	yyyy-MM-dd HH:mm:ss의 문자열 형식을 유닉스 시간형으로 변환한다. 변환에 실패한 경우는 0을 반환한다.
bigint	unix timestamp(string date, string pattern)	첫 번째 인수 문자열을 두 번째 인수에 지정한 형식으로 해석하여 유닉스 타임스탬프를 BIGINT로 반환한다.

■ 테이블 정의 옵션

CREATE TABLE문에 부여할 수 있는 추가 옵션에 대해 알아보자.

■ COMMENT

COMMENT 구를 통해 칼럼이나 테이블에 코멘트를 부여할 수 있다.

■ PARTITIONED BY

PARTITIONED BY를 통해 지정 칼럼명으로 파티셔닝할 수 있다. 파티셔닝에 대해서는 뒤에서 설명하겠다.

■ CLUSTERED BY

CLUSTERED BY 구를 통해 패킷 수를 지정해서 테이블이나 파티션을 분할할 수 있다. 또한, 'SORTED BY 〈칼럼명〉'을 지정하는 것으로 데이터 출력 시 지정 칼럼명으로 정렬해서 출력할 수 있다[10]. 이것을 사용함으로써 성능 향상에 기여하는 경우도 있다. 뒤에 설

---

9 TIMESTAMP형을 지원하지 않았던 Hive 0.7 이전 버전에서는 이 방법을 사용했었다.

10 CREATE TABLE에서 CLUSTERED BY나 SORTED BY는 데이터 등록 시에 아무런 영향을 주지 않는다. 어디까지나 출력 시 어떤 형식으로 할 것인가를 정하는 규칙일 뿐이다. 데이터를 등록할 때는 별도로 패킷 수와 reducer 수가 일치하도록 등록 측에서 고려해야 할 필요가 있다.

명할 Bucket Map Join과 Sort Merge Join에서 소개하겠다.

▌ROW FORMAT

'ROW FORAMT 〈행 형식〉'으로 행 형식을 지정한다. 〈행 형식〉 부분에 DELIMITED 와 함께 구분 분자를 지정하던가, SERDE와 함께 사용자 독자 SerDe 방식을 지정한다[11]. DELIMITED을 지정한 경우는 표준으로 사용되는 SerDe를 이용한다.

```
DELIMITED
  [FIELDS TERMINATED BY char]
  [COLLECTION ITEMS TERMINATED BY char]
  [MAP KEYS TERMINATED BY char]
  [LINES TERMINATED BY char]
SERDE $<$SerDe명$>$
  [WITH SERDEPROPERTIES
    (property_name=property_value,
     property_name=property_value, ...)]
```

▌STORED AS

'STORED AS 〈파일 포맷〉'으로 HDFS에 어떤 포맷으로 파일을 저장할지 지정한다. 표 13.4에 포맷을 정리하고 있다.

표 13.4 파일 포맷

포맷	설명
TEXTFILE	텍스트 파일
SEQUENCEFILE	순차 파일
RCFILE	열 지향 레이아웃 파일
INPUTFORMAT 〈InputFormat 클래스명〉 OUTPUTFORMAT 〈OutputFormat 클래스명〉	InputFormat 및 OutputFormat을 문자열 정수로 지정

▌LOCATION

'LOCATION 〈HDFS 경로〉'로, 저장할 HDFS 경로를 지정한다. 지정하지 않은 경우는

---

11 SerDe를 지정함으로써 자체 Writable을 사용할 수 있어, 텍스트형 캐스트가 수월해진다는 이점이 있다.
　　http://blog.cloudera.com/blog/2012/12/how-to-use-a-serde-in-apache-hive/

/user/hive/warehouse/〈테이블명〉이라는 경로가 설정된다[12].

▊ TBLPROPERTIES

TBLPROPERTIES로 사용자 독자 메타데이터의 키-밸류값을 테이블 정의와 연결할 수 있다.

▊ CREATE TABLE AS SELECT(CTAS)

Hive에서도 표준 SQL처럼 SELECT문의 실행 결과를 테이블로 만들 수 있다. 새롭게 생성되는 테이블의 각 칼럼 데이터형은 SELECT문의 칼럼 지정에서 작성한다. 예를 들어, col1값이 10,000 미만인 것을 추출해서 table2를 만들려면 다음과 같이 기술한다.

```
CREATE TABLE table2
  AS SELECT * FROM table1 WHERE col1 < 10000
```

CREATE TABLE AS SELECT을 실행할 때, SELECT문으로 참조할 테이블이 파티션화되어 있거나, EXTERNAL에서 지정한 외부 테이블인 경우에는 동작하지 않을 수 있으니 주의하기 바란다.

13.3.4 데이터 등록과 테이블 파일 출력

Hive 테이블에 데이터를 등록할 때는 LOAD문 또는 INSERT문을 이용한다[13]. 입력 데이터가 파일 시스템 상에 있으면 LOAD, Hive 테이블이면 INSERT를 이용한다. INSERT라고 해도 표준 SQL같이 1행씩 지정해서 등록할 수는 없다. Hive 테이블 데이터를 파일 시스템 상의 파일로 출력할 때도 INSERT문을 이용한다[14].

▊ LOAD문을 사용한 파일 시스템 상의 데이터 등록

LOAD문은 파일 시스템 상의 데이터를 Hive 테이블에 등록할 때 이용한다. 입력 데이터는 로컬 파일 시스템 상이나 HDFS 상에 있다. 등록 시에 변환 처리를 할 수 없기 때문에

---

12 기본값으로 사용되는 /user/hive/warehouse는 hive-site.xml에 있는 hive.metastore.warehouse.dir 속성을 통해 변경할 수 있다.

13 다음 URL에 매뉴얼이 공개되어 있다. https://cwiki.apache.org/confluence/display/Hive/LanguageManual

14 INSERT 구문은 표준 SQL의 INSERT문과 다른 점이 많다.

사실상 copy 또는, move 처리와 같다. 또한, Hive를 통해서 데이터를 로드할 때는 입력 데이터 체크를 하지 않는다. 예를 들어, 입력 데이터의 각 칼럼 데이터형이 일치하는지 확인하지 않으므로 주의할 필요가 있다. LOAD 구문은 다음과 같이 기술한다.

```
LOAD DATA [LOCAL] INPATH '<파일 경로>' [OVERWRITE]
  INTO TABLE <테이블명> [PARTITION (partcol1=val1, partcol2=val2 ...)]
```

LOCAL 구를 지정하면 로컬 파일 시스템 상의 데이터를 등록한다는 것을 의미한다. 지정하지 않으면 HDFS 상의 데이터를 등록한다. HDFS 상의 데이터를 등록할 때는 move와 동일한 처리를 한다. 즉, 입력 데이터가 원래 장소에서 없어지므로 주의가 필요하다.

〈파일 경로〉로 입력 데이터가 위치하고 있는 경로를 지정한다. 상대 경로, 절대 경로 모두 사용할 수 있다. 상대 경로를 부여한 경우, LOCAL 구가 지정되어 있다면, 현재 사용자가 있는 위치를 기준으로 상대 위치가 된다. LOCAL 구가 지정되어 있지 않으면, Hive 명령을 실행한 디렉터리를 기준으로 상대 위치를 판단한다. 참고로 〈파일 경로〉에는 서브 디렉터리를 포함할 수 없다.

OVERWRITE 구를 지정하면, 등록 대상 테이블에 존재하는 데이터를 삭제 후에 로드한다. 지정하지 않으면 기존 데이터를 남겨둔 채 추가한다. PARTITION 구를 지정하면 등록 대상 테이블의 특정 파티션에 데이터를 로드한다.

■ INSERT TABLE문을 사용한 테이블 데이터 등록

Hive 테이블의 쿼리 실행 결과를 테이블에 등록한다. 등록 대상 테이블에 있는 기존 데이터를 덮어쓰려면 OVERWRITE 구를 사용해서 다음과 같이 실행한다.

```
INSERT OVERWRITE TABLE <테이블명> [PARTITION (partcol1=val1, partcol2=val2 ...)
  [IF NOT EXISTS]] <SELECT구> FROM <FROM구>;
```

PARTITION 구를 사용함으로써 그 뒤의 괄호에서 지정한 파티션 조건으로, 파티션에 데이터를 등록한다. 이때 IF NOT EXISTS를 지정하면, 데이터가 존재하지 않을 때만 파티션에 데이터를 등록할 수 있다. 등록 대상 테이블에 있는 기존 데이터를 그대로 둔 채 추가하고 싶을 때는 INTO 구를 사용해서 다음과 같이 실행한다.

```
INSERT INTO TABLE tablename1 [PARTITION (partcol1=val1, partcol2=val2 ...)]
  <SELECT구> FROM <FROM구>;
```

■ 다중 테이블 삽입

Hive에는 복수의 테이블에 데이터를 나눠서 등록할 수 있는 기능이 있다. 이것을 '다중 테이블 삽입'이라고 한다. FROM 구로 시작하는 특이한 구문이지만, 한 번의 테이블 스캔으로 복수의 테이블이나 파티션에 나누어 등록할 수 있어서 효율이 높다. 다중 테이블 삽입은 다음과 같은 구문을 사용한다.

```
FROM from_statement
  INSERT ...
  INSERT ...
  ...;
```

INSERT 이하 부분에는 앞서 설명한 INSERT OVERWRITE문이나 INSERT INTO문을 이용한다. 복수의 INSERT를 기술할 때, 등록 대상 테이블명이 달라도 상관없다. 또한 INSERT마다 OVERWRITE와 INTO를 섞어서 사용하거나, INSERT문 내에 파티션을 지정할 수도 있다. 예를 들어, src1 테이블의 col1 칼럼값이 0 이상인 것을 dst1 테이블에 추가로 등록하고, 0 미만일 경우 dst2 테이블에 덮어쓰기로 등록한다면 다음과 같이 기술할 수 있다.

```
FROM src1
  INSERT INTO      TABLE dst1 SELECT col1, col2 WHERE col1 >= 0
  INSRTT OVERWRITE TABLE dst2 SELECT col1, col2 WHERE col1 < 0;
```

■ 동적 파티션 삽입

동일 테이블 내에 있는 복수의 파티션에 자동으로 나눠서 등록할 수도 있다. 파티션 키를 지정해 두면 테이블 정의 조건에 맞추어 자동으로 분배하기 때문에, 분배 조건을 모두 기술할 필요가 없다. 이를 통해 구문도 간략화할 수 있다.

```
INSERT INTO TABLE tablename PARTITION (partcol1[=val1], partcol2[=val2] ...)
  <SELECT 구> FROM <FROM 구>;
```

INTO 대신에 OVERWRITE를 지정할 수도 있다. PARTITION 구 안에 파티션 키가 될 칼럼명을 기술한다. [=VAL1]처럼 파티션 키값을 명시하면 정적 분배가 되지만, 값을 기술하지 않으면 동적 분배가 된다. 동적 파티션 삽입 관련 속성은 표 13.5와 같다.

표 13.5 동적 파티션 삽입 관련 속성

속성	설정값	설명
hive.exec.dynamic.partition	true	동적 파티션 삽입을 On한다(기본값은 false)
hive.exec.dynamicpartition.mode	strict/nonstrict	strict은 최소 하나의 파티션을 지정해야 한다. nonstrict은 모든 파티션을 동적으로 결정할 수 있다(기본값은 strict)
hive.exec.max.dynamic.partitions	수치	한 번에 생성할 수 있는 최대 파티션 수(기본값은 1,000)
hive.exec.max.dynamic.partitions.pernode	수치	하나의 Map 태스크 또는 Reduce 태스크가 한 번에 생성할 수 있는 최대 파티션 수(기본값은 100)

다음은 실행 예다. 파티션 키로 col1과 col2를 지정했으며, cola와 colb 칼럼을 가지고 있다.

```
hive> CREATE TABLE dst1 (cola INT, colb INT) PARTITIONED BY (col1 INT, col2 INT);
OK
Time taken: 0.073 seconds
hive> desc dst1;
OK
colaint
colbint
col1int
col2int
Time taken: 0.17 seconds
hive> SET hive.exec.dynamic.partition.mode=nonstrict;
hive> INSERT OVERWRITE TABLE dst1
```

```
hive> PARTITION (col1, col2) SELECT cola, colb, col1, col2 FROM src1;
Total MapReduce jobs = 3
(snip)
OK
Time taken: 20.493 seconds
hive>
```

동적 파티션 삽입을 사용하려면 hive.exec.dynamic.partition.mode를 nonstrict으로 설정한다. 그리고 INSERT OVERWRITE문으로 dst1에 값을 등록한다. 동적 파티션할 칼럼명은 SELECT문 안에서 가장 마지막 부분에 기술한다. 칼럼 순서는 PARTITION문과 SELECT문에서 동일하게 기술해야 한다.

▓ INSERT DIRECTORY문을 사용한 테이블 파일 출력

쿼리 실행 결과를 파일 시스템 상의 디렉터리 내부에 출력할 수 있다.

```
INSERT OVERWRITE [LOCAL] DIRECTORY directory1 SELECT ... FROM ...
```

LOCAL 구를 지정하면 로컬 파일 시스템 상에 출력하나, 지정하지 않으면 HDFS 상에 출력한다. directory1의 값은 URI로 지정할 수 있다. 출력 결과는 칼럼은 ^A(CTRL-A)로 구분되고, 행은 \n(줄바꿈 문자)로 구분된 텍스트 형식 파일이다. 구분 문자는 고정이다. 만약 어떤 칼럼이 primitive형이 아니라면, JSON 형식으로 출력한다. INSERT DIRECTORY문도 다중 테이블 삽입이 가능하다.

```
FROM from_statement
  INSERT OVERWRITE [LOCAL] DIRECTORY directory1 select_statement1
  [INSERT OVERWRITE [LOCAL] DIRECTORY directory2 select_statement2] ...
```

13.3.5 SELECT문

HiveQL은 표준 SQL를 따르고 있지 않아서 일반 RDBMS에서 사용하던 모든 쿼리를 사용할 수 없다. 하지만 비교적 간단한 쿼리라면 사용할 수 있다. HiveQL은 JOIN, 서브 쿼리, UNION ALL을 지원한다. 예를 들어, table1에서 모든 레코드를 추출하려면 다음과 같이 기술한다.

```
SELECT * FROM table1
```

여기서 * 대신에 칼럼명을 지정할 수 있다. 그리고 DISTINCT를 부여해서 중복을 제거할 수도 있다.

```
SELECT DISTINCT col1 FROM table1
```

또한, count나 sum 등의 함수를 사용한 집계도 가능하다. 예를 들어, table1의 col1이 10,000 이상인 레코드 수를 카운트하려면 다음과 같이 기술한다.

```
SELECT count(*) FROM table1 WHERE col1 >= 10000
```

이와 같이 자바의 MapReduce에서는 복잡했던 처리를 한 줄로 구현해낼 수 있다는 것은 무척 매력적이다. HiveQL의 SELECT 구문은 다음과 같다.

```
SELECT [ALL | DISTINCT] select_expr, select_expr, ...
FROM table_reference
[WHERE where_condition]
[GROUP BY col_list]
[CLUSTER BY col_list
  | [DISTRIBUTE BY col_list] [SORT BY col_list]]
[LIMIT number]
```

이후로는 HiveQL이 가진 특성을 중심으로 설명하겠다.

■ GROUP BY

Hive는 GROUP BY 구를 지원한다. 예를 들어, col1로 그룹화한 col2를 집계해서 출력하려면 다음과 같이 기술한다.

```
SELECT col1, sum(col2) FROM table1 GROUP BY col1
```

HAVING 구를 부여할 수도 있다.

```
SELECT col1 FROM table1 HAVING sum(col2) > 10
```

GROUP BY는 보통 Reduce에서 처리하지만, Map에서 처리하도록 명시적으로 지정할 수도 있다. 이 때문에 Map 태스크의 메모리 사용량이 늘어날 가능성이 있지만, Map에서 집계할 수 있으므로 Reduce로 보내는 전송량을 줄일 수 있다. 때문에 결과적으로 처리 성능을 향상시킬 수 있다. Map에서 GROUP BY를 실행하려면, hive.map.agg 속성을 true로 한다.

```
SET hive.map.agg = true
SELECT col1, sum(col2) FROM table1 GROUP BY col1
```

■ ORDER BY와 SORT BY

HiveQL에서도 ORDER BY 구를 사용해서 출력 결과를 정렬할 수 있다. ASC 및 DESC를 부여해서 오름차순, 내림차순을 지정할 수 있다.

ORDER BY로 출력 결과 전체를 정렬할 때는 reducer 수가 하나로 제한된다. 때문에 대량의 레코드를 정렬할 경우에는 처리 시간 측면에서 주의가 필요하다. HiveQL에서는 hive.mapred.mode=strict를 지정해서 strict 모드로 ORDER BY를 실행하는 경우, LIMIT 지정은 필수다[15].

```
SET hive.mapred.mode=strict
SELECT col1 FROM table1 ORDER BY col1 DESC LIMIT 5
```

---

15 이것은 처리 시간이 길어지는 것을 방지하기 위해서다.

Hive.mapred.mode=nonstrict로 실행하는 경우에는 LIMIT가 불필요하다. Hive가 적당한 시점에 처리를 중단시킨다.

ORDER BY로 출력 결과를 정렬하면 Reducer가 하나가 되므로, 분산 처리 혜택을 누릴수 없다. 한편, SORT BY를 지정하면 Reducer를 다수 동작시킬 수 있으며, 처리 결과를 Reducer 내에서 정렬한다.

```
SELECT col1 FROM table1 SORT BY col1 ASC;
```

SORT BY는 Hadoop의 Shuffle 정렬 기능을 이용한다. Shuffle은 Reduce 처리 단위로 실행되기 때문에 SELECT문과 같이 모든 데이터를 정렬한 결과를 얻을 수 없다[16]. 특정 행을 어떤 Reducer로 보낼지 제어하고 싶을 때는, CLUSTER BY 또는 DISTRIBUTE BY를 이용한다.

■ LIMIT

SELECT문의 출력 건수를 LIMIT 구로 제한할 수 있다. 다음 쿼리에서는 출력을 다섯 건으로 제한한다.

```
SELCT * FROM table1 LIMIT 5
```

정렬한 결과를 상위 다섯 건만 출력하려면 다음과 같이 기술한다. SET문으로 reducer 수를 1로 제한한 후에 SORT BY로 정렬하고[17], 출력 건수를 LIMIT로 제한한다.

```
SET mapred.reduce.tasks = 1
SELECT * FROM table1 SORT BY col1 DESC LIMIT 5
```

---

16 Reducer 수를 1로 하면 전체 정렬한 결과를 얻을 수 있다.

17 물론, Reducer 수를 1로 해서 실행한 ORDER BY와 동일한 동작을 한다.

■ 정규 표현

SELECT 부분에 자바의 정규 표현식을 기술할 수 있다. 다음 쿼리는 ds와 hr 이외 모든 칼럼을 추출한다. 칼럼 수가 많고 특정 칼럼 이외 모든 칼럼을 출력하고 싶을 때, 많은 칼럼을 일일이 기술할 필요가 없어서 편리하다.

```
SELECT '(ds|hr)?+.+' FROM sales
```

■ CLUSTER BY와 DISTRIBUTE BY

CLUSTER BY와 DISTRIBUTE BY는, Hive 배후에서 MapReduce가 동작하고 있다는 것을 강하게 의식하고 있는, HiveQL 특유의 구문이다. 지정한 칼럼을 키로 하여 처리를 분할한다.

다음과 같이 DISTRIBUTE BY를 지정할 수 있다. 이를 통해, col1의 값이 같은 것은 동일 reducer로 처리할 수 있다.

```
SELECT col1, col2 FROM table1 DISTRIBUTE BY col1;
```

DISTRIBUTE BY에 SORT BY를 부여하면 Reducer 출력을 정렬할 수 있다. DISTRIBUTE BY에서 지정한 칼럼과 SORT BY에서 지정한 칼럼이 달라도 된다.

```
SELECT col1, col2 FROM table1 DISTRIBUTE BY col1 SORT BY col1 ASC, col2 DESC;
```

DISTRIBUTE BY와 SORT BY가 같은 칼럼을 지정해야 한다면, CLUSTER BY를 사용해 동일한 기능을 간단히 구현할 수 있다.

```
SELECT col1, col2 FROM table1 CLUSTER BY col1;
```

■ JOIN

SELECT문으로 복수의 테이블을 이용해서 결과를 얻으려면 SQL문과 동일하게 JOIN
을 이용한다. Hive에서는 내부 결합, 외부 결합, 반 결합, 크로스 결합을 이용할 수 있다.
JOIN만 기술하면 SQL의 INNER JOIN과 동일한 처리를 한다. 또한, 다음과 같은 JOIN
도 이용할 수 있다.

- LEFT JOIN
- RIGHT JOIN
- FULL JOIN

여기에 OUTER를 붙여서 다음과 같은 형식으로도 이용할 수 있다.

- LEFT OUTER JOIN
- RIGHT OUTER JOIN
- FULL OUTER JOIN

이 외에도 LEFT SEMI JOIN이나 CROSS JOIN 등도 이용 가능하다.

HiveQL의 JOIN은 ON 구 안에 NOT 조건을 기술할 수 없다. 예를 들어, 다음 HiveQL
을 실행하면 에러가 된다.

```
SELECT table1.* FROM table1 JOIN table2 ON (table1.col1 <> table2.col1) (실행 불가)
```

■ WHERE…IN/EXISTS가 없다

WHERE 구 내의 IN 및 EXISTS 서브 쿼리는 Hive에서 지원하지 않는다. 동일 처리를
구현하려면 SEMI LEFT JOIN을 사용하면 된다. 예를 들어, SQL로 IN을 사용해서 다음
과 같은 쿼리를 작성했다고 하자.

```
SELECT table1.col1, table1.col2
  FROM table1
  WHERE table1.col1 IN (SELECT table2.col1 FROM table2);
```

이것을 Hive로 구현하려면 다음과 같이 기술한다.

```
SELECT table1.col1, table1.col2
  FROM table1
  LEFT SEMI JOIN table2 ON (table1.col1 = table2.col1)
```

LEFT SEMI JOIN을 이용할 때, 오른쪽 테이블(여기선 table2)은 SELECT 구에서 사용할 수 없고 ON 구 내에서만 표현할 수 있다는 제약이 있다.

이번에는 SQL에서 WHERE⋯NOT EXISTS를 다음과 같이 작성했다고 하자.

```
SELECT table1.col1, table1.col2
  FROM table1
  WHERE table1.col1 NOT EXISTS (SELECT table2.col1 FROM table2);
```

NOT EXISTS를 Hive로 구현하려면, IN에서 LEFT SEMI JOIN을 이용했던 방식처럼 할 수가 없다. 이것은 Hive가 ON 구 내에서 NOT 조건을 사용할 수 없기 때문이다. 그래서 LEFT OUTER JOIN으로 우선 테이블을 결합한 후, 오른쪽 테이블이 NULL인 것만 출력한다.

```
SELECT table.col1, table.col2
FROM
  (SELECT table1.col1, table1.col2, table2.col1 AS col21
    FROM table1
    LEFT OUTER JOIN table2 ON (table1.col1 = table2.col1)
  ) table
WHERE table.col21 IS NULL
```

■ UNION

HiveQL에서는 UNION ALL을 이용할 수 있다. UNION ALL을 통해 서로 다른 쿼리 결과를 결합하여 하나의 테이블로 출력한다. HiveQL에서는 SQL 같은 UNION 구는 지원하지 않으며, UNION ALL만 지원한다. UNION ALL 구를 사용하는 경우, SELECT 문에서 지정한 칼럼은 동일 데이터형이어야 한다. 또한, HiveQL에서는 상위 계층의

UNION ALL은 지원하지 않는다. 그래서 다음과 같이 서브 쿼리 내부에서 이용한다.

```
SELECT col1, col2 FROM (
  SELECT col1, col2 FROM input1
  UNION ALL
  SELECT col1, col2 FROM input2
) tmp
```

13.3.6 사용자 정의 함수(UDF)

HiveQL에서는 쿼리 내에 사용자 정의 함수(UDF: User Defined Function)를 내포할 수 있다.

■ 기본 UDF

Hive에는 기본으로 다음과 같은 UDF가 준비되어 있다.

■ cast 함수

데이터형을 다른 데이터형으로 바꾸고자 할 때 사용한다. 특히, 수학 함수에서 데이터형 변환 시에 유용하다.

■ 수학 함수

round나 floor, ceil 같은 수치를 반올림 하는 함수와 log나 pow, sqrt 같은 수치 계산 시에 사용한다. 수학 함수 대부분은 double형 데이터를 이용한다. 이 때문에 다른 데이터 형을 사용하고 싶은 경우에는 cast 함수를 이용해서 데이터형을 변환해 주어야 한다.

■ 콜렉션 함수

MAP형 데이터나 배열형 데이터의 요소 개수를 반환하는 size 함수를 이용할 수 있다.

■ 시간 함수

문자열 시간 정보로부터 일시, 유닉스 시간 정보들을 추출하는 함수다. 또한, 유닉스 시간 에서 지정한 형식의 시간 정보를 문자열로 변환해 주는 함수도 있다.

▌ 조건 함수

데이터가 조건에 부합하는지를 판단하는 if 함수, 데이터가 NULL인지 확인하는 coalesce 함수 및 CASE, WHEN…THEN…문이 있다[18].

▌ 문자열 함수

문자열 길이를 반환하는 length 함수, 문자열을 역순으로 정렬하는 reverse 함수, 문자열을 결합하는 concat 함수, 대문자나 소문자로 변환하거나 특정 문자열 치환 등의 함수가 있다.

▌ 집약 함수

집약 처리 관련 함수 UDAF(AF: Aggregate Function)도 준비되어 있다. 일치하는 row를 카운트하는 count 함수, 데이터를 집계하는 sum 함수, 최대(max), 최소(min), 평균(avg), 분산(var), 표준 편차(stddev)를 구하는 함수가 있다. 또한, 배열형 데이터의 요소를 분리하는 explode 함수도 있다.

▌ 독자 사용자 정의 함수

Hive에는 이미 많은 함수들이 준비되어 있지만, 이들 함수로 모든 처리를 제어할 수 있는 것은 아니다. 이 때문에 사용자가 독자적으로 사용자 정의 함수를 작성할 수도 있다. 사용자 정의 함수는 다음 순서로 작성한다.

1. UDF 클래스(org.apache.hadoop.hive.ql.exec.UDF)를 계승한 사용자 정의 함수용 클래스를 준비한다
2. 클래스 내에 evaluate 메소드를 준비한다
3. evaluate 메소드 내에 처리하고 싶은 내용을 기술한다

Hive 상에서 독자 사용자 정의 함수를 실행하면 이 evaluate 메소드가 호출된다. evaluate 메소드의 인수나 반환값형에 대한 제약은 없다.

그 예로서, 문자열 데이터가 지정한 문자열과 일치하는지 판단하는 사용자 정의 함수 SampleUDF를 작성하도록 한다. 다음과 같이 기술한다.

---

18 CASE, WHEN…THEN…문은 엄밀히 말하면 함수는 아니다.

```
package com.example;

import org.apache.hadoop.hive.ql.exec.UDF;
import org.apache.hadoop.io.Text;

public final class SampleUDF extends UDF {
  public Boolean evaluate(final Text key, Text ... val) {
    for (Text v : val) {
      if (key.equals(v)) { return true; }
    }
    return false;
  }
}
```

이 함수에서는 최초 인수로 확인하고 싶은 데이터를 지정하고, 다음 인수 이후에 일치 여부를 판단할 문자열을 지정한다. 일치하면 true를, 그렇지 않으면 false를 반환한다. 작성한 사용자 정의 함수 클래스는 컴파일을 통해 클래스 파일 및 JAR 파일로 만든 후, Hive 쉘 상에서 다음과 같이 사용한다.

1. ADD jar 〈로컬 상의 사용자 정의 함수가 포함된 JAR 파일 경로〉를 실행
2. CREATE TEMPORARY FUNCTION 〈Hive 함수명〉 AS '〈클래스명〉'을 실행
3. HiveQL 내에서 2의 Hive 함수명을 이용한다.

이것으로 HiveQL에서 사용자 정의 함수를 사용할 수 있게 되었다. 여기서 작성한 JAR 파일을 my_udf.jar로 명명하도록 한다. ADD jar로 추가하는 JAR 파일은 로컬 디스크에 있는 JAR 파일이라는 것에 주의해야 한다. 그리고 Hive 상의 함수명을 sample_udf라고 명명하도록 한다. 이 경우, 구체적인 UDF 실행 방법은 다음과 같다.

```
hive > ADD jar my_udf.jar;
hive > CREATE TEMPORARY FUNCTION sample_udf AS 'com.example.SampleUDF';
hive > SELECT * FROM sample_table WHERE sample_udf(col1, "a", "b") ;
```

13.4 효율적인 Hive 활용법

지금까지 Hive 사용법과 HiveQL로 구현 가능한 것에 대해 설명했다. 이번 장의 마지막은 Hive를 더욱 고속으로 사용하는 방법에 대해 소개한다. 다음 순서대로 설명하도록 하겠다.

- Hive 튜닝
- 데이터 보존 방법과 압축
- Hive의 노드 구성
- 메타스토어 설정
- 로그 확인

13.4.1 Hive 튜닝

Hive를 이용하면 MapReduce 잡을 쉽게 실행할 수 있다. 단 대량의 데이터를 다루는 경우에는 처리 시간이 매우 길어질 가능성이 높다. 그러므로 Hive의 처리 시간을 단축하는 방법을 소개하겠다.

■ Hadoop 파라미터 설정

Hive가 처리할 MapReduce 잡이나 HDFS 처리에 관해, Hadoop 속성을 개별적으로 설정할 수 있다. 다음과 같이 SET문을 사용해서 Hadoop 속성을 지정한다.

```
hive > SET dfs.replication = 2
hive > SET mapred.child.java.opts=-Xmx500m
```

■ 파티셔닝(Partitioning)

HiveQL에서 SELECT문 실행은 테이블에 포함되는 모든 데이터를 참조한다. WHERE 구를 지정해서 특정 조건에 일치하는 데이터를 추출할 때는, 대량의 데이터를 참조하더라도 극히 일부의 데이터만을 사용하게 된다. 예를 들어, 시간대별로 정렬되어 있는 로그 데이터에서, 특정 날짜의 로그만 집계하려고 할 때, 모든 날짜의 데이터를 참조하는 것은 비효율적이다. 그래서 데이터를 특정 조건으로 분할해서 물리적으로 저장하는 방법을 사용한다. 이것을 '파티셔닝'이라 하며, 분할된 개별 단위는 '파티션'이라고 부른다.

WHERE 구에서 이용할 칼럼을 파티션 단위로 나누는 것으로 MapReduce에서 로드하는 데이터양을 제한한다. 이를 통해 로드에 걸리는 시간을 단축할 수 있다.

Hive는 CREATE TABLE문에서 파티션 단위를 지정할 수 있다. CREATE TABLE문 안에 'PARTITIONED BY'와 파티션에 사용할 칼럼명, 데이터형을 지정한다.

```
CREATE TABLE tablename (...)
PARTITIONED BY (col_name data_type , ...) ...;
```

파티션에서 사용할 칼럼은 여러 개여도 문제없다. 이 경우에는 다차원 파티셔닝을 구현할 수 있다[19].

LOAD문이나 INSERT문에도 파티션을 지정해서 실행할 수 있다. 이 경우, CREATE TABLE문에서 정의한 파티션용 칼럼을 지정해서 특정 파티션에 저장한다.

```
LOAD DATA LOCAL INPATH '/path/to' INTO TABLE tablename
   PARTITION (col_name= 조건 [, ...]);
```

파티션 단위로 저장한 데이터에 SELECT문을 실행할 때, WHERE 구를 사용해서 파티션을 조건으로 지정할 수 있다. 그리고 이를 통해 해당 파티션에만 액세스할 수 있다. 파티션 조건은 복수 설정이 가능하다.

```
SELECT ... FROM ... WHERE col_name = 조건 ...;
```

■ 파티셔닝과 JOIN

JOIN 대상 양쪽 테이블이 모두 파티셔닝되어 있고, 특정 파티션만 참조해서 LEFT OUTER JOIN을 해야 할 경우가 있다. 이때, 다음과 같이 기술하면 오른쪽 테이블은 특

---

19 HDFS 상에서는 파티션용 칼럼을 정의한 순서대로 디렉터리 계층이 생성된다.

정 파티션이 아닌 모든 파티션을 참조해 버린다.

```
SELECT a.val, b.val
FROM a LEFT OUTER JOIN b ON (a.key=b.key)
WHERE a.ds='2013-01-01' AND b.ds='2013-01-01'
```

이것은 Hive에서는 WHERE 구보다 JOIN이 먼저 실행되기 때문이다. 이용할 파티션 조건도 ON 구 안에 포함시키면, 특정 파티션만 참조하는 것이 가능해진다.

```
SELECT a.val, b.val
FROM a LEFT OUTER JOIN b
ON (a.key=b.key AND b.ds='2013-01-01' AND a.ds='2013-01-01')
```

이 방법은 RIGHT OUTER JOIN이나 FULL OUTER JOIN에서도 응용할 수 있다.

■ 잡 병렬 실행

HiveQL 쿼리 문으로 MapReduce 잡을 병렬 실행할 수 있다. 병렬 처리로 Hadoop 클러스터의 빈 리소스를 줄여서 처리 효율을 높일 수 있다. Hive에서 MapReduce 병렬 실행은 다음과 같은 경우에 가능하다.

■ Hive 병렬 실행 관련 속성이 유효할 것

MapReduce 잡 병렬 실행에 관련된 속성 'hive.exec.parallel'을 true로 설정하면 병렬 실행을 사용할 수 있다. 이 속성은 SET문으로 설정한다.

```
hive> SET hive.exec.parallel=true;
```

또는 $HIVE_HOME/conf/hive-site.xml에 다음과 같이 기술하면 된다.

```
<configuration>
  (중략)
<property>
  <name>hive.exec.parallel</name>
  <value>true</value>
</property>
</configuration>
```

▌ HiveQL이 병렬 실행 가능한 MapReduce 잡으로 변환될 것

병렬 실행 가능하도록 MapReduce 잡이 구성되어 있지 않으면 병렬 실행을 유효화(On)하더라도 소용없다. 그래서 EXPLAIN문을 통해 병렬 실행이 가능한지를 확인해야 한다. EXPLAIN문을 실행해서 'STAGE DEPENDENCIES'를 확인한다. 다음과 같이 'depends'가 복수의 스테이지에서 표시되면, 해당 부분이 병렬 실행 가능한 것이다.

다음 예에서는 Stage-2를 처리하기 전에, Stage-1과 Stage-3가 병렬 실행 가능하다는 것을 알 수 있다.

```
STAGE DEPENDENCIES:
  Stage-1 is a root stage
  Stage-2 depends on stages: Stage-1, Stage-3
  Stage-0 depends on stages: Stage-2
  Stage-3 is a root stage
```

▋ Map Join

일반적으로 JOIN은 Reduce 처리에서 이루어진다. 하지만 Map 처리 단계에서 JOIN을 실행할 수 있다면, 비교적 처리량이 많은 Shuffle 및 Reduce 처리를 건너뛸 수 있어서, 병렬도 및 처리 효율이 높아진다. 다음과 같이 명시적으로 Map Join을 Hive에 부여할 수 있다.

```
SELECT /*+ MAPJOIN(b) */ a.key, a.value
FROM a join b on a.key = b.key
```

Hive 0.10에서는 힌트 구 없이 Map Join을 이용할 수 있도록 최적화되어 있다. hive.

auto.convert.join 속성을 true로 설정하면 적용 가능하다[20]. 또한, hive.smalltable. filesize값을 설정하면 작은 쪽 테이블이 설정값을 초과할 경우, 자동적으로 Reduce Join으로 변경된다.

Map Join에서는 'a FULL/RIGHT OUTER JOIN b'를 실행할 수 없지만, 결합 대상 테이블 중 하나를 해쉬 테이블 상에 로드해서 구현할 수 있다. 이 때문에 결합 대상 테이블 중 하나가 메모리 상에 올라갈 수 있을 정도로 작은 경우에 Map Join을 사용할 수 있다.

■ Bucket Map Join과 Sort Merge Join

이 외에도 Map Join을 실행 가능한 경우가 있는데, 바로 입력 대상 테이블이 모두 패킷으로 분할되어 있는 경우다. 왼쪽 테이블 패킷을 처리하는 Map 처리에서, 오른쪽 테이블에 대응하는 패킷만을 읽어 JOIN한다. 이것을 Bucket Map Join이라 부른다. 이 동작을 위해선 set hive.optimize.bucketmapjoin을 true로 설정할 필요가 있다.

그리고 Join 대상 테이블에서 패킷 분할이 이루어져야 한다. 이것은 CREATE TABLE문에서 CLUSTERED BY 구로 정의한다.

```
CREATE TABLE table1 (col1 INT, col2 STRING)
  CLUSTERED BY (col1) INTO 4 BUCKETS
CREATE TABLE table2 (col1 INT, col2 STRING)
  CLUSTERED BY (col1) INTO 4 BUCKETS
```

이를 통해 col1의 값을 해쉬화해서 네 개의 패킷으로 분할하여 저장한다. 특정 col1의 값은 동일한 패킷에 저장되며, 이때 다음 쿼리로 Bucket Map Join을 실행할 수 있다.

```
SELECT /*+ MAPJOIN(table2) */ table1.col1, table1.col2
  FROM table1 JOIN table2 ON table1.col1 = table2.col1
```

양 테이블 패킷 수가, 각 테이블이 가진 패킷 수의 배수가 되면 Bucket Map Join을 실행할 수 있다. 또한 결합 조건 칼럼으로 패킷화 및 정렬되어 있으며, 패킷 수가 양 테이블에서 일치하는 경우, Map 처리만으로 Sort Merge Join을 실행할 수 있다. Sort Merge

---

20 기본값은 false다.

Join을 실행하려면 다음 속성을 설정해 주어야 한다.

```
set hive.input.format=org.apache.hadoop.hive.ql.io.BucketizedHiveInputFormat;
set hive.optimize.bucketmapjoin = true;
set hive.optimize.bucketmapjoin.sortedmerge = true;
```

13.4.2 데이터 저장 방법 및 압축

Hive로 데이터를 저장할 때, HDFS 포맷으로 TEXTFILE 외에 SEQUENCEFILE 및 RCFILE도 가능하다. HiveQL의 CREATE TABLE문에서 테이블을 정의할 때, 저장할 파일 형식을 설정할 수 있다. 또는 SEQUENCEFILE 형식을 이용해서 Hive에 데이터를 로드할 때, 데이터를 압축할 수도 있다. 그러기 위해서는 다음과 같은 설정이 필요하다.

```
hive> SET hive.exec.compress.output=true;
hive> SET mapred.output.compress=true;
hive> SET mapred.output.compression.codec=org.apache.hadoop.io.compress.SnappyCodec;
hive> INSERT OVERWRITE TABLE ...;
```

참고로 SEQUENCEFILE과 RCFILE로 데이터를 저장할 때는, 저장 위치의 파일 포맷으로 저장해야 한다.

HiveQL의 INSERT OVERWRITE문으로 데이터를 저장할 때, MapReduce 잡에서 지정한 포맷으로 자동으로 변환한다. LOAD문의 경우는 포맷 변환은 없지만, 사용자 측 사전 준비가 필요하다[21].

■ Hive 상의 데이터 압축

HiveQL을 실행할 때, 중간 파일이나 처리 결과를 압축할 수 있다. 이를 위해서는 다음 속성을 유효화해야 한다.

1. Hive.exec.compress.intermediate를 true로 설정하면 중간 파일을 압축

---

21 데이터가 SEQUNCEFILE이나 RCFILE 포맷이 아니거나 사전 포맷 변환이 되지 않는 경우는, 일단 TEXTFILE로 로드해서 INSERT문으로 Hive에 저장되어 있는 테이블 중 지정 포맷의 테이블에 삽입하는 방법이 있다.

2. hive.exec.compress.output을 true로 설정하면 출력 결과를 압축

압축 포맷으로 Hadoop이 지원하고 있는 Gzip, Bzip2, LZO[22], Snappy[23]를 사용할 수 있다. 참고로 압축된 파일은 블록 단위로 처리할 수 없다. 이 때문에 SequenceFile과 병용해서 블록 단위로 압축하도록 설정한다.

HiveQL에서 사용하는 경우, 위의 속성과 함께 SET 명령을 사용하는 것이 좋다. 예를 들어, 다음과 같이 Hive 실행 결과를 Gzip으로 저장할 수 있다.

```
hive > SET hive.exec.compress.intermediate = true;
hive > SET hive.exec.compress.output = true;
hive > SET mapred.output.compression.type = BLOCK;
hive > SET mapred.output.compression.codec=org.apache.hadoop.io.compres.GzipCodec;
hive > INSERT OVERWRITE TABLE dst_table SELECT * FROM src_table;
```

■ RCFILE 이용

Hive에서는 RCFILE이라 불리는 열 지향 레이아웃 포맷을 이용할 수 있다. 열 지향 레이아웃을 이용하면 행 지향 레이아웃과 달리, 지정된 칼럼만 접근할 수 있게 된다. 대량의 칼럼을 가진 테이블에서 일부 칼럼에만 접근하므로 디스크 I/O를 큰 폭으로 줄여, 성능 향상에 기여한다. Hive에서 열 지향 레이아웃을 사용하기 위해서는 다음과 같이 CREATE TABLE문으로 정의한다.

```
CREATE TABLE table1 (col1 INT, col2 STRING)
  ROW FORMAT SERDE 'org.apache.hadoop.hive.serde2.columnar.ColumnarSerDe'
  STORED AS RCFILE
```

---

22 LZO는 라이선스 문제로 Hadoop 패키지에 포함되어 있지 않다. 대신 다음 웹 사이트에서 구할 수 있다.
   https://github.com/kevinweil/hadoop-lzo
23 구글이 공개한 오픈 소스 압축 라이브러리. 압축률은 Gzip이나 Bzip2에 비해 떨어지지만, 속도가 빠르다. LZO와 비슷한 특성을 가지는데 LZO 라이선스가 GPL인 반면, Snappy는 Apache License(아파치 라이선스) 2.0이어서 이용하기 쉬운 라이선스다.
   https://code.google.com/p/hadoop-snappy

13.4.3 Hive의 노드 구성

Hive의 테이블 데이터를 복수의 사용자가 공유하기 위해 필요한 설정에 대해 설명한다. 우선 Hive에서 사용하는 노드 구성에 대해 이해할 필요가 있다. Hive는 Hadoop 노드 (NameNode/DataNode/JobTracker/TaskTracker)와 달리, Hive 클라이언트라 불리는 것이 있어서 JobClient처럼 동작한다.

Hive 클라이언트는 '메타스토어'라 불리는 Hive 메타 정보 관리 노드에 접속하여, 거기서 얻은 정보를 바탕으로 Hadoop에 접속한다. 메타스토어가 관리하는 테이블 정의 등의 메타데이터는 RDBMS에 저장된다. 메타스토어는 서비스와 데이터스토어로 구성된다. Hive 클라이언트, 메타스토어, DBMS를 구성하는 방법으로, 다음 세 가지 방법이 있다.

■ 내장 모드

설정 변경을 하지 않은 기본 구성이다. DBMS로 Derby를 이용한다. Hive 클라이언트, 메타스토어, Derby가 단일 프로세스로 존재한다. 읽기 모드에서는 동시에 한 명만 접속할 수 있다. Derby를 이용하고 있으므로 DB로서 신뢰성은 높지 않다. 혼자서 테스트 용도로 사용하기에 적합한 구성이다.

■ 로컬 모드

Hive 클라이언트와 메타스토어로부터 DBMS를 독립시키는 구성이다. DBMS는 JDBC를 통해 접속한다. 로컬 모드에서는 다수의 접속을 동시에 허용하지만, Hive 클라이언트가 모두 같은 노드에 존재해야 한다.

■ 원격 모드

DBMS뿐만 아니라 메타스토어도 독립시킨 구성이다. Hive 클라이언트가 Thrift API를 경유해서, 원격으로 메타스토어에 접속할 수 있다. Hive 클라이언트로서 hiveserver2, HUE의 Hive용 인터페이스인 Beeswax, HCatalog[24] 등이 존재한다(그림 13.1).

---

24 Hive 이외에 Pig 등의 타 인터페이스 사이에도 메타데이터를 공통으로 관리할 수 있게 한다.

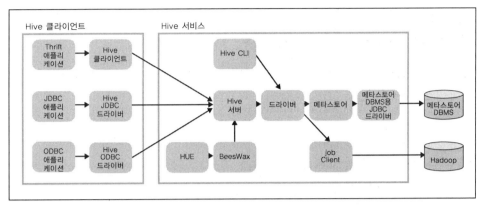

그림 13.1 Hive 노드 구성

각 모드의 설정 방법에 대해 설명한다.

13.4.4 메타스토어 설정

로컬 메타스토어 및 원격 메타스토어 설정 방법에 대해 설명한다.

■ 로컬 메타스토어 모드 설정

우선은 메타스토어를 로컬 모드로 이용하기 위한 설명이다. 여기서는 Apache Derby(아파치 더비) 대신에 PostgreSQL를 사용한 메타스토어 도입 방법에 대해 설명하겠다. 도입순서는 다음과 같다.

1. RDBMS(PostgreSQL) 설치와 시작
2. Hive 클라이언트에 JDBC 드라이버 설치
3. 메타스토어 관련 Hive 설정 변경
4. 메타스토어용 데이터베이스 준비

1의 PostgreSQL 설치와 시작은 이미 완료했다고 간주하고, 2번부터 설명하겠다.

■ 2. Hive 클라이언트에 JDBC 드라이버 설치

Hive에서 PostgreSQL에 접속하기 위해 다음 사이트에서 JDBC 드라이버를 다운로드한다.

http://jdbc.postgresql.org

이 사이트의 'download' 링크를 통해 다운로드할 수 있다. PostgreSQL의 JDBC 드라이버가 여러 버전이 있는데, 'JDBC 4'를 다운로드한다.

드라이버는 Hive 클라이언트의 $HIVE_HOME/lib/에 저장한다.

▌3. 메타스토어 관련 Hive 설정 변경

메타스토어를 Apache Derby에서 PostgreSQL로 변경하기 위해 Hive 설정을 추가한다. $HIVE_HOME/conf/hive-site.xml에 표 13.6에 있는 설정을 추가한다.

표 13.6 메타스토어 설정

속성명	설정값	설명
javax.jdo.option.ConnectionURL	jdbc:postgresql://〈Postgre SQL 서버명〉:〈포트 번호〉/〈데이터베이스명〉	PostgreSQL에 메타스토어 배치
javax.jdo.option.Connection DriverName	org.postgresql.Driver	PostgreSQL용 JDBC 드라이버 클래스 설정
javax.jdo.option.Connection UserName	특정 사용자명	메타스토어에 접속하기 위한 사용자 설정
javax.jdo.option.Connection Password	패스워드 설정	PostgreSQL에 접속하기 위한 사용자 패스워드 설정
hive.metastore.local	true	로컬 메타스토어를 사용하기 위해 true로 설정
hive.metastore.warehouse.dir	HDFS 경로(기본값은 /user/hive/metastore)	HDFS 상에 Hive 데이터를 저장하기 위한 영역 설정

이 설정들을 추가함으로써 메타스토어에서 PostgreSQL을 사용할 수 있다. 참고로 'PostgreSQL을 설치한 호스트명', '포트 번호', '데이터베이스명'은 각자 설정하도록 한다.

▌4. 메타스토어용 데이터베이스 작성

표 13.6에서 설정한 사용자가 PostgreSQL에 접속할 수 있도록 PostgreSQL의 'CREATE ROLE 〈사용자명〉 〈권한〉'으로 사용자를 생성한다.

```
$ psql
postgres=# CREATE ROLE hive LOGIN;
CREATE ROLE
```

그리고 Hive에서 사용할 데이터베이스를 PostgreSQL 상에 생성한다. 이것은 'CREATE DATABASE 〈데이터베이스명〉'으로 생성할 수 있다.

```
postgres=# CREATE DATABASE hive;
CREATE DATABASE
```

이때 앞서 생성한 사용자 hive가, 데이터베이스 접속 및 조작 권한을 가지고 있는지 확인하도록 한다. 이상으로 로컬 메타스토어 모드 설정을 마쳤다. 메타스토어로 RDBMS를 사용할 수 있게 되었다.

■ 원격 메타스토어 모드 설정

Hive의 메타스토어 저장 모드에는 '원격 메타스토어 모드'도 있다. 이것은 Hive 메타스토어를 저장할 서버를 '로컬 메타스토어'와 동일하게 준비하고, 메타스토어 모드로 Hive를 가동한다. Hive 서버(메타스토어)에 클라이언트가 Thrift 프로토콜을 이용해서 접속할 수 있는 구조다. '원격 메타스토어' 설정은 '로컬 메타스토어' 설정 중 다음 사항을 변경해서 구현한다.

1. Hive 서버 측 설정에서 'hive.metastore.local' 항목 삭제
2. 클라이언트 측에 다음과 같이 설정
    (a) hive.metastore.uris 속성을 thrift://〈Hive 서버명〉:〈포트 번호〉로 설정
    (b) hive.metastore.local 속성을 false로 한다
    (c) hive.metastore.warehouse.dir을 Hive 서버와 동일하게 설정

이 설정을 한 후, 다음 가동 설정에 따라서 hive를 가동시킨다[25]. 클라이언트는 Thrift를 사용해서 접속한다.

---

25 [hive@hiveserver~] 프롬프트는 hive 사용자가 hiveserver라는 서버에서 작업하고 있는 것을 의미한다.

```
[hive@hiveserver ~] $ hive --service metastore
```

이 설정으로 '원격 메타스토어 모드'로 이용할 수 있게 된다. 메타스토어 설정은 이용 상황에 맞게 구성을 결정하도록 하자[26].

13.4.5 로그 확인

Hive로 처리할 때 에러가 발생하는 경우가 있다. 이때는 Hive 관련 로그를 참조해서 수정 사항을 검토하도록 한다. Hive 관련 로그는 두 가지가 있다.

■ Hive 전체 로그

Hive 쉘 등 Hive 전반에 관한 로그다. 기본 설정에서는 로컬 디스크의 /tmp/〈Hive 실행 사용자〉/hive.log에 기록된다. 이것은 $HIVE_HOME/conf/hive-log4j.properties에서 변경할 수 있다.

■ HiveQL 관련 로그

HiveQL에 관련된 실행 로그다. 기본 설정에서는 /tmp/〈Hive 실행 사용자〉/hive_job_log_〈사용자명 등〉.txt에 기록된다. 이 출력 위치는 $HIVE_HOME/conf/hive-site.xml의 hive.querylog.location 속성에서 변경할 수 있다.

이번 장에서는 Hive 사용법에 대해 설명했다. Hive는 SQL 지식이 있으면 MapReduce를 바로 이용할 수 있는 이점이 있다. 애플리케이션을 직접 기술하지 않고 바로 실행할 수 있다는 점은 '빨리 분석하고 싶다.' 하는 상황에 매우 유용하다.

---

26 CDH4에서는 종래의 hiveserver에 추가로 hiveserver2가 포함되어 있다. hiveserver2에 대해서는 클라우데라사의 매뉴얼을 참조하도록 한다.
http://www.cloudera.com/content/cloudera-content/cloudera-docs/CDH4/latest/CDH4-Installation-Guide/cdh4ig_topic_18_5.html

PART 3

Hadoop
클러스터
구축과 운영

14

환경 구축 효율화

환경 구축과 설정 자동화

Hadoop은 노드를 추가함으로써 성능을 향상시킬 수 있다는 것이 장점으로, 1,000 노드 이상의 클러스터를 이용하고 있는 사례도 있다. Hadoop 클러스터가 수백 대 이상의 규모가 되면, 한 대씩 수작업으로 구축하는 것은 현실적이지 못하다. 다행히도 클러스터의 대부분을 차지하는 슬레이브 노드는, 기본 소프트웨어 구성이나 설정이 동일하기 때문에 환경 구축을 자동화하는 것이 비교적 용이하다.

이번 장에서는 Hadoop 클러스터 자동 구축과 구성 관리 방법을 설명한다. 중심이 되는 것은 PXE 부트와 킥스타트를 통한 OS 자동 설치, Puppet을 통한 미들웨어 설치 및 관리 등이다. 그럼 표 14.1과 같은 구성으로 Hadoop 클러스터를 자동 구축해 보도록 하겠다.

표 14.1 서버 리스트

호스트명	IP 주소	서브넷 마스크	역할
pp01	192.168.1.30	255.255.255.0	환경 구축 서버
cl01	192.168.1.40	255.255.255.0	클라이언트 노드
ma01	192.168.1.50	255.255.255.0	마스터 노드
sl01	192.168.1.51	255.255.255.0	슬레이브 노드
sl02	192.168.1.52	255.255.255.0	슬레이브 노드
sl03	192.168.1.53	255.255.255.0	슬레이브 노드

모든 장비가 같은 네트워크 세그먼트를 사용하며, 최소한 하드디스크 한 대와, PXE 부트 가능한 NIC를 탑재하고 있다는 것을 전제로 한다. PXE 부트와 킥스타트를 위해서 환경 구축 서버를 한 대 준비한다. 참고로 환경 구축 서버 pp01만 OS를 설치하고, 다른 서버들은 이후 설명한 PEX 부트와 킥스타트를 이용해서 OS를 설치하도록 한다. 또한, Puppet 등을 설치하기 위해 환경 구축 서버를 인터넷 접속 가능 서버로 잡는다. 그리고 14.2.1에서 Yum 리포지토리를 구축하기 위해, 환경 구축 서버를 설치할 때 사용한 CentOS의 ISO 파일을 환경 구축 서버의 /tmp 디렉터리에 배치한다.

14.1.1 PXE 부트

OS 시작 처리를 '부트(boot)'라고 한다. 리눅스의 부트 처리는 우선 부트 로더라 불리는 프로그램이 실행되고, 커널 이미지(vmlinuz)와 RAM 디스크 이미지(initrd)가 메모리 상에 상주하게 된다. OS 설치가 끝난 하드디스크에서 OS를 시작할 때뿐만 아니라, DVD 등의 미디어를 통해 인스톨러를 시작할 때도 같은 방식으로 처리가 이루어진다.

PEX 부트는 이 부트 처리를 네트워크 경유로 실행하기 위한 것으로, 네트워크 카드(하드웨어)가 자체 제공하는 기능을 사용한다. 부트 처리는 물론, OS 설치 작업 자체도 네트워크를 경유해서 실행하므로, DVD 드라이브를 사용해서 설치해야 하는 번거로움이 없고, 동시 병행으로 다수의 서버에 OS를 설치할 수 있다. PEX 부트의 처리 흐름은 그림 14.1과 같다. 그림을 보면 알 수 있듯이, PXE 부트을 이용하기 위해서는 DHCP(Dynamic Host Configuration Protocol, 동적 호스트 설정 통신 규약) 서버와 TFTP 서버[1]를 설치해 둘 필요가 있다.

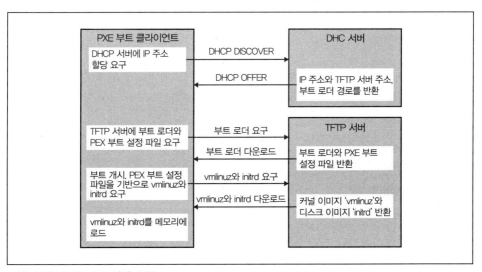

그림 14.1 PEX 부트 처리 흐름

---

1 TFTP는 UDP를 사용해서 파일을 전송하기 위한 프로토콜이다. FTP의 경량 버전이라 할 수 있다.

14.1.2 킥스타트

CentOS 설치 순서에서는 부트 로더를 시작하고 vmlinuz와 initrd를 메모리에 로드한 후, anaconda라 부르는 인스톨러를 실행한다. 일반적으로 인스톨러가 시작되면 언어 환경, 디스크 파티션 분할, 설치 패키지 등의 설정 내용을 묻는 대화형 메뉴가 뜨지만, 미리 설정 내용을 파일로 기술해 둠으로써 자동 설치가 가능하다. 이런 구조를 바로 킥스타트 (Kickstart)라고 한다. 참고로, 설치 설정 내용을 기술한 파일은 킥스타트 스크립트라고 한다.

PEX 부트용 설정 파일 내의 인스톨러 커널 파라미터 안에 킥스타트 스크립트 경로를 지정해 두면, 시작 후에 사용자 입력 없이 자동으로 OS를 설치한다. 일반적으로, 킥스타트 스크립트를 HTTP 서버에 배치하고, 해당 URL을 '킥스타트 스크립트 경로'로 지정한다. 또한, OS 설치 미디어 내용도 HTTP 서버 상에 배치하여 해당 내용에 접속하기 위한 URL을 킥스타트 스크립트 내에 기술해 둔다.

14.1.3 Puppet

Puppet[2]은 구성 관리 시스템이라 불리는 소프트웨어며 루비로 만들어졌다. 다음의 대표적인 서버 설정을 DSL(Domain Specific Language)로 기술해서 자동으로 서버에 적용한다.

- 네트워크 설정
- 작성할 사용자 및 그룹
- 설치할 패키지
- 파일 및 디렉터리 배치
- 서비스 정의

이런 구성 정보를 기술한 것을 매니페스트라고 한다. Facter라고 하는 툴을 이용해서 CPU 모델, 메모리, 디스크 사이즈 등의 하드에어 정보와 OS, 호스트명, IP 주소 같은 관리 대상 서버 정보를 취득해 매니페스트를 작성할 수 있다. 또한, 각 서버에 배치할 설정 파일에 대해서는 eRuby를 포함하고 있는 템플릿을 준비해서 내용을 동적으로 생성할 수 있다. 템플릿 안에서도 Facter에서 취득한 값을 사용할 수 있다.

---

2 http://projects.puppetlabs.com/projects/puppet

또한 같은 역할을 가진 서버의 설정 중 공통 부분을 모듈화하여, 어떤 모듈을 어떤 서버에 적용할지에 대한 대응을 호스트명 패턴 매치로 지정할 수 있다. 이를 통해, 매니페스트 기술량이 줄어들고, 대규모 클러스터 구성을 파악하기가 쉬워진다. 매니페스트에서 기술한 서버 설정을 자동으로 반영함으로써 다수 서버의 설정을 단시간에 실행할 수 있으며, 수작업으로 인한 설정 오류를 방지할 수 있다.

Puppet은 클라이언트-서버 구성이 가능하다. 관리 대상이 되는 각 서버에 에이전트를 설치하고, 마스터 서버에 저장된 매니페스트를 취득하는 것으로 설정 정보를 일괄 관리할 수 있다. 또한, 정기적 실행을 통해 로컬에서 변경된 설정을 원래대로 복원할 수도 있다. 단 마스터와 에이전트 간 통신이 SSL(Secure Sockets Layer. 보안 소켓 계층)로 이루어지기 때문에, Puppet을 처음으로 이용하는 사용자는 증명서 관련 설정과 운영 관련 문제로 고생하기 쉽다. 그래서 이 책에서는 간단하게 Puppet을 테스트할 수 있도록 매니페스트를 각 서버에 배포해서 운영하는 방법을 기준으로 설명하겠다.

14.2 환경 구축 서버 설치

14.2.1 Yum 리포지토리 구축

구축 대상 장비가 인터넷에 접속할 수 있다면 Yum같은 패키지 관리자를 이용해서 간단히 설치할 수 있다. 하지만 데이터 센터와 같이 닫힌 환경에서 클러스터를 구축해야 하는 경우를 위해 환경 구축 서버 상에 로컬 Yum 리포지토리를 구축하는 방법을 소개한다. 우선, 인터넷 접속 가능 단말[3]에서, 리포지토리 구축에 이용할 툴을 설치한다.

```
$ sudo yum install yum-utils
$ sudo yum install createrepo
```

다음으로 CDH 패키지를 다운로드한다. 다음과 같이 rpm 명령을 실행해서 CDH의

---

3 여기서는 구축 대상과 동일한 CentOS가 설치된 장비를 이용한다고 가정한다.

Yum 리포지토리 정의 파일을 설치한다.

```
$ sudo rpm -ivh http://archive.cloudera.com/cdh4/one-click-install/redhat/6 \
  /x86_64/cloudera-cdh-4-0.x86_64.rpm
```

다음은 reposync 명령을 이용하여 Yum 리포지토리로부터 패키지 파일을 다운로드한다[4].

```
$ reposync -r cloudera-cdh4 --newest-only
```

다운로드가 완료되면 createrepo 명령을 실행해서 Yum 리포지토리를 구축하고, 환경 구축 서버 상에 복사하기 위해 압축 파일로 작성해 둔다.

```
$ createrepo cloudera-cdh4
$ tar zcf cloudera-cdh4.tar.gz cloudera-cdh4
```

동일한 방법으로 Puppet에 대해서도 패키지 파일을 다운로드하여 Yum 리포지토리를 구축한 후, 압축 파일로 작성해 둔다.

```
$ sudo rpm -ivh http://yum.puppetlabs.com/el/6/products/x86_64/ \
  puppetlabs-release-6-7.noarch.rpm
$ reposync -r puppetlabs-products -r puppetlabs-deps --newest-only
$ createrepo puppetlabs-products
$ createrepo puppetlabs-deps
$ tar zcf puppetlabs-products.tar.gz puppetlabs-products
$ tar zcf puppetlabs-deps.tar.gz puppetlabs-deps
```

여기까지 작성한 Yum 리포지토리의 tar 파일을 환경 구축 서버(pp01)에 복사한다. 이후는 환경 구축 서버 상의 설정 순서다. 우선 앞서 복사한 CDH 리포지토리를, 웹 서버를 공

---

4 패키지 수가 무척 많으므로, 다음 예에서는 --newest-only 옵션을 사용해서 최신 버전만 다운로드한다.

개할 수 있는 장소에 해제한다.

```
$ cd /var/www/html
$ sudo tar zxf /tmp/cloudera-cdh4.tar.gz
```

이 리포지토리를 참조할 수 있도록 (지금부터 구축하게 될) 각 노드에 Yum 리포지토리 정의 파일을 작성한다. baseurl의 값으로, 이 서버를 가리키는 URL을 지정한다.

```
$ cat <<EOF >/tmp/cdh4.repo
[cloudera-cdh4]
name=CDH 4
baseurl=http://pp01/cloudera-cdh4
enabled=1
gpgcheck=0
EOF

$ sudo mv /tmp/cdh4.repo /etc/yum.repos.d/
```

Puppet도 동일한 순서로 실행한다.

```
$ cd /var/www/html
$ sudo tar zxf /tmp/puppetlabs-products.tar.gz
$ sudo tar zxf /tmp/puppetlabs-deps.tar.gz
$ cat <<EOF >/tmp/puppet.repo
[puppetlabs-products]
name=Puppet Products
baseurl=http://pp01/puppetlabs-products
enabled=1
gpgcheck=0

[puppetlabs-deps]
name=Puppet Products
baseurl=http://pp01/puppetlabs-deps
enabled=1
gpgcheck=0
```

```
EOF

$ sudo mv /tmp/puppet.repo /etc/yum.repos.d/
```

또한, CentOS 설치 미디어 내의 파일을 Yum에서 이용할 수 있도록 한다. OS 설치 미디어의 ISO 이미지 파일을 환경 구축 서버 상에 마운트하고, 안에 든 파일들을 복사한다. 이 파일들을 가지고 createrepo 명령을 사용, Yum 리포지토리를 초기화시킨다. 이때, createrepo 명령의 -g 옵션을 사용하여 원래 설치 미디어에 들어 있던 그룹 정의 파일을 지정한다.

```
$ sudo mkdir -p /var/www/html/centos6/repodata
$ mkdir /tmp/disk1
$ mkdir /tmp/disk2
$ sudo mount -t iso9660 -o loop /tmp/CentOS-6.4-x86_64-bin-DVD1.iso /tmp/disk1
$ sudo mount -t iso9660 -o loop /tmp/CentOS-6.4-x86_64-bin-DVD2.iso /tmp/disk2
$ sudo cp -Rp /tmp/disk1/* /var/www/html/centos6
$ sudo cp -Rp /tmp/disk2/* /var/www/html/centos6
$ sudo cp /tmp/disk1/repodata/*comps.xml /var/www/html/centos6/repodata/comps.xml
$ sudo createrepo -g /var/www/html/centos6/repodata/comps.xml /var/www/html/centos6
```

Yum 리포지토리를 참조하기 위해서는, 각 서버에 Yum 리포지토리 정의 파일을 작성하여 리포지토리 서버의 URL을 기술해 둔다. OS 설치 미디어의 리포지토리 설정은 구축 환경 서버 자체적으로 실행하면 편리하다.

```
$ cat <<EOF >/tmp/centos6.repo
[centos6]
name=CentOS 6
baseurl=http://pp01/centos6
enabled=1
gpgcheck=0
EOF

$ sudo mv /tmp/centos6.repo /etc/yum.repos.d/
```

14.2.2 HTTP 서버 설치

이 책에서 소개하는 순서에서는 킥스타트 스크립트나 OS 설치 미디어, Yum 리포지토리에 접속하기 위해 HTTP를 이용하므로, 환경 구축 서버 상에 HTTP 서버를 설치하도록한다. 여기서는 HTTP 서버로 Apache HTTP Server(httpd)를 이용한다. Yum을 사용해서 HTTP 패키지를 설치하자.

```
$ sudo yum install httpd
```

httpd를 설치하기 전까지는 Yum 리포지토리에 HTTP로 접속할 수 없기 때문에, 앞 절에서 작성한 centos6 리포지토리로부터 httpd를 설치해야 하는 경우, 임시로 /etc/yum.repod.c/centos6.repo를 다음과 같이 수정해 두면 좋다.

```
[centos6]
name=CentOS 6
baseurl=file:///var/www/html/centos6
enabled=1
gpgcheck=0
```

설치를 완료했으면 httpd를 시작하도록 한다.

```
$ sudo service httpd start
```

RPM 패키지로 설치한 환경에서는 기본 설정으로 80번 포트를 사용하고 있으며, /var/www/html를 루트 디렉터리로 사용한다.

14.2.3 DHCP 서버 설치

PXE 부트로 부트 로더나 vmlinuz, initrd를 다운로드할 때, 일시적으로 DHCP로 주소를 할당할 필요가 있다. 이 때문에 DHCP 서버가 필요하며, 여기서는 설치 방법에 대해설명하겠다. 우선, 다음 명령을 실행해서 dhcp 패키지를 설치한다.

```
$ sudo yum install dhcp
```

다음으로 /etc/dhcp/dhcpd.conf에 다음 내용을 추가한다.

```
ddns-update-style statement;
ignore client-updated;

subnet 192.168.1.0 netmask 255.255.255.0 {
  range dynamic-bootp 192.168.1.128 192.168.1.254;
  default-lease-time 21600;
  max-lease-time 43200;
  option routers 192.168.1.1;
  option subnet-mask 255.255.255.0;
  next-server 192.168.1.30;
  filename "/pxelinux/pxelinux.0";
}
```

설정 내용은 DHCP로 192.1681.128~192.168.1.254 범위의 주소를 할당하도록 되어 있다. 또한 next-server라는 설정을 사용하여, PXE 부트하려고 접속한 서버가 다운로드해야 할 주소를 지정한다. 위 설정에서는 pp01 자신을 next-server로 지정하고 있다. 설정이 끝나면 다음 명령을 실행해서 dhcpd 서비스를 시작하도록 한다.

```
$ sudo service dhcpd start
```

14.2.4 TFTP 서버 설치

우선 yum 명령을 실행해서 tftp-server 패키지를 설치한다.

```
$ sudo yum install tftp-server
```

TFTP(간이 FTP) 서버는 xinetd라 불리는 슈퍼 서버를 이용해서 가동하기 때문에 /etc/xinetd.d/tftp에 TFTP를 위한 설정 내용을 추가한다. RPM 패키지를 이용해서 설치한 경우는 다음과 같은 설정 파일이 자동으로 설치된다.

```
service tftp
{
        socket_type             = dgram
        protocol                = udp
        wait                    = yes
        user                    = root
        server                  = /usr/sbin/in.tftpd
        server_args             = -s /var/lib/tftpboot
        disable                 = yes
        per_source              = 11
        cps                     = 100 2
        flags                   = IPv4
}
```

기본 설정으로 disable = yes로 되어 있는 부분을 disable = no로 수정한다[5].

```
$ cp /etc/xinetd.d/tftp /tmp/
$ sudo vi /etc/xinetd.d/tftp
$ diff /tmp/tftp /etc/xinetd.d/tftp
14c14
< disable= yes
---
> disable= no
```

다음은 TFTP로 배포할 파일을 위치시키도록 하겠다. 우선, 부트 메뉴 파일을 작성한다. 여기에 PXE 부트 시에 읽을 커널 이미지나 RAM 디스크 이미지의 파일명과, 실행해야 할 킥스타트 스크립트 위치를 기술한다. 부트 메뉴 파일 이름을 NIC의 MAC 주소에 따라 달리 함으로써 PXE 부트를 실행하는 장비별로 개별 내용을 준비할 수 있다. 예를 들어, fe:54:00:12:34:56이라는 MAC 주소는 01-fe-54-00-12-34-56이라는 파일명이 된다. 여기서는 슬레이브 노드(sl01)용 설정 파일을 예로 설명하고 있다. ks=http://192.168.1.1.30/ ks/sl01.ks에서 지정하고 있는 킥스타트 스크립트에 대해서는 14.3 'OS 자동 설치' 절에

---

5 또한, TFTP로 배포하는 파일의 경로를 바꾸고 싶을 때는 server_args의 경로값을 바꾸도록 한다.

서 설명하겠다.

```
$ sudo mkdir -p /var/lib/tftpboot/pxelinux/pxelinux.cfg
$ cat <<EOF >/tmp/01-fe-54-00-12-34-56
prompt 0
timeout 30
default hadoop
label hadoop
kernel vmlinuz
append initrd=initrd.img ks=http://192.168.1.30/ks/sl01.ks ksdevice=bootif IPAPPEND 2
EOF
$ sudo mv /tmp/01-fe-54-00-12-34-56 /var/lib/tftpboot/pxelinux/pxelinux.cfg/
```

그리고 부트 로더나 커널 이미지 등을 TFTP 디렉터리에 복사한다. 부트 로더는 syslinux 패키지에 포함된 것을 이용한다.

```
$ sudo yum install syslinux
$ sudo cp /usr/share/syslinux/pxelinux.0 /var/lib/tftpboot/pxelinux/
$ sudo cp /var/www/html/centos6/isolinux/{vmlinuz,initrd.img} \
  /var/lib/tftpboot/pxelinux/
$ sudo cp /boot/grub/splash.xpm.gz /var/lib/tftpboot/pxelinux/
```

설정이 끝나면 다음과 같이 xinetd 서비스를 시작한다.

```
$ sudo service xinetd start
```

14.2.5 Puppet 서버 설정

yum 명령을 실행해서 puppet-server 패키지를 설치한다.

```
$ sudo yum install puppet-server
```

이 책에서는 매니페스트를 각 노드에 배포하는 방법을 사용하기 때문에 서버 프로세스 가

동은 하지 않는다.

14.3 OS 자동 설치

이 절에서는 킥스타트를 이용해서 OS를 자동 설치하는 방법에 대해 설명하겠다.

14.3.1 킥스타트 스크립트

킥스타트 스크립트는 anaconda 인스톨러 메뉴에서 대화형으로 입력해야 할 설정 내용을 사전에 미리 기술해 두어, 전자동으로 설치하기 위한 파일이다. 여기서는 우선 킥스타트 스크립트 샘플을 소개한다. 내용에 대해서는 각 부분으로 나누어 상세히 설명하도록 하겠다.

리스트 14.1 킥스타트 스크립트 샘플

```
 1: install
 2: url --url http://192.168.1.30/centos6
 3: lang ja_JP.UTF-8
 4: keyboard jp106
 5: network --device eth0 --onboot yes --bootproto static --ip 192.168.1.51
    --netmask 255.255.255.0 --gateway 192.168.1.1 --hostname sl01
 6: rootpw --iscrypted $6$s.99NuHuzIw3SJNj$jW51qITlikWA4jgbVAxtrddQzBFsjQEzw8q3BST
    bYDviHK0wUL/VCyWGKZxDqRXtZssyawz.1qE1WnsdXIUdI.
 7: authconfig --enableshadow --passalgo=sha512
 8: firewall --disabled
 9: selinux --disabled
10: timezone --utc Asia/Tokyo
11: bootloader --location=mbr --driveorder=vda --append="crashkernel=auto
    console=ttyS0,115200n8"
12: zerombr
13: clearpart --all --drives=vda --initlabel
14: part /boot --fstype=ext4 --asprimary --size=128
15: part swap --size=1024
16: part / --fstype=ext4 --grow --size=200
17: repo --name="CentOS" --baseurl=http://192.168.1.30/centos6 --cost=100
18: reboot
19:
20: %packages --nobase
```

```
21: @core
22:
23: %post
24: mv /etc/yum.repos.d/CentOS-Base.repo /etc/yum.repos.d/CentOS-Base.repo.bak
25:
26: cat <<EOF >/etc/yum.repos.d/centos6.repo
27: [centos6]
28: name=CentOS 6
29: baseurl=http://192.168.1.30/centos6
30: enabled=1
31: gpgcheck=0
32: EOF
33:
34: cat <<EOF >/etc/yum.repos.d/cdh4.repo
35: [cloudera-cdh4]
36: name=CentOS 6
37: baseurl=http://192.168.1.30/cloudera-cdh4
38: enabled=1
39: gpgcheck=0
40: EOF
41:
42: cat <<EOF >/etc/yum.repos.d/puppet.repo
43: [puppetlabs-products]
44: name=CentOS 6
45: baseurl=http://192.168.1.30/puppetlabs-products
46: enabled=1
47: gpgcheck=0
48:
49: [puppetlabs-deps]
50: name=CentOS 6
51: baseurl=http://192.168.1.30/puppetlabs-deps
52: enabled=1
53: gpgcheck=0
54: EOF
```

파일은 %packages 및 %post 행에 의해 크게 세 가지 섹션으로 나뉘어진다. 처음 부분은 킥스타트 옵션을 기술하는 부분이다.

두 번째 부분은 %package 섹션으로, 설치할 패키지의 패키지명을 지정한다. @development-tools처럼 @ 마크를 이용해서, Yum 그룹을 지정할 수 있다. 위 예에서는 core 그룹만 설치하는 최소 구성을 지정하고 있다.

세 번째 부분은 %post 섹션으로, 설치 처리가 모두 완료된 후에 실행할 처리를 쉘 스크립트로 기술한다. 위 예에서는 14.2.1 'Yum 리포지토리 구축' 에서 설명한 Yum 리포지토리 정의 파일을 작성하고 있다[6].

그러면 먼저 첫 번째 섹션인 킥스타트 옵션 중, 중요 부분에 대해 설명하도록 하겠다. 우선, 다음과 같이 네트워크 설정을 기술한다. 설정 내용은 /etc/sysconfig/network-scripts/ifcfg-eth0에 반영된다. 설치 과정 중에 접속하게 될 Yum 리포지토리에 접속할 수 있도록 설정되어야 한다.

```
5: network --device eth0 --onboot yes --bootproto static --ip 192.168.1.51
   --netmask 255.255.255.0 --gateway 192.168.1.1 --hostname sl01
```

rootpw에서 지정하고 있는 것은 root 사용자의 패스워드다. --iscrypted을 지정함으로써 암호화된 문자열을 직접 부여할 수 있다. authconfig는 인증 옵션을 지정하기 위한 것이다.

```
6: rootpw --iscrypted $6$s.99NuHuzIw3SJNj$jW51qITlikWA4jgbVAxtrddQzBFsjQEzw8q3B ST
   bYDviHK0wUL/VCyWGKZxDqRXtZssyawz.1qE1WnsdXIUdI.
7: authconfig --enableshadow --passalgo=sha512
```

암호화된 패스워드 문자열을 생성하는 방법은 암호화 방식에 따르지만, SHA-512는 grub-crypt 명령을 사용해서 출력할 수 있다. 다음의 예는 'password'라는 문자열을 패스워드로 이용한 경우다[7].

```
$ grub-crypt --sha-512
Password:
Retype password:
$6$s.99NuHuzIw3SJNj$jW51qITlikWA4jgbVAxtrddQzBFsjQEzw8q3BSTbYDviHK0wUL/VCyWGKZxDqRXt
Zssyawz.1qE1WnsdXIUdI.
```

---

6 이 책의 예에서는 설명하고 있지 않지만, %pre라는 섹션을 작성해서 설치 전에 실행할 내용을 정의할 수 있다.
7 랜덤으로 값이 생성되기 때문에 같은 패스워드라도 실행 시마다 다른 결과가 출력된다.

다음은 디스크 파티션 설정이다. 디스크를 초기화해서 파티션을 작성하고 있는데, 디스크를 공디스크로 만들지에 대한 다이얼로그가 표시되지 않도록 하려면 zerombr을 지정해 주어야 한다[8].

```
12: zerombr
13: clearpart --all --drives=vda --initlabel
14: part /boot --fstype=ext4 --asprimary --size=128
15: part swap --size=1024
16: part / --fstype=ext4 --grow --size=200
```

마지막은 reboot를 지정하여 설치가 끝난 후, OS가 자동으로 재시작되도록 한다[9].

```
18: reboot
```

이 외에도 킥스타트 스크립트에서 지정할 수 있는 옵션이 매우 많다. 상세한 내용은 문서를 참조하도록 하자[10].

PXE 부트에서 작성한 킥스타트 스크립트를 이용하는 경우, /var/lib/tftpboot/pxelinux/pxelinux.cfg에 있는 부트 메뉴 파일 안에 경로를 지정해서 해당 경로에 파일을 배치하도록 한다.

```
$ sudo mkdir -p /var/www/html/ks
$ sudo cp sl01.ks /var/www/html/ks
```

---

8 확인 다이얼로그로 인해 설치 과정이 중단되지 않도록 하는 것이 구축 자동화의 핵심이다.

9 이것을 지정하지 않으면 재시작을 권하는 메시지가 떠서 정지돼 버린다. 서버 대수가 많은 경우에는 중요한 설정이다.

10 https://access.redhat.com/site/documentation/ko-KR/Red_Hat_Enterprise_Linux/6/html/Installation_Guide/s1-kickstart2-options.html

14.3.2 킥스타트 설치 실행

킥스타트를 이용해서 OS를 설치하기 위해서는 서버의 BIOS 설정에서 PXE 부트 기능을 켜야 한다[11]. 또한, 서버 전원을 킨 직후에 키보드의 특정 키를 눌러서 PXE 부트를 실행하는 것도 가능하다[12].

PXE 부트를 실행해서 DHCP 응답을 취득하면 자동으로 OS 설치가 이루어지며, 설치가 완료되면 재시작된다. 서버 BIOS 설정의 부트 우선순위에서 항상 PXE 부트가 상위에 있도록 지정해 버리면, OS 설치가 무한 반복되기 때문에 주의가 필요하다.

14.4 Puppet을 사용한 환경 설정

14.4.1 Puppet 설정

다음과 같이 관리 대상 서버에 Puppet을 설치한다.

```
$ sudo yum install puppet
```

앞 절에서 설명한 킥스타트를 사용해서 OS를 설치하는 경우, 이 인스톨 처리를 킥스타트 스크립트에 미리 기술해 두면 편리하다.

14.4.2 Puppet manifest의 기본

Puppet에서는 관리 대상인 각 서버에 어떤 설정을 할지를 manifest라 불리는 파일에 기술한다. manifest 기술은 Puppet 독자 DSL을 이용한다[13]. 여기서는 Puppet manifest

---

11 이번 예에서는 부트 가능 디스크가 없으면 PXE 부트를 실행하도록 부트 우선순위를 조정한 상황을 가정한다.

12 F12 키를 사용하는 경우가 많다.

13 루비와 문법이 비슷하다.

작성법에 대해 간단히 설명하겠다.

자동 구축 서버(pp01)에 로그인해서 /etc/puppet/manifests/site.pp에 다음과 같은 내용을 기술한다.

```
node pp01 {
  package { 'ntp':
    ensure => present,
    providor => yum,
  }
}
```

pp01 상에서 'puppet apply' 명령을 실행하면 manifest가 적용된다.

```
$ sudo puppet apply --verbose /etc/puppet/manifests/site.pp
Warning: Could not retrieve fact fqdn
Warning: Host is missing hostname and/or domain: pp01
Info: Applying configuration version '1370012050'
Notice: /Stage[main]//Node[pp01]/Package[ntp]/ensure: created
Notice: Finished catalog run in 1.83 seconds
```

위의 site.pp는 'ntp 패키지가 설치되어 있을 것'이라는 시스템 조건을 기술하고 있다. package라는 것은 Puppet에 기본 내장되어 있는 리소스 타입이다. 리소스 타입은 명칭과 파라미터를 부여해서 내용을 정의한다. 위 예에서는 ntp 패키지를 설치하기 위해서 ensure와 provider를 지정하고 있다.

ensure => present는 '설치되어 있을 것'이라는 상태를 표시한다. 이것을 ensure => latest로 바꾸면, '최신 버전이 설치 되어 있을 것'을 의미한다. 또한, provider => yum 은 패키지 관리 시스템에 Yum을 이용한다는 것을 의미한다. 여기서는 설명을 위해서 provider를 지정했지만, Puppet이 OS 배포 버전에 따라 자동으로 설정해 주기 때문에 명시적으로 설정하지 않아도 같은 결과를 얻을 수 있다.

```
package { 'ntp':
  ensure => present,
  provider => yum,
}
```

이 외에도 파일이나 디렉터리를 배치하기 위한 file, 사용자 계정을 정의하기 위한 use 등의 리소스 타입이 기본 내장되어 있다. 상세 내용은 온라인 문서를 참조하도록 한다[14].

앞서 site.pp에서는 node 정의 내에 직접 리소스를 기술했는데, 실제로는 중복 설정을 막고 manifest 관리를 수월하게 할 수 있도록 모듈화하고 있다. 여기서는 NTP 설정을 모듈화해 보자. 우선 모듈 배치를 위한 디렉터리를 작성한다.

```
$ sudo mkdir -p /etc/puppet/modules/ntp/manifests
$ sudo mkdir -p /etc/puppet/modules/ntp/templates
```

다음은 설정 파일 템플릿을 작성한다. 템플릿이란, Puppet으로 배포할 파일의 일부를 eRuby로 기술해서 내용을 동적으로 생성하도록 하는 것이다. ntp.conf를 복사해서 server 정의 부분을 다음의 diff처럼 수정하도록 한다.

```
$ sudo cp /etc/ntp.conf /etc/puppet/modules/ntp/templates/ntp.conf.erb
$ sudo vi /etc/puppet/modules/ntp/templates/ntp.conf.erb
$ diff /etc/ntp.conf /etc/puppet/modules/ntp/templates/ntp.conf.erb
22,24c22,24
< server 0.centos.pool.ntp.org
< server 1.centos.pool.ntp.org
< server 2.centos.pool.ntp.org
---
> <% [@servers].flatten.each do |server| -%>
> server <%= server %>
> <% end -%>
```

---

14 http://docs.puppetlabs.com/references/latest/type.html

다음으로 ntp 모듈 클래스를 작성한다. /etc/puppet/modules/ntp/manifests/init.pp 라는 파일을 작성해서 다음 내용을 기술한다.

```
class ntp($servers='UNSET',
          $ensure='running',
          $enable=true,
) {
  package { 'ntp':
    ensure => present,
  }

  file { '/etc/ntp.conf':
    ensure => file,
    owner => 0,
    group => 0,
    mode => '0644',
    content => template('ntp/ntp.conf.erb'),
    require => Package['ntp'],
  }

  service { 'ntpd':
    ensure => $ensure,
    enable => $enable,
    hasstatus => true,
    hasrestart => true,
    subscribe => [ Package['ntp'], File['/etc/ntp.conf'] ],
  }
}
```

Puppet에서 클래스는 리소스 타입과 그것에 부여하는 파라미터의 집합이다. 클래스 자체도 파라미터를 가질 수 있다. 위 예에서는 ntp 패키지, /etc/ntp.conf라는 설정 파일, ntpd 서비스 등의 세 가지 요소로 구성된다.

/etc/ntp.conf 정의에서는 앞서 작성한 템플릿을 참조하고 있다. 템플릿 안에서 이용되고 있는 변수 servers에는 클래스의 servers 파라미터값이 전개된다. 또한, ntpd 서비스 정의에서는 subscribe 파라미터를 이용해서 ntp 패키지와 ntp.conf가 변경되면, 그것을 반영하기 위해 ntpd를 재시작하도록 정의하고 있다.

Puppet manifest를 기술할 때는 설정이 쓰여져 있는 순서대로 반영되는 것이 아니라는 점에 주의해야 한다. 위 **ntp** 클래스 정의에서는 **ntp** 패키지를 설치한 후, /etc/ntp. conf를 편집한다는 순서 관계를 정의하기 위해 **file** 리소스의 **require** 파라미터를 지정하고 있다.

이상으로 모듈 정의를 마쳤다. /etc/puppet/manifests/site.pp를 편집해서 작성한 클래스를 이용하도록 기술한다.

```
node pp01 {
  class { 'ntp':
    servers => [ '192.168.1.1' ],
    ensure => running,
  }
}
```

여기서 'puppet apply' 명령을 '--noop --show_diff' 옵션을 사용하여 실행해 본다. --noop 옵션을 지정하면 manifest를 평가만 하고 실제 구성은 변경하지 않는다. 또한, --show_diff 옵션을 지정하면 구성 변경 내용 중 달라진 부분만 표시한다[15]. manifest를 편집한 후에는 우선 이들 옵션을 사용해서 puppet 명령을 실행함으로써 구성 변경 내용이 의도한 대로 적용되었는지 확인하도록 하자.

```
$ sudo puppet apply --noop --show_diff /etc/puppet/manifests/site.pp
Notice: /Stage[main]/Ntp/File[/etc/ntp.conf]/content:
--- /etc/ntp.conf 2013-01-11 00:14:31.000000000 +0900
+++ /tmp/puppet-file20130601-15918-wuhaim-0 2013-06-01 01:37:42.089999972 +0900
@@ -19,9 +19,7 @@

 # Use public servers from the pool.ntp.org project.
 # Please consider joining the pool (http://www.pool.ntp.org/join.html).
-server 0.centos.pool.ntp.org
-server 1.centos.pool.ntp.org
-server 2.centos.pool.ntp.org
+server 192.168.1.1
```

---

15 ntp 패키지 설치 전, ntp.conf가 존재하지 않는 상태에서는 diff가 표시되지 않는다.

```
#broadcast 192.168.1.255 autokey        # broadcast server
#broadcastclient                        # broadcast client

Notice: /Stage[main]/Ntp/File[/etc/ntp.conf]/content: current_value {md5}23775267ed6
0eb3b50806d7aeaa2a0f1, should be {md5}1e8fc40f5b9c36edfbbf9381a769df4f (noop)
Notice: /Stage[main]/Ntp/Service[ntpd]/ensure: current_value stopped, should be runn
ing (noop)
Notice: Class[Ntp]: Would have triggered 'refresh' from 2 events
Notice: Stage[main]: Would have triggered 'refresh' from 1 events
Notice: Finished catalog run in 0.28 seconds
```

문제가 없다는 것을 확인했으면, 실제로 변경을 반영하도록 한다.

```
$ sudo puppet apply /etc/puppet/manifests/site.pp
Notice: /Stage[main]/Ntp/File[/etc/ntp.conf]/content: content changed '{md5}23775267
ed60eb3b50806d7aeaa2a0f1' to '{md5}1e8fc40f5b9c36edfbbf9381a769df4f'
Notice: /Stage[main]/Ntp/Service[ntpd]/ensure: ensure changed 'stopped' to 'running'
Notice: Finished catalog run in 0.33 seconds
```

이상으로 Puppet에 대한 기본적인 내용을 설명했다. Puppet 모듈은 커뮤니티 기반으로 개발된 것들이 공개되어 있어, Puppet Forge를 통해 다운로드할 수 있다[16]. 독자적으로 모듈을 정의하기 전에, 우선 이용 가능한 것이 있는지 확인하는 것이 좋겠다.

14.4.3 Puppet을 사용한 클러스터 관리

앞 절에서는 pp01에 배치한 manifest를 pp01에 적용하는 예를 통해, 기본적인 Puppet 사용법에 대해 설명했다. 여기서는 클러스터의 각 노드에 manifest를 적용하기 위한 방법에 대해 설명하겠다.

우선, /etc/puppet/manifests/site.pp에 각 호스트 노드 정의를 추가한다. 공통 구성을 클래스로 정의하고 호스트마다 다른 부분을 인수로 지정할 수 있도록 해, 클러스터 구성을 압축하여 기술할 수 있다. manifest에서 중복 설정을 배제하는 것은 본래 동일해야 할 각 노드 설정 내용이 어긋나는 것을 방지한다는 의미로도 매우 중요하다.

---

16 http://forge.puppetlabs.com

```
node ma01 {
  class { 'ntp':
    servers => [ 'pp01' ],
    ensure => running,
  }
}
```

또한, 각 노드 정의에서는 호스트명 지정에 패턴 매칭을 이용할 수 있다. 예를 들어 다음과 같이 지정하면, sl00부터 sl99까지의 100개 노드에 매치된다.

```
node /^sl[0-9][0-9]$/ {
  class { 'ntp':
    servers => [ 'pp01' ],
    ensure => running,
  }
}
```

이 방법들을 사용하면 대수가 많은 Hadoop 클러스터 구성 정보라도 간단히 기술할 수 있다.

Puppet의 원래 목적은 이 manifest를 Hadoop 클러스터의 각 노드에 적용하는 것이다. Puppet 서버 상에서 puppetmasterd라는 마스터 모듈을 가동하고, 각 노드에서 puppetd라는 에이전트를 가동함으로써 마스터가 가진 구성 정보를 취득해서 적용한다. 단, Puppet 마스터와 에이전트 간 통신은 SSL로 이루어지기 때문에, 증명서 설정이나 운영 관련 에러로 고생할 수 있다. 그래서 여기서는 간단한 방법으로 puppetmasterd를 사용하지 않고 각 노드에 manifest 파일을 복사해서 적용하는 방법을 소개하겠다.

우선, 설정을 적용하고 싶은 노드에 로그인하여 manifest 파일이 있는 pp01의 /etc/puppet 이하를 복사한다[17].

```
$ sudo rsync -av pp01:/etc/puppet /etc/
```

---

17 여기서는 rsync를 사용하고 있지만, manifest를 Git이나 Subversion를 이용해서 버전 관리하고, 각 노드의 /etc/puppet에 체크아웃하는 식으로 운영할 수도 있다.

manifest를 배치한 후에 'puppet apply' 명령을 실행해서 manifest를 적용한다.

```
$ sudo puppet apply --show_diff /etc/puppet/manifests/site.pp
```

위 순서를 노드 하나하나에 실행하는 것은 매우 번거로운 작업이다. 그래서 pssh를 이용해 한꺼번에 실행할 수 있다. pssh에 대해서는 14.5 'PSSH를 이용한 운영'을 참조하기 바란다[18].

```
$ pssh -h hosts.slaves -l test -A -o stdout -e stderr \
  -O "StrictHostKeyChecking=no" -O "UserKnownHostsFile=/dev/null" \
  -- sudo puppet apply --show_diff /etc/puppet/manifests/site.pp
```

14.4.4 Hadoop 설정용 manifest

이 절에서는 Hadoop 설치를 위한 간단한 Puppet manifest 예를 소개하겠다.
노드 정의를 하는 site.pp는 모듈화한 클래스를 각 호스트에 대응시킨다. 인수로 부여하는 NameNode와 JobTracker 주소는 변수를 이용해서 정의를 한곳에 모아둔다.

▌ /etc/puppet/manifests/site.pp

```
$nn = 'ma01'
$jt = 'ma01'

node cl01 {
  class { 'hadoop::base':
    namenode => $nn,
    jobtracker => $jt,
  }
}

node ma01 {
```

---

18 예와 같이 SSH를 sudo 명령으로 실행하기 위해서는 sudoers 파일 내의 requiretty 옵션을 지정하지 않거나, pssh 옵션에 '-x -tt'를 추가할 필요가 있다.

```
    class { 'hadoop::base':
      namenode => $nn,
      jobtracker => $jt,
    }
    class { 'hadoop::namenode': }
    class { 'hadoop::jobtracker': }
}

node /^sl[0-9][0-9]$/ {
  class { 'hadoop::base':
      namenode => $nn,
      jobtracker => $jt,
    }
    class { 'hadoop::datanode': }
    class { 'hadoop::tasktracker': }
}
```

클래스 정의는 hadoop::base 클래스를 사용해서 모든 노드에서 공통되는 부분을 정리하고 있다. CDH 패키지 방식과 동일하게 설정 파일을 저장하는 /etc/hadoop/conf를, alternatives 명령을 이용해서 변경하고 있다.

▌ /etc/puppet/modules/hadoop/manifests/base.pp

```
class hadoop::base(
  $namenode = 'localhost',
  $jobtracker = 'localhost',
){
  package { 'hadoop':
    ensure => latest,
  }

  package { 'hadoop-hdfs':
    ensure => latest,
    require => Package['hadoop'],
  }

  package { 'hadoop-0.20-mapreduce':
    ensure => latest,
  }

  file { '/etc/hadoop/conf.sample':
```

```
    ensure => directory,
    owner => 0,
    group => 0,
    mode => '0644',
    require => Package['hadoop'],
  }

  exec { 'alternatives-hadoop-conf':
    command => 'alternatives --install /etc/hadoop/conf hadoop-conf
      /etc/hadoop/conf.sample 50',
    path => '/usr/sbin',
    require => File['/etc/hadoop/conf.sample'],
  }

  file { '/etc/hadoop/conf/hadoop-env.sh':
    owner => 0,
    group => 0,
    mode => '0644',
    content => template('hadoop/hadoop-env.sh.erb'),
    require => File['/etc/hadoop/conf.sample'],
  }

  file { '/etc/hadoop/conf/core-site.xml':
    owner => 0,
    group => 0,
    mode => '0644',
    content => template('hadoop/core-site.xml.erb'),
    require => File['/etc/hadoop/conf.sample'],
  }
}
```

/etc/puppet/modules/hadoop/manifests/namenode.pp

```
class hadoop::namenode(){
  package { 'hadoop-hdfs-namenode':
    ensure => latest,
  }
}
```

▍/etc/puppet/modules/hadoop/manifests/datanode.pp

```
class hadoop::datanode(){
  package { 'hadoop-hdfs-datanode':
    ensure => latest,
  }
}
```

▍/etc/puppet/modules/hadoop/manifests/jobtracker.pp

```
class hadoop::jobtracker(){
  package { 'hadoop-0.20-mapreduce-jobtracker':
    ensure => latest,
  }
}
```

▍/etc/puppet/modules/hadoop/manifests/tasktracker.pp

```
class hadoop::tasktracker(){
  package { 'hadoop-0.20-mapreduce-tasktracker':
    ensure => latest,
  }
}
```

설정 파일 템플릿은 다음과 같다. core-site.xml이나 mapred-site.xml에 포함된 eRuby
코드는 hadoop::base 클래스의 인수인 namenode 변수, jobtracker 변숫값에 적용된다.

▍/etc/puppet/modules/hadoop/templates/hadoop-env.sh.erb

```
export HADOOP_NAMENODE_OPTS=""
export HADOOP_SECONDARYNAMENODE_OPTS=""
export HADOOP_JOURNALNODE_OPTS=""
export HADOOP_ZKFC_OPTS=""
export HADOOP_DATANODE_OPTS=""
export HADOOP_JOBTRACKER_OPTS=""
export HADOOP_CLIENT_OPTS=""
export HADOOP_MRZKFC_OPTS=""
export HADOOP_TASKTRACKER_OPTS=""
export HADOOP_CLIENT_OPTS=""
export HADOOP_BALANCER_OPTS=""
```

■ /etc/puppet/modules/hadoop/templates/core-site.xml.erb

```
<?xml version="1.0"?>
<?xml-stylesheet type="text/xsl" href="configuration.xsl"?>

<configuration>
  <property>
    <name>fs.default.name</name>
    <value>hdfs://<%= @namenode %>:8020</value>
  </property>
</configuration>
```

■ /etc/puppet/modules/hadoop/templates/mapred-site.xml.erb

```
<?xml version="1.0"?>
<?xml-stylesheet type="text/xsl" href="configuration.xsl"?>

<configuration>
  <property>
    <name>mapred.job.tracker</name>
    <value><%= @jobtracker %>:8021</value>
  </property>
</configuration>
```

참고로, CDH 패키지의 기반이 되는 Apache Bigtop(아파치 빅톱) 프로젝트 소스에는 테스트용 환경 구축을 위한 Puppet manifest가 포함되어 있다[19]. 참고해 두자.

14.5 PSSH를 이용한 운영

다수의 서버를 구축하는 경우, 다수의 서버에다 명령을 동시에 실행할 수 있으면 편리하다. 이를 위한 툴로 PSSH(Parallel SSH)[20]가 있다. PSSH는 이름이 나타내듯이, 복수의

---

19 https://github.com/apache/bigtop/tree/master/bigtop-deploy/puppet

20 http://code.google.com/p/parallel-ssh

서버에 동시 병행으로 SSH 로그인해서 명령어를 실행할 수 있는 툴이다. 이번 절에서는 PSSH 이용 방법에 대해 설명하겠다.

14.5.1 PSSH 설정

우선 PSSH 설치 방법에 대해 알아보자. 설치 대상은 Hadoop 클러스터의 각 노드에 네트워크를 통해서 접속할 수 있는 노드라면 어떤 것이든지 가능하다. 여기서는 자동 구축 서버(pp01)에 설치한다고 가정하겠다.

PSSH는 파이썬으로 구현된 툴이기 때문에, setup.py를 이용해서 설치하도록 한다. CentOS라면 기본 설정에서 이미 정의한 경로인 '/usr/bin'에 pssh 명령이 설치된다.

```
$ wget http://parallel-ssh.googlecode.com/files/pssh-2.3.1.tar.gz
$ tar zxf pssh-2.3.1.tar.gz
$ cd pssh-2.3.1
$ python setup.py build
$ sudo python setup.py install
```

14.5.2 PSSH 사용법

우선 간단한 pssh 명령을 실행해 보도록 하겠다.

```
$ pssh -H sl01 -H sl02 -H sl03 -l test -A -i \
  -O "StrictHostKeyChecking=no" -O "UserKnownHostsFile=/dev/null" -- echo hello

Password:
[1] 00:59:04 [SUCCESS] sl01
hello
[2] 00:59:04 [SUCCESS] sl02
hello
[3] 00:59:05 [SUCCESS] sl03
hello
```

여기서는 sl01, sl02, sl03의 세 개 노드에 test 사용자로 로그인하고 있다. -H 옵션으로 호스트명을, -l 옵션으로 로그인 사용자를 지정한다. -A 옵션을 지정하면 로그인 패스워드를 대화형으로 입력할 수 있다. 또한, -i 옵션을 지정하면 각 노드에서 실행된 명령 결과를 pssh 실행 노드 상에서 확인할 수 있다. -O 옵션은 ssh 옵션을 지정하기 위해 사용한다. ssh는 known_hosts라는 파일로 로그인 대상 노드를 관리하며, 처음 접속하는 노드에 대해서는 known_hosts에 추가할지를 사용자에게 묻는다. 하지만 다수의 노드에서 명령을 실행하는 경우에는 방해가 되므로, 이것을 배제하기 위한 옵션을 지정하고 있다. --는 옵션과 인수를 구분하기 위한 것으로, 이 뒤에 실행할 명령 라인을 기술한다.

위 예에서는 결과 출력을 인라인으로 표시하고 있지만, 서버 수가 많은 경우는 출력이 많기 때문에 -o 옵션 및 -e 옵션을 이용하는 것이 좋다. -o 옵션으로 지정한 디렉터리 아래에 표준 출력이, -e 옵션으로 지정한 디렉터리 아래에 표준 에러가 각 호스트명을 이름으로 하는 파일로 생성된다.

```
$ pssh -H sl01 -H sl02 -H sl03 -l test -A -o stdout -e stderr \
  -O "StrictHostKeyChecking=no" -O "UserKnownHostsFile=/dev/null" \
  -- echo hello

$ cat stdout/sl01
hello
```

또한, 서버 수가 많은 경우에는 호스트명을 열거한 파일을 작성해 두어서 해당 파일 경로를 -h 옵션으로 지정할 수 있다.

```
$ echo -e "sl01\nsl02\nsl03" > hosts.slaves
$ pssh -h hosts.slaves -l test -A -o stdout -e stderr \
  -O "StrictHostKeyChecking=no" -O "UserKnownHostsFile=/dev/null" \
  -- echo hello
```

모든 노드가 같은 패스워드를 가지고 있으면 -A 옵션으로 패스워드를 지정해서 로그인할 수 있지만, 그렇지 않으면 키(key) 쌍을 이용해서 패스워드 없이 SSH 로그인할 수 있도록 설정해 두면 편리하다. SSH용 키 쌍을 신규로 작성하는 경우, ssh-keygen 명령을 실행한다. 프롬프트를 따라서 파일 경로와 passphrase를 입력한다.

```
$ ssh-keygen
Generating public/private rsa key pair.
Enter file in which to save the key (/home/test/.ssh/id_rsa):
Created directory '/home/test/.ssh'.
Enter passphrase (empty for no passphrase):
Enter same passphrase again:
Your identification has been saved in /home/test/.ssh/id_rsa.
9 Your public key has been saved in /home/test/.ssh/id_rsa.pub.
```

작성한 키 쌍의 공개 키 내용을 로그인 대상 노드에 authorized_keys라는 파일로 저장하고 로그인 사용자의 /.ssh 아래에 배치하면, 해당 노드에 키를 이용해서 로그인할 수 있게 된다[21]. 이 authorized_keys 파일은 킥스타트를 사용해서 OS를 설치할 때 미리 배치해두면, 이후 과정이 매우 편해진다.

```
$ scp pp01:/home/test/.ssh/id_rsa.pub /tmp/
$ cat /tmp/id_rsa.pub >> ~/.ssh/authorized_keys
$ chmod 600 ~/.ssh/authorized_keys
```

pssh 명령으로 키를 사용해서 로그인할 때는 다음과 같은 명령 형식을 사용한다. -x 옵션을 이용해서 ssh 옵션을 지정할 수 있다. 여기서는 비밀 키 경로를 ssh의 -i 옵션을 사용해서 지정하고 있다[22].

```
$ pssh -h hosts.slaves -l test -A -o stdout -e stderr \
  -x '-i /home/test/.ssh/id_rsa' \
  -O "StrictHostKeyChecking=no" -O "UserKnownHostsFile=/dev/null" \
  -- echo hello
```

---

21 authorized_keys는 다른 사용자가 읽을 수 없도록 권한 설정을 해둘 필요가 있다.

22 이 예의/home/test/.ssh/id_rsa는 ssh의 기본값이기 때문에, 명시적으로 지정하지 않아도 결과는 동일하다.

14.6 Hadoop 설정의 베스트 환경

14.6.1 설정 파일 공통화

10장 10.8.2 'Configuration 주의점'에서 설명한 것과 같이 어느 설정을, 어느 노드 설정 파일에서, 어느 시점에 읽는가를 파악하기 어려운 것이 Hadoop 설정의 난점이다.

Puppet을 사용하면 노드별로 다른 설정 파일을 동적으로 생성하는 것도 가능하지만, '모든 서버에 같은 내용의 설정 파일을 배치한다.'는 베스트 환경을 따르는 것을 추천한다. 예를 들어, /etc/hadoop/conf/hadoop-env.sh에는 특정 데몬과 명령에만 반영되는 JM 옵션을 다음과 같이 지정할 수 있어, 같은 내용의 파일을 모든 노드에 배치하면 끝난다.

```
export HADOOP_NAMENODE_OPTS="-Xmx4096 -XX:+UseConcMarkSweepGC"
export HADOOP_SECONDARYNAMENODE_OPTS=""
export HADOOP_JOURNALNODE_OPTS=""
export HADOOP_ZKFC_OPTS=""
export HADOOP_DATANODE_OPTS=""
export HADOOP_JOBTRACKER_OPTS=""
export HADOOP_CLIENT_OPTS=""
export HADOOP_MRZKFC_OPTS=""
export HADOOP_TASKTRACKER_OPTS=""
export HADOOP_CLIENT_OPTS=""
export HADOOP_BALANCER_OPTS=""
```

또한 CDH의 RPM 패키지를 이용해서 Hadoop을 설치한 경우 NameNode, DataNode, JobTracker, TaskTracker 같은 서비스는 init 스크립트를 사용해서 가동하는 것이 기본이다. init 스크립트로 각 서버의 데몬 프로세스를 가동하기 위한 환경 변수는 다음에 열거하는 개별 파일로 정의하고 있다.

- /etc/default/hadoop
- /etc/default/hadoop-0.20-mapreduce
- /etc/default/hadoop-fuse
- /etc/default/hadoop-hdfs-datanode
- /etc/default/hadoop-hdfs-namenode

- /etc/default/hadoop-hdfs-secondarynamenode

단, 파일 내용은 시스템에서 이용하는 디렉터리 위치나 클러스터 식별자라서 변경해야 할 경우가 거의 없다. 다음에 표시하는 것은 /etc/default/hadoop-hdfs-namenode의 내용이다.

```
export HADOOP_PID_DIR=/var/run/hadoop-hdfs
export HADOOP_LOG_DIR=/var/log/hadoop-hdfs
export HADOOP_NAMENODE_USER=hdfs
export HADOOP_SECONDARYNAMENODE_USER=hdfs
export HADOOP_DATANODE_USER=hdfs
export HADOOP_IDENT_STRING=hdfs
```

14.6.2 자바 설정

CDH의 Hadoop 패키지를 통해서 설치되는 hadoop 명령(/usr/bin/Hadoop)의 내용을 보면, 같은 CDH 패키지인 bigtop-utils 패키지에 부속된 bigtop-detect-javahome이라는 스크립트를 실행하고 있는 것을 알 수 있다.

```
#!/bin/sh

# Autodetect JAVA_HOME if not defined
if [ -e /usr/libexec/bigtop-detect-javahome ]; then
. /usr/libexec/bigtop-detect-javahome
elif [ -e /usr/lib/bigtop-utils/bigtop-detect-javahome ]; then
. /usr/lib/bigtop-utils/bigtop-detect-javahome
fi

export HADOOP_LIBEXEC_DIR=//usr/lib/hadoop/libexec

exec /usr/lib/hadoop/bin/hadoop "$@"
```

bigtop-detect-javahome은 설치된 JDK를 자동으로 찾아, 환경 변수 JAVA_HOME을 설정하기 위한 것이다. 내용은 리눅스 플랫폼에서 JDK가 설치될 가능성이 있는 디렉터리를 순차적으로 검색하여 발견한 것을 이용한다는 단순 내용이다. 자신이 의도한 것과 다른 JDK를 이용하고 있는지 주의해서 확인해야 한다. 앞 절에서 소개한 hadoop-env.sh에 JAVA_HOME을 명시적으로 지정한 경우에는 해당 설정을 우선해서 사용한다.

```
if [ -z "$JAVA_HOME" ]; then
  for candidate in \
    /usr/lib/j2sdk1.6-sun \
    /usr/lib/jvm/java-6-sun \
    /usr/lib/jvm/java-1.6.0-sun-1.6.0.* \
    /usr/lib/jvm/java-1.6.0-sun-1.6.0.*/jre/ \
    /usr/lib/jvm/j2sdk1.6-oracle \
    /usr/lib/jvm/j2sdk1.6-oracle/jre \
    /usr/java/jdk1.6* \
    /usr/java/jre1.6* \
    /usr/java/jdk1.7* \
    /usr/java/jre1.7* \
    /Library/Java/Home \
    /usr/java/default \
    /usr/lib/jvm/default-java \
    /usr/lib/jvm/java-openjdk \
    /usr/lib/jvm/jre-openjdk \
    /usr/lib/jvm/java-1.7.0-openjdk* \
    /usr/lib/jvm/java-7-openjdk* \
    /usr/lib/jvm/java-1.6.0-openjdk-1.6.* \
    /usr/lib/jvm/jre-1.6.0-openjdk* ; do
    if [ -e $candidate/bin/java ]; then
      export JAVA_HOME=$candidate
      break
    fi
  done
fi
```

집필 시점의 설정 내용에서는 Oracle JDK 6를 가장 우선적으로 사용하도록 하고 있다. CDH 패키징과 테스트가 Oracle JDK 6로 이루어지기 때문에, 현 시점에서 가장 안정적인 동작을 기대할 수 있는 JDK라 할 수 있다[23].

이번 장에서는 PXE 부트와 Puppet을 이용한 Hadoop 클러스터 자동 구축에 대해 알아보았다. 몇 대 정도의 Hadoop 클러스터 규모라면 도입과 운영이 수작업으로 가능할지도 모른다. 반면, 10대 이상의 Hadoop 클러스터를 이용하는 경우는 초기 구축뿐 아니라 설정 변경이나 고장 시 재설치 등, 수작업으로는 모두를 대응하기가 어렵다. 또한, 수작업에 의한 오류도 발생할 수 있다. 그러므로 이번 장에서 소개한 기법들을 활용해서 안정적인 Hadoop 클러스터를 구축하도록 하자.

---

23 단, Oracle JDK 6는 2013년 3월에 EOL이 됐기 때문에, 이후로는 JDK 7로 변경될 것이라 예상된다.

Chapter

15

가용성 향상

15.1 고가용성의 기본

15.1.1 가용성이란?

지금까지 설명한 것과 같이, Hadoop 클러스터는 다수의 노드가 협력해서 동작하는 것으로 분산 처리를 실현하고 있다. 서버 대수를 늘림으로써 처리 성능을 향상시킬 수 있다는 것이 Hadoop의 장점이다.

한편, 서버 대수가 많아진다는 것은 그만큼 장애 발생 가능성이 높아짐을 의미한다. 서버 대수가 100대 이상인 클러스터가 되면 그만큼 높은 장애 대응력을 필요로 하게 되기 마련이다. 또한, Hadoop 클러스터 전체적으로 생각하면 네트워크 장비 고장이나 소프트웨어 오류 등, 서버 하드웨어 이외의 구성 요소도 고려해야 할 필요가 있다. 이를 위해서 일부 노드가 정상적으로 동작하지 않더라도 전체적인 처리는 계속적으로 진행될 수 있어야 하는데, 이러한 성질을 바로 가용성이라고 한다.

이번 장에서는 Hadoop 환경의 가용성을 '일부 노드에 대한 정상적인 접속이 끊어진 경우라도 지정한 동작을 일정 시간 동안 실행할 수 있는 성질'이라 정의한다. 이 정의를 바탕으로 Hadoop 환경의 가용성을 HDFS 가용성, MapReduce 가용성이라는 두 가지 관점에서 설명하겠다.

15.1.2 고가용성을 보장하는 구조

HDFS는 물론 MapReduce에도 슬레이브 노드가 다수 존재하므로, 데이터 블록을 이중화해서 보존하거나 실패한 태스크를 별도 노드에서 재실행하는 것으로 가용성을 보장할 수 있다. 하지만 마스터 노드는 클러스터에 한 대밖에 존재하지 않아서 단일 장애 지점이 돼버린다. 그래서 마스터 노드를 어떻게 이중화하는가가 중요하다.

HDFS 마스터인 NameNode는 파일 시스템 메타데이터를, MapReduce 마스터인 JobTracker는 잡 할당과 실행 상태를 각각 보유하고 있다. 그래서 마스터 노드의 가용성을 향상시키려면 다음과 같은 기능이 필요하다.

• 마스터 노드가 가진 정보를 일관성 있게 이중화해서 저장하는 기능

- 가동중인 마스터 노드가 고장 나면 별도 노드가 그것을 인식해서 마스터 노드로서 처리를 인계하는 기능
- 마스터 노드가 서비스 가능한지를 감시하여, 문제가 있는 경우에 마스터 노드를 변경하는 기능

단일 장애 지점이 되는 요소를 이중화하여 가용성을 높이는 구성을 HA 클러스터라 부른다. Hadoop도 마스터 노드가 단일 장애 지점인 것이 오랫동안 과제였다. CDH 3 이전에는 Pacemaker[1]나 DRBD[2] 같은 Hadoop과 독립된 클러스터링 소프트웨어를 이용해서 HA 클러스터를 구현했었다. 하지만 Pacemaker나 DRBD를 이용한 Hadoop HA 클러스터에서는 장애 발생 시 클라이언트 측 에러 대응이나 페일오버 시간이 길다는 문제가 있어, Hadoop 2.0대(CDH 4)에서는 내장 HA 클러스터 기능이 추가되었다[3].

15.1.3 액티브-스탠바이와 페일오버

Hadoop 마스터 노드를 HA 클러스터 구성으로 한 경우, 일반적인 상황에서 가동하고 있는 노드는 하나뿐으로, 이 노드에 문제가 발생한 경우에 사용할 대기용 노드를 둔다. 이런 HA 클러스터를 '액티브-스탠바이(Active-Standby)' 구성이라고 한다. 액티브-스탠바이로 HA 클러스터를 구성할 때 중요한 것은 한 대의 액티브 노드가 항상 가동되고 있어야 한다는 것이다.

페일오버(Failover) 처리를 할 때는, 우선 액티브 상태인 노드에서 가동하고 있는 리소스를 정지할 필요가 있다. 구체적으로는 프로세스 정지, 파일 시스템 언마운트, 가상 IP 주소 제거 등을 해주어야 한다. 이 리소스 정지 처리가 정상적으로 완료되지 않은 상태에서 스탠바이 측 노드를 액티브 상태로 변경하면, 복수의 노드에서 부정합 처리가 이루어져 잘못된 결과를 반환하거나 데이터가 망가질 가능성이 있다.

이런 상황을 방지하기 위해 액티브 노드를 확실히 격리하는 처리를 펜싱(Fencing)이라 한다[4]. 전형적인 방법은 프로세스 정지나 파일 시스템 언마운트에 실패한 경우에 서버 관리 모듈[5]을 이용해서 액티브 노드 전원을 끄고, 페일오버를 계속하는 것이다. Hadoop 내장

---

1 http://linux-ha.sourceforge.jp/wp/

2 http://www.drbd.org/

3 정확히는 이번 책에서 소개하는 NameNode HA는 CDH 4.1부터, JobTracker HA는 CDH 4.2부터 지원한다.

4 칼을 사용해서 싸우는 스포츠 경기(펜싱)를 의미하는 것이 아니다. '펜스(fence, 울타리)로 둘러싸여 있다.'는 것을 가리킨다.

5 BMC, DRAC, iLO, IMM 등 서버 기종이나 제조사에 따라 다양한 명칭의 제품이 존재한다.

HA 구성을 사용하는 경우에는 ZKFC, Pacemaker는 STONITH라 불리는 모듈이 이 펜싱 처리를 수행한다.

15.1.4 ZooKeeper

Hadoop 내장 HA 클러스터 구성에서는 노드 감시와 격리 제어를 위해 ZooKeeper라는 것을 이용한다[6]. 여기서는 ZooKeeper 개요와 설정 방법에 대해 먼저 살펴보도록 하겠다.

ZooKeeper는 복수의 노드로 구성되는 클러스터 구성을 가지며, 작은 크기의 데이터를 저장하기 위한 분산 파일 시스템과 같은 기능을 제공한다. 이중화와 일관성을 둘 다 가지고 있는 구조다. 분산 시스템을 구성하기 위해 필요한 상태 정보를 저장하고, 노드 간 대기나 락(Lock) 처리에 이용할 수도 있다.

여기서는 ZooKeeper가 어떤 식으로 이중화와 일관성을 보장하는지 보여주기 위해서 데이터 기록 처리가 어떤 식으로 이루어지는가에 대하여 간단히 설명하겠다(그림 15.1).

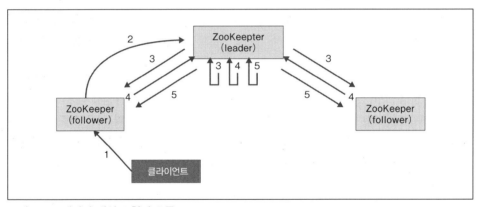

그림 15.1 데이터 갱신 요청의 흐름

그림에서 화살표에 부여된 번호는 각각 다음 처리에 해당한다.

1. 클라이언트가 데이터 갱신 요청을 전송한다
2. 요청을 리더(leader)에 전송한다

---

6 정확히는 감시와 격리 처리를 하는 것은 ZKFC라는 모듈이고, ZKFC가 노드 사이에서 협력하여 동작하기 위해 ZooKeeper를 이용한다.

3. 리더는 갱신 처리에 트랜잭션 ID를 부여하고, 모든 노드에 요청을 전송한다

4. 각 노드는 갱신 데이터를 저널 로그에 기록하고 리더에게 응답을 반환한다

5. 리더는 과반수의 노드로부터 응답이 돌아온 시점에 기록 처리가 성공했다고 간주하여 클라이언트에게 commit 명령을 반환한다

핵심이 되는 것은 ZooKeeper 클러스터 시작 시에, 한 대의 노드를 리더로 선출하고[7], 이 리더가 갱신 처리에 트랜잭션 ID를 부여하는 부분이다. 각 노드에서 이루어지는 기록 처리는 반드시 트랜잭션 ID 순서로 이루어져야 한다는 제약이 있어, 각 노드가 가진 데이터 내용이 일치되는 것을 보증한다.

또한, 과반수의 노드에서 응답이 확인된 시점에 기록을 커밋한다는 것도 중요한 포인트다. 처리가 성공했다고 판단하기 위해 모든 노드의 응답을 기다리면, 가장 느린 응답을 보낸 노드에 의해 전체 처리 속도가 결정돼 버린다. 과반수의 노드에서 응답이 온 시점에 처리 성공을 판단하면, 응답에 시간이 걸린 노드가 있더라도 그것에 연연하지 않고 끝낼 수 있다[8].

이 알고리즘을 기반으로 ZooKeeper가 서비스를 계속하기 위해서는 시작 시점에 ZooKeeper 클러스터 노드의 과반수가 생존해 있을 필요가 있다[9]. 서비스를 계속하는 데 필요한 노드 수는 세 대의 클러스터에서는 두 대, 다섯 대의 클러스터에서는 세 대다. 바꿔 말하면, 클러스터 노드 수가 2 증가하면, 장애를 허용할 수 있는 대수가 1 증가한다. 참고로 두 대의 클러스터에서 서비스 계속에 필요한 대수는 두 대[10]고 네 대의 클러스터에서는 세 대라 각각 세 대, 다섯 대인 경우와 별 차이가 없다. 즉, 클러스터를 짝수로 구성해도 그보다 한 대 작은 구성과 가용성이 같아진다. 이런 이유로 ZooKeeper 클러스터는 홀수로 구성하는 것이 일반적이다.

기록 처리가 리더 역할을 하는 노드를 경유한다는 알고리즘 상, 노드 수를 늘려도 기록 성능이 향상되지는 않는다. 오히려 떨어진다. 하지만 읽기 처리의 경우는 각 노드로 부하분산을 할 수 있다.

---

7 리더 노드가 다운되면, 남은 노드 중에서 새로운 리더를 선택한다.

8 일시적으로 응답이 느려지는 원인으로 네트워크 에러에 의한 데이터 재전송이나, JVM의 GC 등이 있다.

9 Hadoop 클러스터처럼 가동 중에 노드를 추가할 수는 없다.

10 한 대라도 고장 나면 아웃이기 때문에 이중화성이 없다.

지금부터는 ma01, ma02, ma03라는 세 대의 노드에 ZooKeeper를 설치하여 클러스터를 구성하는 방법에 대해 설명하겠다. ZooKeeper는 CDH 패키지에서 제공하고 있는 것을 사용한다. 우선 yum 명령을 이용해서 패키지 설치, ZooKeeper 데이터 디렉터리 초기화, ZooKeeper 설정 파일 편집을 차례로 진행한다. 이 순서는 세 대의 노드에 동일하게 적용된다. yum 패키지를 설치하면 자동적으로 zookeeper라는 OS 사용자가 생성된다. 다음 예에서는 ZooKeeper 서버 간 통신을 위한 포트로 2888번과 3888번을 지정하고 있다. 또한 ma01에는 1번, ma02에는 2번, ma03에는 3번이라는 서버 번호를 부여하고 있다.

```
$ sudo yum install zookeeper-server
$ sudo -u zookeeper /usr/bin/zookeeper-server-initialize
$ cat <<EOF >>/etc/zookeeper/conf/zoo.cfg
server.1=ma01:2888:3888
server.2=ma02:2888:3888
server.3=ma03:2888:3888
EOF
```

다음으로 각 서버의 /var/lib/zookeeper에 myid라는 파일을 작성하여, 설정 파일에 기입한 서버 번호를 기술한다. ma01에서는 다음을 실행한다.

```
$ sudo -u zookeeper bash -c 'echo 1 > /var/lib/zookeeper/myid'
```

ma02에서는 다음을 실행한다.

```
$ sudo -u zookeeper bash -c 'echo 2 > /var/lib/zookeeper/myid'
```

ma03에서는 다음을 실행한다.

```
$ sudo -u zookeeper bash -c 'echo 3 > /var/lib/zookeeper/myid'
```

마지막으로, 세 대의 노드 모두에서 ZooKeeper 서버를 시작한다.

```
$ sudo service zookeeper-server start
```

15.2 HDFS 고가용성

15.2.1 DataNode 가용성

Hadoop에서는 블록 단위로 리플리케이션을 해서 데이터 가용성을 보장한다. 이 때문에 일부 DataNode가 고장 나도 데이터 처리를 계속 실행할 수 있다. 사용자가 DataNode 의 가용성 향상을 위해 추가적인 작업을 할 필요가 없다.

HDFS에 파일을 저장할 때, 사전에 정해둔 수의 복제본이 블록마다 작성된다[11]. 노드 한 대의 고장으로 데이터를 잃지 않기 위해, 복제 데이터가 다른 DataNode에도 저장되도록 한다. 또한, DataNode는 자신이 가지고 있는 블록을 리스트로 관리하며, 해당 정보를 NameNode에 정기적으로 알려준다. NameNode는 DataNode로부터 받은 정보를 가지고 어느 블록이 어느 DataNode 상에 있는지를 나타내는 맵핑 정보를 작성하여 메모리 상에서 관리한다.

HDFS의 클라이언트가 파일에 접근할 때는, NameNode로부터 블록을 가진 DataNode 리스트를 받기 때문에, 어느 한 DataNode로부터 데이터 취득에 실패하더라도 다른 DataNode에 같은 처리를 재시도할 수 있다. 그리고 서버 노드나 디스크 고장에 의해 블록 복제가 설정한 수보다 낮다는 것을 NameNode가 감지하면, 설정 복제 수를 유지하기 위한 새로운 복제가 생성된다.

---

11 블록 복제 수는 파일 단위로 지정할 수 있다. 개별적으로 지정되지 않은 경우는 설정 속성에 있는 dfs.replication 의 값이 사용된다. 기본값은 3이다.

15.2.2 NameNode 고가용화를 위한 구조

NameNode가 고장이 난 경우, HDFS의 모든 데이터 처리(작성/검색/갱신/삭제)가 불가능해진다. 또한, HDFS에 의존하는 MapReduce 잡도 실행할 수 없게 된다.

NameNode는 HDFS 파일 시스템 메타데이터를 fsimage라는 파일에 저장하고 있다. fsimage에는 파일이 어떤 블록으로 구성되는지에 대한 정보가 포함되어 있다. NameNode는 시작 시점에 fsimage를 읽어 들이고, fsimage에 대한 갱신 정보를 기록한 edits(저널 로그)의 내용을 적용한다. 또한 DataNode가 전송한 블록 리포트를 바탕으로 어느 DataNode가 어느 블록을 가지고 있는지에 대한 맵핑 정보를 작성한다. NameNode는 이런 준비가 완료되고 나서야 처음으로 HDFS 상의 파일에 접근할 수 있게 된다.

옛날 버전의 Hadoop에서는 파일 시스템 메타데이터를 DRBD로 이중화한 영역에 두어서 HA 구성을 실현했다. 하지만 fsimage에 edits를 반영하거나, 블록 리포트 데이터 수집 시에 페일오버 시간이 걸리는 것이 문제였다. 또한, 장애 발생 시에 처리된 것은 기본적으로 에러 처리가 된다. 그래서 Hadoop 2.0 버전(CDH 4)에서는 내장 기능으로 NameNode HA가 도입되었다. NameNode HA에서는 스탠바이 노드의 NameNode 프로세스도 사전에 스탠바이 모드로 가동되며, 블록 리포트가 액티브 노드와 스탠바이 노드 양쪽에 전송된다. 이를 통해 페일오버 시간을 단축할 수 있게 되었다. 또한, 클라이언트 측에도 에러 시에 다른 NameNode에서 다시 처리하는 기능이 생겨 페일오버 시에 실행하고 있던 처리를 에러 없이 계속 진행할 수 있게 되었다.

그리고 파일 시스템 메타데이터를 이중화하기 위해서 JournalNode라는 서버 프로세스를 도입했다. NameNode가 JournalNode에 edits를 전송하는 구조는 Quorum JournalManager라 부르는 모듈이 담당한다[12]. JournalNode를 이용한 구성은 그림 15.2와 같다.

---

12 CDH 4.0에서 도입된 NameNode HA에서는 파일 시스템 메타데이터 저장에 공유 디스크나 NAS가 필요하다. 하지만 이것이 새로운 단일 장애 지점이 되는 등의 문제가 있었다. 이것을 개선하기 위해서 CDH 4.1에서는 JournalNode를 도입했다.

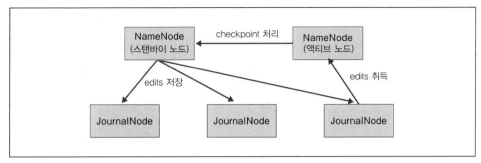

그림 15.2 JournalNode를 이용한 구성

NameNode가 파일 시스템 메타데이터를 갱신할 때, 저널 로그를 각 JournalNode에 전송한다. JournalNode는 edits 파일로 디스크에 기록하고 NameNode에 응답을 반환한다. 과반수의 JournalNode로부터 기록 완료 응답이 오면, NameNode는 기록 처리가 성공했다고 간주한다. 이 갱신 처리 알고리즘은 15.1.4 'ZooKeeper' 절에서 설명한 것과 닮았다[13]. 즉, ZooKeeper와 마찬가지로 JournalNode는 홀수 대로 구성할 필요가 있다. 단, JournalNode에 대해 읽기 처리를 하는 클라이언트는 NameNode밖에 없기 때문에, 부하분산을 위해 괜히 대수를 늘릴 필요는 없고 세 대 정도가 기본적인 구성으로서 적당하다.

스탠바이 노드로 가동한 NameNode는 계속 JournalNode에서 edits 파일을 취득하여 메모리 상의 파일 시스템 메타데이터를 갱신한다. 또한, 디스크 상에 있는 fsimage 파일을 edits 적용 후의 내용으로 갱신하고, 교체할 checkpoint 처리도 담당한다[14].

또한 HA 클러스터를 실제로 운영하기 위해서는 클러스터 상태를 감시하여 장애 시에 페일오버를 실행할 기능이 필요하다. 이 기능을 제공하는 것이 ZKFC(ZooKeeper Failover Controller)라 불리는 모듈이다. 이름에서 추측할 수 있듯이, ZKFC을 이용하기 위해서는 ZooKeeper가 필요하다. NameNode가 두 대 동시에 액티브 노드가 되는 것을 방지하기 위해 ZooKeeper를 이용하고 있다. 그림 15.3에서 ZKFC 처리 개요를 설명하고 있다.

---

13 구조는 동일하지만 HDFS 저널 로그를 ZooKeeper에서 다루기엔 데이터 크기가 너무 크다는 문제가 있어, 목적에 특화되도록 만든 것이 JournalNode다.

14 https://issues.apache.org/jira/browse/HDFS-3752

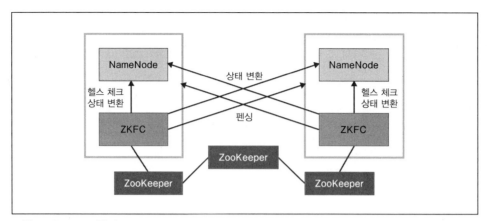

그림 15.3 ZKFC 처리

JournalNode는 NameNode를 정기적으로 감시해서 상황에 따라 액티브와 스탠바이를 교체하여 페일오버를 발생시킨다. 헬스 체크와 상태 변경은 NameNode 측이 준비되어 있는 API를 호출함으로써 이루어진다. 페일오버 시에 상태 변경 API를 호출해도 액티브 노드가 정상 정지되지 않으면 펜싱 처리를 실행한다.

15.2.3 NameNode HA 도입

지금부터는 ma01, ma02, ma03 세 대의 노드에 NameNode HA 클러스터를 구축하는 방법을 설명하겠다. 집필 시점에서는 스탠바이 노드를 여러 대로 구성할 수 없기 때문에 그림 15.4와 같이 ma01과 ma02, 두 대에 NameNode를 설정하도록 한다.

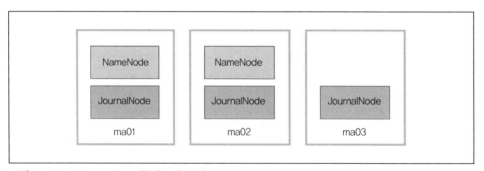

그림 15.4 NameNode HA 클러스터 구성

우선 마스터를 구성하는 세 대의 노드에 hadoop-hdfs-journalnode 패키지를 설치한다.

```
$ sudo yum install hadoop-hdfs-journalnode
```

또한, NameNode가 가동되는 노드 ma01와 ma02에 hadoop-hdfs-namenode 패키지를 설치한다.

```
$ sudo yum install hadoop-hdfs-namenode
```

다음은 hdfs-site.xml과 core-site.xml을 수정한다. 설정 파일 변경은 마스터, 슬레이브, 클라이언트를 포함하는 모든 노드에 반영해야 한다.

- dfs.nameservices
  NameNode 서비스에 부여할 논리명을 지정한다. 이 값에 맞추어 후속 설정 속성명이나 core-site.xml의 fs.default.name값을 지정한다. 이후의 속성 설명에서 {서비스명}은 여기서 설정한 값을 사용한다.

- dfs.ha.namenodes.{클러스터명}
  mycluster 서비스를 구성하는 NameNode에 부여할 논리명을 두 대분 쉼표 구분으로 기술한다. 이후의 속성 설명에서 {NameNode명}은 여기서 설정한 두 개의 값을 사용한다.

- dfs.namenode.rpc-address.{서비스명}.{NameNode명}
  NameNode가 서비스용으로 사용할 주소 및 포트 번호를 지정하고, 각 NameNode에 대한 값을 설정한다.

- dfs.namenode.http-address.{서비스명}.{NameNode명}
  NameNode가 웹 인터페이스용으로 사용할 주소 및 포트 번호를 지정하고, 각 NameNode에 대한 값을 설정한다.

- dfs.namenode.shared.edits.dir
  JournalNode에 접속하기 위한 주소 및 포트 번호를 지정한다. 설정값의 URI에는 qjournal://⟨호스트명1⟩:⟨포트 번호1⟩;⟨호스트명2⟩:⟨포트 번호2⟩;⟨호스트명3⟩:⟨포트 번호3⟩/⟨Name 서비스명⟩처럼, 모드 JournalNode 주소를 세미콜론으로 연결해서 기술한다.

- dfs.journalnode.edits.dir

  JournalNode가 파일 저장에 이용할 로컬 파일 시스템 경로를 지정한다.

- dfs.client.failover.proxy.provider.{서비스명}

  DataNode나 클라이언트가 이중화된 NameNode 양쪽에 접속할 수 있도록 하는 클래스를 지정한다. 현 시점에서 기본 내장되어 있는 것은 예에서 사용되고 있는 ConfiguredFailoverProxyProvider 클래스뿐이다.

다음은 설정 예를 보여주고 있다. hdfs-site.xml에는 이 내용을 추가한다.

```xml
<property>
  <name>dfs.nameservices</name>
  <value>mycluster</value>
</property>

<property>
  <name>dfs.ha.namenodes.mycluster</name>
  <value>nn1,nn2</value>
</property>

<property>
  <name>dfs.namenode.rpc-address.mycluster.nn1</name>
  <value>ma01:8020</value>
</property>
<property>
  <name>dfs.namenode.rpc-address.mycluster.nn2</name>
  <value>ma02:8020</value>
</property>

<property>
  <name>dfs.namenode.http-address.mycluster.nn1</name>
  <value>ma01:50070</value>
</property>
<property>
  <name>dfs.namenode.http-address.mycluster.nn2</name>
  <value>ma02:50070</value>
</property>

<property>
  <name>dfs.namenode.shared.edits.dir</name>
  <value>qjournal://ma01:8485;ma02:8485;ma03:8485/mycluster</value>
```

```
</property>

<property>
  <name>dfs.journalnode.edits.dir</name>
  <value>/var/lib/hadoop-hdfs/cache/jn</value>
</property>

<property>
  <name>dfs.client.failover.proxy.provider.mycluster</name>
  <value>org.apache.hadoop.hdfs.server.namenode.ha.ConfiguredFailoverProxyProvider
</value>
</property>
```

core-site.xml의 fs.default.name값을 변경한다. HA 구성을 이용하는 경우 Name
Node 주소가 아닌, NameNode 서비스에 부여할 논리명을 지정한다. NameNode 서
비스의 논리명은 hdfs-site.xml에서 지정하지만, 예에서는 mycluster라는 값을 지정하
기로 한다.

```
<property>
  <name>fs.default.name</name>
  <value>hdfs://mycluster</value>
</property>
```

설정을 완료했으면 ma01, ma02, ma03 각 노드에서 JournalNode 서비스를 시작하도
록 한다.

```
$ service hadoop-hdfs-journalnode start
```

HDFS 자체를 신규로 구축하는 경우에는 NameNode 서버에서 'hdfs namenode
-format' 명령을 실행한다. 여기서는 ma01에서 명령을 실행하기로 한다. 이를 통해, 각
JournalNode의 데이터 디렉터리를 동시에 초기화한다.

```
$ sudo -u hdfs hdfs namenode -format
```

기존 HDFS를 HA 구성으로 바꾸려면, 우선 NameNode를 정지하고 'hdfs namenode -initializeSharedEdits' 명령을 실행한다. 이 명령을 실행한 후에는 hdfs namenode -format은 실행하지 않아도 된다.

```
$ sudo service hadoop-hdfs-namenode stop
$ sudo -u hdfs hdfs namenode -initializeSharedEdits
```

초기화가 끝나면 ma01에서 NameNode 서비스를 시작한다.

```
$ sudo service hadoop-hdfs-namenode start
```

NameNode를 한 대 더 스탠바이 노드로 만들기 위한 초기화를 한다. ma02에서 'hdfs namenode -bootstrapStandby' 명령을 실행해서 메타데이터를 초기화하고 서비스를 시작한다.

```
$ sudo -u hdfs hdfs namenode -bootstrapStandby
$ sudo service hadoop-hdfs-namenode start
```

집필 시점에서는 'namenode -bootstrapStandby' 명령 실행 시에 에러가 발생하는 경우가 있었다[15]. 이 경우에는 메타데이터가 저장된 디렉터리 트리를 ma02에서 rsync 명령을 이용하여 직접 복제하면 된다.

```
$ sudo rsync -av \
  ma01:/var/lib/hadoop-hdfs/cache/hdfs/dfs/name \
  /var/lib/hadoop-hdfs/cache/hdfs/dfs/
```

---

15 이 설정은 MapReduce의 JobTracker HA와 공통 항목이다.

NameNode 서비스 가동 후, HA 클러스터 상태 확인이나 조작은 'hdfs haadmin' 명령을 사용하면 된다. 'hdfs haadmin -getServiceState' 명령을 실행하면, 가동 직후에는 양쪽 다 스탠바이 노드 상태로 아직 HDFS에 접속할 수 없다는 것을 알 수 있다. 인수로서 설정에서 지정한 NameNode의 논리명을 부여한다. ma01, ma02 어느 쪽에서 실행하든 동일한 결과를 얻을 수 있다.

```
$ sudo -u hdfs hdfs haadmin -getServiceState nn1
standby
$ sudo -u hdfs hdfs haadmin -getServiceState nn2
standby
```

'hdfs haadmin -transitionToActive' 명령을 이용해서 지정한 NameNode를 액티브 상태로 변경할 수 있다.

```
$ sudo -u hdfs hdfs haadmin -transitionToActive nn1
$ sudo -u hdfs hdfs haadmin -getServiceState nn1
active
```

15.2.4 ZKFC를 통한 NameNode HA 제어

여기서는 앞 절에서 구축한 서버에 ZKFC를 추가로 설치하고, 자동으로 페일오버할 수 있는 설정 방법에 대해 설명하겠다. ZKFC를 이용하기 위해서는 ZooKeeper가 필요하며, 15.1.4 'ZooKeeper'를 통해 이미 ma01, ma02, ma03, 세 대에 설치되어 있다고 가정한다. 서버 모듈 구성은 그림 15.5와 같다. ZKFC에 의해 ZooKeeper에 걸리는 부하가 매우 작기 때문에, 둘이 함께 설치돼 있어도 문제없다[16].

---

16 15.3에서 소개할 ZKFC나 20장에서 소개할 HBase를 같은 ZooKeeper에서 관리하는 정도라면 문제없다.

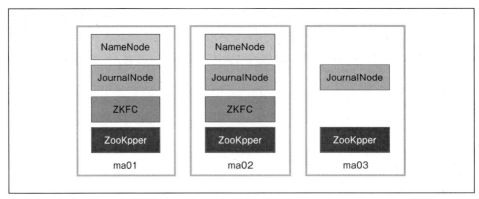

그림 15.5 서버 모듈 구성(NameNode HA)

NameNode HA에서 ZKFC를 도입하려면, 우선 hadoop-hdfs-zkfc 패키지를 설치해야 한다. 설치는 NameNode가 가동되고 있는 ma01, ma02 양쪽에 해줄 필요가 있다.

```
$ sudo yum install hadoop-hdfs-zkfc
$ sudo yum install hadoop-hdfs-zkfc
```

- dfs.ha.automatic—failover.enabled

  true로 설명하면 ZKFC에 의한 자동 페일오버가 동작한다. 이 설정은 NameNode에도 반영할 필요가 있어서, 설정 파일 편집 후에 NameNode를 재시작할 필요가 있다.

- dfs.ha.fencing.methods

  NameNode 정지 처리가 실패했을 때의 펜싱 방법을 지정한다. 다음의 설정 예에서는 /bin/true 명령이 실행되어 내부적으로 펜싱이 항상 성공했다고 간주한다[17].

- dfs.ha.zkfc.port

  ZKFC가 이용할 포트 번호를 지정한다. JobTracker HA에서 이용할 ZKFC 포트 번호(mapred.ha.zkfc.port)와 기본값(8019)이 같기 때문에, NameNode와 JobTracker를 같은 노드에서 운영하는 경우는 둘 중 하나를 변경해 주어야 한다.

다음은 hdfs-site.xml 설정 예다. hdfs-site.xml을 편집해서 다음 내용을 추가한다.

---

17 즉, 펜싱 없이 페일오버를 실행한 것과 같은 의미다. 펜싱 설정에 대해서는 뒤에서 상세히 설명하겠다.

```
<property>
  <name>dfs.ha.automatic-failover.enabled</name>
  <value>true</value>
</property>

<property>
  <name>dfs.ha.fencing.methods</name>
  <value>shell(/bin/true)</value>
</property>

<property>
  <name>dfs.ha.zkfc.port</name>
  <value>8019</value>
</property>
```

core-site.xml에 다음 내용을 추가한다. ZKFC가 이용할 ZooKeeper 서버 주소와 포트 번호를 쉼표 구분으로 연결해서 열거한다[18].

```
<property>
  <name>ha.zookeeper.quorum</name>
  <value>ma01:2181,ma02:2181,ma03:2181</value>
</property>
```

설정 파일 수정이 완료되면, 우선 다음 명령을 실행해서 ZKFC가 이용할 ZooKeeper 상의 데이터를 초기화한다. 이 명령은 어느 쪽 노드든지 한 번만 실행하면 된다.

```
$ sudo -u hdfs hdfs zkfc -formatZK
```

NameNode가 이미 가동중인 경우, dfs.ha.automatic-failover.enabled 설정을 반영하기 위해 재시작한다. ma01, ma02 양쪽에서 실행한다.

```
$ sudo service hadoop-hdfs-namenode restart
```

---

18 https://issues.apache.org/jira/browse/HADOOP-3245

ma01, ma02 양쪽에서 ZKFC를 시작한다.

```
$ sudo service hadoop-hdfs-zkfc start
```

ZKFC가 정상적으로 가동되면, 자동으로 NameNode를 액티브 상태로 변경한다. ma01
의 ZKFC를 먼저 시작한 경우, ma01의 NameNode가 액티브 노드가 된다. 이후 ma02
상에서 ZKFC를 시작해도 이미 액티브 NameNode가 존재하기 때문에 페일오버가 발생
하지 않는다. dfs.ha.automatic-failover.enabled를 true로 설정했으면 'hdfs haadmin
-transitionToActive' 명령을 사용한 상태 변경을 실행할 수 없다. 수동으로 변경하고 싶
은 경우에는 다음 명령을 사용해서 페일오버를 실행할 수 있다. 인수로는 페일오버 출발지
및 페일오버 대상지의 NameNode 논리명을 지정한다.

```
$ sudo -u hdfs hdfs haadmin -failover nn1 nn2
```

다음으로는 펜싱 설정에 대해 상세히 알아보자. dfs.ha.fencing.methods로 지정할 수
있는 펜싱 방법(내장형)에는 sshfence와 shell 두 종류가 있다.

sshfence는 대상 노드에 SSH로 로그인해서 fuser 명령을 통해 NameNode 프로세스를
kill하는 방법이다. 다음과 같이 '로그인 사용자명: SSH 포트 번호' 형식으로 인수를 지정
할 수 있다.

```
<property>
  <name>dfs.ha.fencing.methods</name>
  <value>sshfence(hdfs:22)</value>
</property>
```

sshfence는 키 파일을 이용해서 패스워드 없이 SSH 로그인할 수 있는 설정이 되어 있어
야 한다. 키 파일 경로를 dfs.ha.fencing.ssh.private-key-files에서 지정한다. SSH 타
임아웃 시간도 지정할 수 있다.

```
<property>
  <name>dfs.ha.fencing.ssh.private-key-files</name>
```

```
    <value>/var/lib/hadoop-hdfs/.ssh/id_rsa</value>
  </property>

  <property>
    <name>dfs.ha.fencing.ssh.connect-timeout</name>
    <value>30000</value>
  </property>
```

dfs.ha.fencing.methods값으로 shell을 지정하면, 임의의 쉘 명령을 실행한다. 괄호 내 인수로는 실행 명령 및 그에 해당하는 인수를 설정할 수 있다.

```
  <property>
    <name>dfs.ha.fencing.methods</name>
    <value>shell(/path/to/fence.sh arg1 arg2 ...)</value>
  </property>
```

클러스터링 소프트웨어에서 자주 사용되는 기법으로, 대상 노드의 관리 모듈을 이용해서 전원을 리셋하는 방법 등이 있다.

```
  <property>
    <name>dfs.ha.fencing.methods</name>
    <value>shell(/usr/bin/ipmitool -I lanplus -H ma02b -U admin
      -P passwd power reset)</value>
  </property>
```

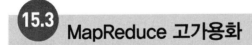

15.3 MapReduce 고가용화

15.3.1 TaskTracker의 가용성

HDFS 경우와 동일하게 MapReduce 프레임워크에도 슬레이브 노드에 대한 가용성을 보장하는 구조가 마련되어 있다. 태스크 실행 중에 장애가 발생한 경우, 해당 태스크를 다른 노드에서 재실행함으로써 잡 가용성을 보장한다. 사용자가 TaskTracker 가용성 향상을 위해 따로 해주어야 할 작업은 없다.

JobTracker와 TaskTracker는 정기적으로 하트비트(heartbeat)라 불리는 통신을 한다. 이 하트비트를 통해 JobTracker와 TaskTracker의 생존과 태스크 진행 상황을 확인한다. 하트비트가 일정 기간 동안 전송되지 않으면, JobTracker와 TaskTracker가 정상적으로 동작하고 있지 않다고 판단하여 클러스터에서 제외시킨다. 이 제외 처리가 발생하기까지의 시간 간격은 mapred.tasktracker.expiry.interval 속성을 통해 설정할 수 있으며, 기본값은 10분이다. 제외한 태스크를 다른 TaskTracker에 할당해서 재실행하는 횟수의 최대치는 mapred.map.max.attempts 및 mapred.reduce.max.attempts 속성을 통해 설정 가능하다. 기본값은 4다.

15.3.2 JobTracker 고가용화 구조

JobTracker가 메모리 내에 가지고 있는 잡이나 태스크 상태 정보는 JobTracker가 다운된 시점에 없어져 버린다. 이 때문에 JobTracker를 재시작하더라도 장애 시에 실행 중이었던 잡은 다시 실행해야 한다. 그래서 JobTracker 정지 시에 실행 도중이었던 잡 정보를, HDFS 상에 있던 잡 디렉터리를 기반으로 복구하는 mapred.jobtracker.restart.recover 속성을 설정한다. 속성 자체는 Hadoop 0.18부터 있었지만, 동작하게 된 것은 CDH 3u5 이후부터다.

게다가, CDH 4.2에서는 JobTracker 내장 기능으로 HA 클러스터를 구현할 수 있게 되었다. JobTracker는 NameNode와 달리, 메모리 상에 가지고 있는 관리 정보를 디스크에 출력하지 않기 때문에 JournalNode와 같은 기능은 없다. JobTracker 장애 발생 시에는 스탠바이 노드에 페일오버한 후, HDFS 상에 있는 잡 정보를 이용해서 실행 중이었던 잡을 복구한다. 또한, 클라이언트 측에도 에러 시에 다른 JobTracker에 대해 재시도하는 기능이 추가되었다.

장애 감지와 페일오버 제어는 NameNode HA 경우와 동일하게 ZKFC라 불리는 모듈을 통해 이루어진다. 처리 내용도 그림 15.6같이 NameNode HA와 동일하다.

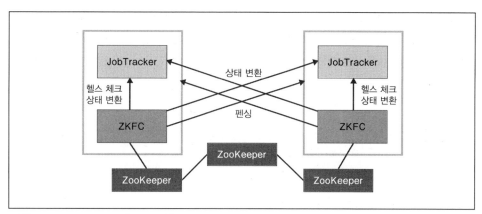

그림 15.6 JobTracker의 HA 구성

15.3.3 JobTracker HA 도입

여기서는 NameNode HA 구성 예와 동일하게 ma01, ma02, ma03 세 대의 서버에, JobTracker HA 구성을 추가하는 방법을 설명한다. 다음 절에서 설명할 JobTracker HA 용 ZKFC을 추가하면, 서버 모듈 구성은 그림 15.7과 같이 된다.

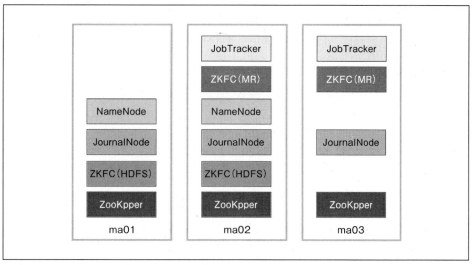

그림 15.7 서버 모듈 구성(JobTracker HA)

JobTracker HA를 설치하기 위해서는 hadoop-0.20-mapreduce-jobtracker 패키지를 삭제하고, 대신 hadoop-0.20-mapreduce-jobtrackerha 패키지를 설치한다. NameNode HA 구성과 달리, HA 구성용 서비스명을 이용한다. ma02, ma03 양쪽에서 실행한다.

```
$ sudo yum remove hadoop-0.20-mapreduce-jobtracker
$ sudo yum install hadoop-0.20-mapreduce-jobtrackerha
```

mapred-site.xml에 다음 내용을 추가한다.

- mapred.jobtracker.restart.recover
  JobTracker 정지 시에 실행 중이었던 잡을 재시작하여 복구하도록 설정한다.

- mapred.job.tracker
  JobTracker에 접속하기 위한 URL을 지정했던 부분을 JobTracker HA 클러스터에 부여한 논리명으로 변경한다. 이 값에 맞추어 이후에 나올 속성명을 지정한다. 다음 속성 설명에서 나오는 {클러스터명}에 여기서 설정한 값을 사용한다.

- mapred.jobtrackers.{클러스터명}
  클러스터를 구성하는 각 JobTracker에 부여한 논리명을, 두 대분 쉼표로 연결시켜 나열한다. 다음 속성 설명에서 나오는 {JobTracker명}에 여기서 설정한 값을 사용한다

- mapred.jobtracker.rpc-address.{클러스터명}.{JobTracker명}
  JobTracker가 서비스용으로 사용할 주소 및 포트 번호를 지정한다. 각 JobTracker에 대해 값을 설정한다.

- mapred.job.tracker.http.address.{클러스터명}.{JobTracker명}
  JobTracker가 웹 인터페이스용으로 사용할 주소 및 포트 번호를 지정한다. 각 JobTracker에 대해 값을 설정한다.

- mapred.ha.jobtracker.rpc-address.{클러스터명}.{JobTracker명}
  JobTracker가 HA 클러스터용 API를 제공하기 위해 사용하는 주소 및 포트 번호를 지정한다. 서비스용 주소 및 포트 번호와 별도로 설정한다. 각 JobTracker에 대해 값을 설정한다.

- mapred.ha.jobtracker.http-redirect-address.{클러스터명}.{JobTracker명}

  스탠바이 상태의 JobTracker에 전송된 요청의 리다이렉트 목적지를 지정한다. {JobTracker명}에 대응하는 노드가 액티브인 경우, 지정된 주소로 요청이 리다이렉트된다. mapred.job.tracker.http.address.*에서 지정되는 값은 0.0.0.0:50030처럼 와일드카드(*)가 사용되는 경우가 있기 때문에, 독립해서 설정할 수 있도록 되어 있다. 각 JobTracker에 대해 값을 설정한다.

- mapred.client.failover.proxy.provider.{클러스터명}

  TaskTracker나 클라이언트가 이중화된 JobTracker 양쪽에 모두 접속할 수 있도록 하는 클래스를 지정한다(현 시점에서 사용할 수 있는 것은(내장되어 있는 것 중), 예에 있는 ConfiguredFailoverProxyProvider 클래스뿐이다).

다음에 설정 예를 수록했다.

```xml
<property>
  <name>mapred.jobtracker.restart.recover</name>
  <value>true</value>
</property>

<property>
  <name>mapred.job.tracker</name>
  <value>logicaljt</value>
</property>

<property>
  <name>mapred.jobtrackers.logicaljt</name>
  <value>jt1,jt2</value>
</property>

<property>
  <name>mapred.jobtracker.rpc-address.logicaljt.jt1</name>
  <value>ma03:8021</value>
</property>

<property>
  <name>mapred.jobtracker.rpc-address.logicaljt.jt2</name>
  <value>ma02:8021</value>
</property>
```

```
<property>
  <name>mapred.job.tracker.http.address.logicaljt.jt1</name>
  <value>0.0.0.0:50030</value>
</property>

<property>
  <name>mapred.job.tracker.http.address.logicaljt.jt2</name>
  <value>0.0.0.0:50030</value>
</property>

<property>
  <name>mapred.ha.jobtracker.rpc-address.logicaljt.jt1</name>
  <value>ma03:8022</value>
</property>

<property>
  <name>mapred.ha.jobtracker.rpc-address.logicaljt.jt2</name>
  <value>ma02:8022</value>
</property>

<property>
  <name>mapred.ha.jobtracker.http-redirect-address.logicaljt.jt1</name>
  <value>ma03:50030</value>
</property>

<property>
  <name>mapred.ha.jobtracker.http-redirect-address.logicaljt.jt2</name>
  <value>ma02:50030</value>
</property>

<property>
  <name>mapred.client.failover.proxy.provider.logicaljt</name>
  <value>org.apache.hadoop.mapred.ConfiguredFailoverProxyProvider</value>
</property>
```

JobTracker HA 동작에 꼭 필요한 것은 아니지만, 완료한 잡 정보를 페일오버 후에도 열람하고 싶은 경우에는 다음 설정을 mapred-site.xml에 추가한다.

```
<property>
  <name>mapred.job.tracker.persist.jobstatus.active</name>
  <value>true</value>
</property>
```

```
<property>
  <name>mapred.job.tracker.persist.jobstatus.hours</name>
  <value>1</value>
</property>

<property>
  <name>mapred.job.tracker.persist.jobstatus.dir</name>
  <value>/jobtracker/jobsInfo</value>
</property>
```

또한 mapred.job.tracker.persist.jobstatus.dir에서 지정한 디렉터리를 HDFS 상에 작성하고, 소유자를 JobTracker 실행 사용자[19]로 설정해 둔다.

```
$ sudo -u hdfs hdfs dfs -mkdir /jobtracker/jobsInfo
$ sudo -u hdfs hdfs dfs -chown -R mapred /jobtracker
```

설정을 마쳤으면 ma02, ma03 양쪽에서 JobTracker HA 서비스를 시작한다.

```
$ sudo service hadoop-0.20-mapreduce-jobtrackerha start
```

HA 클러스터 상태 확인이나 조작은 'hadoop mrhaadmin' 명령을 이용한다. 'hadoop mrhaadmin -getServiceState' 명령을 실행하면, 가동 직후에는 양쪽 모두 스탠바이고 MapReduce 클러스터로서는 아직 접속할 수 없다는 것을 알 수 있다. 인수로는 설정해서 지정한 JobTracker 논리명(mapred.jobtracker.{클러스터명} 설정값)을 부여한다.

```
$ sudo -u mapred hadoop mrhaadmin -getServiceState jt1
standby
$ sudo -u mapred hadoop mrhaadmin -getServiceState jt2
standby
```

---

19 CDH 기본값은 mapred 사용자이다.

'hadoop mrhaadmin -transitionToActive' 명령을 이용해서 지정한 JobTracker를 액티브 상태로 변경할 수 있다.

```
$ sudo -u mapred hadoop mrhaadmin -transitionToActive jt1
$ sudo -u mapred hadoop mrhaadmin -getServiceState jt1
active
```

15.3.4 ZKFC를 사용한 JobTracker HA 제어

JobTracker HA에서 ZKFC를 도입하려면, 우선 hadoop-0.20-mapreduce-zkfc 패키지를 설치해야 한다. 설치와 설정은 JobTracker를 가동하고 있는 모든 노드에 대해 실시해야 한다. ma02, ma03에서 실행한다.

```
$ sudo yum install hadoop-0.20-mapreduce-zkfc
```

그리고 여기서 설정이 필요한 속성 내용에 대해 간단히 설명하겠다.

- mapred.ha.automatic-failover.enabled

  true로 설정하면 ZKFC을 사용한 자동 페일오버가 가능하다. 이 설정은 JobTracker에도 반영해 주어야 하기 때문에, 설정 파일 편집 후에 JobTracker를 재시작할 필요가 있다.

- mapred.ha.fencing.methods

  JobTracker 정지 처리가 실패한 경우에 사용할 펜싱 방법을 지정한다[20].

- mapred.ha.zkfc.port

  ZKFC가 이용할 포트 번호를 지정한다. NameNode HA에서 이용하는 ZKFC 포트 번호(dfs.ha.zkfc.port)와 기본값(8019)이 같기 때문에, NameNode와 JobTracker를 같은 노드에서 운영하는 경우는 둘 중 하나의 값을 변경해야 한다.

---

20 예에서는 /bin/true 명령이 실행되어 내부적으로는 펜싱이 항상 성공한 것으로 간주된다. 즉, 펜싱 없이 페일오버 하는 것과 같은 의미다.

설정 예를 다음과 같이 표시해 두었다. mapred-site.xml을 편집하여 이 내용을 추가한다.

```
<property>
  <name>mapred.ha.automatic-failover.enabled</name>
  <value>true</value>
</property>

<property>
  <name>mapred.ha.fencing.methods</name>
  <value>shell(/bin/true)</value>
</property>

<property>
  <name>mapred.ha.zkfc.port</name>
  <value>8018</value>
</property>
```

core-site.xml에 다음 내용을 추가한다. ZKFC가 이용할 ZooKeeper 서버 주소를 쉼표 구분으로 연결해 나열한다. NameNode HA에서 ZKFC를 이미 설정했다면, 이 설정 내용은 공통 부분이 된다.

```
<property>
  <name>ha.zookeeper.quorum</name>
  <value>ma01:2181,ma02:2181,ma03:2181</value>
</property>
```

설정 파일 수정을 완료했다면, 우선 다음 명령을 실행해서 ZKFC가 사용할 ZooKeeper 상의 데이터를 초기화한다. 이 명령은 JobTracker 노드 중 한 곳에서 한 번만 실행하면 된다.

```
$sudo -u mapred hadoop mrzkfc -formatZK
```

JobTracker가 이미 가동중인 경우, dfs.ha.automatic-failover.enabled 설정을 반영하기 위해 재시작한다. ma02, ma03 양쪽 모두에서 실행한다.

```
$ sudo service hadoop-0.20-mapreduce-jobtrackerha restart
```

ma02, ma03 양쪽에서 ZKFC를 시작한다.

```
$ sudo service hadoop-hdfs-zkfc start
```

ZKFC가 정상적으로 가동되면 JobTracker가 자동으로 액티브 상태로 바뀐다. ma03
의 ZKFC가 먼저 가동된 경우, ma03의 JobTracker가 액티브 상태가 된다. 그리고 나서
ma02 상에서 ZKFC가 가동돼도, 이미 액티브한 JobTracker가 존재하기 때문에 페일오
버가 발생하지 않는다. mapred.ha.automatic-failover.enabled를 true로 설정한 경우
에는 'hadoop mrhaadmin -transitionToActive' 명령을 통한 액티브 상태로의 변경은
불가능하다. 수동으로 액티브-스탠바이를 변경하고 싶다면, 다음 명령을 실행해서 페일오
버를 실행할 수 있다. 인수로는 페일오버 출발지 및 페일오버 목적지의 JobTracker 논리
명을 지정한다.

```
$ sudo -u mapred hadoop mrhaadmin -failover jt1 jt2
```

펜싱 설정도 NameNode HA와 동일하게 mapred.ha.fencing.methods에 sshfence와
shell 두 종류를 지정할 수 있다.

```
<property>
  <name>mapred.ha.fencing.methods</name>
  <value>sshfence(hdfs:22)</value>
</property>
```

sshfence는 HDFS용 모듈을 이용하고 있어, 키 파일 경로 및 타임아웃을 설정하는 속성
명이 HDFS와 동일하기 때문에 주의할 필요가 있다. 다음 설정을 mapred-site.xml에 기
술한다.

```
<property>
  <name>dfs.ha.fencing.ssh.private-key-files</name>
  <value>/var/lib/hadoop-hdfs/.ssh/id_rsa</value>
</property>

<property>
  <name>dfs.ha.fencing.ssh.connect-timeout</name>
  <value>30000</value>
</property>
```

mapred.ha.fencing.methodsZ값으로 shell을 지정하면, 임의의 셸 명령을 실행한다.
괄호 내 인수로는 실행 명령 및 인수를 기술할 수 있다.

```
<property>
  <name>mapred.ha.fencing.methods</name>
  <value>shell(/path/to/fence.sh arg1 arg2 ...)</valué>
</property>
```

지금까지 설명한 대로 Hadoop 내장 기능을 사용해서 NameNode, JobTracker 각각에
대한 HA 클러스터 구성을 구현할 수 있었다.

이전에는 마스터 노드에 대한 HA 클러스터 구성을 위해 Pacemaker나 DRBD같은 별도
제품을 조합해서 사용했지만, 지금은 내장 기능만으로도 심플한 구성을 할 수 있게 되었
다. 게다가 Pacemaker+DRBD 구성 시의 서버 대수와 동일한 대수로 운영할 수도 있다.

Hadoop 클러스터를 정지시키지 않고 운영하기 위해 NameNode HA/JobTracker HA
구성은 매우 유용하다. 현 시점에서는 JobTracker 변경 시에 실행 중이던 잡을 도중부터
계속해서 처리할 수 없는 등 아직 부족한 기능이 있긴 하지만, 비교적 개발이 활발히 이루
어지고 있는 영역이므로 이후로도 계속 업그레이드될 것이라 기대한다.

클러스터 모니터링

16.1.1 모니터링의 목적

일반적인 시스템에 있어서 모니터링은 다음과 같이 시스템에 문제가 발생한 것을 빠르게 감지하기 위해 실시한다.

- 서비스가 다운된 것을 감지한다
- 처리가 늦어지는 것을 감지한다

또한, 문제 발생 원인을 판명하기 위해서 매일 정상 상태에 관해 파악해 두는 것도 필요하다. 특히 처리가 느려진 경우, 정상 상태와 문제 발생 시 상태의 차이점을 파악하면 원인을 판명해 낼 수 있는 경우가 많다.

Hadoop은 블록 복제를 복수의 서버에 저장하여, 처리가 실패하더라도 다른 노드에서 재실행한다. 때문에 복수의 슬레이브가 구축된 환경이라면 한 대가 고장이 나더라도 서비스를 계속 유지할 수 있는 특성을 가졌다. 하지만 NameNode나 JobTracker를 동작시키는 마스터 서버가 HA(High Availability)화 되어 있지 않으면, 마스터 서버 정지가 곧바로 서비스 정지로 이어진다. 또한 Hadoop 클러스터를 장기적으로 운영하게 되면, Hadoop 클러스터 운영자가 사전에 정해 둔 'DataNode가 전체 98% 가동되고 있을 것', '정기 처리가 정해진 시간 내에 처리되어 있을 것' 등의 정책에 따라 운영되고 있는가를 확인할 필요가 있다. 이런 이유로 인해 Hadoop 클러스터에도 모니터링 시스템이 필요하다. 서버 고장 감시나 서비스 감시 이외에 Hadoop 클러스터를 모니터링하는 목적으로 다음 사항과 같은 것들을 들 수 있다.

▮ MapReduce 잡 성능

MapReduce 잡은 잡별로 태스크 수나 힙(Heap) 메모리 이용 등을 설정할 수 있다. 이 때문에, MapReduce 실행 환경에 적합한 설정값을 사용하고 있는지 확인할 필요가 있다. 모니터링을 통해 '실행 환경 리소스를 적절히 활용하고 있지 않다.', '리소스를 과하게 점유하고 있다.' 등의 사항을 확인할 수 있다.

▌Hadoop 클러스터의 계획적인 증설

Hadoop 클러스터에 계속적으로 데이터를 축적하여 HDFS 용량이 부족해지거나, 잡 실행 시간이 예상보다 길어지는 경우 등이 발생할 수 있다. 이때 슬레이브 서버를 증설함으로써 저장 용량을 늘리거나, 잡 실행 시간을 기대 시간 내로 단축할 수 있다. 모니터링을 통해 어느 정도 슬레이브 서버를 증설하지?나 언제 증설하지? 등의 방침을 정할 수 있다.

여기서는 Hadoop 클러스터를 계속적으로 운영하기 위한 모니터링 포인트나 Hadoop 메트릭스를 Ganglia로 가시화하는 방법, Nagios를 이용한 Hadoop 클러스터 감시 방법에 대해 설명하겠다.

16.1.2 Hadoop의 웹 인터페이스에서 취득할 수 있는 정보

Hadoop은 Jetty라 불리는 자바 서블릿 컨테이너를 내포하고 있어, 웹 인터페이스를 통한 각 노드 정보 취득이 가능하다. 이 기능은 Hadoop 클러스터 설정을 특별히 변경하지 않고도 사용할 수 있는 표준 기능이다. 표 16.1에 정리한 기본 설정값을 사용해서 접속할 수 있다[1].

표 16.1 Hadoop 웹 인터페이스

속성명	기본값	설명
dfs.namenode.http-address	0.0.0.0:50070	NameNode의 웹 인터페이스 주소와 포트 번호
mapred.job.tracker.http.address	0.0.0.0:50030	JobTracker의 웹 인터페이스 주소와 포트 번호
dfs.datanode.http.address	0.0.0.0:50075	DataNode의 웹 인터페이스 주소와 포트 번호
mapred.task.tracker.http.address	0.0.0.0:50060	TaskTracker의 웹 인터페이스 주소와 포트 번호
dfs.namenode.secondary.http-address	0.0.0.0:50090	SecondaryNameNode의 웹 인터페이스 주소와 포트 번호

각 웹 인터페이스에서는 다음 내용을 공통적으로 확인할 수 있다.

---

1 JobTracker, TaskTracker는 MRv1을 이용하는 경우의 설정이다.

▌노드 설정 상태

http://〈각 노드의 웹 인터페이스 주소〉/conf에 접속하면, 가동되고 있는 노드의 설정 상태를 파악할 수 있다. 노드를 가동하고 있는 서버의 설정 파일 내용이나 기본으로 설정되어 있는 항목도 확인할 수 있다. 표시되는 내용은 설정 파일에 기재된 내용과 동일하며 〈name〉 태그로 속성명, 〈value〉 태그로 설정값을 표시한다. 그림 16.1은 웹 인터페이스를 통해서 설정 상태(일부)를 표시하고 있는 화면이다.

```
- <configuration>
  - <property>
      <name>mapred.job.restart.recover</name>
      <value>true</value>
      <source>mapred-default.xml</source>
    </property>
  + <property></property>
  + <property></property>
  + <property></property>
  + <property></property>
  + <property></property>
  - <property>
      <name>mapred.job.reuse.jvm.num.tasks</name>
      <value>1</value>
      <source>mapred-default.xml</source>
    </property>
  + <property></property>
```

그림 16.1 웹 인터페이스를 통한 설정 상태 표시

이 화면에서는 속성명이나 설정값에 더해, 어느 설정 파일에서 읽었는지를 〈source〉 태그로 확인할 수 있다. 그러므로 노드에 문제가 있을 때 Hadoop 기본 설정(*-default.xml)의 문제인지 아닌지를 알 수 있다.

▌노드의 스레드 덤프(Thread Dump)

http://〈각 노드의 웹 인터페이스 주소〉/stacks에 접속하면 가동되고 있는 노드의 스레드 덤프를 확인할 수 있다.

보통 자바의 스레드 덤프를 취득하기 위해 jstack 명령이나 'kill -3' 명령을 사용하지만, Hadoop에서는 웹 인터페이스를 통해서도 취득 가능하다. 실제로 웹 인터페이스를 통해 취득한 스레드 덤프의 일부를 그림 16.2에 나타내고 있다.

```
Process Thread Dump:
30 active threads
Thread 43 (IPC Server handler 9 on 8021):
  State: WAITING
  Blocked count: 0
  Waited count: 6422
  Waiting on java.util.concurrent.locks.AbstractQueuedSynchronizer$ConditionObject@13ca5df9
  Stack:
    sun.misc.Unsafe.park(Native Method)
    java.util.concurrent.locks.LockSupport.park(LockSupport.java:156)
    java.util.concurrent.locks.AbstractQueuedSynchronizer$ConditionObject.await(AbstractQueuedSynchronizer.java:1987)
    java.util.concurrent.LinkedBlockingQueue.take(LinkedBlockingQueue.java:399)
    org.apache.hadoop.ipc.Server$Handler.run(Server.java:1672)
Thread 42 (IPC Server handler 8 on 8021):
  State: WAITING
  Blocked count: 0
  Waited count: 6422
  Waiting on java.util.concurrent.locks.AbstractQueuedSynchronizer$ConditionObject@13ca5df9
  Stack:
    sun.misc.Unsafe.park(Native Method)
    java.util.concurrent.locks.LockSupport.park(LockSupport.java:156)
    java.util.concurrent.locks.AbstractQueuedSynchronizer$ConditionObject.await(AbstractQueuedSynchronizer.java:1987)
    java.util.concurrent.LinkedBlockingQueue.take(LinkedBlockingQueue.java:399)
    org.apache.hadoop.ipc.Server$Handler.run(Server.java:1672)
Thread 41 (IPC Server handler 7 on 8021):
  State: WAITING
  Blocked count: 1
```

그림 16.2 웹 인터페이스를 통한 스레드 덤프 취득

스레드 덤프에서는 취득 시점의 처리 상태를 확인할 수 있다. 예를 들어 클라이언트 요청에 대한 응답이 없는 경우나, 원래 단시간에 끝나야 할 처리가 종료되지 않은 경우 등의 상태를 스레드 덤프로 파악할 수 있다.

▌ 로그 레벨 설정

http://〈각 노드의 웹 인터페이스 주소〉/logLevel에 접속하면, 노드의 로그 레벨을 설정하는 웹 페이지가 표시된다. 이 화면에서 노드에 적용하고 있는 자바 클래스의 로그 레벨을 확인하거나 로그 설정을 변경할 수 있다. 그림 16.3에 로그 레벨에 관한 설정 화면을 나타내었다.

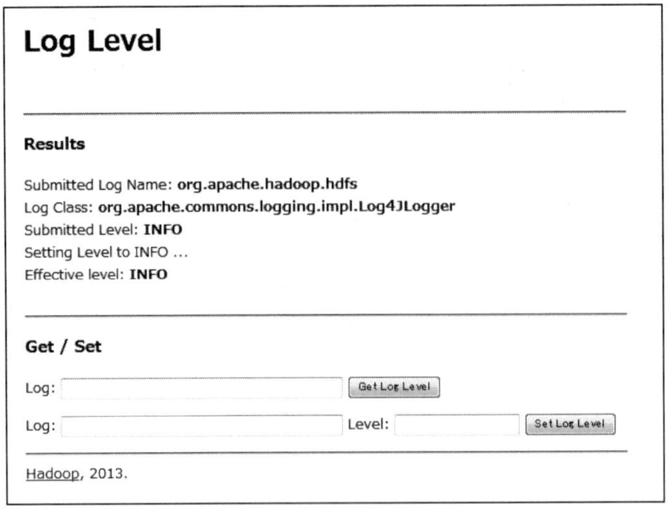

Log Level

Results

Submitted Log Name: **org.apache.hadoop.hdfs**
Log Class: **org.apache.commons.logging.impl.Log4JLogger**
Submitted Level: **INFO**
Setting Level to INFO ...
Effective level: **INFO**

Get / Set

Log: ⬚ [Get Log Level]

Log: ⬚ Level: ⬚ [Set Log Level]

Hadoop, 2013.

그림 16.3 웹 인터페이스를 통한 로그 레벨 설정

'Get / Set' 항목에서 위에 있는 텍스트 상자에 확인하고 싶은 클래스명을 입력한 후 'Get Log Level' 버튼을 누르면, Results에 로그 레벨이 표시된다. 그리고 아래쪽 텍스트 상자에 변경하고 싶은 클래스명과 로그 레벨을 입력하고 'Set Log Level' 버튼을 누르면 로그 레벨이 변경된다.

이 기능을 사용하면 로그 레벨 변경을 위해서 노드를 재시작할 필요가 없다. 예를 들어, HDFS 상의 블록 처리에 대한 상세 정보를 취득하고 싶으면, 이 화면에서 설정을 변경하면 된다.

▌노드의 로그

노드에 저장되어 있는 Hadoop 관련 로그도 웹 인터페이스를 통해 확인할 수 있다. 이것은 Hadoop 환경 변수인 HADOOP_LOG_DIR 변수에서 지정한 디렉터리 이하 파일이 그 대상이다. 로그 확인은 http://〈각 노드의 웹 인터페이스 주소〉/logs로 접속하면 된다. 노드 종류별로 취득할 수 있는 정보는 다음과 같다.

• NameNode
  NameNode에서는 HDFS 디렉터리 구조나 파일 정보, HDFS 상태가 표시된다. 또한, NameNode가 관리하고 있는 DataNode 정보(용량, 보관하고 있는 블록 수 등)를 확인할 수 있다. NameNode HA를 이용하고 있는 경우, 액티브-스탠바이 정보도 확인 가능하다.

- DataNode

  http://〈DataNode의 웹 인터페이스 주소〉/blockScannerReport?listblocks에 접속하면, DataNode가 보관하고 있는 블록 리스트와 블록 상태를 확인할 수 있다. BlockScanner를 실행한 시간도 알 수 있다.

- JobTracker

  JobTracker에서는 MapReduce 잡 실행 상태나 실행 이력이 표시된다. 또한, Job Tracker가 관리하고 있는 TaskTracker 정보(Map 태스크 수/Reduce 태스크 수 등)를 확인할 수 있다.

- TaskTracker

  TaskTracker에서는 접속 시점에 실행되고 있는 태스크 정보를 확인할 수 있다.

16.1.3 Hadoop으로 취득할 수 있는 메트릭스

Hadoop에서는 노드 상태나 HDFS 서비스, MapReduce 서비스 관련 메트릭스(metrics)를 취득할 수 있다 이 메트릭스를 정기적으로 취득함으로써 Hadoop 클러스터 상태를 파악할 수 있다. Hadoop 메트릭스에는 다음과 같은 종류들이 있다.

- dfs 메트릭스

  HDFS 서비스 관련 메트릭스나 NameNode, DataNode 운영 관련 메트릭스를 취득한다.

- mapred 메트릭스

  MapReducc 서비스 관련 메트릭스나 태스크 관련 메트릭스를 취득한다.

- jvm 메트릭스

  힙 메모리 관련 메트릭스나 스레드 관련 메트릭스, 로그 레벨별 로그 출력에 관련된 메트릭스를 취득한다.

- rpc 메트릭스

  Hadoop 클러스터 내의 내부 통신 관련 메트릭스를 취득한다.

메트릭스는 파일이나 웹 인터페이스, Ganglia 등으로 출력할 수 있다. 또한 위 네 가지 중 필요한 메트릭스만 출력하는 것도 가능하다.

■ 메트릭스 취득을 위한 설정 파일

이 책에서 사용하고 있는 CDH 4에서는 다음 두 가지 파일로 설정한다.

■ hadoop-metrics2.properties

Hadoop 2.0대에서 메트릭스를 취득하기 위해 설정하는 파일이다. CDH 4의 HDFS는 Hadoop 2.0대를 기반으로 하고 있기 때문에 이 파일로 설정한다. 다음 구문을 사용해서 기술하자.

```
<노드 종류>.<sink>.<인스턴스>.<옵션>=<설정값>
```

〈노드 종류〉에는 namenode 또는 datanode를 기입한다. 〈인스턴스〉는 파일인 경우에는 file, Ganglia는 ganglia를 기입하는데, 이는 개별 요소를 식별하기 위함이다. 〈옵션〉은 〈인스턴스〉에 대한 옵션을 설정하는 것으로 class, period, filename 등이 이에 해당한다. 다른 노드와 공통 설정인 경우에는 *.period=10과 같이 *를 이용해서 한꺼번에 기술할 수도 있다. 예를 들어, NameNode 관련 메트릭스를 10초 간격으로 파일(/tmp/namenode-metrics.log)로 출력하려면 다음과 같이 기술한다.

```
*.sink.file.class=org.apache.hadoop.metrics2.sink.FileSink
namenode.sink.*.period=10
namenode.sink.file.filename=/tmp/namenode-metrics.log
```

■ hadoop-metrics.properties

Hadoop 1.0대 버전에서 메트릭스를 취득하기 위해 사용하는 설정 파일이다. CDH 4의 MRv1은 Hadoop 1.0을 기반으로 하고 있어, MapReduce(JobTracker/TaskTracker)의 메트릭스를 취득하려 한다면 이 파일을 사용한다. 다음과 같은 형식으로 기술한다.

```
<메트릭스 종류>.<옵션>=<설정값>
```

〈메트릭스 종류〉에는 mapred, jvm, rpc 중 하나를 부여할 수 있다. 여기서는 mapred를 설정하도록 한다. 〈옵션〉은 해당 메트릭스에 연관된 옵션을 설정한다. 예를 들어,

mapred 메트릭스를 10초 간격으로 파일(/tmp/mrmetrics.log)로 출력하려면 다음과 같이
기술한다.

```
mapred.class=org.apache.hadoop.metrics.file.FileContext
mapred.period=10
mapred.fileName=/tmp/mrmetrics.log
```

■ 웹 인터페이스를 통한 메트릭스 취득

JobTracker나 TaskTracker 메트릭스는 http://〈각 노드의 웹 인터페이스 주소〉/metrics
에 접속하면 취득할 수 있다. 반면에 NameNode나 DataNode의 경우는 같은 방식으로
접속한다고 해도 정보를 취득할 수 없다.

http://〈각 노드의 웹 인터페이스 주소〉/jmx에 접속하면, JSON 형식으로 노드 메트릭스
를 취득할 수 있다. 게다가 MapReduce 노드는 물론, HDFS 노드 메트릭스도 취득할 수
있다. NameNode의 jmx 웹 화면을 그림 16.4에 표시하고 있다.

```
{
  "beans" : [ {
    "name" : "java.lang:type=Memory",
    "modelerType" : "sun.management.MemoryImpl",
    "Verbose" : false,
    "HeapMemoryUsage" : {
      "committed" : 60686336,
      "init" : 62672000,
      "max" : 1013645312,
      "used" : 20686160
    },
    "NonHeapMemoryUsage" : {
      "committed" : 37945344,
      "init" : 24313856,
      "max" : 136314880,
      "used" : 37668520
    },
    "ObjectPendingFinalizationCount" : 0
  }, {
    "name" : "Hadoop:service=NameNode,name=RpcActivityForPort8020",
    "modelerType" : "RpcActivityForPort8020",
    "tag.port" : "8020",
```

그림 16.4 NameNode의 웹 인터페이스(jmx)

이 웹 인터페이스를 통해 노드에서 취득할 수 있는 모든 메트릭스를 확인할 수 있으니, 필
요에 따라 정보를 추출하거나 가공해서 확인하도록 하자. 마지막으로, CDH 4의 HDFS
와 MapReduce에서 메트릭스를 취득하기 위해 필요한 정보를 표 16.2에 정리했다.

표 16.2 HDFS와 MapReduce에서 메트릭스를 취득하기 위한 정보

취득 대상	메트릭스 설정 파일	취득 수단			
		웹 인터페이스		파일	Ganglia
		/metrics	/jmx		
HDFS (NameNode/DataNode)	hadoop-metrics2.properties	X	○	○	○
MapReduce (JobTracker/TaskTracker)	hadoop-metrics.properties	○	○	○	○

16.1.4 Hadoop에서 생성되는 로그

Hadoop은 노드나 MapReduce 잡, Map 태스크, Reduce 태스크 등 다양한 종류의 로그를 출력한다. 로그는 Hadoop 환경 변수인 HADOOP_LOG_DIR 변수에서 지정한 디렉터리에 출력된다. 참고로 이 책에서 사용하고 있는 CDH 4에서는 대부분의 로그가 다음 디렉터리에 저장된다.

/var/log/hadoop-hdfs: HDFS 관련 로그가 출력되는 디렉터리

/var/log/hadoop-0.20-mapreduce: MRv1 관련 로그가 출력되는 디렉터리

Hadoop이 출력하는 로그에 대해 표 16.3으로 정리하고 있다.

표 16.3 Hadoop이 출력하는 로그

순번	노드명	로그 파일명	설명
1	공통	hadoop-⟨식별명⟩-⟨노드명⟩-⟨호스트명⟩.log	Hadoop 노드가 Log4J를 사용해서 출력하는 로그
2	공통	hadoop-⟨식별명⟩-⟨노드명⟩-⟨호스트명⟩.out	Hadoop의 각 노드의 표준 출력이나 표준 에러 내용을 기록하는 로그
3	JobTracker	⟨잡 ID⟩.xml	MapReduce 잡 관련 설정 기록
4	JobTracker	⟨잡 ID⟩_⟨잡 실행 일시⟩_⟨잡 실행 사용자명⟩_⟨잡 이름⟩	MapReduce 잡 이력. 상세 로그, 시간별 태스크 할당 이력 등 기록
5	JobTracker	hadoop_⟨JobTracker가 가동되고 있는 유닉스 시간⟩_⟨잡 ID⟩_conf.xml	MapReduce 잡 관련 설정 기록

표 16.3 Hadoop이 출력하는 로그(계속)

순번	노드명	로그 파일명	설명
6	TaskTracker	syslog	각 태스크의 MapReduce 프레임워크 관련 로그(Log4J 사용)
7	TaskTracker	stdout	각 태스크가 표준 출력하고 있는 내용을 기록
8	TaskTracker	stderr	각 태스크의 표준 에러 정보 기록

〈식별명〉은 Hadoop에서 이용하는 환경 변수 HADOOP_INDENT_STRING의 설정 값이다. 〈노드명〉은 가동 노드의 종류다. 〈호스트명〉은 노드가 운영되고 있는 서버의 호스트명이다.

이 로그들은 Log4J[2]라 불리는 자바 유틸리티를 통해 출력되거나, JVM을 통해 출력된다. Log4J가 출력하는 로그는 /etc/hadoop/conf/ 디렉터리에 포함되는 log4j.properties 설정을 통해, 자바 클래스 단위로 로그 레벨을 설정할 수 있다. 표준 설정에서는 대부분의 로그가 INFO 레벨 이상(INFO, WARN, ERROR, FATAL)으로 출력된다. Log4J를 통해 출력되는 로그는 위 표에서 1번, 6번 로그에 해당한다.

로그는 Hadoop 환경 변수인 HADOOP_LOG_DIR 변수로 지정된 디렉터리에 출력된다. 참고로 CDH 4에서는 대부분의 로그가 다음 디렉터리에 출력된다.

/var/log/hadoop-hdfs: HDFS 관련 로그가 출력되는 디렉터리

/var/log/hadoop-0.20-mapreduce: MRv1 관련 로그가 출력되는 디렉터리

4번, 5번은 자식 디렉터리인 ./history 아래에 출력되고 6번, 7번은 자식 디렉터리인 ./userlogs 아래에 출력된다.

Hadoop에서 로그 파일이 생성되는 시점은 파일마다 다르다. 표 16.3에 있는 대로 살펴보면 다음과 같다.

---

2 http://logging.apache.org/log4j

노드가 가동됐을 때: 1번, 2번

MapReduce 잡을 실행했을 때: 3번, 4번, 5번

Map 태스크나 Reduce 태스크를 실행했을 때: 6번, 7번, 8번

또한, 로그 파일이 정기적으로 교체되도록 Log4J 또는 Hadoop 기능으로 설정할 수 있다. 1번 로그는 Log4J에서 설정한 교체 규칙에 따르며, 3번~8번은 Hadoop 로그 저장 설정을 따른다. 로그 교체는 다음 속성으로 지정한다.

- mapreduce.jobhistory.max-age-ms
  3번, 4번, 5번의 MapReduce 잡 이력 보존 기간. 밀리초 단위로 지정. 기본값은 2592000000(30일).

- mapred.userlog.retain.hours
  6번, 7번, 8번 로그 보존 기간. 시간 단위로 지정. 기본값은 24.

참고로 2번 로그는 노드 가동 시에 교체되어, 최대 5세대[3]까지 기록된다.

로그 영역이 꽉 차면 노드 가동이나 잡 실행뿐 아니라, 이상이 발생한 경우 현상 파악이 어렵다. Hadoop 클러스터 규모나 MapReduce 잡 실행 빈도, 로그 영역 크기에 따라 로그 보존 기간을 변경하도록 하자. 또한 MapReduce 잡을 실행할 때, 실행 요청자인 JobClient도 로그를 출력한다. JobClient는 MapReduce 잡의 진척 상황이나 태스크 실패 시의 에러 메시지, 그리고 잡 완료 시의 Counter 정보 등을 표시한다. MapReduce 잡 실행 상황도 확인하고 싶은 경우는 이 메시지를 리다이렉트해서 파일로 출력하면 된다.

---

3 5라는 숫자는 Hadoop 시작 스크립트인 hadoop-daemon.sh 스크립트에 하드 코딩되어 있다.

16.2 Ganglia를 통한 Hadoop 클러스터 메트릭스 취득

16.2.1 Ganglia란?

Ganglia[4]는 HPC(High-Performance Computing)에서 각 서버 리소스 정보를 집약하여 관리하기 위해 개발된 것이다. 다음과 같은 특징을 가지고 있다.

- 다수의 서버 정보를 집약할 수 있는 확장성
- 집약한 정보를 특정 그룹 단위로 처리 가능
- 플러그인 기능을 통한 다양한 정보 수집 가능

Hadoop은 동일한 역할을 하는 다수의 서버를 연동시켜서 동작하는 구조로, 네트워크 토폴로지도 고려해서 구성해야 한다. 이 때문에 Hadoop을 감시하려면, 서버가 대량으로 배치된 경우에도 감시하는 측에 고부하가 발생하지 않도록 해야 하는데, 이때 유용한 것이 Ganglia다. 또한, Hadoop에는 Ganglia에 Hadoop 메트릭스를 전송하는 기능이 있어서 Ganglia와 Hadoop을 쉽게 연동시켜 다양한 클러스터에서 사용할 수 있다.

Ganglia는 다음 두 가지 노드로 구성된다.

- gmond
  정보 취득 서버에서 동작한다. 수집한 정보는 멀티 캐스트 통신에 의해, 정의된 gmond 그룹 단위로 관리된다.

- gmetad
  gmond에서 관리하고 있는 그룹 정보를 취득해서 RRD 파일로 관리한다. RRD 파일은 데이터를 세대 수로 관리, 교체함으로써 오래된 데이터를 새 데이터로 교체한다. 다른 gmetad에서 관리하고 있는 정보에도 접속해 정보를 다단 구성으로 관리할 수 있다.

그림 16.5는 Ganglia 구성을 보여준다.

---

4 http://ganglia.info/

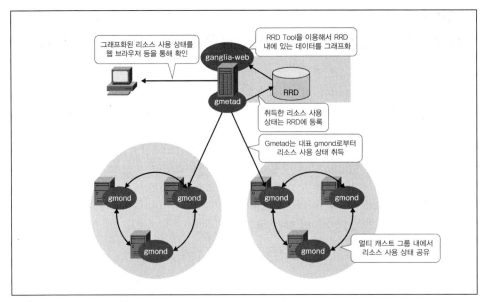

그림 16.5 Ganglia 구성

gmetad와 gmond에 더하여, gmetad로 집약한 정보를 웹 화면에 표시하기 위한 ganglia-web 패키지를 도입해 1시간/1일 등의 특정 단위 정보를 그래프로 확인할 수 있다. 그림 16.6이 Ganglia의 웹 화면이다.

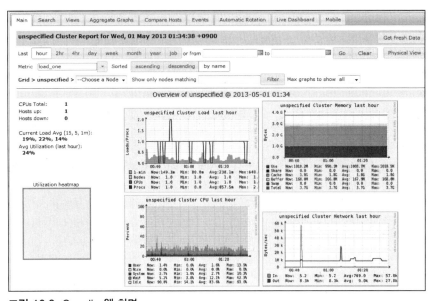

그림 16.6 Ganglia 웹 화면

16.2.2 설치

그러면 Ganglia를 설치해 보자. Hadoop 각 노드에는 gmond를 설치한다. 그리고 정보를 집약할 관리 서버에 gmetad와 ganglia-web, Apache HTTP Server를 설치한다. Ganglia는 커뮤니티를 통해 tar.gz로 압축된 소스 코드만 취득할 수 있다. 이 때문에 소스 코드를 각 서버에서 빌드해 이용하는 것이 일반적이다. 하지만 Hadoop 클러스터같이 다수의 서버에 도입하는 경우, 각 서버에서 빌드하는 것은 매우 부담스러운 작업이다. Hadoop 에코 시스템과 동일하게 rpm으로 통합해서 관리하는 것이 운영 비용을 줄일 수 있는 효율적인 방법이다. Ganglia 소스 코드를 rpmbuild를 통해 패키지화해서 설치하자.

■ **rpmbuild 도입**

tar.gz 파일에 포함되어 있는 spec 파일을 통해 RPM 파일을 만들기 위해서 rpmbuild 패키지를 설치한다. yum 명령으로 rpm-build를 설치한다[5].

```
$ sudo yum install rpm-build
```

■ **Ganglia 파일 취득**

Ganglia 웹 사이트[6]에서 gmetad/gmond가 포함된 'ganglia monitor core' 패키지(이하 ganglia 패키지)와 웹 표시용 툴이 포함된 'Ganglia Web 2.0' 패키지(이하 ganglia-web 패캐지)를 다운로드한다[7].

■ **RPM 파일 작성**

rpmbuild 명령을 이용해서 ganglia와 ganglia-web의 tar.gz 파일을 RPM 파일로 작성하도록 한다. RPM 파일 작성에 필요한 패키지(libconfuse 등)가 있는 경우, 그 패키지를 먼저 설치하도록 한다[8].

---

5 rpm—build를 설치하기 전에 필요한 패키지가 있는 경우, 사전에 해당 패키지를 먼저 설치하도록 한다.

6 http://ganglia.info/download

7 여기서는 ganglia 패키지 3.5.0, ganglia—web 패키지 3.5.7를 다운로드한다.

8 필요한 패키지 중 yum 명령으로 설치할 수 없는 경우에는, EPEL 리포지토리를 적용하거나 LINUX PACKAGE SEARCH(http://pkgs.org), RPMFIND(http://rpmfind.net)로 RPM 파일을 구해서 설치하자.

```
$ sudo rpmbuild -tb ganglia-3.5.0.tar.gz
$ sudo rpmbuild -tb ganglia-web-3.5.7.tar.gz
```

RPM 작성을 완료하면 ./rpmbuild/RPMS 디렉터리 아래에 RPM 파일이 생성된다. 이 파일을 일괄 처리하기 위해 cp 명령으로 이동시킨다. 또한, Hadoop 노드를 가동하는 서버에도 배포한다.

```
$ sudo mkdir rpm
$ sudo cp rpmbuild/RPMS/*/*.rpm rpm/
```

■ gmond 설치

Hadoop 노드가 가동되는 서버에 정보 수집을 위한 gmond 패키지를 설치한다. 작성한 RPM 파일을 이용해 rpm 명령을 실행한다.

```
$ sudo rpm -ivh ganglia-gmond-3.5.0-1.x86_64.rpm
```

■ Apache 설치

관리 서버에 Apache HTTP Server가 설치되어 있지 않다면 yum 명령을 사용해서 설치한다.

```
$ sudo yum install httpd
```

■ gmetad 설치

gmond에서 취득한 각 서버 정보를 집약하기 위해 관리 서버에 gmetad 패키지를 설치한다. 작성한 RPM 파일을 이용해서 rpm 명령을 실행한다.

```
$ sudo rpm -ivh ganglia-gmetad-3.5.0-1.x86_64.rpm
```

■ ganglia-web 설치

gmetad로 집약한 정보를 웹 화면을 통해 확인하기 위해서, 관리 서버에 ganglia-web 패키지를 설치한다. 작성한 RPM 파일을 이용하여 rpm 명령을 실행한다.

```
$ sudo rpm -ivh ganglia-web-3.5.7-1.noarch.rpm
```

이 순서로 모든 서버에 Ganglia 소프트웨어를 설치한다.

16.2.3 gmond/gmetad 설정

계속해서 gmond와 gmetad를 설정하겠다.

■ gmond 설정

/etc/ganglia/gmond/conf 파일을 편집해서 gmond를 설정하도록 한다. 특별히 편집하지 않아도 gmond가 동작하지만, gmond 그룹을 나누는 경우는 멀티 캐스트 통신 주소를 변경해야 한다. 이 경우에는 udp_send_channel의 mcast_join 파라미터에서 지정하는 멀티 캐스트 주소와 udp_recv_channel의 mcast_join 파라미터에서 지정하는 멀티 캐스트 주소, 그리고 bind 파라미터를 변경한다. 다음은 그 설정 예를 보여주고 있다.

```
udp_send_channel {
  (중략)
 mcast_join = 239.2.11.10
  (중략)
}

udp_recv_channel {
 mcast_join = 239.2.11.10
 port = 8649
 bind = 239.2.11.10
  (중략)
}
```

필요에 따라서 cluster의 name 파라미터에서 클래스명을 변경한다. 이 설정은 gmond 그룹을 구성하는 모든 노드에 공통으로 설정한다.

```
cluster {
  name = "slave"
  (중략)
}
```

■ **gmetad 설정**

gmetada 설정은 /etc/ganglia/gmetad.conf 파일을 통해 설정한다. gmetad는 gmond
그룹에서 정보를 취득하기 위한 설정이 필요하다. 이것은 data_source 파라미터에서 지
정한다. data_source 파라미터는 다음과 같은 형식으로 지정한다.

```
data_source "< 클러스터 식별명>" [<취득 간격>] <취득 대상> [<취득 대상2>] [<취득 대상n ...>]
```

클러스터 식별명은 임의로 지정하지만, gmond에서 설정한 클러스터명을 적용하는 것이
좋다. 취득 대상은 gmond 멀티 캐스트 주소가 아닌, 각 서버의 IP 주소(또는 호스트명)를
설정한다. 또한 취득 대상으로 복수의 gmond 서버를 지정할 수 있으니, 특정 서버가 고
장으로 인해 접속이 안 되는 상황을 고려해서 복수 지정하도록 한다.

예를 들어 슬레이브 서버 정보를 취득하는 경우, 클러스터 식별명이 'slave'고 취득 대상
서버를 slave01과 slave02로 설정한다고 하면, data_source 파라미터는 다음과 같이 설
정한다.

```
data_source "slave" slave01:8649 slave02:8649
```

slave01과 slave02의 '8649'는 gmond를 가동하고 있는 포트 번호다.

16.2.4 서비스 가동

gmetad와 gmond를 설정했으니 Ganglia 서비스를 가동시켜 보자.

■ gmond 시작

gmond를 설치한 서버에서 gmond를 가동시킨다. service 명령으로 실행한다.

```
$ service gmond start
```

■ gmetad 시작

gmetad를 설치한 관리 서버에서 gmetad를 가동시킨다. service 명령으로 실행한다.

```
$ service gmetad start
```

■ httpd 가동

gmetad에서 수집한 정보를 가시화하기 위해, 관리 서버의 httpd 서비스를 가동시킨다. service 명령으로 실행한다.

```
$ service httpd start
```

16.2.5 Ganglia와 Hadoop 클러스터 연계

다음으로 Hadoop 메트릭스를 Ganglia에 적용하도록 한다. 그리고 Ganglia의 웹 화면을 표시한다. Hadoop에서 취득한 메트릭스를 Ganglia에 전송할 수 있는 기능이 표준으로 탑재되어 있으므로 해당 기능을 사용하겠다.

Hadoop 메트릭스를 Ganglia에 전송하기 위해서 메트릭스 설정 파일을 변경한다. 앞에서 설명한 두 가지 설정 파일(hadoop-metrics2.properties/hadoop-metrics.properties)을 Ganglia 적용을 위해 변경한다.

■ hadoop-metrics2.properties

NameNode와 DataNode의 hadoop-metrics2.properties를 변경한다. 이 장에서 이용하고 있는 Ganglia 3.5.0에 Hadoop 메트릭스를 전송하는 클래스는 GangliaSink31

이다. 설정 파일의 *.sink.ganglia.class 파라미터에 이 클래스를 설정한다. 또한, 메트릭스 전송 위치로는 gmond 그룹과 동일하게 멀티 캐스트 주소를 설정한다. 다음은 NameNode와 DataNode의 Ganglia 메트릭스 설정 예를 보여주고 있다[9].

```
*.sink.ganglia.class=org.apache.hadoop.metrics2.sink.ganglia.GangliaSink31

namenode.sink.ganglia.servers=<gmond에서 정의한 멀티 캐스트 주소>:8649
datanode.sink.ganglia.servers=<gmond에서 정의한 멀티 캐스트 주소>:8649
```

▌ hadoop-metrics.properties

JobTracker나 TaskTracker는 hadoop-metrics.properties를 변경한다. Ganglia 3.5.0에서 Hadoop 메트릭스를 전송하는 클래스는 GangliaContext31 클래스다[10]. 설정 파일의 XXX.class(XXX는 메트릭스 종류) 파라미터에 이 클래스를 설정한다. 메트릭스 전송 위치는 hadoop-metrics2.properties와 동일하게 멀티 캐스트 주소를 설정한다. 다음은 JobTracker와 TaskTracker 관련 Ganglia 메트릭스 설정 예를 보여주고 있다.

```
mapred.class=org.apache.hadoop.metrics.ganglia.GangliaContext31
mapred.period=10
mapred.servers=<gmond에서 정의한 멀티 캐스트 주소>:8649
```

설정을 변경한 노드는 재시작해 주어야 한다. 이미 노드를 가동하고 있다면, service 명령으로 재시작하자.

Ganglia의 웹 화면에서 각 서버 화면을 확인하면, Hadoop 관련 메트릭스가 표시되고 있는 것을 확인할 수 있다. 그림 16.7에 NameNode 메트릭스의 Ganglia 웹 화면을 표시하고 있다. dfs.FSNameSytem로 시작되는 정보가 NameNode 메트릭스다.

---

9 GangliaSink31 클래스는 Ganglia 3.1 이후 버전에서 사용할 수 있다.

10 GangliaContext31 클래스는 Ganglia 3.1 이후 버전에서 사용할 수 있다.

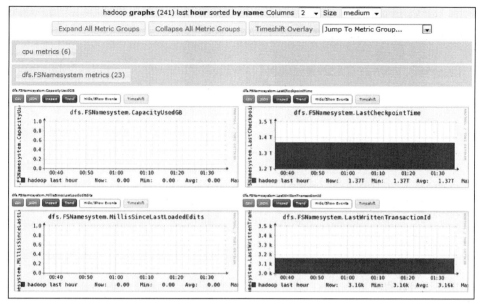

그림 16.7 NameNode 메트릭스를 Ganglia 웹 화면으로 표시

Hadoop 관련 메트릭스는 개별 노드 화면 상에 표시된다. 예를 들어, 특정 그룹별로 정보를 집약하고 싶다거나 Ganglia 요약 페이지에 Hadoop 메트릭스를 출력하고 싶은 경우에는, Ganglia 웹 화면에 사용되고 있는 PHP 스크립트를 수정해서 구현할 수 있다.

16.3 Hadoop 클러스터 감시

16.3.1 Hadoop 감시 포인트

지금까지 Hadoop 클러스터의 로그나 메트릭스 정보 수집 방법에 대해 설명했다. Hadoop 기능과 Ganglia 기능으로 정보를 수집할 수 있게 되었지만, 정보를 계속적으로 확인하는 것은 많은 노력이 필요한 작업이다. 이 때문에 Hadoop 클러스터를 감시 소프트웨어를 사용해 감시하고, 이상이 발생하면 경고를 출력하는 방법을 적용할 필요가 있다. 여기서는 Hadoop 클러스터의 감시 포인트와 OSS 감시 소프트웨어인 Nagios를 사용해서 Hadoop 클러스터를 감시하는 방법에 대해 설명하겠다.

Hadoop 클러스터의 감시 포인트는 Hadoop 클러스터 구성이나 요건에 따라 다르지만, 이 책에서는 Nagios에서 다루는 중요도 레벨을 다음 세 가지로 정의한다.

- CRITICAL
  직접적으로 서비스 정지를 초래할 수 있는 것.

- WARNING
  1주 이내에 서비스 정지를 초래할 수 있는 것.

- INFO
  서비스 정지에 영향을 주진 않지만 파악해 둘 필요가 있는 것.

이 정의를 바탕으로 Hadoop 클러스터 감시에 대해 설명하겠다.

■ 마스터 서버 감시

NameNode나 JobTracker가 운영되고 있는 마스터 서버에서 이상이 발생한 경우, 서비스 상태에 크게 영향을 미친다. 그래서 마스터 노드 관련 감시는 매우 중요하다. 마스터 서버에서는 이하 내용을 특히 CRITICAL로 분류한다.

- 하드웨어 감시
  CPU나 메모리, HDD 등 서버 하드웨어에 대해서는 서버 제조사가 제공하는 하드웨어 진단용 모듈을 이용한다. 이상이 발생할 때는 모듈이 SNMP 트랩(trap) 등을 전송한다. 하드웨어 이상은 Hadoop 서비스 정지에 큰 영향을 주므로, SNMP 트랩이나 그 외 경고 기능을 가진 하드웨어에 이상이 발생한 경우는 서버 종류별로 제조사에 연락해서 대응할 필요가 있다.

- 프로세스 감시
  마스터 노드의 프로세스가 서버 상에 존재하지 않는다면, 서비스 이용 불가 상태라고 할 수 있다. 그래서 NameNode나 JobTracker를 가동하고 있는 자바 프로세스를 감시할 필요가 있다. 마스터 노드 프로세스 감시를 통해 프로세스가 소거된 것을 확인했다면, 서비스 정지 상태를 회복할 필요가 있기 때문에 스탠바이 노드에서 서비스를 복구하거나, 프로세스를 재시작하는 등의 대응이 필요하다.

- 서비스 감시
  마스터 노드에 프로세스가 존재하지만, 명령을 듣지 않는 경우나 웹 인터페이스에 접속할 수 없는 경우 등을 고려해서 마스터 노드의 서비스를 감시할 필요가 있다. 서비스 감시는 접속 집중에 의한 처리 지연 등을 고려하여 'n회 재시도해서 실패하면 이상이 있다고 판단'한다는 방침을 정할 필요가 있다. 서비스 감시에 실패한 경우는 프로세스 재시작 등을 통해 신속히 복구한다. 동시에 노드 로그 등의 정보를 수집해 서비스 정지 원인을 분석하고 재발 방지 대책을 세워야 한다.

마스터 노드가 HA 클러스터 구성을 도입하고 있다면, 한 대의 서버에 이상이 발생해도 바로 서비스 정지로 이어지는 것이 아니므로 급하게 CRITICAL이라 판단하지 않아도 된다. 하지만 스탠바이 노드 중에 한 대가 더 고장 나게 되면 곧장 서비스 정지로 이어지기 때문에 WARNING 이상의 레벨로 감시해야 한다. 또한, 임계값을 감시하기 위해 다음의 내용을 감시한다. 임계값 내용에 따라 중요도(CRITICAL/WARNING/INFO)를 설정한다.

- 디스크 용량 감시(Hadoop 영역)

  NameNode는 fsimage나 edits같이, HDFS를 구성하는 중요한 파일을 디스크 상에서 관리하고 있다. 이 때문에 디스크 용량이 꽉 차서 기록할 수 없게 되면, HDFS 장애로 이어질 수 있다. 일정 크기 이상이라면 WARNING으로, 잔량이 10% 미만처럼 매우 적은 경우는 CRITICAL로 처리한다. Hadoop 영역 감시로 WARNING이 발생한 경우에는, Hadoop 영역에 포함되어 있는 불필요한 파일을 삭제하거나 영역 확장을 검토할 필요가 있다.

- 디스크 용량 감시(로그 영역)

  마스터 노드 로그에는 HDFS 처리나 MapReduce 처리 등 중요한 정보가 기록된다. 또한 처리 데이터 규모에 따라서는 대량의 정보가 로그로 출력된다. 로그 영역이 꽉 차서 로그를 기록할 수 없게 되면, 어떠한 이상이 발생한 경우에 원인 파악이 어려워지므로, 항시 감시가 필요하다. 로그 영역 감시에서 WARNING이 발생한 경우는 로그 영역을 확인해서 불필요한 로그를 삭제하거나 압축하고, 로그 교체 설정을 수정할 필요가 있다.

- JVM 힙 메모리 감시

  마스터 노드는 힙 메모리에서 서비스 정보를 관리하고 있다. 대량의 정보를 다루기 때문에, 사전에 설정해 둔 최대 힙 메모리 크기를 초과하는 OutOfMemoryError가 발생하거나, Full GC 다발에 의한 성능 성능 저하를 초래할 수 있다. 힙 메모리 감시로 이상을 감지한 경우, 자바로 힙 메모리 영역을 확장시키거나, HDFS 상의 불필요한 파일을 삭제할 필요가 있다.

■ 슬레이브 서버 감시

DataNode, TaskTracker를 운영하고 있는 슬레이브 서버는 어느 한 노드에 이상이 발생한다고 해도 서비스에는 영향을 끼치지 않는다. 하지만 일정 수 이상의 노드에 이상이 발생하면 MapReduce 잡 실행 시에 처리가 늦어지는 문제가 발생한다. 이 때문에 슬레이브 노드 수를 감시할 필요가 있다. 임계값 감시로 일정 수 이하로 떨어지면 경고를 주도록 설정해야 한다.

- DataNode 노드 수 감시

  DataNode 노드 수는 웹 인터페이스나 'hdfs dfsadmin -report' 명령으로 확인할 수 있다. 사전에 설정한 노드 수보다 작아지면 WARNING 또는 CRITICAL이 되도록 설정한다. WARNING이 되면 HDFS 용량 부족이 발생할 가능성도 함께 고려해, 정지되어 있는 DataNode를 재시작하거나, 장애 서버를 수리하는 등의 대책을 실시하도록 한다.

- TaskTracker 노드 수 감시

  TaskTracker 노드 수는 웹 인터페이스나 'hadoop job -list-active-trackers' 명령으로 확인할 수 있다[11]. DataNode 수 감시와 동일하게, 사전에 설정한 노드 수보다 작아지면 WARNING 또는 CRITICAL이 되도록 한다. WARNING이 되면 MapReduce 잡 실행 시간이 장기화되므로 정지된 TaskTracker를 재시작하거나, 장애 서버를 수리하는 등의 대책을 실시해야 한다.

참고로 슬레이브 서버에서 DataNode나 TaskTracker 이외에 다른 소프트웨어를 함께 운영하거나, 요건에 따라 엄격한 감시가 필요한 경우는 감시 방침을 마스터 서버와 동일하게 정하도록 한다. 단, 슬레이브 서버 대수가 많은 경우에는 감시 항목 수 증가나 감시에 걸리는 부하 증가를 고려할 필요가 있다.

■ Hadoop 서비스 감시

마스터 서버와 슬레이브 서버에서는 Hadoop 노드를 개별적으로 감시했지만, Hadoop (HDFS와 MapReduce)의 서비스까지 감시함으로써 더욱 신속히 이상 징후를 감지할 수 있게 됐다. Hadoop 서비스 감시에는 다음과 같은 것들이 있다.

---

11 'mapred job -list-active-trackers' 명령도 가능하다.

- HDFS 파일 수와 블록 수

  이 감시를 통해 HDFS를 효율적으로 사용하고 있는지 확인할 수 있다. 특히 파일 수와 블록 수가 거의 같아지는 경우, 파일 크기가 블록 크기에 미치지 않은 상태로 HDFS에 저장되어 있을 가능성이 높다고 판단할 수 있다. HDFS 저장 방침과 다른 경우, 저장 방법을 개선하는 등의 대책이 필요하다. 파일 수나 블록 수는 웹 인터페이스나 메트릭스 정보를 통해 확인할 수 있다.

- 사용자별 HDFS 이용 상태

  HDFS 명령을 이용해서 사용자가 어느 정도 HDFS를 이용하고 있는지 확인한다. 특정 사용자가 HDFS 리소스를 점유하고 있는 경우, HDFS 용량의 허용량이나 저장 가능한 파일 허용 수를 설정한다.

- MapReduce 잡 실행 시간

  정기적으로 실행하고 있는 MapReduce 잡이 있는 경우, 해당 잡의 실행 시간이나 Counter 정보를 확인하여 리소스를 충분히 활용하고 있는지 체크한다. 그리고 어느 특정 잡이 리소스를 장시간 점유하고 있지는 않은지도 감시한다. 잡 실행 상태는 웹 인터페이스나 메트릭스를 통해 확인할 수 있다.

다음 절에서는 실제 감시 소프트웨어를 통해 이들 감시 포인트를 적용해 보도록 하겠다.

16.3.2 Nagios를 사용한 감시 방법

이 절에서는 Hadoop 감시 방침을 감시 소프트웨어를 사용해서 적용하는 방법에 대해 설명하겠다. 감시 소프트웨어로는 오픈 소스 감시 소프트웨어인 Nagios[12]를 이용한다. 참고로 이 책에서는 Nagios 설치 방법에 대해서는 생략할 것이며, 감시 주체 서버에 Nagios 서버, 감시 대상 서버에 Nagios 에이전트와 플러그인 한 벌이 이미 설치되었다는 가정하에 설명을 하겠다.

Nagios에서는 표준 감시용 플러그인을 각 서버에 설치할 수 있다. 이 표준 플러그인을 이용해서 앞 절에서 언급한 감시 항목에 대한 것들이 설정 가능하다. 또한, Nagios 환경은 다음과 같이 설치되어 있다고 간주한다.

---

12 http://www.nagios.org

Nagios 감시용 플러그인: /usr/lib64/nagios/plugins/ 디렉터리 아래에 배치

Nagios 설정: /etc/nagios/ 디렉터리 아래에 배치

Nagios에서 NameNode와 JobTracker를 감시하고 있는 예를 그림 16.8에서 보여주고 있다. 뒤에서 설명할 감시 항목 설정을 통해 Hadoop 클러스터 감시를 구현한다.

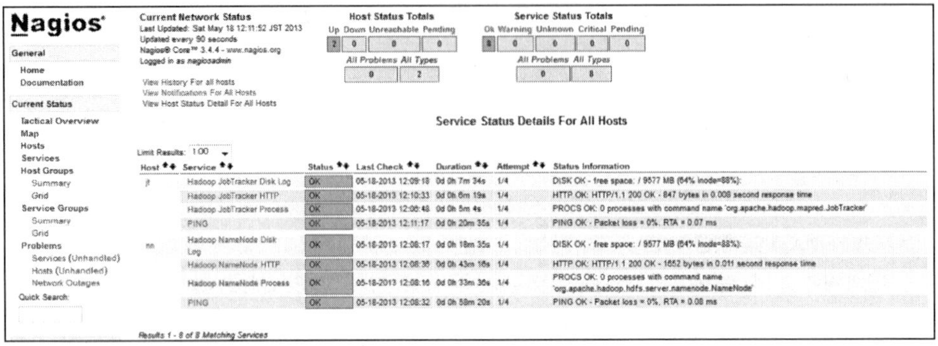

그림 16.8 Nagios를 통한 Hadoop 클러스터 감시

■ 프로세스 감시

Nagios에서는 프로세스 감시용 플러그인으로 check_procs를 제공한다. 이 모듈은 지정한 프로세스명을 사용해서 감시한다. 이 책에서는 지정한 노드가 존재하는지를 확인하기 위해 이용하겠다.

Hadoop 노드는 자바 프로세스로 동작하고 있으며, 슬레이브 서버처럼 DataNode와 TaskTracker를 한 서버에서 운영하는 환경에서는 어느 쪽을 감시해야 할지 구별하기가 어렵다. 그래서 감시 방법으로 사용하는 것이 각 노드의 클래스명이다. 예를 들어, NameNode의 경우에는 org.apache.hadoop.hdfs.server.namenode.NameNode를 감시한다. 또한, 감시 서버에서 원격 서버를 감시하도록 하는 Nagios 플러그인 NRPE와 check_nrpe를 제공한다. 이것을 감시 서버에 설치함으로써 원격 서버의 다양한 상태를 감시할 수 있다.

여기서는 NameNode 프로세스를 감시하는 방법에 대해 소개하겠다. 우선, NameNode 프로세스를 가동 중인 서버 상에 check_procs를 사용한 감시를 정의한다. NRPE를 이용하기 위해 nrpe.cfg를 다음과 같이 편집한다.

```
command[check_namenode_procs]=/usr/lib64/nagios/plugins/check_procs ⇒
-C "org.apache.hadoop.hdfs.server.namenode.NameNode"
```

다음은 감시 서버에서 check_nrpe를 이용해 원격 NameNode 프로세스를 감시하는 방법을 정의한다. 감시 대상을 정의한 파일을 hadoop.cfg(/etc/nagios/objects/hadoop.cfg)라고 한다. 또한, check_nrpe를 이용하기 위한 설정을 commands.cfg(/etc/nagios/objects/commands.cfg)에 추가한다[13].

▌ hadoop.cfg

```
define service {
    use generic-service
    host_name nn
    service_description Hadoop NameNode Process
    check_command check_nrpe!check_namenode_procs
}
```

▌ commands.cfg

```
define command {
    command_name check_nrpe
    command_line $USER1$/check_nrpe -H $HOSTADDRESS$ -c $ARG1$
}
```

설정 안에 있는 $USER1$은 다른 설정 파일(/etc/nagios/private/resource.cfg)에 Nagios 플러그인을 설치한 디렉터리(/usr/lib64/nagios/plugins 디렉터리)가 설정된다. 설정 안에 있는 $HOSTADDRESS$는 Nagios 감시 서버 설정에서 설정된 호스트명 정보가 설정된다. 마지막으로, hadoop.cfg를 감시 대상 서버에 추가하도록 Nagios 서버 설정 파일인 nagios.cfg 파일(/etc/nagios/nagios.cfg)을 수정한다. nagios.cfg에는 다음 항목을 추가한다.

---

13 호스트명은 nn으로 하고, Nagios 감시 서버 정의 파일인 server.cfg에 이미 정의되어 있다고 간주한다.

```
cfg_file=/etc/nagios/objects/hadoop.cfg
```

이것으로 NameNode 프로세스를 감시할 수 있게 되었다. 설정 내용을 확인하려면, 다음과 같이 nagios 명령을 실행하면 된다.

```
$ sudo nagios -v /etc/nagios/nagios.cfg
```

또한, 감시에 반영시키기 위해, Nagios 설정을 다시 읽어 주어야 한다. 다음과 같이 service 명령을 실행하면 된다.

```
$ sudo service nagios reload
```

■ 서비스 감시

앞 절에서 설명한 감시 중, NameNode 웹 서비스 감시를 구현해 보자. Nagios에서는 HTTP 감시로 check_http 플러그인을 제공하며, 이 플러그인으로 NameNode 웹 서비스를 감시할 수 있다. 감시 서버가 NameNode 서버에 이 플러그인을 이용해서 접속할 수 있도록 설정한다. '프로세스 감시'에서 감시 서버에 정의한 hadoop.cfg 파일(/etc/nagios/objects/hadoop.cfg)에 HTTP 감시를 정의한다.

```
define service {
    use generic-service
    host_name nn
    service_description Hadoop NameNode HTTP
    check_command check_namenode_http
}
```

다음으로, NameNode 웹 서비스용 명령인 check_namenode_http를 commands.cfg 에 추가한다. NameNode 웹 서비스는 50070 포트를 사용하고 있기 때문에, check_http 플러그인 인수로 포트를 지정한다.

```
define command {
  command_name check_namenode_http
  command_line $USER1$/check_http -H $HOSTADDRESS$ -p 50070
}
```

이상으로 서비스 감시를 정의했다. Nagios 감시에 반영하려면 설정 파일을 리로드해야
한다.

■ 로그 영역의 디스크 용량 감시

앞 절에서 언급한 디스크 감시 중, NameNode 로그 영역(/var/log/hadoop-hdfs 디렉터
리)에 사용되고 있는 파티션을 감시하도록 한다[14]. Nagios에서는 디스크 용량 감시를 위
해서 check_disk 플러그인을 제공하고 있어, 용량에 따라 WARNING이나 CRITICAL
경고를 설정할 수 있다. 디스크 감시는 check_disk 플러그인을 NameNode 서버에서 실
행하기 때문에, 감시 서버에서는 원격 감시용 플러그인인 check_nrpe를 이용한다. 우선
감시 서버에서 NRPE를 이용하기 위해 nrpe.cfg를 편집한다. 여기서는 잔여 용량이 20%
인 경우 WARNING을, 잔여 용량이 10%인 경우 CRITICAL이 되도록 설정한다.

```
command[check_namenode_disk_log]=/usr/lib64/nagios/plugins/check_disk ⇒
-w 20% -c 10% -p /dev/sdc1
```

다음으로 감시 서버에서 check_nrpe를 이용해 NameNode 서버의 디스크를 감시하는
방법을 정의한다. 서비스 감시에서 정의한 설정 파일 hadoop.cfg(/etc/nagios/objects/
hadoop.cfg)에 다음을 추가한다.

```
define service {
    use generic-service
    host_name nn
    service_description Hadoop NameNode Disk Log
    check_command check_nrpe!check_namenode_disk_log
}
```

---

14 참고로, 로그 영역에는 개별 파티션인 /dev/sdc1이 설정되어 있다고 간주한다.

■ HDFS 잔여 용량 감시

앞서 언급했던 Hadoop 클러스터 감시 중, HDFS 잔여 용량 감시에 대해 설명하겠다. HDFS 용량이 부족한 경우, 데이터 저장뿐 아니라 MapReduce 잡도 실행되지 않는다. 이 때문에 HDFS 잔여 용량 감시는 매우 중요한 감시 항목 중 하나다.

Nagios에서는 디스크 감시용 플러그인이 있긴 하지만, 그것은 어디까지나 서버의 물리적 디스크 용량을 감시하기 위한 것이다. 복수의 서버로 구성되는 HDFS 용량을 감시하는 플러그인은 없다.

ganglia-web 패키지를 설치하면 Nagios용 플러그인이 /var/www/html/ganglia/nagios/ 디렉터리에 배치된다. 이 디렉터리 내의 check_metrics.php가 Ganglia 메트릭스를 Nagios로 감시하기 위한 플러그인이다. 또한, Nagios에서 check_metrics.php를 실행하기 위해 쉘 스크립트(check_ganglia_metrics.sh)를 이용할 수도 있다.

먼저, check_gangalia_metrics.sh를 실행하여 check_metrics.php에 HTTP로 접속하기 위해 check_ganglia_metrics.sh 내의 GANGLIA_URL 변수를 편집한다. Ganglia를 설치한 웹 서버를 mn01이라고 하면, GANGLIA_URL 변수는 다음과 같이 정의한다.

```
GANGLIA_URL="http://mn01/ganglia/nagios/check_metric.php"
```

다음으로 감시 명령 설정 파일 commands.cfg(/etc/nagios/objects/commands.cfg)에 Ganglia 메트릭스 취득을 위한 명령을 정의한다.

■ commands.cfg

```
define command {

  command_name check_ganglia_metric

  command_line /bin/sh /var/www/html/ganglia/nagios/check_ganglia_metric.sh ⇒
  host=$HOSTADDRESS$ metric_name=$ARG1$ operator=$ARG2$ critical_value=$ARG3$
}
```

command_line 내의 metric_name은 Ganglia 메트릭스명, operator는 비교 연산자용 키워드(equal, notequal, less, more), critical_value는 CRITICAL 판정 기준을 설정한다.

마지막으로는 Hadoop용 Nagios 설정 파일 hadoop.cfg(/etc/Nagios/objects/hadoop.
cfg)에, check_ganglia_metric으로 HDFS 용량을 감시하기 위한 설정을 정의한다.

▌ hadoop.cfg

```
define service {

  use generic-service

  host_name nn

  service_description Hadoop HDFS Capacity

  check_command check_ganglia_metric!dfs.FSNamesystem.CapacityRemainingGB!less!1000
}
```

HDFS 용량에 관한 메트릭스는 "dfs.FSNamesystem.CapacityRemainingGB"에서 GB
단위로 취득할 수 있다. 여기서는 1,000GB 미만이 되면 CRITICAL이 되도록 설정한다.

이상으로 Ganglia 메트릭스를 이용한 HDFS 용량 감시에 대해 정의를 마쳤다. 참고로,
Nagios 감시에 반영하기 위해서는 '디스크 용량 감시'와 동일하게 설정 파일을 service 명
령으로 리로드한다.

보통 Nagios 플러그인에 존재하지 않는 내용을 감시하는 경우에는 뒤에 설명한 독자 플
러그인을 작성해서 사용하지만, Ganglia 메트릭스를 이용함으로써 이 플러그인 작성을
생략할 수 있다.

Hadoop 관련 감시에서 Nagios 플러그인으로 대응할 수 없는 경우, Ganglia가 취득하
는 메트릭스를 이용할 수는 없는지를 미리 확인하여 이용할 수 있는 것은 여기서 설명한
순서대로 적용해 사용하자.

이상으로 디스크 용량 감시를 정의했다. Nagios 감시에 반영하려면 '프로세스 감시'와 동
일하게 설정 파일을 리로드한다.

16.3.3 독자 감시 플러그인 추가

Nagios 표준 플러그인을 사용한 감시 방법에 대해 설명했다. 앞 절에서 설명한 DataNode

의 노드 수나 TaskTracker의 노드 수처럼 Hadoop에 특화된 감시는 표준 플러그인으로 구현할 수 없다. 그래서 독자 플러그인을 작성하여 Nagios 감시에 이용할 필요가 있다. 여기서는 TaskTracker 노드 수를 감시하는 방법에 대해 설명하겠다. TaskTracker 노드 수는 다음 명령을 이용해서 취득할 수 있다.

```
$ hadoop job -list-active-trackers | wc -l
```

여기서는 인수로 TaskTracker 노드 수를 설정해서 명령 실행 결과와 비교한다. 비교를 통해 다음과 같이 감시 레벨을 설정한다.

> OK: 인수 = 명령 실행 결과인 경우
>
> WARNING: 인수보다 명령 실행 결과가 1~3 적은 경우
>
> CRITICAL: 인수보다 명령 실행 결과가 4 이상 적은 경우
>
> UNKNOWN: 그 외의 경우들

Nagios 감시 플러그인은 위 네 가지 상태를 'OK:0', 'WARNING:1', 'CRITICAL:2', 'UNKNOWN:3'의 반환값으로 설정할 필요가 있다. 또한, 결과를 표준 출력으로 출력해야 한다. 이런 사항들을 바탕으로 TaskTracker 노드 수 취득 플러그인(check_tasktrackers.sh)을 리스트 16.1과 같이 정의한다.

리스트 16.1 check_tasktrackers.sh

```
 1: #!/bin/sh
 2:
 3: if [ $# -ne 1 ]; then
 4:   echo "Input value is invalid"
 5:   exit 3; # UNKNOWN
 6: fi
 7: inputtrackers=$1
 8: trackers='/usr/bin/hadoop job -list-active-trackers | wc -l'
 9: diff='expr $inputtrackers - $trackers'
10: if [ $diff -eq 0 ]; then
11:   echo "OK"; exit 0;
12: elif [ $diff -ge 1 -a $diff -le 3 ]; then
13:   echo "WARNING"; exit 1;
14: elif [ $diff -ge 4 ]; then
```

```
15:    echo "CRITICAL"; exit 2;
16: else
17:    echo "UNKNOWN"; exit 3;
18: fi
```

이 쉘 스크립트를 이용해 감시 서버에서 TaskTracker 노드 수를 설정한다. 감시 서버에 check_trackers.sh를 /usr/local/nagios 디렉터리에 배치한 후 명령을 실행한다.

앞에서 설명한 '프로세스 감시'의 감시 서버에서 정의한 hadoop.cfg 파일(/etc/nagios/ objects/hadoop.cfg)에다 TaskTracker 노드 수 감시에 대해 기술한다. 여기서 인수로 설정하는 Hadoop 클러스터의 TaskTracker 노드 수를 20으로 한다. 또한, 명령 관련 내용도 commands.cfg에 정의한다[15].

▋ hadoop.cfg

```
define service {
    use generic-service
    host_name jt
    service_description Hadoop MapReduce TaskTrackers
    check_command check_mapreduce_tasktrackers!20
}
```

▋ commands.cfg

```
define command {
  command_name check_mapreduce_tasktrackers
  command_line /bin/sh /usr/local/nagios/check_tasktrackers.sh $ARG1$
}
```

commands.cfg 내의 $ARG1$에 hadoop.cfg에서 설정한 인수인 TaskTracker 노드 수가 설정된다.

---

15 hadoop.cfg 내의 host_name에 기재하는 nn이나 jt는 편의상 NameNode와 JobTracker 서버를 대상으로 하고 있을 뿐, 직접 NameNode/JobTracker 상에서 명령을 실행하는 것은 아니다.

이상으로 TaskTracker 노드 수 감시 설정을 마쳤다. Nagios 감시에 반영하기 위해서는 설정 파일을 리로드해야 한다. Nagios에서는 쉘 스크립트 등을 사용하여 독자 플러그인을 작성해서 간단하게 이용할 수 있다. 다른 감시에 대해서도 표준 플러그인으로 대응이 어려운 경우는 독자 플러그인을 만들도록 하자.

이번 장에서는 Hadoop 클러스터 모니터링으로 Hadoop 웹 인터페이스에서 취득할 수 있는 정보와 메트릭스, 그리고 Ganglia나 Nagios를 Hadoop과 연동시키는 방법에 대해 알아보았다. 모니터링은 클러스터 구성에 따라 사용하는 소프트웨어가 다르지만, 핵심 내용은 동일하다. Hadoop 처리 내용에 따라 모니터링 방침을 결정하도록 하자.

17

클러스터 운영

Hadoop

Hadoop

Hadoop

17.1 Hadoop 운영이란?

Hadoop 클러스터도 다른 시스템들과 동일하게 안정된 운영을 위해서는 서버 증설이나 장애 대응, 소프트웨어 업데이트 등의 정비 작업이 필요하다. 이번 장에서는 Hadoop 클러스터 운영이나, 운영 전에 고려해야 할 사항들에 대해 설명하겠다.

17.1.1 Hadoop 클러스터 운영 작업

Hadoop 클러스터를 안정적으로 운영하기 위해서는 끊임없는 정비가 필요하다. 설정 변경, 진단 프로그램 실행, 하드웨어 헬스 체크 등, 일반적인 시스템에서 이루어지는 항목들 외에도 Hadoop 특유의 작업도 있다. 또한, 운영 과정에서 리소스를 강화할 필요성도 생기고 있다. 클러스터 일부에 장애가 발생한 경우는 적절히 장애를 제거해야 할 뿐 아니라, 만일의 경우에 대비해서 백업을 실시해야 하는 경우도 있다.

이번 장에서는, 우선 정비 작업을 위한 준비와 기본적인 조작 방법에 대해 정리한다. 그리고 Hadoop 클러스터 운영을 다음 세 가지로 분류하고 각각에 대한 전형적인 정비 작업에 대해 다루도록 하겠다.

- 정기적으로 실시하는 작업
- Hadoop 클러스터 확장
- 클러스터 장애 대응

17.1.2 정비 작업 준비

Hadoop 클러스터 정비에서는 다음과 같이 미리 실시해 두어야 할 작업들이 있다.

■ 정비 작업용 네트워크 확보

Hadoop 클러스터를 운영할 때는 정비 작업용 네트워크와 서비스에서 사용하는 네트워크를 분리해 두는 것이 바람직하다. 정비 작업은 서비스와는 독립적으로 이루어져야 하며, 상호 간 통신 영향이 없어야 하기 때문이다.

예를 들어, Hadoop 클러스터에 네트워크 관련 문제가 발생했다고 가정해 보자. 바로 원인을 조사하기 위해서 각 노드에 로그인하고 싶겠지만, 해당 네트워크에 문제가 발생했기 때문에 조사가 어렵다. 이런 경우, 서버 장비에 따라서는 IPMI(Intelligent Platform Management Interface) 기능을 갖추고 있어, 원격으로 서버를 켜고 끌 수 있다. OS 레벨의 응답이 없는 노드에 대해서는 이런 구조를 이용하는 것도 효과적이다.

■ 정기적인 통계 정보 수집

Hadoop 클러스터 정비를 위해 로그 출력뿐 아니라 각종 통계 정보를 정기적으로 수집하여 클러스터 상태를 항상 파악해 두는 것이 중요하다(표 17.1).

표 17.1 정기적으로 수집이 필요한 정보

정보 수집이 필요한 계층	수집할 정보
Hadoop	Counter 정보 각종 메트릭스
JVM	힙(heap) 사용률
OS	CPU 사용률(user/system/iowait) RUN 큐 길이 I/O 대기 큐 길이 디스크 사용률 디스크 I/O양 네트워크 I/O양 RAM 사용률 스왑 횟수 끼어들기 횟수 Context 스위치 횟수 프로세스 리스트
하드웨어	CPU 온도 하드디스크 온도 팬 회전 수 전압

이들 정보는 슬레이브 노드를 증설할 때 필요한 증설 계획 자료로 사용될 수 있다. 또한, 장애 발생 시에 장애 원인을 판별하기 위한 근거가 될 수도 있다. 통계 정보를 수집할 때는 Hadoop 계층뿐 아니라 Hadoop이 동작하는 JVM, 그리고 그 하위 계층인 OS의 리소스

통계 정보나 하드웨어 고유 정보 등을 수집해 두면 도움이 된다[1].

정보는 수십 초~수 분 간격으로 수집할 필요가 있다. 수집 간격이 길어지면 정보가 균일화되어, 스파이크(돌발적인 부하 상승)나 순간적으로 발생하는 현상을 놓칠 수 있다. 반면, 너무 짧으면 노드에 불필요한 부하를 발생시킬 수도 있다. 각 노드 개별 정보뿐 아니라 스위치 등, 네트워크 장비 통계 정보도 수집하도록 하자. 이런 통계 정보는 Nagios나 Ganglia 등의 감시 툴이나 가시화 툴을 조합해서 감시하면 유용하다[2].

17.2 운영 시 구체적인 작업

하드웨어 정비나 설정 변경을 필요로 하는 정비 작업은 클러스터 정지나 재시작을 필요로 한다. 특히 마스터 노드를 가동하고 있는 서버를 정지 및 재시작하는 것은, 서비스에 영향을 끼치므로 여러 사항들을 고려해야 한다. 또한, 정비 내용에 따라서는 HDFS 데이터에 영향을 끼치지 않는다는 것을 보장할 필요가 있다. 이번 절에서는 Hadoop 클러스터 운영을 위해 필요한 전형적인 정비 작업에 대해 설명하겠다.

17.2.1 안전 모드(Safe mode)

HDFS에서는 메타데이터 내에 파일 시스템 이미지를 보유하고 있어, 이를 통해 HDFS 내 파일 상태를 관리하고 있다. HDFS 처리 내용(예를 들어 파일 삭제나 작성)에 따라서는 이 파일 시스템 이미지가 변경된다. 정비 작업이 실행 중인 HDFS의 파일 시스템 이미지 상태가 변경되지 않는 것을 전제로 하는 경우, HDFS 상의 데이터 처리를 제어할 필요가 있다. HDFS에는 이러한 정비 작업을 위해서 안전 모드라는 것이 존재한다. 안전 모드란 HDFS 상에서 가능한 처리들을 파일 읽기 및 파일 리스트 취득만으로 제한하는 것이다. 파일명 변경이나 이동, 파일 삭제 등, 파일 시스템 이미지가 변경되는 처리는 실행할 수 없다.

---

1 구체적인 수집 정보, 수집 시점 및 수집 시 주의 사항 등에 대해서는 16장 '클러스터 모니터링'에서 설명하고 있으니 참조하기 바란다.

2 설정 등에 대해서는 16장에서 언급했다.

안전 모드 변경 방법에 대해 설명하겠다. HDFS는 다음과 같은 경우에 안전 모드로 변경된다.

■ HDFS 시작 직후

HDFS는 NameNode가 시작된 직후에 안전 모드로 동작한다. HDFS에서는 4.4.1 '메타데이터에 포함되는 정보'에서 설명한 것과 같이, DataNode 가동 시에 블록 리포트라는 데이터를 NameNode로 전송한다. 블록 리포트에는 DataNode가 보유하고 있는 블록 정보가 포함되며, NameNode는 이 정보를 바탕으로 블록과 대응하고 DataNode를 연계시킨다. 이때, HDFS는 표 17.2에 있는 속성 정보를 기준으로 안전 모드를 벗어날지 판단한다. DataNode로부터 블록 리포트를 수신해서 모든 블록 중 99.9%(dfs.namenode. safemode.threshold-pct 속성으로 제어) 블록이 최저 한 개(dfs.namenode.replication.min 속성으로 제어)의 복제본이 생성된 시점에서 30,000밀리초 경과 후(dfs.safemode.extension 속성으로 제어)에 안전 모드에서 벗어난다.

표 17.2 안전 모드에서 벗어나기 위한 조건을 제어하는 속성

속성	기본값
dfs.namenode.safemode.threshold—pct	0.999f
dfs.namenode.replication.min	1
dfs.safemode.extension	30000

■ 명시적 변경

'hdfs dfsadmin -safemode enter' 명령을 사용해서 사용자가 임의로 안전 모드로 변경할 수 있다. 안전 모드로 변경하기 위해서는 NameNode 슈퍼 유저[3] 권한으로 다음과 같이 실행한다[4].

---

3 보통은 hdfs 계정이다.

4 NameNode에 접속 가능한 서버에서 실행한다.

```
$ sudo -u hdfs hdfs dfsadmin -safemode enter
```

안전 모드로 변경하면 HFDS 상의 파일 내용이나 속성을 변경할 수 없다. MapReduce 클러스터를 비롯한 HDFS 서비스가 동작 중인 경우, 이것들을 정지시킨 후에 안전 모드로 변경하도록 한다.

안전 모드에서 명시적으로 벗어나기 위해서는 'hdfs dfsadmin -safemode leave' 명령을 실행하도록 한다.

```
$ sudo -u hdfs hdfs dfsadmin -safemode leave
```

■ 안전 모드 확인

현재, 안전 모드인지 아닌지를 확인하기 위해서 'hdfs dfsadmin -safemode get' 명령을 이용한다.

```
$ sudo -u hdfs hdfs dfsadmin -safemode get
```

안전 모드이면 'Safe mode is ON', 안전 모드가 아니면 'Safe mode is OFF' 라고 표시된다. 또한, 'hdfs dfsadmin -safemode wait' 명령을 실행하면 안전 모드 이탈 시까지 대기하게 된다. 정비 스크립트 등에서, 안전 모드 이탈을 기다렸다가 다음 작업을 실행해야 하는 경우에 편리하다.

```
$ sudo -u hdfs hdfs dfsadmin -safemode wait
$ <다음 처리>
```

17.2.3 클러스터 정지

하드웨어 정비나 설정 변경 등, 운영 작업에 따라서는 Hadoop 클러스터 전체 또는 특정 노드를 재시작해야 하는 경우가 있다. 여기서는 Hadoop 클러스터 정지 및 시작 순서에 대해 설명하겠다[5].

■ 클러스터 정지/재시작 시에 고려해야 할 점

NameNode는 시작 시에 블록 리포트가 일정량 모일 때까지 안전 모드 상태를 유지한다고 설명했다. 이 블록 리포트가 수집되기까지 걸리는 시간은 작은 클러스터는 수 분 정도지만, 큰 클러스터는 30분~1시간 정도 걸린다. 즉, 이 시간 동안은 한정된 기능만 이용할 수 있다. 클러스터 정지/재시작이 필요한 정비 작업 시에는 정비 시간뿐 아니라, NameNode의 데몬 프로세스가 시작된 후 블록 리포트가 수집되기까지 걸리는 시간도 고려해서 계획을 세워야 한다.

■ Hadoop 클러스터 정지

MapReduce 클러스터는 HDFS 상의 파일을 처리하기 때문에 Hadoop 클러스터 전체를 정지해야 하는 경우에는 MapReduce 클러스터 → HDFS 순으로 정지해야 한다. 여기서는 MapReduce 클러스터와 HDFS를 정지하기 전에 확인해야 할 사항들을 포함해서 안전하게 정지시키기 위한 방법을 설명하겠다.

■ MapReduce 클러스터 정지

MapReduce 클러스터를 정지하기 전, 'hadoop job -list' 명령을 사용하여 잡이 실행되고 있는지 확인한다.

```
$ hadoop job -list
1 jobs currently running
JobId        State    StartTime      UserName      Priority      SchedulingInfo
job_201303180610_0001   1      1363554909039  myuser    NORMAL  NA
```

처리 중인 잡을 강제적으로 정지시켜도 문제가 없는 경우는 'hadoop job -kill' 명령으로 잡을 강제 종료할 수 있다.

---

5 JobTracker와 NameNode의 데몬 프로세스를 정지 및 시작하는 방법에 대해 설명하는 부분이 있지만, Linux-HA, JobTracker HA, NameNode HA를 사용해서 마스터 노드를 이중화하고 있는 경우에는 JobTracker, NameNode 데몬 프로세스 정지/재시작에 대한 설명을, 15장 '가용성 향상'에서 설명하고 있는 정지/재시작 순서에 대체 적용하기 바란다.

```
$ hadoop job -kill <잡 ID>
```

실행 중인 잡이 없다는 것을 확인했으면 JobTracker 데몬 프로세스를 정지한다.

```
$ sudo service hadoop-0.20-mapreduce-jobtracker stop
```

계속해서 슬레이브 서버에서 TaskTracker 데몬 프로세스를 정지한다.

```
$ sudo service hadoop-0.20-mapreduce-tasktracker stop
```

■ HDFS 정지

HDFS 정지할 때에는 몇 가지 유의해야 할 것들이 있다.

■ 확인1(HDFS 정지가 주변 시스템에 영향을 주지 않는다는 것을 확인)

HDFS 정지 전, HDFS를 이용하고 있는 시스템이 이미 정지되어 있는 것(또는 HDFS 정지가 영향을 주지 않는다는 것)을 확인해야 한다. 예를 들어, MapReduce 클러스터는 HDFS 상의 파일을 읽고 쓴다. 이 외에도 HDFS 상에서 동작하는 대표적인 시스템으로 HBase를 들 수 있다. 이런 시스템들이 HDFS 정지에 따른 영향을 받지 않도록 유의할 필요가 있다.

■ 확인2(안전 모드로 변경)

HDFS 정지가 다른 시스템에 영향을 주지 않는다는 것을 확인했다면, HDFS를 안전 모드로 변경한다. HDFS에 의도하지 않은 접속이 발생하더라도 HDFS 상의 파일을 변경할 수 없기 때문에, 정비 작업에 미치는 영향을 배제할 수 있다.

■ 확인3(복제 완료 확인)

블록 복제가 진행되고 있지 않다는 것을 확인한다. 복제가 진행되고 있는 중이라면, DataNode와 NameNode 간에 복제 생성 지시 및 작성 완료 통지를 위한 통신이 발생한다. 따라서 복제 완료를 기다렸다가 클러스터를 정지하는 것이 바람직하다.

복제 상태를 확인하기 위해서 'hdfs dfsadmin -report' 명령을 실행한다. 'Under replicated blocks'이 1 이상이면 복제 중인 블록이 존재한다는 것을 의미한다.

```
$ sudo -u hdfs hdfs dfsadmin -report
Configured Capacity: 87053180928 (81.07 GB)
Present Capacity: 72342396928 (67.37 GB)
DFS Remaining: 72342298624 (67.37 GB)
DFS Used: 98304 (96 KB)
DFS Used%: 0%
Under replicated blocks: 1 (이 부분이 1 이상이면 복제 중이다)
Blocks with corrupt replicas: 1
Missing blocks: 0
```

■ NameNode와 DataNode의 데몬 프로세스 정지

준비됐으면 HDFS를 정지한다. HDFS에서는 NameNode가 DataNode의 가동 여부를 감시하고 있어, DataNode가 다운되면 블록 재복제를 실시한다. 정비 목적으로 HDFS를 정지할 때 DataNode 데몬 프로세스를 먼저 정지시키면, 이것을 DataNode 다운이라고 잘못 인식해 버린다. 따라서 NameNode 데몬 프로세스 → DataNode 데몬 프로세스 순으로 정지할 필요가 있다. 우선, NameNode에서 다음과 같이 데몬을 정지시킨다.

```
$ sudo service hadoop-hdfs-namenode stop
```

다음으로 각 슬레이브 서버에서 DataNode를 정지시킨다.

```
$ sudo service hadoop-hdfs-datanode stop
```

17.2.4 클러스터 시작

정비가 끝났으면 다시 Hadoop 클러스터를 시작한다. 여기서는 각 노드의 시작 순서와 시작 후 확인 방법에 대해 설명한다. MapReduce 클러스터를 가동시키려면 먼저 HDFS가 가동되고 있어야 하기 때문에 HDFS → MapReduce 클러스터 순으로 가동시킨다.

■ HDFS 시작

정비가 끝나고 HDFS를 재시작할 때는 먼저 DataNode 데몬 프로세스를 가동시킨다.

```
$ sudo service hadoop-hdfs-datanode start
```

계속해서 NameNode 데몬 프로세스를 가동시킨다.

```
$ sudo service hadoop-hdfs-namenode start
```

HDFS가 시작되면 모든 DataNode가 HDFS에 포함되어 있는지, 그리고 HDFS 파일 시스템 이미지에 이상이 없는지를 확인한다. 파일 시스템 이미지 상태 확인에 대해서는 이번 장의 17.3.1 'HDFS 헬스 체크'에서 다루도록 하겠다.

모든 DataNode가 정상적으로 HDFS에 포함되어 있는 것을 확인하기 위해서는 'hdfs dfsadmin -report' 명령을 실행하면 된다.

```
$ sudo -u hdfs hdfs dfsadmin -report
(생략)
Datanodes available: 3 (3 total, 0 dead) (포함되어 있는 DataNode 수)
Live datanodes:
Name: 172.26.100.46:50010 (cdh4-2-0-slave1)
Hostname: cdh4-2-0-slave1
Decommission Status : Normal (Normal은 정상 상태를 의미)
Configured Capacity: 41085706240 (38.26 GB)
DFS Used: 375556 (366.75 KB)
Non DFS Used: 5432325372 (5.06 GB)
DFS Remaining: 35653005312 (33.2 GB)
DFS Used%: 0%
DFS Remaining%: 86.78%
Last contact: Fri Mar 22 01:47:09 JST 2013

Name: 172.26.100.47:50010 (cdh4-2-0-slave2)
Hostname: cdh4-2-0-slave2
Decommission Status : Normal
Configured Capacity: 41085706240 (38.26 GB)
DFS Used: 375556 (366.75 KB)
Non DFS Used: 5432399100 (5.06 GB)
DFS Remaining: 35652931584 (33.2 GB)
DFS Used%: 0%
DFS Remaining%: 86.78%
Last contact: Fri Mar 22 01:47:09 JST 2013
```

```
Name: 172.26.100.45:50010 (cdh4-2-0-slave0)
Hostname: cdh4-2-0-slave0
Decommission Status : Normal
Configured Capacity: 41085706240 (38.26 GB)
DFS Used: 375556 (366.75 KB)
Non DFS Used: 5432128764 (5.06 GB)
DFS Remaining: 35653201920 (33.2 GB)
DFS Used%: 0%
DFS Remaining%: 86.78%
Last contact: Fri Mar 22 01:47:09 JST 2013
```

실행 결과를 통해 HDFS에 포함되어 있는 DataNode 수나 각 DataNode의 상태를 확인
할 수 있다. DataNode가 정상적으로 포함됐다면 Decommission Status가 Normal로
표시된다.

■ MapReduce 클러스터 시작

HDFS 시작 후, 계속해서 MapReduce 클러스터를 가동한다. 우선, TaskTracker를 가동
시킨다.

```
$ sudo service hadoop-0.20-mapreduce-tasktracker start
```

계속해서 JobTracker 데몬 프로세스를 가동한다.

```
$ sudo service hadoop-0.20-mapreduce-jobtracker start
```

■ MapReduce 클러스터 시작 후 확인 사항

HDFS와 마찬가지로 모든 TaskTracker가 정상적으로 MapReduce 클러스터에 포함되
었는지 확인할 필요가 있다. 이를 위해서 'hadoop job -list-active-trackers' 명령을 이용
한다[6].

---

6 MapReduce 클러스터에 접속할 수 있는 호스트에서 실행한다.

```
$ hadoop job -list-active-trackers
```

MapReduce 클러스터가 정상적으로 동작하고 있는 것을 확인하기 위해, CDH 4에 포함되어 있는 샘플 잡을 실행시키는 것도 좋은 방법이다.

17.2.5 슬레이브 노드 제외와 복구

시스템에 따라서는 서비스 전체를 정지하기가 어려워, 서비스를 유지하면서 정비 작업을 실시할 필요가 있는 것이 있다. Hadoop 클러스터는 슬레이브 노드를 제거하는 것으로 제거한 분 만큼의 성능 저하가 발생하긴 하지만, 슬레이브 노드를 교대로 정비해가며 서비스를 유지할 수 있다. 여기서는 슬레이브 노드 제거 및 복구 순서에 대해 설명하겠다.

■ 슬레이브 노드 제외

슬레이브 노드는 TaskTracker, DataNode 순으로 제외시켜야 한다.

▌TaskTracker

TaskTracker를 제외시킬 때는, 사전에 제외 대상 TaskTracker를 운영하고 있는 서버 리스트를 파일로 작성해서 JobTracker에 등록한다.

제외 대상 TaskTracker 서버 리스트 파일은 JobTracker가 동작하고 있는 서버 상에 작성한다. JobTracker 슈퍼 유저가 읽을 수 있는 장소에 배치하고 권한 설정을 실시한다. 여기서는 /etc/hadoop/conf/hosts.exclude라는 파일을 작성했다고 간주하고 설명하겠다. 리스트 파일에는 1행에 1서버를, FQDN 또는 호스트명으로 기술한다. 이때 기술하는 FQDN과 호스트명은 JobTracker가 인식하고 있는 것과 일치해야 하므로 주의하기 바란다. 작성한 리스트 파일을 JobTracker에 등록할 때는 JobTracker의 mapred-site.xml을 편집해서 mapred.hosts.exclude 속성에 리스트 파일 경로를 설정한다.

```
<configuration>
  <property>
    <name>mapred.hosts.exclude</name>
    <value>/etc/hadoop/conf/hosts.exclude</value>
  </property>
</configuration>
```

참고로 JobTracker의 mapred-site.xml에 mapred.hosts 속성이 접속 가능한 서버 리스트를 지정한다. 만약 이 리스트에 제외 대상 서버가 있는 경우, 접속 가능 서버 리스트에서 해당 서버를 삭제해야 한다[7].

mapred-site.xml 편집이 끝나면 'hadoop mradmin -refreshNodes' 명령을 실행하여 JobTracker에 리스트 파일 내용을 반영한다.

```
$ sudo -u mapred hadoop mradmin -refreshNodes
```

참고로 JobTracker HA 구성을 하고 있는 경우에는 액티브/스탠바이 양쪽 JobTracker에 대해 'hadoop mradmin -jt 〈JobTracker의 RPC 주소〉:〈RPC 포트〉 -refresh-Nodes'를 실행한다. 각 JobTracker의 RPC 주소는 mapred-site.xml 내의 mapred. jobtrackers.〈HA 클러스터 서비스명〉.〈JobTracker 서비스명〉 속성에 설정되어 있는 값을 사용한다.

```
$ sudo -u mapred hadoop mradmin \
  -jt <액티브 측 JobTracker의 RPC 주소>.<포트> -refreshNodes
$ sudo -u mapred hadoop mradmin \
  -jt <스탠바이 측 JobTracker의 RPC 주소>.<포트> -refreshNodes
```

리스트 파일 내용을 반영했으면 제외 대상인 TaskTracker를 정지해서 작업을 완료한다.

```
$ sudo service hadoop-0.20-mapreduce-tasktracker stop
```

참고로 제외시킨 TaskTracker 상에 태스크가 동작하고 있었다면, 해당 태스크는 kill되고 JobTracker에 의해 다른 TaskTracker 상에서 재실행되도록 조정된다.

■ DataNode

DataNode를 제외시킬 때 한 번에 복수의 DataNode를 단순히 정지시켜버리면 HDFS 상의 특정 파일을 구성하는 데 필요한 블록 복제본을 모두 잃을 가능성이 있다. 이 때문에

---

7 접속 가능 서버 설정에 대해서는 7.3.2 'Hadoop 설정'을 참조하기 바란다.

DataNode를 제외시킬 때는, DataNode가 가지고 있는 복제본을 다른 DataNode에 복사한 뒤 정지해야 한다.

그러므로 DataNode에도 자신이 동작하고 있는 서버를 기술한 리스트 파일을 Name Node에 미리 등록해 둘 필요가 있다. 리스트 파일은 NameNode가 동작하는 서버 상에 작성한다. 다음은 NameNode의 슈퍼 유저가 읽고 쓸 수 있는 곳에 배치해 두고 권한 설정을 해야 한다. 여기서는 TaskTracker 제외 작업에서 사용했던 파일과 동일한 /etc/hadoop/conf/hosts.exclude 파일을 사용한다고 가정하고 설명하겠다. 리스트 파일 형식은 TaskTracker에서 사용했던 리스트 파일과 동일하다. 제외 대상 서버의 FQDN 또는 호스트명은 NameNode가 인식하고 있는 것과 일치해야 한다. 작성한 파일을 NameNode에 등록하려면, NameNode의 hdfs-site.xml을 편집해서 dfs.hosts.exclude 속성에 리스트 파일 경로를 설정한다.

```
<configuration>
  <property>
    <name>dfs.hosts.exclude</name>
    <value>/etc/hadoop/conf/hosts.exclude</value>
  </property>
</configuration>
```

참고로 NameNode의 hdfs-site.xml에 dfs.hosts 속성이 있어서 접속 가능한 서버 리스트를 등록할 수 있다. 만약 이 리스트에 제외 대상 서버 리스트가 있는 경우, 접속 가능 서버 리스트에서 삭제해야 한다[8].

hdfs-site.xml을 편집했으면 'hdfs dfsadmin -refreshNodes' 명령을 실행해서 리스트 파일에 기록된 서버들을 NameNode에 등록한다.

```
$ sudo -u hdfs hdfs dfsadmin -refreshNodes
```

참고로 15장에서 설명한 QuorumJournalManager(QJM) 기반 NameNode HA를 구성하고 있는 경우, -fs 옵션을 부여한 후 액티브/스탠바이 양측 NameNode에 다음 명령

---

8 접속 가능 서버 설정에 대해서는 7.3.2 'Hadoop 설정'을 참조하기 바란다.

을 실행한다.

```
$ sudo -u hdfs hdfs dfsadmin -fs \
   <액티브 측 NameNode의 RPC 주소>.<포트> -refreshNodes
$ sudo -u hdfs hdfs dfsadmin -fs \
   <스탠바이 측 NameNode의 RPC 주소>.<포트> -refreshNodes
```

계속해서 'hdfs dfsadmin -report' 명령을 실행하면 리스트 파일에 설정한 호스트의 Decommission Status가 Decommission In Progress로 바뀐다.

Decommission In Progress란, 제외 대상 노드가 가지고 있는 블록을 다른 노드로 복제하고 있는 중임을 의미한다. 복제가 완료되면 Decommission Status가 Decommissioned로 바뀐다. 이 상태에서 DataNode를 정지시킬 수 있다.

```
$ sudo service hadoop-hdfs-datanode stop
```

실제로 제외 작업을 할 때는 이에 수반되는 태스크 재실행이나 리플리케이션 부하를 감안하면서 전체 슬레이브 서버 수의 10%에서 20% 정도를 교대로 정지시키며, 랙 단위로 정비하는 경우에는 1랙 정도의 대수를 대상으로 교대로 제외시켜 나가는 것이 좋다.

■ 제외시킨 슬레이브 노드를 복구

정비 작업이 끝나면 제외시킨 슬레이브 노드를 복구한다. 슬레이브 노드 복구 작업은 다음 순서로 실시한다.

1. NameNode와 JobTracker 상의 제외 대상 서버 리스트 파일에서 복구 대상 슬레이브 노드의 호스트명을 삭제한다
2. NameNode와 JobTracker 상의 접속 가능 서버 리스트 파일로, 클러스터에 포함하는 슬레이브 노드를 제어하고 있는 경우, 해당 리스트 파일에 복구할 슬레이브 노드를 등록한다

제외 대상 서버 리스트 파일과 클러스터 접속 가능 리스트 파일을 등록하기 위해 'hdfs dfsadmin -refreshNodes' 명령과 'hadoop mradmin -refreshNodes' 명령을 실행한다.

```
$ sudo -u hdfs hdfs dfsadmin -refreshNodes
$ sudo -u mapred hadoop mradmin -refreshNodes
```

계속해서 각 슬레이브 노드에서 DataNode → TaskTracker 순으로 가동한다.

```
$ sudo service hadoop-hdfs-datanode start
$ sudo service hadoop-0.20-mapreduce-tasktracker start
```

DataNode, TaskTracker 가동 후 17.2.3 '클러스터 정지'에서 실시한 것과 동일하게, 'hdfs dfsadmin -report' 명령과 'hadoop job -list-active-trackers' 명령을 이용하여 복구한 DataNode와 TaskTracker가 클러스터에 제대로 포함되어 있는지 확인한다.

17.3 정기적으로 실시해야 할 작업

'정기적으로 실시해야 할 작업', 'Hadoop 클러스터 확장', '클러스터 장애 대응'의 세 가지 분류로 클러스터 정비 작업을 소개하겠다. 기본 조작에 대해서는 앞 절의 내용을 참고해 가면서 읽어나가기 바란다. 이번 절에서는 정기적으로 실시해야 할 작업 중 Hadoop 고유의 작업에 대해 설명한다.

17.3.1 HDFS 헬스 체크

ext3이나 NTFS등 일반적인 파일 시스템 대부분은 헬스 체크 기능을 가지고 있다. 헬스 체크는 파일 시스템의 건전성을 확인하기 위한 것으로, HDFS도 이 구조를 가지고 있다. HDFS에서는 'hdfs fsck' 명령을 이용해서 헬스 체크를 할 수 있다. 다음과 같이 실행한다[9].

```
$ sudo -u hdfs hdfs fsck <대상 HDFS 상의 경로>
```

---

9 DFS에 접속 가능한 호스트에서 hdfs 계정을 사용해서 실행한다.

출력 예는 다음과 같다.

```
Connecting to namenode via http://cdh4-2-0-namenode0:50070
FSCK started by hdfs (auth:SIMPLE) from /172.26.100.43 for path / at Fri Mar 22 06:
52:29 JST 2013
...............Status: HEALTHY
 Total size:      212528 B
 Total dirs:      24
 Total files:     16 (Files currently being written: 3)
 Total blocks (validated):     16 (avg. block size 13283 B)
 Minimally replicated blocks:  16 (100.0 %)
 Over-replicated blocks:       0 (0.0 %) (초과한 복제 블록 수)
 Under-replicated blocks:      0 (0.0 %) (부족한 복제 블록 수)
 Mis-replicated blocks:        0 (0.0 %) (동일 랙에 복제되어 있는 블록 수)
 Default replication factor:   3
 Average block replication:    3.0
 Corrupt blocks:               0 (깨진 블록)
 Missing replicas:             0 (0.0 %) (잃어버린 복제)
 Number of data-nodes:         3
 Number of racks:              1
FSCK ended at Fri Mar 22 06:52:29 JST 2013 in 53 milliseconds

The filesystem under path '/' is HEALTHY
```

이 출력 예를 통해 확인할 수 있는 사항은 다음과 같다.

1. 초과 또는 부족하게 복제된 블록 검출
2. 복제 배치 정책을 따르지 않고 동일 랙에 모든 복제본이 저장되어 있는 블록을 검출
3. 깨진 블록(세 개의 복제본이 모두 망가진 상태)을 검출
4. 잃어버린 복제

깨진 블록은 검출 후 대응으로, /lost+found 디렉터리로 이동하거나, 삭제하는 방법이 있다. 각각의 실행 순서는 다음과 같다.

■ HDFS 상의 /lost+found 디렉터리로 이동

```
$ sudo -u hdfs hdfs fsck <대상 HDFS 상의 경로> -move
```

▌삭제

```
$ sudo -u hdfs hdfs fsck <대상 HDFS 상의 경로> -delete
```

깨진 블록을 /lost+found 디렉터리에 이동해도 CDH 4에서는 블록 복구가 어렵기에, 실제 운영 시에는 삭제하는 것이 일반적이다. 또한, 'hdfs fsck' 명령에서는 옵션을 부여해서 다양한 검사를 할 수 있다.

▌깨진 블록과 연동된 HFDS 상의 파일 열거

```
$ sudo -u hdfs hdfs fsck <대상 HDFS 상의 경로> -list-corruptfileblocks
```

▌쓰기용으로 오픈된 파일 검출

```
$ sudo -u hdfs hdfs fsck <대상 HDFS 상의 경로> -openforwrite
```

▌파일 별로 헬스 체크 결과 표시

```
$ sudo -u hdfs hdfs fsck <대상 HDFS 상의 경로> -files
```

▌HDFS 상의 파일과 연동된 블록 상태 표시

```
$ sudo -u hdfs hdfs fsck <대상 HDFS 상의 경로> -files -blocks
```

▌복제 배치 정보 확인

블록별로 복제본을 가지고 있는 노드를 표시하기 위해서는 다음과 같이 실행한다.

```
$ sudo -u hdfs hdfs fsck <대상 HDFS 상의 경로> -files -blocks -locations
```

복제본을 보유하고 있지 않은 노드와 소속 랙을 표시하려면 다음과 같이 실행한다.

```
$ sudo -u hdfs hdfs fsck <대상 HDFS 상의 경로> -files -blocks -racks
```

17.3.2 DataNode 간 블록 편중 현상 해결

HDFS를 운영하다 보면, DataNode 간에 보유하고 있는 블록이 한쪽으로 치우치는 경우가 발생한다. 치우침이 발생하는 경우는 장기간 Hadoop 클러스터를 운영할 때다. HDFS는 복제본 저장 위치를 선택할 때, 저장 위치 후보의 DataNode 디스크 잔량을 확인하지만, 각 DataNode가 보유하고 있는 복제 편중은 고려하지 않는다. 결국 블록 편중이 누적되고, 장기적으로는 치우침이 더욱 심해진다.

치우침이 발생하는 또 다른 경우는 신규 슬레이브 노드 추가나 수정을 끝낸 후, 하드디스크가 빈 상태인 슬레이브 노드를 클러스터에 추가한 경우다. DataNode 간에 블록 편중이 발생하면 다음과 같은 문제들이 발생한다.

- DataNode 간 접속이 불균등하여 클러스터 리소스를 충분히 활용할 수 없다
- MapReduce 잡 실행 시에 데이터 지역성을 활용할 수 없다

HDFS에서는 밸런서(balancer)라는 기능을 이용해서 DataNode 간 블록 편중을 해결할 수 있다.

■ 밸런서 실행

밸런서는 다음과 같이 실행한다.

```
$ sudo -u hdfs hdfs balancer
```

■ 밸런스됐다고 보는 기준값

밸런스는 각 DataNode의 이용률(블록 저장 용량에 대한 실제 저장하고 있는 총 블록 크기)과 HDFS 이용률(HDFS 총 용량에 대한 저장하고 있는 파일의 총 크기)의 차가 일정 기준값에 있으면 HDFS 밸런스됐다고 간주한다. 이 기준값은 기본값으로 10%가 잡혀 있다. 밸런서 실행 시에 -threshold 옵션을 사용해서 기준값을 퍼센트 단위로 지정해서 제어할 수 있

다[10]. 다음은 기준값을 20%로 해서 실행하는 예다.

```
$ sudo -u hdfs hdfs balancer -threshold 20
```

■ 밸런서가 사용하는 네트워크 대역 제어

밸런서가 사용하는 대역은 기본 1MB/초다. MapReduce 잡이 실행 중일 때 영향을 주지 않기 위해서 밸런서 실행률을 낮춰줘야 하며, 잡이 실행되고 있지 않는 시간대에는 밸랜서를 풀로 가동시켜 작업을 빨리 완료하는 것이 이상적이다.

HDFS에서는 상황에 따라 밸런서가 사용할 대역을 제어할 수 있다. 밸런서가 사용할 대역을 제어하려면 'hdfs dfsadmin -setBalancerBandwidth' 명령을 이용한다. 다음 예는 밸랜서가 사용할 대역을 1GB/초로 설정하고 있다. 명령 인수에는 초간 전송량을 바이트 단위로 지정한다. 이 명령은 밸런서 동작 중에 실행할 수 있으며, 대역폭을 동적으로 변경하는 것이 가능하다.

```
$ sudo -u hdfs hdfs dfsadmin -setBalancerBandwidth 1073741824
```

■ 밸런서로 해결할 수 없는 블록 편중

이 밸런서는 DataNode가 복수의 디스크를 장착하고 있을 때, 디스크 간의 편중을 해결하지는 못한다. 안타깝게도 CDH 4의 Hadoop에서는 DataNode 내 디스크 간 블록 편중을 해결해 주는 기능이 없다[11]. 하지만 한쪽 디스크가 꽉 찬 경우 다른 쪽 디스크를 사용하게 되어 있어, 한쪽 디스크의 용량만으로 저장 용량이 제한되거나, 블록 기록 시 에러가 발생하지는 않는다.

---

10 단, 기준값을 너무 작게 잡으면 밸런서가 종료되지 않을 수 있으니 주의가 필요하다.
11 CDH 4.3부터는 기능이 추가되었다.

17.4 Hadoop 클러스터 확장

Hadoop 클러스터를 운영하는 과정에서 처리 능력이나 저장 용량을 확장해야 할 경우가 있다. 이번 절에서는 Hadoop 클러스터 확장 방법과 확장 수단에 대해 소개하겠다.

17.4.1 마스터 노드 확장

Hadoop에서는 저장 용량이나 처리 능력 향상이 필요한 경우, 마스터 노드를 확장하지는 않는다. 뒤에서 설명하겠지만, 슬레이브 노드를 추가하는 것이 일반적인 방법이다. 단 NameNode의 경우, 메모리를 확장하는 방법을 생각해 볼 수 있겠다. NameNode는 HDFS 상에 저장해야 할 파일 수에 따라 힙 사이즈를 늘리는 튜닝 방법이 유용하다. 이를 위해서 메모리를 증설하는 경우가 있다.

NameNode의 힙 사이즈는 NameNode가 관리하는 파일/디렉터리/블록의 메타데이터 하나에 150바이트 정도로 잡는 것이 적합하다. 단, 힙 사이즈에 따라 가비지 콜렉션 시간이 길어지므로 힙 사이즈는 최대 64MB 이하로 잡아두는 것이 좋다. 메모리 튜닝에 관해서는 19장에서 다루도록 하겠다.

17.4.2 슬레이브 노드 추가

Hadoop은 슬레이브 노드 증설을 통해 성능이나 저장 용량을 확장하도록 설계되어 있다. 따라서 클러스터 확장에 있어서도 슬레이브 노드 추가가 가장 유용하고 간단한 방법이다. 다음은 슬레이브 노드 추가 시점과 추가 방법에 대해 설명하겠다.

■ 슬레이브 노드 추가 시점

슬레이브 노드 추가 시점은 크게 다음 두 가지 경우를 생각할 수 있다.

- 처리 성능을 향상시키고 싶다

  처리 대상 데이터양이 늘거나, 실행할 잡 수가 늘어서 처리 성능이 저하된 시점에 슬레이브 노드를 증설한다.

- 저장 용량을 향상시키고 싶다

  HDFS에 저장하는 데이터가 늘어나서 HDFS 용량을 확장해야 되는 시점에 슬레이브 노드를 증설한다.

처리 성능 관점에서 슬레이브 노드를 추가할 때는, 슬레이브 노드 추가를 통해 성능 향상이 가능한지를 예측하는 것이 중요하다. 처리량이 늘어서 슬레이브 노드 한 대당 처리량이 많아진 경우는 노드 추가로 성능 향상을 기대할 수 있다. 예를 들어, 복수의 슬레이브 노드에서 CPU나 디스크 I/O에 병목 현상이 발생하는 경우는 슬레이브 노드 추가로 성능이 향상될 가능성이 높다. 한편, 슬레이브 노드를 추가해도 그다지 효과를 보지 못하는 경우가 있다. 대표적인 것으로 다음 두 가지를 들 수 있다.

■ 네트워크 트래픽이 원인인 경우

MapReduce 잡의 Shuffle 단계 실행 시에 발생하는 대량의 네트워크 트래픽이 병목 현상을 초래할 수 있다. 이 경우, 슬레이브 노드를 추가하더라도 성능 향상을 기대할 수는 없다.

슬레이브 노드와 스위치 간 대역을 풀로 사용하고 있다면 더 넓은 네트워크 대역을 검토할 필요가 있다. 한편 대역을 충분히 사용하고 있지 않다면, 스위치 처리 능력 부족 또는 백플레인(backplane) 부족을 의심할 필요가 있다. 스위치 포트와 슬레이브 노드 간 대역은 고려했으나 백플레인 대역을 고려하지 않는 경우가 적잖게 있다. Shuffle 단계에서는 모든 슬레이브 노드가 대량의 네트워크 트래픽을 발생시키는 경우가 있으므로, 이에 맞추어 백플레인 용량도 확보해 두는 것이 필요하다.

하지만 갑자기 네트워크 구성을 바꾸지 않아도, MapReduce 잡 구현이나 프레임워크 튜닝을 통해 Shuffle 단계의 네트워크 트래픽양을 조정할 수 있다. 10장 'MapReduce 개발 팁'이나 19장 'Hadoop 튜닝'에서 구체적인 기법에 대해 다루고 있으니 참조하기 바란다.

■ 슬레이브 노드 간에 처리량 편중이 발생하는 경우

잡 구현이나 사용 데이터에 따라서는 슬레이브 노드 간의 처리량 편중이 발생해, 부하가 큰 슬레이브 노드와 그렇지 않은 노드가 혼재되는 경우가 있다. 데이터 분포 분석, 데이터 구조 개선, 잡 구현 방법 수정 등으로 상황을 개선할 수 있으니 검토하도록 하자.

처리량에 따라 슬레이브 노드 추가를 판단하기 위한 통계 정보나 추가 대수가 다르기 때문에 한마디로 정의하기는 어렵다. 하지만 사전 검증 등을 통해서 프로젝트별 지표를 정의해 두고, 통계 정보 등의 바탕으로 증설 방침을 정하는 것이 바람직하다.

■ 슬레이브 노드 추가 순서

슬레이브 노드 추가는 대략 다음 순서로 실시한다.

■ 슬레이브 노드 설치

신규로 추가할 슬레이브 노드 설치는 14장 '환경 구축 효율화'에서 설명한 클러스터 초기 구축 방법과 동일하다. 단 하드웨어 사양이 기존 슬레이브 노드와 다르다면, 킥스타트 파일 설정 내용을 변경해 주어야 한다.

■ 클러스터에 내포

슬레이브 노드를 설치했으면 17.2.4 '클러스터 시작' 순서에 따라 DataNode, TaskTracker를 시작하고, 클러스터에 포함되었는지 확인한다. 참고로 신규로 추가한 슬레이브 노드에는 데이터가 저장되어 있지 않으므로, 밸런서를 가동해서 DataNode 간 블록 배치를 균등하게 분산하도록 한다.

17.5 클러스터 장애 대응

Hadoop 클러스터를 장기간 운영하면 하드웨어 고장이나 프레임워크, 애플리케이션 버그로 인한 클러스터 장애는 피할 수 없는 현실이다. 이번 절에서는 Hadoop 클러스터 운영 중에 발생할 수 있는 전형적인 장애와 대응 방법에 대해 설명하겠다.

17.5.1 노드 장애 대응

■ 마스터 노드 장애

Hadoop에서는 NameNode나 JobTracker는 단일 장애 지점이 된다. 서비스 계속성 관점에서 장애 발생 시 빠르게 복구하기 위해서는 HA 클러스터 구성을 검토할 필요가 있다. NameNode나 JobTracker의 HA 클러스터 구성에 대해서는 15장 '가용성 향상'을 참고하기 바란다.

또한, HDFS에서는 NameNode의 로컬 파일 시스템 상에서 관리하고 있는 메타데이터 장애에 대해서도 주의가 필요하다. 메타데이터는 복수의 파일로 구성되며, 이 안에는

HDFS의 파일 시스템 이미지나 저널 로그 등도 포함되어 있다(표 17.3).

표 17.3 HDFS 메타데이터에 포함되는 이미지와 로그

파일 종류	저장 위치	파일 역할
파일 시스템 이미지	${dfs.namenode.name.dir}/current/ fsimage_〈적용 완료 tid〉[12]	〈적용 완료 tid〉까지 적용 완료가 보증되는 파일 시스템 이미지
파일 시스템 이미지 해쉬값	${dfs.namenode.name.dir}/current/ fsimage_〈적용 완료 tid〉.md5	fsimage_〈적용 완료 tid〉의 해쉬값이 기록된 파일
저널 로그	${dfs.namenode.name.dir}/current/ edits_〈개시 tid〉-〈종료 tid〉	〈개시 tid〉부터 〈종료 tid〉까지 트랜잭션이 기록되어 있는 저널 로그
	${dfs.namenode.name.dir}/current/ edits_inprogress_〈개시 tid〉	〈개시 tid〉이후부터가 기록된 저널 로그

NameNode는 시작 시에 파일 시스템 이미지와 저널 로그를 읽어서 힙 메모리 상에 전개한다. 이들 파일이 작업 실수나 장애 등으로 삭제 또는 깨진 경우, HDFS 상의 파일에 결함이 발생할 위험이 있다.

만일 파일 시스템 이미지나 저널 로그가 깨진 경우에는 적절한 순서를 따라서 이들을 복구해야 한다. HDFS에는 NameNode가 해당 시점에 힙 메모리 상에다 기록한 파일 시스템 이미지를 바탕으로, 파일 시스템 이미지와 저널 로그를 로컬 파일 시스템 상에 복구하는 기능이 있다. 이 기능을 이용해서 파일 시스템 이미지나 저널 로그를 복구할 수 있다. 복구는 다음과 같은 흐름으로 진행한다.

▌메타데이터 백업 취득

NameNode는 시작 시에 파일 시스템 이미지와 저널 로그를 읽어, 체크 포인트를 실시한다. 파일 시스템 이미지와 저널 로그가 고장 난 경우, 체크 포인트가 실패하고 NameNode가 가동되지 않는다[13]. 이 때문에 메타데이터를 백업해 둘 필요가 있다.

---

12 tid는 트랜잭션 ID를 나타낸다.

13 만약 파일 시스템 이미지와 저널 로그가 깨진 상태에서 NameNode가 정지한 경우, 일부 데이터에 결함이 발생할 수 있지만, 복구 모드(recovery mode)로 NameNode를 가동시킬 수 있다. 복구 모드에 대해서는 클라우데라 블로그에서 상세히 다루고 있다. http://blog.cloudera.com/blog/2012/05/namenode-recovery-tools-for-the-hadoop-distributed-file-system/

▌NameNode 힙 메모리 상에 있는 메타데이터를 이용하여 파일 시스템 이미지를 작성

NameNode 힙 메모리 상에 있는 메타데이터를 통해 파일 시스템 이미지를 작성하려면 'hdfs dfsadmin -saveNamespace' 명령을 이용한다. 이 명령은 HDFS를 안전 모드로 변경한 후 실행해야 한다.

```
$ sudo -u hdfs hdfs dfsadmin -safemode enter
```

안전 모드로 변경했으면 파일 시스템 이미지를 작성한다.

```
$ sudo -u hdfs hdfs dfsadmin -saveNamespace
```

파일 시스템 이미지 작성을 완료했다면 안전 모드에서 벗어난다.

```
$ sudo -u hdfs hdfs dfsadmin -safemode leave
```

'hdfs dfsadmin -saveNamespace' 명령을 실행하면 로컬 디스크의 ${dfs.namenode. name.dir}/current/ 디렉터리에 파일 시스템 이미지가 작성된다. 또한, 이 시점에서 기존 저널 로그는 제거되고 신규 저널 로그가 생성된다. 이 저널 로그에는 작성한 파일 시스템 이미지에 적용한 처리보다 이후에 처리되는 내용이 기록된다. 따라서, 이전 저널 로그가 깨져도 NameNode가 새롭게 작성한 저널 로그를 이용하기 때문에 체크 포인트 시에 파일 시스템 이미지를 제거하지 않는다.

여기서는 NameNode가 힙 상에 관리하고 있는 메타데이터를 사용해서 파일 시스템 이미지를 작성하는 방법에 대해 소개했지만, 매일 메타데이터를 백업해 두는 것이 중요하다. 백업에 대해서는 17.5.4 '메타데이터 백업과 복구'에서 설명한다.

▌▌슬레이브 노드 장애

Hadoop은 슬레이브 노드 장애에 강한 면모를 보인다. 어느 슬레이브 노드에 장애가 발생해도 다른 슬레이브 노드로 처리를 계속할 수 있다. 또한, 블록 복제를 여러 개 보유해서 데이터를 안정적으로 유지할 수 있다. 즉, 전체 구성에서 일부 슬레이브 노드에 장애가 발생하더라도 반드시 즉각 대응해야 하는 것은 아니다. 슬레이브 노드가 늘어도 운영 비용이 늘지 않는 장애 대응 정책을 정해두면 된다. 예를 들면 다음과 같은 정책들을 생각해 볼 수 있겠다.

- 성능 요건이나 신뢰 요건 등을 고려하여 슬레이브 노드 장애를 허용하는 대수나 랙 수 등을 지표로 정해 둔다
- 장애가 발생한 슬레이브 노드는 로그 조사 등을 통해 바로 복구할 수 없는 경우, 일단 클러스터에서 제외시킨다
- 미리 여분의 서버 장비나 부품을 준비해 두고, 장애가 발생한 슬레이브 노드와 교환한다
- 소프트웨어 계층의 논리 장애는 재설치를 통해 복구한다
- 장애가 발생한 슬레이브 노드 교환과 복구는 수 일 단위로 모아서 실시한다

고장 난 슬레이브 노드를 클러스터에서 제외/복구하는 방법은 17.2.5 '슬레이브 노드 제외 및 복구'에서 설명한 순서와 동일하다. 복구도 슬레이브 노드 재설치의 일환으로 간주함으로써 정비 작업의 종류를 늘리지 않고 심플한 운영을 실현할 수 있다. 또한, 슬레이브 노드 장애 발생 시마다 대응하는 것이 아니라, 모아서 한 번에 대응한다는 것도 포인트다. 이처럼 작업을 간략화하거나 Hadoop 클러스터의 전체적인 안정성에 주목하여 개별 슬레이브 노드 운영을 별도로 진행함으로써, 슬레이브 노드 대수가 늘더라도 운영은 복잡해지지 않는다.

17.5.2 폭주하는 태스크 및 잡 정지

새로운 잡을 MapReduce 태스크 상에서 실행할 때나 새로운 데이터를 처리하는 경우, 얼마든지 시행착오를 겪을 수 있다. 이때 예측하지 못한 데이터가 입력되거나 MapReduce 잡의 버그 등으로 인해 태스크나 잡 실행이 장기화되는, 이른바 폭주 현상이 발생할 수 있다. Hadoop에서는 이런 태스크나 잡을 강제적으로 종료시킬 수 있는 기능을 제공하고 있다.

■ 태스크 강제 정지

태스크를 강제적으로 정지시키려면 'hadoop job -kill-task' 명령 또는 'hadoop job -fail-task' 명령을 이용한다.

```
$ sudo -u mapred hadoop job -kill-task <태스크 ID>
$ sudo -u mapred hadoop job -fail-task <태스크 ID>
```

두 가지 명령의 차이는 전자의 경우, JobTracker에 의해 KILL 상태로 강제 종료되기 때

문에 태스크 실패로 카운트되지 않고 또다시 별도의 TaskTracker 상에서 실행되도록 설정된다. 한편, 후자는 태스크 실패로 카운트된다. 기본 설정에서는 태스크 실패 3회까지는 다른 TaskTracker에서 재실행되지만, 4회 실패하면 태스크가 속한 잡이 실패한다.

태스크 폭주나 장기화의 원인이 서버 장비 고장 등 태스크 이외의 부분에서 의심되는 경우, 다른 서버 장비 상의 TaskTracker에서 태스크를 재실행하면 정상적으로 동작할 수 있다. 이런 경우에는 -kill-task를 사용해서 다른 TaskTracker에서 실행되도록 설정하는 것이 좋다.

■ 잡 강제 정지

잡을 강제적으로 정지시키려면 'hadoop job -kill' 명령을 이용한다.

```
$ sudo -u mapred hadoop job -kill <잡 ID>
```

이 명령으로 잡을 정지하면, 각 TaskTracker 상에서 실행되고 있는 태스크가 모두 정지된다.

17.5.3 블랙리스트

MapReduce 프레임워크에서는 태스크 할당 대상에서 제외할 TaskTracker를 관리하는 기능이 있다. 제외 대상인 TaskTracker를 열거한 정보를 '블랙리스트'라고 한다. 태스크 실패가 빈번히 발생하는 TaskTracker나, 다른 TaskTracker보다 실패가 많은 TaskTracker를 블랙리스트에 등록한다. 블랙리스트에 등록된 TaskTracker에는 태스크가 할당되지 않는다. 태스크 실패가 많다는 것은 해당 TaskTracker에 어떠한 장애가 발생됐을 가능성이 높다. 그런 TaskTracker에 태스크를 할당해봤자 태스크 성공 가능성이 낮으므로, 결과적으로는 MapReduce 잡 전체의 실행 시간을 장기화할 수 있다. 따라서 태스크 실패 횟수가 많은 TaskTracker를 블랙리스트에 등록하여 태스크를 할당하지 않도록 하는 것이 합리적이다.

이번 절에서는 태스크 실패가 많다고 판단될 때 사용하는 Counter(이 책에서는 실패 Counter라고 부른다) 개념과, 실패 Counter값에 따라 TaskTracker가 블랙리스트에 등록되는 조건에 대해 설명한다.

■ 실패 Counter

MapReduce 태스크에서는 같은 TaskTracker 상에서 같은 잡에 속하는 태스크가 4회 실패한 경우[14], 잡을 실행하고 있는 동안에는 해당 TaskTracker에 태스크를 할당하지 않는다. 또한, 이 시점에서 JobTracker가 해당 TaskTracker의 실패 Counter를 증가시킨다[15].

■ 블랙리스트 등록

실패 Counter가 증가된 시점에 다음 세 가지 조건이 체크된다. 이 세 가지 조건을 모두 충족시키면 해당 TaskTracker는 블랙리스트에 등록된다. 블랙리스트에 등록된 TaskTracker에는 태스크가 할당되지 않는다.

- 기준값을 초과한 경우
  실패 Counter 수가 기준값 이상이 되면 블랙리스트에 등록된다(기본 설정은 4다).

- 실패 Counter 평균과 비교
  클러스터 내의 모든 TaskTracker가 가진 실패 Counter 평균을 avg라고 하면, (해당 TaskTracker의 실패 Counter − avg) 〉 (avg × 기준값)인 경우에 등록된다. 기본 기준값은 0.5이며, 어느 TaskTracker의 실패 Counter 수가 클러스터 내의 모든 TaskTracker가 가진 실패 Counter의 평균보다 1.5배 많으면 등록된다[16].

- 블랙리스트 등록 현황
  클러스터 내 반 이상의 TaskTracker가 블랙리스트에 등록되어 있지 않은 상태인 경우.

■ 블랙리스트에 등록된 TaskTracker 확인

블랙리스트에 등록된 TaskTracker는 'hadoop job -list-blacklisted-trackers' 명령으로 확인할 수 있다.

```
$ sudo -u mapred hadoop job -list-blacklisted-trackers
```

---

14 이 횟수는 JobTracker의 mapred.max.tracker.failures 속성으로 제어할 수 있다.

15 실패 Counter는 JobTracker에 의해 관리되고 누적되지만, TaskTracker를 재시작하면 0으로 리셋된다.

16 이 기준값은 JobTracker의 mapred-site.xml에 있는 mapred.cluster.average.blacklist.threshold 속성으로 제어할 수 있다.

■ 블랙리스트에서 TaskTracker를 제외하는 방법

블랙리스트에 등록되어 있는 TaskTracker는 하루가 지나거나, TaskTracker 데몬 프로세스를 재시작하는 것으로 블랙리스트에서 제외시킬 수 있다.

17.5.4 메타데이터 백업과 복구

NameNode는 dfs.namenode.name.dir 속성에서 설정한 경로에 메타데이터를 저장한다. 메타데이터에는 HDFS 파일 시스템 이미지 등이 기록되어 있어, 결함이 발생하면 데이터를 잃어버릴 가능성이 있다. 예를 들어, HA 구성으로 메타데이터 저장 위치를 이중화했다고 해도, 작업 실수로 파일 시스템이 깨져 버리면 복구할 수 없다. 이런 경우에 대비하기 위해서 백업이 필요하다.

■ 메타데이터 백업

NameNode 메타데이터는 복수의 파일로 구성된다. 메타데이터 중 백업이 필요한 파일은 표 17.4와 같다.

NameNode의 VERSION 파일은 NameNode 포맷 시에 작성된다. 이 시점에 한 번만 백업한다.

파일 시스템 이미지는 NameNode HA[17]를 구성하고 있는 경우, 액티브/스탠바이 어느 쪽을 백업하든 상관없다. 그리고 취득한 파일 시스템 이미지 tid에 대응하는 해쉬 파일도 함께 백업하도록 한다.

저널 로그는 NameNode로부터 취득할 수 있지만, HA를 구성하고 있는 경우는 JournalNode로부터 취득할 수도 있다.

복구 시 가능한 최신 상태로 복구하기 위해, 파일 시스템 이미지에 기록되어 있는 tid + 1 이상의 트랜잭션 ID를 가진 모든 저널 로그를 백업할 필요가 있다.

---

17 여기서 설명하는 NameNode HA는 15장에서 소개했던 JournalNode를 이용한 QuorumJournalManager 기반 HA 구성을 가리킨다.

표 17.4 백업이 필요한 메타데이터

대상 파일	역할	취득 위치	시점
${dfs.namenode.name.dir}/current/VERSIONS	HDFS 클러스터 ID 등이 기록된 파일	NameNode	NameNode 포맷 후, 한 번만 취득
${dfs.namenode.name.dir}/current/fsimage_〈적용 완료 tid〉	〈적용 완료 tid〉까지 트랜잭션이 적용된 파일 시스템 이미지	NameNode	정기적으로 취득
${dfs.namenode.name.dir}/current/fsimage_〈적용 완료 tid〉.md5	fsimage_〈적용 완료 tid〉 해쉬값	NameNode	정기적으로 취득
${dfs.namenode.name.dir}/current/fsimage_〈적용 완료 tid〉.md5	fsimage_〈적용 완료 tid〉 해쉬값이 기록된 파일	NameNode	
${dfs.namenode.name.dir}/current/edits_〈개시 tid〉–〈종료 tid〉	〈개시 tid〉부터 〈종료 tid〉까지의 트랜잭션이 기록된 파일	NameNode	
■ NameNode ${dfs.namenode.name.dir}/current/edits_inprogress_〈개시 tid〉 ■ JournalNode ${dfs.journalnode.edits.dir}/${hs.nameservices}/current/edits_ inprogress_〈개시 tid〉	〈개시 tid〉 이후가 기록된 저널 로그	NameNode	
${dfs.journalnode.edits.dir}/${dfs.nameservices}/current/VERSIONS	관련 HDFS 클러스터 ID 등을 기록한 파일	JournalNode	SharedStorage 포맷 후, 한 번만 취득

*VERSIONS는 QJM 기반 NameNode HA를 구성하고 있는 경우에만 취득.

■ 백업 방법

Hadoop에는 메타데이터를 정기적으로 백업할 수 있는 기능이 있다. 따라서 표 17.4에서 정기적으로 백업할 필요가 있는 파일은 사용자가 rsync나 cron 등을 조합해서 수집할 필요가 있다. 이 외에도 파일 시스템 이미지나 저널 로그는 NameNode의 HTTP를 사용해서 취득하는 방법도 있다. 각각 다음 URL을 이용해서 취득할 수 있다.

▌ 파일 시스템 이미지

http://〈NameNode 호스트명:포트〉/getimage?getimage=1&txid=〈tid〉

▌ 저널 로그

http://〈NameNode 호스트명:포트〉/getimage?getedit=1&startTxId=〈개시 tid〉&
endTxId=〈종료 tid〉

NameNode 호스트명과 포트에는 NameNode의 웹 인터페이스 URL을 지정한다. 파일
시스템 이미지 URL의 txid에는 취득 대상 파일 시스템 이미지에 적용을 완료한 트랜잭
션 ID를 지정한다. txid에 latest를 지정하면 ${dfs.namenode.name.dir}/current/에
출력되는 것 중 가장 최신 버전의 파일 시스템 이미지를 취득할 수 있다. 또한, 저널 로그
URL을 지정함으로써 NameNode의 ${dfs.namenode.name.dir}/current/edits_〈개
시 tid〉-〈종료 tid〉 저널 로그를 취득할 수 있다. startTxId와 endTxId에는 취득하고 싶
은 저널 로그의 〈개시 tid〉와 〈종료 tid〉를 지정한다.

독자적으로 백업 구조를 작성할 때는 다음 사항들을 고려해야 한다.

▌ 백업 취득 간격

HDFS 상태가 장애 발생 시점에서 최대 어느 정도 시점까지 거슬러 올라갈지에 따라 백업
간격을 결정한다.

▌ 백업 취득 세대 수

HDFS 상태가 장애 발생 시점에서 최대 어느 정도 시점까지 거슬러 올라갈지에 따라 백업
세대 수를 결정한다.

▌ 백업 취득 위치

NameNode HA 구성인 경우, 파일 시스템 이미지 취득 위치 후보로 다음을 사항들을 생
각할 수 있다.

1. NameNode(액티브)
2. NameNode(스탠바이)

파일 시스템 이미지는 수 GB~수백 GB까지 커지는 경우가 있으므로, 액티브 Name
Node에서 취득하면 서비스에 영향을 끼칠 수 있다. 따라서, 일반적인 상황에서는 스탠바
이 측 NameNode에서 취득하는 것이 좋다.

저널 로그는 상기 1과 2에 더해서 각 JournalNode가 취득 위치가 될 수 있다. 보통 파일 시스템 이미지를 취득하는 NameNode에서 저널 로그도 함께 취득하지만, 장애 등으로 NameNode에서 저널 로그를 취득할 수 없게 된 경우에는 JournalNode에서 취득하면 된다.

▍백업 저장 위치

백업 저장 위치는 취득 위치와 물리적으로 다른 장비를 선택한다.

▍백업 취득 위치와 저장 위치 간의 네트워크

파일 시스템 이미지가 커지는 경우가 있기에 스탠바이 측 NameNode에서 취득하는 것이 바람직하다고 설명했지만, 이것만으로는 충분하지 않다. 파일 시스템 이미지 백업에 서비스용 네트워크를 사용하게 되면 아무래도 영향을 미치기 때문에 최소한 서비스용 네트워크와 분리된 네트워크를 사용해야 한다. 요건에 따라선 백업 전용 네트워크를 검토하는 것이 좋다.

▍메타데이터 복구

NameNode는 포맷 시에 클러스터 ID를 생성해서 메타데이터와 연동시킨다. 또한, DataNode가 처음으로 NameNode에 접속한 시점에 이 클러스터 ID를 인식하여 자신이 관리하고 있는 블록과 연동시킨다. 즉, 메타데이터와 블록은 같은 HDFS에 연동된 것을 클러스터 ID를 통해 식별한다.

NameNode 클러스터 ID와 DataNode 클러스터 ID가 다르면 복구가 불가능하다. 또한 메타데이터를 복구하는 사이, DataNode는 가동 중이든 정지 중이든 상관이 없다. DataNode 블록 영역은 그대로 유지된다. 메타데이터 복구는 다음 순서대로 실시한다.

▍NameNode 정지

NameNode를 정지한다. HA를 구성하고 있는 경우에는 스탠바이 → 액티브 순으로 정지한다.

▍NameNode와 JournalNode 포맷

NameNode를 포맷한다. HA 구성인 경우, SharedStorage 포맷도 함께 실시한다. JournalNode를 포맷할 때는, 사전에 모든 JournalNode를 가동시켜 두도록 한다.

▍JournalNode 정지

VERSIONS 파일이나 저널 로그를 복구하려면 JournalNode를 정지시킨다.

▌NameNode 파일 복구

NameNode에서는 파일 시스템 이미지와 VERSION 파일을 복구한다. 복구 위치는 ${dfs.namenode.name.dir}/current다. 이 파일들의 소유자와 소유 그룹을 HDFS 슈퍼 유저에 대응하는 OS 사용자와 그룹으로 설정하고, 권한 속성이 644가 되도록 복구한다. HA를 구성하고 있는 경우는 액티브와 스탠바이 양쪽 NameNode를 복구한다.

▌JournalNode 파일 복구

모든 JournalNode의 저널 로그와 VERSION 파일을 복구한다. NameNode에 복구한 파일 시스템 이미지의 tid와 같거나 그것보다 오래된 tid를 가진 저널 로그를 복구해도 무시된다. 이중 구성이 아닌 NameNode에서 취득한 백업을 NameNode HA로 복원하는 경우 등은 JournalNode의 VERSION 파일 백업이 없다. 하지만 NameNode의 VERSION 파일을 가지고 JournalNode VERSION 파일을 만들 수는 있다. 이 경우에는 독자 VERSION 파일을 JournalNode에 복구한다. 복구 위치는 ${dfs.namenode.name.dir}/${hs.nameservices}/current다. NameNode에 파일을 복구한 경우와 동일하게, 복구 대상 파일은 소유자와 소유 그룹을 HDFS 슈퍼 사용자에 대응하는 OS 사용자와 그룹으로 설정하고, 권한 속성은 644로 복구하도록 한다.

▌JournalNode 시작

NameNode HA 구성인 경우는 모든 JournalNode를 시작한다.

▌NameNode 시작

NameNode를 시작한다. NameNode HA 구성인 경우는 액티브 → 스탠바이 순으로 시작한다.

▌복구 후 확인

HDFS 상태가 원래대로 복구되었는지, 로그에 에러 등은 없는지, 체크 포인트가 정상적으로 실시되었는지 확인하도록 한다.

17.5.5 HDFS 초기화

HDFS를 recover 명령으로 복구할 수 없는 상태로, 장애 상황에 따라서 어쩔 수 없이 HDFS를 초기화할 필요가 있다. HDFS를 초기화해서 재구성하는 방법에 대해 설명하겠다.

■ HDFS 정지

HDFS 초기화 전, HDFS를 구성하는 각 노드를 정지한다[18].

■ NameNode와 QJM 기반 저장 장치 포맷

NameNode를 포맷하고 파일 시스템 이미지를 초기화한다. 이미 파일 시스템 이미지가 존재하고 있는 상태에서 포맷을 하게 되면, 포맷을 진행해도 될지를 묻는 프롬프트가 표시된다. NameNode를 QuorumJournalManager(이하 QJM) 기반 HA로 구성했다면, QJM 저장 장치를 초기화할지 묻는 프롬프트도 표시된다. 포맷을 진행하려면 Y, 취소하려면 N을 입력한다.

```
$ sudo -u hdfs hdfs namenode -format
  (중략)
Re-format filesystem in Storage Directory <메타데이터를 저장하고 있는 디렉터리>? (Y or N) Y
Re-format filesystem in QJM to [<JournalNode 리스트>] ? (Y or N) Y
```

■ HDFS 시작

NameNode 포맷이 끝나면 HDFS를 시작한다. 17.2.4 '클러스터 시작' 순서로 가동할 수 있지만, DataNode를 시작하여 HDFS에 포함시키기 전에 DataNode 블록 저장 영역(hdfs-site.xml 내의 dfs.datanode.data.dir에 지정된 디렉터리)을 비워 둘 필요가 있다. 이것은 DataNode 클러스터 ID를 미설정 상태로 두기 위해서다. HDFS 클러스터 ID는 포맷별로 다르기 때문에 DataNode 클러스터 ID를 미설정 상태로 두어, DataNode가 HDFS에 등록될 때 새로운 클러스터 ID가 부여되도록 한다. 블록 저장 영역을 비웠으면 DataNode를 시작하여 HDFS에 등록하는 것이 가능해진다.

```
$ sudo rm -rf <dfs.datanode.data.dir 속성이 가리키는 디렉터리>/*
$ sudo service hadoop-hdfs-datanode start
```

이번 장에서는 Hadoop 클러스터 운영 및 정비 방법에 대해 알아보았다. 클러스터를 안정적으로 운영하고, 장애가 발생하더라도 침착하게 대응할 수 있도록 정비 작업을 충분히 고려한 운영 설계가 필요하다.

---

18 정지 방법은 17.2.3 '클러스터 정지'를 참고하기 바란다.

18

복수 사용자에 의한
리소스 제어

18.1 리소스 제어 도입

이번 장에서는 전체적인 Hadoop 클러스터 리소스 제어에 대해 알아본다. 우선, Hadoop 클러스터의 리소스 제어가 필요한 경우와 리소스를 공유하는 사용자 개념에 대해 설명하도록 하겠다.

18.1.1 리소스 제어가 필요한 경우

Hadoop 클러스터를 운영할 때, 다수의 사용자가 연관되는 경우가 많다. 예를 들어, 팀에서 Hadoop 클러스터를 운영하는 경우에는 팀 멤버가 클러스터에 접속하는 것을 생각할 수 있다. 또한, 부서 간에 큰 규모의 클러스터를 공유하고 있는 경우도 있다.

다수의 사용자가 Hadoop 클러스터를 이용할 때, 특정 사용자만 HDFS 영역이나 Map Reduce 클러스터의 계산 리소스를 독점해서는 안 되며, 개별적으로 사용 가능한 리소스를 제어할 필요가 있다. 또한, HDFS 상의 파일 편집이나 열람 권한 등도 관리해야 한다. 이와 같이 다수의 사용자가 Hadoop 클러스터를 이용할 때 할당 가능한 리소스의 상한, 하한이나 공평한 분배, 접속 제한 등, 리소스를 제어할 필요도 있다. 이번 장에서는 Hadoop 클러스터 운영에 필요한 전형적인 리소스 제어에 대해 설명한다.

18.1.2 Hadoop 클러스터를 이용하는 사용자

리눅스나 윈도우 등의 OS 같이, 다수의 사용자가 동시에 이용할 수 있는 것을 전제로 하는 시스템에서는 사용자를 식별하는 구조를 도입하고 있다. 사용자를 구별할 수 있기 때문에, 사용자별 시스템 리소스 이용 제한 및 접근 권한을 부여할 수 있다. Hadoop에도 사용자를 식별할 수 있는 구조가 존재하므로, 사용자별로 다양한 리소스 제어를 할 수 있다.

그러면 HDFS나 MapReduce 클러스터에 접속할 때는 사용자를 어떻게 식별하는 것일까? hdfs 명령이나 hadoop 명령을 실행한 경우, HDFS와 MapReduce 클러스터 접속은 명령을 실행한 OS 사용자와 동일 사용자명(그룹)인 것으로 간주한다. 예를 들어, 다음 예에서는 hdfs 사용자가 HDFS에 접속했다고 인식한다.

```
$ sudo -u hdfs hdfs dfs -ls /
```

따라서 Hadoop 클러스터를 다수의 사용자가 나누어 사용하려면, 우선 OS 사용자를 만들어야 한다. 이 책에서 사용하고 있는 CentOS 같이 일반적인 리눅스 배포 버전에서는 useradd 명령으로 OS 사용자를 생성할 수 있다.

18.2 기본 설정

Hadoop 클러스터 운영 시 전형적으로 실시하는 세 가지 설정에 대해 알아본다.

- HDFS 파일 소유자나 권한을 설정해서 파일 읽기/쓰기를 제어하는 방법
- HDFS에 할당량을 설정해서 사용자별 사용 가능 영역을 제어하는 방법
- ACL을 통한 사용자별 사용 가능 작업을 제어하는 방법

18.2.1 파일 소유자와 접근 권한 설정

4.4.5 '파일/디렉터리 권한'에서 설명한 것과 같이, HDFS에는 파일 사용자(그룹)와 접근 권한 속성이 부여되어 있다. 이것은 대개 파일 작성 시에 정해지지만, 나중에 변경할 수도 있다. 이들의 설정 방법에 대해 알아보자.

■ 파일 소유자 변경

파일 소유자를 변경하려면 'hdfs dfs -chown' 명령을 이용한다. 이 명령은 슈퍼 유저로 실행해야 한다. 명령 인수로 소유자와 파일 경로를 지정한다.

```
$ sudo -u hdfs hdfs dfs -ls /tmp/example.txt
-rw-r--r-- 3 myuser1 mygroup1        27913 2013-05-09 12:58 /tmp/example1.txt
$ sudo -u hdfs hdfs dfs -chown myuser2 /tmp/example1.txt
 (/tmp/example1.txt의 소유자를 myuser2로 설정)
$ sudo -u hdfs hdfs dfs -ls /tmp/example1.txt
-rw-r--r-- 3 myuser2 mygroup1        27913 2013-05-09 12:58 /tmp/example1.txt
```

또한, 사용자명과 그룹명을 ':(콜론)'으로 구분해서 지정함으로써 소유자와 그룹을 동시에 변경할 수 있다.

```
$ sudo -u hdfs hdfs dfs -ls /tmp/example2.txt
-rw-r--r-- 3 myuser1 mygroup1 27913 2013-05-09 13:02 /tmp/example2.txt
$ sudo -u hdfs hdfs dfs -chown myuser2:mygroup2 /tmp/example2.txt
 (/tmp/example2.txt의 소유자와 그룹을 myuser2:mygroup2로 설정)
$ sudo -u hdfs hdfs dfs -ls /tmp/example2.txt
-rw-r--r-- 3 myuser2 mygroup2 27913 2013-05-09 13:02 /tmp/example2.txt
```

그룹만 변경하려면 'hadoop dfs -chgrp' 명령을 사용한다. 이 명령도 HDFS 슈퍼 유저로
실행해야 한다. 명령 인수로 그룹과 파일 경로를 지정한다.

```
$ sudo -u hdfs hdfs dfs -ls /tmp/example3.txt
-rw-r--r-- 3 myuser1 mygroup1 27913 2013-05-09 13:06 /tmp/example3.txt
$ sudo -u hdfs hdfs dfs -chgrp mygroup3 /tmp/example3.txt
 (/tmp/example3.txt의 그룹을 myuser3로 설정)
$ sudo -u hdfs hdfs dfs -ls /tmp/example3.txt
-rw-r--r-- 3 myuser1 mygroup3 27913 2013-05-09 13:06 /tmp/example3.txt
```

'hdfs dfs -chown' 명령, 'hdfs dfs -chgrp' 명령 모두 -R 옵션을 이용해서 지정 디렉터
리 이하에 재귀적으로 적용할 수 있다.

```
$ sudo -u hdfs hdfs dfs -chown -R myuser:mygroup /tmp/example_dir
 (/tmp/example_dir 이하에 있는 모든 디렉터리/파일의 소유자와 그룹을 myuser:mygroup으로 일괄 설정)
```

18.2.2 할당량 설정

HDFS에서는 특정 사용자가 영역을 독점하지 않도록 저장 가능 파일 수나 파일 크기의 최
대치를 제한할 수 있다.

■ 파일/디렉터리 수 제한

사용자별로 특정 디렉터리 이하에 작성할 수 있는 파일과 디렉터리 수를 제한할 수 있다.
이 설정을 네임 쿼터(name quota)라고 한다. 네임 쿼터를 설정하려면 'hdfs dfsadmin
-setQuota' 명령을 사용한다. 이 명령은 HDFS 슈퍼 유저로 실행해야 한다. 명령 인수로
작성 가능한 파일 수 및 디렉터리 수와 디렉터리 경로를 지정한다.

```
$ sudo -u hdfs hdfs dfsadmin -setQuota 5 /tmp/example_dir
```

■ 사용 용량 제한

사용자별로 특정 디렉터리의 사용 용량을 제어할 수 있다. 이 설정을 스페이스 쿼터(space quota)라고 한다. 사용 용량은 복제 수를 고려해야 한다. 예를 들어, 스페이스 쿼터가 설정된 디렉터리에 크기가 1GB이고 복제 수가 3인 파일을 저장하려면 3GB 분량의 용량이 필요하다. 스페이스 쿼터를 설정하려면 'hdfs dfsadmin -setSpaceQuota' 명령을 사용한다. 이 명령도 HDFS 슈퍼 유저로 실행해야 한다. 명령 인수로는 바이트 단위의 최대 파일 크기 합계와 할당량을 제안할 디렉터리 경로를 지정한다.

할당량은 HDFS 상의 파일 크기가 아닌, 모든 복제를 포함한 크기로 판단된다. 예를 들어 리플리카 3, HDFS 상의 파일 크기가 1GB인 경우 3GB로 취급된다.

```
$ sudo -u hdfs hdfs dfsadmin -setSpaceQuota 104857600 /tmp/example_dir
```

■ 할당량 확인

'hdfs dfs -count -q' 명령으로 할당량 설정 상태를 확인할 수 있다. 할당량 설정 상태는 각 항목이 공백 문자로 구분되어 표시된다.

```
$ sudo -u hdfs hdfs dfs -count -q /tmp/example_dir
 none inf 104857600 104857600 1 1 0 /tmp/example_dir
```

출력 결과 중 할당량에 관련된 것은 처음 네 가지 항목이다. 각각은 다음과 같은 의미가 있다.

- 첫 번째 항목
  네임 쿼터가 설정된 디렉터리에 최대 작성 가능 파일 수. none은 네임 쿼터가 설정되지 않은 것을 의미한다.

- 두 번째 항목
  네임 쿼터가 설정된 디렉터리에 작성 가능한 잔여 파일 수. inf는 무제한으로 작성 가능하다는 것을 의미한다.

- 세 번째 항목

  스페이스 쿼터가 설정된 디렉터리에 작성 가능한 파일 크기 합계. none은 스페이스 쿼터가 설정되지 않은 것을 의미한다.

- 네 번째 항목

  스페이스 쿼터가 설정된 디렉터리의 사용 가능한 잔여 용량. inf는 무제한으로 용량을 이용할 수 있다는 것을 의미한다.

■ 할당량 제거

디렉터리에 설정한 네임 쿼터나 스페이스 쿼터를 제거할 수도 있다. 네임 쿼터 제거는 'hdfs dfsadmin -clrQuota' 명령을, 스페이스 쿼터 제거는 'hdfs dfsadmin -clrSpace-Quota' 명령을 이용한다.

```
$ sudo -u hdfs hdfs dfsadmin -clrQuota /tmp/example_dir (네임 쿼터 제거)
$ sudo -u hdfs hdfs dfsadmin -clrSpaceQuota /tmp/example_dir (스페이스 쿼터 제거)
```

18.2.3 ACL(Access Control List)

Hadoop에서는 클라이언트와 HDFS, MapReduce 클러스터, 각 노드 간 통신 등, 다양한 부분에서 통신이 발생하므로, 사용자가 이용할 수 있는 통신 종류를 제어하기 위해 ACL을 이용할 수 있다. 여기서는 전형적인 ACL 설정 방법에 대해 알아보겠다.

ACL를 사용해서 접속 제어를 하기 위해서는 Hadoop 클러스터의 모든 노드에 있는 core-site.xml을 편집하여 hadoop.security.authorization 속성을 true로 설정해야 한다.

```
<configuration>
  <property>
    <name>hadoop.security.authorization</name>
    <value>true</value>
  </property>
</configuration>
```

계속해서 hadoop-policy.xml을 편집하도록 한다. 다음 규칙을 따라, 제어 내용별 속성에 허가 사용자 및 그룹을 설정한다.

- 허가할 사용자 리스트를 쉼표 구분으로 기술한 후, 스페이스(빈칸)를 두고 그룹 리스트(쉼표 구분)를 기술한다
- 잡 등록을 허가할 그룹만 설정할 경우, 선두에 스페이스를 삽입 후 그룹 리스트를 기술한다
- 스페이스만 지정한 경우, 어떤 사용자/그룹도 허가하지 않는다
- 사용자 및 그룹에 ' *(별표)'을 지정하면, 모든 사용자/그룹을 허가한다

전형적인 제어 내용을 표 18.1에 정리했다[1].

표 18.1 제어용 속성

제어 내용	속성
HDFS 접속	security.client.protocol.acl
MapReduce 잡 투입	security.job.submission.protocol.acl
mradmin 명령을 통한 MapReduce 클러스터 관리	security.admin.operations.protocol.acl
dfsadmin/mradmin −refreshServiceAcl 명령을 통한 ACL 설정 변경	security.refresh.policy.protocol.acl
haadmin 명령을 통한 NameNode HA 관련 작업	security.ha.service.protocol.acl

ACL 설정 예를 살펴보자. HDFS 접속을 hdfsuser1과 hdfsuser2 사용자와 hadoop 그룹 사용자에 대해서만 허가하도록 한다. 또한, MapReduce 잡 투입을 모든 사용자에게 허가한다.

```
<configuration>
  <property>
    <name>security.client.protocol.acl</name>
    <value>hdfsuser1,hdfsuser2 hadoop</value>
  </property>
```

---

1 참고로 표 안에 있는 'mradmin −refreshAcl' 명령은 사용하지 못할 가능성이 있다(적어도 CDH 4.2에서는 동작하지 않는다. 조사해 본 결과, 버그인 듯하다). dfsadmin −refreshAcl은 정상적으로 동작한다.

```
<property> (모두에게 허가할 경우 '*'를 사용한다)
  <name>security.job.submission.protocol.acl</name>
  <value>*</value>
</property>
```

hadoop-policy.xml을 편집 후 'hdfs dfsadmin -refreshServiceAcl' 명령을 HDFS
슈퍼 유저로 실행한다. 계속해서 'hadoop mradmin -refreshServiceAcl' 명령을
MapReduce 슈퍼 유저로 실행하면 설정 내용이 반영된다.

```
$ sudo -u hdfs hdfs dfsadmin -refreshServiceAcl
$ sudo -u mapred hadoop mradmin -refreshServiceAcl
```

이번 절에서 설명한 ACL 외에도 MapReduce 프레임워크의 CapacityTaskScheduler
에서는 사용자별 잡 실행 허가를 제어할 수 있다. CapacityTaskScheduler와 ACL 설정
에 대해서는 18.3.4 'CapacityTaskScheduler'에서 설명한다.

18.3 스케줄러를 사용한 리소스 분배 제어

다수의 사용자가 MapReduce 클러스터를 이용할 때, 특정 사용자가 MapReduce 클러
스터를 독점해서는 안 된다. MapReduce 잡의 우선순위를 제어하거나, 처리에 필요한 리
소스를 공평하게 분배할 필요가 있다.

MapReduce 프레임워크에서는 스케줄러를 별도 모듈로 지원하며, 용도에 맞게 선택해서
사용할 수 있다. 여기서는 CDH 4에 포함되어 있는 세 가지 스케줄러를 다루며 잡 실행
순서 제어, 동시 실행 제어에 대해 설명하도록 하겠다.

18.3.1 JobQueueTaskScheduler

JobQueueTaskScheduler는 MapReduce 프레임워크의 기본 스케줄러다. 큐 기반 스케
줄러로, JobTracker에 투입된 잡은 단일 큐에 등록된다. 큐에 있는 잡은 다음 규칙을 따라

정렬되어 있다.

- 우선순위가 높은 잡
- 등록 일시가 빠른 잡
- 잡 ID의 딕셔너리 순서

잡을 실행할 때는 큐 선두에 있는 잡부터 순서대로 Map 슬롯이나 Reduce 슬롯에 할당되어, Map 태스크나 Reduce 태스크가 실행된다. 슬롯을 할당한 후에도 여유가 있을 때는 후속 잡에도 슬롯을 할당하기 때문에, 리소스를 효율적으로 사용할 수 있다.

■ 잡 우선순위 설정

JobQueueTaskScheduler에서는 잡에 우선순위를 설정함으로써 실행 순서를 제어할 수 있다. JobQueueTaskScheduler에서는 표 18.2에 있는 다섯 가지 우선순위를 선택할 수 있다. 참고로 기본 우선순위는 NORMAL이다.

잡 우선순위는 MapReduce 프레임워크 API로 제어할 수 있을 뿐 아니라, 이미 큐에 등록한 잡일지라도 우선순위를 동적으로 변경할 수 있다. API를 사용해서 우선순위를 제어하려면, MapReduce 잡 작성 시에 Job 클래스의 setPriority 메소드를 사용하면 된다. setPriority 메소드의 인수로 부여하는 우선순위에는 표 18.2에 정리된 우선순위에 해당하는 JobPriority 열거형 인스턴스를 지정한다.

표 18.2 우선순위와 그에 해당하는 인스턴스

	우선순위	JobPriority 열거형 인스턴스
높음	VERY_HIGH	JobPriority.VERY_HIGH
	HIGH	JobPriority.HIGH
	NORMAL	JobPriority.NORMAL
	LOW	JobPriority.LOW
낮음	VERY_LOW	JobPriority.VERY_LOW

```
Job job = new Job(); (Job 클래스의 setPriority 메소드를 이용해서 우선순위 설정)
job.setPriority(JobPriority.VERY_HIGH);
```

큐에 이미 등록된 잡의 우선순위를 변경하려면 'hadoop job -set-priority' 명령을 실행한다. 이 명령은 다음 형식으로 사용할 수 있다. 우선순위는 표 18.2에 정의된 것을 사용한다.

```
hadoop job -set-priority <잡 ID> <우선순위>
```

잡 실행 중에 hadoop job -list 명령을 실행하면 잡 우선순위를 확인할 수 있다.

```
$ sudo -u myuser hadoop job -list (현 시점으로 우선순위 확인)
1 jobs currently running
JobId State StartTime UserName Priority SchedulingInfo
job_201304132041_0004 1 1365863307403 myuser NORMAL NA
$ sudo -u myuser hadoop job -set-priority job_201304132041_0004 HIGH (우선순위 변경)
$ sudo -u myuser hadoop job -list (변경한 우선순위 확인)
1 jobs currently running
JobId State StartTime UserName Priority SchedulingInfo
job_201304132041_0004 1 1365863307403 myuser HIGH NA
```

18.3.2 FairScheduler

FairScheduler는 잡 동시 실행 제어에 중점을 둔 스케줄러로, 페이스북이 개발한 것이다. 이 절에서는 FairScheduler 구조와 사용 방법에 대해 설명하도록 하겠다.

■ 풀(Pool)과 슬롯(Slot) 분배

JobQueueTaskScheduler가 큐로 잡을 관리한다면, FairScheduler는 풀이라는 구조를 다수 사용해서 잡을 그룹으로 관리한다. FairScheduler에서는 풀에 가중치를 부여해서 Map 슬롯 및 Reduce 슬롯 분배를 결정한다(그림 18.1).

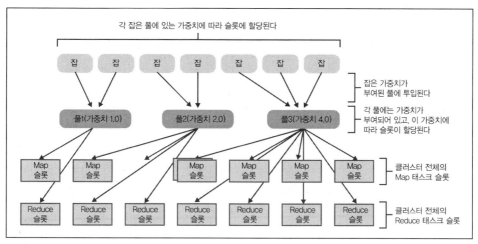

그림 18.1 FairScheduler를 통한 가중치 부여

FairScheduler에서는 클러스터 전체의 Map 슬롯과 Reduce 슬롯을 가중치 비율에 따라 각 풀에 분배한다. 예를 들어, 가중치가 2인 풀은 가중치가 1인 풀보다 두 배 많은 슬롯이 할당된다.

■ 잡에 슬롯 할당

잡은 각 풀에 등록된다. JobQueueTaskScheduler에서는 큐 선두에 있는 잡부터 차례로 슬롯에 할당된 반면, FairScheduler에서는 여러 개의 잡이 한 번에 할당된다. 기본 설정에서는 풀에 등록된 모든 잡이 할당 대상이다.

잡에다 몇 개의 슬롯을 할당할지는 잡이 등록된 풀의 가중치와 잡 자체 우선순위에 따라 정해진다. 풀에는 사전에 정해진 가중치에 따라 슬롯이 분배되어 있다. 이 슬롯은 풀에 등록된 각 잡의 우선순위에 따른 비율로 할당된다. 참고로 FairScheduler에서는 잡이 등록되어 있지 않은 풀이 있는 경우, 해당 풀에 있는 슬롯을 다른 풀이 사용할 수 있도록 해서 리소스를 낭비하지 않는다.

■ FairScheduler 기본 설정

FairScheduler의 실제 사용 방법에 대해 알아보자[2]. FairScheduler를 이용하려면 먼저 FairScheduler가 포함된 Jar 파일을 JobTracker 클래스 경로에 배치한다[3].

---

2 FairScheduler 기본 설정에 앞서, JobTracker를 정지시킬 필요가 있다.

3 JobTracker를 운영 중인 서버에서 실행한다.

```
$ cd /usr/lib/hadoop-0.20-mapreduce
$ sudo cp -a contrib/fairscheduler/hadoop-fairscheduler-2.0.0-mr1-cdh4.2.0.jar lib/
```

계속해서 JobTracker의 mapred-site.xml을 편집한다.

```
<configuration>
 (중략)
  <property>
    <name>mapred.jobtracker.taskScheduler</name>        (FairScheduler 사용 선언)
    <value>org.apache.hadoop.mapred.FairScheduler</value>
  </property>

  <property>                                             (Allocation 파일 경로 설정)
    <name>mapred.fairscheduler.allocation.file</name>
    <value>/etc/hadoop/conf/fair-scheduler.xml</value>
  </property>
 (중략)
</configuration>
```

mapred.jobtracker.taskScheduler 속성을 설정해서 FairScheduler 사용 선언을 한
다. FairScheduler에서는 Allocation이라는 파일을 사용해서 설정을 정의한다. 이
Allocation 파일 경로를 mapred.fairscheduler.allocation.file 속성에 설정한다. 여기
서는 fair-scheduler.xml을 Allocation 파일로 설정한다.

빈 Allocation 파일을 mapred.fairscheduler.allocation.file 속성에서 지정한 경로에
작성하고, JobTracker를 시작하면 FairScheduler가 가동된다.

```
<allocations>
</allocations>
```

18.3.3 Allocation 파일

Allocation 파일은 〈allocations〉를 루트 요소로 하는 XML 형식 설정 파일이다. 풀 등록이나 풀 가중치 설정을 비롯해서 각종 설정 항목이 존재한다. Allocation 파일에 기술하는 설정 항목에 대해 순서대로 설명하겠다[4].

■ 풀 작성과 가중치 설정

FairScheduler에서는 풀에 부여된 가중치 비율에 따라 각 풀에 슬롯을 할당한다. 즉, 가중치가 2.0인 풀에는 가중치가 1.0인 풀보다 두 배 많은 슬롯이 할당된다. 풀 작성과 가중치 설정은 Allocation 파일을 사용해서 정의한다.

```
<allocations>
  <pool name="mypool1">    (풀 이름 설정)
    <weight>1.0</weight>   (가중치 설정)
  </pool>

  <pool name="mypool2">    (풀 이름 설정)
    <weight>2.0</weight>   (가중치 설정)
  </pool>
</allocations>
```

〈allocations〉요소 바로 아래 〈pool〉요소를 기술하고, name 속성에 풀 이름을 기술한다. 또한 〈pool〉요소 아래 〈weight〉요소를 기술하고, 부동 소수점 형식으로 가중치를 기술한다. 참고로, 〈weight〉요소를 생략할 수도 있다. 이 경우 가중치로 기본값 1이 설정된다.

■ 잡 가중치와 풀 등록

각 풀에 등록된 잡에는 잡 우선순위 비율로 슬롯이 할당된다. 잡 우선순위에는 JobQueue TaskScheduler와 동일하게 다섯 단계로 우선순위를 설정할 수 있으며, 각 단계별 가중치는 표 18.3과 같다.

---

4 Allocation 파일은 FairScheduler가 10초 간격으로 계속 읽기 때문에, 설정 변경 후에 JobTracker를 재시작할 필요가 없다.

표 18.3 우선순위 및 가중치

우선순위	가중치
VERY_HIGH	4.0
HIGH	2.0
NORMAL	1.0
LOW	0.5
VERY_LOW	0.25

이 우선순위표에 따르면, 어느 풀에 우선순위를 가진 NORMAL과 HIGH라는 두 개 잡이 등록되어 있다고 하면, 우선순위 HIGH인 잡이 NORMAL인 잡보다 두 배 많은 슬롯을 가지게 된다. 우선순위 설정도 JobQueueTaskScheduler와 동일하게 Job 클래스의 setPriority 메소드를 사용하는 방법과 'hadoop job -set-priority' 명령을 사용하는 방법이 있다. 다음 예는 Job 클래스의 setPriority 메소드를 이용하는 방법이다. 우선순위를 LOW로 설정하고 있다.

```
Job job = new Job();
job.setPriority(JobPriority.LOW);
```

'hadoop job -set-priority' 명령을 사용하려면 다음과 같은 형식으로 실행한다.

```
$ hadoop job -set-priority <잡 ID> <우선순위>
```

잡을 풀에 등록하려면 잡 클라이언트의 mapred-site.xml을 사용해서 설정하는 방법과, API를 사용하는 방법, 그리고 잡 실행 시에 등록할 풀을 설정하는 방법이 있다.

mapred-site.xml을 이용하는 경우, mapred.fairscheduler.pool 속성을 추가하고 값으로 풀 이름을 지정한다. 잡은 실행 시에 mapred.fairscheduler.pool 속성에 설정한 풀에 등록된다. API를 이용하는 경우에는 Configuration 클래스의 set 메소드를 이용해서 mapred.fairscheduler.pool 속성에 등록할 풀을 설정한다. 이 방법으로 설정한 풀은 mapred-site.xml의 mapred.fairscheduler.pool 속성에서 설정된 값보다 우선시되기 때문에, 잡별로 정해진 풀에 등록하는 경우에도 사용할 수 있다.

```
Configuration conf = new Configuration();
conf.set("mapred.fairscheduler.pool" , "mypool1");
```

잡 실행 시에 풀을 등록하는 경우, 잡이 GenericOptionsParser를 사용하도록 구현되어 있고 -D로 시작하는 속성을 해석할 수 있어야 한다[5]. -D를 붙여서 mapred.fairscheduler.pool 속성 및 풀 이름을 지정한다. 이 방법으로 설정한 풀도 mapred-site.xml의 mapred.fairscheduler.pool 속성에서 설정한 값보다 우선된다. 상황에 따라 잡을 등록할 풀을 변경해야 하는 경우에 적합하다. 단 잡 내에서 Configuration 클래스의 set 메소드를 통해 풀이 설정되어 있는 경우, 해당 설정이 우선되니 주의하기 바란다.

```
$ hadoop jar myjob.jar MyJob -Dmapred.fairscheduler.pool=mypool1
```

참고로 mapred.fairscheduler.pool 속성에 존재하지 않는 풀을 지정하면, 자동으로 해당 풀이 생성된다. 이 풀은 JobTracker를 재시작하기 전까지는 삭제되지 않는다. JobTracker의 mapred-site.xml을 편집해서 mapred.fairscheduler.allow.undeclared.pools를 false로 설정하면 자동 생성되지 않는다.

```
<configuration>
  (중략)
   <property>
   <name>mapred.fairscheduler.allow.undeclared.pools</name>
     <value>false</value>
   </property>
  (중략)
</configuration>
```

mapred.fairscheduler.pool 속성이 설정되지 않은 경우, 초기 설정에서는 user.name 속성(hadoop 명령 실행 사용자)에 설정된 풀에 등록된다. JobTracker의 mapred-site.xml을 편집해서, mapred.fairscheduler.poolnameproperty에 기본 풀을 설정할 수도 있다.

---

5 GenericOptionsParser에 대해서는 8장을 확인하기 바란다(208쪽).

```
<configuration>
  <property>
    <name>pool.default</name> (임의의 기본 속성명을 설정할 수 있다)
    <value>mypool1</value>
  </property>

  <property>
    <name>mapred.fairscheduler.poolnameproperty</name> (기본 속성명을 지정)
    <value>pool.default</value>
  </property>
</configuration>
```

기본 풀은 임의의 속성값으로 정의한다. 이 속성명을 mapred.fairscheduler.poolname
property값으로 설정한다. JobTracker가 가동되고 있으면, mapred.fairscheduler.
allow.undeclared.pools 속성 및 mapred.fairscheduler.poolnameproperty 속성을
반영하기 위해서 JobTracker를 재시작해야 한다.

■ 잡 동시 실행 수 제어

FairScheduler에서는 기본 설정으로 풀에 등록된 모든 잡에 대해 Map 슬롯 및 Reduce
슬롯이 할당된다. 이 경우 각 잡에 공평하게 리소스가 분배되지만, 잡 실행 시간이 길어지
는 경우가 있다. 그래서 한 번에 실행하는 잡 수를 제어하여 동시 실행성과 잡당 실행 시간
의 균형을 맞출 수 있다. 또한 Allocation 파일에 〈maxRunningJobs〉 요소를 추가해서
풀별, 또는 사용자별로 슬롯을 동시에 할당할 잡의 최대 수를 제어할 수 있다.

```
<allocations>
  <pool name="mypool1">
    <weight>1.0</weight>
    <maxRunningJobs>3</maxRunningJobs>  (풀에 할당할 수 있는 잡 수)
  </pool>

  <user name="myuser">                (사용자에게 할당할 수 있는 잡 수)
    <maxRunningJobs>2</maxRunningJobs>
  </user>
</allocations>
```

풀에서 동시에 슬롯을 할당할 수 있는 잡 수를 제어하려면, 〈pool〉 요소 아래에 〈maxRun

ningJobs〉 요소 및 값을 설정한다. 사용자별로 슬롯 할당이 가능한 잡의 최대 수를 설정하려면 〈allocations〉 요소 아래에 〈user〉 요소를 기술해, name 속성에 사용자명을 기술한다. 또한, 〈user〉 요소 아래에 〈maxRunningJobs〉 요소 및 값을 기술한다.

■ 태스크 동시 실행 수 제어

FairScheduler에서는 풀 내에서 동시에 잡에 할당 가능한 슬롯 수의 최대/최솟값을 설정할 수 있다. 설정된 최솟값과 최댓값은 풀이나 잡의 가중치로 계산된 슬롯 수보다 우선되므로, 잡에 할당할 최소 슬롯을 보장하고, 과도하게 슬롯을 할당되는 것을 방지할 수 있다. 풀 내에서 동시에 할당 가능한 슬롯 수의 최소/최댓값은 Allocation 파일에 기술한다.

```
<allocations>
  <pool name="pool1">
    <minMaps>4</minMaps>
    <maxMaps>10</maxMaps>
    <minReduces>2</minReduces>
    <maxReduces>10</maxReduces>
  </pool>
</allocations>
```

이 설정에서는 풀 'pool1'에 할당된 잡에 대해, Map 슬롯 수를 최소 4, 최대 10으로 할당하고 Reduce 슬롯 수는 최소 2, 최대 10으로 할당하고 있다. 슬롯 최소/최대 수의 설정은 Map 슬롯과 Reduce 슬롯을 각각 독립적으로 설정한다. 〈minMaps〉와 〈maxMaps〉는 각각 Map 슬롯의 최소/최대를, 〈minReduce〉와 〈maxReduce〉는 각각 Reduce 슬롯의 최소/최대 수를 설정한다.

■ FIFO 모드

FairScheduler에서는 JobQueueTaskScheduler처럼 잡 우선순위와 등록일 순으로 슬롯을 할당하도록 풀을 작성할 수 있다[6]. Allocation 파일을 편집해서 〈pool〉 요소 내에 〈schedulingMode〉를 정의하고 값을 FIFO로 기술한다.

---

6 FairScheduler 스케줄링 모드는 FAIR로 초기 설정되어 있다. FIFO와 동일하게 명시적으로 정의하는 것도 가능하다.

```
<allocations>
  <pool name="pool1">
    <schedulingMode>FIFO</schedulingMode>
  </pool>
</allocations>
```

18.3.4 CapacityTaskScheduler

CapacityTaskScheduler는 FairScheduler와 마찬가지로 잡 동시 실행에 중점을 둔 스케줄러이지만, FairScheduler처럼 풀 기반으로 할당하지 않고, 복수의 큐를 사용하여 슬롯을 잡에 할당한다. CapacityTaskScheduler의 구조와 사용 방법에 대해 설명하도록 하겠다.

■ 복수의 큐를 이용한 잡 할당

CapacityTaskScheduler에서는 복수의 큐를 이용해서 잡을 할당한다. 잡은 실행 시 사전에 설정된 큐에 등록된다. 각 큐에는 슬롯 할당 비율을 설정할 수 있다. 각 큐에 등록된 잡에는 해당 큐에 분배된 슬롯을 할당한다(그림 18.2).

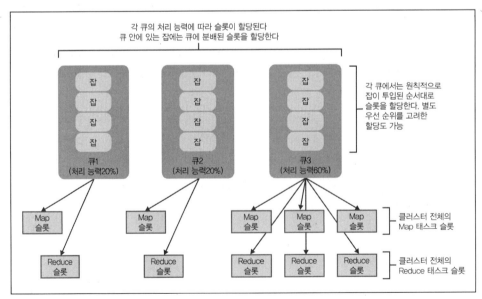

그림 18.2 CapacityTaskScheduler 구조

기본 설정에서는 큐 내의 잡에 대한 할당이 등록 일시 순으로 이루어진다. 또한 잡이 등록 돼 있지 않은 큐가 존재할 경우, 해당 큐에 분배되어 있는 큐를 다른 큐가 이용함으로써 리소스 낭비를 방지한다.

■ CapacityTaskScheduler 설정

CapacityTaskScheduler 설정 방법에 대해 알아보자. 참고로 CapacityTaskScheduler 를 적용할 때는 JobTracker를 재시작해야 한다. CapacityTaskScheduler에서는 표 18.4 에 있는 설정 파일들을 사용한다[7].

표 18.4 CapacityTaskScheduler 설정 파일

경로	용도
mapred-site.xml	사용할 큐 선언
capacity-scheduler.xml	선언한 큐의 capacity 설정
mapred-queue-acls.xml	CapacityTaskScheduler의 ACL 설정

■ CapacityTaskScheduler 기본 설정

CapacityTaskScheduler를 사용하려면, 먼저 JobTracker에서 CapacityTaskScheduler가 포함된 Jar 파일을 JobTracker 클래스 경로에 배치한다.

```
$ cd /usr/lib/hadoop-mapreduce
$ sudo cp -a contrib/capacity-scheduler/hadoop-capacity-scheduler-2.0.0-mr1-
cdh4.2.0.jar lib/
```

계속해서 JobTracker의 mapred-site.xml을 다음과 같이 편집한다.

---

7 모든 파일을 /etc/hadoop/conf/에 배치한다.

```
<configuration>
  <property>                        (CapacityTaskScheduler 사용 선언)
    <name>mapred.jobtracker.taskScheduler</name>
    <value>org.apache.hadoop.mapred.CapacityTaskSheduler</value>
  </property>

  <property>
    <name>mapred.queue.names</name>   (사용할 큐 선언)
    <value>quque1,queue2,queue3</value>
  </property>
</configuration>
```

mapred.jobtracker.taskScheduler 속성을 설정해서 CapacityTaskScheduler 사용을 선언한다. mapred.queue.names 속성에는 사용할 큐를 쉼표 구분으로 선언한다. 여기 선 세 개의 큐를 선언하고 있다.

사용할 큐를 선언했으면 각각에 대한 capacity를 설정한다. capacity란, 클러스터 전체 슬롯을 각 큐에 배분하는 비율이다. capacity 설정을 위해서 다음 두 가지 속성을 사용한다.

■ mapred.capacity-scheduler.queue.〈큐명〉.capacity

퍼센트 단위로 각 큐의 capacity를 설정한다. 등록된 모든 큐의 capacity 합이 100이 되도록 설정해야 한다. 또한, 다음 조건을 만족하도록 capacity를 설정해야 한다.

(capacity) × 0.01 × (클래스 전체 Reduce 슬롯 수) >= 1

and

(capacity) × 0.01 × (클래스 전체 Map 슬롯 수) >= 1

■ mapred.capacity-scheduler.queue.〈큐명〉.maximum-capacity

퍼센트 단위로 각 큐의 최대 capacity를 설정한다. 어느 큐에 잡이 등록되어 있지 않는 경우에는 해당 큐에 할당된 슬롯을 다른 큐가 사용할 수 있다고 했었지만, 큐에 최대 capacity를 설정함으로써 잡이 등록되어 있지 않은 큐에도 여분의 슬롯을 남겨둘 수 있다[8].

앞의 두 가지 capacity 설정 예를 다음과 같이 나타내었다.

---

8 이 값은 해당 큐의 capacity 이상, 100 이하로 잡아야 한다.

```
<configuration>
  <property>
    <name>mapred.capacity-scheduler.queue.queue1.capacity</name>
    <value>20</value>
  </property>

  <property>
    <name>mapred.capacity.scheduler.queue.queue1.maximum-capacity</name>
    <value>40</value>
  </property>

  <property>
    <name>mapred.capacity-scheduler.queue.queue2.capacity</name>
    <value>70</value>
  </property>

  <property>
    <name>mapred.capacity.scheduler.queue.queue2.maximum-capacity</name>
    <value>90</value>
  </property>

  <property>
    <name>mapred.capacity-scheduler.queue.queue3.capacity</name>
    <value>10</value>
  </property>

  <property>
    <name>mapred.capacity-scheduler.queue.queue3.maximum-capacity</name>
    <value>20</value>
  </property>

</configuration>
```

capacity 설정에는 여기서 소개한 것 외에도 사용자별 capacity 설정 등도 있다. 상세한 내용은 다음 URL을 참조하기 바란다.

Capacity 설정 예

http://hadoop.apache.org/docs/r1.2.1/capacity_scheduler.html

큐 선언과 capacity 설정이 끝났으면 JobTracker를 재시작한다. CapacityTask Scheduler 설정 상태는 'hadoop queue -list' 명령을 실행해서 확인할 수 있다. 예를 들어 클러스터

전체에서 Map 슬롯 수가 100, Reduce 슬롯 수가 50인 경우의 설정 결과는 다음과 같이
출력된다.

```
$ hadoop queue -list

Queue Name : queue1
Queue State : running
Scheduling Info : Queue configuration
Capacity Percentage: 20.0%
User Limit: 100%
Priority Supported: NO
- - - - - - - - - - - -
Map tasks
Capacity: 20 slots          (100 슬롯의 20%)
Maximum capacity: 40 slots   (100 슬롯의 40%)
Used capacity: 0 (0.0% of Capacity)
Running tasks: 0
- - - - - - - - - - - -
Reduce tasks
Capacity: 10 slots          (50 슬롯의 20%)
Maximum capacity: 20 slots   (50 슬롯의 10%)
Used capacity: 0 (0.0% of Capacity)
Running tasks: 0
- - - - - - - - - - - -
Job info
Number of Waiting Jobs: 0
Number of Initializing Jobs: 0
Number of users who have submitted jobs: 0
 (후략)
```

■ 잡 등록

잡을 큐에 등록하려면 mapred.job.queue.name 속성에 큐명을 설정한다. 이 속성은 잡
클라이언트의 mapred-site.xml에 설정하는 방법 외에도, API를 이용해서 설정하는 방
법, 잡 실행 시에 명령 라인을 통해 지정하는 방법 등이 있다.

mapred-site.xml에 mapred.job.queue.name 속성을 설정하는 경우, 다른 방법으로
큐가 지정되어 있지 않다면 이 속성에서 지정한 큐가 사용된다. 반면 API를 사용하는 경
우, Configuration 클래스의 set 메소드로 속성을 설정한다. 잡 클라이언트의 mapred-
site.xml에 설정한 큐명보다 우선하여 사용되기 때문에, 잡마다 등록할 큐가 정해져 있는

경우에 사용한다.

```
Configuration conf = new Configuration();
conf.set("mapred.job.queue.name" , "queue1");
```

명령 라인을 통해 속성을 설정하려면, 잡이 GenericOptionsParser를 이용하도록 구현되어 있어야 한다. 이 경우 잡 실행 시에 -D를 붙여서 속성을 지정할 수 있다. 이 방법으로 큐를 설정한 경우도 mapred-site.xml에서 설정한 큐보다 우선시되기 때문에, 상황에 따라 잡을 등록할 큐를 변경해야 하는 경우에 적합하다. 단, API로 잡 전체에 등록할 큐가 설정되어 있는 경우에는 해당 큐가 우선시되기 때문에 주의가 필요하다.

```
$ sudo -u mapred hadoop jar /usr/lib/hadoop-0.20-mapreduce/hadoop-examples.jar \
  pi -Dmapred.job.queue.name="queue1" 10 10
```

또한, 잡 실행 시에 등록할 큐가 지정되지 않은 경우, 잡을 자동으로 등록할 기본 큐를 설정할 수 있다. JobTracker의 mapred-site.xml을 편집해서 mapred.job.queue.name 속성에 큐명을 지정하면 된다.

```
<configuration>
  <property>
    <name>mapred.job.queue.name</name>
    <value>queue1</value>
  </property>
</configuration>
```

이 설정을 기술한 후, JobTracker를 재시작해서 설정 내용을 반영해 주어야 한다.

■ 동적 큐 추가와 capacity 변경

CapacityTaskScheduler에서는 큐 추가나 capacity 변경 등을 동적으로 실행할 수 있다. 동적 설정 변경을 하려면 JobTracker에 있는 capacity-scheduler.xml에 큐 및 capacity 설정을 기술한 후, 'hadoop mradmin -refreshQueues' 명령을 실행한다. 단, 큐 추가 시에는 명령어를 1회만 실행하면 큐가 'stopped' 상태가 돼서 사용할 수 없게 된다.

'hadoop mradmin -refreshQueues' 명령을 2회 실행하면 'running' 상태로 변경되어 추가한 큐를 사용할 수 있게 된다.

```
$ hadoop mradmin -refreshQueues
  (queue4 추가 직후 'hadoop mradmin -refreshQueues'를 1회 실행)
$ hadoop queue -list
Queue Name : queue4
Queue State : stopped (stopped 상태임)
  (중략)
$ hadoop mradmin -refreshQueues
  (2회째 'hadoop mradmin -refreshQueues' 실행
$ hadoop queue -list
Queue Name : queue4
Queue State : running (running 상태로 바뀜)
  (중략)
```

참고로 동적 추가는 가능하지만 동적 삭제는 불가능하다. 큐를 삭제하고 싶은 경우에는 capacity-scheduler.xml에서 큐 설정을 삭제하고 JobTracker를 재시작해야 한다.

■ 잡 우선순위 유효화

CapacityTaskScheduler의 초기 설정에서는 잡 우선순위를 고려한 스케줄링 기능이 꺼져 있다. JobQueueTaskScheduler나 FairScheduler와 마찬가지로, CapacityTaskScheduler도 잡 우선순위를 고려한 스케줄링이 가능하다. 큐 내의 잡에 슬롯을 할당할 때, JobQueueTaskScheduler와 동일하게 우선순위가 높은 잡이 먼저 할당된다. 초기 설정에서는 우선순위를 고려한 스케줄링 기능이 꺼져 있기 때문에, 다음 속성을 사용하면 해당 기능을 유효화할 수 있다.

■ mapred.capacity-scheduler.queue.〈큐명〉.supports-priority
〈큐명〉으로 지정한 큐가 우선 우선순위를 고려해 스케줄링할지 말지를 true/false로 설정한다. 우선순위를 고려하는 경우에는 true로 설정한다.

■ mapred.capacity-scheduler.default-supports-priority
큐에 우선순위를 고려한 처리를 할지, 말지의 여부가 설정되어 있지 않은 경우의 기본 동작을 설정한다. 우선순위를 고려한 처리 여부를 true/false로 설정하고, true인 경우 우선순위를 고려해서 처리한다.

위 두 가지 속성의 설정 예를 다음에 표시하고 있다.

```
<configuration>
  <property>
    <name>mapred.capacity-scheduler.queue.queue1.support-priority</name>
    <value>true</value>
  </property>

  <property>
    <name>mapred.capacity-scheduler.default-support-priority</name>
    <value>true</value>
  </priority>
</configuration>
```

설정 파일을 편집한 후, JobTracker를 재시작하면 설정이 반영된다. 우선순위를 고려하도록 설정한 경우에는 JobQueueTaskScheduler와 동일한 순서로 Job 클래스의 setPriority 메소드로 우선순위를 설정한다.

```
Job job = new Job();
job.setPriority(JobPriority.VERY_HIGH);
```

명령어 라인 상에서 'hadoop job -set-priority 〈잡 ID〉〈우선순위〉' 명령을 실행함으로써 잡 우선순위를 설정할 수 있다.

```
Job job = new Job();
job.setPriority(JobPriority.VERY_HIGH);
```

■ 사용자별 잡 등록 여부 제어

CapacityTaskScheduler에서는 큐별로 잡을 등록 가능한 사용자를 제어할 수 있다. 이 기능을 사용하려면, JobTracker의 mapred-site.xml을 편집해서 mapred.acls.enabled를 true로 설정한다.

```
<configuration>
  <property>
    <name>mapred.acls.enabled</name>
    <value>true</value>
  </property>
</configuration>
```

이와 같이 설정 후, JobTracker를 재시작해서 설정 내용을 반영한다.

계속해서 큐에 접근 가능한 사용자를 설정하도록 한다. 이 설정은 /etc/hadoop/conf/ mapred-queue-acls.xml에 기술한다. 이 파일에 다음 두 가지 속성을 설정하여 큐에 접근 가능한 사용자와 허가할 접속 종류를 설정한다.

▌mapred.queue.〈큐명〉.acl-submit-job

다음 규칙을 따라 큐에 잡을 등록할 수 있는 사용자와 그룹을 설정한다.

- 잡 등록을 허가할 사용자 리스트를 쉼표 구분으로 기술한 후, 스페이스(빈칸)로 구분해서 그룹 리스트(쉼표 구분)를 기술한다
- 잡 등록을 허가할 그룹만 설정하는 경우, 선두에 스페이스를 삽입하고 그룹 리스트를 기술한다
- 스페이스만 지정한 경우, 어느 사용자/그룹도 해당 큐에 잡을 등록할 수 없다
- 사용자나 그룹에 '*(별표)'를 지정한 경우, 모든 사용자/그룹이 해당 큐에 잡을 등록할 수 있다

▌mapred.queue.〈큐명〉.acl-administer-jobs

큐에 등록된 잡의 우선순위 변경이나 잡 정지 등을 허가할 사용자 및 그룹을 설정한다. 사용자와 그룹 설정 방법은 mapred.queue.〈큐명〉.acl-submit-job과 동일하다. 이 두 가지 설정 예를 다음과 같이 표시하고 있다.

```
<configuration>
  <property>
    <name>mapred.queue.queue1.acl-submit-job</name>
    <value>myuser1,myuser2 mygroup1,mygroup2</value>
  </property>

  <property>
    <name>mapred.queue.queue1.acl-administer-jobs</name>
    <value> admingroup1</value>
  </property>
</configuration>
```

mapred.queue-acls.xml을 편집한 후, MapReduce 클러스터 슈퍼 유저로 'hadoop mradmin -refreshServiceAcl' 명령을 실행해서 설정을 반영한다.

```
$ sudo -u mapred hadoop mradmin -refreshServiceAcl
```

이번 장에서는 Hadoop 클러스터를 다수의 사용자나 잡을 통해 효율적으로 사용하는 법과, 상호 간에 간섭을 일으키지 않는 사용법에 대해 알아보았다. 특히 스케줄러 선택이나 설정은 처리량에 따라 신중히 결정할 필요가 있다. 클러스터 운영 패턴을 분석해서 클러스터 리소스를 유용하게 활용하도록 하자.

PART 4

Hadoop
활용 기술

Hadoop 튜닝

19.1 튜닝이 필요한 케이스

이번 장에서는 Hadoop 개발에 필요한 튜닝 주안점에 대해 소개하겠다.

MapReduce 프레임워크를 이용하면, 8장에서 소개한 map 함수/reduce 함수 등의 요소를 구현해서 최소한의 동작만이 가능한 애플리케이션을 개발할 수 있다. 또한 분산 처리와 관련된 처리 간 조율이나 에러 처리 등은 MapReduce 프레임워크에 위임하고, 사용자는 프로그램 고유의 기능을 개발하는 데 집중할 수도 있다.

MapReduce 애플리케이션 동작 확인을 위한 것이라면 사용자가 정의한 처리 내용만 수정하면 되지만, 실제로 대량의 데이터를 처리해 보면 그 처리 시간이 매우 길어지는 경우가 많다. 사용자가 정의한 애플리케이션을 수정했음에도 불구하고 개선이 이루어지지 않는 경우에는 MapReduce 프레임워크를 튜닝할 필요가 있다.

19.2 MapReduce 잡 동작에 영향을 주는 설정

MapReduce 잡 단위로 설정 가능한 속성 및 각 데몬 프로세스 관련 튜닝에 대해 설명하겠다.

19.2.1 잡 단위로 설정 가능한 속성

MapReduce 프레임워크에서는 잡 단위로 설정 가능한 속성이 몇 가지 있다. 그중에서 튜닝과 연관된 속성과 설정 방법에 대해 설명하겠다.

■ 블록 크기 설정

MapReduce 잡에서 출력하는 파일의 블록 크기를 기본값보다 크게 함으로써, 리플리케이션 위치 변경에 드는 작업량을 줄이고 처리 시간을 단축할 수 있다. MapReduce 잡의 출력 파일이 복수의 블록으로 구성되는 경우, 보통은 각 블록을 순서대로 저장한다. 하나의 블록을 DataNode에 저장하면, 다음 블록을 저장하기 위해 다른 DataNode와 통신을한다. 이렇게 복수의 DataNode와 통신을 하며 모든 블록을 저장한다. 이때, 분할된 블록의 총수에 따라서는 반복되는 DataNode의 통신으로 인해 오버헤드가 발생할 수 있다.

블록 크기를 크게 하는 것으로 파일을 구성하는 블록 수가 줄어들고, 저장 대상 DataNode를 줄일 수 있다. 이는 결과적으로 통신 연결 횟수가 줄어들게 만든다. 블록 크기는 dfs.blocksize 속성으로 설정할 수 있으며 이 속성의 기본값은 67108864(64MB)다. 이 값을 134217728(128MB)이나 268437456(256MB)으로 변경한다. 설정 시에는 바이트 단위를 사용해도 되고 128MB처럼 단위를 붙여서 표기할 수도 있다[1]. 이 속성은 MapReduce 잡을 실행하는 서버의 hdfs-site.xml이나, MapReduce 잡 설정 시의 Configuration 클래스 인스턴스로 설정할 수 있다.

■ 리플리케이션(복제) 수 설정

MapReduce 잡을 다단계로 실행하는 경우, MapReduce 잡 사이에 생성되는 데이터의 리플리케이션 수를 줄여서 리플리케이션 생성에 걸리는 처리 시간을 단축하는 방법도 있다[2]. 리플리케이션 수는 MapReduce 잡 단위로 dfs.replication 속성을 통해 설정할 수 있으며, 기본값은 3이다. 이 속성은 hdfs-site.xml이나 MapReduce 잡 설정 시의 Configuration 클래스 인스턴스로 설정할 수 있다. 중간 데이터를 생성하는 잡을 실행할 때는, 데이터 수명이나 성능 균형을 고려해 이 속성을 2나 1로 설정하도록 한다.

■ 태스크를 실행하는 Child 프로세스 재사용

Map 태스크나 Reduce 태스크를 실행하는 Child 프로세스는, 태스크 실행 시의 데몬 프로세스와는 별도로 독립된 프로세스로 생성되며 처리를 완료하면 제거된다. 이 Child 프로세스를 재사용함으로써 프로세스 생성이나 제거 시에 드는 시간을 줄일 수 있다. 또한, 태스크가 정적 정보를 사용하는 경우, Child 프로세스가 해당 정보를 읽어 들여 재사용하면 정보 로드에 드는 시간을 줄일 수 있다[3]. 재사용에 관한 설정은 mapred.job.reuse.jvm.num.tasks 속성을 이용한다. 기본값은 1이기 때문에 1번 태스크를 실행한 후 프로세스를 제거한다. 0으로 설정하면 MapReduce 잡이 완료되기까지 Child 프로세스를 재사용한다. 2 이상으로 설정하면, 하나의 프로세스에서 설정한 태스크 수만큼만 재사용한다. 이 속성은 MapReduce 잡을 실행하는 서버의 mapred-site.xml에 설정을 기술한다.

---

1 참고로 이 블록 크기 설정이 뒤에 설명할 NameNode 힙 메모리 설정에도 영향을 끼친다.

2 이 기법을 적용하기 위해서는 잡 간에 생성되는 중간 결과물의 존속 기간이 짧아야 한다.

3 구체적으로는 Map 태스크나 Reduce 태스크를 정의하고 클래스에 static 필드를 준비해 둔다.

또는, JobConf 클래스의 setNumTasksToExecutePerJvm 메소드를 이용해서 설정할 수도 있다.

■ Reduce 단계 시작 시점을 제어

초기 설정에서 Reduce 단계는 Map 단계가 5% 완료된 시점에 시작된다. Map 단계가 완료되고 나서 Reduce 단계를 시작하는 것보다, 중간 데이터가 어느 정도 생성된 시점부터 시작하는 것이 효율적이다. Map 단계가 5% 완료된 시점에서 Reduce 단계를 시작하는 것은 빠를 수도 있다. Reduce 단계가 시작돼도 처리해야 할 중간 데이터가 너무 적어서 처리가 진행되지 않을 수 있기 때문이다. 뿐만 아니라 Reduce 태스크에 할당되는 리소스의 효용성이 떨어진다.

이런 경우는 Reduce 단계 실행을 늦추는 튜닝이 유용하다. Reduce 단계의 시작 시점은 MapReduce 잡을 실행하는 서버의 mapred-site.xml 내에 있는 mapred.reduce. slowstart.completed.maps 속성을 사용해서 설정한다. 최댓값은 1.0(100%)이다. 이 경우 Map 단계가 모두 완료되고 나서 Reduce 단계가 시작된다. 따라서 0.30(30%)에서 0.90(90%) 사이의 적절한 값을 선택하는 것이 좋다.

19.2.2 데몬 프로세스 튜닝

다음으로는 데몬 프로세스 설정 포인트에 대해 설명하겠다.

■ DataNode 블록 처리를 위한 스레드 수 설정

동시에 실행하는 Map 태스크 및 Reduce 태스크 수가 늘어나면, HDFS 접속 관련 처리도 늘어나기 때문에, 초기 설정의 스레드 수로는 부족한 경우가 있다. HDFS 관련 처리 중에 스레드 수가 부족하면, 해당 처리가 실패한 것으로 인식된다. 스레드 수는 dfs. datanode.max.transfer.threads 속성으로 설정한다. 기본값은 4096이다. 기본값이지만 충분히 큰 값으로, 일반적으로는 별도 튜닝이 필요치 않다. 단위 시간당 DataNode 접속량을 고려해서 필요에 따라 값을 더 크게 잡는 것을 검토한다. 설정은 DataNode의 hdfs-site.xml에 기술한다. 설정 완료 후에는 반영을 위하여 DataNode 데몬 프로세스를 재시작해야 한다.

■ TaskTracker의 HTTP 스레드 수 설정

Shuffle 단계에서는 Map 태스크를 실행한 TaskTracker로부터 처리 결과인 중간 데이터를 HTTP로 취득한다. 대량의 데이터를 처리하는 경우, TaskTracker의 HTTP 스레드 수가 부족해져서 Map 태스크 처리 결과를 취득하기 위해 대기 상태가 될 수 있다. HTTP 스레드 수는 tasktracker.http.threads 속성으로 설정한다. 기본값은 40이다. 슬레이브 노드 수가 100대 미만인 경우는 이 값으로 충분하지만, 100~200대 정도의 클러스터라면 40~60 정도로 설정하는 것이 적절하다. 이 설정은 TaskTracker의 mapred-site.xml에 기술한다. 설정을 반영하기 위해서는 TaskTracker 데몬 프로세스를 재시작해 주어야 한다.

19.3 Map 태스크 튜닝

Map 태스크에서는 map 함수 처리 결과인 키-밸류를 Context 클래스의 write 메소드에 전달한 후, 일단 메모리 상에서 관리한다. 이때, 메모리가 부족해지면 OutOfMemory Error가 발생하는 것을 방지하기 위해 메모리 상의 데이터를 디스크에 출력해서 세그먼트로 관리한다. Map 태스크 마지막 단계에서 이 세그먼트들을 Reduce 태스크에서 처리하기 위해 병합한다. 그림 19.1은 이 처리 흐름을 보여주고 있다.

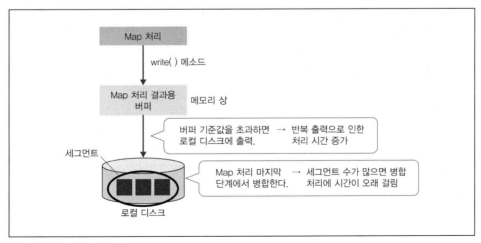

그림 19.1 세그먼트 병합

이런 일련의 처리에서 성능에 영향을 주는 요소들은 다음과 같다.

1. 메모리 상에서 데이터를 처리하지 않고 계속 디스크에 출력한다
2. 디스크에 저장한 세그먼트가 많아져서 반복 병합 처리를 한다

위 사항들을 튜닝하는 방법에 대해 소개하겠다.

19.3.1 메모리 튜닝

Map 처리 결과를 저장하는 버퍼 내부에는 두 가지 영역이 존재한다. byte형 배열로 단순히 데이터를 저장하기 위한 영역(데이터 영역)과, 데이터 영역 내의 데이터를 나누기 위한 정보를 저장하는 영역(레코드 영역)이다. 이 두 영역의 크기는 다음 속성으로 튜닝할 수 있다.

- io.sort.mb

  메모리 상에서 데이터를 처리하기 위한 버퍼를 메가바이트 단위로 설정한다. 기본값은 100(100MB)이다.

- io.sort.record.percent

  버퍼 내부에 레코드 정보를 기록하기 위해 사용할 영역을 설정한다. 기본값은 0.05 (5%)다.

메모리 상에 있는 데이터를 디스크에 출력하는 시점은 다음 속성을 사용해 튜닝할 수 있다.

- io.sort.spill.percent

  버퍼 내 데이터가 일정 비율을 초과하면 디스크에 출력한다. 기본값은 0.8(80%)이다. 이 경우, 데이터 영역 또는 레코드 영역의 크기가 전체의 80%를 넘을 때 디스크에 출력한다.

데이터 영역과 레코드 영역에 할당되는 버퍼 크기는 다음과 같이 계산된다.

1. io.sort.mb를 통해 버퍼 전체에 할당할 용량을 결정. 기본값 100을 사용하면, 버퍼 전체에 100MB를 할당한다

2. io.sort.record.percent를 통해, 레코드 영역과 데이터 영역에 할당할 용량을 결정

레코드 용량 = int (버퍼 전체 크기 × io.sort.record.percent)

레코드 용량2 = 레코드 용량 − (레코드 용량 % 16)

데이터 영역용 버퍼 크기[4] = 1번에서 구한 값 − 레코드 용량2

메모리 상에 유지할 수 있는 최대 메모리 수[5] = 레코드 용량2 ÷ 16

기본 설정에서는 데이터 영역으로 99MB, 레코드 영역에는 약 33만건의 레코드를 할당할 수 있다. 이 값과 io.sort.spill.percent에서 지정한 기준값을 가지고, 어느 시점에 메모리 상의 데이터를 디스크로 출력하는지 확인할 수 있다(그림 19.2). 데이터 영역과 레코드 영역 비율을 확인하면, 1레코드당 약 380바이트인 것을 알 수 있다.

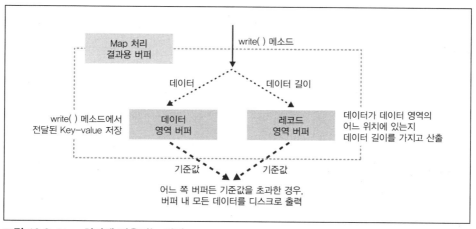

그림 19.2 Map 처리에 이용되는 버퍼

이때 1레코드당 데이터 크기가 380바이트보다 작으면 레코드 용량이 꽉 차서 디스크에 출력하는 빈도가 높아지며, 380바이트보다 크면 데이터 용량이 꽉 차서 디스크로 출력된다. 특히 1레코드 크기가 작은 경우, 데이터 영역이 비어 있음에도 불구하고 디스크로 출력된다. 1레코드의 크기를 고려해서 데이터 영역과 레코드 영역을 설정하도록 하자(그림 19.3)

---

4 byte형 배열로 데이터 영역만큼 확보된다.

5 int형 배열로 레코드 수만큼 확보된다.

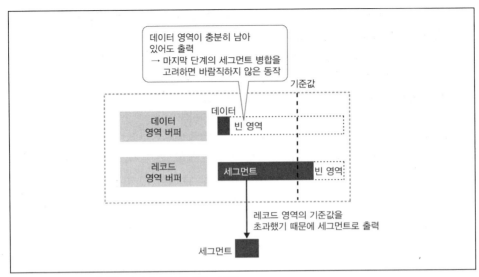

데이터 영역이 충분히 남아
있어도 출력
→ 마지막 단계의 세그먼트 병합을
  고려하면 바람직하지 않은 동작

기준값

데이터
영역 버퍼

데이터

빈 영역

레코드
영역 버퍼

세그먼트

빈 영역

레코드 영역의 기준값을
초과했기 때문에 세그먼트로 출력

세그먼트

그림 19.3 Map 처리용 버퍼에 영향을 주는 동작

여기서 설명한 Map 태스크 관련 설정은 사전에 처리 데이터의 1레코드 크기를 알고 있으면 조정 가능하다. 이것이 어려우면 Map 태스크의 로그를 보고 판단할 수 있다.

디스크에 출력할 때는 'Spill'이라는 단어와 함께 디스크 출력에 연관된 메시지가 출력된다. 이때, 레코드 영역의 기준값을 초과한 경우는 'record full', 데이터 영역 기준값을 초과한 경우는 'buffer full'이라는 메시지가 출력된다. 'record full'인 경우 튜닝이 필요하다할 수 있다.

19.3.2 세그먼트 병합

다음은 디스크에 출력한 세그먼트를 병합하는 경우에 대해 생각해 보자. 한 번에 병합하는세그먼트 수는 io.sort.factor 속성에서 설정할 수 있다. 이 속성의 기본값은 100이다. 그림 19.4는 세그먼트 병합 흐름을 보여주고 있다.

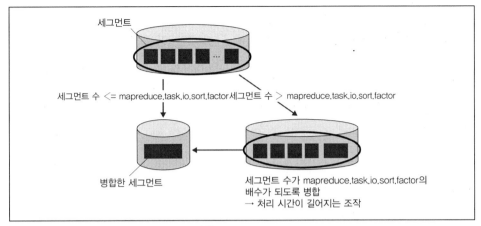

그림 19.4 Map 처리 결과인 세그먼트 병합

세그먼트 수가 io.sort.factor보다 많으면, io.sort.factor의 배수가 되도록 병합된다. 이 병합 처리가 반복됨으로써 처리 시간이 길어진다. 디스크에 출력하는 세그먼트 수가 설정 값을 초과할 것으로 예측되면, io.sort.factor값을 변경해서 병합에 걸리는 시간을 줄이도록 하자. 세그먼트를 한 번에 병합하든가, 의미 없는 세그먼트를 생성하지 않도록 버퍼를 조정한다.

Map 태스크의 로그 마지막 부분에 세그먼트 병합 메시지가 몇 줄씩 출력되어 있으면, 이 처리에 많은 시간이 걸리고 있음을 의미한다. 한 번에 병합할 세그먼트 수를 100~200까지 늘려서 조정하도록 한다.

19.3.3 Map 태스크 수 줄이기

노드 간 통신을 효율화하기 위한 또 다른 방법으로, Map 태스크 수를 줄여서 중간 데이터 양을 감소시키는 방법이 있다. 예를 들면, 다음과 같은 방법이다.

로컬 디스크에 있는 작은 파일들을 HDFS에 저장할 때, 사전에 로컬 디스크에 있는 작은 파일들을 병합해서 그 병합한 파일을 HDFS에 저장하는 것이다. MapReduce 프레임워크의 InputFormat 클래스인 CombineFileInputFormat 클래스를 이용하여 작은 파일들을 일괄 처리할 수 있다[6].

---

6 CombineFileInputFormat은 추상 클래스이기 때문에 CombineFileInputFormat 클래스를 계승해서 InputFormat 클래스를 작성해야 한다.

19.4 Reduce 태스크 튜닝

Reduce 태스크 실행 시, 특히 Shuffle 단계에서 Map 태스크가 출력한 중간 데이터를 취득할 때, 통신이 빈번하게 발생한다. 또한 취득한 데이터를 키로 정렬해서 키 단위로 집약할 때, 메모리 상 정렬이나 디스크 상 정렬이 이루어진다.

19.4.1 노드 간 통신 효율화

우선은 노드 간 통신 효율화를 생각해 보자. Shuffle 단계에서는 각 Reduce 태스크가 중간 데이터를 복사하는 스레드를 생성해 Map 태스크를 실행한 슬레이브 노드에서 HTTP로 중간 데이터를 취득한다. 이때, 한 번에 대량의 중간 데이터를 취득하면 Hadoop 클러스터 내 네트워크에 부하가 걸리게 된다. 그래서 Reduce 태스크 하나당 복사 스레드 수를 제어해, 한 번에 복사할 중간 데이터양을 조정한다. 이때 스레드 수는 다음 속성을 통해 변경할 수 있다.

- mapred.reduce.parallel.copies
  Reduce 태스크 하나가 실행하는 중간 데이터 복사용 스레드 수(기본값은 5).

이 복사 스레드 수는 Shuffle 단계에 걸리는 시간에 크게 영향을 끼친다. 이 값은 Reduce 태스크당 스레드 수이기 때문에 클러스터 전체적으론 다음 수만큼 실행할 수 있다.

mapred.reduce.parallel.copies × mapred.tasktracker.reduce.tasks.maximum × 스레드 수

또한, TaskTracker 한 대가 한 번에 처리할 수 있는 중간 데이터 복사 요청 수는 앞서 설명한 HTTP 스레드 수로 제어한다. 따라서 이 값을 적절하게 조정해 가면서 Shuffle 단계의 네트워크 대역을 최적으로 사용할 수 있는 복사 스레드 수를 찾도록 하자.

19.4.2 메모리 튜닝

다음은 Reduce 태스크의 메모리와 디스크 관계에 대해 설명하도록 하겠다. Shuffle 단계에서는 Reduce 태스크가 Map 태스크의 모든 중간 데이터를 취득한다. 여기서 중간 데이터를 디스크로 출력한다고 판단하는 기준이 되는 값이, Shuffle 처리에 걸리는 시간에 영향을 주게 된다. 이때, 기준값을 다음 속성으로 제어할 수 있다.

- mapred.job.shuffle.input.buffer.percent
  Shuffle에서 이용할 버퍼 크기 설정(기본값은 0.70).

이 속성에서 설정한 값을 기준으로 다음 식을 사용해서 기준값이 결정된다.

- 버퍼 크기 결정
  버퍼 크기 = Reduce 처리 최대 메모리 크기 × mapred.job.shuffle.input.buffer.percent
  Reduce 태스크의 최대 메모리 크기는 mapred.reduce.child.java.opts에서 지정한다. 기본값은 -Xmx200m이기 때문에, 200MB가 최대 메모리 크기다.

- 버퍼에 저장할 기준값과 크기 설정
  기준값이 되는 크기 = 버퍼 × 0.25

하나의 중간 데이터 크기가 계산한 기준값 크기보다 작은 경우, 중간 데이터를 버퍼 영역에 저장하고, 큰 경우에는 디스크에 저장한다. 이때, 중간 데이터가 압축돼 있어도 비 압축 상태의 크기로 비교한다. 이 관계를 그림 19.5에 나타내고 있다.

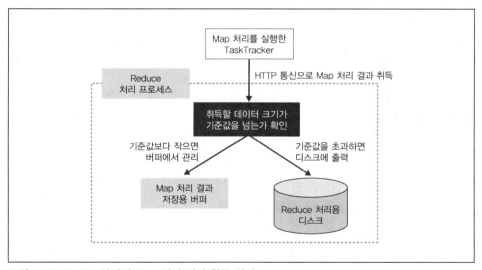

그림 19.5 Shuffle 단계의 Map 처리 결과 취득 위치

메모리에 존재하는 것과 디스크에 존재하는 중간 데이터는 이후 처리에서 병합된다. 여기서 메모리/디스크에 존재하는 중간 데이터를 병합하는 시점이나, 한 번에 병합하는 중간 데이터 수 등도 Shuffle 처리 시간에 영향을 준다. 디스크보다 메모리 상에서 병합하는 것

이 빠르기 때문에, 가능한 많은 중간 데이터를 메모리 상에서 정렬하여 디스크에 저장하는 중간 데이터 수를 줄일 필요가 있다. 그리고 디스크 상에서 중간 데이터를 정렬하는 경우, 한 번에 정렬하는 중간 데이터 수를 제어하는 것이 중요하다. 메모리 상에서 중간 데이터를 병합하는 기준값은 다음 속성으로 설정한다.

- mapred.job.shuffle.merge.percent
  메모리 상에서 병합할 시점을 설정(기본값은 0.66).

- mapred.inmem.merge.threshold
  메모리 상에 저장할 세그먼트(중간 데이터) 수를 설정(기본값은 1,000).

이 속성에서 설정한 값을 이용해서 메모리 상의 병합 시점을 다음과 같이 결정한다.

- 버퍼 사용량 비율이 mapred.job.shuffle.merge.percent 속성에서 지정한 값을 초과하는 경우
- 버퍼 상에 있는 세그먼트 수가 mapred.inmem.merge.threshold 속성에서 지정한 값을 초과하는 경우

메모리 상의 병합 시점은 위 조건 이외에 중간 데이터 취득 대기 상태를 초래하는 데이터 크기 등도 고려해야 한다. 단, 이것은 프레임워크 자체적 문제라 설정으로 변경할 수 없다. 특히 버퍼 사용량은 Reduce 태스크가 사용하는 메모리 크기가 크면, 아직 버퍼에 저장할 수 있음에도 불구하고 병합해 버린다.

기본값(200MB)보다 큰 값(1GB 등)을 부여할 때는, 버퍼 크기와 병합 처리 기준값을 더 큰 값으로 잡는 것이 좋다. 그림 19.6에서 버퍼 상의 병합 시점에 대한 흐름을 보여주고 있다.

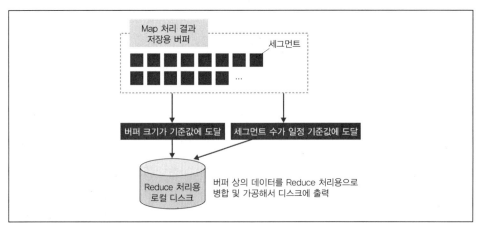

그림 19.6 Shuffle단계의 데이터 병합

마지막으로, 디스크에 저장된 중간 데이터 병합에 대해 설명하도록 하겠다. 디스크에 저장된 중간 데이터 병합 단위는 Map 태스크에서 세그먼트를 병합할 때 사용했던 io.sort.factor 속성으로 제어한다. 이 속성의 기본값은 10이기 때문에[7], 10개 파일 단위로 병합된다. 병합 단위가 커지면 병합 처리 시간을 줄이기 위해 한 번에 병합할 수 있는 큰 값을 설정하도록 하자.

19.5 자바 VM 튜닝

Hadoop 실행 시 기반이 되는 자바 VM(Java VM)과 OS 계층의 튜닝 방법에 대해 설명하겠다. Hadoop은 자바 VM 상에서 동작하기 때문에, 자바의 특성이 그대로 Hadoop 동작에 영향을 준다. 특히 다음 두 가지가 중요하다.

- 힙 메모리 크기
- GC(Garbage collection, 가비지 콜렉션)

힙 메모리는 Hadoop을 동작시키기 위해 필요한 정보를 메모리 상에 저장할 때 해당 메모리 영역에 영향을 끼친다. 또한, 가비지 콜렉션은 힙 메모리 상에서 불필요해진 객체를 제거하기 위해 실행된다. Hadoop은 메모리 상에서 데이터를 처리하는 경우가 많기 때문에, 힙 메모리 크기가 처리 시간에 큰 영향을 끼친다. 그러면 자바 VM 튜닝 관점에서 이런 사항들을 살펴보도록 하겠다.

19.5.1 힙 메모리 크기

힙 메모리 크기는 데몬 프로세스의 힙 크기와 태스크의 힙 크기 등, 두 가지 관점에서 설정한다.

■ 데몬 프로세스의 힙 메모리 크기

NameNode나 JobTracker, DataNode, TaskTracker 등 노드로서 동작하는 프로세스는

---

7 Reduce 태스크의 io.sort.factor가 가지는 기준값과 병합 방식은 유사 분산 모드와 완전 분산 모드에서 다르다. 여기서는 완전 분산 모드를 기준으로 설명하고 있다.

기본 최대 힙 크기가 1,000(1,000MB)으로 설정되어 있다. 최대 힙 크기는 ${HADOOP_HOME}/conf/hadoop-env.sh[8] 내, 또는 /etc/default/hadoop-〈데몬 프로세스에 대응하는 패키지명〉[9] 내에 HADOOP_HEAPSIZE 변수를 설정해서 제어할 수 있다. 참고로 hadoop-env.sh와 hadoop-〈데몬 프로세스에 대응하는 패키지명〉 양쪽 파일에 HADOOP_HEAPSIZE 변수를 설정하면, hadoop-env.sh에 설정한 값이 우선시된다.

▌ hadoop-env.sh 설정

```
HADOOP_HEAPSIZE  = <힙 크기(MB 단위)>
```

▌ hadoop-〈데몬 프로세스에 대응하는 패키지명〉

```
export HADOOP_HEAPSIZE = <힙 크기(MB 단위)>
```

여기서는 HADOOP_HEAPSIZE를 쉘 변수가 아닌, 환경 변수로 설정했으니 주의하기 바란다.

데몬 프로세스의 힙 메모리 튜닝은 마스터 노드의 데몬 프로세스와 슬레이브 노드의 데몬 프로세스가 각기 다른 방침을 가진다. 슬레이브 노드(DataNode, TaskTracker)는 초기 설정으로 문제가 없지만, 마스터 노드(NameNode, JobTracker)는 튜닝이 필요하다.

19.5.2 NameNode의 힙 메모리 설정

NameNode 는 HDFS 상에 저장한 파일이나 디렉터리, 그리고 블록에 관한 정보를 힙 메모리에서 관리한다. 이 때문에 힙 메모리가 꽉 차게 되면 파일을 더 이상 저장할 수 없다. NameNode에서는 HDFS 상의 1파일, 1블록에 150바이트의 힙 메모리를 소비한다. 이 값을 통해 NameNode에서 관리할 수 있는 파일 수나 블록 수를 계산할 수 있다. 예를 들어 HDFS의 '/' 디렉터리 아래에 블록 수 10인 파일이 두 개 있는 경우, NameNode에

---

8 hadoop-env.sh는 초기 설치되지 않기 때문에, 직접 작성해 주어야 한다. 작성 후에는 사용자 및 소유 그룹을 root:root로 잡고, 권한 속성을 644로 설정한다.
9 RedHat 계열 OS에 RPM으로 CDH 4.2를 설치한 경우에 생성된다. 예를 들어, NameNode의 경우 hadoop-hdfs-namenode라는 파일이 생성된다. 이 파일은 service 명령으로 데몬 프로세스 시작할 때 참조된다.

서는 다음 계산을 근거로 3KB 힙 메모리를 사용한다.

HDFS 디렉터리 관련 정보: 1디렉터리

HDFS 파일 관련 정보: 2파일

HDFS에 저장되는 블록: 10블록 × 2파일 = 20블록

NameNode가 소비하는 힙 메모리: (1+2+20) × 150바이트 = 3,450바이트

NameNode의 힙 메모리는 Hadoop에서 관리하고 있는 파일 수와 파일 평균 크기(블록 수 계산을 위해)를 고려해서 설정하도록 하자. 또한, NameNode의 힙 메모리 사용을 줄이기 위해 다음과 같은 방법들이 존재한다.

• 크기가 작은 파일을 하나의 큰 파일로 병합한다
• 블록 크기를 설정값(기본값 64MB)보다 크게 하여 파일을 구성하는 블록 수를 줄인다
• HDFS 상에 저장할 파일을 압축한다

블록 크기보다 작으며 같은 종류의 파일인 경우, 하나의 파일로 파일로 병합해서 HDFS 상에서 관리하는 파일 수나 블록 수를 줄일 수 있다. 작은 파일은 HDFS에 저장하기 전, 가능한 한 병합하도록 한다.

블록 크기를 기본값보다 크게 하면 NameNode가 유지하는 블록 수를 줄일 수 있다. 예를 들어 128MB로 설정해서 큰 크기의 파일을 다루는 경우, 파일을 구성하는 블록 수가 적어지기 때문에, 64MB 블록에 비해 절반의 힙 메모리만 소비하게 된다. 블록 크기는 dfs.blocksize 속성으로 설정할 수 있다[10]. 또한, HDFS 상에 압축 파일을 저장함으로써 파일 크기를 줄이고 블록 수도 함께 줄이는 방법이 있다. HDFS 상에 있는 파일을 압축하는 MapReduce 잡을 실행해서 파일 크기를 줄이고, 연관 블록 수를 줄일 수 있다. MapReduce 프레임워크에서는 snappy, gzip, bzip2, zlib 등의 압축 형식을 이용할 수 있다. 압축률이나 압축 속도, 코덱 특성(분할 여부) 등을 균형있게 고려해서 압축하도록 하자.

19.5.3 JobTracker의 힙 메모리 설정

JobTracker는 MapReduce 잡이나 잡 내의 Map 태스크, Reduce 태스크 관련 정보

---

10 참고로 이미 HDFS에 저장한 파일의 블록 크기를 변경할 수는 없다. HDFS의 cp 명령으로 별도 파일로 블록 크기를 변경하거나, 일단 파일을 로컬 디스크로 이동하거나 삭제한 후, 다시 HDFS에 저장해서 변경하도록 한다.

를 메모리 상에서 관리한다. 또한, 처리가 끝난 MapReduce 잡도 사용자별로 일정 수만큼 메모리 상에서 관리한다. 대량의 Map 태스크/Reduce 태스크를 실행하는 경우, JobTracker의 힙 메모리가 작으면 실행할 수 없게 된다. 이 때문에 Map 태스크 수나 Reduce 태스크 수 설정은 매우 중요하다. 완료된 MapReduce 잡 관련 정보의 저장 수는 mapred-site.xml의 mapred.completeuserjobs.maximum 속성을 통해 설정할 수 있다. 기본값은 100으로, 사용자별로 100개의 MapReduce 잡 이력을 힙 메모리에서 관리한다. 예를 들어, MapReduce 잡을 실행하는 것이 한 명의 사용자이면 100잡이 저장되고, 100명의 사용자면 10,000잡분이 저장된다. 사용자 수나 환경에 따라 최적값이 다르기 때문에, 클러스터 이용 상태에 따라 변경하도록 하자.

HADOOP_HEAPSIZE 변수에 설정한 힙 크기는 자바 옵션에서는 -Xmx1000m와 같은 의미다. 이와 같은 방식으로 데몬 프로세스의 힙 크기를 한 번에 최대치까지 할당하려면, '-Xms' 옵션을 함께 사용한다. 이것은 자바 VM 옵션으로, 초기에 할당할 힙 크기를 지정한다. 예를 들어, 최대 힙 메모리를 2,000m로 하려면, -Xms2000m를 함께 설정해줌으로써 자바 VM 가동 시에 2,000MB가 할당된다.

Hadoop에서 -Xms 옵션은 ${HADOOP_HOME}/conf/hadoop-env.sh 또는 /etc/default/hadoop-〈데몬 프로세스에 대응하는 패키지명〉 내의 HADOOP_OPTS 변수나 가동 데몬에 대응하는 변수(예: NameNode의 경우, HADOOP_NAMENODE_OPTS)를 사용해서 다음과 같이 설정한다[11].

■ ${HADOOP_HOME}/conf/hadoop-env.sh 설정

```
HADOOP_HEAPSIZE=2000
HADOOP_OPTS=" -Xms2000m"
```

■ /etc/default/hadoop-〈데몬 프로세스에 대응하는 패키지명〉 설정

```
export HADOOP_HEAPSIZE=2000
export HADOOP_OPTS=" -Xms2000m"
```

---

11 예는 HADOOP_OPTS 변수를 설정하는 경우다. HADOOP_HEAPSIZE는 2000으로 설정돼 있다고 가정한다.

HADOOP_OPTS에 -Xms 옵션을 추가하면 초기 단계부터 2,000MB가 할당된다.

19.5.4 태스크 프로세스의 힙 메모리 크기

MapReduce 잡을 실행할 때, Child 프로세스는 mapred.map.child.java.opts(Map 태스크)와 mapred.reduce.child.java.opts(Reduce 태스크) 속성 내에 자바 VM 옵션을 설정할 수 있다. 기본값은 -Xmx200m로, 최대 200MB까지 자바 VM 힙 크기가 설정되어 있다.

Hadoop의 Map 태스크나 Reduce 태스크는 힙 메모리 상에서 데이터를 처리할 수 없게 되면 로컬 디스크로 내보낸다. 이 때문에 프레임워크 내에 개별적으로 인스턴스를 대량으로 생성해서 계속 유지하지 않는 한, 메모리 부족으로 인한 OutOfMemoryError는 발생하지 않는다. Child 프로세스의 메모리 크기는 슬레이브 서버의 메모리양과 Map 슬롯 수, Reduce 슬롯 수, 노드 계열 프로세스, Hadoop 이외의 프로세스를 바탕으로 계산이 가능하다. 슬레이브 서버에 1GB 메모리가 있다고 하면, 슬롯 수나 다른 프로세스 가동 상황에 따라 200MB보다 큰 512MB~1GB로 설정할 수 있다.

19.5.5 가비지 콜렉션(Garbage Collection)

가비지 콜렉션(Garbage Collection. 이하 GC)에 대해서는 다음 두 가지 사항을 검토한다.

■ 힙 영역

자바에서는 다른 객체가 참조하지 않는 객체는 GC에 의해 메모리에서 해제된다. JVM 힙 메모리는 New 영역과 Old 영역, Permanent 영역 등 세 가지로 구성된다. New 영역은 다시 Eden 영역과 Survivor 영역으로 구성되며, Survivor 영역은 다시 두 개의 영역으로 반씩 나뉜다. 그림 19.7에서는 자바의 힙 메모리 영역을 표시하고 있다.

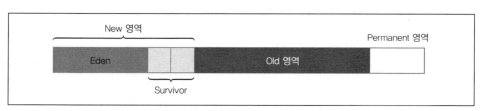

그림 19.7 자바의 힙 메모리 영역

새롭게 생성된 객체는 Eden 영역에 저장된다. 1회째 GC로, 해당 시점에 사용되고 있는 객체를 Survivor 영역 중 한쪽으로 이동시킨다.

또 다른 객체가 Eden 영역에 생성되고 2회째 GC가 실행되면, Eden 영역의 신규 객체와 1회째 GC로 Survivor 영역에 저장된 객체가 GC의 대상이 된다. 이 GC에서 생존한 객체는 Survivor 영역의 다른 한쪽에 할당된다. Survivor 영역에서 GC가 X회 실행돼도 생존해 있거나, Survivor 영역이 가진 기준값을 초과했을 경우, Survivor 영역에 장기간 존재하던 객체는 Old 영역으로 이동된다. Old 영역은 GC 실행 대상이 되지 않는다. Old 영역이 일정 기준값을 초과하는 경우, New 영역과 함께 'Full GC'가 실행된다. 그림 19.8에서는 이러한 관계를 보여주고 있다.

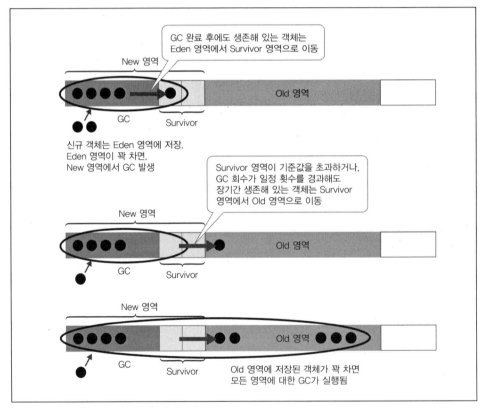

그림 19.8 GC(가비지 콜렉션) 처리 흐름

Hadoop에서는 힙 영역 설정을 노드 계열 프로세스에 적용한다. 특히 NameNode와 JobTracker, TaskTracker의 힙 메모리 영역을 조절한다.

■ NameNode

NameNode는 HDFS 파일의 메타데이터를 힙 메모리에 저장한다. 이때 HDFS에 저장하는 파일을 영구적으로 보존하는 비율이 높은 경우, GC를 계속 실행해도 회수되지 않기 때문에 Old 영역에 저장하게 된다. 이런 이유로 Old 영역을 크게 잡을 필요가 있다. 반대로 HDFS에서 저장하는 기간이 짧은 파일이 많으면 New 영역을 늘려서 GC가 신속하게 회수하도록 설정해야 한다.

■ JobTracker/TaskTracker

JobTracker나 TaskTracker는 MapReduce 잡이 완료됨과 동시에 힙 메모리에서 정보를 제거한다. 이 때문에 New 영역을 확장해서 객체 대부분을 해당 영역에서 관리하도록 설정한다. 설정 옵션은 그림 19.9에 보여주고 있다.

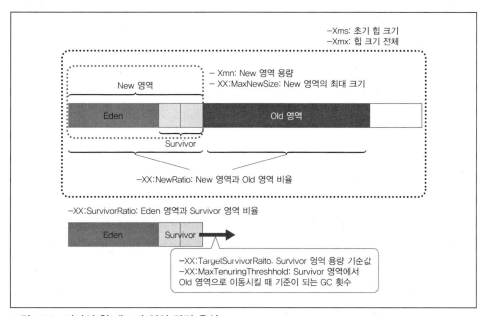

그림 19.9 자바의 힙 메모리 영역 관련 옵션

■ −Xmn(−XX:NewSize), −XX:MaxNewSize, −XX:NewRatio

-Xmn는 자바 프로세스 가동 시에 할당하는 New 영역 크기를 지정한다. -Xmn과 -XX:NewSize는 동일한 기능이다. -XX:MaxNewSize는 힙 메모리의 최대 New 영역 크기를 지정한다. -XX:MaxNewSize와 비슷한 옵션으로 New 영역과 Old 영역 비율을 지정할 수 있는 '-XX:NewRatio'도 있다.

-XX:NewRatio=5와 같이 설정하면 New 영역과 Old 영역 비율이 1:5가 된다. 다시 말해, New 영역은 힙 메모리 전체의 1/6이 된다. -XX:MaxNewSize와 -XX:NewRatio 중 하나를 사용해서 설정한다. 기본값은 -Xmn=2.125m, -XX:NewRatio=2로 설정되어 있다. New 초기 영역이 2.125MB, New 영역과 Old 영역 비율이 1:2라는 것을 의미한다. Hadoop에 사용되는 노드는 힙 메모리의 최대 크기를 처음 가동 시점에 정하기 때문에, -Xmn을 크게 설정해도 문제없다.

▌ -XX:SurvivorRatio

New 영역 내의 Eden 영역과 Survivor 영역 비율을 설정하며, 기본값은 8이다. 이것은 Survivor 영역과 Eden 영역을 2:8 비율로 설정한다는 것을 의미한다. 즉, Survivor 영역 하나는 New 영역 전체의 1/10이 된다. SurvivorRatio는 값을 2~8정도 설정하도록 하자.

▌ -XX:TargetSurvivorRatio

Survivor 영역이 꽉 찼는지 여부를 판단하기 위한 속성이다. 이 값을 초과하면 Survivor 영역에서 Old 영역으로 객체를 이동한다. TargetSurvivorRatio의 기본값은 50으로 Survivo 영역의 50%를 초과한 경우, Survivor 영역에 포함된 객체를 Old로 이동한다. New 영역만으로 객체를 유지하고 싶은 경우에는, Survivor 영역을 충분히 이용하기 위해서 80~90 정도로 값을 변경해서 Old 영역으로 이동이 발생하지 않도록 한다.

▌ -XX:MaxTenuringThreshold

Survivor 영역에 있는 객체는 몇 번의 GC 실행 동안 생존하고 있는가가 체크되는데, MaxTenuringThreshold가 이 값을 확인한다. Survivor 영역에 있는 객체 중, 옵션에서 설정한 GC 횟수보다 오래 생존해 있는 객체는 Old 영역으로 이동된다. 이 값의 기본값은 31로, 32회 GC에서 생존해 있는 객체는 Old 영역으로 옮겨진다. 뒤에서 설명할 Full GC 실행 방식인 동시(Concurrent) GC(-XX:+UseConcMarkSweepGC)를 이용하면, MaxTenuringThreshold가 0으로 설정되어 GC 후에 생존해 있는 객체는 바로 Old 영역에 저장된다. 동시 GC를 이용할 때는 객체로서 명시하도록 한다(예: -XX:MaxTenuring Threshold=31).

■ GC 설정

GC에는 New 영역을 위한 GC와, New 영역과 Old 영역을 포함하는 Full GC가 있다. Hadoop에서 사용하는 자바 1.6(64bit)에서는 병렬(parallel) GC 방식이 사용된다. 병렬 GC는 복수의 스레드를 사용한다(그림 19.10).

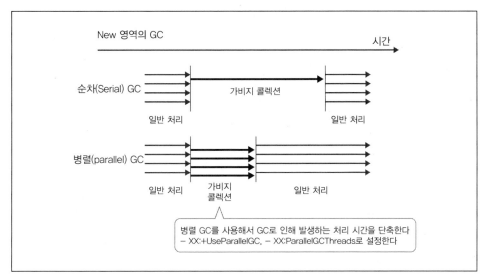

그림 19.10 new 영역의 병렬 GC

이 스레드 수는 '-XX: ParallelGCThreads' 옵션에서 설정할 수 있다. 스레드 수를 별도로 설정하지 않으면 CPU 코어 수가 할당된다.

병렬 GC는 초기 설정에서는 New 영역의 GC에 적용된다. Full GC에도 적용하려면 '-XX:+UseParallelOldGC' 옵션을 사용한다. 자바 VM의 힙 메모리 크기가 크지 않으면 이 설정으로도 문제가 없지만, NameNode나 JobTracker처럼 힙 메모리를 대량으로 사용하는 노드에서는 Full GC 처리 시간이 길어진다. 10GB 이상의 메모리를 사용하게 되면, Full GC에 의한 정지 시간이 1분 이상 걸릴 수도 있다. 이 때문에 Full GC 실행 방식을 변경해 줄 필요가 있다.

자바 VM에서는 Full GC 실행 방식으로 동시 GC를 자바 VM 옵션으로 설정할 수 있다. 그림 19.11에서는 동시 GC와 Full GC의 차이를 보여주고 있다.

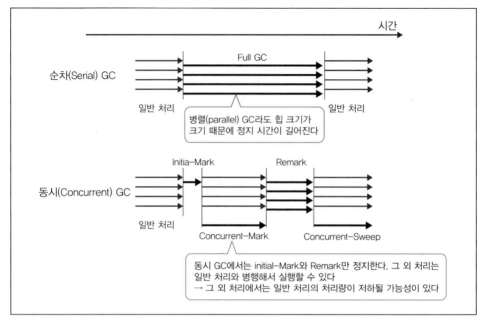

그림 19.11 Full GC 동작

동시 GC는 자바 VM 옵션으로 '-XX:+UseConcMarkSweepGC'를 설정해서 이용할수 있다. 이용할 때는 New 영역에서 병렬 GC를 사용하기 위해서 별도로 '-XX:+UseParNewGC'를 적용한다. 지금까지 설명한 GC 설정 관련 옵션을 정리하면 다음과 같다.

▌ −XX:+UseConcMarkSweep

Full GC 실행 방식을 동시 GC로 설정한다.

▌ −XX:+UseParNewGC

동시 GC를 이용할 때, 기본 옵션인 병렬 GC(-XX:+UseParallelGC)가 아닌, 이 옵션을 사용한다. CPU 코어 수가 2 이상이고 물리 메모리가 2GB 이상인 서버에서 동시 GC를 사용하면, 자동으로 이 옵션이 설정된다.

▌ −XX:CMSParallelRemarkEnabled

동시 GC에서는 Full GC 회수 대상인 객체를 확인한 후에 객체를 회수한다. CMSParallelRemarkEnabled 옵션을 사용하는 것으로 객체 확인을 병렬로 실행한다. 이를통해 GC에 걸리는 처리 시간을 단축할 수 있다. CPU 코어 수가 2이고 물리 메모리가 2GB 이상인 서버에서 동시 GC를 사용하면, 자동으로 이 옵션이 설정된다.

이상으로 힙 메모리 설정과 GC 설정에 관한 자바 VM 옵션을 살펴보았다. 또한 튜닝에 직접 효과가 있지 않지만, 장기적인 운영이나 이상 발생 시 상황 파악을 위해 다음 옵션들을 추가로 활용할 수 있다.

■ −XX:+PrintGCDetails

GC의 상세 정보를 기록한다. GC 실행 전후에 힙 영역이 어떻게 변화했는지 파악할 수 있고, GC 실행 시간도 알 수 있다.

■ −XX:+PrintGCTimeStamp

GC가 처리된 시점을 출력한다. 이것은 자바를 가동한 이후의 경과 시간이 출력되는 것으로, GC가 발생한 시간(Timestamp)이 출력되는 것은 아니니 주의하기 바란다.

이들 옵션의 출력 결과는 로그에 기록된다. 로그 파일 출력 위치는 ${HADOOP_HOME}/conf/hadoop-env.sh나, /etc/default/hadoop-〈데몬 프로세스에 대응하는 패키지명〉 내의 HADOOP_LOG_DIR 변수에서 지정할 수 있다. 초기 설정에서는 /etc/default/hadoop-〈데몬 프로세스에 대응하는 패키지명〉에 각 데몬에 해당하는 출력 위치가 설정되어 있다. 이 변수에서 지정한 저장 위치에 〈로그 파일명〉.out이라는 명칭으로 로그가 저장된다.

19.6 OS 튜닝

OS 계층 튜닝에 대해 설명하겠다. Hadoop은 자바 기반 애플리케이션이지만, OS도 의식하지 않으면 안 된다. 여기선 CentOS 6 버전(RedHat 계열 리눅스 배포 버전)과, 파일 시스템 ext4를 전제로 튜닝 항목에 대해 설명한다[12].

19.6.1 파일 디스크립터(Descriptor) 설정

Hadoop은 MapReduce 처리나 블록 리플리케이션으로 파일을 처리한다. 이 파일 처리

---

12 CentOS 6을 전제로 한다고 했지만, Debian 계열 배포 버전에도 동일하게 적용할 수 있다.

에 따라 파일 디스크립터를 사용한다. 파일 디스크립터 수가 적으면, 프로세스별로 열 수 있는 파일 수나 소켓 수가 제한되어, MapReduce 잡이 실패할 가능성이 있다. RPM에서 CDH 4를 설치한 경우, /etc/security/limits.d 내에 hdfs.conf와 mapred.conf가 생성되며, 파일 디스크립터는 이들 파일에 설정되어 있다. 기본값으로 충분히 큰 값이 설정되어 문제가 발생할 일이 거의 없지만, 만약 문제가 발생한다면 여기서 설정한 값이 사용되고 있는지, 값이 작은 값으로 변경되진 않았는지 등을 확인할 필요가 있다. 예를 들어, hdfs 사용자가 다룰 수 있는 파일 디스크립터의 소프트/하드 리밋을 32768로 설정하는 경우, 다음과 같은 형식이 된다.

```
$ hdfs - nofile 32768
```

위 값을 변경했다면, 반영을 위해서 해당 사용자를 로그아웃한 후 다시 로그인해 주어야 한다. NameNode나 DataNode는 hdfs 사용자로 실행되고 있기 때문에, 데모 프로세스를 재시작해야만 설정이 반영된다.

19.6.2 통신 관련 설정

Hadoop 클러스터에서는 Heartbeat 통신이나 Shuffle 단계의 중간 데이터 취득, 블록 복제 등 다양한 처리에서 통신이 이루어진다. 통신 기반이 TCP이기 때문에 TCP 관련 설정을 튜닝하도록 한다. TCP 통신이 끝나고 연결을 닫는 상태가 되면 'TIME_WAIT'라는 상태가 된다. TIME_WAIT 상태에서 일정 시간이 경과하면 연결이 회수된다.

연결이 대량으로 발생하는 경우, TIME_WAIT에 의한 리소스 낭비를 막기 위해서 연결 회수 간격을 짧게 할 필요가 있다. 이를 위해서 'net.ipv4.tcp_tw_recycle'을 사용하며, 추가적으로 FIN_WAIT2 상태에서 TIME_WAIT 상태로 변경되는 간격을 짧게 하기 위해 타임아웃을 설정한다. 이것은 'net.ip4.tcp_fin_timeout'으로 설정할 수 있다. 이 항목의 기본값은 60이지만 30으로 변경한다. 또한, 이들 설정은 /etc/sysctl.conf에 기술한다.

```
net.ipv4.tcp_tw_recycle = 1
net.ipv4.tcp_fin_timeout = 30
```

이 설정은 Hadoop 노드를 가동하고 있는 모든 서버에서 설정한다. 설정 후에 root 권한으로 'sysctl -p' 명령을 실행해서 설정 내용을 반영하도록 한다.

19.6.3 스왑 영역 이용 관련 설정

OS에서는 물리 메모리 외에도 디스크를 메모리로 이용할 수 있다. 이것을 스왑(Swap) 영역이라고 하며, 메모리 상에 있는 데이터를 디스크로 출력하거나(스왑아웃), 디스크에서 메모리로 되돌리는(스왑인) 처리에 사용된다.

Hadoop 노드 중에 NameNode나 JobTracker는 메모리 상에서 다양한 데이터를 관리한다. 이때, 스왑 처리에 의해 메모리 상에 있는 데이터가 디스크에 출력되기도 한다. Hadoop 정보가 물리 디스크에 저장된 상태에서 Full GC가 발생하면, GC 대상 객체를 찾기 위해 디스크 접속이 빈번히 발생된다. 이 때문에 보통 메모리 상에서 처리하면, 초 단위보다 짧은 시간에 처리 가능한 Full GC가 수 분에서 수십 분 정도 걸리게 된다. 그리고 이 동안에는 Hadoop 클러스터 처리도 멈춰 버린다(그림 19.12).

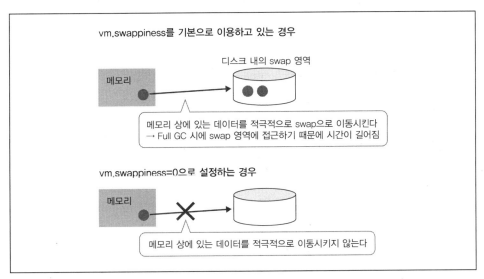

그림 19.12 스왑 영역 이용

메모리 상에 있는 데이터를 디스크로 스왑하는 처리, 특히 장시간 메모리 상에 상주하는 데이터에 발생한다. 스왑 설정은 vm.swappiness라고 하는 파라미터를 사용한다. 이 파라미터는 0~100 범위로 설정할 수 있으며, 값이 높을수록 스왑을 적극적으로 이용한다.

기본값은 60으로 설정되어 있어, 적극적으로 스왑하도록 되어 있다. Hadoop에는 메모리 상에 장기간 유지해야 할 데이터들이 있기 때문에, 이 값을 0으로 설정해서 적극적 스왑을 방지하도록 한다. /etc/sysctl.conf에 다음과 같이 설정한다[13].

```
vm.swappiness = 0
```

설정 후에 root 권한으로 'sysctl -p' 명령을 실행해서 설정 변경을 반영하도록 한다.

19.6.4 디스크 마운트 옵션 관련 설정

Hadoop에는 DataNode에 저장한 블록에 접근하거나 블록을 추가, 삭제하는 처리가 빈번히 발생한다. 이런 처리 때마다 파일 접근 시간을 디스크에 기록하게 된다. 대량으로 디스크 읽기/쓰기가 발생하는 환경에서는 접근 시간을 기록하는 처리 자체도 성능에 영향을 끼칠 수 있다. 그러나 Hadoop에는 여기서 기록한 데이터를 이용하는 구조가 존재하지 않기 때문에, 접근 시간 기록 기능을 꺼놓도록 한다. 이 설정은 파일 시스템을 마운트하기 위해 사용하는 mount 명령에 옵션을 사용하여 마운트하거나, /etc/fstab 파일 내의 마운트 옵션 항목에 기술한다. 설정 옵션은 다음 두 가지가 있다.

noatime: 파일 접근 시간 기록을 무효화한다[14]

nodiratime: 디렉터리 접근 시간 기록을 무효화한다

이 설정을 /etc/fstab에 설정하려면 다음과 같이 기술한다.

```
LABEL=/hadoop/1 /hadoop/1 ext4 noatime,nodiratime    1 2
LABEL=/hadoop/2 /hadoop/2 ext4 noatime,nodiratime    1 2
```

---

13 vm.swappiness = 0으로 설정하면, 파일 시스템 캐시보다 애플리케이션에 메모리를 할당하게 된다. 이 때문에 물리 메모리가 부족한 경우에는 데이터를 스왑한다.

14 새 커널에서는 noatime과 별도로 realtime을 지정할 수 있다. 이 옵션은 Hadoop 이외의 소프트웨어가 함께 상주하고 있는 경우로, 접근 시간 확인이 필요한 경우에 유용하다.

/etc/fstab 설정은 설정한 파티션으로 root 권한으로 언마운트한 후, 다시 마운트하는 것으로 반영된다.

이번 장에서는 Hadoop 튜닝에 대해 알아보았다. Hadoop 설정 파라미터 변경을 통한 튜닝과, Hadoop 동작의 기반이 되는 자바 VM, OS 튜닝에 대해 설명했다. Hadoop에서는 처리 능력이 부족한 경우 슬레이브 노드를 추가하면 된다고 생각하기 쉽지만, 앞에서 설명했듯이 다양한 튜닝 포인트가 존재한다. 꼭 활용해 보도록 하자.

이번에 MapReduce 잡 구현 방법 개선을 통한 성능 향상에 대해 다루진 않았지만, 10장에서 중간 데이터 압축/삭제, MapReduce 처리에 적합한 파일 포맷 등에 대해 다루었다. 해당 내용도 함께 적용해서 기반 시스템과 애플리케이션 양쪽 모두 최적화하도록 하자.

분산형 데이터베이스
HBase

20.1 HBase란?

이번 장에서는 분산형 데이터베이스 HBase[1]에 대해 소개하겠다. HBase를 한마디로 표현하면 '구글의 대규모 분산 데이터베이스 BigTable을 오픈 소스로 구현한 것'이라 할 수 있다. BigTable[2]이란 구글에서 다양한 목적으로 사용하고 있는 분산형 데이터베이스로, 수백~수천 대 장비를 사용해서 대규모 데이터를 저장하기 위해 만들어진 소프트웨어다. BigTable은 데이터 저장을 위해 구글 파일 시스템(Google File System)을 사용하고 있으며, 장애 대처 기능을 확보하여 대규모 데이터를 안전하게 저장할 수 있다[3].

20.1.1 HDFS와 HBase

HBase를 이용하는 전형적인 경우로, 우선 '대용량 데이터(수백 GB~수백 TB)를 취급'하는 경우를 들 수 있다. 특히, 대량의 자잘한 데이터를 저장할 때 사용된다. HDFS는 대량의 데이터에 순차적으로 접근하는 것이 특기이지만, 부족한 것이 있다. 바로 랜덤 읽기/쓰기 성능이다. 하지만 HBase를 사용하면 HDFS를 사용하면서도 매우 작은 데이터들에 랜덤으로 접근할 수 있게 된다. 특히, '크기가 작은 데이터를 대량으로 저장'해야 하는 경우에 적합하다.

HBase가 HDFS 상에 구축되어, HBase에 저장된 데이터는 최종적으로 HDFS 상에 저장된다. 데이터베이스로서 신뢰성을 확보하면서 랜덤 처리가 발생하는 상황에서도 고속 처리를 실현하기 위해, WAL(Write Ahead Logging: 로그 선행 기록)을 사용한다. 기록된 데이터는 반드시 HDFS 상에 로그로 남는다. 그리고 정기적으로 로그와 데이터 파일을 병합해서 새로운 데이터를 생성한다. 이를 통해 HDFS 상에 어느 정도 규모가 큰 파일을 작성할 수 있으며, 동시에 작은 파일들을 고속으로 읽고 쓰는 것도 가능하다. 그런 의미에서는 HDFS의 부족한 점을 보완하기 위한 상위 시스템이라 할 수 있다.

---

1 http://hbase.apache.org

2 http://labs.google.com/papers/bigtable.html

3 BigTable 아키텍처 관련 논문이 공개되어 있으며, HBase는 이 논문을 바탕으로 하여 오픈 소스로 구현한 것이다.

20.1.2 HBase와 RDBMS의 차이

HBase를 사용할 때 자주 비교되는 것이 오라클(Oracle)이나 MySQL, PostgreSQL 등의 RDBMS다. 표 20.1에 HBase와 RDBMS의 주된 차이점에 대해 정리했다. 대략적으로 정리하자면 트랜잭션, 인덱스, 쿼리를 제한적으로 지원하지만, 그 대신에 확장성을 추구하고 있는 데이터 저장소라고 할 수 있다.

표 20.1 HBase와 RDBMS 비교

특징	HBase	RDBMS
최대 데이터 크기	수백 TB~PB	수백 GB
데이터 배치	열 지향	행 지향
트랜잭션	행 단위만 지원	모두 지원
쿼리 언어	라이브러리 접근(get/put/scan)만 지원	SQL
인덱스	행 키만 지원	임의 필드

최근에는 Cassandra[4](또는 NoSQL) 등 다른 분산 데이터베이스가 등장하고 있는데, HBase는 이들과 비교해서 '일관성을 중시한다'는 것이 특징이다. 다른 데이터베이스들은 저장한 값이 바로 반영되지 않아 저장 시점보다 앞서 존재하던 예전 데이터가 보일 수도 있다. 하지만 HBase에서는 저장된 데이터에 바로 접근해도 반드시 최신 값이 보인다는 것이 특징이다[5]. HBase는 이미 많은 기업이나 서비스가 사용하고 있으며, 최근에는 페이스북 메시지[6]에서 사용해 화제가 되었다. 이 외에도 웹 브라우저 Mozilla의 충돌 리포트 수집, 미국 스텀블어폰(StumbleUpon)의 단축 URL 서비스 등에서 사용되고 있다[7].

---

4 http://cassandra.apache.org

5 CAP 정의를 기준으로 보면 HBase는 CP형, Cassandra는 AP형으로 분류할 수 있다.

6 https://www.facebook.com/notes/facebook-engineering/the-underlyingtechnology-of-messages/454991608919

7 다른 사용 예는 http://wiki.apache.org/hadoop/Hbase/PoweredBy에서 확인할 수 있다.

HBase 데이터 모델

HBase를 사용하기에 앞서, 우선 HBase가 가지고 있는 데이터 모델을 이해할 필요가 있다. HBase는 RDBMS가 제공하는 표 형식의 데이터 모델과 달리, 다차원 정렬 맵 형식의 데이터 모델을 제공한다(그림 20.1).

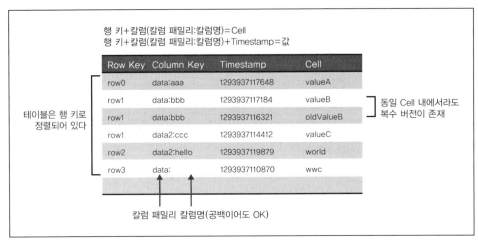

그림 20.1 HBase 데이터 모델

20.2.1 테이블과 열 패밀리

HBase에 데이터를 저장할 때는 반드시 저장 위치가 되는 테이블명을 지정한다. 테이블은 행과 열로 구성된다. 행과 열을 지정하면 테이블 셀에 접근할 수 있다. 또한 테이블 셀의 내용은 버전으로 이력관리가 되고 있어서, 복수의 버전값이 시간 순으로 저장된다. 즉, 행 키[8]/열/Timestamp 세 가지 값을 지정하면 특정 값에 접근할 수 있는 구조다.

모든 열은 열 패밀리라는 것에 소속된다. 같은 칼럼 패밀리에 속하는 열은 공통 접두사를 가진다. 예를 들어, 'info:aaa', 'info:bbb'인 두 개 열은 모두 'info'라는 열 패밀리에 속한다. 열 패밀리 내의 열은 데이터베이스 동작 중에도 자유롭게 작성할 수 있지만, 열 패밀리 자체

---

8 행을 특정 짓는 키.

는 테이블을 작성할 때 정의해 두어야 한다. 보통은 하나의 열 패밀리로 충분하지만, 복수의 열 패밀리가 필요한 경우도 있다.

같은 열 패밀리에 속하는 열은 물리적으로 같은 파일에 저장된다. 또한, 어느 열에 접근할 때에는 같은 열 패밀리에 속하는 모든 열을 읽게 된다. 이 때문에 동시에 접근하는 경우가 많은 열들을 모으면 매우 효율적이지만, 그렇지 않으면 불필요한 열도 함께 읽기 때문에 효율이 떨어진다. 같은 열 패밀리에 저장하는 데이터는 비슷한 접속 패턴을 가지는 것이 적합하다. 또한, 모든 데이터에는 형이 없고 단순 바이트열로 취급된다. 행 갱신은 행 단위로 Atomic된다[9].

20.3 아키텍처

HBase 아키텍처에 대해 간단히 설명하겠다.

20.3.1 행 키를 사용한 정렬

HBase 테이블에 저장된 데이터는 행 키를 기준으로 정렬되어 있다. 행 키를 지정해서 삽입(Put), 취득(Get), 스캔(Scan), 삭제(Delete) 등의 테이블 처리를 할 수 있다. 행 키가 정렬되어 있다는 사실을 잘 활용하면, '상위 N건' 같은 쿼리도 간단히 처리할 수 있다. 예를 들어, 블로그에 등록된 댓글을 생각해 보자. 우선 댓글용 테이블을 작성한다. 그리고 키값이 〈블로그 ID〉:〈댓글 등록 시간〉이 되도록 데이터를 추가한다.

```
0:2008-12-31-18-41, "blog0에 등록된 댓글0"
1:2011-01-01-01-11, "blog1에 등록된 댓글0"
1:2011-01-01-01-21, "blog1에 등록된 댓글1"
1:2011-01-01-01-31, "blog1에 등록된 댓글2"
2:2001-12-31-18-41, "blog2에 등록된 댓글0"
```

스캔 시에는 시작 위치를 행 키로 지정할 수 있다. 예를 들어 blog1의 댓글이 필요한 경우,

---

9 HBase는 복수 행을 Atomic으로 변경하는 방법은 제공하지 않는다.

'blog1'을 시작 위치로 스캔하고 '2'로 시작되는 키가 나타나면 스캔을 멈춰, blog1의 모든 댓글을 취득할 수 있다. 또한, 스캔 처리가 정렬된 순선대로 실행되기 때문에 스캔된 댓글 데이터는 Timestamp 순(여기서는 오래된 댓글부터 순서대로)으로 취득된다.

20.3.2 리젼(Region)

각 테이블은 '리젼(Region)'이라는 단위로 자동 수평 분할된다. 리젼은 해당 리젼이 소속되는 시작 키와 종료 키로 표현된다. 행이 추가되면 해당 행 키에 대응하는 리젼에 데이터가 추가 된다. 어느 리젼이 일정 크기를 초과하면, 시스템은 해당 리젼을 두 개의 새로운 리젼으로 분할한다. 테이블에 저장된 데이터가 늘어날수록 시스템에 대량의 리젼이 생성되는 것이다.

RDBMS 세계에서는 사용자 ID를 기준으로 데이터베이스를 분할함으로써 확장성이 확보되지만, HBase에서는 시스템이 자동으로 분할한다. 리젼 분할 처리 중에는 부하가 높아지지만, 시스템은 정지되지 않는다.

20.3.3 HRegionServer와 HMaster

HBase도 HDFS나 Hadoop MapReduce와 동일하게 마스터/슬레이브 모델을 채용하고 있다. 마스터를 HMaster, 슬레이브를 HRegionServer라고 한다(그림 20.2).

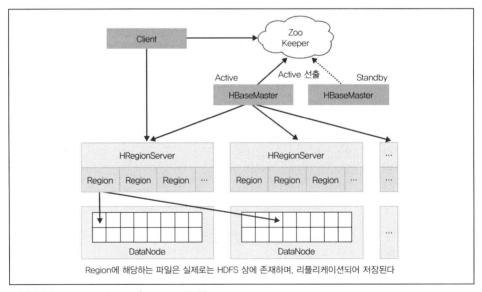

그림 20.2 HRegionServer/HMaster 구성

■ HRegionServer

HRegionServer는 복수의 리젼에 대한 읽기/쓰기를 담당하는 서버로, 큰 리젼을 자동으로 분할하는 역할도 한다. 또한, HRegionServer는 HDFS 상의 데이터를 읽고 쓴다. 그래서 HDFS의 DataNode와 같은 노드에서 동작한다.

데이터 저장 처리가 실행되면 우선 HDFS 상에 로그 형식으로 출력되고(HLog), 다음으로 메모리 구조(MemStore)에 저장된다. 저장 처리가 연속적으로 발생해서 MemStore가 일정 크기를 초과하면, 새로운 데이터 파일(HFile)로 HDFS 상에 출력한다. 여기서 처음으로 메모리 상의 데이터가 디스크에 저장된다. 이 처리를 'Fresh'라고 한다. Fresh가 발생하면 HFile 수가 1 증가하기 때문에, 저장 처리가 계속 발생하는 상황에서는 파일 수가 급격히 늘어난다.

이런 상황을 방지하기 위해 'Compaction'이라는 처리가 존재한다. Compaction 처리는 복수의 HFile을 병합해서 하나의 파일로 만든다. 이를 통해 데이터 파일 수가 늘어나는 것을 방지할 수 있다. Compaction 처리는 부하가 높기 때문에 부하 정도에 따라 'Minor Compaction'과 'Major Compaction'의 두 가지 방식이 존재한다. Minor Compaction은 최근에 Fresh된 일부 HFile을, Major Compaction은 모든 HFile을 대상으로 병합한다. Minor Compaction이 Major Compaction보다 부하가 낮기 때문에, 더 자주 실행된다. Major Compaction은 24시간 간격으로 실행되도록 기본 설정되어 있지만, 수동으로도 실행 가능하다[10].

Compaction은 데이터 지역성 확보를 위해 매우 중요한 역할을 한다. 데이터 파일은 HDFS 상에 저장되지만, 반드시 HRegionServer와 같은 서버에 있는 DataNode에 있다고 할 수 없다. 원격 DataNode에 데이터가 있는 경우는 네트워크를 경유해서 접속해야 돼서 접근 속도가 떨어지게 된다. 하지만 Compaction이 발생해서 새로운 HFile을 HDFS에 생성하면, 신규 파일은 동일 서버에 있는 DataNode에 저장된다[11]. 이를 통해 접근 속도가 개선된다.

---

10 Major Compaction은 고부하 처리이기 때문에 자동 정기 실행을 중지하고, cron 등으로 부하가 적은 시간대에 실행하는 경우도 있다.

11 '1.4.3 HDFS: Hadoop 분산 파일 시스템'에 HDFS 복제 알고리즘에 대한 설명이 있다.

■ HMaster

HMaster는 시스템 전체 조율/관리를 담당한다. 시스템 내 리젼을 균등하게 HRegion Server에 할당하고, 테이블 작성이나 스키마 변경 작업을 슬레이브에 할당한다. HDFS 등에서는 마스터 노드가 무거운 처리를 담당하지 않지만, 클라이언트 처리 요청을 모두 책임져야 한다. 반면 HMaster의 경우, 조율/관리 기능만 제공하기 때문에, 읽기/쓰기에 의한 스루풋은 거의 발생하지 않는다. 참고로 HMaster를 여러 대 가동하면, 그중 한 대 서버가 자동으로 선택돼서 서비스에 이용된다. 이 때문에 가동 중인 HMaster가 다운돼도 대기(스탠바이) 중인 다른 HMaster가 작업을 계속 진행한다.

20.4 설치 방법

20.4.1 설치에 필요한 것

HBase를 도입하기 위해서는 HDFS 환경이 필요하다. HBase에 저장된 데이터는 최종적으로 HDFS에 저장되며, HDFS 구조에 의해 리플리케이션(복제)된다. 참고로, 가능한 한 클러스터 내 통신량을 줄이기 위해서, HRegionServer와 DataNode를 같은 노드에서 운영할 필요가 있다. MapReduce 환경은 HBase 동작을 위해서는 필요하지 않지만, HBase 상에 있는 데이터를 MapReduce로 처리하기 위해서는 반드시 필요하다.

이 외에도 Apache ZooKeeper[12]도 필요하다. ZooKeeper는 분산 시스템에 필요한 설정 정보 관리/노드 리스트 관리/리터 선정 등을 수행하는 소프트웨어다. HBase는 다양한 소프트웨어를 기반으로 동작하기 때문에, 설치 순서가 다소 복잡한 편이다. 대략적인 순서는 다음과 같다.

1. 장비 구성 결정
2. HDFS 설치
3. ZooKeeper 설치
4. HBase 설치

---

12 http://zookeeper.apache.org/

20.4.2 장비 구성 결정

현재 HBase는 작은 규모의 클러스터 구성에는 적합하지 않다. 안정된 운영을 위해서는 최소 구성이라도 HMaster 서버 두 대, HRegionServer 서버 다섯 대로 합계 일곱 대가 필요하다. 또한, ZooKeeper용 서버도 필요하다. ZooKeeper는 내부적으로 서버 간 분산 정도를 조율하며, 과반수 이상인 의견을 채택한다. 이 때문에 홀수 대 서버 구성을 추천하고 있다. 예를 들어 서버가 다섯 대 있다고 하면, 세 대 이상의 서버가 합의를 한 경우에만 처리가 성공한다[13]. 이와 같이, 총 열 대 정도의 서버가 필요하다(그림 20.3)

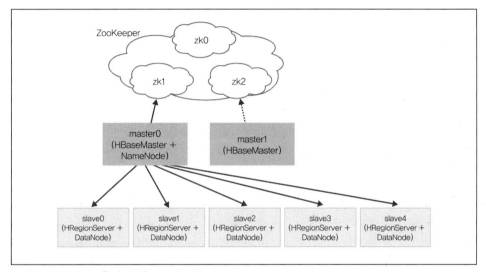

그림 20.3 HBase 환경 구성

그렇다면 표 20.2에 정리한 열 대의 서버가 준비됐다고 가정하고 설정을 진행하겠다. Hadoop은 CDH 4.2를 이용하며, HBase는 CDH 4.2에 포함되어 있는 버전 0.94.2를 이용한다.

---

13 최소 구성으로 세 대를 추천한다.

표 20.2 서버 구성

종류	서버명
ZooKeeper용 서버(세 대)	zk0, zk1, zk2
HMaster용 서버(두 대)	master0, master1
HRegionServer용 서버(다섯 대)	slave0, slave1, slave2, slave3, slave4

간단한 동작 확인용으로 구성하려면 HMaster 서버를 한 대로 하고, ZooKeeper 서버를 HRegionServer와 같은 서버에 배치해도 된다. 단 HMaster 서버를 한 대로 한 경우, 해당 서버가 단일 장애 지점이 된다. 또한 MapReduce를 사용하는 경우, slave0~4에 TaskTracker, master0 또는 master1에 JobTracker를 배치하는 것이 좋다.

20.4.3 HDFS/ZooKeeper 설치

HDFS 설치 및 설정 방법에 대해서는 3장에서 다루었기 때문에 생략하겠다. slave0~4에 DataNode를 설치한다. 마찬가지로 ZooKeeper 설치/설정 방법에 대해서도 15장 '가용성 향상'에서 다루었기 때문에 생략한다[14].

20.4.4 HBase 설치

HDFS와 ZooKeeper 설치를 마쳤으면 HBase를 설치하도록 한다[15]. 우선, HMaster를 가동할 master0과 master1에 hbase-master 패키지를 설치한다. hbase-master를 설치하면, hbase 패키지도 함께 설치된다.

```
root@master0 # yum install hbase-master
```

---

14 설치 방법은 다음 링크를 참조하도록 한다.
http://www.cloudera.com/content/cloudera-content/cloudera-docs/CDH4/4.2.0/CDH4-Installation-Guide/cdh4ig_topic_21.html

15 HBase 설정에 관해서는 다음 링크를 참조하도록 한다.
http://www.cloudera.com/content/cloudera-content/cloudera-docs/CDH4/4.2.0/CDH4-Installation-Guide/cdh4ig_topic_20.html

계속해서 HRegionServer를 가동할 slave0~slave4에 hbase-regionserver 패키지를 설치한다. hbase-regionserver를 설치하면 hbase 패키지도 함께 설치된다.

```
root@slave0 # yum install hbase-regionserver
```

다음은 모든 서버 공통으로 /etc/hbase/conf/hbase-site.xml을 편집한다(리스트 20.1). hbase-site.xml은 앞의 설치 과정을 통해 /etc/hbase/conf에 생성된다.

리스트 20.1 hbase—site.xml

```
 1: <?xml version="1.0"?>
 2: <?xml-stylesheet type="text/xsl" href="configuration.xsl"?>
 3: <configuration>
 4:   <property>
 5:     <name>hbase.rootdir</name>
 6:     <value>hdfs://master0:54310/hbase</value>
        (NameNode HA 구성의 경우, hdfs://<네임 서비스명>/<디렉터리명>이라 기술)
 7:   </property>
 8:   <property>
 9:     <name>hbase.cluster.distributed</name>
10:     <value>true</value>
11:   </property>
12:   <property>
13:     <name>hbase.zookeeper.quorum</name>
14:     <value>zk0, zk1, zk2</value>
15:   </property>
16:   <property>
17:     <name>zookeeper.session.timeout</name>
18:     <value>120000</value> (ZooKeeper-Hbase 간 세션 타임아웃을 밀리초 단위로 설정)
19:   </property>
20: </configuration>
```

이번에는 다음 네 가지 속성에 대해 설정을 실시한다.

- hbase.rootdir

  HDFS 상의 저장 위치를 지정한다(마스터 위치와 디렉터리). 여기서는 master0(포트 번호 54310)에 있는 HDFS에 저장하며, 저장 디렉터리는 /hbase로 한다. 참고로 HDFS로 NameNode HA를 사용하고 있는 경우, hdfs://〈네임 서비스명〉/hbase와 같이 네임 서비스명을 지정한다.

- hbase.cluster.distributed

  분산 모드를 이용할 때에는 true로 설정해야 한다.

- hbase.zookeeper.quorum

  ZooKeeper 서버 위치를 지정한다. 여기서는 zk0, zk1, zk2 세 대를 사용하기 때문에 이들을 쉼표 구분으로 기술한다.

- zookeeper.session.timeout

  ZooKeeper의 동작 여부를 감시하고 있는 HBase 노드에서, 일정 시간 응답이 없으면 타임아웃이라 판단하여 리젼을 재배분한다[16].

이상으로 설정을 마쳤다[17]. 마지막으로 데몬을 시작한다. 우선은 master0, master1에서 HMaster를 가동한다[18].

```
root@master0 # service hbase-master start
root@master1 # service hbase-master start
```

계속해서 slave0~slave4에서 HRegionServer를 가동한다.

```
root@slave0 # service hbase-regionserver start
root@slave1 # service hbase-regionserver start
root@slave2 # service hbase-regionserver start
root@slave3 # service hbase-regionserver start
root@slave4 # service hbase-regionserver start
```

이상으로 모든 설치 작업을 마쳤다.

---

16 HRegionServer가 JVM의 Full GC(가비지 콜렉션)로 인해 장기간 응답하지 않는 경우, 세션이 타임아웃될 수 있기 때문에, Full GC 실행 시간을 고려해서 속성을 설정하도록 하자.

17 이 외에도 다양한 설정 항목이 있다. 상세 내용은 다음 링크를 참조하도록 한다. http://archive.cloudera.com/cdh4/cdh/4/hbase/book.html#hbase.site

18 각 서버에서 실행해야 한다.

HBase Shell

다음은 설치한 HBase를 직접 실행해 보도록 한다. HBase 작업은 HBase Shell을 사용하는 것이 편하다. 우선은 'hbase shell' 명령으로 쉘을 시작한다.

```
user@master0 $ hbase shell
```

help 명령으로 명령어 리스트를 확인할 수 있다.

```
hbase(main):003:0> help
```

HBase shell을 종료하려면 exit 명령을 실행한다.

```
hbase(main):004:0> exit
```

status 명령으로 서버 상태를 확인해 보자. 다시 HBase shell 모드로 들어가서, 다섯 대의 서버가 가동되고 있는지 확인한다.

```
user@master0 $ hbase shell
hbase(main):001:0> status
5 servers, 0 dead, 1.0000 average load
```

실제로 테이블을 작성해서 데이터 처리를 해보자. 우선은 create 명령으로 테이블을 작성한다. 테이블 작성 시에는 스키마 정보를 부여해야 한다. HBase의 스키마 정보는 RDBMS와 달리, '테이블명'과 '테이블에 포함되는 열 패밀리'로 구성된다. 또한, 데이터 압축 여부 등 다양한 속성을 지정할 수 있다. 테이블 스키마 변경은 테이블을 'disable'한 후, 'alter' 명령으로 실행한다[19].

---

19 disable 중에는 데이터 처리가 불가능하다.

다음 create 명령에서는 단일 열 패밀리 'data'를 포함하는 테이블 'sample'을 작성하고 있다.

```
hbase(main):006:0> create 'sample', 'data'
0 row(s) in 1.3330 seconds

=> Hbase::Table - sample
```

list 명령으로 테이블 리스트를 취득할 수 있다.

```
hbase(main):005:0> list
TABLE
sample
1 row(s) in 0.0170 seconds

=> ["sample"]
```

또한, describe 명령으로 각 테이블의 스키마 정보를 볼 수 있다.

```
hbase(main):006:0> describe 'sample'
DESCRIPTION                                              ENABLED
{NAME => 'sample', FAMILIES => [{NAME => 'data', DATA_BL true
OCK_ENCODING => 'NONE', BLOOMFILTER => 'NONE', REPLICATI
ON_SCOPE => '0', VERSIONS => '3', COMPRESSION => 'NONE',
 MIN_VERSIONS => '0', TTL => '2147483647', KEEP_DELETED_
CELLS => 'false', BLOCKSIZE => '65536', IN_MEMORY => 'fa
lse', ENCODE_ON_DISK => 'true', BLOCKCACHE => 'true'}]}
1 row(s) in 0.0340 seconds
```

put 명령으로 실제로 데이터를 추가해 보자. 키가 'row0', 밸류가 'val0-0'인 데이터를 열 패밀리 data에 포함되는 column0에 추가한다. 같은 방식으로 val0-1을 column1에 추가한다. 여기서 열 패밀리만 지정하면, 열(column) 이름은 나중에 변경할 수 있다.

```
hbase(main):007:0> put 'sample', 'row0', 'data:column0', 'val0-0'
0 row(s) in 0.0380 seconds
hbase(main):008:0> put 'sample', 'row0', 'data:column1', 'val0-1'
0 row(s) in 0.0190 seconds
```

테이블에 포함된 모든 데이터는 scan 명령으로 확인할 수 있다. 결과를 보면, row0라는 키로 두 개의 데이터가 저장돼 있는 것을 알 수 있다.

```
hbase(main):009:0> scan 'sample'
ROW                     COLUMN+CELL
 row0                   column=data:column0, timestamp=1369538492526, value=val0-0
 row0                   column=data:column1, timestamp=1369538524587, value=val0-1
1 row(s) in 0.0540 seconds
```

원하는 데이터만 추출하는 경우는 get 명령을 실행한다. 다음 예에서는 sample 테이블에서 row0 키를 가진 값을 추출하고 있다.

```
hbase(main):010:0> get 'sample', 'row0'
COLUMN                  CELL
 data:column0           timestamp=1369538492526, value=val0-0
 data:column1           timestamp=1369538524587, value=val0-1
2 row(s) in 0.0210 seconds
```

열 패밀리에 포함되는 것 중 원하는 칼럼만 추출하려면, 다음과 같이 칼럼을 지정해 준다.

```
hbase(main):011:0> get 'sample', 'row0', 'data:column0'
COLUMN                  CELL
 data:column0           timestamp=1369538492526, value=val0-0
1 row(s) in 0.0210 seconds
hbase(main):012:0> get 'sample', 'row0', 'data:column1'
COLUMN                  CELL
 data:column1           timestamp=1369538524587, value=val0-1
1 row(s) in 0.0180 seconds
```

특정 데이터를 삭제하려면, delete 명령을 사용한다. 테이블명, 행 키, 열 패밀리명을 지정한다.

```
hbase(main):013:0> delete 'sample', 'row0', 'data:column0'
0 row(s) in 0.0230 seconds

hbase(main):014:0> scan 'sample'
ROW                     COLUMN+CELL
 row1                   column=data:column1, timestamp=1369545038014, value=val0-1
1 row(s) in 0.0340 seconds
```

마지막으로, 작성한 테이블 sample을 삭제해 보자. 삭제를 위해선 테이블을 disable한후, drop 명령을 이용한다.

```
hbase(main):042:0> disable 'sample'
0 row(s) in 1.0690 seconds
hbase(main):043:0> drop 'sample'
0 row(s) in 0.0510 seconds

hbase(main):015:0> list
TABLE
0 row(s) in 0.0240 seconds
```

또한, ~/.irbrc 파일을 다음 내용으로 작성해 두면, 실행 명령어 이력이 저장돼서 매우 편리하다.

```
require 'irb/ext/save-history'
IRB.conf[:SAVE_HISTORY] = 1000000
IRB.conf[:HISTORY_FILE] = "#{ENV['HOME']}/.irb-save-history"
```

이 내용으로 이력이 저장되지 않는 경우, ~/.irbrc 파일에 다음 내용을 추가한다.

```
Kernel.at_exit do
  IRB.conf[:AT_EXIT].each do |i|
    i.call
  end
end
```

HBase Shell의 실체는 JRuby IRB 쉘

HBase Shell의 실체는 자바로 루비 언어를 구현한 JRuby(http://jruby.org)의 irb 쉘이다. 따라서 루비 구문을 그대로 이용할 수도 있다.

```
hbase(main):017:0> 10.times { |i| put 'sample', "row#{i}", 'data:column', "val#{i}" }
hbase(main):018:0> scan 'sample'
ROW                     COLUMN+CELL
 row0                   column=data:column, timestamp=1369544364562, value=val0
 row1                   column=data:column, timestamp=1369544364595, value=val1
 row2                   column=data:column, timestamp=1369544364605, value=val2
 row3                   column=data:column, timestamp=1369544364614, value=val3
 row4                   column=data:column, timestamp=1369544364629, value=val4
 row5                   column=data:column, timestamp=1369544364638, value=val5
 row6                   column=data:column, timestamp=1369544364645, value=val6
 row7                   column=data:column, timestamp=1369544364652, value=val7
 row8                   column=data:column, timestamp=1369544364667, value=val8
 row9                   column=data:column, timestamp=1369544364675, value=val9
10 row(s) in 0.0520 seconds
```

20.5.1 관리 화면

보다 상세한 상태 정보는 HBase 관리 화면을 통해 확인할 수 있다. HMaster 서버에 HTTP로 접속하면 다양한 정보를 볼 수 있다.

http://master0:60010/master.jsp

포트 번호 60010은 hbase.master.info.port 속성에서 변경할 수 있다. Hadoop과 동일하게, http://〈노드 주소〉/conf로 노드 설정 정보를, http://〈노드 주소〉/metrics로 HBase 메트릭스를 확인할 수 있다.

그림 20.4는 HBase의 웹 화면이다.

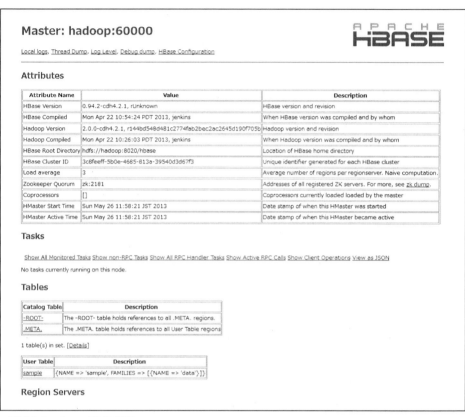

그림 20.4 HBase 관리 화면

20.5.2 자바 API 사용

HBase는 셸 이외에도 자바 프로그램으로도 조작이 가능하다. create/drop 등의 테이블 처리뿐 아니라, put/get/scan/delete 등의 데이터 처리도 가능하다. 리스트 20.2의 자바 샘플 프로그램에서는 다음 네 가지 동작을 실행하고 있다.

1. 테이블에 데이터를 Put
2. 테이블에서 데이터를 Get
3. 테이블 전체 데이터를 Scan
4. row3 이후의 테이블 전체 데이터 Scan

```
 1: public class Test {
 2:   public static void main(String[] args) {
 3:     Configuration conf = HBaseConfiguration.create();
 4:     conf.addResource(new Path("/etc/hbase/conf/hbase-default.xml"));
 5:     conf.addResource(new Path("/etc/hbase/conf/hbase-site.xml"));
 6:
 7:     try {
 8:       // 처리 대상 정보
 9:       byte[] key = Bytes.toBytes("row-by-java-client");
10:       byte[] val = Bytes.toBytes("val");
11:
12:       // 테이블 처리를 위한 클래스
13:       HTable table = new HTable(conf, "sample");
14:
15:       // 1. 데이터 추가
16:       Put p = new Put(key);
17:       byte[] family = Bytes.toBytes("data");
18:       byte[] column = Bytes.toBytes("column");
19:       p.add(family, column, val);
20:       table.put(p);
21:
22:       // 2. 데이터 취득
23:       Get g = new Get(key);
24:       Result r = table.get(g);
25:       System.out.println("Get: " + r);
26:
27:       // 3. 데이터 스캔
28:       Scan scan = new Scan();
29:       ResultScanner scanner = table.getScanner(scan);
30:       try {
31:         // Scanner 결과 출력
32:         for (Result sr: scanner)
33:           System.out.println("Scan: " + sr);
34:       } finally {
35:         scanner.close();
36:       }
37:
38:       // 4. 특정 row 이후부터 scan
39:       byte[] start = Bytes.toBytes("row3");
40:       scan = new Scan(start);
41:       scanner = table.getScanner(scan);
42:       try {
43:         // Scanner 결과 출력
```

```
44:        for (Result sr: scanner)
45:          System.out.println("Scan: " + sr);
46:      } finally {
47:        scanner.close();
48:      }
49:    } catch (IOException e) {
50:      e.printStackTrace();
51:    }
52:  }
53: }
```

테이블에 데이터를 입출력하려면 HTable 클래스를 이용한다. 또한 테이블 자체를 추가, 삭제하려면 HBaseAdmin 클래스를 이용한다. 당연한 얘기지만 위 테스트 프로그램으로 데이터를 추가한 후에는 HBase 쉘을 통해서도 추가한 데이터에 접근할 수 있다.

```
hbase(main):002:0> get 'sample', 'row-by-java-client'
COLUMN               CELL
 data:column             timestamp=1369545048034, value=val
1 row(s) in 0.0280 seconds
```

20.5.3 JRuby API 사용

HBase에는 JRuby가 내장되어 있어, 자바 API(Java API)를 루비를 통해 간단히 사용할 수 있다. 자바 API를 사용하는 것보다 코드 기술이 매우 간단한 것이 특징이다. 리스트 20.3은 JRuby 스크립트를 사용해서 테이블에 데이터를 Put/Get/Scan하는 예다[20].

리스트 20.3 hbase–jruby–client.rb

```
1: # Operating HBase by JRuby script.
2: # $ hbase org.jruby.Main a.rb
3: # http://wiki.apache.org/hadoop/Hbase/JRuby
4:
```

---

20 보다 상세한 내용은 다음 링크를 참조하기 바란다. http://wiki.apache.org/hadoop/Hbase/JRuby

```
 5: include Java
 6: import org.apache.hadoop.hbase.HBaseConfiguration
 7: import org.apache.hadoop.hbase.client.Put
 8: import org.apache.hadoop.hbase.client.Get
 9: import org.apache.hadoop.hbase.client.Scan
10: import org.apache.hadoop.hbase.client.HTable
11: import org.apache.hadoop.hbase.util.Bytes
12:
13: # 설정 정보 읽기
14: conf = HBaseConfiguration.create
15: conf.add_resource "/etc/hbase/conf/hbase-default.xml"
16: conf.add_resource "/etc/hbase/conf/hbase-site.xml"
17:
18: # 처리 대상 정보
19: key = Bytes.toBytes("row-by-jruby-client")
20: val = Bytes.toBytes("val")
21:
22: # 테이블 처리를 위한 클래스
23: table = HTable.new(conf, "sample")
24:
25: # 데이터 추가
26: op_put = Put.new(key)
27: family = Bytes.toBytes("data")
28: column = Bytes.toBytes("column")
29: op_put.add(family, column, val)
30: table.put(op_put)
31:
32: # 데이터 취득
33: op_get = Get.new(key)
34: r = table.get(op_get)
35: puts r.to_s
36:
37: # 데이터 스캔
38: scan = Scan.new
39: scanner = table.get_scanner(scan)
40: begin
41:   while (row = scanner.next()) do
42:     puts row.to_s
43:   end
44: ensure
45:   scanner.close
46: end
```

MapReduce 잡 활용

앞서 소개한 자바 API, JRuby API는 단일 프로세스로 사용하기 위한 것이다. 하지만 대규모 데이터를 HBase에 저장하거나 처리하기 위해서는 MapReduce 잡이 필요하다. 여기서는 HBase 데이터를 입력/출력하는 MapReduce 잡 구현 방법에 대해 설명한다. 입/출력 모두 org.apache.hadoop.hbase.mapreduce 패키지에 포함된 클래스를 이용한다[21].

20.6.1 HBase 데이터를 입력하는 MapReduce

우선은 HBase 데이터를 입력하는 MapReduce 잡을 구현한다. 일반 MapReduce와 다른 점은 다음과 같다.

▌ Mapper는 org.apache.hadoop.hbase.mapreduce.TableMapper⟨KEYOUT, VALUE OUT⟩를 계승

HBase를 입력 데이터로 하는 Mapper는 TableMapper 클래스를 계승할 필요가 있다. map 함수는 반드시 다음 시그니처를 가진다. row가 행 키, Result가 행에 해당하는 칼럼 집합이다.

```
> public void map(ImmutableBytesWritable row, Result values, Context context)
> throws IOException;
```

▌ TableMapReduceUtil.initTableMapperJob 함수를 이용하여 Mapper/입력 테이블명 등을 설정

HBase를 입력할 때는 내부적으로 TableInputFormat 클래스를 InputFormat으로 사용한다. 단, 이 클래스를 사용할 때는 입력 테이블명을 별도 지정해야 하는 등의 까다로운 조건이 있기 때문에 TableMapReduceUtil.initTableMapperJob 함수를 보조 함수로 제공하고 있다. 이 함수에는 다음 인수를 부여한다.

---

21 패키지 문서에 상세한 해설이 있다. http://archive.cloudera.com/cdh4/cdh/4/hbase/apidocs/org/apache/hadoop/hbase/mapreduce/package-summary.html

table: 입력 테이블명

scan: Scan 클래스의 인스턴스(Mapper에 입력할 칼럼이나 Timestamp 정보 등을 지정할 수 있다)

mapper: Mapper 클래스(TableMapper 클래스를 계승할 필요가 있다)

outputKeyClass: Mapper 출력 Key 클래스

outputValueClass: Mapper 출력 Value 클래스

job: Job 클래스

리스트 20.4에 있는 프로그램은 HBase 테이블 'sample'의 행 수를 취득하기 위한 MapReduce 잡이다. Counter API를 사용해서 map 함수 내에서 행 수를 증가시키고 있다.

리스트 20.4 HBaseTableRowCounter.java

```
1: /**
2:  * HBase 테이블의 행 수를 취득하는 MapReduce 잡'
3:  * 행 수는 Counter로 카운트. 데이터 출력 없음.
4:  */
5: public class HBaseTableRowCounter {
6:   /**
7:    * HBase 테이블을 입력 데이터로 하는 Mapper
8:    * MapReduce Counter API를 사용해서 행 수 카운트
9:    */
10:   static class RowCounterMapper
11:   extends TableMapper<ImmutableBytesWritable, Result> {
12:     public static enum Counters {ROWS}
13:
14:     // map 함수의 입력 설정 정보를 읽어서 Hbase 설정에 반영함
15:     Configuration conf = HBaseConfiguration.create();
16:     conf.addResource("/etc/hbase/conf/hbase-default.xml");
17:     conf.addResource("/etc/hbase/conf/hbase-site.xml");
18:
19:     // 인수 전달
20:     new GenericOptionsParser(conf, args);
21:
22:     // 잡 작성
23:     String tableName = "sample";
```

```
24:     Job job = new Job(conf, "HBaseTableRowCounter_" + tableName);
25:     job.setJarByClass(HBaseTableRowCounter.class);
26:
27:     // Reducer는 사용하지 않는다. Counter로 행 수 계산
28:     job.setOutputFormatClass(NullOutputFormat.class);
29:     job.setNumReduceTasks(0);
30:
31:     // Scan 조건 설정
32:     Scan scan = new Scan();
33:     // 각 행의 첫 번째 Key-value 쌍만 스캔함
34:     scan.setFilter(new FirstKeyOnlyFilter());
35:
36:     // 보조 함수를 이용한 Mapper 초기화
37:     TableMapReduceUtil.initTableMapperJob(
38:       tableName, // 테이블명
39:       scan, //Mapper에 전달하기 전에 사용하는 Scan
40:       RowCounterMapper.class, // Mapper 클래스
41:       ImmutableBytesWritable.class, // Mapper의 Key형
42:       Result.class, // Mapper의 Value형
43:       job);
44:
45:     // 잡 실행
46:     System.exit(job.waitForCompletion(true) ? 0 : 1);
47:   }
48: }
```

실행 결과는 다음과 같다.

```
13/05/26 10:25:38 INFO mapred.JobClient:      HBaseTableRowCounter$RowCounter
Mapper$Counters
13/05/26 10:25:38 INFO mapred.JobClient:        ROWS=12
```

이것을 응용하면 HBase 데이터를 집계/가공/내보내는 기능을 구현할 수 있다.

20.6.2 HBase 테이블에 출력하는 MapReduce

MapReduce 잡의 출력 결과를 HBase 테이블에 출력해 보자. 앞서 작성한 'sample' 테이블에서 유니크값을 카운트한다. 이 잡에서는 입력/출력 모두 HBase가 된다. HBase를

출력 대상으로 사용할 때, 일반 MapReduce와 다른 점은 다음과 같다.

■ org.apache.hadoop.hbase.mapreduce.TableReducer 계승

HBase를 입력 데이터로 하는 Reducer는 TableReducer 클래스를 계승해야 한다. 또한, 출력 시 Value형은 org.apache.hadoop.hbase.client.Put 또는 org.apache.hadoop. hbase.client.Delete다. Put/Delete를 사용하면 출력 대상 테이블의 행 키/열 패밀리/칼럼을 지정해서 값을 추가/삭제할 수 있다.

■ TableMapReduceUtil.initTableReducerJob 함수를 사용해서 Reducer/출력 테이블 지정

출력 대상으로 hbase 테이블을 지정할 때는 내부적으로 TableOutputFormat 클래스를 InputFormat으로 사용한다. 단 이 클래스를 사용할 때는 출력 테이블명을 별도 지정해야 하는 등의 필수 조건이 있기 때문에, TableMapReduceUtil.initTableReducerJob을 보조 함수로 제공하고 있다. 이 함수에는 다음 인수를 부여한다.

table: 출력 테이블

이 외에도 Partitioner도 전달할 수 있다. 위 사항을 고려해서 테이블의 유니크값을 카운트하는 프로그램을 구현한 것이 리스트 20.5다.

리스트 20.5 HBaseTableUniqValueCounter.java

```
 1: /**
 2:  * HBase 테이블의 행 수를 카운트하는 MapReduce 잡
 3:  * 행 수는 Counter로 카운트. 데이터 출력 없음.
 4:  */
 5: public class HBaseTableUniqValueCounter {
 6:   /**
 7:    * HBase 테이블을 입력 데이터로 하는 Mapper
 8:    * <Key, Value>가 전달되므로, <Value, 1>을 출력하는 Mapper
 9:    * Key는 테이블의 행 키, Values는 모든 열의 값
10:    */
11:   static class UniqValueCounterMapper
12:   extends TableMapper<ImmutableBytesWritable, IntWritable> {
13:     ImmutableBytesWritable key = new ImmutableBytesWritable();
14:     IntWritable one = new IntWritable(1);
15:     @Override
16:     public void map(ImmutableBytesWritable row,
17:                     Result values,
18:                     Context context) throws IOException, InterruptedException {
```

```
19:        for (KeyValue value: values.list()) {
20:          key.set(value.getValue());
21:          // <value, 1> 출력
22:          context.write(key, one);
23:        }
24:    }
25: }
26:
27: /**
28:  * HBase 테이블을 출력하는 Reducer
29:  * 출력 Value형은 Put 또는 Delete여야 한다.
30:  * Value 출현 횟수를 Sum한다.
31:  */
32: static class UniqValueCounterReducer
33: extends TableReducer<ImmutableBytesWritable, IntWritable, NullWritable> {
34:    byte[] family = Bytes.toBytes("data");
35:    byte[] column = Bytes.toBytes("column");
36:    @Override
37:    public void reduce(ImmutableBytesWritable row,
38:                       Iterable<IntWritable> values,
39:                       Context context) throws IOException, InterruptedException {
40:      // 값의 출현 횟수 카운트
41:      int sum = 0;
42:      for (IntWritable value : values)
43:        sum += value.get();
44:      // Put 클래스를 작성해서, 테이블에 출력하는 방법 지정
45:      Put put = new Put(row.get());
46:      put.add(family, column, Bytes.toBytes(Integer.toString(sum)));
47:      // Key는 NullWritable, Value는 Put 클래스
48:      context.write(NullWritable.get(), put);
49:    }
50: }
51:
52: public static void main(String[] args) throws Exception {
53:    // 설정 정보 읽어 들이기
54:    Configuration conf = HBaseConfiguration.create();
55:    conf.addResource("/etc/hbase/conf/hbase-default.xml");
56:    conf.addResource("/etc/hbase/conf/hbase-site.xml");
57:
58:    // 인수 전달
59:    new GenericOptionsParser(conf, args);
60:
61:    // 잡 작성
62:    String tableName = "sample";
```

```
63:        Job job = new Job(conf, "HBaseTableRowCounter_" + tableName);
64:        job.setJarByClass(HBaseTableUniqValueCounter.class);
65:
66:        // 보조 함수를 이용한 Mapper 초기화
67:        TableMapReduceUtil.initTableMapperJob(
68:          "sample", // 입력 테이블명
69:          new Scan(),// Mapper에 전달하기 전에 사용하는 Scan
70:          UniqValueCounterMapper.class, // Mapper 클래스
71:          ImmutableBytesWritable.class, // Mapper의 출력 Key형
72:          IntWritable.class, // Mapper의 출력 Value형
73:          job);
74:
75:        // 보조 함수를 이용한 Reducer 초기화
76:        TableMapReduceUtil.initTableReducerJob(
77:          "sample_uniq", // 출력 테이블명
78:          UniqValueCounterReducer.class,
79:          job);
80:
81:        // 잡 실행
82:        System.exit(job.waitForCompletion(true) ? 0 : 1);
83:    }
84: }
```

실행하기 전에 'hbase shell' 명령으로 입력/출력 테이블을 작성한다.

```
$ hbase shell (입력 대상 테이블 작성)
hbase(main):002:0> create 'sample', 'data'
hbase(main):001:0> 10.times { |i| put 'sample', "row#{i}", 'data:column', "val#{i}" }
hbase(main):003:0> put 'sample', 'row10', 'data:column', 'val'
hbase(main):004:0> put 'sample', 'row11', 'data:column', 'val'
hbase(main):005:0> create 'sample_uniq', 'data' (출력 대상 테이블 작성)
```

테이블 작성 후에 코드를 실행하면, 'sample_uniq' 테이블에 다음과 같은 결과가 출력된다. 각 값이 테이블에 몇 번 등장하는지 카운트되어 있다.

```
$ echo "scan 'sample_uniq'" | hbase shell
ROW COLUMN+CELL
 val column=data:column, timestamp=1369545038014, value=2
```

```
val0 column=data:column, timestamp=1369545039234, value=1
val1 column=data:column, timestamp=1369545038530, value=1
val2 column=data:column, timestamp=1369545038647, value=1
(중략)
val9 column=data:column, timestamp=1369545038993, value=1
```

대규모 데이터를 다룰 때는 MapReduce 프로그램을 통해서 HBase를 이용할 수 있다.
또한 Pig나 Hive에서도 HBase를 간단히 이용할 수 있어서, 쉬운 데이터 처리 구현이 가
능하다.

20.7 HBase 테이블 설계

HBase는 매우 심플한 데이터 모델을 가지고 있지만, 그만큼 테이블 설계가 중요하다. 특
히 무엇을 키로 할지, 열 패밀리를 어떻게 할당할지를 잘 고려해야 한다.

20.7.1 행 키 선택

키 선택을 잘못하면 같은 리젼에 읽기/쓰기 처리가 편중될 수 있다. 예를 들어, 블로그 서
비스에서 댓글을 저장하는 경우를 생각해 보자. 이때 댓글의 시간 정보를 키로 정하면, 새
로운 댓글은 반드시 단일 리젼에 저장된다[22]. 이것으로 인해 결과적으로 해당 노드가 병목
지점이 되어 버린다(그림 20.5).

---

22 키가 시간 순으로 정렬돼 있으면, 같은 리젼에 할당될 가능성이 높다.

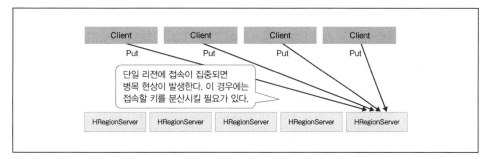

그림 20.5 HBase에서 발생하는 병목 현상

이와 같은 경우 〈블로그 ID〉:〈Timestamp〉처럼 키에 접두사를 붙여서 사용함으로써 저장 대상 리젼을 분할할 수 있다. 또한, Timestamp를 잘 활용하면 특정 블로그에서 새로운 댓글/오래된 댓글 순으로 스캔할 수 있다.

20.7.2 열 패밀리 선택

단일 열 패밀리에 모든 데이터를 넣으면, 읽기/쓰기 시의 I/O가 증가한다. 또한 접근 패턴이 다른 데이터가 같은 열 패밀리에 있으면, LRU(Least Recently Used) 캐시 구조가 제대로 동작하지 않아서 캐시 특성을 이용할 수 없게 된다. 또한, 테이블 작성 시에 열 패밀리에 관한 다양한 옵션을 설정할 수 있다. 열 압축(블록 단위, 레코드 단위, 무압축), 최대 보관 버전(이력) 수 등을 지정해서 성능을 튜닝할 수 있다.

지금까지 분산형 데이터베이스 HBase의 개요, 아키텍처, 사용 방법 등에 대해 알아보았다. HDFS나 MapReduce처럼 사용 용도가 점차 넓어지고 있어, 능숙하게 다룰 수 있게 되면 매우 강력한 무기가 될 것이다.

21

Fluentd 로그 수집기

이 책의 다른 장들에서는 주로 Hadoop 및 주변 시스템을 이용해서 어떻게 대용량 데이터를 저장, 처리할 것인가를 중심으로 설명했다. 하지만 실제 프로젝트를 진행하면서 문제가 되는 것은 대용량 데이터를 어떻게 확실히, 그리고 유연하게 수집할 것인가다. 이 장은 이 '데이터 수집'에 대해 설명한다. 어느 컨설팅 회사의 연구 결과에 따르면, 일반적인 BI(Business Intelligence) 프로젝트의 60%는 데이터 소스 정리와 수집 작업이라고 한다. 데이터 수집 작업은 데이터 소스별로 가공 작업이 많으며, 잘못 작업하면 최종 결과가 크게 달라진다. 하지만 실제로는 작업 일정상 가볍게 다뤄지는 경우도 많다.

Hadoop에서 다뤄지는 전형적인 데이터(웹 로그, 센서 데이터, PoS 데이터 등)를 보면, 유사성이 있는 것을 알 수 있는데, 바로 '시계열 데이터'라는 점이다. 즉 매일같이(이 순간에도) 생성되며, 계속 늘어나는 '로드 데이터'다. 수년 전까지만 해도 이런 로그 데이터는 텍스트로 저장되어 하루에 한 번 일괄 처리 스크립트를 사용해, Hadoop 등의 시스템으로 분석하는 것이 일반적이었다. 하지만 이 방법은 여러 가지 문제를 가지고 있다.

21.1.1 시계열 데이터 수집 시 문제점

■ 1. 데이터 소스 종류가 많다

대부분의 경우, 로그 데이터는 다양한 시스템을 통해 출력된다(그림 21.1). 또한, 출력 대상이 다르면 CSV/TSV/스페이스(공백) 구분/JSON/독자 포맷/바이너리 포맷 등 출력되는 로그 형식 자체도 다르다. 그리고 출력되는 항목명이나 순번 등을 별도 엑셀 파일 등으로 관리하고 있는 경우도 드물지 않다.

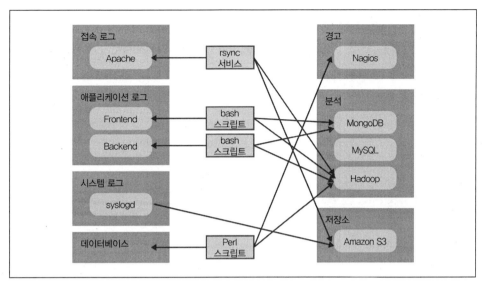

그림 21.1 다양한 시스템이 다양한 로그를 출력

■ 2. 데이터 포맷 정의가 없고, 자주 변경된다

텍스트 로그를 다루다 보면, 데이터 포맷이 정의되지 않은 경우가 대부분이다. 이 때문에 로그 종류별로 서버 스크립트를 개발해야 하며, 데이터 처리를 실행하기까지의 전처리에 매우 많은 비용이 들어간다. 또한, 텍스트 로그 포맷은 변경되기가 쉬워서 변경 시마다 Parser 스크립트를 변경해 주어야 한다. 원래는 데이터 분석 작업에 많은 시간을 투입해야 하지만, 로그 Parser를 만드는데 시간을 소비하는 담당자들도 많은 것이다. 때에 따라서는 형식에 맞지 않는 데이터로 인해 레코드가 깨지는 경우도 있어, 예외 처리에도 많은 신경을 써야 한다.

■ 3. 데이터 수집이 실시간이 아니다

데이터 수집을 실시간으로 하지 않으면 해당 데이터를 활용하기 위해 드는 시간도 늦어진다. 또한 야간 배치(Batch)로 수집할 때는 하루 분의 로그를 모두 수집하기 때문에 시스템에 일시적으로 부하가 걸릴 수도 있다. 그리고 전송 실패 시 어떻게 할지, 예측되지 않은 오류나 중복은 어떻게 방지할지 등, 분석 결과의 신뢰도에 크게 영향을 끼친다.

21.1.2 로그 수집기 등장

이런 문제들을 해결하기 위해서, 수년 전부터 등장하기 시작한 것이 Fluentd/Flume/Scribe 등의 '로그 수집기'다. 이번 장에서는 'Fluentd'에 중점을 두고, 아키텍처와 Hadoop 연계 방법을 소개하도록 하겠다.

21.2 Fluentd란?

Fluentd란, Treasure Data사의 후루하시가 중심으로 개발한 오픈 소스 로그 수집기다. 이 프로젝트에는 후루하시 외에도 약 20명의 오픈 소스 개발자[1]들이 참여해, 다양한 컴포넌트와 플러그인을 개발하고 있다.

 fluentd http://fluentd.org

Fluentd는 성능이 중시되는 부분은 C 언어, 그 외 로직은 루비(Ruby)로 구현되어 있는 것이 특징으로, Hadoop(HDFS)용 플러그인도 제공한다.

21.2.1 누가 사용하고 있는가?

Fluentd는 전 세계에 많은 사용자를 보유하고 있다[2]. IP 기준으로 집계했지만, 현 시점에 약 2만대 이상의 서버에 설치되어 있는 것이 확인됐으며, 한 회사가 수천 대 규모로 설치한 경우도 있다. 표 21.1은 대표적인 사용자와 사용 용도 리스트다.

---

1 https://github.com/fluent?tab=members

2 http://docs.fluentd.org/articles/users

표 21.1 Fluentd 주요 사용자와 용도

사용자	용도
SlideShare, Inc	애플리케이션 로그 수집, 이상 감지 시스템 'Skynet'
Backplane, Inc	SNS 사이트 로그 수집
ContextLogic, Inc	페이스북 애플리케이션 로그 수집
PPLive Inc	동영상 공유 사이트 로그 수집
Viki, Inc	동영상 공유 사이트 로그 수집
LINE㈜	웹 서비스 로그 수집
㈜그리(GREE)	소셜 게임, 광고 시스템 로그 수집
㈜사이버에이전트	SNS 사이트, 광고 시스템 로그 수집

주요 용도로는 Apache나 Nginx 등의 미들웨어가 출력하는 로그 수집 외에도, 사용자 반응(Interaction) 데이터(사용자 행동 로그, POS 데이터 등) 수집 등에 사용된다.

21.2.2 Fluentd 특징

Fluentd는 다음 세 가지 사항을 설계 이념으로 하고 있다.

■ 1. 모든 로그를 JSON으로

Fluentd 설계 이념은 'Log Everything in JSON'(모든 로그를 JSON으로 남긴다)이다. Fluentd로 수집된 로그는 예외 없이 JSON(JavaScript Object Notation) 형식이다. 이를 통해, 필드명이나 형 등에 관한 정보를 모두 기계적으로 처리할 수 있다[3].

■ 2. 사용법이 간단

Fluentd는 설치, 설정, 소스 등, 모든 측면에서 '간단'할 것을 추구하고 있다. 설치 패키지는 rpm, deb, gem 등 다양한 형식으로 제공되며, 명령어 하나로 설치할 수 있다. 또한 설정을 위한 다양한 템플릿이 마련되어 있으며, 소스 코드는 루비를 최대한 활용해서 다른 유사 소프트웨어 비해 매우 적은 양의 코드로 구현되어 있다. 단 성능을 요구하는 부분은 모두 C 언어로 구현되어 있어, 한 대로 수초 동안에 2만 메시지를 처리할 수 있다.

---

3 이 구조에 대해선 뒤에 설명하도록 하겠다.

▓ 3. 유연하고 빠르고 강력한

아무리 간단한 툴이라도 복잡한 태스크를 처리할 수 없으면 곤란하다. 용이성과 유연성을 모두 확보하기 위해 다양한 부분을 플러그인으로 제공하여, 간단하게 확장 가능한 구조를 가지고 있다. 또한 Rubygems[4]를 이용해서 개발한 플러그인을 다른 사용자에 간단히 공개, 배포할 수 있으며, 이미 Fluentd 사용자 간에 많은 플러그인이 개발, 배포되고 있다[5].

21.2.3 Fluentd 사용 대상

그림 21.2에서 Fluentd 사용 대상을 보여주고 있다. 지금까지는 각 데이터 소스나 기록 위치별로 스크립트를 정비할 필요가 있었다. 하지만 Fluentd를 도입함으로써 모든 데이터 소스로부터 일괄적으로 데이터를 수집하고, 필터링, 버퍼링, 라우팅 처리를 한 후, 데이터 베이스나 시스템에 정보를 출력하는 것이 가능해졌다. 데이터 저장 시스템이 다운됐다고 해도, Fluentd가 자동으로 버퍼링을 해주기 때문에 데이터 손실 가능성도 매우 낮다.

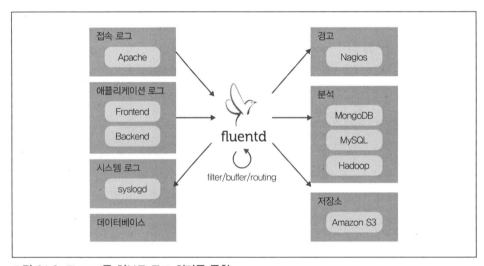

그림 21.2 Fluentd를 허브로 로그 처리를 통합

---

4 루비 라이브러리의 공통 리포지토리.

5 2013년 3월 현재, 128개 플러그인이 공개되어 있다. http://fluentd.org/plugin/

21.3 모든 로그를 JSON으로

Fluentd에 데이터가 입력되면 모든 로그 데이터가 JSON으로 처리된다. 텍스트로 처리할 때와 비교해서 JSON 처리는 어떤 강점이 있을까?

21.3.1 왜 JSON인가?

Fluentd 개발 시에 JSON을 선택한 이유는 JSON이 모든 데이터 구조/형을 유지하기 위해 가장 일반화된 포맷이기 때문이다. 현재는 어떤 프로그래밍 언어든 JSON을 기본으로 지원하고 있다. 이 외에도 JSON을 이용하면 다음과 같은 이점이 있다.

■ Parser 운영이 필요 없다

가중 중요한 점은 JSON으로 로그를 남기면, 로그 사용자가 Parser(파서)를 운영할 필요가 없다는 것이다. 데이터 소스 측에 필드 등이 추가된 경우, 지금까지는 Parser를 변경해야 했지만, JSON으로 모두 저장되어 있으면 JSON Parser를 적용할 수 있다. 따라서 로그 생성 측에서는 임의로 구조를 변경해도 문제가 없다. 예를 들어, 사내에 공통 데이터 해석 팀이 있다고 하자. 이 팀에서는 수십 가지 애플리케이션 로그를 집중 관리해서 분석하고 있다. 텍스트 로그를 사용하고 있다면 타 팀에서 애플리케이션 로그에 정보를 추가하고 싶은 경우, 공통 데이터 해석 팀과 조율이 필요하다. JSON을 사용하면 애플리케이션 측에서 임의로 구조를 변경할 수 있기 때문에, 다음과 같은 작업 분리가 가능해진다.

- 애플리케이션 측은 모든 필요 정보를 로그로 출력한다
- 해석 측은 그것을 사용한다

이를 통해, 분석/집계 결과를 내기까지의 비용을 절감할 수 있으며, 시스템 이용을 위한 조직 차원의 처리 효율도 오른다.

■ 로그 처리자를 사람에서 기계로

Fluentd가 목표로 하는 세계는 기계가 로그를 처리하는 세계다. 지금까지는 텍스트 파일로 로그를 저장해서 사람이 수동으로 가공해, 여러 가지 처리를 하는 것이 주류였다. 하지만 최근에는 데이터양이 증가함에 따라, 사람이 모든 것을 확인할 수 없게 되었다. 특히 로

그 처리자가 사람에서 기계로 바뀌고 있으며, '기계가 처리하기 쉬운 포맷으로 로그를 남긴다.'는 생각이 주류가 되고 있다. Fluentd는 이 흐름을 따르고 있는 소프트웨어 중 하나로 JSON이라는, 사람이 어느 정도 해석이 가능하고 기계도 처리 가능한 포맷을 데이터 구조로 선택했다.

21.4 Fluentd 설치

RPM 패키지, DEB 패키지, 홈브류(Homebrew) 레시피, 루비 젬(Ruby Gem)을 사용한 설치 방법에 대해 소개하겠다.

21.4.1 RPM 패키지

Fluentd는 td-agent라는 이름을 가진 RPM 패키지로 배포되고 있다. RPM 설치 방법은 다음과 같다. 이 스크립트에서는 /etc/yum.repos.d/에 리포지토리를 등록해서 td-agent 패키지를 설치한다. 현재, CentOS 5 이상, RedHat Enterprise Linux 5 이상만 지원한다[6].

```
$ curl -L http://toolbelt.treasure-data.com/sh/install-redhat.sh | sh
```

21.4.2 DEB 패키지

Fluentd는 td-agent라는 이름을 가진 DEB 패키지로 배포되고 있다. DEB 설치 방법은 다음과 같다. 이 스크립트는 리포지토리를 등록해서 td-agent 패키지를 설치한다. 현재 Ubuntu Precise/Lucid만 지원한다[7].

---

6 RPM을 통한 상세 설치 방법에 대해선 다음 URL을 참조하도록 한다. http://docs.fluentd.org/articles/install-by-rpm
7 DEB를 통한 상세 설치 방법은 다음 URL을 참조하기 바란다. http://docs.fluentd.org/articles/install-by-deb

▌ Ubuntu Precise

```
$ curl -L http://toolbelt.treasure-data.com/sh/install-ubuntu-precise.sh | sh
```

▌ Ubuntu Lucid

```
$ curl -L http://toolbelt.treasure-data.com/sh/install-ubuntu-lucid.sh | sh
```

21.4.3 홈브류 레시피

맥(Mac) OS X 사용자용으로, 맥 OS용 패키지 관리 시스템인 홈브류(Homebrew)의 레시피로 배포되고 있다. 맥에는 루비 1.8이 탑재되어 있지 않기 때문에, 루비 1.9 인터프리터도 자동으로 설치한다. 다음과 같이 실행하도록 한다.

```
$ brew install "http://toolbelt.treasure-data.com/brew/td-agent.rb"
```

21.4.4 루비 젬 패키지

fluentd라는 이름을 가진 루비 젬(Ruby Gem) 형태로도 배포되고 있다. 루비 젬의 설치 방법은 다음과 같다[8].

```
$ gem install fluentd
```

젬(gem)을 통해 설치한 경우는 설정 파일 위치 등이 다르다. 상세 내용은 다음 문서 (http://docs.fluentd.org/articles/install-by-gem)를 참조하도록 한다.

---

8 루비 1.9.2 이상이 필요하다.

Fluentd는 rpm/deb 형식에서는 td-agent라 불린다. 이것은 패키지 배포처가 Treasure Data(TD) 사인 것에서 유래하고 있지만, 본질적으로 몇 가지 차이점이 있다.

1. td-agent는 루비 1.9 계열 인터프리터를 내포하고 있기 때문에 별도로 루비 인터프리터를 설치할 필요가 없다

2. td-agent는 서비스 시작, 중지, 가동을 위한 /etc/init.d/td-agent 스크립트를 포함하고 있다

3. td-agent는 안정판 Fluentd와 함께 호환성을 가진 플러그인을 포함하고 있다(예: MongoDB 플러그인, Hadoop WebHDFS 플러그인 등)

4. td-agent는 jemalloc를 이용해서 메모리 프래그멘테이션을 줄이고 있다

즉, td-agent는 Fluentd보다 안정된 배포 버전이라 할 수 있다. 처음 Fluentd를 사용할 때는 td-agent부터 테스트해 보는 것이 무난하다.

21.5 Fluentd 기본

21.5.1 Fluentd(td-agent) 시작과 정지

td-agent 시작 및 정지는 /etc/init.d/td-agent 스크립트를 사용한다.

```
$ sudo /etc/init.d/td-agent stop (정지)
$ sudo /etc/init.d/td-agent start (시작)
$ sudo /etc/init.d/td-agent restart (재시작)
$ sudo /etc/init.d/td-agent status (상태 확인)
```

21.5.2 설정 파일 및 로그 참조

td-agent 설정 파일의 위치는 다음과 같다. 설정 변경 후에는 재시작이 필요하다.

/etc/td-agent/td-agent.conf

td-agent 로그는 다음 위치에 있다. 예상대로 동작하지 않는 경우, 반드시 이 로그를 참조하도록 한다.

/var/log/td-agent/td-agent.log

21.5.3 레코드 구조

실제 설정을 변경하기 전에, Fluentd의 기본 개념인 '레코드'에 대한 이해가 필요하다. Fluentd에서는 time, tag, record의 세 가지 요소로 구성되는 것을 레코드라 부른다.

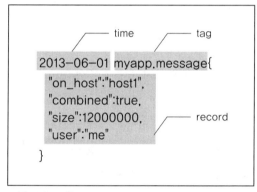

그림 21.3 레코드 구조

time은 로그 시간이다. 레코드에 기록되어 있는 시간이 Fluentd가 처음으로 레코드를 받은 시간이 된다. tag는 레코드 종류를 나타내는 문자열이다. Fluentd는 어느 tag를 어디에 기록할지를 설정 파일에 따라 처리한다[9]. record는 JSON 객체다.

---

9 처리에 대해서는 뒤에서 설명하겠다.

21.5.4 Fluentd(td-agent) 설정 예

우선은 간단한 상황을 가정해 보도록 하겠다. HTTP로 로그를 받아서 Fluentd 자체 로그로 저장하는 설정 예다. 다음 설정을 설정 파일에 추가하고 데몬을 재시작한다.

▌입력 측

```
<source>
  type http
  bind 0.0.0.0
  port 8888
</source>
```

▌출력 측(debug.test라는 tag에 매치)

```
<match debug.test>
  type stdout
</match>
```

설정 파일 자체는 매우 간단한 구조로 되어 있다. 설정 파일 전체는 복수의 ⟨source⟩ 섹션과 ⟨match⟩ 섹션으로 구성된다. ⟨source⟩에서는 입력 위치를 지정하고 ⟨match⟩에서는 출력 위치와 tag를 지정한다. tag에 일치되는 데이터만 지정한 출력 위치에 저장된다.

데몬을 재시작하면 HTTP를 통해서 로그를 투입할 준비가 되어 있다. curl 명령을 실행해서 로그를 투입하고, /var/td-agent/td-agent.log를 통해 투입한 로그가 출력되었는지 확인하자.

```
$ curl -X POST -d 'json={"json":"test1"}' http://localhost:8888/debug.test (로그 투입)
$ tail /var/log/td-agent/td-agent.log (출력 확인)
2013-04-21 16:19:09 -0700 debug.test: {"json":"message"}
```

debug.test가 아닌 다른 tag를 사용하면 설정 파일과 일치하는 섹션이 없기 때문에 에러가 출력된다.

```
$ curl -X POST -d 'json={"json":"test1"}' http://localhost:8888/not_found_tag
(↑존재하지 않는 tag를 사용해서 로그 투입)
$ tail /var/log/td-agent/td-agent.log (에러 확인)
2013-06-01 16:26:26 -0700 [warn]: no patterns matched tag="fdafdasfdsa"
```

21.6 HDFS에 기록하기 위한 설정 예

Fluentd에서 HDFS에 로그를 기록하기 위한 설정 방법을 소개한다. 이것은 HDFS와 Fluentd 양쪽의 설정이 필요하다. 또한, CDH 4.1 이상의 Hadoop이 필요하다.

21.6.1 HDFS 설정

우선 HDFS 설정(hdfs-site.xml)을 편집해서 다음 파라미터를 추가한다. 이를 통해, WebHDFS 인터페이스와 Append 처리를 사용할 수 있게 된다. WebHDFS는 HTTP를 통해서 HDFS를 조작하기 위한 인터페이스로, Fluentd의 HDFS 플러그인은 WebHDFS를 이용해서 데이터를 기록한다.

```
 (WebHDFS 인터페이스 유효화)
<property>
  <name>dfs.webhdfs.enabled</name>
  <value>true</value>
</property>

 (Append 처리 유효화)
<property>
  <name>dfs.support.append</name>
  <value>true</value>
</property>
<property>
  <name>dfs.support.broken.append</name>
  <value>true</value>
</property>
```

설정 추가 후, DataNode/NameNode를 재시작한다. 자바의 HDFS 클라이언트를 이용하지 않고 WebHDFS를 이용하고 있기 때문에, Hadoop이 업그레이드돼도 Fluentd 업그레이드는 필요치 않다.

21.6.2 Fluentd 설정

다음 설정을 td-agent 설정 파일에 추가한 후 재시작한다. 이것으로 HTTP를 통해서 데이터를 입력하고, 30초 간격으로 HDFS에 데이터를 기록하는 설정을 마쳤다.

```text
<source>
  type http
  bind 0.0.0.0
  port 8888
</source>

<match access.**>
  type webhdfs
  host namenode.your.cluster.local
  port 50070
  path /path/to/hdfs/access.log.%Y%m%d_%H.${hostname}.log
  flush_interval 30s
</match>
```

실제로 데이터를 등록해 보자. 이번에도 curl 명령을 이용한다.

```
$ curl -X POST -d 'json={"json":"test1"}' http://localhost:8888/access.hdfs
```

30초 후에 'hadoop fs -lsr /path/on/hdfs/' 명령을 실행하여 데이터가 기록된 것을 확인한다. 이 예는 1호스트가 1시간 간격으로 1파일을 만들도록 설정하고 있다[10].

---

10 HDFS의 Append 처리는 복수의 노드가 동시에 같은 파일을 기록할 때, 일관성을 보장하지 않는다. 이 때문에 Fluentd에서는 파일명에 자신의 호스트명을 붙여 단일 파일에는 단일 Fluentd만 Append 처리를 할 수 있도록 한다. 하지만 호스트명이 중복되면 문제가 발생하므로 주의가 필요하다.

21.7 Fluentd 내부 구조

Fluentd 설치부터 간단한 동작 확인 그리고 HDFS에 출력하는 방법에 대해 알아보았다. 여기서 보다 고급 사용법을 익히기 위해서는 Fluentd 내부 구조를 이해할 필요가 있다.

21.7.1 Fluentd 컴포넌트

Fluentd 내부에는 크게 세 가지 컴포넌트가 존재한다(그림 21.4).

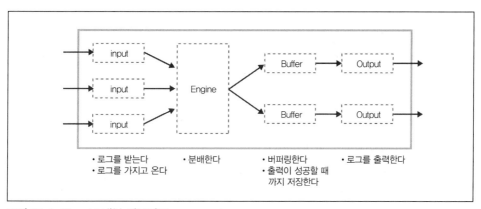

그림 21.4 Fluentd 내부 컴포넌트

■ 1. Input(레코드 입력)

Input 플러그인은 소켓을 기다렸다가 로그를 수신하거나, 데이터 소스로부터 정기적으로 로그를 취득한다. 예를 들면, 다음과 같은 플러그인들이 있다.

- in_http

  HTTP로 JSON을 받는다.

- in_tail

  tail 명령처럼 파일 끝에 로그가 추가될 때마다 그것을 꺼낸다.

- in_exec

  외부 프로그램을 정기적으로 실행해서 해당 출력을 받는다.

- in_mysql_slow_query

  MySQL의 느린(slow) 쿼리 로그를 읽는다.

■ 2. Engine(레코드 분배)

Engine은 Input 플러그인이 전달한 로그를 설정 파일에 기반해서 분배하고, Buffer/Output 플러그인에 전달한다.

■ 3. Buffer(레코드 버퍼링 담당)

Buffer 플러그인은 Input 플러그인이 전달한 로그를 버퍼링한다. Buffer 플러그인의 구조는 버퍼 chunk가 큐를 이루고 있는 형태다. Input 플러그인이 전달한 로그는 선두 버퍼 chunk에 추가된다. chunk가 일정 크기가 되거나 일정 시간이 지나면 다음 chunk를 확보하며, 큐의 꼬리에 있는 chunk를 Output 플러그인에 전달한다. Output 플러그인이 출력에 실패하면, 버퍼 chunk를 버리지 않고 보관하고 있다가 나중에 다시 Output 플러그인에게 전달한다. 전송 대상 서버가 잠시 다운되더라도 큐가 가득 차지 않는 한 서버 복구 시에 자동으로 재전송한다(그림 21.5)

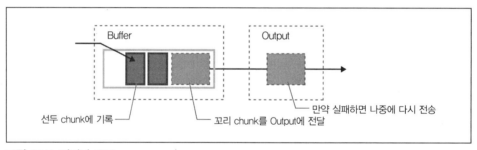

그림 21.5 버퍼링 구조

또한, 로그 출력은 로그 입력과는 다른 스레드를 사용한다. 이 때문에 로그 출력 시에 시간이 걸리더라도 로그 입력이 중단되는 경우는 없으며, 출력 대상 저장소에 문제가 발생해도 애플리케이션에는 영향을 주지 않도록 되어 있다.

Buffer 플러그인에는 다음 두 종류가 있다.

- buf_memory

  메모리 상에 버퍼 chunk를 저장한다. 다소 빠르지만 재시작하게 되면 출력하지 못한 buffer를 잃게 된다.

- buf_File

  buf_memory와 달리, 버퍼가 fresh되기 전까지 영구 보존된다.

■ 4. Output(버퍼링된 레코드를 출력하는 역할)

Output 플러그인은 Buffer 플러그인이 전달한 버퍼 chunk를 지정 위치에 출력한다. 출력에 실패해도(예외가 발생해도) Buffer 플러그인이 이를 해결해 주기 때문에, Output 플러그인은 출력만 신경 쓰면 된다. Output 플러그인에는 많은 종류가 있는데, 그 일부를 소개하도록 하겠다.

- out_file

  file로 출력.

- out_forward

  다른 Fluentd 인스턴스에 로그를 전달[11].

- out_webhdfs

  Hadoop WebHDFS로 출력.

- out_mongo

  MongoDB로 출력.

- out_s3

  Amazon S3로 출력.

- out_resque

  Resque에 메시지를 추가.

- out_exec_filter

  외부 프로그램을 사용해서 메시지를 필터링.

---

11 HA 구성 설정에 대해서는 뒤에서 설명하겠다.

프로그램을 통한 로그 기록

애플리케이션으로부터 Fluentd에 로그를 기록하려면, 이미 설명한 HTTP 접속을 사용하는 경우도 있지만 보통 각 언어용 로컬 라이브러리를 사용한다. 현 시점에서는 다음의 언어용 라이브러리들이 공식 제공되고 있다.

> **자바(Java):** http://docs.fluentd.org/articles/java
>
> **루비(Ruby):** http://docs.fluentd.org/articles/ruby
>
> **펄(Perl):** http://docs.fluentd.org/articles/perl
>
> **PHP:** http://docs.fluentd.org/articles/php
>
> **파이썬(Python):** http://docs.fluentd.org/articles/python
>
> **Node.js:** http://docs.fluentd.org/articles/nodejs

21.8 Fluentd HA 구성

대규모 로그를 수집할 때는 Fluentd의 고가용(HA: High Availability) 구성을 이용한다.

21.8.1 HA 아키텍처

우선, 모든 노드에 Fluentd를 설치한다. 그리고 이것을 Forward 노드라 부르기로 하겠다. 또한 두 대 이상의 Fluentd 노드를 구성해, 모든 노드로부터 데이터를 집약한다. 이것을 Aggregator 노드라 부르겠다.

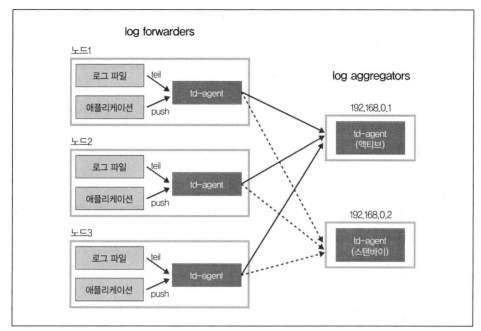

그림 21.6 Fluentd HA 구성

구성이 약간 복잡하지만, 대규모 시스템에 적합한 구조로 다음과 같은 장점이 있다.

- Aggregator 전용 노드를 이용해서 장애 가능성을 낮춤
- Aggregator 중 한쪽이 다운돼도 액티브/스탠바이 구성으로 로그를 유지한다
- Aggregator가 둘 다 다운되더라도 Forward 측에서 버퍼링이 이루어지기 때문에 Aggregator 가 복구된 후에 재전송된다
- Forward는 로그 전송에만 집중하기 때문에 애플리케이션 영향도가 낮다
- Forward의 역할이 단순해서 설정 변경, 업데이트 등은 Aggregator 노드만으로도 가능하다

이 다음으로는 설정 예를 설명하도록 하겠다.

21.8.2 노드 설정

■ Forward 측 설정

Forward 측에서는 다음과 같이 설정한다. type forward를 지정하면, 일치하는 로 그를 별도 Fluentd 노드로 전송한다. 여기서는 192.168.0.1로 전송하며, 실패한 경우

192.168.0.2로 전송하도록 설정하고 있다. 액티브/스탠바이 구성이 아니고, 여러 대를 라운드 로빈(Round robin)으로 구성하는 것도 가능하다. 또한, flush_interval 10s로 지정해서, Forward가 10초 간격으로 1회 Aggregator로 수집한 데이터를 전송하고 있다.

```
<match access.**>
  type forward
  flush_interval 10s

  # active aggregator
  <server>
    host 192.168.0.1
    port 24224
  </server>

  # standby aggregator
  <server>
    host 192.168.0.2
    port 24224
    standby
  </server>
</match>
```

■ Aggregator 측 설정

Aggregator 측에서는 〈source〉 섹션에 type forward를 지정한다. 이를 통해 Forward 측으로부터 로그를 수신할 수 있다.

```
<source>
  type forward
  bind 0.0.0.0
  port 24224
</source>
<match access.**>
    (적절한 장소에 저장)
  ....
</match>
```

21.8.3 두 곳에 저장

Fluentd를 사용하면, 수신한 데이터를 저장소 두 곳으로 나누어 출력하는 것이 가능하다. 예를 들어 수신한 로그를 로컬 파일에 압축하면서, 동시에 HDFS에 저장하도록 설정할 수 있다. 이 경우 copy 플러그인을 사용한다.

```
<match tag>
  type copy

  <source>
    path /path/to/local/dir/access
    time_slice_format %Y%m%d
    time_slice_wait 10m
    time_format %Y%m%dT%H%M%S%z
    compress gzip
    utc
  </source>

  <source>
    type webhdfs
    host namenode.your.cluster.local
    port 50070
    path /path/to/hdfs/access.log.%Y%m%d_%H.${hostname}.log
    flush_interval 30s
  </source>
</match>
```

21.9 Fluentd 튜닝

성능 및 신뢰도의 열쇠가 되는 것이 버퍼 부분 파라미터다. 특히, buffer_queue_length 와 buffer_chunk_size 이 두 개의 파라미터가 매우 중요하다. Fluentd 내부에서는 데이터를 chunk라 불리는 단위로 관리한다. 보통 버퍼링 데이터가 일정 크기(buffer_chunk_size)를 초과하거나, 일정한 시간이 지나면 chunk가 생성된다. 또한, output 측이 다운돼서 출력할 수 없는 경우에는 buffer_queue_length에서 지정한 수만큼 chunk가 Fluentd 내부에 버퍼링된다.

버퍼링은 메모리 및 디스크 두 종류를 지원한다. 메모리가 더 빠르지만, Fluentd를 재시작하면 데이터가 사라진다. 디스크는 메모리보다 성능이 떨어지지만, Fluentd나 서버가 고장 나도 디스크가 망가지지 않는 한 영구 보존된다. 일반적인 경우에는 디스크를 사용해도 충분하다. 이때, 최대 다음 식 만큼의 디스크 영역이 필요하다.

(buffer_queue_length) × (buffer_chunk_size)

디스크가 꽉 차서 Fluentd를 출력할 수 없게 되면, 로그 손실을 초래할 수 있으니 주의해서 설정하도록 한다.

- buffer_queue_length
  1024

- buffer_chunk_size
  32M

위 설정의 경우, 32MB×1024 = 32GB의 디스크 용량이, 버퍼 디렉터리로 확보되어 있어야 한다.

21.10 Fluentd 모니터링

Fluentd를 이용할 때, 몇 가지 모니터링해야 할 사항들이 있다.

▌1. 프로세스 감시
Fluentd 프로세스가 동작하고 있는지 감시한다.

▌2. 포트 감시
Fluentd가 사용하는 포트가 동작하는지 감시한다.

▌3. 버퍼 디렉터리 감시
Fluentd 특유의 모니터링 사항으로 버퍼 디렉터리 용량 감시를 들 수 있다. 버퍼 디렉터리 용량이 모자라면 해당 서버 상의 Fluentd가 그 이상 데이터를 버퍼링할 수 없게 되어, 최악의 경우 데이터를 잃을 수도 있다. 또한, 버퍼 디렉터리의 데이터 용량도 감시한다. 만약 버퍼 디렉터리 이하의 데이터 크기가 계속 늘어나고 있다면, 입력 데이터가 너무 많아서 출력 측이 모두 감당할 수 없거나 출력 위치(HDFS)가 다운됐을 가능성이 있다. 이것을 그냥 두면 최대 버퍼 크기까지 데이터 용량이 늘어나 버리기 때문에, 그때까지 출력 측에 어떠한 조치를 취해야 한다. 보통 버퍼 디렉터리의 데이터 용량에 최댓값을 설정하는 것으로 충분하지만, 경우에 따라서는 계속 증가하고 있지는 않은지 감시할 필요가 있다.

▌4. 모니터링 에이전트

설정 파일에 다음 내용을 추가하면, Fluentd 내부 정보를 HTTP를 통해 취득할 수 있다. 결과는 JSON 형식으로 반환되기 때문에, 이것을 가공하여 Nagios/Zabbix 등의 소프트웨어를 통해 다양한 메트릭스 감시가 가능하다[12].

```
<source>
  type monitor_agent
  bind 0.0.0.0
  port 24220
</source>
```

메트릭스 취득을 위한 샘플 코드는 다음과 같다.

```
$ curl http://host/api/plugins.json
```

21.10.1 문제 해결

어떠한 문제가 발생한 경우, 우선 로그를 확인해서 에러 내용을 확인한다. 그래도 문제를 발견하지 못한다면, Fluentd 커뮤니티 사이트를 통해 질문하도록 하자.

Fluentd 커뮤니티 메일링 리스트

https://groups.google.com/forum/?fromgroups#!forum/fluentd

---

12 앞서 언급한 버퍼 상태 등도 취득할 수 있다.

Fluentd와 유사한 소프트웨어

Fluentd와 비슷한 소프트웨어로 Flume과 Scribe 등이 있다. 이들을 비교한 것을 표 21.2
에 기재했다.

표 21.2 Fluentd, Flume, Scribe 비교

	Fluentd	Flume	Scribe
설치	deb/rpm/gem	deb/rpm	사전 빌드(의존 관계가 많아서 매우 복잡함)
개발	활발	활발	없음
언어	C 언어+루비	자바	C++
footprint	5,000행	80,000행	8,000행
플러그인 개발	루비	자바	N/A
플러그인 배포	RubyGem.org	N/A	N/A
라이선스	Apache License V2	Apache License V2	Apache License V2

이번 장에서는 로그 수집기 Fluentd의 설계 이념과 사용 방법에 대해 소개했다. 데이터
수집은 데이터 저장/처리와 동등하게 매우 중요한 부분이다. 이번 장을 참고로 하여 다양
한 데이터를 수집해 보도록 하자.

22

YARN

기고: 오자와 츠요시 / NTT 소프트웨어 이노베이션 센터

이번 장에서는 YARN에 대해 설명한다. YARN은 MapReduce를 포함해서, 다양한 분산 처리 프레임워크에 클러스터 리소스 관리 기능을 제공하는 미들웨어다. 0.20 및 1.0대 Hadoop에서는 리소스 관리 기능이 Hadoop/MapReduce 자체에 내장되어 있었지만, 최근의 Hadoop(0.23 및 2.0대)에서는 다른 분산 처리 프레임워크와 클러스터 리소스를 공유하기 위해서 YARN이란 이름으로 분리시켰다. YARN은 Hortonworks 및 미국 야후 멤버가 주축이 돼서 개발하고 있다.

22.1.1 배경

이 책에서는 주로 기존 Hadoop/MapReduce(0.20 및 1.0대)의 구조와 아키텍처에 대해 설명했다. 그중에서 JobTracker는 다음과 같은 역할을 하고 있다.

1. 리소스 관리: 잡 우선순위 및 사용자별 리소스 할당. Map 슬롯, Reduce 슬롯에 태스크 할당 등
2. 잡 관리: 잡 실행 중 계산 스케줄링 실시. 태스크 진척 관리, 장애 시 재실행, Mapper/Reducer 처리 시작 등
3. 잡 이력 관리

또한, TaskTracker의 역할은 Map 슬롯/Reduce 슬롯이라는 형태로 노드 리소스를 분할해서 처리하는 것이었다. 이런 기존의 Hadoop/MapReduce 리소스 관리 모델은 다음과 같은 문제가 있다.

1. 태스크 슬롯 수가 다른 분산 처리 프레임워크와 공유되지 않아서 리소스 이용 효율이 나쁘다
2. 슬롯을 TaskTracker 시작 시에 정적으로 결정하기 때문에 리소스 이용 효율이 나쁘다
3. Hadoop/MapReduce 클러스터를 업데이트할 때, 모든 JobTracker/TaskTracker를 정지한 후에 일제히 업데이트해야 한다
4. 태스크 수가 많은 환경에서는 JobTracker에 부하가 집중되어, CPU에서 병목 현상이 발생할 수 있다

1번에 대해서는 MapReduce 이외의 분산 처리 처리 프레임워크를 MapReduce와 함께 사용하려고 할 때 문제가 된다. MapReduce는 범용적으로 확장 가능한 모델이지만, 특정

처리에 대해선 성능이 떨어지는 결점이 있다. 예를 들어, MapReduce를 몇 번이고 반복해서 실행해야 하는 처리는 계속적으로 분산 파일 시스템에 접근해야 하기 때문에 속도가 늦어진다. MapReduce 이외의 분산 처리 프레임워크로는 반복 계산에 효율적인 Spark[1], Apache Hama[2]와 스트리밍 처리 기반의 Storm[3] 등이 있다. 이들 분산 처리 프레임워크도 MapReduce의 JobTracker와 동일한 역할을 하는 리소스 관리 및 스케줄링 기능을 독자적으로 가지고 있어서, 각자 클러스터 리소스를 관리한다.

Spark는 각 서버 분산 캐시를 사용해서 I/O를 줄이고, 반복 계산이나 인터랙티브 쿼리를 빠르게 실행할 수 있다. Apache Hama는 BSP(Bulk Synchronous Parallel)라는 MapReduce와 다른 계산 모델을 사용해서 PageRank와 같이 반복 계산이 요구되는 처리를 MapReduce보다 효율적으로 처리할 수 있다. Storm은 스트리밍 처리를 위한 기반으로, Hadoop처럼 일괄(batch) 처리를 하는 시스템에 비해, 낮은 대기 시간으로 처리가 가능하다(그림 22.1).

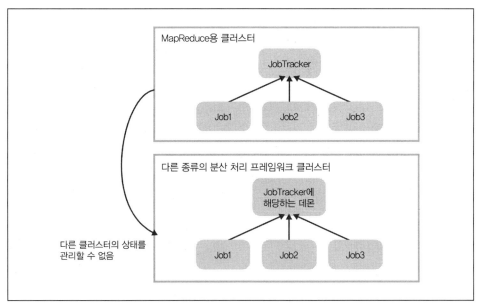

그림 22.1 분산 처리 프레임워크마다 별도 클러스터를 구성해서 리소스 이용 효율이 저하됨

---

1 http://spark.incubator.apache.org/

2 http://hama.apache.org/

3 http://storm-project.net/

각 분산 처리 프레임워크별로 독립적으로 리소스를 관리하면, 리소스 관리 기능이 클러스터 전체 리소스의 이용 효율을 파악할 수 없다. 그래서 특정 서버의 부하가 높아지거나 리소스 이용 효율이 떨어지는 문제가 발생할 수 있다. 종래의 Hadoop/MapReduce에서는 JobTracker가 클러스터 내에 하나만 존재했기 때문에, 부하 분산을 하려면 클러스터를 새롭게 구축해야 했다. 따라서 다른 분산 처리 프레임워크를 함께 운영하며 리소스 이용 효율을 향상시키려면 계산 리소스를 일괄 관리할 구조가 필요하다.

2번은 보통 MapReduce 상에서 잡을 실행하고 있을 때도 발생하는 문제다. 종래의 MapReduce에서는 Map 슬롯, Reduce 슬롯을 정적으로 결정해야 하지만, 각 슬롯을 너무 많이 잡으면, 다른 잡을 병렬로 처리하는 경우에 성능이 저하된다. MapReduce에서는 어느 정도 Map 태스크가 종료된 시점에 Reduce 태스크가 시작된다. 잡 시작 시점에는 Map 슬롯이 많이 요구되고, 종반에는 Reduce 슬롯이 많이 요구된다. 이 때문에 복수의 잡을 병렬해서 실행하는 경우, 사전에 Map 태스크/Reduce 태스크를 병렬로 실행할 것을 전제로 성능 조율을 할 필요가 있다[4].

3번은 Hadoop 클러스터 운영 관리 시에 발생하는 문제다. 새로운 버전의 JobTracker/TaskTracker에서 버그 수정이나 개선 작업이 이루어져서 업데이트가 필요한 경우, JobTracker 및 모든 노드에서 동작하고 있는 TaskTracker를 정지시켜야 한다. 하지만 그러는 동안은 Hadoop 클러스터를 이용할 수 없다.

4번은 클러스터 내에서 실행되고 있는 잡이 몇 개가 되든, JobTracker는 클러스터 내에 하나밖에 존재하지 않기 때문에 생기는 문제다 그림 22.2는 JobTracker 아키텍처를 보여준다.

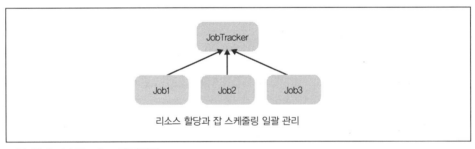

그림 22.2 JobTracker 아키텍처

---

4 복수의 잡을 병렬로 실행하기 위한 구조로 Capacity Schedule/Fair Schedule 등이 있지만, 이들은 잡 진행을 정지한 후 슬롯을 열어야 한다. 이로 인해 서버 내에서 발생하는 스래싱(thrashing) 상태를 피할 방법이 없다.

이 아키텍처에서는 태스크 수가 수천~수만 개 규모가 되면, JobTracker에 부하가 집중돼서 병목 현상이 발생할 가능성이 있다. 이 정도의 태스크가 동시에 실행되는 것은 비현실적이라 생각할 수도 있겠지만, 2013년 현재 서버 한 대가 64 CPU 코어까지 탑재할 수 있다는 사실을 감안하면, 곧 CPU 코어 수 100개 규모의 클러스터가 구축되리라 예측해 볼 수 있다. 이런 경우, 10대 규모라도 수천 태스크가 병렬로 실행될 가능성이 있다.

JobTracker가 병목 지점이 되는 경우, 기존 Hadoop/MapReduce에서는 JobTracker 부하 분산을 위해서 그림 22.1과 동일한 형태로 다수의 MapReduce 클러스터를 준비해야 한다. 이 방법을 사용하면 JobTracker 부하를 분산할 수 있지만, 1과 동일하게 클러스터 간 리소스 관리가 별도로 이루어지기 때문에, 리소스 이용 효율이 떨어지거나 JobTracker 수 증가로 감시 대상이 늘어나는 문제가 발생한다.

22.1.2 YARN 개발

앞 절에서 언급한 문제 외에도 MapReduce가 가지고 있는 여러 문제들을 해결하기 위해, 2011년 2월, 야후의 아룬 머시(Arun Murthy)는 MapReduce 리소스 관리 부분 범용화를 제안했다[5]. 이것이 바로 'YARN(Yet-Another-Resources-Negotiator)'이다. YARN에서는 JobTracker/TaskTracker가 수행하던 역할을 그림 22.3과 같이 변경했다.

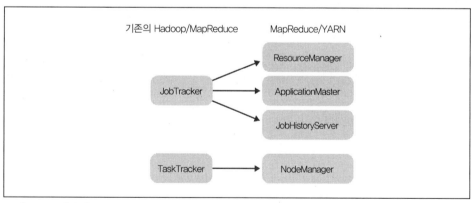

그림 22.3 기존의 MapReduce와 MapReduce/YARN의 기능별 대응도

---

5 「The next generation of apache hadoop mapreduce.」
　http://developer.yahoo.com/blogs/hadoop/next-generation-apache-hadoop-mapreduce-3061.html

1. JobTracker 리소스 관리 부분을 ResourceManager로 분리했다. MapReduce를 포함하고 있는 분산 처리 프레임워크는 ResourceManager에게 리소스 할당을 요구하며, 할당된 계산 리소스를 이용해서 처리한다. ResourceManager가 리소스를 일괄 관리하기 때문에 리소스 이용 효율이 높다

2. JobTracker의 스케줄링 부분을 ApplicationMaster로 분리했다. 분산 처리 프레임워크는 스케줄러를 ApplicationMaster의 API에 맞추어 구현함으로써 독자적으로 스케줄링을 할 수 있다. 그리고 잡 스케줄러(ApplicationMaster)를 잡 단위로 실행해, 업데이트 없이 버그 수정이나 성능 향상이 가능하다. 또한, ApplicationMaster를 잡 단위로 운영하는 것으로 태스크 수 증가에 의한 병목 현상을 막을 수 있다

3. JobTracker 이력 관리 부분을 JobHistoryServer로 분리했다

4. TaskTracker가 담당하던 단일 계산 리소스 관리 부분을 NodeManager가 담당한다. Node Manager는 슬롯이 아니고, 컨테이너라는 단위로 계산 리소스를 관리한다. 컨테이너는 NodeManager가 가동되고 있는 서버 리소스를 메모리 기준으로 분할한 것이다[6]

이 외에도 YARN에는 Hadoop/MapReduce에서 부족했던 기능을 보완하고 있다[7].

1. CPU/메모리양에 따라 리소스를 제한하는 Multitenant 기능
2. 잡 스케줄러 (ApplicationMater), ResourceManager 이중화

MapReduce 외에도 Spark/Storm/Apache Hama/Apache Tez/Open MPI 등이 YARN을 지원하도록 개발되고 있다[8]. YARN과 경쟁 관계에 있는 것으로, Apache Mesos(아파치 메소스)[9], 페이스북의 Corona[10] 등이 있다.

YARN은 미국 야후의 프로덕션 환경에서 사용되고 있다[11]. 2013년 시점에, 누적 1,400만 잡 이상, 단일 클러스터로는 1일 9만 잡이 YARN 클러스터 상에서 동작하고 있다. 또한 Pig, Hive, Oozie, HCatalog, Hbase가 Hadoop 0.23대 버전에서 동작하고 있다고 한다. 실행되고 있는 잡 수를 보면 가장 문제였던 잡 수 증가에 따른 JobTracker 과부하를 무사히 해결한 것을 알 수 있다.

---

6 CPU, 메모리 단위로 분할할 수 있도록 설계되어 있지만, 2013년 5월 시점에서는 아직 구현되어 있지 않다

7 단, 개발이 완료되지 않은 것도 있다.

8 「powered by yarn.」(Apache hadoop wiki)
  http://wiki.apache.org/hadoop/PoweredByYarn

9 http://incubator.apache.org/mesos/

10 https://github.com/facebook/hadoop-20/tree/master/src/contrib/corona

11 Hadoop at Yahoo!: More Than Ever Before
  http://developer.yahoo.com/blogs/ydn/hadoop-yahoo-more-ever-54421.html

22.2 YARN 아키텍처

이 절에서는 YARN이 어떤 구조로 동작하고 있는지 설명하겠다. YARN은 리소스 일괄 관리를 담당하는 ResourceManager, 서버별로 가동해서 단일 장비의 리소스를 관리하는 NodeManager, 그리고 잡 이력을 관리하는 JobHistoryServer로 구성된다(그림 22.4).

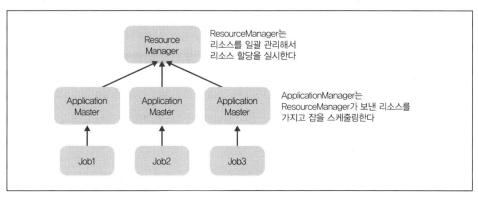

그림 22.4 YARN 아키텍처

NodeManager는 컨테이너(Container) 단위로 단일 서버의 계산 리소스를 관리한다. 앞서 언급한 것과 같이 컨테이너는 NodeManager가 운영하고 있는 서버의 리소스를, 메모리를 기준으로 분할한 것이다[12]. YARN 상에서 이루어지는 모든 계산은 컨테이너 상에서 실행된다. ResourceManager는 요청을 접수하면, 어느 애플리케이션에 어느 정도 컨테이너를 할당할 것인가를 계산하여 NodeManager에 할당 요구를 던진다.

앞에서 YARN에서는 JobTracker가 가지고 있던 기능을 복수의 데몬으로 분할한다고 설명했다. 이 기능 중, 리소스 일괄 관리는 ResourceManager가 담당한다. 한편, 잡 스케줄러 및 잡 실행 이력 관리에 필요한 기능은 YARN 자체적으로 제공하지는 않는다. 잡 스케줄러의 스케줄링 알고리즘 및 이력 관리에 필요한 정보는 분산 처리 프레임워크별로 구현 방법이 다르기 때문이다.

---

12 반복되는 얘기지만 CPU, 메모리 단위로 분할할 수 있도록 설계는 되어 있으나, 2013년 5월 시점에서는 아직 개발 중이다.

YARN에는 잡 스케줄러가 잡 내의 라이브러리(ApplicationMaster)로 구현되어 있다. ResourceManager는 ApplicationMaster를 잡 초기화 시 컨테이너 내에 생성하며, ApplicationMaster는 ResourceManager에게 컨테이너를 요구하면서 잡 스케줄링을 한다[13].

이와 같이 잡 스케줄러는 YARN의 애플리케이션으로 구현된다. Hadoop/MapReduce의 잡 스케줄러 기능도 하나의 YARN 애플리케이션으로 구현되어 있다. 그림 22.5는 대략적인 잡 흐름을 보여주고 있다.

리퀘스트에는 실행할 잡 프로그램 외에도 YARN 상에서 동작하는 애플리케이션(ApplicationMaster) 정보, 애플리케이션과 사용자 정보, 잡 우선순위 등도 포함된다.

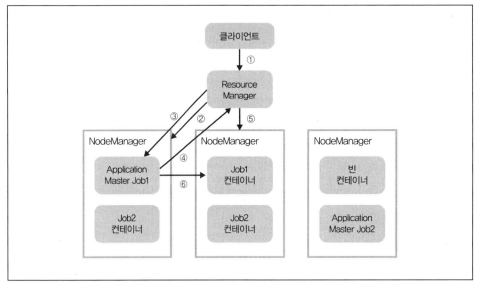

그림 22.5 YARN의 잡 실행 흐름

1. 클라이언트가 잡을 실행하도록 ResourceManager에 리퀘스트를 던진다
2. ResourceManager가 ApplicationMaster를 실행하기 위해, NodeManager에게 요청해서 컨테이너를 할당한다
3. ResourceManager가 ApplicationMaster를 컨테이너 상에서 실행한다

---

13 잡 실행 이력 관리를 위한 서버는 YARN을 사용하려고 하는 분산 처리 프레임워크 내에 개별적으로 설치할 필요가 있다.

4. ApplicationMaster가 ResourceManager에 요청해, 계산에 사용할 컨테이너를 할당한다

5. ResourceManager는 ApplicationMaster의 권한과 잡 우선순위를 참조하며, NodeManager 에게 요청해서 컨테이너를 할당한다

6. ApplicationMaster가 5에서 할당한 컨테이너 상에서 스케줄링을 실시하며 계산 처리를 한다

22.3 Hadoop/MapReduce/YARN과 기존 Hadoop/MapReduce의 차이

그림 22.3을 참고로, 기존 0.20 버전대의 MapReduce와 MapReduce/YARN을 비교해서 어느 점이 같고, 어느 점이 다른지 각 데몬의 역할을 확인하며 알아보도록 하겠다. 우선, 사용자가 MapReduce 실행에 사용하는 hadoop 명령/mapred 명령은 동일하다. 또한 기존 MapReduce 프로그램과의 호환성에 관해서는 소스 코드 레벨 호환성이 유지되며, MapReduce/YARN 0.23대 또는 2.0대의 MapReduce 라이브러리를 자바 클래스 패스에 포함시켜서 재컴파일하면 사용할 수 있다[14]. 또한, 최근에는 1.0대용으로 컴파일된 MapReduce 잡을 재컴파일 없이 사용할 수 있도록 하는 테스트도 이루어지고 있다[15].

MapReduce/YARN에서는 TaskTracker가 모두 NodeManager로 바뀐다. TaskTracker와 NodeManager의 역할은 거의 같지만, TaskTracker가 슬롯 수에 따라 리소스를 관리하는 반면, NodeManager는 컨테이너 기반으로 할당한다. 기본 설정에서는 NodeManager가 각 서버 상의 컨테이너가 이용하고 있는 메모리를 항시 감시해서 컨테이너가 이용하고 있는 리소스가 일정 값을 초과하면, NameNode가 해당 태스크를 정지한다[16]. 이런 동작은 유닉스 프로세스와 동일한 방식으로, YARN 상에서 실행되는 잡이 악성일 가능성을 고려하기 때문이다.

---

14 정확히 말하면 Hadoop 0.20.205용으로 만들어진 MapReduce 프로그램을 가리킨다. hadoop-0.20.205와 호환성을 유지하는 이유는 미국 야후의 프로덕트(Product) 환경이 이 버전을 사용하고 있기 때문이다.

15 정확히 말하면 0.21.x 버전에서 이루어진 일부 API 변경으로, 바이너리 호환성을 100% 보증하는 것은 불가능하다. 하지만 일부 API만 사용하고 있는 MapReduce 프로그램은, 프레임워크 측 API가 후방 호환성을 가지도록 되돌리면 재사용 가능한 경우도 있다.
https://issues.apache.org/jira/browse/MAPREDUCE-5108

16 물리 메모리는 yarn.nodemanager.pmem-check-enabled를 false로 설정하면 태스크를 정지시키지 않는다.

컨테이너는 표준으로 DefaultContainerExecutor라는 리소스 관리 모듈을 이용해서 동작한다. DefaultContainerExecutor는 기존 MapReduce와 동일하게 프로세스 기반 컨테이너를 생성한다. DefaultContainerExecutor를 사용하면 CPU를 이용한 리소스 제어가 불가능하다. 2013년 5월 시점에는 CPU를 제어하려면 리눅스 상에서만 지원되는 LXC(Linux Container)를 적용한 LinuxContainerExecutor라는 리소스 관리 모듈을 이용해야 한다[17].

여기서 컨테이너와 슬롯의 차이에 대해 설명하겠다[18]. 컨테이너와 슬롯에서는 한 대의 서버에서 실행할 수 있는 최대 병렬 수에 대한 개념이 다르다. 기존 Hadoop/MapReduce에서는 Map 슬롯 수와 Reduce 슬롯 수를 합하면, 1서버에서 병렬로 실행할 수 있는 태스크 수가 되었다. 한편, 현재 NodeManager는 NodeManager의 메모리에 여유가 있는 한, 컨테이너가 가동된다. 예를 들어, 어느 서버가 16GB 메모리를 탑재하고 있고, 그 중 8GB를 NodeManager가 이용하도록 설정했다고 하자. 또한 MapReduce/YARN 설정으로 Mapper가 512MB, Reducer가 1GB 메모리를 이용해서 컨테이너 상에서 계산을 처리하도록 설정했다고 한다. 이때 병렬 실행될 가능성이 있는 스레드의 최대 수는 다음과 같다.

8192(MB) ÷ 512(MB/스레드) = 16(스레드 수)

바로 이것이 최대 병렬 수가 된다. Reducer가 1 할당되면, Mapper가 14 할당될 가능성이 있기 때문에 최대 병렬 수는 15가 된다. 이와 같이 YARN에서는 최대 병렬 수를 제어하기 위해 가동 가능한 컨테이너의 최대 수를, 메모리 사용량을 기준으로 산출할 필요가 있다. 또한, MapReduce/YARN에서는 JobTracker 대신에 ResourceManager, Application Master, JobHistoryServer가 사용된다. ResourceManager가 리소스 일괄 관리를 위한 데몬이라면, ApplicationMaster는 실행 중인 잡의 리소스 할당 요구를 ResourceManager에 요청하거나, 어느 컨테이너에 어느 태스크를 할당하는가에 대한 스케줄러 역할을 한다. ApplicationMaster는 잡 단위로 가동하기 때문에 매우 큰 잡이 아닌 이상, 잡 스케줄러에 병목 현상이 발생할 가능성은 없다.

---

17 설정 파일에 있는 최대 CPU 코어 수의 값 등이 반영되지 않는 등, 아직 구현되지 않은 부분이 있다.

18 여기서는 2013년 5월 시점의 컨테이너 구현을 기준으로 하고 있으며, 이후에는 바뀔 가능성이 있다. 예를 들어, NodeManager 설정에는 CPU 코어 수 지정 항목이 있지만, 현 시점에서는 무시되고 있다. 이후 개발이 진행되면 컨테이너의 CPU 코어 수와 메모리를 지정할 수 있게 되어, 병렬도와 메모리를 독립 속성으로 정의할 수 있으리라 예측된다.

또한, ApplicationMaster는 실행중인 잡 상태를 체크 포인트로 해서 HDFS에 저장할 수 있다. 실행 중인 잡 상태를 이용함으로써 ApplicationMaster가 다운되더라도 모든 계산을 다시 할 필요가 없다. JobHistoryServer는 잡 이력을 관리하는 서버다. 실행 중인 ApplicationMaster는 잡 진행 상황을 JobHistoryServer에게 계속 보고한다. JobHistoryServer는 이 정보를 대쉬보드에 정리해서 보여주는 기능을 가지고 있다(그림 22.6).

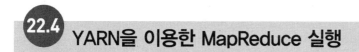

그림 22.6 JobHistoryServer 대쉬보드

기존 Hadoop/MapReduce에서는 JobTracker와 TaskTracker 사이에서 각 노드에 대한 감시가 이루어졌지만, MapReduce/YARN의 NodeManager 감시는 ResourceManager가, 실행 중인 잡 컨테이너 감시는 ApplicationMaster가 한다. ResourceManager와 NodeManager 사이에는 항상 하트비트를 통한 상호 감시가 이루어져, 장애 감지가 가능하다.

ApplicationMaster와 컨테이너 간 감시는 애플리케이션에 의존하긴 하지만, 기존 Hadoop/MapReduce에서 사용했던 JobTracker/TaskTracker 간 하트비트와 동일한, 메시지 송수신을 통한 감시를 한다. 컨테이너 내에서 실행되고 있는 태스크에 장애가 발생하면 이를 ApplicationMaster에 알린다. ApplicationMaster는 다시 컨테이너를 ResourceManager에 요구해서, 재할당된 컨테이너를 이용해 관련 태스크를 재실행한다.

22.4 YARN을 이용한 MapReduce 실행

MapReduce/YARN을 완전 분산 모드로 동작시키는 법에 대해 설명하겠다. YARN 상에서 MapReduce를 실행하려면 HDFS 클러스터가 필요하다[19].

22.4.1 설치

이번에 구축하는 MapReduce/YARN 구성은 그림 22.7과 같다.

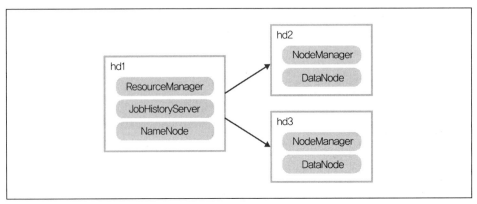

그림 22.7 구성할 클러스터

ResourceManager, NameNode, JobHistoryServer를 운영하는 마스터 노드 한 대, NodeManager, DataNode를 운영하는 슬레이브 노드 두 대로 구성한다. MapReduce 특성을 활용하기 위해 슬레이브 노드는 NodeManager와 DataNode를 함께 가동한다.

우선, rpm 경유로 Hadoop 0.23 버전 대를 설치하고 OS를 설정한다. 이후 명령은 hd1, hd2, hd3의 모든 노드에서 실행하도록 한다.

```
$ sudo yum install hadoop-conf-pseudo.x86_64
```

설치 후에 데몬을 정지하고, 다음 명령을 실행한다.

---

19 YARN만 설치하는 경우에는 HDFS 클러스터가 필요 없지만, MapReduce를 실행하기 위해서는 HDFS가 필요하다.

```
$ for cmd in /etc/init.d/hadoop-*; do sudo $cmd stop; done
↑ 설치 후에 자동으로 실행되는 데몬을 정지
$ sudo cp -r /etc/hadoop/conf.pseudo /etc/hadoop/conf.cluster
↑ 설정 파일 템플릿 복사
$ sudo update-alternatives --install /etc/hadoop/conf hadoop-conf \
> /etc/hadoop/conf.cluster 50
↑ 복사한 /etc/hadoop/conf.cluster가 사용되도록 설정
$ update-alternatives --display hadoop-conf
↑ /etc/hadoop/conf.cluster가 사용되고 있는지 확인
hadoop-conf - status is auto.
link currently points to /etc/hadoop/conf.cluster
/etc/hadoop/conf.empty - priority 10
/etc/hadoop/conf.pseudo - priority 30
/etc/hadoop/conf.cluster - priority 50
Current 'best' version is /etc/hadoop/conf.cluster.
```

slaves 파일 및 /etc/hosts를 편집한다. hosts는 각 노드에 맞게 설정한다.

▌slaves 파일

```
hd2
hd3
```

▌hosts 파일

```
192.168.1.1 hd1 localhost
192.168.1.2 hd2
192.168.1.3 hd3
```

다음으로, 파일 디스크립터 최댓값을 16384로 설정한다. 재시작 후에 원래대로 돌아가지 않도록 /etc/security/limits.conf에 'username hard nofile 16384'를 추가한다[20].

---

20 재시작 후에 리셋돼도 괜찮으면 unlimit로 설정한다.

```
$ ulimit -n 16384
$ echo * hard nofile 16384 | sudo tee -a /etc/security/limits.conf
$ echo * soft nofile 16384 | sudo tee -a /etc/security/limits.conf
$ sudo init 6
```

22.4.2 완전 분산 모드에서 동작과 확인

다음은 YARN 설정 파일인 yarn-site.xml을 편집한다. yarn-site.xml 설정 예를 리스트 22.1에 표시했다[21]. 여기서 설정한 값은 최소 설정으로, 다른 값들은 기본값을 사용하고 있다. 보다 상세한 설정에 대해서는 Hadoop 문서를 참조하기 바란다[22].

리스트 22.1 yarn-site.xml 설정

```
 1: <?xml version="1.0"?>
 2: <?xml-stylesheet type="text/xsl" href="configuration.xsl"?>
 3: <configuration>
 4: <!-- /etc/hadoop/cluster.pseudo에 있는 기본 설정은 생략 -->
 5: <!-- 여기부터 추가 -->
 6: <property>
 7:     <description>The address of the applications manager interface in
 8:     the RM.
 9:     </description>
10:     <name>yarn.resourcemanager.address</name>
11:     <value>hd1:8081</value>
12: </property>
13:   <property>
14:     <name>yarn.resourcemanager.resource-tracker.address</name>
15:     <value>hd1:8082</value>
16: </property>
17:   <property>
18:     <description>The address of the scheduler interface.</description>
19:     <name>yarn.resourcemanager.scheduler.address</name>
20:     <value>hd1:8083</value>
```

---

21 yarn.resourcemanager.address, yarn.resourcemanager.resource-tracker.address, yarn.resourcemanager.resourcetracker.address, yarn.resourcemanager.admin.address, yarn.resourcemanager.webapp.address는 ResourceManager 관련 호스트명, 포트 설정 항목이다. 성능 조정 항목에 관해선 다음 절에 상세히 설명하겠다.

22 http://hadoop.apache.org/docs/r2.0.4-alpha/hadoop-yarn/hadoop-yarn-common/yarn-default.xml

```
21: </property>
22:   <property>
23:     <description>The address of the RM admin interface.</description>
24:     <name>yarn.resourcemanager.admin.address</name>
25:     <value>hd1:8084</value>
26:   </property>
27:   <property>
28: 11<description>NM Webapp address.</description>
29:     <name>yarn.resourcemanager.webapp.address</name>
30:     <value>hd1:8088</value>
31: </property>
32: <property>
33:     <description>Are acls enabled.</description>
34:     <name>yarn.acl.enable</name>
35:     <value>false</value>
36: </property>
37: <!-- 성능 예측에 관한 항목 --> <property>
38:     <description>Ratio between virtual memory to physical memory when
39:     setting memory limits for containers. Container allocations are
40:     expressed in terms of physical memory, and virtual memory usage
41:     is allowed to exceed this allocation by this ratio.
42:     </description>
43: <name>yarn.nodemanager.vmem-pmem-ratio</name>
44: <value>2.1</value>
45: </property>
46: <property>
47:   <description>The minimum allocation for every container request at the RM,
48:   in MBs. Memory requests lower than this won't take effect,
49:   and the specified value will get allocated at minimum.</description>
50:     <name>yarn.scheduler.minimum-allocation-mb</name>
51:     <value>256</value>
52: </property>
53: <property>
54:     <description>Amount of physical memory, in MB, that can be allocated for
55:     containers.
56:     </description>
57:     <name>yarn.nodemanager.resource.memory-mb</name>
58:     <value>8192</value>
59: </property>
60: <property>
61:     <name>yarn.app.mapreduce.am.staging-dir</name>
62:     <value>/user</value>
63:   </property>
64: </configuration>
```

여기까지 YARN 설정을 마쳤다. 다음은 YARN 상에서 동작할 MapReduce를 설정하도록 한다. MapReduce 설정은 기존대로 mapred-site.xml을 편집한다. JobTracker나 Task Tracker가 존재하지 않기 때문에 관련 설정이 무시되지만, 잡 이력을 관리하기 위한 JobHistoryServer 관련 설정을 추가해야 한다. 리스트 22.2에서는 mapreduce. jobhistory.address, mapreduce.jobhistory.webapp.address가 JobHistoryServer 관련 설정으로, 호스트명 및 포트 번호를 설정하고 있다.

리스트 22.2 mapred-site.xml 설정

```
 1: <?xml version="1.0"?>
 2: <?xml-stylesheet type="text/xsl" href="configuration.xsl"?>
 3: <configuration>
 4: <!-- YARN/MapReduce 설정은 여기서부터-->
 5: <!-- /etc/hadoop/cluster.pseudo에 있는 기본 설정은 생략 --> <property>
 6:     <description>The address of the JobHistory Server host:port</description>
 7:     <name>mapreduce.jobhistory.address</name>
 8:     <value>hd1:10020</value>
 9: </property>
10:   <property>
11:     <description>MapReduce JobHistory Server Web UI host:port</description>
12:     <name>mapreduce.jobhistory.webapp.address</name>
13:     <value>hd1:19888</value>
14: </property>
15: <!-- 성능 예측에 관한 항목 --> <property>
16:     <description>The address of the JobHistory Server host:port</description>
17:     <name>mapreduce.map.memory.mb</name>
18:     <value>512</value>
19: </property>
20:   <property>
21:     <name>mapreduce.reduce.memory.mb</name>
22:     <value>2048</value>
23: </property>
24:   <property>
25:     <name>mapreduce.map.java.opts</name>
26:     <value>-server -Xmx512m -Djava.net.preferIPv4Stack=true</value>
27: </property>
28:   <property>
29:     <name>mapreduce.reduce.java.opts</name>
30:     <value>-server -Xmx2048m -Djava.net.preferIPv4Stack=true</value>
31: </property>
32:   <property>
33:     <name>yarn.app.mapreduce.am.resource.mb</name>
```

```
34:      <value>2048</value>
35:      <description>The amount of memory the MR AppMaster needs.</description>
36:   </property>
37: </configuration>
```

22.4.3 성능 예측(Capacity planning)

기존 Hadoop/MapReduce를 MapReduce/YARN으로 변경하기 위해서는, 기존의 병렬 실행 수를 기준으로 슬롯을 나누어 리소스를 관리하던 방식을 메모리양 기준 컨테이너 분배 및 성능 예측 방식으로 바꾸어야 한다. 성능 예측 관련 파라미터에 대해 설명하도록 하겠다.

■ NodeManager 리소스양

NodeManager가 보유할 리소스양은 yarn-site.xml의 yarn.nodemanager.resource. memory-mb로 정의한다. Mapper 및 Reducer가 실행될 때마다 지정된 양의 리소스(메모리)가 소비된다. 이 메모리양은 mapred-site.xml의 mapreduce.map.memory.mb, mapreduce.reduce.memory.mb로 지정한다.

■ ApplicationMaster 리소스양

잡 스케줄러인 ApplicationMaster도 Mapper/Reducer와 동일하게 컨테이너를 이용한다. ApplicationMaster가 이용할 리소스양도 yarn.app.mapreduce.am.resource. mb로 정의하며, 잡이 할당될 때마다 NodeManager가 ResourceManager를 경유해서 ApplicationMaster가 이용할 메모리를 할당한다. 만약 잡 시작 시에 ApplicationMaster 가동을 위한 메모리가 부족한 경우 어떻게 될까? 이 경우, ResourceManager는 ApplicationMaster 가동에 필요한 리소스를 확보할 때까지 대기한다. 잡 시작이 계속 연기되면, ApplicationMaster가 필요로 하는 리소스양(yarn.app.mapreduce.am.resouce.mb)이 설정한 NodeManager 리소스양(yarn.nodemanager.resource.memory-mb)보다 크거나 그 반대일 가능성이 있다.

■ 설정한 것 보다 큰 메모리를 사용하려고 한 경우

또한, 잡 실행 시에 Mapper/Reducer가 설정된 메모리보다 많이 사용하려는 경우, Node

Manager는 해당 태스크를 정지시킨다[23]. 리스트 22.3은 NodeManager가 태스크를 중지한 경우의 로그를 보여준다.

리스트 22.3 컨테이너가 물리 메모리를 많이 사용한 경우 표시되는 로그

```
13/05/17 20:49:04 INFO mapreduce.Job: Task Id : attempt_1368790894788_0002_m_00000
2_0, Status : FAILED
Container [pid=15011,containerID=container_1368790894788_0002_01_000004] is runnin
g beyond physical memory limits. Current usage: 512.6mb of 512.0mb physical memory
 used; 981.9mb of 1.0gb virtual memory used. Killing container.
Dump of the process-tree for container_1368790894788_0002_01_000004 :
        |- PID PPID PGRPID SESSID CMD_NAME USER_MODE_TIME(MILLIS) SYSTEM_TIME(MILL
IS) VMEM_USAGE(BYTES) RSSMEM_USAGE(PAGES) FULL_CMD_LINE
        |- 15011 13335 15011 15011 (java) 1914 56 1029566464 131237 /usr/lib/jvm/j
ava-6-sun/bin/java -Djava.net.preferIPv4Stack=true -Dhadoop.metrics.log.level=WARN
 -server -Xmx512m -Djava.net.preferIPv4Stack=true -Djava.io.tmpdir=/var/lib/hadoop
-yarn/cache/yarn/nm-local-dir/usercache/ozawa/appcache/application_1368790894788_0
002/container_1368790894788_0002_01_000004/tmp -Dlog4j.configuration=container-log
4j.properties -Dyarn.app.mapreduce.container.log.dir=/var/log/hadoop-yarn/containe
rs/application_1368790894788_0002/container_1368790894788_0002_01_000004 -Dyarn.
app.mapreduce.container.log.filesize=0 -Dhadoop.root.logger=INFO,CLA org.apache.
hado
op.mapred.YarnChild 129.60.70.27 38004 attempt_1368790894788_0002_m_000002_0 4
```

다음으로는 성능 예측 시 특히 중요한 파라미터에 대해 설명하겠다.

yarn.nodemanager.resource.memory-mb는 NodeManager가 리소스로 사용할 수 있는 메모리양이다. yarn.nodemanager.resource.memory-mb값을 사용해 애플리케이션이 이용할 메모리를 컨테이너에 할당하게 된다. yarn.scheduler.minimum-allocation-mb는 컨테이너 할당을 위한 최소 메모리다. 이번 설정에서는 512MB로 설정되어 있기 때문에 128MB 메모리가 요구된다고 해도 512MB를 할당한다. 그리고 슬롯이 존재하지 않으므로, 병렬도를 명시적으로 지정할 수 없다. yarn.nodemanager.resource.memory-mb/yarn.scheduler.minimum-allocation-mb값이 NodeManager가 사용할 수 있는 최대 병렬도가 된다.

---

23 DefaultContainerExecutor를 이용한 경우다.

yarn.nodemanager.vmem-pmem-ratio는 NodeManager가 사용해도 괜찮은 가상 메모리양이다. 기본 설정에서는 물리 메모리의 2.1배만큼 가상 메모리를 사용할 수 있다. NodeManager가 사용하는 가상 메모리가 이 값을 초과하면 NodeManager가 다운된다.

22.4.4 데몬 가동

yarn-site.xml와 mapred-site.xml을 설정했으면, MapReduce/YARN이 이용할 HDFS 상의 디렉터리를 설정한다. HDFS가 이미 설정되어 있어, 마스터 노드(hd1) 상에서 MapReduce 사용자가 설정하는 것을 전제로 한다.

```
$ sudo -u hdfs hadoop fs -mkdir /tmp
$ sudo -u hdfs hadoop fs -chmod -R 1777 /tmp
$ sudo -u hdfs hadoop fs -mkdir /user/history
$ sudo -u hdfs hadoop fs -chmod -R 1777 /user/history
$ sudo -u hdfs hadoop fs -chown yarn /user/history
$ sudo -u hdfs hadoop fs -mkdir /var/log/hadoop-yarn
$ sudo -u hdfs hadoop fs -chown yarn:mapred /var/log/hadoop-yarn
$ sudo -u hdfs hadoop fs -ls -R /
$ sudo -u hdfs hadoop fs -mkdir /user/$USER
$ sudo -u hdfs hadoop fs -chown $USER /user/$USER
```

다음은 마스터 노드 상에서 ResourceManager와 JobHistoryServer를 가동한다.

```
$ sudo service hadoop-yarn-resourcemanager start
$ sudo service hadoop-mapreduce-historyserver start
```

슬레이브 노드 상에서 NodeManager를 가동한다.

```
$ sudo service hadoop-yarn-nodemanager start
```

22.4.5 MapReduce 잡 가동

설정이 끝났으면, YARN 상에서 MapReduce를 실행한다. 우선, RandomTextWriter로 랜덤 데이터를 생성한다.

```
$ hadoop jar /usr/lib/hadoop-mapreduce/hadoop-mapreduce-examples.jar \
> randomtextwriter input
13/05/17 20:42:50 INFO service.AbstractService: Service:org.apache.hadoop.yarn.
client.YarnClientImpl is inited.
13/05/17 20:42:51 INFO service.AbstractService: Service:org.apache.hadoop.yarn.
client.YarnClientImpl is started.
Running 10 maps.
Job started: Fri May 17 20:42:51 JST 2013
13/05/17 20:42:51 INFO service.AbstractService: Service:org.apache.hadoop.yarn.
client.YarnClientImpl is inited.
13/05/17 20:42:51 INFO service.AbstractService: Service:org.apache.hadoop.yarn.
client.YarnClientImpl is started.
13/05/17 20:42:52 INFO mapreduce.JobSubmitter: number of splits:10
13/05/17 20:42:52 WARN conf.Configuration: mapred.jar is deprecated. Instead, use
mapreduce.job.jar
13/05/17 20:42:52 WARN conf.Configuration: mapred.reduce.tasks is deprecated. In-
stead, use mapreduce.job.reduces
13/05/17 20:42:52 WARN conf.Configuration: mapred.output.value.class is deprecat-
ed. Instead, use mapreduce.job.output.value.class
13/05/17 20:42:52 WARN conf.Configuration: mapreduce.map.class is deprecated. In-
stead, use mapreduce.job.map.class
13/05/17 20:42:52 WARN conf.Configuration: mapred.job.name is deprecated. In-
stead, use mapreduce.job.name
13/05/17 20:42:52 WARN conf.Configuration: mapreduce.inputformat.class is depre-
cated. Instead, use mapreduce.job.inputformat.class
13/05/17 20:42:52 WARN conf.Configuration: mapred.output.dir is deprecated. In-
stead, use mapreduce.output.fileoutputformat.outputdir
13/05/17 20:42:52 WARN conf.Configuration: mapreduce.outputformat.class is depre-
cated. Instead, use mapreduce.job.outputformat.class
13/05/17 20:42:52 WARN conf.Configuration: mapred.map.tasks is deprecated. In-
stead, use mapreduce.job.maps
13/05/17 20:42:52 WARN conf.Configuration: mapred.output.key.class is deprecated.
Instead, use mapreduce.job.output.key.class
13/05/17 20:42:52 WARN conf.Configuration: mapred.working.dir is deprecated. In-
stead, use mapreduce.job.working.dir
13/05/17 20:42:52 INFO mapreduce.JobSubmitter: Submitting tokens for job:
job_1368790894788_0001
```

```
13/05/17 20:42:52 INFO client.YarnClientImpl: Submitted application applica-
tion_1368790894788_0001 to ResourceManager at hd1/129.60.70.29:8081
13/05/17 20:42:53 INFO mapreduce.Job: The url to track the job: http://hd1:8088/
proxy/application_1368790894788_0001/
13/05/17 20:42:53 INFO mapreduce.Job: Running job: job_1368790894788_0001
13/05/17 20:42:59 INFO mapreduce.Job: Job job_1368790894788_0001 running in uber
mode : false
13/05/17 20:42:59 INFO mapreduce.Job:  map 0% reduce 0%
13/05/17 20:46:14 INFO mapreduce.Job:  map 20% reduce 0%
13/05/17 20:46:16 INFO mapreduce.Job:  map 40% reduce 0%
13/05/17 20:46:17 INFO mapreduce.Job:  map 60% reduce 0%
13/05/17 20:46:24 INFO mapreduce.Job:  map 69% reduce 0%
13/05/17 20:46:26 INFO mapreduce.Job:  map 80% reduce 0%
13/05/17 20:46:27 INFO mapreduce.Job:  map 89% reduce 0%
13/05/17 20:46:37 INFO mapreduce.Job:  map 100% reduce 0%
13/05/17 20:46:37 INFO mapreduce.Job: Job job_1368790894788_0001 completed suc-
cessfully
13/05/17 20:46:38 INFO mapreduce.Job: Counters: 29
        File System Counters
                FILE: Number of bytes read=0
                FILE: Number of bytes written=690730
                FILE: Number of read operations=0
                FILE: Number of large read operations=0
                FILE: Number of write operations=0
                HDFS: Number of bytes read=1130
                HDFS: Number of bytes written=11022326536
                HDFS: Number of read operations=40
                HDFS: Number of large read operations=0
                HDFS: Number of write operations=20
 (중략)
        File Output Format Counters
                Bytes Written=11022326536
Job ended: Fri May 17 20:46:38 JST 2013
The job took 226 seconds.
```

이 데이터를 입력 데이터로 해서 WordCount를 실행한다.

```
$ hadoop jar /usr/lib/hadoop-mapreduce/hadoop-mapreduce-examples.jar wordcount \
> input output
13/05/17 20:48:23 INFO service.AbstractService: Service:org.apache.hadoop.yarn.
client.YarnClientImpl is inited.
```

```
13/05/17 20:48:23 INFO service.AbstractService: Service:org.apache.hadoop.yarn.
client.YarnClientImpl is started.
13/05/17 20:48:24 INFO input.FileInputFormat: Total input paths to process : 10
13/05/17 20:48:24 INFO mapreduce.JobSubmitter: number of splits:170
 (중략)
13/05/17 20:48:24 INFO client.YarnClientImpl: Submitted application applica-
tion_1368790894788_0002 to ResourceManager at hd1/129.60.70.29:8081
13/05/17 20:48:25 INFO mapreduce.Job: The url to track the job: http://hd1:8088/
proxy/application_1368790894788_0002/
13/05/17 20:48:25 INFO mapreduce.Job: Running job: job_1368790894788_0002
13/05/17 20:48:31 INFO mapreduce.Job: Job job_1368790894788_0002 running in uber
mode : false
13/05/17 20:48:31 INFO mapreduce.Job: map 0% reduce 0%
13/05/17 20:48:47 INFO mapreduce.Job: map 1% reduce 0%
13/05/17 20:48:50 INFO mapreduce.Job: map 2% reduce 0%
 (중략)
13/05/17 21:02:06 INFO mapreduce.Job: map 100% reduce 90%
13/05/17 21:02:10 INFO mapreduce.Job: map 100% reduce 95%
13/05/17 21:02:11 INFO mapreduce.Job: map 100% reduce 100%
13/05/17 21:02:11 INFO mapreduce.Job: Job job_1368790894788_0002 completed succes
sfully
13/05/17 21:02:11 INFO mapreduce.Job: Counters: 46
        File System Counters
                FILE: Number of bytes read=1462685621
                FILE: Number of bytes written=2193152365
                FILE: Number of read operations=0
                FILE: Number of large read operations=0
                FILE: Number of write operations=0
                HDFS: Number of bytes read=11029472616
                HDFS: Number of bytes written=323907951
                HDFS: Number of read operations=513
                HDFS: Number of large read operations=0
                HDFS: Number of write operations=2
        Job Counters
                Failed map tasks=1
                Killed map tasks=1
                Launched map tasks=172
                Launched reduce tasks=1
                Other local map tasks=1
                Data-local map tasks=171
                Total time spent by all maps in occupied slots (ms)=13987968
                Total time spent by all reduces in occupied slots (ms)=4054776
        Map-Reduce Framework
```

```
                Map input records=723274
                Map output records=1009753684
                Map output bytes=15205255393
                Map output materialized bytes=718582421
                Input split bytes=19040
                Combine input records=1034821482
                Combine output records=48847028
                Reduce input groups=9906237
                Reduce shuffle bytes=718582421
                Reduce input records=23779230
                Reduce output records=9906237
                Spilled Records=72626258
                Shuffled Maps =170
                Failed Shuffles=0
                Merged Map outputs=170
                GC time elapsed (ms)=26816
                CPU time spent (ms)=5066440
                Physical memory (bytes) snapshot=78958403584
                Virtual memory (bytes) snapshot=169632612352
                Total committed heap usage (bytes)=60965126144
        Shuffle Errors
                BAD_ID=0
                CONNECTION=0
                IO_ERROR=0
                WRONG_LENGTH=0
                WRONG_MAP=0
                WRONG_REDUCE=0
        File Input Format Counters
                Bytes Read=11029453576
        File Output Format Counters
                Bytes Written=323907951
```

사용자가 봐서는 MapReduce가 실행되는 과정에서 특별히 바뀐 점을 느끼지 못할 수도 있다. 이미 설명했듯이 MapReduce의 경우 jar 파일 안에 잡 스케줄러가 포함되어 있어, 동적으로 잡 스케줄러가 실행된다. 그리고 사용자는 이것을 의식할 필요가 없다.

참고로 여기서 발생하고 있는 실행 경고는 hadoop-mapreduce-examples.jar가 옛날 API를 사용하고 있거나, 원시 라이브러리를 사용하기 때문이다. 프로그램 실행 결과에는 영향을 끼치지 않는다. 또한, 슬레이브 노드(hd2, hd3 중 하나)에서 프로세스를 표시해 보면, ApplicationMaster와 YarnChild라는 프로세스가 실행되고 있는 것을 확인할 수 있다. ApplicationMaster는 잡 스케줄러이고, YarnChild는 Mapper 또는 Reducer다.

```
hd2$ sudo jps
19485 Jps
18455 YarnChild
18693 YarnChild
3709 DataNode
18298 YarnChild
18703 YarnChild
19065 YarnChild
18164 MRAppMaster
18372 YarnChild
18809 YarnChild
19073 YarnChild
17760 NodeManager
18560 YarnChild
18901 YarnChild

hd3$ sudo jps
20355 NodeManager
21516 YarnChild
5588 DataNode
21333 YarnChild
21069 YarnChild
22187 Jps
21000 YarnChild
21600 YarnChild
21430 YarnChild
21247 YarnChild
21771 YarnChild
21148 YarnChild
21694 YarnChild
```

이번 장에서는 기존 MapReduce와 YARN 상에서 동작하는 MapReduce의 차이에 대해 설명하고, 실제로 환경을 구축해서 샘플 프로그램을 실행해 보았다. MapReduce 프로그램 관점에서는 별로 차이가 없어 보이지만, 운영자 관점에서는 중요한 사항들이 많이 추가되어 있다. YARN을 운영하려면 Hadoop 운영 노하우는 물론, YARN 자체에 대한 운영 노하우도 필요하다.

찾아보기

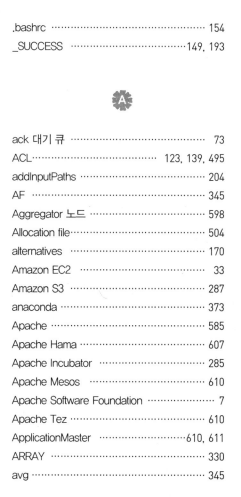

ㅌ

ㅎ

ㅍ